Kleist

Pressestimmen

»Wer Kleist im Kontext der politischen, militärischen und ästhetischen Konflikte seiner Zeit verstehen will, wird in der Studie von Michalzik einen verlässlichen Leitfaden finden.«

DIE ZEIT

»Michalzik entfaltet souverän ein Panorama des anschaulichen, konkreten Lebens. Ebenfalls ein Kabinettstück – eines der Anschaulichkeit – ist es, wie er den jugendlichen Soldaten Kleist vor der Demission von der Armee zu fassen bekommt.«

Süddeutsche Zeitung

»Michalzik hat seine Kleist-Biografie für den ›ganz normalen Leser‹ geschrieben, also fürs breite Publikum. Ihm will er Kleists Leben und Werk so anschaulich wie möglich nahebringen.«

NZZ am Sonntag

»In seiner informativen Kleist-Biografie ergründet Peter Michalzik ein inwendig verriegeltes Paradies, das auf Zusammenbruch und Zerstörung basiert.«

Frankfurter Allgemeine Zeitung

»Michalziks Biographie deckt auf, nach welchem Vorbild Kleist seinen Selbstmord inszenierte.«

Der Spiegel

»Zu Kleist hinführen kann eher Peter Michalziks Biografie bei Propyläen. Ihr Duktus ist erzählerischer, anschaulicher, auch wenn der Verfasser viel Detailwissen beizusteuern hat.«

Der Tagesspiegel

»Insgesamt schreibt Michalzik fesselnder, anschaulicher, szenischer, findet auch immer wieder jene Metaphern und Bilder, die nahe an das dunkle Zentrum des ›unaussprechlichen Menschen‹ herankommen mögen.«

Kölner Stadt-Anzeiger

»Anschaulich, fundiert, mit Exkursen, die zum Beispiel Kleists ewige Geldsorgen, seine Sprache, seine Vorliebe fürs Reisen plastisch machen.«
Augsburger Allgemeine

»Michalzik nähert sich dem ›Dichter, Krieger, Seelensucher‹ einfühlend und identifikatorisch.«
Märkische Allgemeine

»Michalzik glänzt als Kenner der historisch-politischen Szene.«
Die Welt

»Der Theaterkritiker Peter Michalzik porträtiert Kleist mit Leidenschaft. Sein Buch liest sich süffig, er interpretiert die Stücke, aber nicht zu sehr, er referiert Theorien, aber nicht zu viele, er staunt, aber nicht zu großäugig.«
Leipziger Volkszeitung

»Fakten- und aufschlussreich sind ausgedehnte Passagen zu Kleists Militärzeit. In vergleichbarer Anschaulichkeit und Detailfülle hat man das bisher nirgends gelesen.«
Stuttgarter Zeitung

»Leser, die sich erstmals mit Heinrich von Kleist beschäftigen, sollten zur Biografie von Peter Michalzik greifen.«
Ostthüringer Zeitung

»Michalziks Biografie ist glänzend geschrieben, spannend und gerade auch für diejenigen geeignet, die sich nicht ein Leben lang mit Kleist beschäftigt haben.«
Wiesbadener Kurier

»Peter Michalzik liefert ein kräftig koloriertes, breites Gesellschaftsbild.«
Sächsische Zeitung

Das Buch

Heinrich von Kleist (1777–1811) ist der modernste und geheimnisvollste Klassiker der deutschen Literatur. Der Frankfurter Publizist und Theaterkritiker Peter Michalzik zeichnet ein neues, überaus anschauliches Bild des großen Dichters.

Kleist, das verkannte Genie, lebte in einer zerbrechenden Welt. Er hasste Napoleon und liebte das entstehende Deutschland. Er war ein Mann der Extreme, kriegserprobter preußischer Offizier einerseits, Erfinder großer Frauenfiguren und einer herzerweichenden Sprache andererseits. Er war Realist und Phantast, Unternehmer und Bankrotteur, Beamter und Journalist, immer wieder scheiternder Glückssucher und der einzige wirkliche Tragiker der deutschen Literatur.

Mit Hingabe und Sorgfalt erzählt Peter Michalzik die Geschichte dieses kurzen, intensiven Lebens. Dabei wirft er auf einige Szenen ein ganz neues Licht: Wie sehr wurde Kleist durch seine Kriegsteilnahme geprägt? Was suchte er 1800 in Würzburg? Sogar Kleists Selbstmord am Kleinen Wannsee bekommt eine überraschende Wendung. Eine Biographie, die der Modernität wie auch der Unergründlichkeit dieses ruhelosen Dichters gerecht wird.

Der Autor

Peter Michalzik, geboren 1963 in Landshut, ist Journalist, Theaterkritiker und Buchautor. Er arbeitet als Feuilletonredakteur bei der *Frankfurter Rundschau* und schrieb Biographien über Gustaf Gründgens und Siegfried Unseld. Zuletzt erschien von ihm das Theaterbuch »Die sind ja nackt!«. Mit Kleist beschäftigt sich Michalzik seit vielen Jahren. Er lebt in Frankfurt am Main.

Peter Michalzik

Kleist

Dichter, Krieger,
Seelensucher

Biographie

List Taschenbuch

Besuchen Sie uns im Internet:
www.list-taschenbuch.de

Ungekürzte Ausgabe im List Taschenbuch
List ist ein Verlag der Ullstein Buchverlage GmbH, Berlin.
1. Auflage Juli 2012
© Ullstein Buchverlage GmbH, Berlin 2011/Propyläen Verlag
Umschlaggestaltung: bürosüd° GmbH, München,
nach einer Vorlage von Morian & Bayer-Eynck, Coesfeld
Titelabbildung: akg Berlin/Peter Friedel
Satz: LVD GmbH, Berlin
Gesetzt aus der Sabon
Papier: Munkenprint von Arctic Paper Munkedals AB, Schweden
Druck und Bindearbeiten: CPI – Clausen & Bosse, Leck
Printed in Germany
ISBN 978-3-548-61104-4

Inhalt

Vorwort   7

Ein radikaler Entschluss
Potsdam 1795 bis 1799   9

Krieg und Kindheit
Mainz, Pfalz, Frankfurt an der Oder
1777 bis 1795   39

ZWISCHENSPIEL: WIE SAH KLEIST AUS, WIE SPRACH ER?   83

Zweite Jugend, Bildungsreise
Frankfurt, Würzburg 1799   87

Kant und Krise
Berlin und Paris, November 1800
bis Dezember 1801   134

ZWISCHENSPIEL: DIE SPRACHE DER SEELE   177

Aussteiger, Welterfinder, Zusammenbruch
Schweiz, Paris, Atlantikküste und Mainz,
Dezember 1801 bis Mitte 1804   179

Staatsbeamter und Gefangener
Berlin, Königsberg, Fort Joux,
Juni 1804 bis August 1807   232

ZWISCHENSPIEL: KLEIST UND DAS GELD   290

Lorbeerkranz und Goethestreit
Dresden, September 1807 bis April 1809   294

Widerstand und Geheimdienst
Dresden und Österreich, Sommer 1808
bis Herbst 1809   338

ZWISCHENSPIEL: KLEIST UND DAS REISEN   377

Gesellschaft lebender Geister
Berlin 1810/11   381

Triumphgesang des Todes
Berlin 1811   432

EPILOG: DIE SPRACHE DES SELBSTMORDS   464

Anhang   467

Anmerkungen   469
Bibliographie   521
Bildnachweis   546
Personenregister   547
Dank   556

Vorwort

Wer das Leben Heinrich von Kleists verfolgt, findet im Wesentlichen zwei Geschichten. Sie scheinen kaum etwas miteinander zu tun zu haben. Es ist zum einen die Geschichte eines schwer zugänglichen, merkwürdig verstockten Menschen, der lange als einer der großen Einsamen der deutschen Literatur galt. Zum anderen ist es die Geschichte eines agilen jungen Mannes in einer Zeit der Umbrüche, Kriege und Neuerungen. Selten fielen die innere und die äußere Geschichte so weit auseinander wie im Fall Kleists.

Er war unternehmungslustig, tourte ausdauernd durch Europa und war gut vernetzt. Gleichzeitig hatte er eine extreme Sehnsucht, von seinem Innersten zu reden, und verzweifelte immer wieder an der Sprache. Ein solcher Mensch muss wohl letztendlich einsam bleiben. Selten hat jemand heftiger geliebt und war gleichzeitig unfähiger zur Liebe als Kleist.

In dieser Situation begann er zu dichten und versuchte, beide Geschichten, die innere und die äußere, zusammenzubringen. Er legte seine Verzweiflung, seinen Hass, seine Hoffnung, seine Liebe und seine Seele erst in Tragödien, dann in Komödien und dann in Erzählungen. So entfaltete sich ein eigenartiges Wesen, mit befremdlichen Gebärden, eigenartigen Figuren, ungekannten Gefühlen. Es sind wahre Ungeheuer, die Kleist erfand, und man liebt sie trotzdem, wie Kohlhaas und Penthesilea. Er schrieb, im »Amphitryon« und im »Käthchen von Heilbronn«, von göttlicher und menschlicher Liebe, so zart, dass man zergeht. Im »Zerbrochnen Krug« ist der erste Mensch ein Teufel und die Welt ein Bauernschwank. Er träumte den Traum von der neuen, schöneren Geburt der Menschengesellschaft nach dem Weltuntergang. Er erfand so etwas wie die unschuldige Vergewaltigung und die mörderische Liebe.

Es half nichts. Am Ende begrüßte er emphatisch seinen eigenen Tod. Die Lage fühlte sich für ihn so aussichtslos an, dass er sich selbst glauben machen wollte, dass es ein glücklicher Tod sei, mit dem er aus der Welt ging. Seitdem kommt die Welt nicht von ihm los.

In diesem Buch werden beide Geschichten, die Geschichte von Kleists Seele und die Geschichte des Zeitgenossen von Napoleon, des Krieges im Inneren und im Äußeren, mit möglichst großer Anschaulichkeit erzählt. Man soll Kleist in diesem Buch spüren können und ihn vor sich sehen. Es geht primär nicht um neue Erkenntnisse, wenngleich das Gesagte vor der Wissenschaft bestehen möchte und das Buch einiges Neue über Kleist enthält. Es geht um den ganz normalen Leser, der sich von einem »unaussprechlichen Menschen«, wie Kleist sich selbst nannte, gefangennehmen lassen will.

Ein radikaler Entschluss

Potsdam 1795 bis 1799

Der Tag, an dem Heinrich von Kleist zum ersten Mal unverwechselbar vor uns erscheint, lässt sich genau bestimmen. Es ist der 18. März 1799. Mit diesem Tag beginnt er sichtbar er selbst zu werden. Er war damals 21 Jahre alt. Aus Potsdam, der preußischen Garnisonsstadt, in der er als Soldat stationiert war, schrieb er einen Brief an seinen früheren Lehrer in Frankfurt an der Oder. Es ist der dritte von ihm geschriebene Brief, der überliefert ist. Der Brief ist viele Seiten lang – so lang, dass Kleist zwei Tage brauchte, um ihn zu schreiben. Zuvor war er in seiner Geburtsstadt Frankfurt bei seiner Familie zu Besuch gewesen. Er war aufgewühlt. Seine Familie, das waren vor allem seine Geschwister und die Tante, die die Erziehung der Kinder übernommen hatte, nachdem Kleists Eltern gestorben waren. Sein Vater war bereits elf Jahre, seine Mutter sechs Jahre tot.

Trotzdem musste und wollte er sich vor der Familie verantworten. In Frankfurt hatte Kleist sich offenbart. Er hatte der Familie etwas gesagt, was das Haus der Kleists in helle Aufruhr versetzte: Er wollte etwas für einen Kleist Unerhörtes tun, er wollte seinen Abschied vom Militär nehmen.

Auch mit seinem alten Lehrer, Christian Ernst Martini hieß der Mann, hatte Kleist in Frankfurt darüber diskutiert. Aber er hatte mit ihm auch über die Frage gesprochen, ob ein denkender Mensch, Kleist betont in seinem Brief dieses »denkender« ganz ausdrücklich, ob ein denkender Mensch einem anderen und dessen Überzeugungen mehr als seinen eigenen Überzeugungen trauen könne. Es war darum gegangen, ob der ehemalige Schüler nun seiner Tante, seinem Vormund George Friedrich Dames, seinen Geschwistern, die ihm wohlgesinnt waren und geraten hatten, beim Militär zu bleiben, mehr vertrauen könne als sich selbst. »Vertrauen Sie der Tante, wenn sie sagt, dass Sie beim Militär bleiben sollen. Sie weiß, was sie sagt.« Man kann solche Sätze und Mahnungen im Hintergrund des Disputs zwischen Kleist und Martini, den Kleist in seinem Brief entfaltet, förmlich hören. Dagegen wehrte sich der junge Mann vehement.

Nein, sagte er mit seinem Brief. Man kann sein Lebensglück nicht dem Urteil von anderen und überkommenen Meinungen überlassen. Niemand kann besser wissen als man selbst, was dem eigenen »Glücke dient«. Man könne überhaupt nur seinen eigenen Überzeugungen folgen, schrieb er Martini, denn auch wenn ein anderer einen überzeuge, seien es ja eigene Überzeugungen geworden. Man muss sich auf sich selbst verlassen. Man ist sozusagen dazu verurteilt. Kleist tut das mit dem eifrigen Verstand und der erregten Leidenschaft eines Menschen, der nicht nur für seine Überzeugung, sondern auch um sein Leben kämpft. Er bebte in seinem Brief für seinen Traum von einem tugendreichen Leben, auf den er sein Glück gründen wollte. Glück und Tugend, dazu kam als Drittes noch die Bildung. Heinrich von Kleist war beseelt von dem Willen – das vor allem ist es, was er seinem Lehrer mitteilte –, sein Leben der Ausbildung zur Tugend zu widmen und dadurch glücklich zu werden. »Aufsatz, den sichern Weg des Glücks zu finden und ungestöhrt – auch unter den größten Drangsahlen des Lebens, ihn zu genießen!«, heißt seine erste Schrift, in der er das ausarbeitete.

Dass er selbst erkannte, dass er letztlich gar nicht so genau wusste, wovon er sprach, wenn er von Tugend sprach, focht ihn nicht weiter an. Es bestärkte ihn in seiner Heftigkeit. Er schrieb: »Lieber! ich schäme mich nicht zu gestehen, was Sie befürchten: daß ich nicht deutlich weiß, wovon ich rede, und tröste mich mit unseren Philistern, die unter eben diesen Umständen von Gott reden. Sie [die Tugend] erscheint mir nur wie ein hohes, erhabenes, unnennbares Etwas, für das ich vergebens ein Wort suche, um es durch die Sprache, vergebens eine Gestalt, um es durch einen Blick auszudrücken. Und dennoch strebe ich diesem unbegriffenen Dinge mit der innigsten Innigkeit entgegen, als stünde es klar und deutlich vor meiner Seele.«[1]

Kleist zweifelte also selbst an seiner Tugendidee. Im Nachhinein kann man auch erkennen, dass es ihm um etwas anderes ging. Es ging ihm um sich selbst. Glück, Tugend und Bildung waren vor allem Worte für Selbstentfaltung. Aber Kleist kannte und hatte nur diese Worte, um sich in seinem überschwänglichen Wesen zu begreifen. »… ich *ahne* noch etwas Höheres, und das ist es wohl eigentlich, was ich nicht ausdrücken und formen kann.«[2] Kleist suchte nach etwas, das er nicht kannte, er meinte etwas zu fühlen, für das er keinen Begriff hatte. Die Worte, die ihm zur Verfügung standen und die er gebrauchte, Glück, Tugend, Bildung, waren typische Worte der Aufklärung. Sie passten nicht, aber immerhin halfen sie ihm, seinen Intuitionen zu folgen und sich von der Verpflichtung auf die familiären Autoritäten, auf die toten Eltern, die jetzt seine Tante, sein Vormund und wahrscheinlich auch seine Geschwister vertraten, frei zu machen.

Kleists Ausbruch ist ganz aus dem Geist der Aufklärung heraus geschrieben: Vertraue nur dir selbst, und das heißt den Gründen, die du selbst einsiehst. Das ist es, was Aufklärung eigentlich meint: Wer sich seines eigenen Verstandes zu bedienen weiß, ist aufgeklärt. Das ist es, was Immanuel Kant aus Königsberg in seiner berühmten Schrift »Beantwortung der Frage: Was ist Aufklärung?« als Aufklärung bestimmt hatte.[3] Es ist aber keineswegs sicher, dass Kleist Kant zu diesem Zeitpunkt überhaupt kannte. Sein damaliges Denken scheint eher einer frühen Schicht der Aufklärung zu entstammen, als man es liebte, vernünftelnd über Tugend zu reden.

Bei Kleist wurde aus dieser Aufklärung etwas Neues. Sie wurde zu einer Art Privatreligion, einem Instrument für die Frage nach dem Leben und seinem Sinn, seiner »Bestimmung«, wie Kleist es nannte. Traditionelle Gläubigkeit dagegen war Kleist fremd. Gott kommt als Ziel der Bestimmung nicht vor, denn Kleist folgte einem neuen Gott. Für ihn waren sein Inneres, dem er mit der »innigsten Innigkeit« folgen wollte, und die Vernunft nahezu identisch, und beide hatten mit seiner »Bestimmung« zu tun. Darauf bezog sich der quasireligiöse Ton. Ich muss etwas wirklich einsehen, dann kann es auch zu meinem Innersten werden. Und diese persönliche Überzeugung ist dann der Weg, um mein Glück zu gründen.

»Ich getraue mir zu behaupten, daß, wenn es mir gelingt, bei der möglichst vollkommenen Ausbildung meiner geistigen und körperlichen Kräfte auch diese benannten Eigenschaften einst fest und unerschütterlich in mein Innerstes zu gründen, ich, unter diesen Umständen, nie unglücklich sein werde.«[4]

Zu den »benannten Eigenschaften« zählte Kleist Edelmut, Standhaftigkeit, Bescheidenheit, Genügsamkeit, Menschenliebe. Im Ausdruck von der »innigsten Innigkeit« klang aber etwas Unaussprechbares an. Man beteuert, dass man etwas empfindet, aber man vermag nicht zu sagen, was es ist. Weswegen die Beteuerungen umso heftiger werden.

Kleist war sehr daran gelegen, seinem Gedankengang Stimmigkeit und Zusammenhang zu geben. Er strebte nach der Folgerichtigkeit der Argumente, statt sich dem Zufall der Welt zu überlassen. Nebenbei wappnete ihn die Folgerichtigkeit der Gedanken gegen die Übermacht der Erwartungen, die von seiner Familie an ihn herangetragen wurden und die ihn davon abhielten, auf das zu hören, was er in sich spürte.

Der Streit, der hier das erste Mal ausbrach, fand keine Lösung, solange Kleist lebte. Die Familie, insbesondere seine Schwester Ulrike, die sich gleichzeitig aufopferungsvoll um ihn kümmerte, hielt ihm immer wieder vor, dass er kein ernstzunehmendes Mitglied der Gesellschaft sei, dass er sich einordnen und einen ordentlichen Beruf ergreifen solle. Und er versuchte, etwas dagegenzusetzen, versuchte, dem zu vertrauen, was er in sich spürte, versuchte später, mit all seiner Kraft etwas daraus zu machen, es wirklich, sichtbar und strahlend werden zu lassen.

Oft wurde bemerkt, dass Kleist mit diesem Brief unoriginell gewesen sei. Originell war er tatsächlich nicht durch neue Gedanken, einzigartig war er durch den glühenden Eifer, mit dem er sich der Tugend und der Bildung seines Selbst verschrieb. Bei Kleist ging es um das Leben. Das macht ihn bis heute modern. Man kann seine Hoffnung auf ein erfülltes Leben spüren und eine im Hintergrund wartende Verzweiflung, der er zu entkommen suchte, den mutigen, tapferen Eifer, mit dem er zu Werke ging, und die Angst, die sich mit all dem verband.

Diese Mischung aus Hoffnung, Verzweiflung, Mut und

Angst gehört zu Kleists Leben, zu seinen Versuchen, ein bürgerliches Leben zu führen oder ein Leben außerhalb der Gesellschaft und Konventionen, zu seinen Fluchten nach Paris oder in die Schweiz, seiner Ausbildung in Königsberg, seinem Leben als Schriftsteller in Dresden und Berlin, zu seinen Theaterstücken und Erzählungen. Sie gehört zu seinen hitzigen Briefen, der Wut, mit der er zum Gegner Napoleons wurde, der Energie, mit der er zum genialen Zeitungsredakteur und zum Selbstmörder wurde. Für Kleist ging es wirklich um das Leben als Ganzes. Er stürzte sich Hals über Kopf in die Ungewissheit wie der Soldat in die Schlacht. Er konnte vieles, aber einfach so dahinleben konnte er nicht.

Der Brief Kleists zeugt davon, wie ein Mensch, der immer noch Soldat war, Bildung aufgesogen hat, um sich selbst zu erschaffen. Er beschreibt einen Mut, der genauso halsbrecherisch wie schön ist. Dieser Mut hat weitreichende Konsequenzen. Wie nebenbei hebelte Kleist mit seinem Entschluss die alte ständische Ordnung aus, die seine Welt beherrschte, er glaubte nicht an Reichtum und Privilegien, er glaubte nicht an das Glück der Großen dieser Welt.

Kleist kommt aus dieser Welt, er stammt aus der hochprivilegierten Welt des Adels. Eigentlich müsste von ihm immer als »von Kleist« die Rede sein. Die Welt, aus der Kleist stammt, ist eine Welt, in der ein »von« den Unterschied machte. Später hat er selbst das »von« für einige Zeit aus seinem Namen gestrichen und mit Heinrich Kleist unterschrieben. Kleist verließ auch diese Welt leichten Fußes, weil er auf eine bessere hoffte. Er war voller Zuversicht, dass er sich auf eine andere, neue, verheißungsvolle Welt zubewegte.

In dem Entschluss, das Militär zu verlassen, steckt ein weiterer wichtiger Charakterzug Kleists, ein Zug, der so offensichtlich ist, dass er oft nicht erwähnt wird. Kleist war extrem. Er war extrem in dem Sinn, dass er die Konsequenzen aus dem, was er eingesehen hatte, was er für richtig hielt, auch zu ziehen bereit war. Auch Kleists Freunde Otto Rühle von Lilienstern und Ernst von Pfuel wollten das Militär verlassen, haben es dann aber doch nur zeitweise getan. Kleist tat diesen Schritt als Erster und am radikalsten. Er war oft ein verzweifelter, immer aber ein mutiger Mensch. Er hat sich kompromisslos auf seine Gefühle eingelassen und verlassen. Er lebte in einem Zustand dauernder Radikalität. Seine Überlegungen und Entscheidungen hatten für ihn extreme Konsequenzen, die einzugehen er bereit war. Das macht ihn – und auch die Figuren, die er später in seinen Theaterstücken und Erzählungen erfand – so außergewöhnlich. Seine Entscheidung von 1799 und sein Tod von 1811 hängen zusammen.

Man muss hier, am Anfang, noch nicht an Kleists Tod denken, man muss in dem Mut der Verzweiflung, den man aus seinem Lebensplan herauslesen kann, wie er dieses sein Selbstbildungsprojekt bald nennen wird, nicht den Vorgeschmack des Selbstmords spüren. Man sollte keine mysteriöse Todessehnsucht oder dunkle Tragik in Kleists Leben hineindichten, wie wenn von Anfang an der Schatten des Todes über ihm gelegen hätte. Aber man kann schon hier feststellen, dass er in der Welt, auf die er hoffte, nie ankommen sollte und auch nicht ankommen konnte. Es ist eine Welt, für die er, der Spross einer preußischen Offiziersfamilie, nicht geschaffen war, eine Welt der etwas beschränkten Innerlichkeit, die einige Jahrzehnte später im Biedermeier ihre deutsche Form bekam, eine Welt, die im Bürgertum ihren Ort gefunden hat.

Aus dem Zutrauen, dass Bildung Kleist bei der Vervollkommnung seiner selbst, und das heißt im irdischen Glück, immer weiter bringen würde, spricht nicht nur der Optimismus der Aufklärung. Es ist auch der Bildungsgedanke einer kommenden Zeit: »Mich tröstet die Erinnerung dessen, um wie viel dunkler, verworrener als jetzt, in früheren Zeiten der Begriff von Tugend in meiner Seele lag, und nur nach und nach, seitdem ich denke und an meiner Bildung arbeite, aus der Bildung der Tugend für mich an Gestalt und Bildung gewonnen hat«, schrieb Kleist.[5] Darin steckt der Bildungsgedanke des Bürgertums, der Glaube, dass eine Vervollkommnung durch Bildung des Selbst möglich ist, ein Gedanke, der das kommende, das 19. Jahrhundert beschäftigte.[6] Darin steckt die Idee, dass das Selbst, das Ich, etwas Kostbares ist. Und dass es eine vielversprechende, verheißungsvolle Lebensaufgabe ist, sich dem zu widmen.

So ist man, kaum dass man angefangen hat, sich mit dem angeblich unoriginellen Brief eines 21-jährigen Adligen zu beschäftigen, der in der preußischen Garnisonsstadt Potsdam als Leutnant stationiert war, mitten in der geistigen Strömung, die zwei Jahrhunderte verbindet. Das widerspricht dem Kleistbild des gefühlsbetonten Eigenbrötlers. Es ist vielmehr so, dass man die Zeit, das, was die Menschen durchlebten, das, was am Ende die Geschichte geworden ist, mit Kleist besonders gut durchleben kann. Er ergriff das, was ihm in seinem Leben begegnete, so entschieden, dass man durch ihn verstehen kann, was die Dinge einmal bedeutet haben. Kleist ließ sich von Ereignissen, Begegnungen und Erlebnissen regelrecht entzünden. Indem er sie anfasste, begannen sie zu strahlen.

Kleist ist damit auch ein Abbild seiner Zeit. Er ist nicht repräsentativ für sie, seine Zeitgenossen haben sich in ihm nicht wiedergefunden, er war ihnen fremd, sie liebten ihn nicht und sie bewunderten ihn kaum. Trotzdem ist er ein idealer Führer durch diese Zeit: durch eine wichtige Epoche Preußens, das so stark war, als Friedrich der Große 1786 starb, das aber im Jahr 1806 – nur zwanzig Jahre später – am Rand der Auflösung stand; durch die geistigen Strömungen dieser Jahre, durch die Aufklärung mit ihrer Bildungsidee, durch die Klassik und Romantik; aber auch durch so Profanes wie das preußische Militär oder das Reisen; vor allem aber durch die großen Themen Krieg und Liebe, Tod und Gefühl. Wie selbstverständlich kann man mit Kleist über Leben und Tod nachdenken.

Fast alles, was man darüber weiß, ist der Arbeit von Philologen zu verdanken. Ein typisches philologisches Problem ergibt sich etwa daraus, dass Kleist die Gedanken seines Briefes an Martini auch in einem Aufsatz dargestellt hat, den er für einen Freund geschrieben hat. Es ist der »Aufsatz, den sichern Weg des Glücks zu finden«. Er hat viele mit dem Brief vom 18. März 1799 gleichlautende Passagen. Nun möchte man natürlich wissen, welchen Text Kleist zuerst geschrieben hat. Das ließe Rückschlüsse auf seine Beziehung zu den angeschriebenen Personen zu. Trotz großer Bemühungen aber hat man es bis heute nicht herausgefunden. Solche Unsicherheiten gibt es bei Kleist viele.

Überlegungen zur Überlieferung von Texten sind schwierig

nachzuvollziehen. Es lohnt aber, einmal daran zu erinnern, wie wenig Kleist wir oft wirklich in Händen halten, wie dünn der Faden ist, der in die Vergangenheit reicht, und wie dünn somit auch das Eis ist, auf dem sich eine Biographie bewegt. Der echte Brief an Martini zum Beispiel ist unbekannt. Überliefert ist nur ein Abdruck des Briefes, den Eduard von Bülow, der erste Biograph Kleists, im Jahr 1846 veröffentlichte. Bülow hatte von Ludwig Tieck, dem romantischen Schriftsteller, den Kleist in Dresden kennengelernt hatte und der sich später als Herausgeber von Kleists Schriften engagierte, eine Abschrift des Briefes erhalten, die Tieck seinerseits wahrscheinlich von Carl Eduard Albanus, einem Schüler Martinis, bekommen hatte. Diese Abschrift ist ebenfalls unbekannt.

Wie gesichert ist es also, dass das, was Bülow abdruckte, von Heinrich von Kleist stammt? Hat er wirklich das geschrieben, was wir heute lesen? Wie oft erlag der Abschreibende der Versuchung, etwas wegzulassen oder umzuschreiben? Wie viele Fehler haben sich beim Abschreiben und beim Setzen des Textes eingeschlichen? Aus vielen Beispielen weiß man, dass Kopisten oft weit unzuverlässiger sind, als man es sich wünschen würde. Dabei geht es nicht nur um Kleinigkeiten. Manches spricht zum Beispiel dafür, dass die Reihenfolge der Seiten des Briefes bei Bülow vertauscht wurde.

Auch der »Aufsatz, den sichern Weg des Glücks zu finden« kann da nicht wirklich weiterhelfen. Er ist ebenfalls nur in einer Kopie überliefert. Sie wurde von Herausgebern Kleists zweimal um die Wende vom 19. zum 20. Jahrhundert veröffentlicht, knapp hundert Jahre nach Kleists Tod. Seitdem ist diese Kopie ebenfalls verschollen. Es gibt in diesem Fall also nur noch die beiden unzuverlässigen Abdrucke, nichts aber von Kleists Hand.

Trotzdem ist viel mehr bekannt als nichts. Durch die Übereinstimmungen zwischen Brief und Aufsatz kann vieles eindeutig Kleist zugeschrieben werden. Wir wissen, dass nirgendwo bei Kleist zu dieser Zeit eine Idee davon zu finden ist, dass die »Bestimmung«, von der er sprach, irgendetwas damit zu tun hat, dass er Dichter werden könnte. Nicht einmal als Gedanke existierte das damals für ihn. Solange Kleist glaubte, sich vervollkommnen zu können, gab es keinen Gedanken an ein

Leben als Schriftsteller. Eine zweite Beobachtung lässt sich ebenfalls sowohl in dem Brief als auch an dem Aufsatz machen. Kleist hat seinen Brief aus dem Gesprächszusammenhang seines Geständnisses in der Familie und des Gesprächs mit Martini entwickelt. Der Aufsatz, dessen Gedankenführung zusammenhängender wirkt, ist im Dialog mit einem Freund entstanden. Kleist schrieb also aus dem Dialog, aus der Auseinandersetzung heraus. Er schrieb nicht für sich, sondern in direktem Bezug auf seine Umgebung.

In dem Aufsatz wird die Idee der Bildung weiter entfaltet. Bildung bedeutet hier so viel wie Ausbildung – eine Ausbildung, die zu zunehmender persönlicher Vollkommenheit führt, eine Ausbildung sowohl durch Vermehrung der Kenntnisse als auch durch Wachsen der Tugend, eine Ausbildung, die sich als »Bildung« auf den ganzen Menschen bezieht.[7] Das ist es, was die Sache so verführerisch macht. Dieser aufgeladene Begriff von Bildung lässt Kleist wie eine überspannte Vorwegnahme des »Bildungsbürgers« erscheinen. Selbst Reisen, kann man dem Aufsatz entnehmen, ergab für Kleist Sinn als Teil seines Bildungsprogramms.[8]

»Für Rühle« – der Freund, für den Kleist den Aufsatz geschrieben hat und dem er gewidmet ist, hieß mit vollem Namen Johann Jakob Otto August Rühle von Lilienstern. Rühle war zweieinhalb Jahre jünger als Kleist. Als er 1847 starb, hatte er eine glanzvolle Karriere beim preußischen Militär hinter sich. Er war bis zum Tod Kleists einer seiner besten Freunde, wenn nicht der beste Freund.[9] Kennengelernt haben sich die beiden bei der Armee in Potsdam, seit Dezember 1795 war Rühle – wie Kleist – beim Regiment Garde stationiert.

Rühle scheint ein einnehmendes Wesen gehabt zu haben, auch wenn er die Tendenz hatte, sich manchmal ganz auf sich zurückzuziehen. Darauf – wie auf seine eigene Menschenscheu – bezog sich Kleist in seinem Aufsatz, wenn er davon sprach, dass ihm Rühle erscheine, »als ob Sie die Menschen haßen und scheuen.«[10] Kleist versuchte einen Weg aufzuzeigen, der Menschenhass in Menschenliebe verwandelt. Die Hoffnung solle Rühle zu seiner »Göttin« wählen. Das klingt, als seien die beiden in manchem Gespräch einig gewesen, dass sie mit ihren

Mitmenschen nicht glücklich sind, dass sie sich fremd unter ihresgleichen fühlen.

Außerdem ist der Aufsatz das Dokument einer innigen Verbindung. Sie hatten wirklich etliche Gemeinsamkeiten. Rühle und Kleist lernten gemeinsam Mathematik und Philosophie, Griechisch und Latein, und sie machten gemeinsam Musik. Es scheint, als hätten Rühle und Kleist nicht nur intensiv miteinander diskutiert, sondern beim Militär auch gemeinsam gelebt und empfunden, als seien sie einander zugeneigt gewesen wie sonst nur Liebende. Ist der Zweck der Bildung erreicht, »dann, mein Freund, wird die Erde unser Vaterland, und alle Menschen unsre Landsleute sein. Wir werden uns stellen und wenden können wohin wir wollen, und immer glücklich sein.«[11] Es ist, als sei Schillers Freundschaftsutopie aus dem »Don Carlos« dabei, Wirklichkeit zu werden.

Kleist hat seine Auffassung von Glück, Tugend und Bildung nicht erst im Brief an Martini, sondern im Zusammenleben mit Rühle und anderen Kameraden entwickelt. Auch Ernst von Pfuel, der 1797 nach Potsdam kam, wurde ein enger und lebenslanger Freund Kleists. Auch Pfuel machte später eine außerordentliche Karriere beim preußischen Militär. Rühle, der einerseits wie Kleist den Soldatenstand hinter sich lassen wollte, andererseits von Gerhard Scharnhorst, dem Leiter der Berliner Militärakademie, zu seinen besten Schülern gerechnet wurde, wurde General, Generalstabschef und Generalinspekteur des Militärerziehungs- und Militärbildungswesens. Pfuel, der wie Kleist das Militär verließ, aber während der napoleonischen Kriege zurückkehrte, wurde ebenfalls General und war als Gouverneur von Berlin, Ministerpräsident und Kriegsminister Preußens noch erfolgreicher. Auch Kleist hätte es weit bringen können.

Mit dem Regiment, von dem Kleist sich jetzt verabschiedete, war er seit vier Jahren in der größten Garnisonsstadt Preußens, in Potsdam, stationiert gewesen. Hier hatte er jahrelang den normalen Garnisonsalltag erlebt. Das Militär hatte sein Leben geprägt. Im Juni 1795 war Kleist mit dem Regiment Garde von einem Feldzug gegen Frankreich, der Rheinkampagne, zurückgekehrt. Seitdem war die Ruhe durch keinerlei Kriege oder auch nur durch die Möglichkeit eines Krieges durcheinandergebracht worden. Auch die sogenannten Revuen, die jährlichen Militärparaden, die unter Friedrich II. noch ein Moment äußerster Anspannung für Offiziere und Soldaten gewesen waren, wurden immer mehr zu einer Routineveranstaltung.

Hauptbestandteil des Garnisonsalltags war das Exerzieren.[12] Es war, neben der Wache, die zentrale Aufgabe von Offizieren und Mannschaften. Exerziert wurde in aller Regel vormittags. Es bestand im Aufmarschieren, in den vielen exakt auszuführenden Handgriffen wie dem Schultern und Präsentieren des schweren Gewehrs. Dazu gehörten die Geschwindigkeit des Nachladens und das Einüben im absoluten und exakten Gleichmaß der Bewegungen, die die Voraussetzung für das uhrwerkartige Funktionieren dieser Armee und ihre jahrzehntelange Überlegenheit gewesen waren.

Als Secondeleutnant hatte Kleist ab 1797 solche Exerzierübungen durchzuführen. Diese Aufgabe erstreckte sich aber nicht über das gesamte Jahr, die Exerzierübungen fanden in zwei Monaten im Frühjahr statt, den für die Soldatenausbildung zentralen Wochen, und dann wieder im Herbst. Viele der Soldaten wurden in der restlichen Zeit nach Hause geschickt, um dort bei der Feldarbeit zur Verfügung zu stehen.

Über die verschiedenen Dienstgrade und ihre jeweiligen Aufgaben im altpreußischen Heer herrschte lange Unklarheit. Kleist diente bei der Infanterie, also den Fußtruppen. Bekannt sind die Rangbezeichnungen, unter denen er seinen Dienst leistete. Als er als 14-Jähriger im Juni 1792 in die Armee eintrat, war er Gefreiter-Korporal. Im Januar 1794 wurde er nach mehreren erfolgreich geschlagenen Schlachten der preußischen Armee zum Portepée-Fähnrich befördert. Im Mai 1795, nach dem Basler Frieden und kurz bevor das Regiment zurück nach Potsdam marschierte, wurde Kleist wirklicher Fähnrich. Von diesem Moment an war er vollwertiger Offizier. Im März 1797 wurde er dann noch weiter zum Secondeleutnant befördert.

Gefreiter-Korporal konnte nur ein Adliger werden, der Rang war sozusagen der Beginn der höheren Offizierslaufbahn. Trotzdem war ein Gefreiter-Korporal, oder auch Gefreiten-Korporal, selbst wenn er bereits von Beginn an eine Unteroffiziersuniform trug, kein echter Offizier. Das wurde er erst als wirklicher Fähnrich – und das wurde er im Frieden erst, nachdem er mindestens vier Wachen geleistet hatte und Mannschaft, Unteroffiziere und Feldwebel bewirtet hatte. Die Bezeichnung für die Offiziersanwärter war »Junker«, ein Wort, das später vor allem auf den landbesitzenden Offiziersadel angewendet wurde.

Privileg und Pflicht des Gefreiten-Korporals war, in der Regel sobald er in den Rang eines Fähnrichs befördert wurde, das Tragen der Fahne. Das war nicht nur eine extrem wichtig genommene Ehre, sondern auch eine extreme Last, da die Fahne schwer, die Fähnriche aber jung und noch nicht sehr kräftig waren und die Fahne oft sehr lang vor dem Körper getragen werden musste. Besonders schwierig war es, wenn gleichzeitig salutiert werden musste. Die Anstrengung beim Tragen mit einem Arm konnte dann so groß werden, dass den Junkern das Blut aus der Nase herauslief. Im Gefecht waren die Fahnenträger für die Truppen als Orientierung und Mutmacher sehr wichtig. Ob Kleist die Fahne trug, wissen wir nicht, man muss aber davon ausgehen. Die Fahnen marschierten direkt hinter dem Kommandeur, ihnen folgten die Musik und erst dann das Bataillon. Solange im Gefecht die Fahne stand, war für die Truppen alles in Ordnung.

Gegenüber den Leutnants befanden sich die Gefreiten-Korporale, auch die Fähnriche, in einer deutlich untergeordneten Position. Die Wache durften sie nur besuchen, wenn sie eingeladen wurden. Sie wurden in der Regel nicht förmlich gegrüßt, sondern mit einem herablassenden Nicken bedacht; sie wurden mit »Er« angeredet und konnten sogar körperlich bestraft werden. Allerdings durften sie nur mit der flachen Klinge gezüchtigt werden, nicht mit dem Stock wie der gemeine Soldat, und auch nur, wenn sie an ihrer Uniform noch kein Offiziersportepée trugen, welches Kleist als Portepéefähnrich ab 1794 hatte. Die Verhältnisse waren kompliziert, aber genau geregelt. Das Schlagen mit der flachen Klinge hieß »Fuchteln« und galt im Gegensatz zu den Stockschlägen nicht als entehrend. Von den Mannschaften wurde ein Gefreiten-Korporal von Anfang an als der künftige Offizier betrachtet.

Die Ausbildung der Junker der Infanterie fand vor allem am Gewehr statt, das wie die Fahne sehr schwer war. Das erlebte Kleist in den ersten Monaten seines Militärdienstes 1792. Der Dienst begann bei der ersten Dämmerung, nach der Parade wurden sie von einem Leutnant exerziert, sie besuchten am Nachmittag die Junkerschule und wurden dann weiter exerziert. Jeden siebten Tag mussten sie »visitieren«: Mit geladenem Gewehr wurden die Reviere der Mannschaften untersucht. Man kann sich vorstellen, dass das nicht immer reibungslos und harmonisch ablief.

Mindestens viermal im Monat, eigentlich alle vier Tage, mussten sie auf Wache. Mit letzten Kräften standen sie dann nachts bei der Schildwacht. War es auch noch kalt, wurde das zu einer besonders schwer durchzustehenden Aufgabe. Es war jedoch verpönt, um Ablösung zu bitten. Erleichtert wurde die Aufgabe für den Gefreiten-Korporal, weil er oft in die Offizierswache hereingeholt wurde – ein Privileg, das er dem gemeinen Gefreiten voraushatte. Hier konnte er essen und wenigstens auf einem Stuhl sitzen, wenn schon nicht schlafen.

Außerdem wurde bei diesen Wachen viel Alkohol getrunken. Von den Junkern wurde erwartet, dass sie den Mannschaften bei den ersten Wachen einen ausgaben: »Für einen dreizehnjährigen Junker war das Postenstehen keine Kleinigkeit. Er wurde, besonders wenn er in einer verrufenen Gegend stand, ... oft mutwillig erschreckt, so daß er froh war, wenn die Ablösung kam. Freilich war nach dem zweistündigen Schildern im stinkenden Wachtrockelor der Aufenthalt in der mit Ausdünstungen erfüllten Wachtstube auch nicht gerade angenehm. Ruhen konnten die Junker auch nicht, denn sie wurden bald wieder zum Patrouillieren aufgerufen, und mußten dann aus dem überheizten Wachlokal ohne Mantel in die grimmigste Kälte hinaus und zähneklappernd im tiefen Schnee Patrouillen gehen.«[13]

Erst mit der Ernennung zum wirklichen Fähnrich war Kleist vollwertiger Offizier. Zentraler Begriff war nun die Ehre, die, wenn verletzt, nur durch die Waffe gesühnt werden konnte. Zum Offizier gehörte ebenfalls, auch bei der Infanterie, dass er nicht zu Fuß ging. Als ein preußischer Offizier die französischen Truppen unter Napoleon lobte, weil die Offiziere dort zu

Fuß gingen und ihren Tornister trugen, beschied General Rüchel, Regimentschef Kleists ab 1798, ihn mit den Worten: »Mein Freund, ein preußischer Edelmann geht nicht zu Fuß.«[14]

Kleist traf seinen Entschluss, das Militär zu verlassen, nachdem er Offizier geworden war. Mit der Ernennung zum Leutnant 1797 war er den schlimmsten Plagen entronnen und vom Wachdienst befreit. Es war deswegen ein Tag, der im Allgemeinen herbeigesehnt wurde. Der Junker sparte auf seine neue, kostbare Uniform, die er selbst bezahlen musste.[15] Die Schulden, die er dabei machte, waren oft erheblich. Materiell gesehen, konnte das Leben auch als Leutnant noch immer elendig sein. Ab 1788 bekam ein Secondeleutnant 13 Taler im Monat. Das war zum Leben zu wenig.[16] Seine Wohnung musste ein Offizier ebenfalls selbst bezahlen. Allerdings scheint die Miete in Potsdam wegen der regen Bautätigkeit erschwinglich gewesen zu sein, Wohnraummangel bestand nicht.

Ein Offizier wohnte in der Regel zur Untermiete, fast immer in zwei Zimmern.[17] Kleist wohnte in der Nähe der Nauener Straße, in der Potsdamer Neustadt. Das Mittagessen nahmen die Offiziere (und Fähnriche) meist bei ihrem Kompaniechef ein, der in aller Regel verheiratet war und mit seiner Frau – wie Kleists Eltern in Frankfurt an der Oder – ein Stadthaus führte, in dem täglich um zwölf Uhr die Gäste empfangen wurden. Dass Kleist hier öfter zu Gast war, ist nicht verbürgt, kann aber als wahrscheinlich gelten. Der fürsorgliche und rücksichtsvolle Kompaniechef Kleists, Ferdinand von Frankenberg, hatte versprochen, sich um den jungen Soldaten zu kümmern.[18] Um über die Runden zu kommen, war Kleist trotzdem auf finanzielle Unterstützung durch die Familie angewiesen. Für ein standesgemäßes Leben hätte er Schulden machen müssen, was verboten, aber weithin üblich war.

Im Regiment Garde, zu dem Kleist gehörte, waren die meisten Offiziere wohlhabend. Die Garde war neben dem Kürassier-Regiment »Garde du Corps« die erste Adresse. Die Hauptwache von Kleists Bataillon – also der Ort, an dem Kleist beziehungsweise die Soldaten, die er befehligte, den Dienst zu absolvieren hatten – befand sich im Potsdamer Stadtschloss, direkt neben dem nördlichen, dem Markt zugewandten Eingang im Erdgeschoss. In diesen Räumen hatten das 2. und 3. Bataillon sowie das Grenadierbataillon des Regiments Garde ihre Wache, Kleist gehörte zum 3. Bataillon. Auf der anderen Seite des Tores hatte das 1. Bataillon seine Hauptwache. Diese Aufteilung zeigt die Wertschätzung, die insbesondere das 1. Bataillon als königliche Leibgarde genoss.

Ein Infanterie-Regiment bestand normalerweise aus etwa 2500 Mann, wovon im Jahrzehnt vor der Jahrhundertwende etwas mehr als 50 Offiziere und etwa 150 Unteroffiziere waren.[19] Die drei Bataillone des Regiments Garde waren größer, zusammen zählten sie mehr als 3000 Mann.[20] In der Regel gliederte sich ein Infanterie-Regiment in drei Bataillone, von denen nur die ersten beiden für den Kampf vorgesehen waren, das dritte wurde bis 1797 als Depotbataillon bezeichnet, es war also die Reserve.[21] In dem Feldzug, von dem die Garde 1795 zurückkehrte, hatte das 3. Bataillon genauso gekämpft wie andere Bataillone. Die 1920 Grenadiere und 60 Scharfschützen des 2. und 3. Bataillons Garde wurden von 54 Offizieren und 154 Unteroffizieren befehligt. Begleitet wurden sie außerdem von 50 Spielleuten, zwölf Chirurgen und acht Unterärzten.

Im Regiment Garde waren die Unterschiede zwischen den Bataillonen bedeutsam. Der König selbst war der Chef des 1. Bataillons, der Leibgarde zu Fuß, so hieß das 1. Bataillon mit vollem Namen. Das hatte weitreichende Konsequenzen. Die Wache des 1. Bataillons machte zum Beispiel nur Ehrenbezeugungen, wenn der König selbst erschien, nicht aber bei Generälen oder anderen Offizieren. Während der Karnevalszeit wurde das Bataillon zu den Festlichkeiten nach Berlin verlegt. Im 1. Bataillon hatte der König auch seine Leibkompanie, die er selbst verwaltete wie jeder andere Kompaniechef seiner Armee.[22] Es stimmt nicht, wie manchmal behauptet wird, dass Kleist als Mitglied des 3. Bataillons direkt dem König unterstellt war. Trotzdem war das Regiment Garde insgesamt ein Eliteregiment.

Ob das Leben des jungen Offiziers in Potsdam wirklich langweilig und eintönig war, wie fast alle Kleistbiographen behaupten, wissen wir nicht. Manches spricht dagegen: Kleist war in der nach oder neben Berlin lebendigsten Stadt Preußens stationiert. Er hatte viele Freiheiten, er kam mit der guten Gesellschaft genauso wie mit Gleichgesinnten in Kontakt. Und er hatte – wahrscheinlich das Wichtigste – einen Kreis echter Freunde.

Auf jeden Fall gab es im damaligen Preußen wenige Orte, die verheißungsvoller waren. Potsdam war eine junge Stadt, keine zweihundert Jahre ist es her, dass seine eigentliche Geschichte begann, auch wenn hier vorher schon Menschen gelebt hatten. Hundert Jahre bevor Kleist Potsdam den Rücken kehrte, stand hier zwar das Stadtschloss, aber von den beeindruckenden Steinhäusern an den geraden Straßen und den Gartenanlagen war nichts zu ahnen. Zu Kleists Zeit aber war Potsdam die schönste Stadt Preußens, es war Residenz des Königs und es war Garnisonsstadt. Zwischen Havel und den Seen fast wie auf einer Insel gelegen, vom Soldatenkönig Friedrich Wilhelm I. zur Garnisonsstadt gemacht, von Friedrich dem Großen mit Sanssouci und dem Neuen Palais zur preußischen Modellstadt ausgebaut, war Potsdam vor allem eins: modern.

Unter Friedrich dem Großen wurde Potsdam auch die größte Garnisonsstadt Preußens. Friedrich Nicolai fasst das Aussehen in seiner Beschreibung der königlichen Residenzstadt Potsdam von 1786 mit schöner Klarheit zusammen: »Potsdam ist regulär gebauet; die Straßen sind wohl gepflastert, breit, gerade und schön. Fast alle Häuser sind steinern und neu, von zwei, drei und vier Geschossen.«[23] Das war keineswegs selbstverständlich. Und das war etwas ganz anderes, als die Welt, die Kleist in Frankfurt an der Oder kennengelernt hatte. Potsdam war nicht Paris, aber es gab keinen mondäneren, lebendigeren, interessanteren Ort, an dem man in Preußen zwischen 1795 und 1799 leben konnte.

Auch über die Umgebung Potsdams gibt Nicolai anschaulich und knapp Auskunft: »Die Gegend um Potsdam ist so schön, als sie in einem flachen und sandigten Lande sein kann. Von den mehrsten Toren sind Alleen; und weiterhin, meistenteils am Wasser, sind Wälder, buschige Hügel und Weinberge. Von einigen benachbarten Bergen hat man schöne und abwechselnde Aussichten nach der Stadt, über die hier sehr breite Havel, nebst einigen Seen, nach verschiedenen Dörfern und nach den königl. Gärten, Wäldern, Lustschlössern und Häusern, die zum Teil wieder auf kleinen Anhöhen liegen.«[24] Friedrich Wilhelm II., der vom Tod Friedrichs des Großen, also von 1786 bis zu seinem eigenen Tod im November 1797 regierte, ließ den Neuen Garten nach dem Vorbild des berühmten Wörlitzer Parks anlegen – was dem sich damals zum Landschaftsliebhaber entwickelnden Kleist gefallen haben wird. Auch dass Friedrich Wilhelm 1793 das Königliche Schauspielhaus eröffnet hatte, wird Kleist nicht entgangen sein.

Potsdam ist bis heute eine schöne Stadt, sowohl von der Lage zwischen dem Wasser als auch von den Bauten her, den Schlössern und Häusern. Millionen Berliner und noch mehr Besucher aus aller Welt wissen das. Sollte das an Heinrich von Kleist, der dreieinhalb Jahre hier lebte, wirklich vorbeigegangen sein, obwohl der Eindruck, den die Stadt machte, damals noch größer war?

Der Hof prägte natürlich nicht nur Landschaft und Stadtbild, er beeinflusste auch das gesellschaftliche Leben. Die Verbindung zwischen dem König und seinen Offizieren war in der preußischen Armee traditionell eng, unter Offizieren verstand sich der König in erster Linie selbst als Offizier, also als Gleichgestellter. Entsprechend hatte Kleists Umgang mit dem König und dem Königshaus von Anfang an etwas Selbstverständliches. Man kann das an einem Brief Kleists ablesen, wo er sagte, dass zwar der Prinz, nicht aber der König freundlich gegen ihn war. Dass er Freundlichkeit voraussetzte, zeigt, wie normal sie für ihn war.

Vor allem war Potsdam eine Stadt voller Soldaten, knapp ein Drittel der rund 30 000 Einwohner. Sie prägten das Straßenbild, sie prägten das Leben in der Stadt. Nicolai zählt die Wirtshäuser, Caféhäuser, Billarde und Bierschenker auf, die 1786 bestanden. Sie waren höchst zahlreich, allein 99 Bierschenker, also Bierkneipen, habe es gegeben. Etwas Besonderes und für Kleist Bedeutsames kam dazu. Unter dem lebenslustigen oder frivolen, je nachdem wie man es sieht, König Friedrich Wilhelm II. war aus der strengen, preußischen Stadt eine Insel der Lustbarkeiten geworden. Schadow, ein Zeitgenosse, schreibt: »Zur Zeit Friedrich Wilhelms des Zweiten herrschte die größte Liederlichkeit, alles besoff sich in Champagner, fraß die größten Leckereien, frönte allen Lüsten. Ganz Potsdam war wie ein Bordell; alle Familien dort suchten nur mit dem Könige, mit dem Hof zu tun zu haben,

Frauen und Töchter bot man um die Wette an, die größten Adelichen waren am eifrigsten.«[25] Der Adel trank, tafelte und liebte in einer Weise, die Preußen nicht gekannt hatte.

Als Friedrich Wilhelm II. im November 1797 starb, wird Kleist mit der Garde in weißen Stiefeln und in feierlichem Zug zum Schloss gezogen sein, um dort die Leiche zu bewachen.[26] Dabei wird er wie viele die Hoffnung gehabt haben, dass das Lotterleben am Hof aufhörte, und manche Hoffnung in den neuen König Friedrich Wilhelm III. gesetzt haben: Kleist kannte ihn, er selbst war nur sieben Jahre jünger.

Wie bewegte sich Kleist damals auf gesellschaftlichem Parkett? Allgemein war der preußische Offizier nicht für geschmeidigen gesellschaftlichen Umgang bekannt, insbesondere die Begegnung mit dem weiblichen Geschlecht schien manchem Offizier mehr Angst gemacht zu haben als eine Schlacht. Sie hatten auch nicht viel Gelegenheit, Frauen zu begegnen und dabei ihr linkisches Wesen abzulegen.[27] In Potsdam war das anders. Kleist wirkte damals nicht linkisch, sondern elegant.[28]

Als Offizier hatte Kleist Zugang zur Gesellschaft, und das heißt auch zu den Damen. Er hat diese Möglichkeit genutzt. Es heißt, dass er in die Generalstochter Luise von Linckersdorf verliebt war – Bülow meint, dass die Trennung von ihr Kleist das erste Mal in eine Krise stürzte.[29] »Menschen, die sich mit allgemeiner Freundschaft lieben, deren Glück durch das Glück ihrer Nebengeschöpfe vervielfacht wird, die in der Vollkommenheit unaufhörlich wachsen, – o wie selig sind sie!«, schrieb Kleist ihr ins Stammbuch.[30] Bülow meinte, dass der Eintrag am Ende des ersten Dienstjahres, also 1793, geschehen sei. Aber da war Kleist nicht in Potsdam, so dass man davon ausgehen kann, dass es eher das Ende des ersten Dienstjahres in Potsdam, also 1796, war. »Als ich vor Linkersdorfs Hause vorbeifuhr, ward es mir im Busen so warm«, schrieb Kleist 1800 an Wilhelmine von Zenge.[31] Noch 1802 bewahrte sie zwei Porträts von Linckersdorf für Kleist auf.[32]

Es ist bekannt, dass Kleist im Haus des Verwaltungsbeamten Christoph Wilhelm von Werdeck und seiner Frau Adolphine verkehrte. Die Werdecks hatten im Spreewald ein der Familie Kleist benachbartes Gut. Adolphine von Werdeck, eine rundliche, kokette, lebenslustige Person, stand Kleist später nicht immer wohlwollend gegenüber. Sein nach innen gekehrtes Wesen hat ihr missfallen. Kleist verkehrte im Haus des Obersten Christian von Massenbach, den Rühle gut kannte und der wie Kleist beim Rheinfeldzug dabei gewesen war. Kleist hatte auch Zutritt zum Hause des Stabskapitäns Friedrich Wilhelm Christian von Kleist, einem entfernten Vetter. Hier lernte er dessen Frau Marie von Kleist kennen, eine geborene Gualtieri und Schwägerin Massenbachs.

Marie von Kleist war eine Kritikerin von König Friedrich Wilhelm II., später wurde sie Hofdame der Königin Luise, vor allem aber fand Kleist in ihr eine Herzensverwandte. Die 16 Jahre ältere Frau war mitfühlend und verständnisvoll. Von 1805 bis 1810 zahlte sie Kleist eine kleine Rente und achtete dabei darauf, dass Kleist diese für eine Pensionszahlung der Königin Luise hielt. Im Übrigen besuchten Luise und der spätere König Friedrich Wilhelm III., solange er Kronprinz war, die Abendgesellschaften des Stabskapitäns Kleist in Potsdam. Hier könnte Heinrich von Kleist sie getroffen und gesprochen haben.

Am wichtigsten aber waren die Freundschaften mit Rühle von Lilienstern und Ernst von Pfuel. Zu ihrem Kreis gehörte auch Carl von Gleissenberg, der Kleists Regimentskamerad war und im Dezember 1804 Kleists Cousine Caroline von Pannwitz heiratete. Kleist war in seinen letzten Jahren beim Militär, den Potsdamer Jahren, Teil einer Gruppe junger, aufgeschlossener Männer, die künstlerische Neigungen, Bildungshunger und Freundschaft verbanden. Es war eine neue Generation, die ihre politischen Vorstellungen später bei der Reform des preußischen Staats teilweise verwirklichte. Diese bildungsbeflissene Offiziersschicht glich einer neuen Bewegung. Bis vor kurzem hätte es ein Junker weit von sich gewiesen, eine Zeitung in die Hand zu nehmen, jetzt versuchte man die Lücken seiner Bildung auszugleichen. Leihbibliotheken und Journal-Lesezirkel wurden nicht nur in Potsdam, auch in mittleren Städten eingerichtet. Mit Eifer lasen die Offiziere die beiden in Berlin gedruckten Zeitungen von Haude & Spener und Voss. Im Jahresabonnement kosteten diese zwei Taler, die einzelnen Nummern einen Groschen. Im Hofpostamt in Berlin konnten die Offiziere alle fremden deutschen und französischen Zeitungen erhalten. Die Zeit war vorbei, in der es zum guten Ton gehört hatte, keine Zeitung zu lesen. Jetzt wurde zum Entsetzen der älteren Offiziere eifrig politisiert.[33]

Oft war es die Musik, die die Freunde vor allem verband. Kleist gehörte mit Rühle zu einem Quartett, das von sich reden machte. Rühle überlegte, Musiker zu werden, Kleist spielte hervorragend Klarinette, damals ein modernes Instrument. Interessant ist in diesem Zusammenhang, dass der König Friedrich Wilhelm II. – wenn auch erfolglos – versucht hatte, Mozart nach Potsdam zu holen.[34] Überhaupt war Potsdam eine musikbegeisterte Stadt: Friedrich Wilhelm II. spielte Cello, Konzerte waren auch der Bevölkerung zugänglich. Kleist lernte neben der Klarinette auch Flöte und Klavier zu spielen. Wenn man Eduard von Bülow glauben will, konnte er aber keine Noten lesen. Kleist hätte dann in seinem Elternhaus keine musikalische Ausbildung bekommen. Vielleicht hatte er das Klarinettespiel wirklich erst bei der Armee gelernt.[35] Die Klarinette hatte gerade die Oboe als Armeeinstrument ersetzt.[36] In Potsdam beschäftigte Kleist sich von allen Künsten am meisten mit der Musik. Musik spielte für ihn eine zentrale Rolle, später sollte er sie die Wurzel beziehungsweise algebraische Formel aller übrigen Künste nennen.

In einem Porträt Rühle von Liliensterns, das nach dem Tod des General-Leutnants 1847 in dem von ihm einst gegründeten »Militär-Wochenblatt« erschien, heißt es: »Das ausgezeichnete Quartett, welches v. Kleist (der Dichter), v. Schlotheim (Generalstabs-Offizier und nachheriger Gouverneur des Herzogs Karl von Mecklenburg), von Gleissenberg (Lieutenant im Regiment Garde, später Gouverneur in der Militair-Akademie) und Rühle bildeten, ist den Zuhörern noch heute lebendig im Gedächtniß. Und wie der rechte Ernst niemals den Sinn für Scherz und Heiterkeit ausschließt, so genossen die Freunde auch mit dem leichten Fluge dieser Stimmungen die vergängliche Zeit.«[37]

Gemeinsam unternahmen die vier eine Reise, die für Kleist eine außerordentlich intensive Erfahrung wurde. Als fahrende Musikanten machten sie einen Ausflug in den Harz, in ihrer Unbeschwertheit, Lebensfreude und Zuversicht fuhren sie ohne Geld los. Sie wollten sich unterwegs nur durch die Musik ernähren, spielten, wo sie waren, in Dörfern und Städten. Das klappte so gut, dass auch die vier fahrenden Musikanten davon überrascht waren. »Der Erfolg war glänzend; man kehrte von der genialen Reise neu erfrischt und geistig belebt wieder heim.«[38]

Kleist hat diese Reise so tief beeindruckt, dass er im Aufsatz über das Glück zweimal darauf zurückkam. Erst beschrieb er den Blick vom Brocken. Der Berg sei ihm zu hoch, um von dort aus das Schöne und Reizende der umgebenden Landschaft wahrnehmen zu können. Am Ende des Aufsatzes schrieb Kleist:

> Und dann noch Eines, Lieber, ist denn auch ohne Menschenliebe jene Bildung möglich, der wir mit allen unsern Kräften entgegenstreben? Alle Tugenden beziehn sich ja auf die Menschen, und sie sind nur Tugenden insofern sie ihnen nützlich sind ... Besonders dienlich wird unsre entworfene Reise sein, um Ihnen die Menschen gewiß von einer recht liebenswürdigen Seite zu zeigen. Tausend wohlthätige Einflüße erwarte und hoffe ich von ihr, aber besonders nur für Sie den ebenbenannten. Die Art unsrer Reise verschafft uns ein glückliches Verhältniß mit den Menschen. Sie erfüllen nur nicht gern, was man laut von ihnen verlangt, aber leisten desto lieber was man schweigend von ihnen hofft. Schon auf unsrer kleinen Harzwanderung haben wir häufig diese frohe Erfahrung gemacht.[39]

Auf Reisen kann man Menschenliebe erleben, meinte Kleist. Viele der Freundschaften, die damals entstanden, zu Rühle und Pfuel, zu den Werdecks und Marie von Kleist, hielten Kleists Leben lang.

Neben den beiden Monaten im Frühjahr, an denen exerziert wurde, und den Tagen der Herbstübungen war die Bewegungsfreiheit der Offiziere auch außerhalb Potsdams groß. Urlaub wurde, da ja auch die Soldaten zu großen Teilen nach Hause geschickt wurden, großzügig gewährt. Kleist besuchte damals die Familie in Frankfurt an der Oder und die Verwandten in der Lausitz. Die Harzreise, oder auch mehrere Harzreisen, fielen in diese Zeit. Nach Rügen reiste Kleist mit seiner Schwester Ulrike wohl erst im Sommer 1800.[40] Vielleicht war es aber auch schon im Juli 1796 oder einem der darauffolgenden Sommer. Jedenfalls gerieten sie beim Übersetzen in einen Sturm[41] und lernten dort Ludwig von Brockes kennen, der im Herbst 1800 Kleists Begleiter auf der Würzburger Reise wurde.

Nicht nur das Reisen gestaltete das Leben abwechslungsreicher. Kleist hatte in Potsdam ausgiebig Gelegenheit, sich aus- und weiterzubilden. Nicht mehr der alte Typus des analphabetischen Haudegens, sondern der gebildete Offizier war das Leitbild der preußischen Armee.[42] Es war sogar erwünscht, dass sich die preußischen Offiziere ihrer Bildung widmeten. Schon die Reise von Eschborn, wo er 1795 stationiert war, über Kassel, Hannover und Braunschweig war eine Art Bildungsreise gewesen. Gemeinsam mit Regimentskameraden hatte Kleist die Gemäldegalerie in Kassel besucht. 1797 schrieb Kleist, dass er mehr Student als Soldat sei. Zusammen mit seinem Freund Rühle von Lilienstern lernte er in Potsdam Latein und Griechisch, vor allem aber bildete er sich in Mathematik und Philosophie weiter, wie er 1799 im Brief an Martini schrieb. Kleist sah sich in dieser Zeit als Autodidakt. Tatsächlich erhielten er und Rühle in Potsdam keine systematische Ausbildung, auch wenn Kleist wohl dazu neigte, die Rolle seines Lehrers Johann Heinrich Ludwig Bauer geringer zu schätzen, als sie war. Kleist legte Wert darauf, dass er allein am besten lernen könne, deswegen spielte er die Bedeutung Bauers herunter. Bauer war Konrektor der Potsdamer Großen Stadtschule und Verfasser mehrerer Lehrbücher. Nach seinem Regierungsantritt 1797 hatte Friedrich Wilhelm III. Bauer beauftragt, den Potsdamer Offizieren Privatunterricht zu erteilen und Vorlesungen zu halten. Kleist war einer der ersten, der in den Genuss von Bauers Mathematik- und Grammatikunterricht kam, später erwähnte Bauer ihn – rügend – in einem seiner Lehrbücher.[43]

In den Unterrichtsstunden bei Bauer ereignete sich auch die Szene, die der unmittelbare Auslöser für Kleists Entschluss war, die Armee zu verlassen und die er im Brief an Martini beschrieb. Es ist eine Schlüsselszene Kleistschen Empfindens. Er beschrieb umständlich, wie er einen geometrischen Beweis, auch nach wiederholten Erklärungen Bauers, nicht begreifen konnte und zu seiner Schande die Demonstration des Beweises einem Mitschüler überlassen musste. Dann versuchte er es allein: »Ich eilte mit meinem Lehrbuche nach Haus, las, verstand, führte Beweis, streng systematisch, für die verschiedenen Fälle ...«[44] – was vor allem er beweisen wollte: Mit sich allein verstand er besser als bei einem Lehrer. Es ist wie ein Gegenstück zu seiner späteren Theorie im Aufsatz von der »allmähligen Verfertigung der Gedanken beim Reden«. Sofort zog er die Konsequenz: »... und in zwei Tagen war ich in Frankfurt«, geht der Satz weiter, »um keinen Augenblick mehr die Erfüllung meines Entschlusses aufzuschieben.« Dort machte man Einwürfe, er aber blieb standhaft: Er wolle den Abschied nehmen, um sich den Wissenschaften widmen zu können.

Es bleibt bemerkenswert, dass Kleist beim Militär sich hätte bestens ausbilden können. Unter den preußischen Militärreformern, die nach 1806 auf den Plan traten, waren Offiziere, die gerade beim Militär ihre Ausbildung genossen hatten. Kleist, früh verwaist, wäre ein idealer Kandidat für die Erziehung in der Berliner Kadettenanstalt gewesen. Er gehörte als Mitglied des nichtbegüterten Adels genau der Schicht an, für den diese Bildungseinrichtung geschaffen worden war. Dass er nicht angenommen worden war, dürfte seine Einschätzung der militärischen Bildungseinrichtungen nicht verbessert haben. Kleists Freunde aber bildeten sich beim Militär weiter. Pfuel hatte die École militaire besucht, Rühle ging in die von Scharnhorst neugegründete Akademie für Offiziere.

Es gab aber auch gute Gründe, das Militär zu verlassen. Friedrich de la Motte Fouqué, Pfuel und Rühle hatten es damals vor, Friedrich von dem Knesebeck oder Ludwig von der Marwitz, die Kleist später kennenlernte, spielten ebenfalls mit dem Gedanken. Sie alle waren enttäuscht. Die besten und vielversprechendsten Offiziere fanden kein Gefallen mehr am Militär. Aber auch wenn mehrere daran dachten, es war etwas vollkommen anderes, es wirklich zu tun. Pfuel verließ das Militär erst 1803, und auch das war nur eine Beurlaubung, Rühle wurde 1806 nach der Niederlage von Jena und Auerstedt lediglich demobilisiert. In der preußischen Gesellschaft war es seit dem Soldatenkönig Friedrich Wilhelm I. selbstverständlich, dass Bauern, die keinen Hof erbten, Soldaten wurden und dass Adlige, die kein Gut erbten, Offiziere wurden. Adel, Staat und Offizier, das war in Preußen eine Einheit, Offizier, das war für Kleist der natürliche Beruf. Offiziere hatten die besseren Ausbildungs- und Aufstiegsmöglichkeiten,[45] Offiziere hatten ihren Platz in der Gesellschaft.

Und für einen Kleist war das ganz besonders so. 1806, bei der Niederlage gegen Napoleon, finden sich 49 Personen mit dem Namen Kleist im preußischen Offizierscorps, das sind mehr als von jeder anderen Familie. An zweiter Stelle stehen die Arnims mit 37 Offizieren. Die Familie Kleist kann also als die kriegerischste in Preußen angesehen werden.[46] Die Militärlaufbahn entsprach bei den Kleists einer ausgeprägten Familientradition, auch Heinrich von Kleists Großvater Bernhard Christian von Kleist war Offizier und Gutsbesitzer.[47]

Kleist hebelte mit seiner Entscheidung nicht nur die familiäre Tradition, er hebelte die Ordnung der Welt seiner Herkunft aus. Es war noch nicht lange her, dass es quasi unmöglich war, den Abschied einzureichen. Der einzige Grund, der für Friedrich II. zählte, war Dienstuntauglichkeit. Wer aus Verärgerung über einen Vorgesetzten ein Abschiedsgesuch eingereicht hatte, sollte so lange in Arrest gesetzt werden, bis er davon abgekommen war. Und wer es bei klarem Verstand tat, wurde von Friedrich II. missachtet, weil er keine »Ambition« hatte. Außerdem war Kleist mit 21 zu alt für das Studieren, er hatte nur ein geringes Vermögen und durch das Studium nur eine geringe Aussicht auf Broterwerb. Das Leben in Potsdam war, mit Freunden, Musik, Bildung, Reisen, Gesellschaften und Dienst, nicht so eintönig, wie gern behauptet wird. Eigentlich gab es keinen Grund, sich gegen das Militär zu entscheiden. Und doch tat er es.

Wogegen entschied sich Kleist also, wenn er sich gegen das Militär entschied? Die Liebe zu den Wissenschaften kann es allein nicht gewesen sein, was ihm so sehr auf den Nägeln brannte, da er bei der Armee gute Weiterbildungsmöglichkeiten hatte. Er selbst sagte, dass er beim Militär mehr Student als Soldat gewesen sei.[48] Wichtiger ist, dass Kleist einen so emphatischen Begriff von Bildung hatte, dass er so viel von ihr erwartete, dass das sozusagen im Nebenberuf nicht zu erfüllen war.

Verachtung der Disziplin

Noch wichtiger ist die unmittelbare Begründung, die Kleist selbst gab. Er sagte, dass das Militär sich mit seinem Wesen nicht vertrage. »Die größten Wunder militairischer Disciplin, die der Gegenstand des Erstaunens aller Kenner waren, wurden der Gegenstand meiner herzlichsten Verachtung; die Offiziere hielt ich für so viele Exerciermeister, die Soldaten für so viele Sclaven, und wenn das ganze Regiment seine Künste machte, schien es mir als ein lebendiges Monument der Tyrannei.«[49] Diese Anschauung habe sich ein Jahr zuvor in ihm gebildet, als er dem König seine Ansichten über die »Natur des Standes«, dem er angehörte, mitteilen wollte – was er dann aber doch nicht getan hatte.

Er habe immer strafen müssen, wo er habe verzeihen wollen, schrieb Kleist. Er fühlte einen Gegensatz zwischen Offizier und Mensch, beides zu vereinen halte er »bei dem jetzigen Zustande der Armeen für unmöglich«.[50] Diese Worte sind verführerisch, denn sie passen genau zu der Vorstellung, die man sich vom preußischen Militär macht. Man denkt an eiserne Disziplin, unmenschliche Strenge und endloses Exerzieren. Sie zeichneten seit dem Soldatenkönig Friedrich Wilhelm I. die preußische Armee aus. Durch Disziplin hatte sie im Siebenjährigen Krieg bis 1763 ihre erstaunlichen und glorreichen Siege errungen. Bis heute mischen sich da Bewunderung und Abscheu.

Preußen hatte sich im Siebenjährigen Krieg allein gegen Österreich, Frankreich und Russland durchgesetzt, von denen jedes für sich genommen Preußen hätte überlegen sein müssen. Ein wenig hatte damals der Zufall eine Rolle gespielt, mehr die schnelle Entschlossenheit und das strategische Geschick Friedrichs II., vor allem aber war es eine überragende militärische Leistung, die erst durch das überlegene Funktionieren der preußischen Truppen möglich geworden war. Friedrich II. war stolz darauf, dass diese Armee wie ein Uhrwerk funktionierte.[51] Die Überlegenheit des preußischen Drills war damals so groß, dass sich die preußische Armee doppelt so schnell wie andere Truppen umgruppieren konnte.[52] Das aber wurde möglich durch Maßnahmen wie das brutale Spießrutenlaufen.

Eine bekannte Schilderung von Ulrich Bräker aus der Zeit des Siebenjährigen Krieges gibt das deutlich wieder: »Da mußten wir zusehen, wie man sie [die Soldaten] durch 200 Mann, achtmal die lange Gasse auf und ab Spißruthen laufen ließ, bis sie athemlos hinsanken – und des folgenden Tages aufs neue dran mußten; die Kleider ihnen vom zerhackten Rücken heruntergerissen, und wieder frisch drauflos gehauen wurde, bis Fetzen geronnenen Bluts ihnen über die Hosen hinabhingen.«[53] Nach dem Siebenjährigen Krieg wurde die Zucht noch verstärkt, weil sich immer mehr Ausländer im Heer befanden und die Qualität der angeworbenen Rekruten zu wünschen übrig ließ, was man durch Strenge wettzumachen suchte.[54]

An Stumpfsinn grenzte das Exerzieren. »Geometrie für Soldaten und die es nicht sind« heißt ein Buch von Georg Friedrich von Tempelhof, in dem Seite für Seite militärische Linienordnungen beschrieben werden: »Wenn eine Linie Infanterie oder Kavallerie, es sei ein Bataillon, ein Regiment oder ein ganzes Treffen zwischen den Richtungspunkten A, B, aufmarschirt ist, und nunmehr gerade vorwärts avanziren soll, so besteht das Schöne und Zweckmäßige dieser Bewegung darin, daß indem das Treffen bei dem Fortrücken nach und nach in die Stellungen A' B', A'' B'' usw. übergeht, es beständig mit der ursprünglichen Stellung AB parallel bleibe, ohne daß ein Gedränge, Auseinanderziehen (oder Lücken wie man sie nennt) entstehe, und das Intervall zwischen den Bataillonen verloren gehe.«[55]

Nach den Erfolgen des Siebenjährigen Kriegs gab es für die preußische Armee bis zur Niederlage von 1806 keinen Anlass, den Wert, den man auf den Drill legte, in Frage zu stellen. Jeder Einzelne wurde Teil einer Kriegsmaschine, er hatte nur Wert als Teil eines funktionierenden Ganzen. Auch unter schwerem Beschuss war diese Maschinerie in der Lage, die Reihen geschlossen zu halten. Sie folgte einem einzigen Willen, dem des Heerführers. Das war das damalige Modell des Kriegs. Dass die preußische Armee das am besten konnte, hatte ihre Überlegenheit ausgemacht.

Anfang 1798 wurde General Ernst von Rüchel Kleists Regimentschef,[56] also etwa zu dem Zeitpunkt, als Kleist begann, seine Abneigung gegen das Militär zu entwickeln. Rüchel war ein typischer Repräsentant dieses militärischen Preußentums. Er war es, der gesagt hatte, dass ein preußischer Edelmann nicht zu Fuß geht. Er führte sein Regiment mit Strenge. Clausewitz nannte ihn in seinem Buch »Preußen in seiner großen Katastrophe« eine »aus lauter Preußentum gezogene, konzentrierte Säure«.[57] Vor Mainz und bei der Rheinkampagne hatte er sich einen Namen gemacht. Kleist kannte ihn, Rüchel hatte die Truppen auf der Mainspitze befehligt, von wo aus die Stadt Mainz unter Beschuss genommen worden war.

In dieser Zeit schrieb Friedrich Karl von Schmidt: »Von dem Generalmajor v. Rüchel erzählte man, daß der König gesagt: ›Rüchel zwingt mich, ihn zu avancieren.‹ Und in der Tat waren seine Kenntnisse, seine Tätigkeit, die Stärke seines Charakters wohl nicht gering. Er war damals erst 39 Jahre alt, ein blühender, schöner, ziemlich großer und starker Mann, der sich in unserer wohlgezöpften Armee dadurch auszeichnete, dass er rund verschnittenes Haar trug. Liebe sich zu erwerben, verstand er nicht. Die Heftigkeit seines Charakters verleitete ihn oft zu Übereilungen, und eine angenommene Rauhigkeit sollte alle Menschen vor ihm erzittern machen. Überhaupt scheint er mir mehr ein Theater- als ein wahrer Held gewesen zu sein.«[58]

1806 war Rüchel Befehlshaber in Jena und wurde schwer verwundet,[59] im selben Jahr folgte er dem König nach Königsberg und musste 1807, nach dem Frieden von Tilsit, auf Druck Napoleons, der in ihm einen echten Widersacher sah, seinen Abschied nehmen. Zu dieser Zeit war Rüchel einer der entschiedensten Patrioten und mutigsten Soldaten im preußischen Offizierscorps. Als er 1798 das Regiment Garde übernahm, sah er mit Strenge auf größte Ordnung und äußerste Disziplin. Rüchel, das war der zeittypische Repräsentant der preußischen Tugend.

Kleist begann damals, sein Äußeres zu vernachlässigen. Gegen Ende seiner Potsdamer Zeit begann er sich auch in Gesellschaft unwohl zu fühlen. Wahrscheinlich ist es ebenfalls Fouqué, der die folgende Charakterisierung gab: »Mein Zeuge sagt von ihm, er sei, bei einem sehr wenig empfehlenden Äußeren, doch sehr beliebt unter seinen Kameraden und in allen Gesellschaften gewesen: er wird als ein guter, sehr sittlicher Mensch, von viel Geist und Bildung, aber auch mit vielem Hang zur Schwärmerei, geschildert; und als sein größter Fehler wird eine überaus große Empfindlichkeit und Reizbarkeit genannt.«[60]

Wenn dieser Kleist von Tyrannei sprach, war es wohl der durch und durch militärische Rüchel, der ihm vor Augen stand. Kleists Vorbehalt gegen das Exerzieren war ein Vorbehalt gegen Rüchel. Schon 1798 geriet der reizbare Kleist mit diesem Mann in Streit. Rüchel versuchte aber, Kleist in der Armee zu halten, wie Bülow berichtet.[61] Er fand an dem bildungshungrigen jungen Offizier Gefallen. Und wären sich Rüchel und Kleist nach 1806 begegnet, hätten sich verwandte Auffassungen zur Lage Preußens gezeigt.

Manche erkennen in Kleists Ablehnung des Exerzierens eine pazifistische Grundeinstellung. In der Tat scheint Verachtung für das Militär aus Kleists Worten zu sprechen, zumal er gegenüber Ulrike zwei Monate später von »sieben unwiderbringlich verlorenen Jahren«[62] beim Militär sprach. Aber eine Ablehnung des Krieges lässt sich aus dem Brief an Martini an keiner Stelle herauslesen. Kleists Einstellung war nicht pazifistisch. Was Kleist 1799 störte, war die Einschränkung der Freiheit, und zwar seiner ganz persönlichen Freiheit. Es war das Gefühl, dass es ihm beim Militär unmöglich war, seiner inneren Stimme zu folgen. In diesem Zusammenhang ist das »lebendige Monument der Tyrannei« zu verstehen. »Sieben unwiderbringlich verlorene Jahre«, das ist eine Reaktion auf die verspätete Aufnahme des Studiums, der Sorge um sich selbst, es ging um, wie man heute sagen würde, verlorene Lebenszeit.

Es gibt neben der Strenge ein zweites hartnäckiges Urteil über die preußische Armee, das sich in den Köpfen festgesetzt hat und das immer wieder zum Verständnis von Kleists Entschluss, das Militär zu verlassen, herangezogen wird. Da Preußen 1806 bei Jena und Auerstedt eine schwere Niederlage erlitt, hat man sich angewöhnt, einen stetigen Niedergang der preußischen Armee, meist schon seit den letzten Regierungstagen von Friedrich II., anzunehmen. Diese Einschätzung geht so weit, dass man in Kleists Abneigung gegen das Militär eine Reaktion auf die angenommene Verwahrlosung sah.[63] Dabei gibt es keinerlei Grund für die Annahme, dass Kleist 1799 eine Krise der Armee gesehen hat. Es ist die nachträgliche Perspektive des Historikers. Vielmehr dachte man damals, dass der preußische Staat vollkommen war[64] und dass der Krieg gegen die französischen Revolutionstruppen 1792 bis 1795 gezeigt hatte, dass das Heer in hervorragendem Zustand war.

Dass Kleist sich entschied, den Abschied zu nehmen, hatte – trotz Rüchel – weniger mit dem Militär als mit ihm selbst zu tun. Er war bereit, was ihm sein Stand an Sicherheit, Privilegien und Annehmlichkeiten bot, hinter sich zu lassen und sich in eine unbekannte Zukunft zu bewegen, die vor allem auf innere Entwicklung baute. Wie viel Blauäugigkeit und wie viel Mut! Es ist ein konsequent verfolgter Individualismus, der aus Kleist herausbrach, aus einem Menschen mitten im preußischen Staat, dieser Hochburg der Pflichterfüllung. Kleist, ein junger Soldat, ein Mitglied der privilegierten Kriegerkaste, ein Angehöriger der preußischen Offiziersfamilie schlechthin, focht einen ganz anderen Kampf, den Kampf zwischen individueller Freiheit und Einordnung in das Ganze, den Staat, die Gemeinschaft. In Kleist regten sich Fragen, auf die er keine Antwort wusste, die er kaum formulieren konnte, die sich aber auch nicht abweisen ließen. Der bedrängenden, beängstigenden Unverständlichkeit seiner inneren Welt stellte er die beruhigende Notwendigkeit entgegen, mit der Bildung zu Tugend und Glück führen musste. 1799 war Kleists Individualismus tastend, er war seiner selbst ungewiss, von sich selbst überrascht. Aber er konnte ihn nicht zurückweisen. Er wollte sich selbst loswerden, die Fragen, die aus ihm kamen, und drehte sich dabei doch immer mehr um sich.

Was Kleists Entscheidung für seine innere Stimme bedeutet, wird deutlich, wenn man sich fragt, was aus ihm hätte werden können, wenn er 1799 nicht diesen Schritt getan hätte. Er hätte es wie Pfuel und Rühle in der Armee weit bringen können. Vielleicht wäre er aber auch ein typischer Junker geworden, was im 19. Jahrhundert nicht mehr den Offiziersanwärter, sondern den knarzigen Offizierstyp meinte, der im Lauf des Jahrhunderts immer mehr zur Karikatur seiner selbst wurde. Kleist hatte alle Voraussetzungen dafür. Er war ostelbisch und militärisch geprägt, störrisch und arrogant, klug und eigenbrötlerisch. Aus dem 19. Jahrhundert gibt es zahllose Zeugnisse für das Überlegenheitsgefühl der märkischen Krieger-Kaste, das sehr gut zu Kleist gepasst hätte. Er hätte ein konservativer Landadliger werden können, so wie Friedrich von dem Knesebeck, Ludwig von der Marwitz oder Christian von Massenbach.

Ging es um das Militär, redete Kleist nur von der Disziplin, er redete von Kasernenalltag und Exerzieren. Er redete nicht von der Moral und der Grausamkeit des Krieges. Er redete überhaupt nicht vom Krieg. Er kam gar nicht auf die Idee, den Krieg in Frage zu stellen und so seine Entscheidung zu begründen. Dabei hatte er ihn ein paar Jahre zuvor erlebt. Er hatte ihn mit all seinen Gesichtern erlebt, mit seinen Schrecken und der Verwirrung. Aber er sagte 1799 kein einziges Wort dazu.

Krieg und Kindheit

Mainz, Pfalz, Frankfurt an der Oder
1777 bis 1795

Heinrich von Kleist diente fast sieben volle Jahre bei der preußischen Armee. Seit Juni 1795 war er in Potsdam stationiert. Die Jahre zuvor aber stand er – im Alter von 15 bis 18 – im Feld, verwickelt in die Kämpfe der sogenannten Rheinkampagne, vor Mainz, in der Pfalz und in Frankfurt am Main – fernab von zu Hause. Kleist hat sich nicht dazu geäußert, es gibt keinen Brief, wo er seine Erlebnisse im Feld geschildert hätte. Aber es ist schlechterdings unvorstellbar, dass der Krieg auf den jungen Mann keinen nachhaltigen Eindruck gemacht hat.

Kleist war am 1. Juni 1792 in die Armee aufgenommen worden. Er kam nicht als vollkommener Neuling ins Feld, sondern wurde die ersten Monate bei seinem Regiment Nr. 15, der Garde, in Potsdam exerziert, das heißt ausgebildet. Mit 14 Jahren bei seinem Eintritt in die Armee war er nicht einmal sonderlich jung. Es gab preußische Offiziere, die ihre Laufbahn tatsächlich schon im Alter von elf oder gar zehn Jahren begonnen hatten. Carl von Clausewitz, der spätere Militärreformer und Verfasser der berühmten Studie »Vom Kriege«, war zwölf Jahre alt, als er in die Armee eintrat. Je früher man zur Armee gehörte, desto früher konnte man aufsteigen. Trotzdem, Kleist war der jüngste Offiziersanwärter in seinem Bataillon, wie die Rang- und Quartierliste seines Regiments vom Dezember 1792 zeigt. Der nächstjüngere Gefreiten-Korporal Carl von Sydow war zwei Jahre älter.[1]

Man kann lange darüber streiten, ob ein 14-Jähriger im 18. Jahrhundert eher ein Erwachsener oder ein Kind war, oder was überhaupt unter Kindheit im 18. Jahrhundert zu verstehen ist. Ein Gefühl dafür, dass der Eintritt in die Armee sehr früh stattfand, gab es auch damals: König Friedrich II. hatte seine jungen Offiziersanwärter »von der Mutterbrust weggerissene Jugend« genannt. Und Kleist selbst bezeichnete sich später, als er an die erste Zeit in der Armee zurückdachte, als »Knabe«.[2] Es war für einen solchen preußischen Knaben durchaus gewöhnlich, dass er an Schlachten teilnahm. Aber es wäre auch müßig zu bezweifeln, dass der 15-jährige Kleist eine empfängliche, erfahrungsbereite Seele hatte. Man muss davon ausgehen, dass er sich zu Herzen nahm, was ihm begegnete.

Für Kleist war es eine einschneidende Zeit: Anfang Februar 1793, er war noch in Potsdam, war nach einwöchiger Krankheit seine Mutter gestorben. Bereits 1788 hatte er seinen Vater verloren. Ob der Tod der Mutter der Grund war, warum er noch in Frankfurt an der Oder zurückblieb, obwohl das Garde-Regiment schon in den deutschen Südwesten zog, um gegen die französischen Revolutionstruppen zu kämpfen, wissen wir nicht. Jedenfalls reiste Kleist seinem Regiment erst Anfang März 1793 hinterher. Dort erlebte er ab April die Belagerung von Mainz, eines der gewaltigsten Bombardements seiner Zeit. Dann zog er ins Feld, um an mehreren Schlachten teilzunehmen. Kleist wusste früh aus vielfältiger Anschauung, was es bedeutet, zu kämpfen und zu sterben.

In Frankfurt war der Stadtsyndikus George Friedrich Dames sein Vormund geworden, und er blieb es, bis Kleist 1801 mit 24 Jahren volljährig wurde. Den Haushalt in Frankfurt an der Oder führte eine verwitwete und kinderlose Schwester der Mutter, Auguste Helene von Massow. Ihr schrieb Kleist am 13. und 18. März 1793, gleich nach seiner Ankunft am 11. in Frankfurt am Main, wo er zunächst stationiert war, einen Brief. Es ist der erste Brief Kleists, der überliefert ist. Ihm lässt sich aber auch entnehmen, dass es nicht der erste Brief ist, den Kleist seiner Tante geschrieben hat. Minutiös beschrieb der 15-Jährige dem »lieben Tantchen« die Reise. Immer wieder machte er Bemerkungen über die Schönheit der Landschaft, die man unmöglich beschreiben könne. Kleist schilderte sein Quartier in Frankfurt am Main, mit dem er sich zufrieden zeigte: ein Zimmer mit Vorzimmer, wie es für angehende Offiziere üblich war, und eine japanische Tapete, was ungewöhnlich war. Wie privilegiert Kleist war, zeigt nicht nur diese Wohnung. Mit ihm lebte auch sein »Bursche«, wie er schrieb, der ihm als Junker, als Offiziersanwärter also, genauso zustand wie ein Reit- und ein Packpferd.

Eindringlich schilderte der junge Heinrich die Schreie eines vermeintlichen Straßenräubers, dem sie nachts im Gebirge begegneten, der sich an die Kutsche klammerte und vom Kutscher mit der Peitsche geschlagen wurde. »Ganz still blieb er sitzen und ließ schlagen.« Das ging so lange, bis er sich herabfallen ließ. »Nun fing der Mensch gräßlich an zu schreien. Dencken Sie sich nur ein Gebürge; wir ganz allein in dessen Mitte, hier wo man jeden Laut doppelt hört, hier schrie dieser Mensch so fürchterlich.«³ Man spürt ein Entsetzen über den schreienden Menschen. Schreie würde Kleist bald noch andere hören.

Dann ging es erstmals um Geld, ein Thema, das Kleist sein Leben lang nicht mehr loslassen würde. Für ein Extrabett – er selbst hatte in seinem Zimmer keines und auch der Bursche schlief nur auf einem Strohsack – musste er einen ganzen Reichstaler pro Woche berappen, was ihm unerhört viel erschien. Mittags wurde er, wie üblich, von der Kompanie verköstigt, das selbst zu zahlende Abendessen nahm er – »wohlfeil«, also billig – bei einem Wirt ein. Kaffee und Zucker hatte er dabei. Unerhört teuer sei es dagegen, wenn er in seinem Quartier etwas essen wolle. Nachdem er seine finanzielle Situation dargelegt hatte, verwahrte er sich gegen den Verdacht, dass er diese misslichen Umstände nur erfunden habe, um von zu Hause mehr Geld zu bekommen.

Dass er in dieser Zeit nach dem Tod der Mutter besonders niedergeschlagen gewesen wäre, ist dem Brief nicht abzulesen. Aus ihm spricht eher der Stolz, wie gut er allein in der Fremde zurechtkommt. Erst am Ende ging Kleist auf die familiäre Situation ein. »Der Gedancke an Ihnen, Beste Tante, erpreßt mir Thränen, indem ich zugleich an eine verlorne zärtliche Mutter denke, u. der Gedancke an Ihre Wohlthaten tröstet mich indem ich nun keine *verlaßne* Waise zu sein glaube. Dies alles, Tantchen, Schmerz u. Freude, ist bey der Neuheit dieses unglücklichen Vorfalls natürlich; die beste Trösterin aller Leiden, die Zeit, wird nach u. nach auch *mich* trösten, aber vergeßen werd' ich die Ursach nie.«⁴ Diese Worte sind rührend, vielleicht aber sind sie auch auf Rührung angelegt. Sie sind ein wenig ungelenk, ein wenig floskelhaft, ein wenig kindlich.

Die militärische Lage Anfang 1793, als Kleists Regiment nach Frankfurt am Main verlegt wurde, war klar. Der Feldzug gegen das revolutionäre Frankreich war zum größten Erstaunen der Preußen bei Valmy stecken geblieben. Das wurde als Desaster wahrgenommen. Man hatte sich den unorganisierten Revolutionstruppen vollkommen überlegen geglaubt, man hatte geglaubt, man könne Paris sozusagen im Vorbeigehen einnehmen. Die Niederlage war umso überraschender, als Preußen eine politische Kehrtwende vollzogen und sich auch noch mit seinem Erzfeind Österreich gegen Frankreich verbündet hatte. Es kämpften also zwei Großmächte gegen eine Großmacht, die sich gerade in einem radikalen Umbruch befand und deren Armee die alte Führungselite, das adlige Offizierscorps, abhanden gekommen war.

Während und nach der Französischen Revolution 1789 und 1790 war die preußische Regierung gar nicht unglücklich über diese Ereignisse gewesen. Man hatte in Berlin gehofft, dass die Revolution die Verbündeten Frankreich und Österreich entzweien würde. Eine ausgeprägt antirevolutionäre Haltung gab es damals in Preußen nicht. Auf Initiative des umsichtigen österreichischen Kaisers Leopold II. hatten sich Österreicher und Preußen dann angenähert, sie sprachen sich in einer Deklaration gegen die Revolution aus, erklärten den französischen König Ludwig XVI. zum »Bruder« und planten – Machtzuwachs und Gebietseroberungen waren die höchsten Ziele damaliger Politik – insgeheim die Eroberung des Elsass. Die Kriegsbegeisterung in Paris wuchs, und das konterrevolutionäre Klima in Berlin verstärkte sich. Der preußische Oberbefehlshaber der verbündeten preußisch-österreichischen Truppen, Herzog Karl Wilhelm Ferdinand von Braunschweig, gab eine Erklärung ab, in der er sagte, dass »die mindeste Beleidigung« des Königs zu einer »beispiellosen und für alle Zeiten denkwürdigen Rache« führen würde. Das wiederum brachte in Paris das Fass zum Überlaufen: Der französische König wurde verhaftet.

Der Herzog drang mit seinen Truppen in Frankreich ein, auf

halbem Weg nach Paris wurden sie am 20. September 1792 in Valmy gestoppt. Der Herzog musste seinen durch lange Märsche bei Regenwetter entkräfteten Truppen den Rückzug befehlen. Dieser Sieg gegen die vereinigten Preußen und Österreicher war der erste Erfolg der französischen Revolutionsarmee. Für Goethe, der dabei war, brach damals eine neue Epoche an. Die Franzosen nutzten die Gunst der Stunde und eroberten bei einer Gegenoffensive linksrheinische Gebiete, darunter das strategisch wichtige, zu einer Festung ausgebaute Mainz und Frankfurt am Main.

Im Winter 1792/93 wurde die preußische Armee am Rhein verstärkt, unter anderem durch das Regiment Garde. Frankfurt war schon zurückerobert, als die Garde dort eintraf. Jetzt ging es um Mainz, das zusammen mit seinem rechtsrheinischen Brückenkopf Kastel in der Hand der Franzosen verblieben war. »Man erwartet täglich den Anfang des Bombardements von Mainz, u. so ganz ohne Nutzen wird die Garde hier wohl nicht sein«, schrieb Kleist an die Tante Massow.[5] 23 000 Soldaten verteidigten die gut befestigte Stadt, die Koalitionstruppen wuchsen bis Ende April auf 50 000 Mann an. Einer von ihnen hieß Heinrich von Kleist.

Der Krieg, der mit der Kanonade von Valmy und dem Rheinfeldzug begann, dauerte bis 1815, auch wenn er für Preußen von 1795 bis 1806 Pause machte. Er endete erst mit dem Sieg über Napoleon und dem Wiener Kongress. Es ist vielfach festgestellt worden, dass er zu einer vollkommenen Neuordnung Europas führte. Größere Umwälzungen hatte es bis dahin nicht gegeben, auch nicht in der Zeit des Dreißigjährigen Krieges. Diese kriegerische Auseinandersetzung bestimmte das kurze Leben Kleists mehr als alles andere. Kleist erlebte nur diese Zeit, man kann also mit besonderem Recht von Kleists Epoche sprechen. Sie begann, als er erwachsen wurde. Als er sich 1811 umbrachte, war sie noch nicht ganz zu Ende. Für das immer noch junge Preußen war es, mehr als für Österreich oder Frankreich, die wichtigste Zeit seiner Geschichte. Denn Preußen, das diese Kriege als neue europäische Großmacht begann, war durch die Niederlage von 1806 von seiner Auslöschung bedroht. In diesen Jahren entschied sich sozusagen Preußens Schicksal. Das wurde von Kleist und seinen Zeitgenossen so empfunden und nährte den Patriotismus des gesamten 19. Jahrhunderts. Dass sich Preußen nach dem Wiener Kongress als feste Größe auf der europäischen Landkarte etablierte, hat Kleist nicht mehr miterlebt.

Vom 3. oder 4. bis zum 11. März 1793 war Heinrich von Kleist mit der Kutsche nach Frankfurt am Main gereist. »Nach der Eroberung von Frankfurt war das Hauptquartier des Königs und des Herzogs von Braunschweig in diese schöne Stadt gelegt worden, auch die Garde befand sich da trefflich wohl. Das Elend der Kampagne war bald vergessen, alles lebte dort in Luxus und Wohlleben, ungeheure Summen wurden verspielt«, schreibt der spätere preußische Generalleutnant Friedrich Karl von Schmidt in seinen Erinnerungen über diese Tage.[6] Alles war wieder in Ordnung, das klingt durch diese Zeilen.

Am 22. März morgens um 6.30 Uhr verließ das 3. Bataillon des Regiments Garde mit Kleist dann Frankfurt in Richtung Mainz.[7] Es marschierte zunächst nach Süden über Walldorf und Mörfelden nach Nauheim bei Groß-Gerau. Am 25. ging es zurück über den Main nach Wiesbaden, bei Flörsheim gab es eine Schiffsbrücke, und dann durch das Rheingau nach Westen – jeweils Märsche um die 25 Kilometer. In Biebrich oder Schierstein wurde eine dreitägige Pause eingelegt. Weiter westlich, bei Geisenheim, fuhr die Garde nachts mit Schiffen über den Rhein.

Während der Oberbefehlshabende vor Mainz, Generalleutnant Graf Kalckreuth, die preußischen, österreichischen, sächsischen, pfalzbayerischen und hessischen Truppen formierte – die Belagerung begann am 4. April, Mainz wurde vollständig umzingelt, wobei die Hauptstreitmacht südlich der Stadt lag –, zog Kleist mit seinem Bataillon um den sich gerade formierenden südlichen Belagerungsgürtel herum. Über Algesheim, Ingelheim, Saulheim ging es in das weit südlich gelegene Alsheim, das schon weit in Richtung Worms liegt. Kleist und die Garde hatten Mainz einmal weitläufig und vollständig umrundet. In Alsheim erlebten die Truppen zwei ruhige Wochen, nachdem es hier Ende März, vor Ankunft der Garde, noch einen Angriff der Franzosen gegeben hatte.

Beim Übergang über den Rhein bei Geisenheim dürfte Kleist die Geschichte des jungen Secondeleutnants Jakob Ludwig von

Gauvain gehört haben, der sich ein kleines Stück weiter nördlich bei Bacharach in einem vorausgeschickten Corps befunden hatte, das die andere Rheinseite sichern sollte. Die Geschichte zeigt sehr schön, wie man sich damals den idealen jungen Offizier voll Ehre, Mut und Todesverachtung gegenüber den verkommenen Franzosen vorstellte. Man wallfahrtete beim Übergang über den Rhein zu Gauvains Grab, das durch ein Denkmal markiert war. Friedrich Karl von Schmidt erzählt die Geschichte so: Durch die Unfähigkeit seines Obersten war Gauvain mit ein paar Mann auf sich allein gestellt und hatte sich gegen eine Übermacht verteidigt. Als seine Lage aussichtslos wurde, machte er »in der einen Hand den Degen und in der anderen die Pistole mit 10 Mann einen Ausfall, um als Held zu sterben ... Mitten unter die Feinde eingedrungen und wütend um sich herumhauend, fiel er meuchelmörderisch, indem ihm ein Sansculotte von hinten ein Messer in den Hals stieß. Er sank, wurde in Stücke gehauen, und nachdem die Barbaren dem blutigen Kopf des Helden eine Kartoffel in den Mund gesteckt, tanzten sie wütend, ihr ›ça ira‹ singend, um ihn herum!«[8]

Von Alsheim aus zog Kleist mit dem 3. Bataillon der Garde erst Anfang Mai weiter, zunächst Richtung Norden nach Oppenheim, dann am 3. Mai gegen Mittag über den Rhein nach Bischofsheim, bei Oppenheim war eine Pontonbrücke über den Fluss geschlagen worden. Oberbefehlshaber war hier der bekannte Ernst von Rüchel, der bald zum General ernannt wurde und ab 1798 das Regiment Garde in Potsdam führte. Kleists unmittelbarer Vorgesetzter hieß Major von Frankenberg.

Militärisch bedeutsam, weil sehr gefährlich für die nahe Stadt Mainz, war die Mainspitze. Sie liegt unweit von Bischofsheim, wo die Garde jetzt stationiert war. Auf der Mainspitze befand sich die Ruine der Gustavsburg, die bereits von Preußen besetzt war. Um die Mainspitze herum liegen einige Inseln im Rhein, die hart umkämpft waren, die Franzosen versuchten in mehreren Ausfällen, sie zurückzuerobern. Besonders hart umkämpft war aber auch, genau als die Garde hier ankam, das Bischofsheim benachbarte Kostheim. Die Verluste beim Kampf um dieses Dorf waren auf beiden Seiten erheblich. Die Franzosen hatten Kostheim eingenommen, im ebenfalls benachbarten

Hochheim hatte gerade der preußische König Quartier bezogen. Von dort aus wurden nun Kostheim und Kastel mit Kanonen beschossen.

Kleist war noch nicht unmittelbar in diese Kriegshandlungen verwickelt, aber er bekam sie mit Sicherheit mit. In dieser Zeit, vom 3. bis zum 8. Mai, wurde die Garde für den Schanzenbau eingesetzt, das heißt es wurden Erdgräben ausgehoben, die etwa mannstief waren.[9] Als sie nachts um vier Uhr fertig wurden, fingen die Batterien sofort an, auf Kostheim zu schießen. Es tobte in dieser Nacht ein verlustreicher Kampf um das Dorf, Kostheim geriet in Brand. Während der Schlacht bis zum 10. Mai blieb das 3. Bataillon auch nachts ausgerückt.

Am 21. und 22. Mai, den beiden Tagen nach Pfingsten, kam es dann auch auf der Mainspitze und der vorgelagerten Blei-Aue, einer der dortigen Inseln, zu schweren Gefechten. Die Franzosen waren nachts mit mehreren großen Kähnen über den Rhein gekommen und griffen die Gustavsburg an. Zur Verstärkung der dortigen Truppen eilte das 3. Bataillon Garde aus Bischofsheim herbei. Trotzdem konnten die Franzosen auf der Blei-Aue eine Kanone postieren. Der preußische Kronprinz schrieb über diesen Kampf: »Unsere Truppen litten hauptsächlich sehr vom Kartätschen-Feuer der Französischen Batterien; das 3. Bataillon Garde hatte 5 Grenadiere todt. Blessirt waren 4 Officiere, 2 Unterofficiere und 32 Grenadiere, worunter verschiedene sehr schwer blessirt sind.«[10] Das war eine wirkliche Feuertaufe, für Kleist das erste Gefecht seines Lebens. Sein Vorgesetzter Major von Frankenberg wurde nach dem Gefecht mit dem Orden Pour le mérite ausgezeichnet. Zu den Verwundeten gehörte Carl von Gleissenberg, der spätere Mann von Kleists Cousine. Kleist war schon damals mit ihm befreundet.[11]

Es ging die folgenden Tage mit mehreren Kanonaden weiter. Am 25. wagten die Franzosen einen Ausfall mit 3000 Leuten und erbeuteten dabei eine Kanone. Erbeutete Uniformen steckten sie sich auf ihre Bajonette oder zogen sie gleich an – sie selbst trugen zu dieser Zeit keine Uniform.[12]

Der bedeutendste Ausfall der Franzosen erfolgte in der Nacht vom 30. auf den 31. Mai, etwa 4000 von ihnen drangen in Marienborn ein, wo der König ein Quartier hatte. Sie konnten aber zurückgetrieben werden. Am 30. war die Garde nach Laubenheim verlegt worden, der Ort war ganz in der Nähe von Marienborn, und wahrscheinlich wurde das 3. Bataillon zu diesem Gefecht hinzugezogen.

Einmal in dieser Zeit war Kleist, mit Garde oder ohne, mit Sicherheit im Hauptquartier in Marienborn. Er selbst erwähnte den Aufenthalt später: »– das Lager bei Marienborn, wo ich noch Spuren einer Höhle fand, die ich einmal mit *Barßen*, uns vor der Sonne zu schützen, in die Erde gegraben hatte –«[13] Barßen war Georg von Barsse, ein Regimentskamerad. Im gleichen Brief berichtete Kleist auch, die Insel bei Biebrich, das ist die Rettbergsaue, mehrfach, auch im größten Sturm, umschifft zu haben. Und nachts bei Schierstein von Gleissenberg auf einem Schiff in den Rhein gestoßen worden zu sein. Das muss während der dreitägigen Pause auf dem Marsch von Wiesbaden nach Geisenheim gewesen sein. In Marienborn hatte Generalleutnant Kalckreuth das Hauptquartier einrichten lassen, rückwärts die Hügel hinauf waren die Zelte des Königs und des Prinzen von Preußen. Von hier aus erschien das Bombardement von Mainz als prächtiges Schauspiel.

Seit Juni flogen, vor allem von der Mainspitze aus, Kugeln in die Stadt, in der 900 000 Pfund Pulver gelagert waren.[14] Am 6. Juni entzündete eine Haubitze das erste Mal einen Pulverkasten, und mehrere Franzosen starben. Am gleichen Tag fiel die erste Bombe von der Gustavsburg aus in den Hof der Husarenställe am Bockstor. Die Kanonade von Mainz hatte begonnen. Sie wuchs sich bis Mitte Juni zum Dauerbombardement der Stadt aus.

Zunächst war der Juni von umfangreichen Schanzarbeiten bestimmt. 5000 Arbeiter legten nachts tiefe Gräben um die Stadt herum an, kilometerlang wühlten sie das Erdreich um. Anfangs wurden die Gräben in etwa 1500 Schritt Entfernung von den Befestigungsanlagen der Stadt gezogen, später rückte man bis auf 800 Schritt heran. Die Bataillone der Garde waren – unter Beteiligung der Unteroffiziere – dazu bestimmt, die Arbeiter zu beschützen. In der Nacht des 18. Juni wurden diese Laufgräben eröffnet, anfangs knapp zehntausend Schritt lang, und mit Batterien versehen. Die Garden nahmen hier nachts

Stellungen ein, bei Tagesanbruch marschierten sie zu ihren Quartieren.

Schon einen Tag später zog das 3. Bataillon der Garde nach Oppenheim ab. Am 2. Juli wurde die Garde dann in das Lager hinter der Gustavsburg verlegt. Die Posten in der Burg und auf den Inseln wurden besetzt, man blieb hier bis zum 4. morgens um drei Uhr. Und am 22. Juli kapitulierten die Franzosen. Mehr als vier Wochen währte das schwere Bombardement. An irgendeiner Stelle brannte Mainz fast unentwegt in dieser Zeit. Die Bevölkerung litt schwer, teilweise wurde sie sogar aus der Stadt ausgeschlossen (am 24. Juni) und dem Kanonenhagel überlassen. »Die Not wehr- und hülfloser, zwischen innere und äußere Feinde gequetschter Menschen ging über alle Begriffe«, schrieb Goethe.[15]

Kleist erlebte hier eines der schwersten Bombardements seiner Zeit, und was empfand er? Was machte auf ihn nachhaltigen Eindruck? Es war der Friede der Natur und Landschaft: »Der Krieg war aus dieser Gegend geflohen, der Friede spielte sein allegorisches Stück.«[16] Seine Erinnerungen an diese Zeit, die er acht Jahre später in einem Brief an Adolphine von Werdeck aufschrieb, als er auf einer Reise nach Paris in Mainz vorbeikam, klingen, als habe er sich 1793 auf einer Lustreise befunden: »Das war damals die üppigste Secunde in der Minute meines Lebens! Sechzehn Jahre, der Frühling, die Rheinhöhen, der *erste* Freund, den ich so eben gefunden hatte, u. ein Lehrer wie Wieland, dessen Sympathien ich damals laß – War die Anlage nicht günstig, einen großen Eindruck tief zu begründen?«[17]

Auf dem einen Rheinufer wurde eine Stadt in Schutt und Asche gelegt, auf dem anderen erlebte ein junger Soldat seinen ersten Frühling und tiefen inneren Frieden. Was für eine Diskrepanz: Er schreibt nichts von den Märschen, nichts vom nächtlichen Schützengrabenschaufeln, nichts von den Verwundeten und Toten, die es ja auch auf Seiten der Preußen gab (110 Offiziere, 2636 Mann bei den Alliierten, die meisten davon Preußen), nichts vom Schießen, den Kanonen, nichts von der leidenden Bevölkerung, nichts vom Feuer. Überhaupt nichts vom Krieg. Es war nicht ungewöhnlich, dass Soldaten die Schönheit der Landschaft wahrnahmen, durch die sie kamen, die Emphase und Ausschließlichkeit, mit der Kleist die Zeit der Beschießung von Mainz als Idyll wahrnahm, stehen aber einzig da.

Kann das sein? Eine Stadt geht unter, und ein hochsensibler Mensch wie Kleist bekommt es nicht mit? »Damals«, schrieb Kleist an Werdeck 1801, »entwickelten sich meine ersten Gedanken u. Gefühle.«[18] Und in diesen ersten selbständigen Gedanken sollte der Krieg, der sich gerade vor seinen Augen abspielte, keine Rolle gespielt haben? Es ist kaum zu glauben.[19]

»Mein Herz schmolz unter so vielen begeisternden Eindrücken, mein Geist flatterte wollüstig, wie ein Schmetterling über honigduftende Blumen, mein ganzes Wesen ward fortgeführt von einer unsichtbaren Gewalt, wie eine Fürsichblüthe von der Morgenluft – Mir war's, als ob ich vorher ein todtes Instrument gewesen wäre, und nun, plötzlich mit dem Sinn des Gehörs, beschenkt, entzückt würde über die eignen Harmonieen.«[20] Kleist konnte gar nicht mehr aufhören, im Glück der Erinnerung zu schwelgen und zu schwärmen, er erlebte damals, so meinte er, das höchste aller Gefühle.

Von anderen wurde die Beschießung von Mainz, abgesehen von den militärischen und politischen Fragen, vor allem in zweierlei Hinsicht wahrgenommen: als ein grausames und als ein ästhetisches Ereignis ersten Ranges. Aber der Genuss überwog: Für den König wurde bei Marienborn das Lager mit der großartigen Aussicht auf die Stadt angelegt. Nachdem es Ende Juni warm geworden war, kamen bis zur Mainzer Kapitulation am 22. Juli Schaulustige von Frankfurt und noch weiter her. Bis heute geben Bilder angereister Maler und Stecher den grandiosen Eindruck des brennenden Mainz wieder. Es war großes Kriegskino, das sich da in einer Landschaft abspielte, die mit ihren weiten Ausblicken dafür wie geschaffen war. »Fast jeder hatte nur ein Herz für die Schönheit des Anblicks, weniger für die Angst der Einwohner«, schrieb ein Soldat des Regiments des Herzogs von Braunschweig.[21] Goethe, der ebenfalls angereist war, wurde angesichts der Zerstörung und des Leids immer nachdenklicher, wie man in seinen Aufzeichnungen zur »Belagerung von Mainz« nachlesen kann. So bewegten sich die Reaktionen zwischen Schaulust und Mitleid.

Karl Friedrich von dem Knesebeck gehörte auch zum Regiment des Herzogs von Braunschweig und nahm als Offizier an der Rheinkampagne teil. Die Briefe dieses Regiments wurden in den »Neuen Gemeinnützigen Blättern Halberstadt« veröffentlicht. Sie zeigen – trotz Zensur – deutlich, dass es eine sensible Wahrnehmung für die Schrecken dieses Krieges gab.

Knesebeck veröffentlichte während dieser Zeit auch eine Reihe anonymer Schriften, wegen einiger wurde er später zur Rechenschaft gezogen. Er war neun Jahre älter als Kleist, es gab aber eine auffallende Verwandtschaft zwischen beiden. Knesebeck schrieb regelmäßig Briefe an den vaterländischen Dichter Gleim, den Kleist 1801 besuchte. Über ein Jahrzehnt später, 1809, lernten Kleist und Knesebeck sich kennen. Noch später, 1815, heiratete er Adolphine von Werdeck, der Kleist von seinen intimen Erlebnissen vor Mainz berichtete und auch sonst vertrauensvolle Briefe schrieb.

Knesebeck, von Kant und den französischen Aufklärungsschriftstellern beeinflusst, später Generaladjutant Friedrich Wilhelms III., war Schöngeist und kerniger Soldat zugleich. In dem Brief, den Knesebeck in der Zeit des Bombardements an Gleim schrieb, fragte er: »Die Stadt liegt in der Asche, aber die Festung steht noch und was geht einen fremden Commandanten eine fremde Stadt an?«[22] Bei Knesebeck klang so Verbitterung über nicht empfundenes Mitleid mit der Mainzer Bevölkerung an, »alles tot und ruiniert« klagte er.[23] Und bekannte: »Ich schlachtete wie andere taten, marodierte, stach tot, nahm mit. Die armen Bauern lagen auf den Knien und putschpatschten: aber Gott! Wer konnte ihnen helfen! Es war weder Gnade noch Barmherzigkeit! Doch bin ich von mancher Sünde frei; ich nahm nichts als Lebensmittel, und dies war erlaubt.«[24]

Auch Knesebecks Empfindungen waren widersprüchlich. Ein paar Monate zuvor war er von der nächtlichen Beschießung von Verdun noch vollkommen fasziniert gewesen. Es war eine Szenerie wie in Mainz gewesen: »Ich und noch mehrere Offiziere gingen auch hin auf den Berg, um das Schauspiel mitanzusehen. Um 12 Uhr ging das Bombardement los. Es ist das schönste Schauspiel, das ich in meinem Leben gesehen habe ... Wie prächtig es aussieht die Menge Feuerbälle zu sehen, die mit der größten

Ästhetik des Bombardements 51

Schnelligkeit die Luft durchschneiden, ist nicht zu beschreiben.«[25]

Kleist nahm die Lage von Mainz ebenfalls wie eine Theaterszenerie wahr. Doch dieses Theater war ganz anders als das Knesebecks. »Vor mir blühte der Lustgarten der Natur – eine concave Wölbung, wie von der Hand der Gottheit eingedrückt. Durch ihre Mitte fließt der Rhein, zwei Paradiese aus einem zu machen. In der Tiefe liegt *Mainz*, wie der Schauplatz in der Mitte eines Amphitheaters. Der Krieg war aus dieser Gegend geflohen, der Friede spielte sein allegorisches Stück.«[26] Kleists Wahrnehmung von Mainz, man kommt nicht daran vorbei, ist von grober Realitätsleugnung gezeichnet.

Ein Gedicht zu Kleists Tod von seinem Freund Friedrich de la Motte Fouqué, der ab 1794 ebenfalls an der Rheinkampagne teilnahm und den Kleist 1795 in Potsdam kennenlernte, bestätigt diesen Eindruck: »Zu gleicher Zeit der ersten Waffen froh / An Rheines Ufern, zwischen Kriegsgewittern / Und blüh'nder Rebenlauben Herrlichkeit, / In gleichen Tanzgewinden jünglingshell, / Aufglüh'nd in gleicher Dichterlust, mein Heinrich, / So standen wir, nun fest im Männerbund / Die treue Hand uns drückend, unsre Lieder / Einander, goldnen Wechselpfeilen gleich, / Entgegen sendend in die freud'ge Brust. /.../ Fahr wohl, Du mein Genoß in Kampf und Lied!«[27] Auch Fouqué, selbst nach dem Selbstmord Kleists, erinnerte nur an das Freudige, Blühende, Idyllische der damaligen Tage, nicht an Krieg und Grausamkeit. »Es war ein unsterblich schönes Gefühl, das ihn an den Rhein- und Mosel-Ufern mit seinen neuen Waffengefährten verband.«[28]

Denken Literaturliebhaber an die Beschießung von Mainz, denken sie nicht an Kleist, sondern an Goethe, der seine Erlebnisse bei der Beschießung viele Jahre später aufgezeichnet hat. Es gab aber neben dem König, den jungen Soldaten, Goethe und Kleist eine weitere bedeutende Persönlichkeit, die sich damals in Mainz aufgehalten hat. Georg Forster hatte, fast noch als Junge, 1772 bis 1775 eine Weltumsegelung mit James Cook mitgemacht, er war einer der genialsten Menschen seiner Zeit, vielfältig begabt, der erste echte deutsche Kosmopolit noch vor Alexander von Humboldt, in jungen Jahren von Goethe hochverehrt, wird in Goethes »Belagerung von Mainz« mit keinem Wort erwähnt.

Forster stand auf der anderen Seite: Er war stellvertretender Präsident der Mainzer Republik geworden, die sich den Franzosen angeschlossen hatte. Ein echter Republikaner, die seit der Ermordung von Ludwig XVI. durch die Pariser in Deutschland als Verräter galten. Forster war auch ein enger Freund des Arztes Georg Wedekind, ebenfalls entschiedener Republikaner, der für Kleist ein paar Jahre später, als er noch einmal durch Mainz kam, eine wichtige Rolle spielen sollte.

Forster war nach Paris gereist, um dort die Eingliederung der Mainzer Republik in die Mutterrepublik Frankreich zu erreichen. Während er vor dem Nationalkonvent sprach, begann die Belagerung von Mainz. Er kehrte nicht mehr zurück. Die Entscheidung für die Revolution und der Fall von Mainz waren der Bruch seines Lebens. Er starb – noch keine vierzig Jahre alt – im Januar 1794 in Paris. Auch hier dankte man ihm sein Engagement für die junge französische Republik nicht. Die Belagerung von Mainz, Goethe, Forster, Kleist – ein Ort, ein Ereignis und drei vollkommen unterschiedliche Reaktionen.

Hätte Kleist zwischen den Alternativen Goethe und Forster wählen müssen, Monarchist und Republikaner, hätte er sich damals wahrscheinlich auf die Seite Goethes gestellt. Er kämpfte in der preußischen Armee gegen die Revolution, gegen die Mainzer Republik, gegen Frankreich. In seinem Brief an Tante Massow hatte er das übliche preußische Überlegenheitsgerede nachgeplappert: »Die Franzosen oder vielmehr das Räubergesindel wird jezt aller wärts geklopft.«[29] Stolz oder Lust, sich im Jargon der Armee ausdrücken zu können, sind schwer zu überhören. Er übte sich in Mut und Arroganz.

Kriegsbegeisterung lässt sich aus dem Satz aber schwerlich ableiten. Genauso wie es verkehrt wäre, aus Worten, die er zwei Jahre später an die Schwester Ulrike schrieb, die Kämpfe lagen hinter ihm, Friedenssehnsucht herauszulesen. »Gebe uns der Himmel nur Frieden, um die Zeit, die wir hier so unmoralisch tödten, mit menschenfreundlicheren Thaten bezahlen zu können!«[30] Das ist ebenfalls eher eine Floskel, wenn nun in den Worten auch etwas Gereifteres liegt. Kleist, so scheint es durchzuklingen, nahm den Krieg als etwas Selbstverständliches hin, nichts, das ihm Kopfzerbrechen oder Gewissensbisse bereitete.

Seine beiden Sätze zum Krieg aus der Zeit, in der er an ihm teilnahm, sind kaum bemerkenswert.

Nach der Kapitulation der Jakobiner von Mainz begann sich in Paris der Terror anzudeuten, die Schreckensherrschaft der Jakobiner, die Regentschaft der Guillotine, die die Revolution an sich selbst irre werden ließ. Kleist zog mit seinem Regiment unterdessen weiter nach Süden im Kampf gegen die Revolutionstruppen, der noch den Rest dieses und das gesamte nächste Jahr dauern sollte. Das 2. und 3. Bataillon des Regiments Garde durchstreifte von nun an den Pfälzer Wald. Kleists Revolution sollte erst 1799 stattfinden.

Am 23. Juli, also sofort nach dem Sieg bei Mainz, zog die Garde unter Führung des Generalmajors von Röder in Richtung Süden nach Kaiserslautern. Man vereinigte sich dort mit den Truppen des Herzogs von Braunschweig. Am 11. August brachen die Truppen von Kaiserslautern auf, am 16. lagerten sie auf der Huster Höhe bei Pirmasens, die Franzosen standen nicht weit entfernt bei Kettrich. Gegen diese Stellung ging der Herzog von Braunschweig nachts erfolgreich vor. Das 3. Garde-Bataillon war an dem Gefecht beteiligt.

Dann geschah wochenlang nichts. Der Alltag im Feld war gleichförmig. Solange man marschierte, die Truppen zu Fuß, die Offiziere auf dem Pferd, war es anstrengend, aber immerhin abwechslungsreich. Vor allem fürchtete man die Desertion. Die niedrigen Offiziersränge hatten darauf zu achten, dass niemand zurückblieb, so wie sie im Gefecht dafür verantwortlich waren, dass die Ordnung in den eigenen Reihen erhalten blieb – notfalls mit Hauen und Stechen. Beim Marsch war jeder Infanterist ein Packesel mit fünf Trageriemen über den Schultern, Degen, Patronengurt, Wäsche, Verpflegung und Gewehr. Abends wurde ein Heerlager errichtet. Die Vorhut sicherte den Platz, erst kam die Infanterie, dann die Kavallerie, dann die Artillerie. Normalerweise kamen sieben Mann auf ein Zelt, nach den Erfahrungen des vergangenen Herbstes war der Tross allerdings verkleinert worden, um die Beweglichkeit der Truppen zu erhöhen. Am Morgen, wenn es so hell war, dass man einen Zettel lesen konnte, wurde alles abgebaut, und man marschierte weiter. Nun aber lag man bei Pirmasens und wartete.

Im Heerlager wurden Kochlöcher ausgehoben, jedes Zelt kochte für sich. Es wurde viel gespielt, auch wenn es verboten war. Trotzdem litt man am meisten unter der Langeweile. Ein Mann der Zeltbesatzung musste auf die »Mannzucht« achten, einer war auf Wache, einer kochte, und alle versuchten, unterwegs möglichst viel Essbares mitgehen zu lassen. Es gab ein Kilo Brot pro Tag, das hatte Friedrich Wilhelm II. eingeführt, und dreimal die Woche sollten die Soldaten ein halbes Pfund Fleisch bekommen, das aber meist durch Geldzahlungen ersetzt wurde. Offiziere wurden zum Essen zu ihrem Kompaniechef geladen.

So sah es in der Regel aus, manchmal aber bekamen die Soldaten einschließlich der Offiziere auch tagelang nichts Vernünftiges zu essen. Kleists Kommandeur von Frankenberg klagte nach der Schlacht bei Pirmasens, dass es ihm schwer zu schaffen gemacht habe, sich nicht »feigherzig« zu zeigen, da er den ganzen Tag nichts zu trinken und zu essen bekommen habe.[31]

An der Schlacht von Pirmasens am 14. September war die Garde wesentlich beteiligt. »Das Regiment Garde, und das Bataillon Grenadier-Garde fochten mit dem gewöhnlichen Heldenmuthe, und trugen viel zum Sieg bey.«[32] Als Reserve bei Erlenbrunn südlich von Pirmasens eingeteilt, erhielt die Garde bereits am frühen Morgen den Befehl, zum Danberg zu marschieren und dort die Verbindung zwischen der Huster Höhe und dem Simterberg zu sichern. Das gesamte Heer war in dieser Nacht angekleidet geblieben. Die Franzosen rückten von Westen her an und stellten sich dann bei Fehrbach nördlich von Pirmasens auf. Da deutlich wurde, dass die Franzosen den Angriff auf die Huster Höhe ganz nah bei Pirmasens konzentrierten, marschierte die Garde in höchster Eile dorthin und verband sich mit der Brigade des Prinzen von Baden.

Ein stundenlanges Feuergefecht blieb zunächst ergebnislos, dann rückten die Franzosen in vier Kolonnen vor. Die linke Kolonne bot den Truppen auf der Huster Höhe die Flanke. Als die Franzosen in den Bereich des Kartätschenfeuers kamen, blieb ihr Angriff stecken. Der Herzog von Braunschweig hatte die Bewegungen des Feindes richtig eingeschätzt, und die auf der Huster Höhe stationierten Bataillone spielten im Schlachtverlauf eine entscheidende Rolle. Als die Franzosen sich Richtung Blümels Grund zurückzogen, folgten ihnen einige Bataillone, unter anderem die Garden, und beschossen die Franzosen mit rasch aufeinanderfolgenden Salven.

Um ein Uhr mittags war der Kampf entschieden, die Franzosen auf der Flucht. Die Verluste der Preußen waren unerheblich; sie beliefen sich an Toten und Verwundeten auf sechs Offiziere und 148 Mann, nach anderen Angaben neun Offiziere und 154 Mann. Die Verluste der Franzosen dagegen waren bedeutend: Sie zählten 4000 Tote und Gefangene, 19 verlorene Kanonen und 29 Munitionswagen.

»Da sah man Tote und Blessirte liegen. Der eine hatte keinen Kopf, der andere kein Bein, der dritte keinen Arm, und schrien, dass Gott erbarm, und dabei waren sie verhärtet in ihren Herzen, dass sie auch keinen Pardon haben wollten, sondern wenn wir einen fanden und boten ihm Pardon an, so sagten sie: Nix Pardon!« So konnte man es in den »Neuen Gemeinützigen Blättern Halberstadt« lesen.[33]

Für Friedrich de la Motte Fouqué, im gleichen Jahr geboren wie Kleist, war es seine erste Schlacht. Der ehrversessene und kampfbegeisterte Offiziersanwärter erlebte den Tag ganz anders als Knesebeck: »Bald hielten wir nun im feindlichen Geschützfeuer, und freudigen Bewußtseins empfand der Neuling, die Todesboten, rings um ihn sausend und in den Boden einschlagend, auch mitunter Roß und Mann in den Tod darniederstreckend, hatten kein verstörendes Grauen für ihn, obwohl er ihren ahnungstiefen Ernst verstand und empfand. Ja, er konnte lachen, wenn so eine sausende Kugel, mit so vielem Aufwand an Kraft und an Kunst abgesendet, wirkungslos dicht neben ihm in den Boden einschlug, und sein gestrenger Obrist sah ihn dann wohl mit verhaltnem Lächeln beifällig an, der Alte wiederum dem Jüngling ein klares Vorbild heitrer Fassung und ruhigen Ernstes.«[34] Kleists damaliges Empfinden dürfte dem Fouqués entsprochen haben.

Diese überlegen gewonnene Schlacht gab den preußischen Truppen Selbstvertrauen. Der König verließ Ende September den Kriegsschauplatz. Dass die Überlegenheit dann im weiteren Verlauf nicht ausgenutzt wurde, galt vielen Zeitgenossen, unter anderem Christian von Massenbach, der ebenfalls an der

Rheinkampagne teilnahm und später mit Kleist entfernt verschwägert war, als großer Fehler.

Erst am 11. Oktober marschierte der Herzog von Braunschweig mit den Truppen weiter Richtung Süden nach Mattstall, am 6. November nach Eppelborn und Trulven. Es gelang dabei nicht, den Franzosen den befestigten Posten Bitsch abspenstig zu machen. Das Wetter machte den Truppen auf diesem Herbstmarsch schwer zu schaffen. Es regnete, war kalt und die Wege waren aufgeweicht, was für die vielen mitgeführten Wagen das Vorankommen sehr schwer machte. Knietief stand man im Morast und versuchte sie vorwärts zu bringen. Es war Aufgabe der Offiziere und Offiziersanwärter, die Wagen am Laufen zu halten. Am 23. November war man wieder in Kaiserslautern. Die Garde wurde in der Stadt selbst stationiert und sollte hier den Winter über bleiben. Man wollte in der Pfalz das Winterquartier beziehen und so die Eroberungen sichern.

Die Franzosen aber wollten davon nichts wissen. Sie starteten unter Lazare Hoche, einem glänzenden, tatkräftigen Soldaten, eine weitere Offensive. Hoche war mit 25 Jahren zum General aufgestiegen. Vom 28. bis 30. November fand die Schlacht bei Kaiserslautern statt, 36 000 Franzosen gegen 23 000 Preußen und Sachsen. Die Garde rückte am 27. aus und musste die folgenden Tage und Nächte unter freiem Himmel verbringen.[35] Es regnete immer noch stark. Auch die Gefechte waren äußerst heftig. 14 000 Schuss feuerte die preußische Artillerie ab, mehrere Infanterie-Regimenter schlugen den entscheidenden französischen Vorstoß mit Rollfeuer und Bajonett zurück.[36] Die Garde blieb zwischen Kaiser- und Rothen-Berg stehen und griff nicht unmittelbar in das Geschehen ein. Auch in dieser Schlacht siegte der Herzog von Braunschweig, aber unter höheren Verlusten, »so eine Bataille soll den ganzen Siebenjährigen Krieg nicht gehalten worden sein«.[37]

Am 1. Dezember feierte man in Kaiserslautern den Sieg. Welchen Eindruck die Garde dabei gegenüber anderen Truppenteilen machte, kann man nach Schmidts Bericht ahnen: »Ich ritt zur Parole und fand in Kaiserslautern alles in großer Gala, um dem Herzog zur gewonnenen Schlacht zu gratulieren. Auffallend war der Gegensatz zwischen dem Generalmajor von Röder,

Kommandeur des Regiments Garde, einem langen blonden Mann mit schneeweiß gepudertem, zierlich frisiertem Haar in der reichgestickten Paradeuniform und dem Obersten von Szekely.«[38] Szekely begründete als mutiger Avantgardeführer in diesen Feldzügen seinen Ruhm, es stand also der einfache, mutige Soldat gegen den geleckten Gardeoffizier.

Am 30. Dezember 1793 marschierte die preußische Armee ab, die Garde nahm am 3. Januar 1794 noch an einem siegreichen Gefecht bei Frankenthal teil. Vor allem der Generalmajor von Rüchel tat sich dabei hervor.[39] Dann zog man weiter ins Winterlager Richtung Mainz. Der Rückzug war nötig geworden durch den Zusammenbruch des österreichischen Heeres im Elsass. Insgesamt waren die Koalitionstruppen zu diesem Zeitpunkt mehr durch Überanstrengung, Krankheit und inneres Zerwürfnis als durch den Feind bedroht.[40] Der Oberkommandierende Herzog von Braunschweig war so unzufrieden mit dem Verlauf des Feldzugs, dass er den König um Enthebung von seinen Aufgaben bat. Bei entschiedenem Vorgehen wäre ein Sieg wohl möglich gewesen.

Bei einem großen Armee-Avancement in Mainz wurde auch Heinrich von Kleist zum Portepée-Fähnrich befördert. Am 4. Februar wurde das Winterlager mancher Truppenteile wie der Garde nach Frankfurt verlegt, wo die Soldaten reich mit Lebensmitteln versorgt wurden und gegen den Müßiggang ab und an ausrücken sollten. Die Pause dauerte drei Monate. Die Soldaten rauchten und spielten trotz Verbot. Kleist lernte wahrscheinlich schon in diesem und im nächsten Winter, wie fast alle Offiziere, das Frankfurter Theater kennen. Die sich verschlechternde Stimmung führte zu vermehrter Desertion, ein Phänomen, das in diesem Krieg, in dem man sich noch überlegen fühlte, bisher selten gewesen war. Exerziert wurde ebenfalls selten.

Kleist hatte nach der Beschießung einer Stadt nun das zweite grausame Gesicht kennengelernt, das der Krieg damals annehmen konnte: die Feldschlacht. Auf dem Reißbrett, wo die Soldaten der damaligen Zeit – geordnet zu Rechtecken, den sogenannten Pelotons – von Generälen hin- und hergeschoben wurden, sehen diese Schlachten harmlos und ordentlich aus. Auf den Schlachtfeldern aber herrschte der Schrecken. Der

Erfolg der Schlacht hing nach damaliger Überzeugung davon ab, dass man die Ordnung aufrechterhält. Die Soldaten marschierten in gerader, selten schräger Linie vorwärts, sie standen so dicht sie konnten, ohne dass sie sich selbst beim Schießen behinderten und verletzten. Wenn die Reihen durch feindliche Musketen- oder Kanonenkugeln, schlimmer noch durch die gefürchteten Kartätschen, niedergemäht wurden, durfte der Soldat nicht weichen. Das war das Ziel allen Exerzierens, darauf zu achten war die Aufgabe der Offiziere, darin begründeten sich das Ethos und die Überlegenheit des Soldatenstandes. Offiziere, die todesmutig und mit Todesverachtung vor den Reihen herritten, genossen höchstes Ansehen.

Das ändert nichts daran, dass der Schrecken da war. Man muss sich die spezielle Stimmung dieser Schlachten vorstellen, wenn man verstehen will, in welcher Atmosphäre Kleist erwachsen wurde. Der Tag einer typischen Schlacht beginnt mit konzentrierter Ruhe am frühen Morgen und setzt sich fort mit der Erregung, wenn sich der Feind zeigt. Man hört Reden über entlegene Themen, während alle nur an eines denken. Die merkwürdige Erwartung von etwas Fürchterlichem und zugleich Aufregendem liegt in der Luft. Die überall vorhandene Lust, sich auszuzeichnen, erzeugt Gerangel und Übermut.

Dann kommt die Schlacht. Man zuckt nicht zusammen, wenn die Kugel vor einem aufklatscht und die Erde hoch aufspritzt, wenn eine andere Kanonenkugel über einen hinwegpfeift, aber man macht derbe Scherze und lacht laut. Immer lauter und immer lustiger werden die Soldaten und Offiziere im Verlauf der Schlacht. Man sieht die Fahne, die einem vorangeht und Mut und Zuversicht gibt. Aber nach kurzer Zeit kann der Nebel, den Gewehr- und Geschützfeuer erzeugen, schon undurchdringlich sein. Dazwischen blinken nur die Bajonette, bevor ein Windstoß den Nebel plötzlich wieder aufreißt und den Blick auf den Feind freigibt.

Und dann der Tod, die wachsende Verzweiflung, wenn der Nebenmann aufschreit und fällt, wenn ein Offizier leblos vom Pferd rutscht oder ein Pferd unter ihm brüllend zusammensackt. Die nackte Angst, wenn man das Blut sieht, das aus einem verwundeten Pferd spritzt oder aus einem abgeschossenen Bein fließt, wenn Köpfe abgerissen werden, Gedärme aus Bäuchen hängen. Sauber war dieser Krieg nicht. Dazu kamen der typische Salpetergeruch und der Geruch der aufgewühlten Erde. Das Trappeln der Pferde, das Prasseln der Salven, das Donnern der Geschütze und das Pfeifen der Kugeln, die Schreie und das Stöhnen, die Töne des Todes. Und dann kam die Nacht, wenn die Verwundeten auf dem Schlachtfeld weit hörbar schreien, wenn sie versuchen, sich zurück zur Truppe zu schleppen, wenn die Schreie zu Stöhnen ersterben.

Wir wissen nicht, was davon Kleist wirklich erlebt hat. Der genaueste Bericht über das Regiment Garde, der von Carl von Reinhard, verzeichnet die Schlachten, nicht aber den Schrecken der Schlachten. Er ist aus der Perspektive der Heerführer, des Prinzen und späteren Königs Friedrich Wilhelm III. und des General-Feldmarschalls von Moellendorff, geschrieben. Es wäre aber höchst eigenartig, wenn gerade Kleist nichts davon im Feld erlebt hätte. Wir müssen davon ausgehen, dass er den speziellen Schrecken der damaligen Schlachten kennengelernt hat. Jeder erlebte ihn, er war allgegenwärtig, er war nichts Besonderes. Kleist hat nie etwas dazu geschrieben. Trotzdem kann man sich nicht vorstellen, dass das auf den jungen Kleist keinen Eindruck gemacht haben sollte. Wo er später Gehirne spritzen ließ, sich in der Schilderung von Verletzungen und außerordentlichem Mut erging, wo überhaupt Grausamkeit in seinem Werk einen so breiten Raum einnimmt wie nirgendwo sonst.[41]

Wir wissen nicht, wie oft Kleist Gefahr lief, sein Leben zu verlieren. Sie ist bei einer Feldschlacht allgegenwärtig, aber wie viele Situationen erlebte Kleist, in denen er dem Tod tatsächlich ins Auge sah? Von der Angst, dem Schrecken und der Verwirrung, die diese Art des Krieges erzeugte, konnte damals nicht geredet werden, sie vor allem musste man niederkämpfen. Darum ging es, wenn man die berühmte Contenance bewahrte. Von Angst zu reden wäre nicht nur eines Kleists unwürdig gewesen. Das heißt aber nicht, dass sie nicht existiert hat.[42]

Es scheint vielmehr so zu sein, als sei der Krieg, diese elementare Verunsicherung, das eigentliche Refugium Kleists geworden. Die Stücke und Erzählungen, die er später schrieb, legen den Gedanken nahe: Die Unsicherheit des Krieges scheint ihm, wie die Grausamkeit, selbstverständlich geworden zu sein. Kleist schrieb aus einer elementaren Unsicherheit heraus. Goethe, ein weitaus gefestigterer Charakter als Kleist, wurde von der Erfahrung des Krieges nachhaltig geprägt.[43] Dabei kamen Kleist Krieg und Tod viel näher als Goethe. Geredet hat keiner von beiden darüber.

Was die Zeitgenossen dagegen beschäftigte und was bis weit ins 19. Jahrhundert hinein Allgemeingut war, ist das dringende Gefühl, dass der Sieg, der insbesondere durch preußische Tapferkeit in diesem Krieg zum Greifen nah war, durch die Zögerlichkeit der Generalität und die Uneinigkeit der Verbündeten verspielt wurde. Das war der Grund für den Rückzug des Herzogs von Braunschweig. Und das findet sich in fast allen Kriegsmemoiren, etwa von Knesebeck, Massenbach, Minutoli, Valentini, Schmidt und Fouqué. Auch der Militärhistoriker Curt Jany schloss sich der Einschätzung an.[44] Kleist dürfte mit an Sicherheit grenzender Wahrscheinlichkeit auch dieser Meinung gewesen sein. Der Rückzug sorgte seit dem Winter 1793/94 für Verbitterung in der preußischen Armee. »Die Tage des März waren übrigens für die Armee voll großer Spannung. Fragte man nach den Resultaten der beiden so rühmlich durchfochtenen Feldzüge, so waren sie gleich Null.«[45]

Am 15. Mai 1794 zog die Garde wieder in den Krieg ins Pfälzer Bergland, zunächst über Mainz nach Wendelsheim bei Alzey. Im April dachte man noch, in Richtung Heimat aufzubrechen, aber nachdem die Garde schon losmarschiert war, musste sie wieder umkehren. Am 23. Mai führte sie zwischen Kaiserslautern und Hochspeyer ein erfolgreiches Gefecht, dann zog sie durch den Pfälzer Wald, bis sie, jetzt unter dem Kommando des Generals Courbière, am 29. Juni Trippstadt besetzte. Die Garde bildete einen Teil einer weit auseinandergezogenen Linie preußischer Truppen, den Oberbefehl hatte nach seiner Entlassung nicht mehr der Herzog von Braunschweig, sondern General-Feldmarschall von Moellendorff. Anfang Juli griffen die Franzosen auf breiter Front an. Während der ersten Julihälfte kam es überall, auch in Trippstadt, zu mehreren heftigen Gefechten mit wechselndem Ausgang. Das 3. Bataillon spielte dabei auf der Höhe von Wilenstein eine wichtige Rolle, am 2. Juli war es nicht in die Kämpfe involviert, am 3. lieferte es sich ein heftiges Feuergefecht. Das abschließende Gefecht von Trippstadt am 12./13. Juli ging verloren, und die Franzosen eroberten dabei eine Batterie.

Hier vor allem lernte Kleist den Mut und die Kampfesweise der berüchtigten und gefürchteten Tirailleurs kennen: bewaffnete Infanteristen, die eher als Einzelkämpfer fochten und nicht wie die Preußen und alle klassischen Heere im festen Verband. Der Name kommt von *tirailler,* was hin- und herziehen bedeutet. Und genau das taten sie, sie waren hochbeweglich, warfen sich dem preußischen Gewehrfeuer manchmal mutig entgegen, weil sie an ihre Sache glaubten, konnten sich aber auch anschleichen oder verstohlen zurückziehen, weil sie selbständig agierten. Sie tauchten so schnell auf und wieder unter, dass es den preußischen Truppen wie Spuk erschien. Ihre Art, Krieg zu führen, stand für die neue Zeit, sie waren begeisterter und eigenständiger, als es sich ein preußischer Soldat vorstellen konnte. Sie hatten keine Uniformen und kämpften im eigenen und nicht im Namen des Königs. Das ging bis zur Verletzung des Ehrenkodex, sie schossen auch mit zerhacktem Blei, was schwere Verwüstungen anrichtete. Die Tirailleurs waren das Ergebnis der Levée en masse, der allgemeinen Mobilmachung. Auf fast eine Million Menschen war 1793 die revolutionäre Armee angewachsen, damals eine unvorstellbare Zahl. »Der so unglücklich geführte Krieg zeigte der Welt, dass man den Feind auch durch irreguläre mit Lumpen behängte Haufen schlagen kann und dass die wandelnden Vestungen (stehenden Heere) jenen das Feld räumen mussten.«[46]

Etwas anders drückte später der berühmte Kriegstheoretiker Carl von Clausewitz die Lehre dieses Krieges aus, an dem er selbst teilgenommen hatte: »Österreich und Preußen versuchten es mit ihrer diplomatischen Kriegskunst; sie zeigte sich bald als unzureichend. Während man, nach der gewöhnlichen Art die Sachen anzusehen, auf eine sehr geschwächte Kriegsmacht sich Hoffnung machte, zeigte sich im Jahr 1793 eine solche von der man keine Vorstellung gehabt hatte. Der Krieg war urplötzlich wieder eine Sache des Volkes geworden, und zwar eines Volkes von 30 Millionen, die sich alle als Staatsbürger betrachteten.«[47]

An der Kriegsführung hatte sich über das gesamte 18. Jahrhundert, vom Soldatenkönig Friedrich Wilhelm I. über Friedrich den Großen bis zu Friedrich Wilhelm II., nichts Grundlegendes geändert. Nun war auf einmal alles anders. Nun kehrte ein Moment zurück, das man vergessen hatte: der kämpfende Individualist, als der sich der Musketier des 17. Jahrhunderts noch gefühlt hatte. Erst seit Ende des 17. Jahrhunderts trugen Soldaten Uniformen. Kleist erlebte auf der Seite der Gegner einen Kämpfer, nicht das Teilchen in der Maschine, das der Soldat in der preußischen Armee war, sondern einen entfesselten Krieger, der Angst und Unsicherheit verbreitete.

Zu dieser Zeit, im Juli 1794, wurde eine bedeutende Veränderung beschlossen. Inhaber der Verdienstmedaille durften im preußischen Heer ab sofort nicht mehr mit Fuchteln oder Stockschlägen bestraft werden.[48] Die eiserne Strenge, über die Kleist sich ein paar Jahre später bitter beklagen würde, wurde also bereits während der Rheinkampagne von der Heeresleitung ein Stück weit zurückgenommen.

Zur grundlegenden Kritik an der preußischen Armee aber sah man keinen Anlass. Stellvertretend für viele sei der General-Feldmarschall von Moellendorff zitiert: »Schade und tausendmal Schade, dass man die außerordentliche Bravour unserer Truppen unter solcher guter Anführung nicht besser und entscheidender benutzt«, schrieb er an Rüchel.[49] Viele empfanden es als bitter, dass man sich nach den siegreichen Schlachten von Pirmasens und Kaiserslautern wieder an den Rhein zurückziehen musste. Der Sieg wurde damals verschenkt, glaubte man. Noch fühlte man sich überlegen.

»Gott bescheerte ihm das Glück, ... sich gleich in den ersten frischen Jugendjahren dem Feind gegenüber als Soldat zu versuchen. Die preußische Fußgarde, worin Heinrich von Kleist im Jahr 1794 diente, hatte vorzüglich bei Trippstadt einen recht ernsten und unversehenen Angriff des kühnen Feindes zu bestehen, den sie mit echt preußischer Entschlossenheit zurückwies. Zu großen Hauptschlachten blühte der Kampf dieses Jahres nicht auf; doch immer fanden die Kriegsleute Gelegenheit, vor sich und Andern ihre freudige Todesverachtung darzuthun, und geehrt und geliebt von seinen Waffenbrüdern zog nach geschlossenem Frieden der Jüngling Heinrich in seine Garnison Potsdam ein.«⁵⁰ Fouqués Erinnerungen sind stark durch seine eigene Sichtweise geprägt, trotzdem sind sie das nächstliegende Zeugnis für Kleists Haltung in den Kriegsjahren.

Nach den verlorenen Gefechten bei Trippstadt ging es für die Garde auf einem langen, quälenden Rückzug mit Nachtmärschen, steckengebliebenen Wägen und Unordnung in manchem Bataillon über gut vier Monate nach Frankfurt am Main. Kleists Regiment bezog am 24. November in Eschborn Quartier. »Wir lebten ganz in Frieden und hatten nur einige blinde Alarms«, schreibt Schmidt über diese Zeit. Niemand hatte Angst, dass der Feind bis Frankfurt vordringen könnte, obwohl er schon einmal da gewesen war.

Es wurde ein äußerst harter Winter, der Rhein fror gänzlich zu. Preußen, das wurde nun deutlich, hatte sich und seine finanziellen Mittel erschöpft, ohne einen Sieg errungen zu haben. Zwar hatten Holländer und Engländer Kriegskosten übernommen, aber der Staatsschatz Friedrich Wilhelms II. war vollkommen erschöpft. Das Geschehen verlagerte sich nach Polen, wo Kleists Bruder Leopold und sein Vetter Carl Otto Philipp von Pannwitz kämpften. Die eigentliche Schlacht, so dachte man, wurde im Osten geschlagen, wo man Angst davor hatte, dass Russland sich ein zu großes Stück von Polen abschneiden könnte. 1793 und 1795 wurde Polen das zweite und dritte Mal geteilt, von dem stolzen und großen Land blieb – im Zeitalter des entstehenden Nationalismus – auf der Landkarte nichts übrig.

Am 25. Februar 1795 schrieb Kleist aus Eschborn bei Frankfurt seinen zweiten überlieferten Brief, diesmal an die Schwester Ulrike, die er Ullrique schrieb. Man muss sich vorstellen, dass ihr Name in der Familie französisch und nicht deutsch ausgesprochen wurde: *Üllríck*. Er dankte ihr mit etwas gestelzten, aber auch gereiften Worten für eine Weste, die sie ihm gestrickt und geschickt hatte. Was daran erinnert, dass Kleist wahrscheinlich zwei Winter lang im Feld und jetzt in Eschborn gefroren hat. Dann widmete er sich wieder seinem Lieblingsthema, dem Geld beziehungsweise dem mangelnden Geld. Er hatte eine erwartete Sendung nicht erhalten. »Ich verliere dabey zwar nichts, denn der Cap: v Franckenberg ist so gnädig mir meine

Zulage, selbst in seiner Abwesenheit auszahlen zu laßen; allein ich fürchte für eine Verwirrung mit den Geldern.«[51] Mangel scheint Kleist nicht gelitten zu haben, Frankenberg hatte sein Versprechen, nach dem jungen Heinrich zu sehen, eingehalten.

In diesem zweiten Brief schrieb Kleist auch den bereits zitierten Satz, der als Ausdruck von Friedenssehnsucht verstanden worden ist: »Gebe uns der Himmel nur Frieden, um die Zeit, die wir hier so unmoralisch tödten, mit menschenfreundlicheren Tathen bezahlen zu können!«[52] 1808 hat Kleist in seiner Zeitschrift »Phöbus« das Gedicht »Der höhere Frieden. (1792 oder 93.)« veröffentlicht. Die Jahreszahl im Titel muss nicht bedeuten, dass Kleist das Gedicht schon damals geschrieben hat. Es könnte auch sein, dass Kleist das Gedicht auf diese Zeit bezogen wissen wollte.[53]

> Wenn sich auf des Krieges Donnerwagen,
> Menschen waffnen, auf der Zwietracht Ruf,
> Menschen, die im Busen Herzen tragen,
> Herzen, die der Gott der Liebe schuf:
> Denk' ich, können sie doch mir nichts rauben,
> Nicht den Frieden, der sich selbst bewährt,
> Nicht die Unschuld, nicht an Gott den Glauben,
> Der dem Hasse, wie dem Schrecken, wehrt.
> Nicht des Ahorns dunkelm Schatten wehren,
> Daß er mich, im Waizenfeld, erquickt,
> Und das Lied der Nachtigall nicht stören,
> Die den stillen Busen mir entzückt.[54]

Vielleicht ist nicht entscheidend, wann dieses Gedicht geschrieben worden ist. Es passt zur späteren Erinnerung an diese Jahre im Brief an Adolphine von Werdeck. Der höhere Friede des Gedichtes hat nichts mit Pazifismus zu tun: Es ist ein innerer Friede, den man trotz Krieg finden kann. Es ist der persönliche Friede des Rückzugs in sich selbst und der Friede der Naturverbundenheit. Es ist kein Friede statt des Krieges, sondern ein Friede im Krieg, es geht um die innere Verfassung des lyrischen Ich.

Weder der Satz am Ende des Briefs an Ulrike noch das Gedicht entspringen einer Auseinandersetzung mit dem Krieg. Ein paar Zeilen zuvor hatte Kleist an Ulrike geschrieben, dass es ihm Freude macht, dass sein Bruder Leopold zum Offizier reift, und dass dessen Erfahrungen beim Polenfeldzug ihn dafür ja auch qualifizieren. Kleist stellte den Krieg nicht in Frage. Ob er so begeistert an ihm teilnahm wie Fouqué oder so zwiespältig war wie Friedrich von dem Knesebeck, wissen wir nicht. Sicher aber hat Kleist den Krieg nicht abgelehnt. Er hat seine Jugend, die Zeit im Krieg, als befriedigend empfunden: »Warum ist die Jugend die üppigste Zeit des Lebens? Weil kein Ziel so hoch u. so fern ist, das sie sich nicht einst zu erreichen getraute. Vor ihr liegt eine Unendlichkeit – Noch ist nichts bestimmt, u. Alles möglich – «[55] In der Kriegszeit bildete sich der emotionale Boden, auf dem es dann zu Kleists Gefühlsausbruch von 1799 kam. In diesem eigenartigen Sinn ist Kleist immer ein Krieger mit einem in sich eingezogenen, schwärmerischen, individualistischen Inneren geblieben.

Am 3. März 1795 marschierte das Regiment Garde Richtung Norden ab, wie Kleist in seinem Brief angekündigt hatte. Sie sollten an den Kämpfen in Holland teilnehmen. Unterwegs besuchte Kleist mit Regimentskameraden die Bildergalerie in Kassel, das 3. Bataillon wurde Ende März in der Komturei von Lage nördlich von Osnabrück stationiert. Dort wurde Kleist, der im Jahr zuvor Portepéefähnrich geworden war, am 14. Mai zum wirklichen Fähnrich ernannt. Auf dem weiteren Rückmarsch waren sie »zuvorkommend liebevoll« behandelt, die Offiziere beim Gouverneur von Hannover und dem Herzog von Braunschweig hervorragend bewirtet worden. Vom 17. Mai bis 11. Juni marschierte das Regiment Garde zurück nach Preußen. »Der König war den Garden mit seiner ganzen Suite bis gegen die Baumgartenbrücke entgegengeritten und lobte ihre gute und brave Aufführung in der Kampagne.«[56] Nach zwei Jahren und drei Monaten war Kleist wieder in der Heimat. Vier Jahre im Regiment in Potsdam standen bevor.

Unterdessen hatten Frankreich und Preußen den Basler Frieden abgeschlossen. Preußen überließ Frankreich das linke Rheinufer. Im Basler Separatfrieden, ausgehandelt von Hardenberg, erklärten sich Preußen und überhaupt Norddeutschland für neutral.

Diese Geschichte von Kleists Leben bewegt sich weiter zurück in die Vergangenheit. Je tiefer man hinabsteigt, je mehr man sich Kleists Kindheit nähert, desto undeutlicher wird dieses ohnehin schwer zu fassende Leben. Es ist eine oft gemachte Beobachtung. Es liegt daran, dass die überlieferten Zeugnisse immer spärlicher werden. Der biographische Mangel hat aber noch einen weiteren Grund: Biographien – Lebensgeschichten – gehen von der Vorstellung aus, dass der Mensch seine Geschichte ist. Die Kindheit hat in dieser Geschichte immer die entscheidende Position, sie stellt den Ausgangs- und Angelpunkt dar, sie ist der Ort, wo die Weichen gestellt werden. Gleichzeitig ist die Kindheit dem Erwachsenen verschlossen. Es ist eine Illusion, wenn ein Erwachsener zu wissen glaubt, was in einem Kind vorgeht.

Etwa seit Kleists Zeit, seit Empfindsamkeit und Aufklärung, gibt es aber auch ein bis heute reichendes Bedürfnis nach Büchern, die von der Kindheit erzählen. Ein berühmtes deutsches Beispiel aus der Vergangenheit ist »Anton Reiser« von Karl Philipp Moritz. Das berühmteste Beispiel unserer Tage ist »Harry Potter«. Die Kindheit ist hier das fremde Land, das die Literatur ausfüllt. Kleist gehört zu dieser Bewegung, wo das Ich sich selbst fremd und interessant wird, auch wenn es von ihm keine Lebenserinnerungen gibt. Dabei ist der Unterschied zwischen solchen Entwicklungsromanen und Erinnerungen kleiner, als es auf den ersten Blick scheint: Neben den äußeren Vorgängen versuchen beide, den inneren Vorgang, die Welt des Kindes und die Verwandlung zum Erwachsenen in eine Erzählung zu verwandeln.

Seit einiger Zeit gibt es Forschungen, die die Sache mit der Kindheit umdrehen. Die Kindheit steht demnach nicht am Anfang, sondern ist etwas, das einmal erfunden wurde. Der junge Mensch, der im Mittelalter eher wie ein kleiner Erwachsener war, wurde über Generationen hinweg zu einem eigenen Wesen umgebildet.[57] Erst erscheinen Kinder vermehrt auf Bildern, dann gibt es eigene Kinderkleidung, die Vorstellung einer kindlichen Sexualität beziehungsweise eine Leerstelle, die von der erwachsenen Sexualität unterschieden ist und beschützt werden muss, und dann wächst sogar so etwas wie eine eigene Kinderseele empor: Sie ist unschuldig, sie kann zerstört und sie muss erzogen werden.

Jede Biographie ist eine Variation über solche Fragen. Sie ist ein Spiel mit dem Unmöglichen. Sie ist eine Konstruktion, eine Erfindung, und sie folgt – wie immer sie es auch anstellt – dem Phantasma von der Kindheit, das sie nicht auflösen kann. Je weiter sie zurückgeht, desto mehr nähert sie sich dem Roman. Da ist es auch kein Ausweg, sich Kleists Kinderfiguren ins Gedächtnis zu rufen. In seiner größten Erzählung, »Michael Kohlhaas«, kommen zwei Söhne von Kohlhaas vor, und sie heißen Heinrich und Leopold – so wie Kleist und sein einziger Bruder. Aber was sagt uns das über Kleists Kindheit, außer dass es eine hübsche Anspielung ist? Nichts. Weil der Vater Kohlhaas nicht von seiner Gerechtigkeitswut lassen kann, haben die Söhne am Ende keinen Vater mehr. Gleichzeitig werden sie vom Landesvater zu Rittern geschlagen und bekommen sozusagen alle Ehren.

Es gibt kein Wissen über die Kindheit, schon gar nicht bei Kleist. Das geht so weit, dass man nicht einmal genau weiß, wann Kleist geboren wurde. Im 19. Jahrhundert dachte man, dass er 1776 geboren worden sei, bis man im Kirchenbuch seiner Geburtsstadt Frankfurt an der Oder einen Eintrag entdeckte, der besagt, dass er am 18. Oktober 1777 geboren worden war. Daraufhin war man sich über hundert Jahre einig, dass Kleists Geburtstag an diesem Tag und in diesem Jahr war. Die Literaturwissenschaft hat aus guten Gründen gelernt, der meist objektiveren Wahrheit von amtlichen Registern und schriftlichen Zeugen zu vertrauen.

Nun hat Kleist selbst seinen Geburtstag am 10. Oktober gefeiert. Diesen Termin hatte er von seinen Eltern. Will man einem Kirchenbuch, wo auch ein falscher Eintrag unterlaufen sein kann, mehr glauben als Kleist und seiner Familie? Vor kurzem wurde der Fehler von einem Kleistforscher[58] korrigiert, und es scheint sich jetzt langsam, knapp 250 Jahre später, die Auffassung durchzusetzen, dass Kleist am 10. Oktober 1777 geboren wurde. Kleist selbst hat in den »Berliner Abendblättern« vom 10. Oktober 1810 eine Anekdote erzählt, in der – das einzige Mal – seine Geburtsstadt vorkommt. Sie dreht sich um einen verstorbenen Regimentskommandeur.

Kleists Konfession ist ebenfalls nicht eindeutig zu bestimmen, reformiert oder lutherisch? Er war evangelisch, er wurde am

27. Oktober 1777 getauft, so viel ist sicher, nach der Konfirmation am 20. Juni 1792 war er in das Regiment Garde eingetreten. Meist gehörte der Adel zu den Reformierten. Die Familie von Kleists Mutter aber war lutherisch. Die Konfession des Feldpredigers, der Kleist 1792 konfirmierte, Christian Gotthelf Krüger, war ebenfalls lutherisch. Der Unterschied mag von heute aus betrachtet nicht bedeutsam erscheinen. Damals aber war das anders, auch wenn in Preußen durch die religiöse Gleichgültigkeit von Friedrich II. die Bedeutung religiöser Fragen weniger drängend war als in anderen Gebieten. Aber schon sozial gab es einen bedeutenden Unterschied: Ein Reformierter war feiner als ein Lutherischer. Auch das lag an den Landesherren, seit 1613 der brandenburgische Kurfürst Johann Sigismund zum Calvinismus konvertiert war.

Auch Kleists Vater, der Kompaniechef und Major Joachim Friedrich von Kleist, ist vor allem eine Leerstelle. Geboren ist er 1728, gestorben 1788. Da war sein ältester Sohn Heinrich elf Jahre alt. Alt genug also, um den Vater wirklich mitbekommen und seinen Tod miterlebt zu haben. Die Versuchung, sich die Vaterfiguren in Kleists Werken zu vergegenwärtigen, ist fast übermächtig. Kleist hat eine tiefe Verwandtschaft zu Schriftstellern wie Franz Kafka – und der hat immerhin einen »Brief an den Vater« geschrieben, traumatisierende Väter waren zentral für sein Werk. Kleists Werk wirkt, als sei in ihm ein solcher Brief an den Vater versteckt.

Väter kommen bei Kleist besonders schlecht weg. Sie verbergen und entziehen sich, sie sind nicht da. Der Findling Nicolo kennt seinen Vater nicht. Das Käthchen von Heilbronn täuscht sich in seinem Vater. Der Vater des Prinzen von Homburg ist nicht da, und als der Kurfürst seinen Platz einnimmt, wird es für Homburg prekär. Der erste Auftritt eines Vaters im Werk Kleists, Rupert Schroffenstein, ist so bedrohlich, wie man es sich nur vorstellen kann: In einer Grundsatzrede macht er seinem Weib klar, dass die Stunde gekommen ist, in der Rache geübt werden muss. Nicht nur die Väter in »Die Familie Schroffenstein« töten die Kinder, im »Erdbeben in Chili« spritzt das Blut der Kinder durch der Väter Hand. Man könnte diese Reihe fortsetzen. Die Väter bei Kleist entziehen sich, sie benehmen sich wie

Tyrannen, sie dulden keine Widerrede, haben wenig Verständnis, sie morden. Sie wirken allmächtig. Das verbreitet ein Fluidum, das dafür gesorgt hat, dass Kleists Vater als mehr oder weniger strenger, typischer preußischer Offizier vorgestellt wird.

Wie war Kleists Vater? Despotisch oder verständnisvoll, bildungsnah oder -fern, präsent oder nicht? Die beiden mündlichen Überlieferungen, die es gibt, füllen die Leerstelle nicht: »Schon seine Kindheit wurde ihm verbittert, da seine Erzieher die eigentümliche Organisation des Knaben zu beachten nicht der Mühe wert hielten, und ihn für begangene Fehler straften, an denen ihre Art ihn zu behandeln die meiste Schuld trug. Die Folge war ein scheues Zurückziehen des Knaben in sich selbst auf der einen, und ein unbändiger Trotz auf der anderen Seite. Beides unnatürlich, denn von Natur war Kleist offen, sanft, träumerisch, edel.«[59] So lautet die Mitteilung einer unbekannten Person über Heinrichs Kindheit.

Kleists erster Biograph, Eduard von Bülow, schrieb dagegen: »Kleists Jugendjahre sollen im Kreise seiner Geschwister heiter und gut vergangen sein.«[60] Warum, fragt man sich da sofort, nur im Kreise der Geschwister und nicht auch der Eltern? Wollte Bülow, der seine Informationen auch von Kleists Familie bekommen hatte, nichts Negatives sagen? Der 15-jährige Kleist macht in seinem ersten Brief, es ist der an Tante Massow, keinen verschüchterten Eindruck. An die Mutter erinnert sich der Knabe in diesem Brief und auch später mit warmem Gefühl. Aber was ist mit dem Vater?

Man könnte vermuten, dass die Mutter verständnisvoll war, der Vater aber wie ein bedrohlicher Richter vor einem Sohn stand, der sich immer und immer wieder zu verantworten hatte. Aber es gibt keinerlei echten Anhaltspunkt dafür, außer den Vätern in Kleists Schriften und dem Wissen, dass solche Väter damals nichts Besonderes waren. Immerhin gibt es die Geschichte vom Streit zwischen Kleists Vater und König Friedrich II., die in den Erinnerungen des uns bereits bekannten Karl Friedrich von dem Knesebeck verzeichnet ist.[61] Kleists Vater war – es geht um die Zeit Anfang der achtziger Jahre, wahrscheinlich Mai 1783 – Major im Regiment des Prinzen Leopold von Braunschweig in

Frankfurt an der Oder. Es ist das Regiment, in dem später auch Knesebeck diente. Dort hatte er eine eigene Kompanie, was wegen der Einnahmen, die daraus erwuchsen, der wichtigste Karriereschritt war.

Friedrich II. war bei einer Revue unzufrieden mit den Regimentern aus Ruppin und Frankfurt gewesen. Er befahl deswegen, dass die zuständigen Majore Karl Sigmund von Pirch und eben Joachim Friedrich von Kleist nicht mehr befördert werden sollten, da sie sich nicht auf den Dienst »appliciren«. Die »Ambition«[62] seiner Offiziere war für den König zentral. Zufällig musste Pirch diesen Befehl selbst weitergeben, was er mit lauter Stimme tat und dann kommentierte: »Das mag der König sagen, wenn es ein anderer denkt, ist er ein Hundsfott.« Pirch demissionierte. Kleists Vater aber schrieb an Friedrich II. in lakonisch-deutlichem Ton: »Euer Majestät sind Herr über mein Leben, aber nicht über meine Ehre. Ersteres habe ich nicht verwirkt, letztere ist gekränkt. Ich ersuche daher E. M. alleruntertänigst um meinen Abschied, empfehle der Vorsehung mich und die Meinigen und ersterbe E K M.« E K M bedeutet Eure Königliche Majestät. Für Knesebeck war Kleists Vater – über sechzig Jahre nach dem Geschehen und vor gänzlich verändertem zeitgeschichtlichen Hintergrund – ein Beispiel für einen Mann rechter preußischer Gesinnung.

Pirch verließ die Armee, Kleists Vater nicht. Nach Knesebecks Erinnerung hatte Friedrich II. ihm den Abschied verweigert (16 Jahre bevor der Sohn ihn bekam), ihm aber unter der Hand zu verstehen gegeben, dass er ihn in das Avancement, also die Beförderung, wieder aufgenommen habe.[63] Kleists Vater wurde aber nicht mehr befördert, obwohl es 1783 eine freie Oberstleutnantsstelle gab und er der älteste Major seines Regiments war. Wenn es stimmt, was Knesebeck erinnert, ist es also fast zwingend, dass die Familie Kleist gegenüber dem König verbittert war.

Kleists Vater war in den komplizierten und grundsätzlichen Konflikt geraten, der in der preußischen Armee zwischen Ehre und Dienstauffassung bestand. Wer nicht auf die Ehre achtete, verlor die Achtung der anderen Offiziere und die Achtung vor sich selbst. Erst Friedrich Wilhelm I., der Soldatenkönig und

Vater von Friedrich II., hatte die Aussöhnung von preußischem Adel und Krone gegen große Widerstände erreicht. Er hatte es geschafft, den Adel auf die Armee zu verpflichten. Bei den Kleists war er damit besonders erfolgreich gewesen. Der entscheidende Begriff dabei war eben die Ehre. Sie hatte – auch für den König – eine klare Funktion. Denn sie war es, die den Offizieren die Kraft gab, freiwillig die Entbehrungen ihres Berufes und sogar den Tod auf sich zu nehmen.

Das wird etwa in den Erinnerungen von Ludwig von der Marwitz deutlich: »Entsagung jedes persönlichen Vortheils, jedes Gewinstes, jeder Bequemlichkeit, ja, jeder Begehrlichkeit, wenn dem Offizierstand nur die Ehre blieb! Dagegen jede Aufopferung für die Ehre, für seinen König, für sein Vaterland, für die Ehre der preußischen Waffen! Im Herzen Pflichtgefühl und Treue, für den eigenen Leib keine Sorge.«[64] Heinrich von Kleist verkehrte im Kreis der Offiziere, die so dachten.

Die Könige mussten auf die Ehre Rücksicht nehmen. Sie war aber auch eine Bedrohung für die Ordnung in der Armee. Friedrich Wilhelm I. erließ 1726 ein Reglement für das Militär, in dem es hieß, der Offizier dürfe sich gegenüber seinen Vorgesetzten im Dienste nur so lange nicht verantworten (also widersprechen), solange er nicht in seiner Ehre angegriffen sei. Friedrich II. ging einen Schritt weiter als sein Vater und wollte das Ehrsystem weiter zurückdrängen. 1748 legte er fest, dass ein Offizier, der von seinem Vorgesetzten beleidigt worden sei, sich nicht sofort verantworten solle. Erst hinterher könne er Genugtuung fordern.[65] Aus Sicht von Friedrich II. stand die Ehre dem unbedingten Gehorsam gegenüber dem Vorgesetzten im Dienst entgegen.

Nebeneinander bestanden zwei konkurrierende Systeme, Gesetz und Ehre, der Gehorsam und der Stolz auf den eigenen Stand. Das zeigte sich an der weitverbreiteten Duellpraxis. Auch wenn Duelle streng verboten waren, waren sie bis ans Ende der Regierung Friedrichs II. und darüber hinaus an der Tagesordnung.[66] Noch 1791 wurde ein Offizier aus dem Kreis der Kameraden ausgeschlossen, weil er ein Duell aus Rücksicht auf seine Familie nach dem ersten Waffengang beenden wollte. Der König selbst war aus diesem Ehrsystem keineswegs ausgenommen. Die Offiziere betrachteten ihn zwar als Vorgesetzten, als Offizier aber war er in Fragen der Ehre durchaus ihresgleichen – woraus sich unlösbare Konflikte ergeben konnten.

Auf Friedrich II. folgte 1786 Friedrich Wilhelm II. als König. Er war ein freundlicher, eitler, etwas harmloser, alles andere als prinzipientreuer Mensch. Aber auch unter ihm gab es für Kleists Vater kein Fortkommen mehr: Johann Friedrich von Kleist überlebte Friedrich II. nur um zwei Jahre, 1788 starb er an der Wassersucht, wohl einer Herzerkrankung, im Alter von sechzig Jahren. Genugtuung, indem er wieder ins Avancement, das Fortkommen, einbezogen worden wäre, erfuhr er nicht mehr.

Außerdem ist über Joachim Friedrich von Kleist bekannt, dass er im Siebenjährigen Krieg verwundet worden war. Aber das war unter den Kriegsteilnehmern fast die Regel. Als junger Mann hatte er – wie später sein Sohn – ein Jahr lang studiert. Möglicherweise war Kleists Vater also ähnlich bildungsversessen wie sein Sohn. 1763, als er schon beim Militär war, verzichtete er, gegen Geld und zugunsten eines Bruders, auf ein Gut in Schmenzin.

Dem Tod des Vaters folgten mehrere Eingaben von Kleists Mutter an Friedrich Wilhelm II. Sie sind in umständlichem Deutsch geschrieben, die Mutter Kleists war offenbar in der Schriftsprache nicht sehr versiert. In märkischen Offiziersfamilien wurde zu dieser Zeit überhaupt ein erbärmliches Deutsch gesprochen.[67] Unter den Eingaben von Kleists Mutter war das Ersuchen um eine Pension, die nicht bewilligt wurde, da der dazu bestimmte Fonds erschöpft sei.[68] Die Bitte um Anerkennung des väterlichen Testaments, das wegen Formfehlern von der Stadt Frankfurt nicht akzeptiert worden war, wurde ebenfalls nicht erhört. Und auch die Aufnahme des erstgeborenen Sohnes Heinrich in die Berliner Militärakademie, was eine kostensparende Ausbildung ermöglicht hätte, kam nicht zustande.[69]

Aus solchen Zurückweisungen ergab sich in der Kleistforschung die Vorstellung, dass Kleist in relativer Armut groß geworden sei. Es wird immer wieder der Eindruck erzeugt, die Familie Kleist habe nach dem Tod des Vaters nicht standesgemäß existieren können. Das nährt das Klischee vom verarmten Dichter und entschuldigt die Probleme, die Kleist sein Leben

Finanzielle Verhältnisse

lang mit dem Geld hatte. Gerechtfertigt ist es nicht. Die Karriere des Vaters mit Aufstieg bis zum Major bewegte sich im normalen Rahmen. Als Hauptmann hatte Kleists Vater ein Gehalt von 800 Talern, als Kompaniechef ein regelmäßiges Einkommen[70] von mehreren 1000 Talern jährlich,[71] was ein gutes Auskommen für die Familie ermöglichte. Er verdiente so viel, dass er ein verpachtetes Allodialgut[72] in der Lausitz, woher seine zweite Frau und Kleists Mutter kam, und kurz vor seinem Tod auch das Stadthaus, in dem die Familie Kleist wohnte, kaufen konnte.

Das Gut brachte 1797, als es verkauft wurde, 30 000 Taler ein. Das Wohnhaus der Familie hatte einen eingetragenen Wert von etwa 6000 Talern, als es 1807 verpachtet wurde, brachte es 450 Taler jährlich.[73] Außerdem hinterließ Kleists Vater Bargeld: 3738 Taler in Gold und 4431 Taler Courant.[74] Das bedeutete zwar für Heinrich von Kleist, wenn es durch sieben, die Anzahl der Geschwister, geteilt worden wäre, keine Lebensgrundlage, aber insgesamt war es doch ein stattlicher Besitz. Ein Soldat musste damals zum Beispiel einen Besitz von 600 Reichstalern vorweisen, um die Erlaubnis zur Heirat zu bekommen. Es wurde als ausreichende Startgrundlage erachtet. Als Secondeleutnant erhielt Kleist 13 Taler monatlich. Angesichts des verarmten Kleinadels, den es in Preußen überall gab, waren die Verhältnisse der Familie Kleist nachgerade feudal. Kleists Vater gelang es, im Lauf seines Lebens die materiellen Grundlagen für ein durchaus standesgemäßes Leben seiner Familie zu schaffen.

Das tägliche Leben im Haushalt eines Kompaniechefs wie Kleists Vater war dadurch geprägt, dass er für gewöhnlich die frisch eingekleideten Offiziere nach dem Dienst in seinem Haus um 12 Uhr zum Mittagessen empfing.[75] Heinrich von Kleist hatte also als Junge bereits Umgang mit preußischen Offizieren. Alle speisten gemeinsam, oft wurde auch für die Dienstboten ein Tisch gerichtet. Getrunken wurde Bier, selten Wein, zum Essen gehörte immer die Suppe, manchmal auch Fleisch.

Der direkte Vorgesetzte von Kleists Vater war der Regimentschef und Stadtkommandant Herzog Leopold von Braunschweig, ein Neffe Friedrichs II. und Bruder der Weimarer Herzogin Anna Amalia. Drei Geschwister Kleists hatten den Herzog zum Paten. Das deutet auf eine enge Beziehung. Er war Mitglied der

Freimaurerloge »Zum aufrichtigen Herzen« und hatte 1775 mit Lessing Italien bereist. Leopold von Braunschweig war ein echter Menschenfreund, er kümmerte sich um die Bildung seiner Offiziere, indem er für sie Vorlesungen durch Universitätsprofessoren halten ließ. Auf seine Kosten wurde damals eine Schule für verwahrloste Soldatenkinder gebaut. Im April 1785 kam Leopold von Braunschweig bei einem Oderhochwasser ums Leben, als er vom Wasser Eingeschlossenen helfen wollte. Dieser Tod erregte europaweit Aufsehen. Goethe besang ihn für seine Humanität, Friedrich II. meinte in einem Brief an jenen Frankenberg, der Kleists Kompaniechef wurde, der Herzog habe es mit seiner Menschenliebe wohl etwas zu weit getrieben. »Was hat der Mensch sich um das Krobzeug zu kümmern?«, fragte er.[76] Wenn es stimmt, dass Kleists Vater eine enge Beziehung zu Leopold von Braunschweig unterhielt, ist sehr gut denkbar, dass er ganz anders war, als man sich ihn vorstellt: bildungsnah, aufgeschlossen, menschenfreundlich. Vielleicht wollte Friedrich II. mit der Bestrafung von Joachim Friedrich von Kleist sogar den Herzog treffen.

Auch über Kleists engere Familie weiß man wenig. Sicher ist: Er entstammte der Kriegerkaste. Keine preußische Familie stellte so viele Offiziere wie sie, darunter viele Generäle und Generalfeldmarschalle, keine verlor so viele ihrer Söhne im Krieg.[77] Charakteristisch für die Häufigkeit des Namens in der Führungsriege des preußischen Militärs ist eine Anekdote, die Kleist auch in seinen »Berliner Abendblättern« veröffentlicht haben könnte, die aber Friedrich Karl von Schmidt in seinen Erinnerungen erzählt. »In Bonn hieß der Kölnische Kommandant auch Kleist, wie unser Kommandierender, und war gleichfalls Generalleutnant«, erzählt Schmidt aus der Zeit der Rheinkampagne. »Als der unsere bei Ausgabe der Parole mit ihm hierüber sprach und auf den Siebenjährigen Krieg kam, während welchem der andere bei den Österreichern gestanden, zog er einen Handschuh aus, zeigte er seine zerschossenen Finger und sagte: ›Das haben die Österreicher getan‹, worauf jener den nämlichen Handschuh auszog, ebenfalls zerschossene Finger zeigte und ausrief: ›Das haben die Herren Preußen getan.‹«[78]

Über die Kleists und ihre Generäle kann man sich auf der

Website der Familie Kleist informieren.[79] Dort kann man auch jahrhundertelange Stammlinien dieses pommerschen kriegerischen Adelsgeschlechts mit slawischen Wurzeln verfolgen. Es gab es auch schon vor Heinrich Dichter in dieser Kriegerfamilie. Da war Franz Alexander von Kleist, geboren 1769, gestorben bereits 1797, ein Vetter dritten Grades, der wie Heinrich den Militärdienst quittierte und aus dessen Schriften Heinrich zuweilen zitierte.

Wichtiger aber ist Ewald Christian von Kleist, geboren 1715 und gestorben 1759, ein weit entfernter Großonkel. Eine lange Tradition will wissen, dass Ewald von Kleist das Vorbild des Majors von Tellheim in Lessings Soldatenlustspiel »Minna von Barnhelm« gewesen sei.[80] Auch zu Heinrichs Lebzeiten war Ewald noch bekannt, wegen seiner erotischen Idylle »Der Frühling«, vor allem aber, weil er in der Schlacht bei Kunersdorf schwer verwundet worden war und danach den Heldentod sterben durfte. Bis weit ins 19. Jahrhundert hinein wurde er als Patriot verehrt.

Kleist hatte sechs Geschwister. Aus der ersten Ehe des Vaters stammten die beiden Mädchen Wilhelmine, geboren 1772, und Kleists Lieblingsschwester Ulrike. Nach Ulrikes Geburt im Mai 1774 starb die Mutter im Alter von 19 Jahren. Joachim Friedrich hatte die vierzehnjährige Louise von Wulffen 1769 als knapp 41-Jähriger geheiratet. Im Januar 1775 heiratete Joachim Friedrich ein zweites Mal, die 1746 geborene, damals 18 Jahre alte Juliane Ulrike von Pannwitz, Kleists Mutter. Noch im gleichen Jahr wurde die Tochter Friederike geboren, 1776 folgte Auguste und dann, 1777, der Sohn Heinrich. 1780 folgte Kleists einziger Bruder Leopold und 1784 Juliane. Als der Vater für diese Familie das große Haus bei der Marienkirche in Frankfurt an der Oder erwerben konnte, neben dem Haus des Stadtkommandanten, waren seine sieben Kinder zwischen vier und sechzehn Jahre alt. Zweieinhalb Monate später war ihr Vater tot.

Über Kleists Vater weiß man kaum etwas, über Kleists Mutter noch weniger. Man könnte es ironisch zuspitzen: Juliane Ulrike von Kleist, das war die Frau, die nicht gewusst haben soll, wann sie ihren Sohn Heinrich zur Welt gebracht hatte. Immerhin gibt es wahrscheinlich ein Bild dieser Frau. Man meint Freundlichkeit in ihm entdecken zu können. Liebte sie ihre Kinder, ihren Mann, ihren Heinrich? Kleist erinnerte sich noch 1808 in einem Brief an Rühle an seine Mutter mit warmem Gefühl: »Wenn ich auf dich böse bin, so überlebt diese Regung nie eine Nacht, und schon als du mir die Hand reichtest, beim Weggehen, kam die ganze Empfindung meiner Mutter über mich, und machte mich wieder gut.«[81]

Immerhin wissen wir, dass die Familie der Mutter für Heinrich weitaus wichtiger als die väterliche Verwandtschaft war. Aus der väterlichen Verwandtschaft hatte nur Philipp von Stojentin für Kleist einige Bedeutung, er heiratete Kleists Schwester Friederike, Ulrike besuchte das Paar ab und an auf ihrem pommerschen Gut Stolp. Der mütterliche Zweig der Familie, die von Pannwitzens und von Schönfeldts, untereinander vielfach verschwägert, lebte auf Landgütern in der Lausitz.

Möglicherweise ist ein Gemälde, das eine große Dame mit einer üppigen Frisur und einem kleinen Jungen, auf dessen Schultern sie den Arm gelegt hat, ein Bild von Kleist und seiner Mutter. Es wirkt wie eine Szene aus einem bürgerlichen Haushalt. Damals aber hielt der Adel noch Hof und blickte auf das bürgerliche Familienleben herab. Kleist hatte später Berührung zu beiden Sphären – der aristokratischen und der bürgerlichen. Erzogen aber wurde er nach den Gebräuchen des Adels. Mutterliebe war für Kleist später etwas Hochverehrungswürdiges. Mutter sein, schrieb er an seine Braut Wilhelmine von Zenge mit dem Ausdruck höchsten Entzückens, Mutter sein bedeute die Bildung edler Menschen, also ihrer Kinder.

Das Haus, das die Kleists in Frankfurt an der Oder erwarben, hatte damals nicht drei Stockwerke, wie auf alten Fotografien des im Zweiten Weltkrieg zerstörten Gebäudes, sondern nur zwei: Es wurde erst später, nachdem es die Familie Kleist verkauft hatte, als Gasthof Prinz von Preußen um ein Stockwerk erhöht und in den Garten hinein erweitert.[82] Es war nicht nur dem Haus des Stadtkommandanten und dem von Herzog Leopold benachbart, es lag auch neben den Häusern, in denen Christian Ernst Wünsch und Josias Friedrich Christian Löffler wohnten. Wünsch wurde später an der Uni Kleists Lieblingsprofessor, Löffler war hier bis 1788 Dozent für Theologie. 1787 und 1788 wohnten Wilhelm und Alexander von Humboldt bei Löffler, der eine elf, der andere neun Jahre älter als Kleist. Beide brachen bald mit einer vollkommen neuartigen Offenheit in die Welt auf, von der auch Kleists Beginn 1799 etwas hat, auch wenn das eine Reise nach innen war. Löffler galt als hervorragender Lehrer und radikaler Aufklärer.

Unter den Menschen, die Kleist in Frankfurt aufgefallen sein könnten, war auch ein Schwarzer. Der »freigelassene Negersklave aus dem Königreich Loango«[83] war hier 1787 getauft worden. In Kleists Erzählung »Die Verlobung in St. Domingo« spielt ein »Neger, Namens Congo Hoango« die Hauptrolle. So einzigartig, wie man vermuten möchte, scheint das Auftauchen eines Schwarzen auch damals aber gar nicht gewesen zu sein. Kurz nach Kleists Rückkehr aus Potsdam 1799 wurde in Frankfurt der schwarze Regimentstambour Cambo aus der Armee entfernt.[84]

Seit 1719 war Frankfurt Garnisonsstadt, im Jahr 1800 wohnten hier etwa 10 500 Zivilisten und gut 2000 Militärangehörige, darunter allerdings nur knapp 1000 Soldaten.[85] In Frankfurt an der Oder fanden jährlich drei Messen statt, Leipzig musste sich anstrengen, Frankfurt den Rang als wichtigste Handelsstadt abzulaufen. Eine Etage des großen Hauses der Kleists war zu diesen Zeiten an Messebesucher vermietet.

Bildung, jenes typisch deutsche Etwas, nach dem sich Kleist später so verzehren sollte, die Bildung war damals – auch unter Adligen – ziemlich lausig. Der Besuch von öffentlichen Schulen war nicht standesgemäß, gute Lehrer waren selten, ihre Bezahlung erbärmlich. Noch lag die berühmte, bis heute bewunderte preußische Bildungsreform in weiter Ferne. Kleists erster Lehrer war jener Martini, an den er dann 1799 den großen Brief schrieb. Der 1762 geborene Martini war seit 1780 Theologiestudent, lernte bei Kleists Nachbar Löffler und war später Rektor der Frankfurter Bürgerschule. Nichts spricht dagegen, dass er die sittlichen Ideale seines Lehrers Löffler übernommen und an seine Schüler weitergegeben hat. Unterrichtet wurde Kleist zusammen mit seinem ein Jahr älteren Vetter Carl von Pannwitz, der bei den Kleists in Pension war.

Beide sollen ihrem Lehrer Vertrauen entgegengebracht haben.

»Kleist ein nicht zu dämpfender Feuergeist, der Exaltation selbst bei Geringfügigkeiten anheim fallend, unstät, aber nur dann, wenn es auf Bereicherung seines Schatzes von Kenntnissen ankam, mit einer bewundernswerthen Auffassungs-Gabe ausgerüstet, von Liebe u. warmem Eifer für das Lernen beseelt; kurz der offenste u. fleißigste Kopf von der Welt, dabei aber auch anspruchslos«, schreibt ein anderer Schüler Martinis, Carl Eduard Albanus.[86] Pannwitz dagegen soll zum Tiefsinn geneigt haben und von langsamer Auffassungsgabe gewesen sein, weswegen er oft geweint habe und Martini Kleist oft gezügelt haben soll. 1795 nahm Carl von Pannwitz sich auf dem Rückmarsch vom Polenfeldzug, an dem er mit Heinrichs Bruder Leopold teilgenommen hatte, das Leben. Es war am 10. Oktober, Heinrichs Geburtstag. Der Grund soll Schwermut gewesen sein. Heinrich soll mit Pannwitz verabredet haben, dass sie beide einmal eines freiwilligen Todes sterben wollten.[87]

Die zweite Bildungsstation des noch nicht elfjährigen Heinrich war Berlin. Hier wurde er 1788 wahrscheinlich bei dem französisch-reformierten Prediger und Lehrer Samuel Henri Catel unterrichtet. Kleist bekam also früh Kontakt zur französischen Gemeinde von Berlin. Catel war Hugenotte. Die Hugenotten waren nach der Aufhebung des Ediktes von Nantes zu Tausenden nach Preußen gekommen, wo sie Religionsfreiheit genossen. Sie brachten den Preußen ihre feinere und kultiviertere Lebensart mit. Heinrich lernte in der Privatschule von Catels Schwager Französisch, aber auch »teutschen Styl und Litteratur«, Mathematik und Naturwissenschaften, Reiten, Tanzen und Fechten.[88] Wahrscheinlich war Kleist aber nur 1788 in Berlin, und zwar vor dem Tod seines Vaters. Zusammen war er mit zwei Vettern, wieder einem Pannwitz, diesmal Wilhelm, der sechs Jahre älter war, und Ernst von Schönfeldt, der fünf Jahre älter war. Wilhelm, der in diesem Jahr in die Armee eintrat, macht deutlich, wie lang die Erziehung des jungen Heinrich in Berlin eigentlich hätte dauern können und vielleicht sollen, wenn sein Vater nicht gestorben wäre. Deutlich macht der Aufenthalt in Berlin auch, dass es den Familien Kleist, Pannwitz und Schönfeldt darum ging, ihre Söhne im gehobenen französischen Stil erziehen zu lassen – nicht unüblich, aber auch nicht selbstverständlich. Zu beiden, Wilhelm von Pannwitz genauso wie Ernst von Schönfeldt, hielt Kleist lebenslang die Verbindung aufrecht. Und auch die Verbindung zum französischen Geist, den Kleist in Berlin kennengelernt hatte, blieb erhalten.

Da wir keine Erziehungsvorstellungen oder -maßnahmen von Kleists Eltern kennen, ist eine Art geistiges Testament, das Kleists Onkel, Carl Wilhelm von Pannwitz, kurz vor seinem Tod in diesem »Bildungsjahr« 1788 für seinen Sohn Wilhelm verfasste, von besonderer Bedeutung. Dieser sollte, nachdem er in Berlin bei den Hugenotten war, die Soldatenlaufbahn beginnen – so wäre wohl auch Kleists erster Bildungsweg verlaufen, wenn nichts dazwischengekommen wäre. Um ihn auf die Offizierslaufbahn vorzubereiten, gab Pannwitz in dem Schreiben seinem Sohn, nach eher floskelhaften Einlassungen zur wahren Religion, handfeste Anweisungen. »Die Hauptpflicht des Soldaten ist, wenn es erforderlich wird die Ehre seines Vatterlandes, seines Landesherrn, und die Rechte desselben mit gewafneter Hand zu vertheidigen helfen, dieses ist nun einmal die von Gott festgesetzte Ordnung und aus diesem Grunde muß es ihn weder an Muth noch Standhaftigkeit fehlen.«[89] Dann führte er aus, welches Verhalten Wilhelms der Familie zu Schande gereichen würde: Streitereien (»Händel«), Duellieren, Stehlen (man dürfe auch nicht in den Verdacht geraten), Desertieren, Glücksspiel, Schulden, sexuelle Beziehungen, Rauchen und Trinken. Besonders legte er dem Sohn Unterordnung gegenüber Vorgesetzten ans Herz. Ohne Rechtfertigungsversuch solle er gehorchen, auch wenn es ihm gegen den Strich gehe.

Über die vier Jahre Kleists von der Rückkehr aus Berlin 1788 bis zum Beginn der Soldatenlaufbahn 1792 wissen wir nichts. Wie und ob Kleists Ausbildung fortgesetzt wurde, kann sich jeder ausmalen, wie er will. Vielleicht war er wieder in Frankfurt bei Martini, es gibt keine anderen Nachrichten. In einer Universitätsstadt mit etwa 20 Professoren und Dozenten und etwa 200 Studenten waren Alternativen vorhanden. Das Vertrauen, das Kleist Martini 1799 entgegenbrachte, spricht aber dafür, dass er weiterhin bei ihm in die Schule ging.

Genauso wenig wie über diese vier Jahre wissen wir über das ganz kleine Kind. Spielte Kleist? Spielzeug im heutigen Sinn gab es nicht. Fouqué, den er in Potsdam kennenlernte und der gleich alt wie Kleist war, etwa schrieb in seinen Erinnerungen: »Auch in des Knaben Fritz phantastischen Spielen waltete stets ein preußisches Element. Mehrst freilich athmete er in der Ritterzeit, oft aber erschien er sich als preußischer Husar.«[90] Seine Eltern sprach Kleist mit »Sie« an, wie die Tante in seinem Brief, die Geschwister mit »Du«. Es gab Dienstboten, eine »Bonne«, die im Brief an Ulrike von 1795 erwähnt wird. Wahrscheinlich hat Kleist als Kind, und auch in Berlin, eine Perücke getragen, die Haare in der Mitte mit Pomade fingerdick hinaufgestrichen, rechts und links die gehöhlten Locken, hinten ein Zopf, und das Ganze dann noch weiß gepudert.[91] Jeder Soldat hatte damals übrigens einen Zopf. Die Perücke war, wie der Degen, ein Standesabzeichen. So sicher Kleist die Perücke später ablegte, so sicher wird er sie anfangs getragen haben.

Zumal in der Familie der Mutter scheint man gern Einträge in Poesiealben vorgenommen und Gelegenheitsverse verfasst zu haben. Ein Spruch von Heinrich, geschrieben zwischen 1788 und 1791, ist überliefert: »Ich will hinein und muß hinein, u. solts auch in der Quere seyn«, hat er – quer über die Seite – seiner ältesten Schwester Wilhelmine auf ein Blatt ihres Albums geschrieben.[92] Auf Wilhelmine bezieht sich auch die einzige Anekdote aus früher Kindheit, die überliefert ist. Charakteristischerweise dreht sie sich wieder um Geld. »Eines Tages kommt Heinrich und bittet um Geld; sie gibt es ihm. Tags darauf dasselbe Anliegen. ›Aber Heinrich, ich habe dir doch erst gestern gegeben.‹ – ›Ach, Minette, ich traf einen Freund, der es noch viel notwendiger brauchte wie ich, dem habe ich alles gegeben.‹«[93]

Etliches von der Kindheit und Jugend Kleists ist unbekannt. Wesentlich davon sind vor allem die Persönlichkeit des Vaters, die Beziehung zur Mutter und die Erfahrungen im Krieg. Jeder, der Kleists Werk kennt, weiß, dass sie Spuren hinterlassen haben. Diese Spuren sind aber im Einzelnen nicht zu verfolgen. Wie ein dunkler Resonanzboden liegen diese frühen Erfahrungen unter seinem Werk.

Wie erlebte er Frankfurt? Jede Garnisonsstadt hatte eine Stadtmauer, mehr der Abwehr der Desertion als des Schutzes wegen – so auch Frankfurt. Die Straßen waren größtenteils ungepflastert, und alles war wesentlich dreckiger, als wir uns das vorstellen können. Aus manchen preußischen Kleinstädten wird berichtet, dass man bei Regen wegen des Drecks, das heißt der Fäkalien, nicht über die Straße gehen konnte. Frankfurt war nicht Berlin oder Potsdam, es hatte nichts Strahlendes, aber es war immerhin Universitätsstadt, und es war auch nicht die tiefste Provinz, in der überall in Preußen Garnisonen lagen.

Als Kleists späterer Lehrer Christian Wünsch 1784 nach Frankfurt kam, schilderte er seinen Eindruck der Stadt, die man sich eher wie ein Dorf, mit wenigen Steinhäusern, vorstellen muss:

> Wiewohl nun die hiesige Lebuser Vorstadt, welche mir den ersten Anblick von Frankfurth gewährte, damals nicht nur wegen ihrer für eine so berühmte Stadt gar zu kleinen elenden Häuser, sondern auch wegen des noch äußerst erbärmlich sich präsentirenden Sankt-Georgen-Hospitals mich eben nicht erfreute: so dachte ich doch, bei Leipzig und Berlin herum siehet man dergleichen beinah' auch, wiewohl nicht so viele, und weiter nach der Stadt hin werden sie sich schon schöner darstellen. Als ich aber in das Thor kam, da ward ich rechter Hand in der Mauer, die den Wall und den Graben schließt, einer Blende und einer in derselben aufgehängten gewaltigen Keule gewahr mit folgender Inschrift: Wer seinen Kindern giebt das Brod / Und leidet hernach selber Noth, Den soll man schlagen mit dieser / Keule todt! Wie? fragte ich mich – komme ich denn hier – wo eine berühmte Universität ihren Sitz hat, und wo jährlich drei große Messen gehalten werden, gar zu den Hottentotten, welche ihre abgelebten und unbehülflichen Aeltern, die sich ihre Lebensmittel selbst nicht mehr herbei schaffen können, ebenfalls todtschlagen oder lebendig begraben?[94]

Heinrich war damals sieben. Bis er Wünschs Vorlesungen an der Universität besuchte, dauerte es noch 15 Jahre.

Hat Kleist, der später große Fähigkeiten auf der Klarinette entwickelte,[95] zu Hause wirklich kein Instrument erlernt? Kam er mit anderen Kindern in Kontakt? Oder nur mit seinen Geschwistern und Vettern? War er manchmal draußen unterwegs oder wenigstens in dem großen Garten, der zum Haus der Kleists gehörte? Der Schwester Ulrike war der Garten sehr wichtig. Als sie sich nach Kleists Tod eine Zeitlang nur ein Zimmer in dem großen Haus zugestand, achtete sie trotzdem sehr genau darauf, dass ihr das Recht zur Gartennutzung erhalten blieb. Kleist schrieb 1799 an Martini, dass er in seiner früheren Jugend keinen Sinn für die Natur ausgebildet habe. Als er 1793 in Mainz war, empfand er aber vor allem die Schönheit der Landschaft. In Potsdam scheint er wiederum nichts von der Landschaft wahrgenommen zu haben. Sein landschaftliches Verhältnis zur Mark Brandenburg blieb immer unterkühlt: »... ohne daß sich von dieser ganzen Gegend etwas interessanteres sagen ließe, als dieses daß sie ohne alles Interesse ist. Das ist nichts, als Korn auf Sand, oder Fichten auf Sand, die Dörfer elend, die Städte wie mit dem Besen auf ein Häufchen zusammengekehrt.«[96]

Und das war es ja auch. Das Land, in dem Heinrich von Kleist geboren wurde, war ein riesiger Flecken Sand, flach und weit. Es war ein Staat, der für seine Armee lebte, weil er ohne sie nichts gewesen wäre, der keine andere Idee von sich hatte. Es war in mancher Beziehung das freieste Land seiner Zeit, frei aber auch deswegen, weil es keine staatlichen Bräuche und Sitten, nichts Gewachsenes gab. In religiösen Fragen ging das bis zur Gleichgültigkeit, Preußen war mehr die Idee eines Staates als eine aus sich heraus gefestigte Gesellschaft.[97] Dieses Land erschien manchmal wie eine Hülle und darunter nichts als Sand.

Zwischenspiel: Wie sah Kleist aus, wie sprach er?

Der Verbindung zu Wilhelmine von Zenge verdanken wir nicht nur die meisten Briefe Kleists. Das einzige Bild, das es von ihm gibt, ist ebenfalls ein Produkt der Nähe – und Entfernung – zwischen den beiden. Anfang 1801, wahrscheinlich verabredet bei Kleists Besuch am Jahresende 1800, ließen Heinrich und Wilhelmine ein Bild von sich für den je anderen malen. Im Kantbrief 1801, als er eine neue Reise ankündigte, schrieb Kleist: »Mein Bild schicke ich Dir, u. Deines nehme ich mit mir.«[1]

Kurz bevor er dann wirklich nach Paris aufbrach, im April, schrieb Kleist an Wilhelmine, was er von seinem eigenen Bild hielt: »Mögtest Du es ähnlicher finden, als ich. Es liegt etwas Spöttisches darin, das mir nicht gefällt, ich wollte er hätte mich *ehrlicher* gemalt – Dir zu gefallen, habe ich fleißig während des Malens gelächelt, u. so wenig ich auch dazu gestimmt war, so gelang es mir doch, wenn ich an Dich dachte.«[2]

Sah Kleist selbst das richtig? War dieses einzige Bild von Kleist ihm unähnlich? Wie sah er überhaupt aus? Heute wird das Bild allgemein als ungenügend empfunden. So schreibt etwa Helmut Sembdner: »Auch die echte Miniatur ... kann zwar unserer Vorstellung nicht genügen.«[3] Und Gerhard Neumann meint über das Bild: »Aber es spricht nicht, bleibt zuletzt undeutbar, ein unlesbares Zeichen.«[4] Alle anderen Bildnisse, von denen im Lauf der Jahrzehnte behauptet wurde, dass sie Kleist zeigen, sind äußerst zweifelhaft.[5] Ein anderes Bild von 1807 ist zu dilettantisch, um einen Eindruck zu vermitteln. Es ist eine beunruhigende Vorstellung, dass wir nicht wissen, wie Kleist aussah, dass das einzige von ihm existierende Bild nicht der Wirklichkeit entspricht.

Kleists Geliebte Wilhelmine von Zenge, Kleists Freund Otto August Rühle von Lilienstern und Kleists Wirtsleute im schweizerischen Thun, bei denen er das kleine Bildchen liegen ließ, fanden es allerdings alle »sehr ähnlich«.[6] Ulrike ging gegenüber Eduard von Bülow noch weiter: »Die Ähnlichkeit ist vollkommen; nur dass er im allgemeinen etwas zu jugendlich erscheint.«[7] Dazu kommt, dass das Bild, auch wenn Kleist sagte, dass er es nicht mochte, ein Bild der Liebe war. Es ist für liebende Augen gemalt worden, es ist dann auch so von Wilhelmine verwendet worden. »Wenn ich mir Dich denke, wie Du in Deinem Zimmer sitzest, mein Bild vor Dir, das Haupt auf die Arme gedrückt, die Augen voll Thränen – ach, Wilhelmine ...«[8] Oder: »Küsse mein Bild, Wilhelmine, so wie ich so eben das Deinige geküßt habe ...«[9] Man sollte es vielleicht doch etwas vertrauensvoller ansehen.

Kleist ist auf dem Bild 23 Jahre alt. Der Kopf ist ziemlich rundlich und wirkt sehr bubenhaft. Rund und stumpf nannte ihn Brentano zehn Jahre später.[10] Die braunen Haare sind in die Stirn gekämmt. Die Nase ist gerade. Der lächelnde Mund, den Kleist als spöttisch empfand, hat etwas Weiches, vielleicht sogar Süßliches. Insgesamt hat dieses Gesicht einen beseelten Ausdruck.[11] Die Augen, die blau gewesen sein sollen, wenden sich sehr freundlich an den Betrachter, Fouqué sprach einmal vom freundlichen Lächeln der Augen Kleists.[12] Zart und freundlich sind auch die Worte, die einem zuerst einfallen, wenn man Kleist auf diesem Bild sieht. Man meint eine leichte Scheu zu spüren, eine Zerbrechlichkeit, eine Art Zurückhaltung, die in das Spöttische hinüberspielen könnte, das Kleist an sich selbst wahrgenommen hat. Insgesamt passt das alles gut zu dem Mensch, den wir uns nach den Briefen vorstellen.

Der Körper, der zu Kleists rundem Kopf gehörte, war etwa 1,70 Meter groß und soll kräftig gebaut beziehungsweise untersetzt gewesen sein. Ludwig Tieck sprach von ziemlich starken Gliedern. Meist wurde Kleist von seiner Erscheinung her als linkisch wahrgenommen, in den jüngeren Jahren hatte er etwas Träumerisches, Versponnenes, das fast allen, die ihn beschrieben, auffiel.

Brentano hat Kleists Erscheinung sehr direkt aufgenommen, wenn er ihn als sanft und ernst, »gemischt launigt, kindergut, arm und fest« beschrieb.[13] Auch Achim von Arnim bewies ebenfalls Sensibilität für Kleist, wenn er »eine sehr eigenwillige, ein wenig verdrehte Natur« in ihm sah, »wie das fast immer der Fall ist, wo sich Talent aus der alten Preußischen Mondirung durcharbeitete.«[14] Kleist scheint hier etwas Gebrochenes und Geklärtes zugleich zu haben. Man muss allerdings berücksichtigen, dass das Eindrücke aus dem Jahr 1810 sind, nachdem man ihn für tot gehalten hatte und er vielleicht schwerkrank gewesen war.

Zu dem Bild, das man sich von Kleists Erscheinung macht, gehört außerdem das Stottern. Das scheint mehrfach belegt. Eduard von Bülow, Kleists erster Biograph, schrieb 1848: »... dass er so leicht verlegen ward, stotterte, errötete ...«[15] 1805 war erstmals von einem »Fehler im Sprechorgan«[16] die Rede. Tieck sagte 1808, Kleist habe eine »etwas schwere Zunge«.[17]

Achim von Arnim bemerkte 1810 bei Kleist »eine gewisse Unbestimmtheit in der Rede, die sich dem Stammern nähert«.[18] Wirklich von Stottern sprach unter den Zeitzeugen aber nur Dahlmann: »Ich machte häufig den Vorleser, auch wenn andere dabei waren; denn Kleist selber ging ungern daran, weil er bei seiner bedeckten Stimme und seiner Hast leicht ins Stottern geriet, allein einzelne Stellen las er mit einem so unwiderstehlichen Herzensklange der Stimme, dass sie mir noch immer in den Ohren tönen.«[19]

Damit meinte er aber offensichtlich nicht das, was wir unter Stottern verstehen, sondern dass Kleist sich verhaspelte. Andere berichten davon, dass Kleist immer wieder in Schweigen verfiel. So darf man das Stammern, das Arnim bemerkte und das im Lauf von Kleists Leben zunahm, nicht als Stottern, sondern muss es als stockende Rede verstehen. Es war ein mal abgehacktes, mal länger unterbrochenes Reden, wie wenn Kleist kurze Aussetzer gehabt hätte oder kleine Absencen sein Sprechen unterbrachen.

Für diese Sicht- beziehungsweise Hörweise spricht auch eine Erinnerung, die der Theatermann Otto Brahm notierte: »Gern las er seine Werke den Freunden vor, und Frau von Olfers, die Tochter Staegemanns, erinnert sich noch, ›Penthesilea‹ und den ›Prinzen von Homburg‹ von ihm gehört zu haben: er begann meist zaghaft, fast stotternd, und erst allmählich ward sein Vortrag freier und feuriger.«[20]

Man muss sich dazu vorstellen, dass Kleist nicht sehr gut Deutsch sprach. Er verwechselte wie fast alle seine Verwandten und Landsleute lange Dativ und Akkusativ, sprach viele Worte schnell und hart aus, so sagte er »Eckel« und nicht »Ekel«, »Fuell« und nicht »Pfuel«, »Dreßden« für »Dresden«, die »irdische Bestimmung« war eine »irrdische«. Man kann es der Schreibung der Worte in seinen Briefen ablesen.

Man denkt sich Kleist als einen menschenscheuen Stotterer, der leicht rot wurde. Das ist die starke Vereinfachung eines sehr eigenartigen, nicht auf den Begriff zu bringenden Menschen, der sich über die Jahre änderte. Das Stocken in der Rede war in der Berliner Zeit 1810 und 1811 deutlicher als zuvor. Und bis 1805 hatte es gar niemand bemerkt. Gegen Ende seines Lebens muss man sich Kleist als schüchternen und manchmal sogar verdrucksten Menschen vorstellen. Auf manche hatte er eine unangenehme Ausstrahlung. Lernte man ihn näher kennen, war er ein origineller, manchmal zu viel redender Hitzkopf, begeisterungsfähig und launisch. Lernte man ihn noch näher kennen, war er ein bis auf die Knochen nüchterner Mann, nicht von der Anlage her, sondern als Folge einer konsequenten und radikalen Selbsternüchterung. Dieser Mensch machte sich keine Illusionen. Kam man ihm noch näher, so nah wie vielleicht nur die Figuren, die er erfand, war er unglaublich mitfühlend und liebevoll.

Das Scheue und Schüchterne, das die Zeitgenossen wahrnahmen und das zu seinem stockenden Sprechen gehörte, bemerkte Kleist selbst, wenn er sagte: »Ich passe mich nicht unter die Menschen.«[21] Er beschrieb es dann eingehender: »Dazu kommt bei mir eine unerklärliche Verlegenheit, die unüberwindlich ist, weil sie wahrscheinlich eine ganz physische Ursache hat. Mit der größten Mühe nur kann ich sie so verstecken, daß sie nicht auffällt – o wie schmerzhaft ist es, in dem Äußern ganz stark u. frei zu sein, indessen man im Innern ganz schwach ist, wie ein Kind, ganz gelähmt, als wären uns alle Glieder gebunden, wenn man sich nie zeigen kann, wie man wohl mögte, nie frei handeln kann, u. selbst das Große versäumen muß, weil man vorausempfindet, daß man nicht stand halten wird, indem man von jedem äußern Eindrucke abhangt u. das albernste Mädchen oder der elendeste Schuft von élégant uns durch die matteste persifflage vernichten kann.«[22]

Zweite Jugend, Bildungsreise

Frankfurt, Würzburg
1799 bis 1800

Es ging um Bildung. Bildung war eines der Schlüsselworte im Glücks-Aufsatz gewesen: Bildung des Verstandes, Bildung des Herzens, Bildung der Person. Nun wollte Kleist das in die Tat umsetzen. Als den passenden Ort dafür hatte er sich die Universität ausgesucht, am 10. April 1799 schrieb er sich in seiner Heimatstadt, an der Frankfurter Viadrina, ein. Von heute aus betrachtet, scheint es lächerlich, die Art von Bildung, die Kleist vorschwebte, auf der Universität finden zu wollen. Damals war es anders. Die Erweiterung fachlicher Kenntnisse – was wir heute unter Ausbildung verstehen – und Persönlichkeitsbildung lagen nahe beieinander. Kenntnisse und Tugenden: das war für die Aufklärung fast das Gleiche. So konnte Kleist auf die Idee kommen, sich an der Universität auszubilden, um durch wissenschaftliche Kenntnisse die Vervollkommnung der Person voranzutreiben und ein tugendhafter Mensch zu werden.

An seiner Bildung arbeiten, sich den Wissenschaften zuwenden, das ist das, was Kleist von nun an seinen »Lebensplan« nannte. Das ist kein Wort der Aufklärung mehr, sondern ein für Kleist typisches Wort. Es erzeugt eine Vorstellung von Sinn – und darum geht es: Wer einen Lebensplan hat, hat ein großes Ziel, das seinem Leben Richtung und Sicherheit gibt. Für Kleist machte erst der Lebensplan aus dem Menschen ein mündiges und würdiges Wesen. Was dem Reisenden sein Reiseplan ist, ist dem Lebenden der Lebensplan, sagte er. Kleist schöpfte daraus Zuversicht.

Er sagte es selbst nicht ausdrücklich, aber die Vorstellung vom Lebensplan hat eine religiöse Färbung.[1] Kleist meinte, mit seinem Lebensplan eine Gewissheit finden zu können, eine

Sicherheit über sich selbst und das Dasein, die Glaubensgewissheiten vergleichbar ist. Der Glaube an die Vervollkommnung der Person ist für Kleist eine Möglichkeit von übergeordnetem Glück, die normalen Sterblichen mit ihrem Streben nach irdischen Gütern, wie er immer wieder betont, nicht gegeben ist.

Ein solcher Plan, das Leben einer Idee unterzuordnen, hat etwas Verführerisches und Blauäugiges. Dabei ist es weniger der Glaube an Wissenschaft als Tugend, der naiv ist, als der Optimismus, durch einen Plan zu Glück und Sicherheit gelangen zu können. In diesem Optimismus meint man nicht nur Zuversicht, sondern auch so etwas wie den Mut der Verzweiflung ausmachen zu können. Er konnte damals an Martini schlecht schreiben: Ich habe so eine ungewisse Sehnsucht, so eine Ahnung, was das Leben angeht. Ich will dieser Ahnung folgen, auch wenn ich nicht weiß, was dabei am Ende herauskommen wird. Ich werde bedrängt von Vorstellungen und Fragen, die ich selbst nicht begreife. Es ist alles ungewiss hier auf Erden, aber ich vertraue darauf, dass es gutgehen wird. Denn die Sache mit dem Glück scheint es mit wert, alles auf eine Karte zu setzen. Ich weiß nicht, wohin mich meine Sehnsucht und Ahnung treiben werden, aber ich möchte mich auf jeden Fall danach richten. Und wenn ich ehrlich bin, glaube ich, dass ich gar nicht anders kann.

Eine solche Art zu sprechen gab es nicht. Trotzdem scheint es das zu sein, was Kleist wollte und tat. Daraus ergab sich für Kleist der Zwang, sich in den Konventionen der damaligen Zeit verständlich zu machen. Er musste seiner Familie und sich selbst mit den Worten der Zeit erklären, worum es ihm ging. Die Unsicherheit, die Kleist einging, war enorm. Er war allein mit seinen Plänen, da musste er versuchen, sein Ziel für sein Umfeld wenigstens nachvollziehbar zu machen. Der Brief an Martini ist ein typischer Kompromiss.

Ein gutes Jahr lang sollte Kleist an seinem Bildungsideal festhalten. Als seine Briefe schon den Eindruck vermittelten, dass er selbst nicht mehr recht an dieses Ideal glaubte, klammerte er sich immer krampfhafter am Bildungsideal fest. Zum Dichter begann er in dem Moment zu werden, als das Ideal zusammenbrach, als zum Vorschein kam, worum es wirklich ging, und er orientierungslos dastand. Zunächst bat Kleist wirklich bei

Friedrich Wilhelm III. um seinen Abschied vom Militär, und am 4. April 1799 erhielt er ihn. Ludwig Tieck berichtete später, dass der König Kleist damals angeboten habe, sich für seine Studien vom Militär auf unbestimmte Zeit beurlauben zu lassen. Er solle und könne dann ja später wieder in sein Regiment zurückkehren. Kleist habe von diesem Angebot nichts wissen wollen. Er legte Wert auf den radikalen Schnitt, er wollte absolute Freiheit.[2]

Eine weitere Anekdote über diese Zeit steht in dem Begleitschreiben, mit dem Tieck den Brief an Martini zugesandt bekam. Auch sie ist, wenngleich ungesichert, zu typisch für das Bild von Kleist, als dass man sie übergehen könnte. Kleist soll, sofort nachdem er vom König den Abschied bekommen hatte, die 80 Kilometer von Potsdam nach Frankfurt geritten sein. Er soll dort Martini gesucht haben, um ihm die Neuigkeit mitzuteilen. Kleist eilte in das Konzerthaus, in dem sich Martini aufhielt, machte ihm dort, ohne den Reitermantel auszuziehen, die frohe Mitteilung seiner Demission vom Militär und soll dann ebenso unvermittelt verschwunden sein, wie er aufgetaucht war.[3]

Kleist ging die Sache an, wie es für ihn charakteristisch war: hitzig und ungestüm. Er wollte das für gewöhnlich zwei Jahre dauernde Grundstudium in der Hälfte der Zeit durchziehen. Er tat es mit einem solchen Feuereifer, dass ihn nicht zu stören schien, wo er nun gelandet war: Es heißt, er sei anfangs ausgelassen und heiter gewesen.[4] Er wohnte wieder in seinem Elternhaus im Nonnenwinkel im Süden Frankfurts an der Oder. Er, ein 22-jähriger Mann, wohnte wieder mit Tante Massow zusammen, die mittlerweile 63 Jahre alt war und immer noch den Kleist'schen Haushalt leitete. Kleist wusste, woran er bei ihr war: Im Brief an Martini hat er ihre Liebe zur Einförmigkeit hervorgehoben und sie nicht als verständnisvolle Person geschildert.

Immerhin wohnte Ulrike, die jüngere seiner beiden Halbschwestern, die zu seiner Vertrauten wurde, noch im Haus. Wilhelmine, die andere Halbschwester Kleists, älter als Ulrike, hatte 1791 geheiratet und lebte nicht mehr im Elternhaus. Genauso war Friederike, die dritte Schwester und erste Tochter von Kleists Mutter, seit 1794 verheiratet und ausgezogen. Die vierte Schwester Auguste wohnte 1799 noch im Elternhaus, sie heiratete 1802 ihren Cousin Wilhelm von Pannwitz, mit dem Heinrich in Berlin bei Catel unterrichtet worden war. Pannwitz diente, als Kleist nach Frankfurt zurückkam, im Regiment von Zenge. Außerdem waren damals im Elternhaus noch die fünfte Schwester Juliane, die vierzehn Jahre alt war, und der einzige Bruder Leopold, der wie Pannwitz im Regiment von Zenge diente.

Es war eine höchst überschaubare Welt. Das war nicht einfach für Kleist. Nach gut einem Jahr Frankfurt, am 27. Oktober 1800, schrieb er an Ulrike: »Sollte Tante gern in mein Büreau wollen, wegen der Wäsche, so sorge doch auf eine gute Art dafür, daß der obere Theil, worin die Schreibereien, *gar nicht* geöffnet werde.«[5] Wir wissen nicht, was das für Schreibereien waren. Aber dass die Tante nicht viel Verständnis für sie hatte, wird aus den Zeilen deutlich, genauso wie Kleists Bemühen, davon kein Aufhebens zu machen. Kleist musste im Verborgenen arbeiten, und er versuchte, sich mit den Verhältnissen zu arrangieren.

Kleist schrieb von seinen Sorgen in einem Brief (und sprach nicht von ihnen), weil Ulrike wie einige der Geschwister die meiste Zeit im Spreewald und in der Lausitz zubrachte. Die Schönfeldts und Pannwitzens, die Familie von Kleists Mutter, waren in der Lausitz ansässig, in den Dörfern Werben, Babow, Gulben und Müschen, woher Kleists Mutter stammte. Hier, in der Lausitz, war auch das Gut Guhrow, das bis 1797 den Kleists gehört hatte. Ulrike war bald nach Kleists Ankunft in Frankfurt nach Werben aufgebrochen, wo der Vetter Ernst von Schönfeldt sein Gut besaß.

Kleist, der in der Zwischenzeit schon einiges von der Welt gesehen hatte, kehrte nicht nur in eine enge Welt zurück, er kehrte auch zurück in eine Landschaft, für die er nichts übrighatte. Kurz nachdem er davon geschrieben hatte, dass die Mark nichts als Korn auf Sand, oder Fichten auf Sand sei, schrieb er: »Die Reise gieng durch die Mark – – also giebt es davon nichts Interessantes zu erzählen.«[6] Kleist liebte angelegte Kulturlandschaften, bergiges oder hügeliges, in jedem Fall malerisches, pittoreskes Land. Sachsen, wohin er bald reisen würde, der Rhein, wo er gewesen war, oder die Schweiz, die er bald kennenlernen würde, nahmen ihn für sich ein. Immerhin kam die unmittelbare Umgebung Frankfurts, das Odertal, etwas besser weg. Kleist fand es reizend.

Auch die Stadt Frankfurt war nicht dazu in der Lage, Kleists Aufmerksamkeit zu fesseln. Gegenüber dem Elternhaus lag immer noch die ungemein wuchtige Marien- oder Oberkirche, »in ihrer alterthümlichen, nicht unschönen, aber unharmonischen, halb zerstörten Gestalt.«[7] Der Flügelaltar und der Taufkessel im Inneren waren mittelalterlich. Auch das gotische Rathaus, nur ein paar Schritte entfernt, wenn man aus Kleists Elternhaus trat, sah sehr mittelalterlich aus. Überhaupt machte die gesamte Stadt einen altgotischen Eindruck. Die Personen, die in seinen Kindertagen hier gelebt hatten und die Frankfurt für Kleist jetzt hätten interessant machen können, die Brüder Humboldt etwa oder der Theologieprofessor Josias Friedrich Christian Löffler, waren nicht mehr da.

Kleist immatrikulierte sich am 10. April 1799 an der philosophischen Fakultät der Viadrina. Dazu hätte er eigentlich ein Zeugnis gebraucht oder eine Prüfung ablegen müssen, sofern er zuvor von Privatlehrern unterrichtet worden war. Er hatte aber weder das eine noch das andere. Trotzdem wurde er eingeschrieben. Über seine Vorbildung heißt es in der Einschreibungsmatrikel schlicht, er komme vom Regiment Garde. Das wurde als ausreichender Ausweis seiner Reife erachtet, was den Stellenwert des Regiments und des Offiziersstatus unterstreicht. Trotzdem war es durchaus ungewöhnlich: Einen entsprechenden Eintrag bei einem anderen Studenten sucht man in der Frankfurter Matrikel vergeblich.[8] Kleist war privilegiert.

Im Brief an Martini findet sich eine Passage, die in diesen Zusammenhang gehört und als die erste kleisttypische Briefstelle angesehen werden kann. Nachdem er beschrieben hatte, wie er allein mit sich selbst die Dinge besser begriff als mit einem Lehrer, eilte er nach Frankfurt, um sich einzuschreiben. An der Universität informierte sich Kleist dann über seine Möglichkeiten als Akademiker. So blauäugig, wie er manchmal erscheint, stürzte er sich also nicht in sein Bildungsabenteuer. Das Gespräch beschrieb er so:

Man machte mir Einwürfe, fragte mich, welche Brodwissenschaft ich ergreifen wolle; denn daß dies meine Absicht sein müsse, fiel Niemanden ein, zu bezweifeln. Ich stockte. Man ließ mir die Wahl zwischen Jurisprudenz und der Cameral-Wissenschaft. Ich zeigte mich derselben nicht abgeneigt, ohne mich jedoch zu bestimmen. Man fragte mich, ob ich auf Connexionen bei Hofe rechnen könne? Ich verneinte anfänglich etwas verlegen; aber erklärte darauf, um so viel stolzer, daß ich, wenn ich auch Connexionen hätte, mich nach meinen jetzigen Begriffen schämen müßte, darauf zu rechnen. Man lächelte, ich fühlte, daß ich mich übereilt hatte. Solche Wahrheiten muß man sich hüten, auszusprechen. Man fing nun an nach und nach zu zweifeln, daß die Ausführung meines Planes rathsam sei. Man sagte, ich sei zu alt, zu studiren. Darüber lächelte ich im Innern; weil ich mein Schicksal voraus sah, einst als Schüler zu sterben, und wenn ich auch als Greis in die Gruft führe. Man stellte mir mein geringes Vermögen vor; man zeigte mir die zweifelhafte Aussicht auf Brod auf meinem neuen Lebenswege; die gewisse Aussicht auf dem alten. Man malte mir mein bevorstehendes Schicksal, jahrelang eine trockene Wissenschaft zu studiren, jahrelang und ohne Brod mich als Referendar mit trockenen Beschäftigungen zu quälen, um endlich ein kümmerliches Brod zu erwerben, mit so barocken Farben aus, daß, wenn es mir, wenn auch nur im Traume hätte einfallen können, meine jetzige, in vieler Hinsicht günstige Lage mit *diesem* Lebensplane zu vertauschen, ich mich den unsinnigsten Thoren hätte schelten müssen, der mir je erschienen wäre. Aber alle diese Einwürfe trafen meinen Entschluß nicht.[9]

Wie sich hier Rede und Gegenrede, Gedanke und Gegengedanke, Vorhaltung und Sicherheit, wie bei einem Pingpong-Spiel ergeben, wie ein Wort das andere gibt, wie sich die Sprache am Gegenüber entzündet, wie es atemlos hin und her geht, wie wenig die eine Seite die andere versteht, wie sich zwei erhitzte Parteien gegenseitig aufstacheln und wie sich daraus eine gewisse Dramatik und auch Komik ergibt, das ist noch nicht in der späteren Zuspitzung entwickelt, aber doch vorhanden. Kleist zeigt sich bereits als Dialogautor, als Dramatiker. Mit dem Eifer, den der Schreibende hier an den Tag legte, so muss man sich das wohl vorstellen, warf Kleist sich nun auf sein Studium.

Die Viadrina, die Universität, die Kleist sich ausgesucht hatte, hatte 1799 viel von einstiger Strahlkraft verloren. Zwar war die Berliner Universität noch nicht gegründet – es sollte erst im Jahr 1810 so weit sein –, aber die Ende des 17. Jahrhunderts gegründete Universität in Halle an der Saale hatte Frankfurt unter den preußischen Universitäten den Rang abgelaufen. Wenigstens galt die Viadrina als zweitklassig. 1811 wurde sie geschlossen und nach Breslau verlegt. Für Kleist aber war das zu diesem Zeitpunkt nicht zentral, nach dem Grundstudium wollte er an die Universität in Göttingen wechseln.

Wie kann man sich das Studieren damals vorstellen? Über die studentischen Sitten in Frankfurt hatte Wilhelm von Humboldt 1788 aus Marburg aufschlussreiche Zeilen geschrieben: »Die Studenten, auf die ich genau während des Kollegiums acht gab, betrugen sich gesitteter als gewöhnlich die Frankfurtschen, sie behielten wenigstens nicht die Hüte auf und schienen auch übrigens gesitteter. Sonst sprachen sie sehr laut, warfen sich Kommödienzettel zu und trieben Possen von aller Art.«[10] Heinrich Zschokke, der in den neunziger Jahren in Frankfurt studierte und den Kleist später in der Schweiz kennenlernte, berichtete von »wüsten Saufgelagen und Häusern des Spiels und der Unzucht«.[11] Von Kleist ist diesbezüglich nichts bekannt.

Die Viadrina war keine große Universität. Um 1800 unterrichteten hier 19 Professoren etwa 200 Studenten. Das Verhältnis Lehrer-Schüler war damit deutlich besser als heute. Die Infrastruktur war für studentische Bedürfnisse nicht gut entwickelt, es gab lediglich eine Buchhandlung.[12] Die Universität hatte vier Fakultäten: Theologie, Jura, Medizin und Philosophie. Für Theologie und Jura gab es je drei ordentliche Professoren, für die Medizin zwei und für Philosophie sechs. Dazu kamen nebenamtliche Professoren und Privatdozenten.

Das Übergewicht der Philosophie deutet nicht auf eine besondere Wertschätzung hin. Die besondere Domäne der Viadrina war die Jurisprudenz, 70 Prozent der Studenten studierten hier die Rechtswissenschaften. Das Übergewicht der Philosophieprofessoren war dem Studienablauf geschuldet: Jeder Student musste sich zunächst in Philosophie einschreiben und das Grundstudium absolvieren. Das Fach war ein Sammelsurium aus Philosophie, Ästhetik, Mathematik, Physik, Geschichte, Literatur (nur die klassische antike Literatur), Staatskunde und Ökonomie. Bei Kleist haben sich in diesem Fach – mit Ausnahme vielleicht der Ökonomie – allerdings Neigung und Studienplan getroffen.

Bereits im ersten Semester hörte Kleist Physik bei Christian Ernst Wünsch, sehr wahrscheinlich besuchte er auch Wünschs mathematische Vorlesungen. Beide Fächer belegte er auch bei Johann Sigismund Gottfried Huth. Wünsch war für Kleist ein Vorbild: »Unser gescheuter Professor Wünsch, der gewiß hier in Frankfurt oben an steht u. Alle übersieht«,[13] schrieb er an Ulrike. Dieser Wünsch war eine auffallende Figur, deren Einschätzung durch die Zeitgenossen allerdings sehr widersprüchlich ist. Alexander von Humboldt spottete über den »halbverrückten Gelehrten«, der einen Kurs über Ökonomie mit Botanik begann.[14] Goethe machte sich ebenfalls über ihn lustig.[15] Auf der anderen Seite war er als Lehrer und Autor beliebt und wurde der letzte Rektor der Frankfurter Universität.

Wünsch war nicht nur ein Einzelgänger, Exzentriker und Original, er war vor allem ein Selfmademan, Universalgelehrter und Aufklärer reinsten Wassers. Aus einfachsten Verhältnissen stammend, hatte er sich hochgearbeitet, hatte nach dem frühen Tod des Vaters als Laufbursche in ärmlichsten Verhältnissen angefangen. In Leipzig hielt er sich über Wasser, indem er Studenten porträtierte oder für sie Hefte abschrieb, dann konstruierte er mit Erfolg Kometenplanetarien. Ein Komet habe ihm 1769 klargemacht, dass er studieren wolle, was er dann mit Hilfe eines Stipendiums in Leipzig tun konnte.

Seinen zweifelhaften Ruf hatte die Schrift »Horus oder Astrognostoisches Endurtheil über die Offenbarung Johannis und über die Weissagungen auf den Messias wie auch über Jesum und seine Jünger« begründet, 1783 anonym erschienen. Religion wurde hier gründlich auseinandergenommen. Die christliche Religion, behauptete Wünsch, sei auf die ägyptische zurückzuführen, die wiederum – wie alle Religion – von der Anschauung von Naturphänomenen wie der Sterne und der Sonne ihren Ausgang genommen hätte. Moses habe bereits eine verderbte Religion von den Ägyptern übernommen, und das Alte Testament könne nicht Gottes Wort sein. Indem Wünsch dann an den Naturphänomenen ihre Zweckmäßigkeit nachwies, machte er sie als Sinnbilder oder Fingerzeige Gottes sichtbar: Sie sind Wirkungen oder Attribute der einen göttlichen Weltkraft.

Wesentlicher für Kleist aber wurden Wünschs »Kosmologische Unterhaltungen für junge Freunde der Naturerkenntniß«, das einzige Werk, das er in dieser Zeit namentlich erwähnte. Vielfach kann man in Kleists Werk Spuren Wünschs finden, der Glaube an das Studium, eine Begeisterung für das »gestirnte Firmament«, für stürzende Steine beziehungsweise die Gravitationskraft, das menschliche Schreiten oder das Interesse an Sexualität kann man auf Wünsch zurückführen. Naturerkenntnis, das ist Wünschs Kerngedanke, ist der beste Weg, um glücklich zu werden. Er beschreibt in den »Kosmologischen Unterhaltungen« mit bemerkenswerter Offenheit in drei Bänden alles Irdische, er tritt ein für Offenheit der Sinne und des Verstandes gegenüber den Dingen, wie sie sind. Dann erweise sich die Welt als geordnet, eingerichtet durch den göttlichen Willen. Für Kleist war diese etwas esoterische Gedankenwelt anziehend.

Kleists Hang zur Physik, den er sich selbst nicht erklären konnte, lag ein ähnlicher Zug wie Wünschs Kosmologie zugrunde. In seinem »Aufsatz, den sichern Weg des Glücks zu finden« hatte er geschrieben, dass ein gleiches Gesetz über die moralische wie die physische Welt walte. Diese im Kern barocke Idee behielt für Kleist zeitlebens Bedeutung. Sie ist verwandt mit der Idee von der Nähe fachlicher und moralischer Bildung. Und sie ist verwandt mit der Religionsphilosophie von Wünsch. Es trafen sich zwei verwandte Seelen. Wie Wünsch empfand sich Kleist als Außenseiter, und vielleicht bestärkte der ihn darin, diese Haltung zu kultivieren. Kleist scheint sich mit Wünsch identifiziert zu haben, wenn er sagte, dass der gewiss »durch die abgeschmacktesten Neckereien des albernsten Mädchens in größte Verlegenheit« gebracht werden könne.[16] Genauso dürfte ihn an Wünsch angezogen haben, was anderen ein Ausweis für dessen Unwissenschaftlichkeit war: Wünschs Vielseitigkeit, seine Lust daran, sich allen Phänomenen dieser Welt zu widmen und ihnen in seinem System einen Platz zu geben.

Wünsch glaubte außerdem an Seelenwanderung. Der Geist existierte in seinen Augen unabhängig vom Körper, er bediente sich des Körpers nur zur sinnlichen Anschauung, verließ ihn wieder, behielt aber das erworbene Wissen[17] nach dem Tod bei. Auch Kleist hing der Idee der Seelenwanderung an. Christoph Martin Wieland hatte in den »Sympathien« von »Seelen, die vielleicht schon unter einem andern Himmel sich liebten« geschrieben. »Ich hatte schon als Knabe (mich dünkt am Rhein durch eine Schrift von Wieland) mir den Gedanke angeeignet, daß die Vervollkomnung der Zweck der Schöpfung wäre. Ich glaubte, daß wir einst nach dem Tode von der Stufe der Vervollkomnung, die wir auf diesem Sterne erreichten, auf einem andern weiter fortschreiten würden, u. daß wir den Schatz von Wahrheiten, den wir hier sammelten, auch dort einst brauchen könnten«,[18] schrieb Kleist während der Kant-Krise.[19] Bald aber legte Kleist die Idee von der Seelenwandung ab. Die Heftigkeit, mit der er sich im September 1800 gegen ein Denken in Hinblick auf die Ewigkeit stellte, zeigt, wie ernst es ihm damit war.[20]

Kleist nahm auch sein Studium anfangs sehr ernst.[21] Wahrscheinlich tat er in dem einen Jahr kaum etwas anderes als studieren. Noch 1809 stellte Friedrich Christoph Dahlmann, Kleists späterer Begleiter in Österreich, beeindruckt fest, dass Kleist »ernste, nicht bloß dilettantische Universitätsstudien gemacht« habe. Das habe er aus seinen Heften gesehen.[22] Karl Dietrich Hüllmann, bei dem Kleist Staatswissenschaft studierte, sah die Gefahr, dass Kleist sich überanstrenge: »Ich habe besonders in diesem meinem zweiten akademischen Cursus eine Masse von Geschäften auf mich geladen«, schrieb er an Ulrike, »die ich nicht anders als mit dem allermühsamsten Fleiße bearbeiten kann; eine Masse von Geschäften, die selbst nach dem Urtheile Hüllmanns zu schwer für mich ist, u. von der ich daher, wenn ich sie dennoch trage, mit Recht sagen kann, daß ich das fast Unmögliche möglich gemacht habe.«[23]

Insgesamt befand Kleist sich nun in einer eigenartigen Situation. Ein Mann, der als Kindersoldat sieben Jahre zuvor in die Welt gezogen war, kehrte an seinen Ausgangspunkt zurück. Er hatte etwas von der Welt kennengelernt, war im anderen Frankfurt gewesen, war durch die Pfalz marschiert und vor Mainz gelegen, er hatte gekämpft und er hatte das vergleichsweise mondäne Leben in Potsdam kennengelernt. Und nun war er wieder hier, in der kleinen Garnisons-, Messe- und Universitätsstadt Frankfurt an der Oder und versenkte sich in diverse Wissenschaften. Er suchte Freiheit und landete im Elternhaus. Er suchte Tugend und Bildung und befand sich im Schoß der Familie. In Wirklichkeit lebte er in engen Verhältnissen, in seinem Kopf aber ging es um alles. Er hatte sich an seinen Ausgangspunkt zurückgezogen, um es mit der Welt als Ganzes aufzunehmen.

Kleist verhielt sich dabei genau so, wie Schiller es sich in seiner Antrittsvorlesung in Jena, zehn Jahre zuvor, für den philosophischen Kopf ausgemalt hatte. »Anders ist der Studienplan, den sich der Brotgelehrte, anders derjenige, den sich der philosophische Kopf vorzeichnet. Jener, dem es bei seinem Fleiß einzig und allein darum zu tun ist, die Bedingungen zu erfüllen, unter denen er zu einem Amte fähig und der Vorteile desselben teilhaftig werden kann ...«, hatte Schiller gesagt. »Wie ganz anders verhält sich der philosophische Kopf! ... Frühe hat er sich überzeugt, dass im Gebiete des Verstandes, wie der Sinnenwelt, alles ineinandergreife, und sein reger Trieb nach Übereinstimmung kann sich mit Bruchstücken nicht begnügen.«[24] Aber Kleist verfolgte das nicht, indem er wie Schiller das Elternhaus hinter sich ließ, seinen Landesherrn vor den Kopf stieß und vor ihm floh, er tat es, indem er nach Hause zurückkehrte.

Kleist war in den kommenden Jahren außerordentlich schwankend. So klar er sich entschieden hatte, beim Militär den Abschied zu nehmen, so schwer tat er sich mit sich selbst. Mehr als drei Jahre sollte er hektisch nach einer Bestimmung, nach seinem Weg, nach seiner Aufgabe und seinem Platz in der Welt suchen, die er doch vor dem Studium mit dem Lebensplan in der Tasche zu haben glaubte. Er hatte sich in die Freiheit gestürzt, dann aber wusste er nichts mit ihr anzufangen. Sie überforderte ihn. Diese Jahre sind noch nicht die Jahre des Schriftstellers, aber sie sind entscheidend für Kleists Persönlichkeit: Hier erfand er sich, am Ende stand – tastend und unsicher, aber doch seiner selbst ein Stück weit gewiss – der Schriftsteller, an den jetzt, im Jahr 1799, noch niemand dachte, nicht einmal Kleist selbst.

Dabei wäre es für ihn gar nicht so ungewöhnlich gewesen, Schriftsteller zu werden. Die Erinnerung an den dichtenden Großonkel Ewald Christian von Kleist, den Helden von Kunersdorf, war lebendig. Aber das war etwas anderes gewesen: Für den Typus von Schriftsteller, der Kleist werden sollte, gab es tatsächlich kein Vorbild, es ist der Schriftsteller der Krise, einer tiefen, grundlegenden Verunsicherung. Rousseau, mit dem Kleist sich in dieser Zeit beschäftigte, war eine solche Figur. Der junge Schiller war eine ähnliche Figur. Der Wert des Einzelnen, seine Würde, sein Reichtum und sein Glück, die Sorge um die Seele, eine neue Sensibilität: Nicht von ungefähr war der erste deutsche Erkunder der Seele, Karl Philipp Moritz mit seiner Erfahrungsseelenkunde, auch der erste Verfasser eines Entwicklungsromans.

Es folgten drei Jahre, in denen Kleist sich zu einem Dichter entwickelte, der fundamentale Verunsicherung und freie Phantasie verband, der anders als alle Vorgänger begriff, was es bedeuten kann, ein Mensch zu sein, der ausgeprägte Antennen für finstere Seiten des Daseins entwickelte. Diese drei Jahre sind wie ein Tunnel, durch den Kleist musste. Sie gelten als die dunkelsten in seinem Leben. Kleist verliebte sich in dieser Zeit, er machte große Reisen, er lebte im Ausland, und doch scheint er sich gegen die Außenwelt abgeschlossen zu haben. Die Wirklichkeit drang nur noch gefiltert zu ihm durch. Diese Phase wird in diesem und den kommenden beiden Kapiteln beschrieben. Wegen dieser Phase ist immer wieder vom Rätsel Kleist die Rede.

Die beiden größten Rätsel in diesem Leben, die sogenannte Würzburger Reise und die sogenannte Kant-Krise, über deren Inhalt, Stellenwert und Hintergründe sich die Forschung bis heute vollkommen uneins ist, fallen in diese Zeit. Es ist merkwürdig, dass beide Rätsel immer wieder getrennt behandelt werden, dabei folgen sie dicht aufeinander. Im Oktober 1800 kam Kleist aus Würzburg zurück, im März 1801 schrieb er über die Verzweiflung, in die ihn die Kant-Lektüre stürzte. Außerdem ist diese Zeit die von Kleist selbst am besten dokumentierte seines Lebens. Mehr als die Hälfte der überlieferten Kleistbriefe stammt aus jenen Jahren. Nie wieder hat Kleist so persönlich geschrieben. Gewiss sind alle Briefe, die geschrieben werden, egal von wem, allein für den Briefpartner gedacht und damit intim. Kleists Briefe aber wenden sich in einer Art an das Gegenüber, mit der beide, Schreiber und Adressat, tief in eine gemeinsame Geschichte verwickelt werden. So lässt sich an diesen Briefen tatsächlich die Geschichte einer Seele nachvollziehen. Vielleicht hat es wirklich ein später nie aufgetauchtes Manuskript Kleists mit dem Titel »Geschichte meiner Seele« gegeben.[25]

Was Kleist in dieser Zeit schrieb, war eine Art Briefroman. Er verhielt sich, wie wenn er selbst die Figur eines Briefromans wäre. Der Briefroman, ein Roman bestehend aus fiktiven Briefen, stand in Deutschland zu dieser Zeit in frischer Blüte. Er ermöglichte einen tiefen, direkten Ausdruck des Inneren. Goethes »Werther« war ein Briefroman ebenso wie Wilhelm Heinses »Ardinghello« oder Ludwig Tiecks »William Lovell«. Man gefiel sich mehr und mehr darin, intime Bekenntnisse öffentlich zu machen.

Gibt man der Versuchung nach, Kleists Briefe als einen solchen Roman zu betrachten, als eine wahre Erzählung seines Inneren, drängt sich der Eindruck eines einsamen Menschen auf. Tatsächlich wird Kleist bis heute so gesehen. Eine einsame Seele, die mit sich selbst ringt. Und vielleicht hat Kleist selbst das auch so erlebt.

In Wirklichkeit aber, das muss man im Kopf behalten, war es ganz anders. Kleist war fast nie allein. In Frankfurt war er mit der Familie zusammen und ging bald bei der Familie von Zenge aus und ein. In Würzburg, bei seiner Reise, war er mit seinem Freund Ludwig von Brockes unterwegs. Wenn er nach Potsdam oder Berlin fuhr, traf er immer Bekannte oder Freunde. Wir werden sehen, wen er bei seiner Reise nach Paris alles traf, die er im Übrigen ja auch nicht allein unternahm. In die Schweiz, wohin zu reisen er sich kurzfristig entschied, fuhr er zusammen mit dem Maler Friedrich Lose. Es ist ein weitgesponnenes Netz von Familienmitgliedern, Freunden und Bekannten, in dem Kleist sich bewegte. Das ist für den damaligen Adel typisch, es ist aber auch alles andere als ein einsames Leben. Kleists Selbstwahrnehmung war die Selbstwahrnehmung eines einsamen Melancholikers – die Wirklichkeit sah anders aus.

Nach dem Brief an Martini ist das nächste entscheidende Schreiben Kleists ein Brief an die Schwester Ulrike. Sie war immer noch in der Hauptsache in Werben in der Lausitz. »Du, mein liebes Ulrikchen, ersetzest mir die schwer zu ersetzende u. wahrlich Dich ehrende Stelle meiner hochachtungswürdigen Freunde zu Potsdam«, schrieb er ihr im Mai 1799. »Du bist die Einzige die mich hier ganz versteht.«[26] Zu diesem Zeitpunkt war Kleist noch ganz der Kleist, den wir schon kennen. Wie ein Missionar der Aufklärung versuchte er Ulrike davon zu überzeugen, dass auch sie sich einen Lebensplan machen müsse. In großer Ausführlichkeit legte er ihr die Gründe auseinander. Vor allem malte er ihr die Mündigkeit und Sicherheit aus, die man erlangte, wenn die Vernunft bestimmt, welche Art Glück man sich für sein Leben wählt.

Im November aber, Kleists zweites Semester hatte begonnen, wurde der Ton dunkler und zweifelnder. »Wenn man sich so lange mit ernsthaften abstrakten Dingen beschäftigt hat, wobei der Geist zwar seine Nahrung findet, aber das arme Herz leer ausgehen muß, dann ist es eine wahre Freude, sich einmal ganz seine Ergießungen zu überlassen; ja es ist selbst nöthig, daß man es zuweilen in's Leben zurückrufe. Bei dem ewigen Beweisen u. Folgern verlernt das Herz fast zu fühlen; u. doch wohnt das Glück nur im Herzen, nur im Gefühl, nicht im Kopfe, nicht im Verstande.«[27] Da standen sich Verstand und Gefühl auf einmal gegenüber und schlossen sich quasi gegenseitig aus.

Dazu kam jetzt die Ahnung einer eigenartigen Fremdheit unter den Menschen. »*Verstanden* wenigstens mögte ich gern zuweilen sein, wenn auch nicht aufgemuntert u. gelobt; von *einer* Seele wenigstens mögte ich gern zuweilen verstanden werden, wenn auch alle andern mich verkennen ... Große Entwürfe mit schweren Aufopferungen auszuführen, ohne selbst auf den Lohn *verstanden zu werden* Anspruch zu machen, ist eine Tugend, die wir wohl bewundern, aber nicht *verlangen* dürfen. Selbst die größten Helden der Tugend, die jede andere Belohnung verachteten, rechneten doch auf diesen Lohn; u. wer weiß, was Sokrates u. Christus gethan haben würden, wenn sie voraus gewußt hätten, daß keiner unter ihren Völkern den Sinn ihres Todes verstehen würde.«[28] Kleist zog sich in sich zurück, er empfand eine Sendung, er verfolgte ein Projekt, das ihn den Menschen entfremdete, er empfand sich in der Rolle eines unverstandenen Propheten. Allein mit sich selbst, blieb ihm die Identifikation mit den übergroßen Vorbildern.

Der Brief ist das erste Dokument der Entfremdung Kleists von der Welt beziehungsweise ihren Bewohnern.[29] »Tausend Bande knüpfen die Menschen aneinander, gleiche Meinungen, Gleiches Interesse, gleiche Wünsche, Hoffnungen u. Aussichten; – alle diese Bande knüpfen mich nicht an sie, und dieses mag ein Hauptgrund sein, warum wir uns nicht verstehen. Mein Interesse besonders ist dem ihrigen so fremd, und ungleichartig, daß sie – gleichsam wie aus den Wolken fallen, wenn sie etwas davon ahnden. Auch haben mich einige mislungene Versuche, es ihnen näher vor die Augen, näher an's Herz zu rücken, für immer davon zurückgeschreckt; u. ich werde mich dazu bequemen müssen, es immer tief in das Innerste meines Herzens zu verschließen.«[30] Es steckte etwas von dem schrecklichen Gedanken in Kleists Worten, dass er mit den Menschen und der Welt fertig ist.[31]

Jetzt spürte er auch die Angst. »Es ergreift mich zuweilen plötzlich eine Ängstlichkeit, eine Beklommenheit, die ich zwar aus allen Kräften zu unterdrücken mich bestrebe, die mich aber dennoch schon mehr als einmal in die lächerlichsten Situationen gesetzt hat.«[32]

Kleists Erfahrung ist späteren Generationen nichts Besonderes mehr. In der Moderne, am Beginn des 20. Jahrhunderts, wurde das Gefühl einer umfassenden Entfremdung zu Welt und Mitmenschen von vielen Künstlern erlebt. Später, im ausgehenden 20. Jahrhundert, wurde diese Fremdheit als beinahe notwendiger Bestandteil der Entwicklung gerade sensibler Naturen gesehen. Das Gefühl, nicht verstanden zu sein – wobei man gar nicht genau wissen muss, was es denn ist, das da verstanden werden soll –, ist allgemein akzeptiert. Kleist aber lebte in einer anderen Zeit. Die Vermittelbarkeit der Gedanken und Gefühle wurde von niemandem angezweifelt. Die Vermittelbarkeit war ja gerade die Voraussetzung der Welt der Vernunft. Kleist, muss man nur scheinbar paradox sagen, war mit seiner Einsamkeit allein.

In dieser Situation tat Kleist etwas, das für andere nicht ungewöhnlich, für ihn aber außerordentlich war. Er verliebte sich. Er verliebte sich – das ist wesentlich – in eine Frau, die nichts von ihm wissen wollte. Das hielt ihn nicht davon ab, bei ihr sein Ziel hartnäckig zu verfolgen. Im Gegenteil, man bekommt den Eindruck, dass ihn das in seiner Leidenschaft bestärkte, sie erst möglich machte. Er bestürmte die Frau, wie wenn er eine Festung einnehmen müsste. Er bedrängte sie, als hinge alles davon ab, sie davon zu überzeugen, dass auch sie ihn liebe – mit der Kraft des Arguments. Kleist versuchte sie davon zu überzeugen, dass auch sie verliebt sei. Jemanden durch Argumente zur Liebe bringen, was für ein Witz. Kleist aber war es ernst damit. Er ging die Sache an, wie wenn er in der einen Wilhelmine von Zenge die gesamte Menschheit davon überzeugen müsse, dass er eben doch ein liebenswerter Mensch sei.

Man fragt sich immer wieder, was nach 1799 aus Kleists Kriegserfahrungen geworden ist. Sie scheinen verschwunden und vergessen. In solchen Momenten tauchten sie auf. Kleist verhielt sich gegenüber Wilhelmine, wie wenn er sich eine Fahne geschnappt hätte und sich damit blindwütig ins Gefecht stürzen müsste. Wie wenn er in der Gefahr die Augen schloss und in blindem Gottvertrauen wie ein todesmutiger Soldat nach vorne stürmte. So stürzte er sich jetzt nicht nur in sein Leben, sondern auch in die Liebe hinein, ein wilder Glücksritter, ein wütender Kämpfer, ein rasender Krieger. Da schien in ihm einer dieser legendären preußischen Soldaten aufzuerstehen, die ganze Schlachten durch ihre Todesverachtung herumgerissen haben.

Die Frau seiner Wahl hatte er als Schülerin kennengelernt. Wir wissen nicht viel über den kleistschen Unterricht, aber man kann ihn sich nicht als ruhigen, sachlichen Lehrer vorstellen, dem die solide und kontinuierliche Stoffvermittlung am Herzen lag. Kleist gab seinen Schülern mit dem ihm eigenen Feuereifer den Stoff weiter. Wissen als halbreligiöses Projekt, als Sendung, in deren Auftrag er unterwegs war: Das war Kleists Sache. Seine Schülerinnen waren Missionierte. Der Missionar verliebte sich in die Unwissende, die über den wahren Glauben aufgeklärt werden musste.

Es ist immer wieder so bei Kleist: Wenn er sich in einer Situation befindet, die ihm ausweglos erscheint, springt er ins kalte Wasser. Jetzt ist die Liebe dieser Sprung. Kleist suchte sich von der beklemmenden Entfremdung von den Mitmenschen zu befreien, indem er sich verliebte. Vielleicht waren ihm auch schon erste Zweifel an seinem Studium gekommen, in dem er trotz der enormen Anstrengung, mit der er studierte, noch keine entscheidenden Erfolge zu haben schien. Ähnlich war es bei der Entscheidung gewesen, das Militär zu verlassen. Das wird auch künftig so sein. Es erklärt seine wahre Reisewut, seine Lust, die Zelte abzubrechen und neue Möglichkeiten zu suchen. Zunächst war die Liebe diese Reise.

Die Frau, die Kleist sich erwählte, hieß Wilhelmine von Zenge – manchmal Minette genannt, in seltenen zärtlichen Momenten sagte Kleist auch Minchen. Sie war drei Jahre jünger als Kleist und die älteste Tochter des Frankfurter Stadtkommandanten Hartmann von Zenge, in dessen Regiment Wilhelm von Pannwitz und Kleists Bruder Leopold dienten. Es war also eine durchaus standesgemäße Beziehung. Kleist hat sich bei der Wahl seiner Partnerin für die Schicht entschieden, aus der er stammte. Und er hat sich das Naheliegende ausgesucht: Die Zenges wohnten im Nachbarhaus.

Die Briefe, die Kleist nun an seine Nachbarin schrieb, sind das befremdlichste Zeugnis einer Liebesbeziehung, das sich denken lässt. Nichts ist bei Kleist gewöhnlich, vollkommen ungewöhnlich aber ist die Liebe. Er ist immer wieder voller Überschwang, er gab sich einem wahren Rausch hin, dem Rausch der gemeinsamen Zukunft. Gleichzeitig aber sind seine Briefe ein einzigartiges Zeugnis für die Unterdrückung der Frau, die sich ihm trotzdem auf eine Weise hingab, die heute unglaublich devot erscheint. Kleist bestürmte Wilhelmine in seinen Briefen unerbittlich mit seinen Vorstellungen vom richtigen Leben, er schrieb ihr dabei eine feststehende Rolle zu und imaginierte eine Rolle für sich. Er entpuppte sich als wahrer Pedant des rechten Lebens, didaktisch und oberlehrerhaft, eifernd und beklemmend. Was Kleist sich dabei ausmalte, ist nicht sehr schmeichelhaft für ihn: Seine Braut soll ein zwar aufgeklärtes, aber braves Heimchen werden, das sich vollkommen dem Mann unterordnet. Und zwar aus der besseren Einsicht heraus, die er ihr verordnet: Sie soll dieses Schicksal selbst wählen. Es hat lange gedauert, bis man den kaum versteckten Sadismus, der in Kleists Liebesbriefen liegt, zugegeben hat.

Der Ablauf dieser Beziehung ist folgender: Die einzige Gesellschaft, schrieb Kleist im Brief vom November 1799 an Ulrike, die er täglich sehe, sei die der Familie von Zenge. Im Februar war der Oberst Hartmann von Zenge Chef des Regiments Nr. 24 geworden und mit seiner Familie nach Frankfurt gekommen, schon im Mai war er zum Generalmajor befördert worden.[33] Er wohnte neben den Kleists und war der führende Mann der Stadt: »Die Chefs der Regimenter ... führten in der Tat ein beneidenswertes Dasein. Die sehr großen Einnahmen, auch aus Privatmitteln, erhöht durch Schenkungen, gestatteten dem Gouverneur, ein großes Haus zu führen. Das schönste Gebäude der Stadt musste ihm eingeräumt werden ... Aber auch in den kleineren Städten waren die Chefs der Regimenter allmächtige Herren, die häufig großen Aufwand machten. Meist zeigten sie sich dem Publikum von einer Schar Adjutanten umgeben und fuhren vier- oder sechsspännig in scharfem Trabe durch die engen Straßen der Stadt.«[34]

Die Geschwister Kleist und die Zenges hatten sich bald angefreundet. Der Kontakt war rege. Die Zenge'schen Mädchen – Wilhelmine, Luise und Charlotte – hatten in Berlin bereits das gesellschaftliche Leben kennengelernt, in Frankfurt waren sie nun wieder in der Provinz gelandet. Leopold von Kleist aber war ein fröhlicher, übermütiger, zu Scherzen aufgelegter Unterhalter, der den Ton gegenüber den jungen Damen zu treffen verstand. Als er im Juli 1799 zum Regiment Garde nach Potsdam wechselte, sollte Heinrich die Leerstelle ausfüllen, die sein Bruder im Zengeschen Hause hinterließ.

Das gelang nicht. Heinrich, erinnerte sich Wilhelmine später, war »sehr melancholisch und finster, und sprach sehr wenig.«[35] Kleist seinerseits schätzte die Zenges zwar, »lauter gute Menschen«, hatte aber das Gefühl, hier seine Zeit zu verschwenden. Er war in seiner heißesten Studienphase und nannte die Gespräche im Hause Zenge gegenüber Ulrike »Geschwätz«. Er verordnete sich diesen Kontakt eher, als dass er ihn suchte: Er wollte hier die Entfremdungsgefühle überwinden, die ihn so bedrängten.

Man musizierte gemeinsam und ging spazieren. Kleist war begeistert von der Idee, Unterricht zu geben, und machte die Bildung der jungen zengeschen Damen zu seiner Aufgabe. Als gute Preußen haben sie schlechtes Deutsch gesprochen und geschrieben. Er unterrichtete sie also in ihrer Muttersprache. Kleist entpuppte sich dabei als Pauker. Er ließ die Mädchen Aufsätze in deutscher Sprache schreiben. Er stellte ihnen eine Lektüreliste zusammen, die sie absolvieren sollten, und las ihnen vor. Er hielt Vorträge über Kulturgeschichte. Wenn man ihm nicht zuhörte, war er eingeschnappt. Und er organisierte eine Privatvorlesung seines Professors Wünsch, der die zengeschen Damen und weitere Zuhörer, insgesamt zwölf, ab November 1799 bis April 1800 mit den Anfangsgründen der Experimentalphysik vertraut machte. Experimentalphysik für junge Mädchen – Kleist war für die Nachbereitung zuständig und ging den Unterrichtsstoff mit den Damen noch einmal durch.

In einem ihrer Aufsätze, den Kleist korrigiert hatte, fand Wilhelmine dann einen schriftlichen Heiratsantrag ihres ebenso eifrigen wie schüchternen Hauslehrers. In diesem Brief teilte Kleist Wilhelmine mit, dass er sie schon lange herzlich liebe und Wilhelmine ihn durch ihre Hand glücklich machen könne. Sie scheint aus allen Wolken gefallen zu sein. Sie hatte keine Ahnung gehabt, nichts von seiner Liebe bemerkt, der verliebte Kleist hatte ihr bis dahin keinerlei Zeichen seiner Zuneigung gegeben: Von Anfang an fand diese Beziehung vor allem in Briefen statt. Wilhelmine antwortete ihm bereits am nächsten Tag. Nein, war ihre entschiedene und deutliche Antwort, sie erwidere seine Gefühle nicht: »Den anderen Tag schrieb ich ihm daß ich ihn weder liebe, noch seine Frau zu werden wünsche, doch würde er mir als Freund immer recht werth sein.«[36]

Kleist war nicht der Mann, der sich von einer solchen Mitteilung beirren ließ. Er war außer sich, aber er warb beharrlich und hartnäckig weiter um sie. Das war nicht einfach: Wilhelmine hatte sich weitere Schreiben verbeten und wich Kleist aus. Sie besuchte auch Kleists Schwestern nicht mehr. Kleist aber lauerte ihr auf. Er bedrängte sie. Mindestens mehrere Wochen hat dieser Belagerungszustand gedauert, zwei überlieferten Briefen Kleists zufolge herrschte ein seelisch aufgewühlter, erhitzter, ungeklärter Zustand.

Auch die Belagerung scheint in Briefen stattgefunden zu haben. Etwa eine Woche nach der Zurückweisung überredete Kleist die von ihm so genannte goldene Schwester, Luise von Zenge, Wilhelmine einen Brief zu übergeben. Dieser Brief scheint etwas Unterwürfiges gehabt zu haben: Er wolle werden, wie sie sich den idealen Gatten vorstelle, um ihre Liebe zu gewinnen. Was habe sie an ihm auszusetzen? Er wolle es ändern. Wie müsse er beschaffen sein, um ihrer Liebe wert zu sein?

Damit hat er sie offenbar irgendwann gefangen. Sie antwortete ihm tatsächlich und schilderte ihr Ideal. Und er arbeitete an sich. »Er gab sich so viel Mühe diesem Bilde ähnlich zu werden, daß ich ihm endlich erlaubte an meine Eltern zu schreiben, und ihm meine Hand versprach, so bald sie einwilligten.«[37] Bis dahin sind einige Monate vergangen, im April oder Mai 1800 scheint es so weit gewesen zu sein. Letztendlich hatte Kleist Wilhelmine also wirklich belagert, die Festung ausdauernd berannt und sie dann genommen.

Kleist und nicht Wilhelmine aber war es, der die Verbindung vor Wilhelmines Eltern zunächst geheim halten wollte und sich erst spät dazu durchrang, die Eltern – wieder brieflich – zu informieren.[38] Die so benachrichtigten Eltern willigten ein, und man verlobte sich. Allerdings sollte diese Verlobung erst offiziell werden, wenn Kleist »ein Amt« habe.

Ein Amt: Zunächst gab es daran auch bei ihm keinen Zweifel, wenn Kleist auch nicht wusste, welches Amt das sein sollte. Er setzte sich mit der Frage wahrscheinlich zunächst gar nicht auseinander. Er studierte ja gerade nicht, um dann ein Amt zu übernehmen, sondern wegen der Bildung. Aber ein Amt war neben Militär und Universitätslaufbahn die einzige berufliche Möglichkeit, die ihm offen stand. Ein Gewerbe konnte ein Adliger, der keine Ländereien hatte, nicht betreiben. Wenn er also nicht vollkommen die Brücken in die Welt, aus der er kam, abbrechen wollte, wenn er die Beziehung zu Wilhelmine aufrechterhalten wollte, musste er auch das Ziel, ein Amt zu nehmen, aufrechterhalten. Dementsprechend scheint ihm auch eine Zusicherung des Königs, dass er nach den Studien auf ein Amt rechnen könne, zu dieser Zeit wichtig gewesen zu sein. So berichtete es Wilhelmine von Zenge.

Kleist war in einer sehr unsicheren Situation, und er fühlte sich auch so. Genauso wenig wie das Studium ihm Sicherheit gab, hatte er das Gefühl, sich auf Wilhelmines Liebe verlassen zu können. Davon gibt ein undatierter Brief Zeugnis, er stammt ebenfalls aus der Zeit der Verlobung, etwa Anfang Mai 1800. Kleist beschwor sie, ihm ihr Herz zu öffnen. Er möchte in ihr lesen können, er möchte sie ganz, er möchte wissen, wie sehr sie ihn liebt. So wie Kleist Tugend und Bildung in seinem Innersten spüren wollte, so wollte er jetzt von Wilhelmine intimste Bekenntnisse ihrer Liebe.

Was man über den Verlauf der Beziehung dieses ungewöhnlichen Paares weiß, geht neben Kleists Briefen vor allem zurück auf einen Bericht Wilhelmines vom Sommer 1803. Als Wilhelmine diesen Bericht schrieb, waren sie und Kleist schon getrennt. Sie hat den Bericht für ihren späteren Ehemann Wilhelm Traugott Krug verfasst, es ist also ein Rechenschaftsbericht über eine frühere Beziehung. Diesen Krug lernte Kleist später in Königsberg kennen, als jener schon mit Wilhelmine verheiratet war.

Der Brief, in dem Kleist Wilhelmine beschwor, ihm ihr Herz zu öffnen, ist ein bemerkenswertes Dokument. Kleist bat Wilhelmine, ihm zu schreiben und sich ihm im Schreiben ganz zu öffnen. Gleichzeitig machte er es ihr aber unmöglich, Vertrauen herzustellen und seine Unsicherheit auszuräumen. Er diktierte ihr nämlich förmlich in die Feder, was sie an ihn schreiben solle: »Ich glaube, daß ich entzückt sein werde, und daß Sie mir einen Augenblick, voll der üppigsten und innigsten Freude bereiten werden, wenn Ihre Hand sich entschließen könnte, diese drei Worte niederzuschreiben: *ich liebe Dich.*«[39] Was aber ist dieses Bekenntnis wert, wenn er es ihr vorgeschrieben hat? Ohne ihre Antwort abzuwarten, entwarf er denn auch sofort das Projekt des gemeinsamen Liebeslebens, so wie er es sich vorstellte. »Vertrauen« und »Achtung« sollten die Hauptrolle spielen. Und er bestimmte Wilhelmine auch gleich den Zweck der Liebe, es ist der der Bildung: »*Edler u. besser sollen wir durch die Liebe werden.*«[40]

Wie die Veredlung durch Liebe vor sich geht, was Achtung in der Praxis bedeutet, sollte Wilhelmine bald zu spüren bekommen. Nun ging eine regelrechte Schulmeisterei der Liebe los. Die Geliebte bekam Briefe mit Übungen und Aufgaben zur Hebung der Bildung. Direkt nach der Verlobung deckte Kleist Wilhelmine mit Denkübungen ein. Oder soll man sagen: traktierte, umgarnte, bedrängte, vereinnahmte? »Liebe Wilhelmine. Die wechselseitige Übung in der Beantwortung zweifelhafter Fragen hat einen so vielseitigen Nutzen für unsre Bildung, dass es wohl der Mühe werth ist, die Sache ganz so ernsthaft zu nehmen, wie sie ist, u. Dir eine kleine Anleitung zu leichteren u. zweckmäßigeren Entscheidungen zu geben. Denn durch solche schriftlichen Auflösungen interessanter Aufgaben üben wir uns nicht nur in der Anwendung der Grammatik u. im Stile, sondern auch im Gebrauch unsrer höheren Seelenkräfte.«[41]

Entsprechend ging er frisch ans Werk und schickte ihr die Aufgaben. Er begann mit der Frage, wer mehr beim Tod des Partners verliert, der Mann oder die Frau. Für ihn war es eine klare Sache: der Mann. Die Argumentation aber ist perfide: Der Mann wirke nicht mit allen seinen Kräften für seine Frau, die Frau dagegen schon mit ihrer ganzen Seele für den Mann. Der Mann sei nicht notwendig glücklich, wenn die Frau glücklich ist, die Frau hingegen sei immer glücklich, wenn der Mann glücklich ist. So sei das Glück des Mannes der Hauptgegenstand des Bestrebens beider Eheleute! Der Mann empfängt also ungleich mehr und verliert dementsprechend beim Tod der Frau auch mehr. Da mischten sich Pseudoaufklärung, Sophisterei und Perfidie zum höheren Nutzen eines eingebildeten Patriarchen.

Man mag von solcher Logik halten, was man will, das Ergebnis ist – auch vor dem Hintergrund damaliger Ehevorstellungen – schwer zu entschuldigen. Von Liebe, Zuneigung, Innigkeit, Vertrauen findet sich in den Briefen fast nichts. Zärtlichkeiten sind sehr selten. Diese Briefe sind alles andere als gewöhnliche Liebesbriefe. Es sind Briefe, in denen die Braut nicht berührt wird, sondern in denen sie rigoros und rücksichtslos erzogen wird, und zwar zu einer durchaus untertänigen Rolle.

»Die seltsamsten Liebesbriefe der Welt« hat Thomas Mann sie genannt. Aber es ist mehr, in diesen Briefen steckt etwas

Skandalöses. Kleist, der vielleicht sensibelste Dichter deutscher Sprache, der Figuren von zartestem Gefühl erfunden hat, der Gefühlen bewegenden Ausdruck geben konnte, hat dem Menschen, den er seine Geliebte nannte, Unglaubliches zugemutet. Kleist war in den Briefen inquisitorisch, und er war impertinent. Es mutet wie eine Gehirnwäsche an, was Kleist versuchte. Es sind monströse Ungeheuerlichkeiten, die er von seiner Verlobten einzusehen verlangte. Er ging dabei bis an die Grenze der Quälerei, er verlangte Selbstverleugnung und Erniedrigung von ihr. Es steckt seelische Grausamkeit in den Briefen.

Man kommt nicht daran vorbei: Kleist hatte etwas Tyrannisches. Eduard von Bülow, der erste von Kleists Biographen, dem mündliche Zeugnisse von Bekannten Kleists zur Verfügung standen, unterstützt diese Sichtweise: »Kleists leidenschaftliche Liebe verlangte von seiner Braut zuletzt, dass sie nichts freuen sollte, als was sich auf ihn bezog, und es verging selten ein Tag, an dem er nicht über Mangel an Liebe gegen sie zu klagen hatte. Wiewohl er Haus an Haus mit ihr wohnte und sie täglich sah, schrieb er ihr beinah täglich die leidenschaftlichsten Briefe.«[42]

Schwerlich ist ein Mensch vorstellbar, der Kleist bei seiner Suche nach Vertrauen und Sicherheit weiter entgegengekommen wäre als Wilhelmine von Zenge. Sie hat diese Briefe klaglos hingenommen. Sie scheint eine kluge, feinfühlige und verständnisvolle Frau gewesen zu sein, die sich von Kleists Drängen und Übungen nicht aus der Fassung bringen ließ. Sie hätte allen Grund gehabt, nach der Trennung im Mai 1802 auf Kleist zu schimpfen. Sie ist vielfach von ihm gekränkt, hingehalten und belogen worden, sie aber sprach nur in warmen Tönen von ihm. Sie scheint ein Mensch gewesen zu sein, wie man sich ihn für Kleist, den einsamen Kleist, ausgemalt hätte. Geholfen hat es ihm nicht.

Aber auch Wilhelmine von Zenge hatte etwas Befremdliches. Sie, die ja gar nicht wirklich in Kleist verliebt war, bevor sie die abgründigen Seiten an ihm kennenlernte, die sich von ihm zur Liebe hatte überreden lassen, folgte ihm bedingungslos. Wir wissen nicht viel von ihr – es sind nur einer ihrer Briefe, die Beschreibung an Krug und späte Erinnerungen überliefert –, aber sie scheint Kleists Grillen nicht nur willig und geduldig, sondern auch mit Zärtlichkeit und Verständnis gefolgt zu sein. Man muss sich eine bescheidene und sensible Frau vorstellen, die sich über die immer neuen Bildungsrasereien und versteckten Demütigungen ihres Verlobten wunderte, ihn aber deswegen nicht grundsätzlich in Frage stellte. Geholfen haben könnte ihr dabei eine Neigung zu pietistischer Frömmigkeit.

1823 erinnerte sie sich, zwölf Jahre nach seinem Tod, 21 Jahre nach der Trennung, Kleists Briefe seien »alle in der höchsten Leidenschaft geschrieben«[43] worden. Tatsächlich findet sich in diesen Briefen nichts von Leidenschaft, sie sind allenfalls von eigenartiger Erhitztheit. Man muss davon ausgehen, dass sich Wilhelmine von Zenge daran erinnerte, wie sie den wirklichen Kleist damals empfunden hat. Sie hatte die Erregung in Erinnerung, in der Kleist sich befand, so wie auch Bülow sie beschrieben hat.

An Krug schrieb sie 1803, dass Kleist ihr Fragen zur schriftlichen Beantwortung gab, nützliche Bücher, die sie beurteilen musste. »Auch schärfte er meinen Witz und Scharfsinn durch Vergleiche, welche ich ihm schriftlich bringen mußte. So lebte er ganz für mich, ich gewann ihn recht lieb und machte mir es zur Pflicht auch ganz für ihn zu leben ... Alles was er an mir tadelte, versuchte ich fortzuschaffen, jeden Wunsch den er äußerte, versuchte ich zu erfüllen. Und alles was ich dachte und that, bezog ich auf ihn. So lebten wir ein halbes Jahr sehr glücklich, da hatte er sein Studium hier beendet.«[44] An diesem Bericht, wie gesagt ein Rechenschaftsbericht, kann man zweifeln. Es könnte eine bereinigte Fassung sein, dazu geschrieben, den Gatten Krug über das Wesen der Beziehung zu Kleist zu beruhigen. Es könnte aber auch so gewesen sein, dass man sich gegenseitig tadelte und versuchte, sich zu bessern. Schon im August, drei Monate nach der Verlobung, verließ Kleist Frankfurt. Die gemeinsam erlebte Zeit war sehr kurz.

Die entscheidende, ebenso einfache wie schwer zu beantwortende Frage ist: War es Liebe? War das Gefühl, das Kleist für Wilhelmine empfand, Liebe? Die heutige Kleistforschung macht um die Frage einen Bogen, die alte Forschung war sich einig, dass Kleist nicht lieben konnte. Kleist selbst hat das sicher anders empfunden, und die Frage ist, wer anders über Liebe entscheiden kann als der, dessen Herz sie empfindet oder auch nur zu empfinden glaubt.

Kleist konnte mit Sicherheit Liebe empfinden, er konnte allen ihren Nuancen, von den zartesten bis zu den gewalttätigsten, Ausdruck gegeben. Er hat es schon in seinem ersten Drama, der »Familie Schroffenstein«, getan, deren Niederschrift weniger als zwei Jahre nach der Beziehung zu Wilhelmine erfolgte. Er hat es in anderen Dramen getan, etwa im »Amphitryon«. Er hat es, um ein weniger bekanntes Beispiel zu nehmen, auf zarte Weise in dem Gedicht »Mädchenräthsel«[45] getan, das in seiner Zeitschrift »Phöbus« 1808 erschien.

> Träumt er zur Erde, wen
> Sagt mir, wen meint er?
> Schwillt ihm die Thräne, was,
> Götter, was weint er?
> Bebt er, ihr Schwestern, was,
> Redet, erschrickt ihn?
> Jauchzt er, o Himmel, was
> Ist's, was beglückt ihn?

Liebe ist hier flüchtig. Ein junger Mann steht versunken, weinend, ängstlich und beglückt. Ein Mädchen fragt nach dem Grund seiner Gefühle, der doch in ihr liegt. Dabei ist er ihr zwar ein Rätsel, aber sie ist auch sehr mitfühlend. Die Fähigkeit Kleists, diesen schwebenden Zustand in Worte zu fassen, ist augenfällig. Man kann sich vorstellen, wie er hier Wilhelmine beschrieb, die sich fragt, mit was für einem merkwürdigen Menschen sie verbunden ist.

Was ist Liebe? Oder vielleicht besser: Was war Liebe? Die prominenteste deutsche Antwort auf diese unerschöpfliche Frage war Goethes 1774 erschienener »Werther«. »Wie froh bin ich, dass ich weg bin! Bester Freund, was ist das Herz des Menschen!«, sind die ersten Worte des Buches, die sofort den typischen Ton anschlagen. Dieser Ton passte zu Kleist. Der Roman besteht aus den leidenschaftlichen Briefen Werthers an einen Freund, er wurde Vorbild vieler leidenschaftlicher Briefe der Zeit. Im Zusammenhang mit Kleist – es ist im Übrigen unbekannt, was Kleist von dem Roman hielt[46] – scheint der »Werther« außerdem besondere Bedeutung zu haben. Es ist nicht nur ein Liebes- sondern auch ein Selbstmörderroman.

Es ist die Intensität des Gefühls, die »Die Leiden des jungen Werthers« bewegend macht. Diese Intensität ist die Intensität eines Einzelgängers. Seine Welt ist Werther, ähnlich wie Kleist, fremd geworden. Er lehnt den dünkelhaften Adel ab, ist offen für die Natur und bereit, im Gefühl bis zum Äußersten zu gehen. Ganz gibt er sich seiner Liebe zur verheirateten Lotte hin, er ist dem Gefühl rettungslos ausgeliefert. Die Liebe, die der »Werther« zeigt, ist ein ungekannt starkes und ein katastrophales Gefühl. Sie ist alles andere als Spiel, schon gar kein höfisches Spiel, sie kann bis in den Tod führen. Es geht für das Individuum ums Ganze, sein Schicksal scheint sich an der Frage der Liebe zu entscheiden. Werthers Liebe ist wahre Liebe, nur Werthers Liebe, möchte man sagen, ist wahre Liebe. Aber sie ist auch bedrohlich wie eine Krankheit.

Dieser Kult der Empfindung und des Herzens bildete sich zuerst in England und Frankreich, erlebte in Deutschland mit dem »Werther« seinen Durchbruch und hielt sich hartnäckig bis ins 20. Jahrhundert. Auch wenn wir heute noch zu verstehen glauben, wie das damals empfunden und gemeint war, auch wenn wir heute noch der Idee von der einen, wahren Liebe nachhängen: Dieses Modell hat ausgedient. Menschen des beginnenden 21. Jahrhunderts neigen nicht dazu, Liebe für ein so tiefes, leidenschaftliches und einzigartiges Gefühl zu halten. Sie glauben, dass Liebe sehr unterschiedlichen Vorstellungen folgt, und sie sehen sie viel körperlicher, als Kleist das getan hat.

Liebe ist nichts Gleichbleibendes, sondern – wie die Kindheit – ein historisches Phänomen. Was lange wie ein zeitloses Gefühl behandelt wurde, erwies sich als wandelbar. Entscheidend war dabei das Buch »Liebe als Passion« von Niklas Luhmann, erschienen 1982. Die passionierte Liebe, sagen wir Werthers Liebe, erschien Luhmann nicht mehr als höchste Erfüllung der Liebe, sondern als Überforderung. Was zwei-, dreihundert Jahre als der Gipfel des Gefühls gegolten hatte, wurde als problematische Konstruktion sichtbar. Während und nach der Aufklärung existierte – von der Empfindsamkeit über die Romantik bis hin ins 19. und 20. Jahrhundert – ein fast mystischer Kult des Herzens und Gefühls, der erst jetzt distanziert wahrgenommen wurde.

Luhmann zeigte, dass Liebe, so wie sie lange verstanden worden war, unlösbare Kommunikationsprobleme hervorbrachte. Wie, so die Kernfrage, die sich seit dem Entstehen der passionierten Liebe im 18. Jahrhundert ungezählte Generationen von Verliebten gestellt haben, wie kann wahre, tief empfundene Liebe überhaupt ausgesprochen und glaubhaft gemacht werden? Wie kann ich meinem Partner glaubhaft versichern, dass ich ihn wirklich so sehr liebe? Das eigene Erleben ist nicht vermittelbar, diese Erfahrung macht man umso deutlicher, je heftiger man es versucht. Im 18. Jahrhundert, das sich erstmals mit dem Problem konfrontiert sah, entstand daraus ein ganzer Komplex der Unaussprechlichkeit, der für die Literatur der Folgezeit wesentliche Bedeutung hatte.

Ehe gründete sich nicht mehr auf Stand und Besitz, sondern auf Liebe. Liebe wurde ein Gefühl, und das Gefühl wurde unaussprechlich. So störanfällig waren also die Fundamente der bürgerlichen Welt. Luhmann zeigte, wie die Romantik schon daran arbeitete, die Probleme zu überwinden, die sich daraus ergaben, wie versucht wurde, die Sexualität in die Liebe einzubeziehen, wie der Sittenverfall des Adels angeprangert wurde und wie das Einfache und Natürliche Leitbilder wurden: Je einfacher und natürlicher ich bin, desto glaubhafter mein Liebesschwur. Das Aufregende an Luhmanns Sichtweise aber bleibt, dass Liebe als ein prekärer Komplex sichtbar geworden war, ein überfordertes und überforderndes Gefühl. Wo einmal klargeworden war, wie groß der Gefühlsdruck ist, der auf Liebenden lastet, wirkt die höfische Welt mit ihren Liebesregeln wie ein unbelastetes, humanes Liebesparadies.[47]

In dieser großen emotionalen Bewegung wurzelt die Ähnlichkeit der Briefe Werthers und Kleists, die Ablehnung des Adels, die Feier der Natur und des Einfachen, die Intensivierung des Gefühls und letztendlich auch die Bedrohung durch den Selbstmord. In einem aber unterscheiden sich Werther und Kleist fundamental: wie die Liebe ausgesprochen wird. Werther findet einen Weg, seine Liebe deutlich zu machen. Welche Freude, an

Sie zu denken, sagt er immer wieder. Ich bin in adliger Gesellschaft, und darin fühle ich mich ohne Sie allein, stellt er fest. Ich möchte wieder vereint sein, seufzt er. Das ist der Weg der Sprache der Liebe, wie er dann lange und in einer endlosen Flut von Briefen, Liedern, Schwüren und Seufzern von ungezählten Liebenden begangen wurde.

Kleist war anders. Kleist war auch in den Liebesbriefen schroff. Dafür ging er das, was wir das große Kommunikationsproblem der Liebe nennen können, grundsätzlich an. Das wirkt nicht gefühlvoll, keine Frage, aber die Briefe bemühen sich mit einzigartiger, fast naiver Ernsthaftigkeit um die Liebe und die Wahrhaftigkeit, die sie fordert. Ganz am Anfang der Beziehung sprach Kleist das Kommunikationsproblem deutlich aus, wenn er sagte:

> Zwar – was soll ich aus dem Frohsinn, der auch Sie seit gestern belebt, was soll ich aus den Freudenthränen, die Sie bei der Erklärung Ihres Vaters vergossen haben, was soll ich aus der Güte, mit welcher Sie mich in diesen Tagen zuweilen angeblickt haben, was soll ich aus dem innigen Vertrauen, mit welchem Sie in einigen der verflossenen Abende, besonders gestern am Fortepiano, zu mir sprachen, was soll ich aus der Kühnheit, mit welcher Sie sich jetzt, weil Sie es dürfen, selbst in Gegenwart Andrer mir nähern, da Sie sonst immer schüchtern von mir entfernt blieben – ich frage, was soll ich aus allen diesen fast unzweifelhaften Zügen anderes schließen, was anderes, Wilhelmine, als daß ich geliebt werde? Aber darf ich meinen Augen und meinen Ohren, darf ich meinem Witze u. meinem Scharfsinn, darf ich dem Gefühle meines leichtgläubigen Herzens, das sich schon einmal von ähnlichen Zügen täuschen ließ, wohl trauen?[48]

Kleist war in diesem seinem ersten Liebesbrief darum bemüht, sich zu öffnen. Er zeigte, dass er die Zeichen der Liebe sah. Er bekannte seine Liebe. Er wollte eine Verbindung herstellen. Das endete damit, dass er ein Liebesbekenntnis Wilhelmines erzwingen wollte. »Bin ich nicht ein edler Mensch, Wilhelmine«, rief er ihr zu, um ihr dann in die Hand zu diktieren, dass sie ihm »Ich liebe Dich« schreiben soll. Da lag von Anfang an der Punkt, wo das Bedürfnis in Despotismus umschlug, wo Vertrauen sich in Zwang wandelte.

Etwas Weiteres ist wichtig, wenn man sich fragt, was für eine merkwürdige Liebe es war, die Kleist und Wilhelmine von Zenge verband. Die Aufklärung redete bei Liebe nicht von Sex, sondern von Bildung, Tugend und Gefühl. Alles Geschlechtliche wurde so intim, dass es aus der Sprache verschwand. Damit verschwand auch der Sex aus der Liebe. In Rousseaus Roman »Julie oder die Neue Héloïse« ging dieses Verschwinden so weit, dass Sexualität zum tierischen Trieb wurde, etwas, das sich mit Liebe nicht verträgt. Auch bei Kleist kam Sexualität damals nicht vor. Das aber ist so üblich in dieser Zeit, dass es eigentlich nicht bemerkenswert ist.

An dieser Stelle kommt Wilhelm Traugott Krug ins Spiel, der spätere Ehemann Wilhelmines. Der 1770 geborene Krug war eine für seine Zeit typische Figur. Als er 1803 Wilhelmine kennenlernte, war er Extraordinarius in Frankfurt an der Oder.[49] 1804 folgte er dem Ruf nach Königsberg als Nachfolger Kants, 1805 erhielt er dort die Professur. Er versuchte, die kantische Transzendentalphilosophie dem gesunden Menschenverstand plausibel zu machen. Krug wollte eine praktische, eine anwendbare Philosophie. Ausgangspunkt war das Ich, das sich zum ersten Gegenstand der Erkenntnis machte. Der erste Grundsatz lautete: »Ich bin tätig.«

Im Jahr 1800, als Kleist und Wilhelmine sich zusammenzuraufen suchten, machte Krug sich über die Ehe Gedanken. Er schrieb eine »Philosophie der Ehe«. Sein Buch ist ein Kompendium fortschrittlicher Ehe- und Liebesauffassungen. »Warum missglücken so viele Heyrathen aus Liebe, und warum glücken manche ohne Liebe?«, »Ist der Mann Herr seiner Frau?« oder »Ueber häusliches Leben und häusliches Glück« heißen Kapitel, die auch Heinrich von Kleist interessiert haben dürften. Ob er sie gelesen hat, wissen wir aber nicht.

»Die Philosophie der Ehe« zeigt, wie weit die Entsexualisierung der Liebe ging. Krug wollte ernsthaft den alten Mythos von Kuss und Blick als Zeugungsarten wiederbeleben: »Der Kuss, der bey liebenden Menschen ein Sinnbild des Beyschlafs ist, ist vielleicht bei liebenden Vernunftwesen einer höheren

Ordnung Stellvertreter desselben ... so dürfte auf den entferntern Planeten die bloße Berührung der Lippen vermittelst eines ätherischen Hauches, und auf den entferntesten vielleicht gar nur das innige seelenvolle Anschauen der Liebenden vermittelst eines ausströmenden Lichtstoffs eben die Würkung haben, welche auf unserm Planeten bei der gröbern Menschennatur der Beyschlaf hervorbringt.«[50]

Krug war ein Repräsentant der Verniedlichung, Entmündigung und Entsexualisierung der Frau. In der Schamhaftigkeit lag der höchste Reiz des Weibes.[51] Als Jungfräulichkeit der Seele sei Schamhaftigkeit anziehend für den reinfühlenden Mann. Krug kritisierte selbst den tugendhaften Rousseau als unzüchtig, da dessen Romanfigur Julie sich allzu aktiv – und eben nicht schamhaft – am Gespräch über ihr eigenes Geschlecht beteilige. Sie vergesse, dass sie ein Weib sei, und räsonniere über Weiblichkeit und Männlichkeit und über den Naturunterschied beider Geschlechter wie ein Mann. Wilhelmine kam möglicherweise vom Regen in die Traufe, als sie Kleist gegen Krug eintauschte. Sie scheint aber in der Ehe mit Krug glücklich gewesen zu sein. Wahrscheinlich hat sie Kleists Bildungsaufgaben weniger kurios und grob gefunden, als sie heute scheinen.

Kleist, der Einzelgänger, erscheint vor diesem Hintergrund als der perfekte Repräsentant seiner Epoche. Der Literaturwissenschaftler Albrecht Koschorke beschreibt in seinem Buch über »Körperströme und Schriftverkehr« den Umwandlungsprozess der Gefühle, des gesamten Innenlebens und des Schreibens im 18. Jahrhundert. In Nachfolge Luhmanns hat er gezeigt, wie damals der körperliche Austausch, der in der höfischen Gesellschaft üblich war, sich in sublimierte, spirituelle, vergeistigte Beziehungen umwandelte. Koschorke findet den schönen Ausdruck vom »affektiven Bindegewebe«[52] für die neuen Beziehungen. Das Material dieses Gewebes war nicht die gesprochene Sprache, es war die Schrift, in die sich das neue Empfinden wie eine Flut ergoss. Die Beziehungen fanden im Brief, im Briefroman und im empfindsamen Roman ihren idealen Ausdruck, der Brief war für sie die ideale Kommunikationsform. Das ist die Bewegung, an der Goethes »Werther«, der Philosophieprofessor Krug und der bildungsbeseelte Heinrich von Kleist teilhatten.

Liebe wird eine Art Kult des Gefühls, die körperlose Vereinigung das Ideal der geschlechtlichen Beziehung. Dass dazu körperliche Entfernung vorzüglich geeignet ist, muss nicht weiter erklärt werden. Genau dafür waren Wielands »Sympathien« von 1754 das beste Vorbild, auch andere Schriftsteller holten das Buch zu dieser Zeit aus dem Regal und lasen es.

Bei Kleist hat das Verschwinden der Sexualität merkwürdige Folgen, die erst in den letzten Jahren richtig sichtbar wurden. Etwa zu der Zeit, als Niklas Luhmann sein Buch »Liebe als Passion« schrieb, entdeckte man in Kleists Texten noch etwas anderes, etwas gleichzeitig Flüchtiges und Faszinierendes. Man fand überall Spuren des sogenannten »Begehrens«. Dieses »Begehren« ist sozusagen die Wiederkehr der Sexualität durch die Hintertür, ein Wort für das, was zu Kleists Zeit verschwand, aber in seinen Texten trotzdem präsent ist: Sex, Leidenschaft, Lust. Das Begehren, das aus der wirklichen Liebe verschwunden war, kehrte in der Literatur – sozusagen selbständig geworden und sich so durch die Texte bewegend – wieder.

Aber sagt das auch etwas zu der Frage, ob Kleist verliebt war? Liebe zu Kleists Zeit, das war wirklich etwas Prekäres. Kleist reagierte in den Mustern seiner Zeit, im Rahmen vorgegebener Möglichkeiten, aber er tat das sehr radikal, etwas hilflos, mit seinem hochgespannten Vervollkommnungsglauben und der ihm eigenen Konsequenz. Er führte das bis zum Äußersten. In den Begriffen seiner Zeit liebte Kleist, und zwar heftig.

Wie verhielt sich Kleist in dieser komplizierten Situation? Er machte sich, um es einfach zu sagen, aus dem Staub, er brachte Wilhelmine auf Distanz. Wozu? Damit hat er der Nachwelt ein Rätsel aufgegeben, das sie bis heute nicht hat lösen können. Im August 1800 begann Kleist eine Reise, die als Würzburger Reise berühmt geworden ist. Schon das ist eine etwas merkwürdige Bezeichnung, denn ursprünglich war Wien als Reiseziel vorgesehen. Merkwürdig ist auch der Zeitpunkt der Reise: Im Mai verlobte sich Kleist, im August, nur drei Monate später, verschwand er aus Frankfurt. Erst Ende Oktober kam er zurück, aber nicht nach Frankfurt, zu seiner Braut (und seiner Universität), sondern nach Berlin. Eventuell war er Anfang November kurz in Frankfurt.[53] Ende Dezember schaute er dort immerhin eine Woche vorbei, bevor er wieder nach Berlin verschwand. Danach ist nichts mehr von einem Aufenthalt in Frankfurt bekannt, bei dem er Wilhelmine gesehen hätte.

Kleist sah seine Braut also von Ende 1799 bis August 1800, davon war er ein halbes Jahr lang verliebt und drei Monate mit ihr offiziell-inoffiziell verbunden. Dann sah er sie noch eine Woche, und das war's. Gut drei Monate verbrachten die Liebenden miteinander. Alles Weitere liegt in den Briefen. Im Mai 1802 erfolgte die endgültige Trennung, fast zwei Jahre lang war diese Beziehung eine Fernbeziehung. Der Beginn dieser Mischung aus räumlicher Entfernung und schriftlicher Innigkeit war die sogenannte Würzburger Reise. Die Briefe, die Kleist nun schreiben konnte, waren nicht Ersatz für etwas anderes, sie waren der Kern. Zugespitzt muss man sagen, es ging bei der Würzburger Reise um die Liebesbriefe.

Das Rätsel der Würzburger Reise lautet: Was wollte und tat Kleist in Würzburg? Er selbst machte gegenüber der Schwester und der Braut ein großes Geheimnis daraus, und er machte gleichzeitig enorm viel Aufhebens davon. Die Kleistforschung hat sich davon verführen lassen, sie hat über anderthalb Jahrhunderte eine einschüchternde Menge von Hypothesen zu dieser Reise entwickelt – und sie dann wieder verworfen. Mit eifrigem Bemühen und großem Scharfsinn hat sie alle Möglichkeiten durchgespielt, die einem einfallen. Sie hat eine Operation an den Geschlechtsorganen vermutet, insbesondere eine Phimose (Vorhautverengung) oder eine andere medizinische Behandlung, die ein körperliches oder seelisches Ehehindernis beseitigen sollte. Sie hat eine übermächtige Neigung zur Onanie erwogen, von der Kleist sich befreien lassen wollte. Sie hat vermutet, dass Kleist sich einer Behandlung nach Methoden des Mesmerismus unterzogen haben könnte (wogegen auch immer). Sie hat Kleist als Industriespion im Auftrag des Ministers Struensee gesehen. Als solcher soll er Fabrikationsmethoden für die preußische Textilindustrie ausgekundschaftet haben. Denkbar erschien auch, dass Kleist sich in einer der Universitätsstädte weiter ausbilden und sich dort habilitieren wollte. Eine weitere Theorie besagt, dass Kleist sich auf seiner Reise bemühte, Freimaurer zu werden. So hat die Kleistforschung wirklich eine Menge Vorstellungen und Hypothesen entwickelt – um dann so klug zu sein als wie zuvor.

Vielleicht hat Kleist viel onaniert, vielleicht dachte er daran, seine Ausbildung zu erweitern. Aber ist es wirklich vorstellbar, dass darin das Geheimnis dieser Reise liegt? Gibt es überhaupt eine einfache Antwort? Manche Hypothese erscheint zu gewissen Zeiten passender als eine andere. Aber das sagt mehr über die Zeit, aus der sie stammt, als über Kleist. Wen wundert es wirklich, dass heute die Industriespionage als geheimer Reisegrund besondere Wertschätzung genießt? Wen wundert es, dass um 1900 die sexualpathologischen Erklärungen in hohem Ansehen standen? An dem Missverhältnis zwischen brieflichem Aufwand, den Kleist zur Verheimlichung betrieb, und einem relativ banalen Geheimnis, das sie offenbaren, kommt keine dieser Hypothesen vorbei.[54]

Die Reise dauerte vom 14. August – ein ungewöhnlich heißer Tag, an dem Kleist nach Berlin reiste – bis Ende Oktober, also zweieinhalb Monate. Zunächst war Wien das Reiseziel, nach einem Besuch beim englischen Botschafter in Dresden, Lord Hugh Elliot, fasste Kleist aber Straßburg oder Würzburg ins Auge. Diesen Wechsel des Reiseziels fand Kleist nicht besonders beunruhigend oder bedeutsam: »Übrigens bleibt Alles beim Alten«, schrieb er an Wilhelmine.[55] Als sich herausstellte, dass auch Straßburg nicht in Frage kam, blieb Würzburg übrig. Deshalb ist es irreführend, von der Würzburger Reise zu sprechen. Es fällt zwar auf, dass alle drei Städte Universitätsstädte waren, ob das aber der Grund für den flinken Wechsel des Reiseziels war, ist mehr als ungewiss.

Bevor er reiste, nahm Kleist in Berlin Beziehung zum preußischen Minister und Chef des Kommerzial- und Fabrikwesens Carl August von Struensee auf.[56] Diese Beziehung »Geschäftsbeziehung« zu nennen, bezeichnete Kleist »zum Teil« als wahr. Im Übrigen scheint Struensee für Kleist nicht besonders wichtig gewesen zu sein. Kleist diente die vage Erwähnung geschäftlicher Beziehungen zu Struensee vor allem als Reiserechtfertigung gegenüber den Zuhausegebliebenen. Sein Besuch bei Struensee konnte ohne weiteres, nachdem der Minister bei Kleists erstem Besuch nicht zu Hause war, bis zur Rückkehr nach Berlin warten. Kleist sollte ihn erst aufsuchen, nachdem er seinen Freund Brockes abgeholt hatte. »In 5 oder höchstens 7 Tagen bin ich wieder hier, u. besorge meine Geschäfte bei Struensee.«[57]

Kleist reiste nach Pasewalk, um Ludwig von Brockes als Reisegefährten zu gewinnen. Brockes lebte auf einem Gut bei Verwandten. Kleist fühlte sich der Aufgabe, die er sich gesetzt hatte, allein nicht gewachsen, und Brockes war seine erste Wahl als Begleiter. Kleist nannte ihn einen »ältern, weisern Freund«, er sei der, »den ich am innigsten wünsche«. Er hatte ihn bei einer Urlaubsreise nach Rügen kennengelernt, die er mit seinen Geschwistern im Frühsommer 1796 oder später gemacht hatte.[58]

Es gab also eine Person, die Kleist in das Geheimnis der Würzburger Reise einweihte. Brockes fand dieses Geheimnis in keiner Weise skandalös, es hinderte ihn nicht daran mitzufahren. Gegenüber Brockes musste und, noch wichtiger, wollte Kleist Farbe bekennen. Es war ihm von enormer Wichtigkeit, dass Brockes mitfuhr. Der erste Teil seines Planes sei bereits aufgegangen, schrieb er nach Hause, als er von Brockes eine Zusage hatte. Brockes war – neben Wilhelmine, der er die Briefe sandte – der zweite Gesprächspartner, den Kleist jetzt hatte.

Brockes war ein geachteter Mann, er stammte aus einer literarisch gebildeten Familie, sein Großvater hatte die einst berühmte Gedichtsammlung »Irdisches Vergnügen in GOTT« geschrieben, er selbst war drei Jahre in Diensten des dänischen Militärs gestanden,[59] hatte in Göttingen Jura studiert, war von 1796 bis Frühjahr 1800 Hofmeister, also Privatlehrer, bei einer Göttinger Adelsfamilie gewesen und tat sich wie Kleist schwer, »ein Amt zu nehmen«. Auch Brockes wusste nicht wirklich, was er mit seinem Leben anfangen sollte.

Am 21. August – Kleist war noch bei Brockes und ganz im Hochgefühl von dessen Reisezusage – tat er etwas, was er später nie mehr tun sollte: Er schrieb am gleichen Tag einen Brief sowohl an seine Schwester Ulrike als auch an Wilhelmine. An die Braut schrieb er, dass es bei seiner Reise um das Glück von ihnen beiden gehe. Immer wieder beschwor er das Vertrauen, das sie in ihn setzen könne. Das Schreiben selbst gewann jetzt Eigenwert: Es mache ihm Vergnügen, sagte er. Er führe ein Tagebuch, sie solle seine Briefe aufheben, damit er einst das

Tagebuch durch sie ergänzen könne. Er schärfte ihr ein, seinen Aufenthaltsort nicht zu verraten. Dann berichtete er von seinem Glück mit Brockes, der den Zweck seiner Reise ehre, wie es jeder edle Mensch tun müsse.

Auch der Schwester schärfte er ein, den Aufenthaltsort nicht zu verraten. Auch ihr sagte er, dass der Zweck seiner Reise der Verehrung jedes edlen Menschen wert und dass er sehr ernst sei. Auch ihr gegenüber lobte er Brockes, der das gleiche Ziel wie er habe. Auch sie beschwor er, sein Vertrauen nicht zu missbrauchen. Dann legte er ihr Schillers »Wallenstein« ans Herz, den er bereits ein paar Tage zuvor für Wilhelmine gekauft hatte, um mit ihr durch das Buch innerlich verbunden zu sein. Beide Briefe waren also inhaltlich sehr ähnlich, nur fehlte bei der Schwester die Andeutung des Tagebuchs.

Im Vordergrund stand in beiden Fällen, dass er den Zweck seiner Reise aller Ehren wert hielt und auf Vertrauen und Geheimhaltung bestand. Der Effekt davon war, dass alles in der Schwebe blieb. Geheimnistuerei muss nicht bedeuten, dass Kleist wirklich etwas zu verheimlichen hatte. Sie kann die Öffnung eines Freiraums sein, sie kann mit der Erfahrung zusammenhängen, dass ihn niemand verstand.

Was die Bedeutung der Reise angeht, nahm Kleist den Mund sehr voll. Schon am 14. August hatte er an Ulrike geschrieben, dass er vielleicht sogar das Leben eines Menschen mit der Reise rette. Wer sollte das sein, wenn nicht er selbst? Aber Leben retten? Es klingt, wie wenn einer, den man nicht versteht, übertreibt, um klarzumachen, wie wichtig es ist, was er tut. Außerdem sagte Kleist zu Ulrike, dass er sie ganz einweihen könne, wenn sie ein Mann wäre. Daraus schloss man, dass die Reise etwas mit seiner Männlichkeit zu tun haben müsse. Es kann aber auch bedeuten, siehe Krug, dass es um Fragen ging, die zu grundsätzlich waren, um sie mit einer Frau zu diskutieren.

Brockes und Kleist reisten über Berlin und Potsdam, wo sie kurz Freunde Kleists besuchten, nach Leipzig. Dem lag tatsächlich ein Plan zugrunde. Die beiden Männer, 23 und 33 Jahre alt, schrieben sich als Klingstedt und Bernhoff an der Universität als Studenten der Mathematik und Ökonomie ein, als Herkunftsort nannten sie Rügen, das damals zu Schweden gehörte und wo sie sich kennengelernt hatten. Die so erhaltenen Immatrikulationsbescheinigungen dienten ihnen als Reisepapiere. Dann reisten sie weiter nach Dresden, immer noch Wien als Reiseziel vor Augen.

Kleist war wie verwandelt: Ihn faszinierten die schlagfertigen sächsischen Mädchen. »Die Mädchen sind zum Theil höchst interessant gebildet«, schrieb er Wilhelmine. Und fuhr fort: »Wahrlich, wenn ich Dich nicht hätte, u. reich wäre, ich sagte à dieu à toutes les beautés des villes. Ich durchreisete die Gebirge, besonders die dunkeln Thäler, spräche ein von Haus zu Haus, und wo ich ein blaues Auge unter dunkeln Augenwimpern, oder bräunliche Locken auf dem weißen Nacken fände, da wohnte ich ein Weilchen u. sähe zu ob das Mädchen auch im Innern so schön sei, wie von außen.«[60]

Überhaupt explodierte bei ihm sozusagen die Wahrnehmung. »Wir fuhren auf einem schauerlich schönen Wege, der auf der halben Höhe eines Felsens in Stein gehauen war. Rechts der steile Felsen selbst, mit überhangendem Gebüsch, links der schroffe Abgrund, der den Lauf der *Mulde* beugt, jenseits des reißenden Stromes dunkelschwarze hohe belaubte Felsen, über welche in einem ganz erheiterten Himmel der Mond heraufstieg.«[61]

In Dresden besuchte Kleist die berühmte Gemäldegalerie, die Bilder aber nahmen ihn nicht gefangen. Kleist und Brockes hatten eine Audienz bei Hugh Elliot, dem englischen Gesandten am sächsischen Hof. Elliot hatte gute Verbindungen nach Wien, da sein Bruder dort Gesandter war. Dort hörten sie Dinge, die sie bewogen, nicht nach Wien, sondern nach Straßburg oder Würzburg weiter zu reisen. Um den 9. September herum kamen Kleist und Brockes dann in Würzburg an, wo sie zunächst im besten Hotel der Stadt logierten, dem Gasthof zum Fränkischen Hof. Noch waren sie nicht sicher, ob sie bleiben wollten: »Vielleicht, ja *wahrscheinlich* reise ich auch gar nicht weiter«, schrieb Kleist an Wilhelmine.[62] Das Reiseziel war offensichtlich egal.

Unterwegs fühlte sich Kleist frei und wurde von Glücksgefühlen übermannt. »Vorgestern auf der Reise, als die Nacht einbrach, lag ich mit dem Rücken auf dem Stroh unsers Korbwagens, u. blickte grade hinauf in das unermeßliche Weltall. Der Himmel war malerisch schön. Zerrissene Wolken, bald ganz dunkel, bald hell vom Monde erleuchtet, zogen über mich weg«, schrieb er am 1. September. Brockes war an seiner Seite: »*Brockes* u. *ich,* wir suchten beide u. fanden Ähnlichkeiten in den Formen des Gewölks, er die seinigen, ich die meinigen. Wir empfanden den feinen Regen nicht der von oben herab uns die Gesichter sanft benetzte.«[63] Dann deckte er den Mantel eng über sich, stellte sich Wilhelmine vor und war glücklich.

Berichte über die Beschwerlichkeit des damaligen Reisens sind Legion: Die Straßen waren schlecht und holprig, staubig oder morastig.[64] Nichts davon bei Kleist. Er war voller Begeisterung. »Wenn ich so im offnen Wagen sitze, der Mantel gut geordnet, die Pfeife brennend, neben mir Brockes, tüchtige Pferde, guter Weg, und immer rechts u. links die Erscheinungen wechseln, wie Bilder auf dem Tuche bei dem Guckkasten – und vor mir das schöne Ziel, u. hinter mir das liebe Mädchen – – u. *in mir* Zufriedenheit – dann, ja dann bin ich froh, recht herzlich froh.«[65] Kleist ging es auf der Reise richtig gut. Er fühlte sich auf dem richtigen Weg, in der Natur, mit sich im Einklang.

Wieder kam ihm der Vergleich mit Christus in den Sinn: »Aber wer weiß ob Christus am Kreuze gethan haben würde, was er that, wenn nicht aus dem Kreise wüthender Verfolger seine Mutter u. seine Jünger feuchte Blicke des Entzückens auf ihn geworfen hätten.«[66] Gleichzeitig begann er gegenüber Wilhelmine am 16. August, also sofort nachdem er weg war, einen zärtlicheren Ton zu finden. Er kam in Berlin an und stellte sich zartfühlend vor, wie er einst hier mit ihr leben könnte. Am 1. September schrieb er beglückt: »Ich habe mir Dich in diesem Augenblick ganz lebhaft u. gewiß vollkommen wahr, vorgestellt, u. bin überzeugt, daß an dieser Vorstellung nichts fehlte, nichts an Dir selbst, nichts an Deinem Anzuge, nicht das goldne Kreuz, u. seine Lage, nicht der harte Reifen, der mich so oft erzürnte, selbst nicht das bräunliche Mal in der weichen Mitte Deines rechten Armes. Tausendmal habe ich es geküßt u. Dich selbst.«[67] Das ist der erste echte Liebesbrief von Kleists Hand.

Es war eine Innigkeit, die aus der Imagination erwuchs: Indem er sich Wilhelmine vorstellte, war sie ihm nah. So hieß es am 20. September, schon aus Würzburg: »Aber wenn ich denke, daß dieses Papier, auf das ich jetzt schreibe, das unter meinen Händen, vor meinen Augen liegt, einst in *Deinen* Händen, vor *Deinen* Augen sein wird, dann – küsse ich es, heimlich, damit es Brokes nicht sieht, – und küsse es wieder das liebe Papier, das Du vielleicht auch an Deine Lippen drücken wirst – und bilde mir ein, es wären wirklich schon Deine Lippen – Denn wenn ich die Augen zumache, so kann ich mir einbilden, was ich will.«[68]

Immer wieder beschwor Kleist eine gemeinsame Stunde in der Gartenlaube, die offenbar entscheidende Bedeutung für die beiden hatte. Glück und Enttäuschung müssen damals eng beieinander gelegen haben. »In dem reizenden Thale von *Tharandt* war ich unbeschreiblich bewegt. Ich wünschte recht mit Innigkeit Dich bei mir zu sehen. Solche Thäler, eng u. heimlich, sind das wahre Vaterland der Liebe. Da würden wir Freuden genossen haben, höhere noch als in der Gartenlaube«, schrieb er Wilhelmine.[69] Nur einen Tag später: »Wenn Du nur damals an jenem Abend in der Gartenlaube nicht geweint hättest, als ich Dir einen doppelsinnigen Gedanken mittheilte, von dem Du gleich den übelsten Sinn auffaßtest.«[70] Die Gartenlaube war der Ort der Intimität, der Nähe, des Vertrauens. Die vergewaltigte Marquise von O. erholt sich in einer Gartenlaube.

Ein Faible Kleists fürs Enge tauchte immer wieder auf. Es begann schon in Berlin. Kaum war er angekommen, dachte er: »Werde ich einst in jenem weitläufigen Gebäude mit vierfachen Reihen von Fenstern mich verlieren, oder hier in diesem kleinen engen Häuschen mich immer wieder finden?«[71] In Potsdam sah er die ehemalige Geliebte, die Generalstochter Luise von Linckersdorf, in dem »niedrig-dunklen Zimmer«, in welches er abends früher oft zu ihr geschlichen war.[72]

Weiter im Erzgebirge: »Das *Enge der Gebirge* scheint überhaupt auf das *Gefühl* zu wirken u. man findet darin viele Gefühlsphilosophen, Menschenfreunde, Freunde der Künste, besonders der Musik.«[73] In Dresden bemerkte er gleich zweimal die »engen« Gassen und Straßen.[74] Sein Quartier, das große Stadthaus, beschrieb er als »heimlich«. Liebe, Gefühl und Enge gehörten für Kleist zusammen. Nur hier gab es die Innigkeit, nach der er sich sehnte. So suchte er in der Frau nicht nur die Geliebte, das Gegenüber, sondern auch den Schutz, das »Futteral«, wie es später im »Käthchen von Heilbronn« in anderem Zusammenhang heißen wird.

Das Gegenteil der Enge war der weite Blick, den Kleist ebenfalls liebte. Schon Mainz hatte er so wahrgenommen. Von der Mittelgebirgslandschaft und dem Rhein fühlte er sich wegen der weiten Ausblicke angezogen. Mehrmals bestieg er den Brocken im Harz und genoss die Aussicht. Genauso war es jetzt in Sachsen, wo er Schloss Lichtenstein das Schönste fand, was er zu Gesicht bekam. Von einem hohen Berg herab sah er von dort »eine Gegend, ganz wie ein geschloßnes Gemälde«.[75] Würzburg, das er anfangs abstoßend fand, gefiel ihm, als er es wie Mainz als Amphitheater wahrnahm.[76]

Wenn Kleist die Landschaft wie ein erhabenes Bühnenbild oder Gemälde sah, begann sie ihm zu gefallen, und seine Sätze flossen frei. Wenn es dagegen um den Plan geht, den er verfolgte, tauchen immer wieder Momente rigider Bestimmtheit auf. »Du kannst doch Deine Lection noch auswendig?«, fragte er Wilhelmine. »Du liesest doch zuweilen Deine Instruction durch?«[77] Als es ihm die Mädchen des Erzgebirges angetan hatten, schrieb er Wilhelmine, wie er diese Mädchen für sich »formen und ausbilden« würde, ansonsten seien sie nichts für ihn. Er freue sich darauf, schrieb er noch im Januar 1801, dass er Wilhelmine nicht wiedererkennen werde, und meinte damit, dass er erwarte, dass sie durch die Arbeit an sich selbst sich verändern würde.[78]

Das Auffälligste und Merkwürdigste an der ganzen Reise bleibt, dass er sich und Wilhelmine Rettung von ihr versprach. Er sprach in den höchsten Tönen von seiner Absicht, immer wieder sprach er gegenüber Ulrike und Wilhelmine davon, dass sie »vortrefflich« sei. Sein Reisezweck sei der Verehrung jedes edlen Menschen wert. Wilhelmine werde ihm dankbar sein und Freudentränen vergießen.[79] Er sprach von seiner Reise und ihrem Ziel mit einer Emphase wie vom Lebensplan, der Reiseplan scheint an die Stelle des Lebensplanes getreten zu sein.

Umgekehrt hatte er ursprünglich den Lebensplan nach dem Vorbild der Reise entworfen. »Ein Reisender, der das Ziel seiner Reise, u. den Weg zu seinem Ziele kennt, hat einen Reiseplan. Was der Reiseplan dem Reisenden ist, das ist der Lebensplan dem

Menschen. Ohne Reiseplan sich auf die Reise begeben, heißt erwarten, daß der Zufall uns an das Ziel führe, das wir selbst nicht kennen«, hatte er im Mai 1799 an Ulrike geschrieben.[80]

Kleist stellte dieses Ziel so dar, dass es für die Ehe notwendig erschien. »Jetzt, Wilhelmine, werde auch *ich* Dir mittheilen, was ich mir von dem Glücke einer künftigen Ehe verspreche. Ehemals durfte ich das nicht, aber jetzt – o Gott! Wie froh macht mich das!«[81] Das bedeutet nicht unbedingt, dass es um eine Krankheit ging, gegen die er sich behandeln lassen wollte. Es könnte genauso um die Unmöglichkeit des Vertrauens gehen, die Unbeantwortbarkeit der Frage, ob er der Liebe würdig ist, die Unsicherheit über seine eigenen Gefühle, es könnte sich also um das ungelöste Kommunikationsproblem der Liebe handeln oder auch nur um seine eigene Unvollkommenheit, die er selbst auf seiner Reise behandelte. Wenn Kleist auf seiner Reise Sicherheit über sich und seine Liebe zu erlangen suchte, würde das den euphorischen Ton rechtfertigen, mit dem er von seinem Reiseziel sprach. Es würde die Ehe auf ein sicheres Fundament stellen.

Als die beiden »Studenten« Klingstedt und Bernhoff alias Kleist und Brockes entschieden hatten, dass sie in Würzburg bleiben wollten, zogen sie in das billigere Quartier beim Stadtchirurgus Joseph Wirth am Neuen Markt um, »ein kleines, verstecktes Häuschen«, wie Kleist mit seinem Faible fürs Enge schrieb, in Wirklichkeit ein repräsentatives, prominent gelegenes Gebäude. Kleist und Brockes besuchten die Sehenswürdigkeiten der Stadt, eine Leihbibliothek, das Juliusspital, ein Naturalienkabinett, sie beobachteten und kommentierten das Treiben auf dem Markt vor ihrem Quartier. Außerdem lasen sie: Kleist hatte »wissenschafftliche Bücher« mitgebracht. Als Wirth vom Würzburger Stadtrat getadelt wurde, weil er die beiden Herren ohne Papiere aufgenommen hatte, sagte er, die Universitätsmatrikeln hätten ihm genügt, im Übrigen sei einer von beiden krank. Später schrieb Kleist, dass ihn ein Arzt in seinem Zimmer besucht habe.

Kleists Sicht auf Würzburg war extrem subjektiv. Er beschrieb nicht nur die Unterkunft so, wie er sie sehen wollte. Die Würzburger Bibliothek wurde bei ihm zu einem Ort literarischen Banausentums. Das war lustig und gekonnt, hatte aber mit der

Wahrheit nichts zu tun.[82] Die Stadt, die er nach dem angeblich entscheidenden Tag der Reise, übrigens ein 10. Oktober, in höchsten Tönen loben sollte, da war er schon einen Monat dort, fand er anfangs extrem abstoßend. Er suchte regelrecht nach Gründen, sie schlechtzumachen.

Dabei geriet sie ihm zu einem Abbild seiner selbst: »Man hat hier nichts im Sinn als die zukünftige himmlische Glückseeligkeit u. vergißt darüber die gegenwärtige irrdische. Ein elender französischer Garten, der *Huttensche,* heißt hier ein Recreationsort. Man ist aber hier so still u. fromm, wie auf einem Kirchhofe.«[83] Auch er selbst war bisher der Glückseligkeit hinterhergerannt. Würzburg war ein Ort, auf den er projizierte, wovon er sich verabschieden wollte. Im Julius-Spital sah er einen 18-Jährigen, den ein »unnatürliches Laster«, wie Kleist sagte, wahnsinnig gemacht habe. Ihn beschrieb Kleist ausführlich und präzise. Das Laster war dauernde Selbstbefriedigung. Kleist war entsetzt: »sein ganzes Leben nichts als eine einzige, lähmende, ewige Ohnmacht.«[84]

Kleists Würzburger Szenario mutet an, wie wenn ein Paralysierter seine Wahrnehmung und Sprache neu zusammensetzte. Er wollte den Blick nach außen richten, schaffte es aber zunächst nicht. Einen Monat später hatte dann alles Form und Richtung bekommen: »Wenn ich jetzt auf der steinernen Mainbrücke stehe, die das Citadell von der Stadt trennt, u. den gleitenden Strom betrachte, der durch die Berge u. Auen in tausend Krümmungen heran strömt u. unter meinen Füßen weg fließt, so ist es mir, als ob ich über ein Leben erhaben stünde.«[85] Der Strom als Bild des Lebens blieb fortan eine kleistsche Metapher.[86]

Am Anfang des Würzburger Aufenthalts entwickelte Kleist das Programm der Hinwendung zum Irdischen – im euphorischen Ton des Verkünders. »Wir wollen alle unsere Fähigkeiten ausbilden, eben nur um diese Bestimmung zu erfüllen«, schrieb er. Die Bestimmung könne nur im irdischen Dasein gefunden werden, Wilhelmine solle ja nicht das irdische Leben vernachlässigen. Vielleicht hatte diese Konversion unter dem Einfluss von Brockes stattgefunden, vielleicht klangen die Gedanken von Wünsch nach, vielleicht hatte ihn der Onanist so erschreckt, vielleicht drängte es ihn einfach selbst zu dieser Wendung nach außen. Einen Monat später beschrieb Kleist begeistert die Umgebung.[87]

Es geschah etwas in Würzburg, von der Ankunft bis zum seinem Geburtstag, was man mit dem Aufgehen einer Blüte vergleichen kann. Kleist verwandelte sich. Das Schreiben begann, wie Kleist es vorausgesagt hatte, eigene Bedeutung zu gewinnen. Kleist wuchs, parallel zu seinem Programm, sich dem Irdischen zuzuwenden, eine regelrechte Lust an der Beschreibung zu. Die Landschaft erschien dynamisch, fast dramatisch. Die außerordentliche Lebendigkeit der Darstellung beruhte darauf, dass Kleist die Landschaft als Bild eines bewegten Inneren begriff.

Höhepunkt und zugleich Sinnbild dieser Entwicklung war das Gewölbegleichnis, das er seiner Verlobten entwarf. »Ich gieng an jenem Abend vor dem wichtigsten Tage meines Lebens in Würzburg spatzieren. Als die Sonne herabsank war es mir als ob mein Glück untergienge. Mich schauerte wenn ich dachte, daß ich vielleicht *von Allem* scheiden müßte, von Allem, was mir theuer ist. Da gieng ich, in mich gekehrt, durch das gewölbte Thor, sinnend zurück in die Stadt.« Das klingt, als hätte Kleist schon hier mit einer Art Selbstmord gespielt, als ob er eine Entscheidung über Leben und Tod hätte erzwingen wollen, eine Art Feuerprobe, wie er sie später für das Käthchen erfinden sollte. Aber es ist nichts darüber bekannt, dass sich Kleist irgendeiner Feuerprobe unterzogen hätte.

Kleist erinnerte sich weiter: »Warum, dachte ich, sinkt wohl das Gewölbe nicht ein, da es doch *keine* Stütze hat? Es steht, antwortete ich, *weil alle Steine auf einmal einstürzen wollen* – u. ich zog aus diesem Gedanken einen unbeschreiblich erquickenden Trost, der mir bis zu dem entscheidenden Augenblicke immer mit der Hoffnung zur Seite stand, daß auch ich mich halten würde, wenn Alles mich sinken läßt.«[88] Wo alles stürzt, wo alles unsicher und katastrophal ist, gerät es gerade dadurch in eine neue Stabilität. Das war der paradoxe Gedanke, der Kleist Trost spendete.

An seinem Geburtstag, dem 10. Oktober, kurz vor der Rückreise, schrieb Kleist den wichtigsten Würzburger Brief. Merkwürdigerweise beginnt er diesen Brief damit, dass er vom vorhergehenden Brief sagt, er sei der bisher wichtigste, ein

»Haupt-Brief«. Dieser Brief ist nicht erhalten. Aber der vom 10. (und 11.) Oktober ist ebenfalls ein solcher Hauptbrief. »Eine große Idee – für Dich, Wilhelmine, schwebt mir unaufhörlich vor der Seele!« Diese große Idee wird kaum etwas anderes als die Rolle der Ehefrau gewesen sein. In jenem Ton, als habe er eine neue Entdeckung gemacht, erklärte er ihr, dass sie die Mutter seiner Kinder werde.

Das aber bedeutete auch, dass der Ehemann sich als Mann bewähren musste. Und das machte Kleist Angst. Jetzt habe er dafür die Lösung: »Damals war ich Deiner nicht würdig, jetzt bin ich es. Damals weinte ich, daß Du so gut, so edel, so achtungswürdig, so werth des höchstens Glückes warst, jetzt wird es mein Stolz u. mein Entzücken sein. Damals quälte mich das Bewußtsein, Deine heiligsten Ansprüche nicht erfüllen zu können, und jetzt, jetzt – – Doch still!«[89]

In der Logik der Sätze läge die Fortführung, jetzt aber kann ich es, nun weiß ich, was ich auf der Welt mit mir anfangen will. Dass Kleist sich selbst zwingen wollte, dass er zu diesem Zeitpunkt das Gefühl hatte, den Punkt erreicht zu haben, bedeutet nicht, dass er sich nun über seinen Beruf, seine Stellung im Leben wirklich im Klaren war. Aber am Ende des Briefs blitzt dann doch noch ganz unvermittelt die Idee auf, die er für sich selbst hatte. Nämlich: »*mich zu einem Staatsbürger* zu bilden.«[90] Was damit gemeint war, sagte Kleist nicht. Ob er einfach eine Stelle annehmen wollte, um dem Staat zu dienen, oder ob er bereits jenen anderen Gedanken hatte, den er bald entwickeln sollte, ist nicht zu entscheiden.

In der Bildung zum Staatsbürger steckte der Versuch, ein Teil des Ganzen zu werden. Es ist der Gedanke der Verwandlung, der die Reise für Kleist so brisant machte. »Aus Dir einst ein vollkommenes Wesen zu bilden« – das schwebte ihm für Ulrike vor, das galt für ihn selbst. Nimmt man das, was er in dieser Zeit schrieb, als Maßstab, müsste der neue Mensch, der aus ihm werden sollte, drei Bedingungen genügen: Er müsste die Gewissheit seiner selbst haben, die ihm Gelassenheit und Glück gewähren, wie Kleist es sich als Ergebnis des Lebensplans vorstellte oder wie er es beim Reisen erlebte. Er müsste als Ehemann seinem Weib bedingungslos vertrauen. Und er müsste den Anforderungen der Gesellschaft genügen, das heißt, er müsste für sich und die Seinen sorgen können. Aber so, wie Wilhelmines Eltern es von ihm erwarteten, so wie seine Familie oder Lehrer es erwarteten, konnte er das nicht. Er musste etwas Neues finden.

Wahrscheinlich war es Kleist selbst noch immer nicht klar, wie genau er die Sicherheit erreichen wollte, die er suchte. Alle Versuche, das Rätsel der unerklärlichen Reise zu lösen, gehen davon aus, dass es sich um ein fest umrissenes Ziel handelt, das ihm vor Augen stand. Aber der Weg war nicht so klar, wie Kleist glauben machen wollte. Kleist nahm sich einfach die Freiheit, die er brauchte, um sich ein Bildungserlebnis der neuen Art zu ermöglichen. Er nahm sich das, was später das Recht der Jugend hieß, und bewegte sich Briefe schreibend, mit Brockes redend, ins Blaue hinein. Indem er die Reise zu einem großen Projekt aufwertete, rechtfertigte er sie vor sich und Wilhelmine. Kleists Bewegung war paradox wie die Stabilität der stürzenden Steine: Er suchte Freiheit, er brauchte einen Freiraum, um sich finden, erfinden und festigen zu können.

Vielleicht war es mehr ein Ahnen als ein Wissen, das er jetzt hatte. Irgendwie musste er sich zu einem neuen Menschen machen, der für die Ehe taugte. Irgendwie musste er seine Vorstellung von einem edlen Menschen erfüllen können. Er musste einen Weg finden zwischen Bildung, Beruf, Ehe und dem Wunsch, seinem Inneren zu folgen – das war die Aufgabe. Die Arbeit, die er jetzt begann, schreibend zwischen Populärwissenschaft und ersten Ahnungen von Dichtung, das war die Antwort. Das Genre war nicht entscheidend, entscheidend war, dass es aus ihm selbst kam.

Kleist münzte die Aufklärung, die Selbstbestimmung des Menschen, um in eine Selbsterfindung, eine Neudefinition dessen, was ein Mensch sein kann. Er meinte beeinflussen zu können, was man gemeinhin Schicksal nennt. Er wollte sich in einem Umfang neu definieren, der – offen ausgesprochen – größenwahnsinnig erscheinen musste. Er wollte nicht nur seines Glückes Schmied sein, er wollte aus sich – und aus Wilhelmine – neue Menschen machen. Es geht um die Möglichkeit der Verwandlung. Wie eine Larve wollte er sich verpuppen, um hinterher als schöner Falter neugeboren zu strahlen. Daher auch die

Angst vor Anstellung, daher die Überforderung beim Studium, daher der rigide Umgang mit sich selbst, der dem gegenüber Wilhelmine in nichts nachstand, daher das Messianische seiner Unternehmung, daher die Fremdheit unter den Mitmenschen, die ihn nur verkennen konnten, weil es ihn noch nicht gab.[91]

Je länger die Reise dauerte, desto mehr wurden die Briefe von Mitteilungen und Anweisungen an die Braut zu einem Medium der Selbstverständigung. Kleist schrieb immer mehr an sich selbst. Er sprach mit einer Person, die er sich vorstellte und zurechtrückte. Das ging so weit, dass man auf den Gedanken kommt, diese Briefe seien der eigentliche Zweck der Würzburger Reise gewesen. Zuerst war Wilhelmine das Objekt seiner moralischen Denkübungen und Lebenspläne, die er für die Frau mit dem gleichen Eifer entwarf wie für sich selbst. Dann war sie die Adressatin einer Sprache der Liebe, die er ausprobierte. Und schließlich war sie die Empfängerin von Schreiben, die aus der Lust am Schreiben entstanden sind, wie es am deutlichsten in den Landschaftsbeschreibungen wurde, und die in Wirklichkeit ein Dialog mit sich selbst waren.

Der Brief hatte für diese Beziehung eine besondere Bedeutung. Kleist hat Wilhelmine die meiste Zeit, die er mit ihr zusammen war, nicht gesehen, sondern über Briefe mit ihr kommuniziert. Gleichzeitig aber stammt der weitaus größte Teil seiner Briefe aus der Zeit zwischen November 1799 und der definitiven Trennung von seiner Verlobten im Mai 1802. Kleist begann sein Schreiben als Autor von Briefen.

Am Anfang seines Würzburger Aufenthalts besuchte er ein Naturalienkabinett. Bei der Beschreibung steht der Satz: »Verzeihe mir diese Umständlichkeit. Ich denke einst diese Papiere für mich zu nützen.«[92] Es ist die Bestätigung der Briefe vom August, wo Kleist andeutete, dass er Tagebuch schrieb. Es ist die Bestätigung, dass er beim Schreiben der Briefe bereits an etwas anderes dachte, als Mitteilungen an die Braut zu senden. Es liegt eine Ungeheuerlichkeit darin, dass er sie als Materialsammlung betrachtete. Damit verletzte er sozusagen die Grundregel des Briefvertrags: Der Brief gehört dem, der ihn bekommen hat. Dieser Intimitätsbruch aber war für Kleist ein Schritt auf dem Weg zu sich.

Kleist wird genau nach diesem Prinzip arbeiten. Bilder der Natur und geglückte Wendungen werden wie ein Passepartout in andere Briefe gesetzt und später sogar in den Dramen verwendet. In Würzburg war Kleist noch kein Schriftsteller, aber indem er die Briefe als Material betrachtete, begann die Arbeit an der Literatur, wurde aus ihm selbst Literatur. Direkt nach der Reise hat er begonnen, sich für das »schriftstellerische Fach« zu bilden, wie er im November schrieb.[93] Schon die Beschreibungen Würzburgs und des Onanisten kann man als Schreibversuche verstehen.[94] Kleist machte auch um dieses Schreiben ein Geheimnis. Erst sprach er in Andeutungen davon, im November nach der Rückkehr sprach er dann von einem »Ideenmagazin«, das er in Würzburg angelegt habe.

Begreift man Kleists Leben im Zusammenhang, dann erscheinen die Loslösung vom Militär, das Studium, die Beziehung zu Wilhelmine, die Würzburger Reise – und auch das, was jetzt noch folgen wird, die Kant-Krise, die Reise nach Paris, das Reisen überhaupt und das Ansiedlungsvorhaben in der Schweiz – als Schritte auf einem Weg. Schritte auf dem Weg zum Schriftsteller.

Wilhelmine hatte dabei die Funktion eines Gegenübers, das für die Wortproduktion anregend war. Auch in den wenigen Monaten, die sie gemeinsam in Frankfurt an der Oder verbrachten, schrieb Kleist an sie. War er unterwegs, war Wilhelmine vor allem Zeugin einer Verheißung, eines Versprechens auf die Zukunft. Sie war das Gegenüber eines Menschen, der seine Reise dazu benutzte, im Brief einen Grund zum Schreiben zu finden. Kleist brauchte Wilhelmine, um sein Schreiben in Gang zu setzen.

Alle Verletzungen, die er ihr zufügte, alle Lügen, alle Belehrungen, alle Versprechungen, alle Beschwörungen, alle Verheißungen, galten letztendlich nicht ihr, sondern ihm selbst. Wilhelmine nahm in dem ersten Drama, das Kleist aufführte, eine zentrale Rolle ein. Nicht die Unaussprechlichkeit der Liebe, des Gefühls für sie, war der Fels, an den seine Briefe brandeten und an dem seine Sprache zu schäumen begann, es war er selbst. Er erzählte und berauschte sich daran, wie er sich zurechtmachte, um einer gemeinsamen Zukunft zu entsprechen.

Kleist hat Wilhelmine benutzt, man kann sogar mit einigem Recht sagen, er hat sie für seine Zwecke missbraucht. Er suchte und schuf sich einen Gesprächspartner, in den er sich hineinprojizieren, in dem er sich entwerfen konnte. Am besten konnte er Wilhelmine dafür in der Ferne gebrauchen. Als diese Rolle in den Hintergrund trat, man muss das leider so deutlich sagen, warf er sie umstandslos beiseite. Es ist eine Rücksichtslosigkeit, die man bei Künstlern immer wieder findet.

Vor der Reise nach Würzburg, im einzigen Sommer, den sie miteinander verbrachten, schenkte Kleist Wilhelmine eine Tasse mit Untertasse. Ober- und Unterseite der Böden waren mit den Worten »Einigkeit«, »uns« und »Vertrauen« versehen. Das hatte eine Zeitlang große Bedeutung für Kleist. Von unterwegs schrieb er Wilhelmine, sie solle die Tasse von oben und unten betrachten, wenn das Herzchen unruhig wird.[95] Einige Tage später: »Verstehst Du die Inschrift der Tasse? Und befolgst Du sie? Dann erfüllst Du meinen innigsten Wunsch. Dann weißt Du, mich zu ehren.«[96]

Erst nach der Kant-Krise, als er wieder auf Reisen ging, folgte die Auflösung: »*Vertrauen auf uns, Einigkeit unter uns!*«,[97] so sei die Tasse zu lesen. »Vertrauen« stand auf dem Boden der Tasse, »uns« auf der Oberseite der Untertasse, »Vertrauen« stand also auf »uns«, wenn die Tasse auf der Untertasse stand. »Einigkeit« stand auf der Unterseite der Untertasse, damit war die »Einigkeit« unter dem »uns«. Zwischen Denksport und Empfindsamkeit stellte Kleist Liebes-Sinnbilder her.

Kant und Krise

Berlin und Paris,
November 1800 bis Dezember 1801

Schriftsteller beginnen als Leser. Wahrscheinlich hatte Kleist sein nachhaltigstes Leseerlebnis, als der 16-jährige Jugendliche in den Rheinauen mit den preußischen Truppen vor Mainz lag. Das Erlebnis war für ihn 1801, also acht Jahre später, vollkommen lebendig. Er berichtete Adolphine von Werdeck davon in seinem Brief, als habe es gestern stattgefunden. Er schilderte die Zeit, als er Wielands »Sympathien« las, als die erfüllteste und entscheidende seines Lebens. Es ist – so sieht das 1801 aus – der Moment gewesen, wo der Knabe zum Mann wurde, mit allen seelischen und körperlichen Empfindungen eines erregten und sensiblen Herzens, es ist der Moment gewesen, wo er einen Freund fand und mit der Welt im Frühling aufblühte.

Die Übereinstimmung mit der Natur gehörte zu dem intensiven Erlebnis: »In meinem Innern sah es so poetisch aus, wie in der Natur, die mich umgab. Mein Herz schmolz unter so vielen begeisternden Eindrücken, mein Geist flatterte wollüstig, wie ein Schmetterling über honigduftende Blumen …«[1] Der Moment von Mainz blieb für Kleist das Vorbild in Sachen Glück.

Wielands »Sympathien«, die er als 16-Jähriger las und als 24-Jähriger erinnerte, bestehen aus 14 imaginären Briefen, die der Autor vor allem an junge Frauen schrieb. »Wie glücklich, wenn sympathetische Seelen einander finden«, beginnt das kleine Büchlein. »Seelen, die vielleicht schon unter einem andern Himmel sich liebten, und jetzt, da sie sich sehen, sich dessen wieder erinnern, wie man eines Traums sich erinnert, von dem nur eine dunkle angenehme Empfindung im Gemüthe zurückgeblieben ist.«[2] Auch hier geht es, wie im Falle der Natur, um Übereinstimmung. Wieland glaubte an eine Seelenverwandtschaft, deren einigende Kraft die Tugend ist. Er glaubte an eine sich vereinende Menschheit, in die er seine schwärmerischen Briefe wie einen frei strömenden Fluss des Gefühls hineinschrieb.

»Wie süß ist es ihnen, ihr Innerstes einander aufzuschließen«, schrieb er über die sympathetischen Seelen. »Wie leicht verstehen sie sich! Wie schnell geht jede Empfindung aus der einen in die andere über.«[3] Hier ist vorgeformt, was Kleist mit Leben füllen wollte: Schöne tugendhafte Seelen, die sich unmittelbar verstehen. »Sympathie im aufklärerischen Sinne ist Liebe ohne Begehren.«[4] Genau darum ging es, Liebe ohne Begehren.

Kleist konnte sich ganz von einem Buch ergreifen lassen, er verhielt sich wie Wielands sympathetische Seelen zueinander: ganz offen für das, was er las.

Ob und welche weiteren Schriften Wielands Kleist gelesen hat, wissen wir nicht. Möglicherweise hat er den Roman »Agathon« gekannt, Wielands Hauptwerk, wahrscheinlich die frühe Schrift »Die Natur der Dinge oder die vollkommenste Welt« von 1751. Lange nach Kleists Tod, 1828 und 1840, sagte Fouqué, dass Kleist der wielandschen Schule angehört habe. Aber was heißt das? Sicher fühlte Kleist sich Wieland verbunden, aber er folgte keiner Schule, und Wieland hatte auch gar keine Schüler.[5] Kleist nahm sich von Wieland, was er brauchen konnte, aber auch nicht mehr. Und brauchen konnte er das, was zu seinem Inneren passte. In diesem Sinn sind die frühen Jahre Kleists von Wieland so stark beeinflusst, dass man von Gefolgschaft sprechen kann.[6]

Es gibt weitere Autoren, die Einfluss auf Kleist hatten. Das wichtigste Vorbild war Friedrich Schiller. Schiller war bereits ein arrivierter Autor. Kleist las ihn ähnlich leidenschaftlich und identifikativ wie Wielands »Sympathien«. Vor der Würzburger Reise hatte Wilhelmine den gerade als Buch erschienenen »Wallenstein«, das längste Drama Schillers, von ihm geschenkt bekommen. Ulrike legte er es ebenfalls ans Herz. Offenbar hatte sich Kleist sofort bei Erscheinen auf das Buch gestürzt.

Der »Wallenstein« sollte zwischen Wilhelmine und ihm eine Art Sympathie, eine intime Gedankenverbindung herstellen, so ähnlich wie die Tasse mit der Inschrift. Kleist gab sich alle Mühe,

Wilhelmine seine Wertschätzung Schillers deutlich zu machen: den »Wallenstein« solle sie auf seine Kosten binden lassen, ins Innere des Buches sollte sie »H. v. K. an W. v. Z.« schreiben. »Träume Dir so mit schönen Vorstellungen die Zeit unsrer Trennung hinweg. Alles was *Max Piccolomini* sagt, möge, wenn es einige Ähnlichkeit hat, für mich gelten, alles was *Thekla* sagt, soll, wenn es einige Ähnlichkeit hat, für Dich gelten.«[7] Selten hat sich ein Schriftsteller deutlicher einem Werk verschrieben als Kleist dem »Wallenstein«.

Die Verbindungen Kleists zu Schiller sind vielfältig, zentral aber ist die tragische Liebesgeschichte zwischen Max Piccolomini und Thekla, Wallensteins Tochter. Wenn Thekla sagt: »Wir haben nichts als uns selbst«, dann ist das ganz im Sinne von Kleist, der wollte, dass sich die Liebenden vollständig einander anvertrauen, gegen die Welt, in der sie nur untergehen können.

Kleist kannte Schillers Antrittsvorlesung in Jena und seine Mannheimer Vorlesung über die Schaubühne als moralische Anstalt. Er kannte auch den »Don Carlos«, den er in seinem Glücksaufsatz zitiert hatte: »Unrecht leiden schmeichelt große Seelen.« Aus der Zeit stammt auch die »Hymne an die Sonne«, eine Umdichtung von Schillers »Hymne an den Unendlichen«. Zumindest bei Schiller wissen wir also, dass Kleist mit mehreren Texten vertraut war.

Der Einfluss von Goethe auf Kleist ist nicht deutlich. Dass er sich ernsthaft mit Goethe beschäftigte, lässt sich nicht belegen. Kleist hat zu Goethes Schriften – erstaunlicherweise auch zum »Werther« – nicht die innige Verwandtschaft wie zu Wieland und Schiller empfunden. Das ist mindestens für die ersten Jahre seiner literarischen Bildung bis etwa 1801 so gewesen. Goethes Roman »Wilhelm Meisters Lehrjahre« hat er früh gekannt, wie mehrere Anspielungen seit 1799 nahelegen. 1801 scheint er sich mit »Torquato Tasso« beschäftigt zu haben, überhaupt lässt sich für dieses Jahr eine Häufung der Goethe-Anspielungen nachweisen. Mehr als Reminiszenzen in den Briefen ist aber nicht zu finden.

Einfluss auf Kleist hatten etliche französische Schriftsteller. Früh hat Kleist Helvétius gelesen, einen 1771 gestorbenen

Aufklärungsphilosophen, den Kleist auch im weiteren Verlauf seines Lebens schätzte. Die Schriften der bestimmenden Figur des geistigen Lebens der Zeit, Voltaire, scheint Kleist ebenfalls gekannt zu haben. Dafür sprechen einige Anekdoten, die Kleist von Voltaire übernommen haben dürfte. Diderot und d'Alembert, die beiden berühmten Enzyklopädisten, waren Kleist ebenfalls vertraut, vielleicht auch Louis Sébastien Mercier. Die Bekanntschaft mit dem großen Essayisten Montaigne dagegen ist ungewiss. Auf Montesquieu und seine Klage des raschen Wechsels der Moden in Paris in den »Lettres persanes« bezieht sich Kleist ausdrücklich erst 1810, gelesen aber hat er den Staatstheoretiker bereits vor oder während der Pariser Reise von 1801.

Die zentrale Figur der französischen Aufklärung ist für Kleist Rousseau gewesen. Am deutlichsten ist Rousseaus Einfluss in der Zeit der Würzburger und Pariser Reise und der Ansiedlung in der Schweiz. Fremd ist Kleist Rousseau aber nie geworden. Noch 1807 schrieb er an Ulrike: »Du liesest den Rousseau noch einmal durch, und den Helvetius …«[8] Der Ursprünglichkeitsphilosoph und Zivilisationskritiker wurde lange als Gegner der Aufklärung verstanden, in Wahrheit ist er ein zentraler Teil dieser Epoche. Kleist hat sich nicht nur Rousseaus Zivilisationsskepsis, sondern auch die Gegenüberstellungen, in denen Rousseau (aber längst nicht nur er) die Welt sah, zu eigen gemacht: Er hat Verstand gegen Gefühl, Gesellschaft gegen Natur, Stadt gegen Land gestellt.

Wie Schiller kannte Kleist Rousseau bereits 1799. Er erwähnte ihn dann wieder 1801: »Es hätte sich nicht leicht ein Umstand ereignen können, der im Stande wäre, Dich so schnell auf eine höhere Stufe zu führen, als Deine Neigung für Rousseau«, schrieb er im März aus Berlin an seine Braut.[9] Er kündigte an, dass er ihr Rousseaus sämtliche Werke schenken und ihr die Reihenfolge angeben werde, in der sie diese Werke lesen solle. Das deutet auf umfassende Bekanntschaft Kleists mit Rousseau. Im Juni schrieb er: »Rousseau ist mir der liebste durch den ich Dich bilden lassen mag.«[10]

Sicher kannte Kleist die »Bekenntnisse«, Rousseaus Lebensbeichte mit ihrem intensiven Ton aufrichtiger Selbsterforschung. Er kannte fast genauso sicher den ersten »Discours«, das ist

Rousseaus preisgekrönter Aufsatz über die Frage, ob der Aufschwung der Wissenschaften dazu beigetragen habe, die Sitten unter den Menschen zu verfeinern. Er hatte die Frage verneint.[11] Die »Wanderungen eines einsamen Spaziergängers«, das letzte Buch Rousseaus, scheint er ebenfalls gekannt zu haben.[12] Dass Kleist Rousseaus negative Einschätzung des Eigentums kannte – Eigentum und Besitzstreben waren für Rousseau die Grundübel der menschlichen Entwicklung –, legen seine Werke seit der »Familie Schroffenstein« nahe. Ob Kleist den Roman »Julie oder die Neue Héloïse« kannte, in dem es auch um Selbstmord und Liebe ging, muss offen bleiben.

Vor allem war »Emile oder Von der Erziehung« das Buch, um das Kleists Gedanken kreisten. Wieder und wieder legte er den 1764 erschienenen Roman seiner Braut nachdrücklich ans Herz. Rousseau beschrieb, welche enormen Schwierigkeiten es macht, sich innerhalb der ständischen Ordnung zu einer freien Persönlichkeit zu entwickeln.

Darum, um die Entwicklung der unschuldigen, unverfälschten, wahren Persönlichkeit, ging es Rousseau. Und darum ging es in den Jahren zwischen 1799 und 1802 auch Kleist. Seine Rousseau-Begeisterung zeigt deutlich, wie verwandt in seinem Fall die aufklärerischen Überzeugungen und seine Bildungsbegeisterung mit dem waren, was viel später unter dem Namen »Selbstverwirklichung« bekannt wurde. Kleist las Rousseau identifikativ, wie wenn hier Aufschluss über ihn selbst zu gewinnen wäre. Wenn du wissen willst, wer du bist, lies Rousseau; wenn Du wissen willst, wer du werden kannst, lies ihn auch, schien er Wilhelmine zu sagen. Und wenn du wissen willst, wer ich bin, lies ebenfalls den Rousseau.

Rousseau interessierte sich für Erkenntnistheorie nur insoweit, als sie zur Frage gehörte, wie zu leben sei. Für Rousseau war die Suche nach der Wahrheit nicht ein erkenntnistheoretisches, sondern ein existentielles Problem. Der Zweifel, der bei ihm wie bei Descartes einen prominenten Raum einnahm, war dementsprechend kein methodisches Verfahren, sondern ein Zustand der Unsicherheit. In diesem Zustand erlebte er die Angst, die für das moderne, existentielle Bewusstsein wesentlich geworden ist. Aus dieser Angst erwuchs auch das Bewusstsein, etwas Außerordentliches zu tun und einzigartig zu sein.[13] Darin folgte Kleist Rousseau.

Rousseau war auch der erste Autor, der ein Empfinden dafür entwickelte, dass die Pubertät – auch wenn ihm das Wort nicht bekannt war – eine besondere Phase zwischen Kindheit und Erwachsenenalter ist. Rousseau war der Meinung, dass sie eine zweite Geburt sei. Kleist bezog sich auf diese Gedanken nie. Aber man kann sein Verhalten in der Zeit bis 1801 leicht als nachgeholte, späte Pubertät verstehen.

Als Lektüreerlebnisse aus der Jugend lassen sich außerdem der römische Versdichter Lukrez und sein Gedicht »Über die Natur«, die zeitgenössische Übersetzung der homerischen »Ilias« durch Johann Heinrich Voss, sein Verwandter Ewald von Kleist und wahrscheinlich Lessing ausmachen. Kleist kannte das erotische Gedicht »Sappho« von Ewald von Kleist so gut, dass er daraus 1799 in seinem Aufsatz über »den sichern Weg des Glücks« zitierte.[14]

1801 hat Kleist den alten Dichter Gleim in Halberstadt besucht. Später hat er unter anderem Sophokles und Molière, die er als Dramenvorlagen verwendete, Shakespeare und Friedrich II. gelesen. Dass er diese Autoren damals, wo er an der Schwelle zum Dichter stand, bereits kannte, ist dagegen alles andere als gewiss. Es lassen sich Stellen finden, die eine Bekanntschaft zum Beispiel mit Herder (etwa dessen »Journal einer Reise 1769«) oder den Philosophen Fichte und Reinhold möglich machen, sicher aber ist auch das nicht.[15]

Schaut man sich die wenigen gesicherten literarischen Bezugnahmen Kleists an, gewinnt man den Eindruck, dass sein Interesse an Literatur sich lange in Grenzen hielt. Wenn man dazunimmt, dass Kleist ein außergewöhnlich gutes Gedächtnis hatte und problemlos aus diesem zitieren konnte, wird man hinsichtlich ausgedehnter Lektüretätigkeit skeptisch. Kleist war wahrscheinlich kein Vielleser. Es sind nicht viele Autoren, die nachvollziehbare Spuren in seinem Werk hinterlassen haben. Wahrscheinlich war Kleist ein sporadischer, kein methodischer Leser.

Eines ist sicher: Wieland, Schiller und Rousseau, die drei prägenden Vorbilder Kleists, hatten ihren größten Einfluss in den

Jahren bis 1802. Kleist fand in ihnen Weggefährten. Kleist machte sich diese Schriftsteller zu eigen, er las ihre Sätze, wie wenn es seine eigenen wären. Deutlich lässt sich in dieser Zeit auch eine zweite Beobachtung machen: Kleist wirkt überall, insbesondere aber was die Literatur anbelangt, wie der typische Autodidakt, eifrig bis zur Besessenheit, schülerhaft bis zur Selbstaufgabe, eigenwillig bis zur Fälschung.

In Würzburg schien Kleist alle Zeit der Welt gehabt zu haben. Auf einmal aber packte ihn Ende Oktober die Eile. In einer Gewalttour kehrte er, Tag und Nacht reisend, über Meinigen, Schmalkalden, Gotha, Erfurt, Naumburg, Merseburg, Halle, Dessau und Potsdam nach Berlin zurück. Ulrike schrieb er am 27. Oktober aus Berlin, wo er in der Landsbergerstraße 15 in einem Gasthof und bald bei Wilhelmines Bruder Carl von Zenge sein Quartier nahm. Es war in der Contre-Escarpe[16] nahe dem heutigen Alexanderplatz. Es ging ihm gut.

Er schrieb aus Berlin, und er fuhr nicht nach Frankfurt. Er besuchte seine Braut nicht, und er kehrte nicht nach Hause zurück, »um das unausstehliche Fragen zu vermeiden, da ich durchaus nicht antworten kann.«[17] Er hätte der Familie eingestehen müssen, dass er immer noch keine Antworten hatte. Vielleicht meinte er, sich nicht verständlich machen zu können. Endgültige Lösungen hatte er keine. Das beeinträchtigte ihn im Moment jedoch nicht. In Berlin aber wollte er unbedingt vor dem 1. November sein. Es sieht so aus, als habe er hier einen festen Termin gehabt. Der dürfte mit dem preußischen Minister zusammenhängen, den er schon vor der Reise aufgesucht hatte. Carl August von Struensee war für das Akzise-, Zoll-, Kommerzial- und Fabrikwesen zuständig. Heute wäre das der Wirtschaftsminister.

Am 1. November 1800 stellte Kleist bei Struensee den Antrag, den Sitzungen der technischen Deputation beiwohnen zu dürfen. Das entsprach einer Hospitanz und war keineswegs das, was Struensee genauso wie die Familie und die Braut erwartet hatten: den Eintritt in den preußischen Verwaltungsdienst, die Übernahme eines Amtes. Die technische Deputation war zuständig vor allem für die Überwachung der Fabriken und Erfindungen. »Ich werde daher wahrscheinlich diese Laufbahn nicht verfolgen. Doch mögte ich sie gern mit Ehre verlassen u. wohne daher, während dieses Winters den Sessionen der technischen Deputation bei«, schrieb Kleist an Ulrike.[18] Es war von Anfang an klar, dass er sich um die Sache herummogeln wollte.

Der Geheimrat und Direktor der technischen Deputation, Gottlob Kunth, erkannte das sofort. Bereits am 4. November berichtete er Struensee,[19] dass Kleist wohl mehr Geschmack am Studieren als an praktischen Geschäften fände und sein erstes Vorhaben aufgegeben habe, um eine Anstellung im Manufactur-Collegio zu erbitten. Hinter den strengen Amtsmienen der preußischen Beamten verbarg sich also durchaus Verständnis für Kleist. Gerade weil man sehr schnell merkte, dass dieser eigenartige Mensch nicht in ein praktisches Amt passte. Kunths Sicherheit ist nicht erstaunlich, er war Erzieher der Humboldts gewesen. Auch Struensee wurde als verständnisvolle, kompetente Person erachtet.[20]

Obwohl man in der technischen Deputation schnell ziemlich klar sah, wurde Kleists Bitte entsprochen, und er durfte an den Sitzungen teilnehmen. Kleist fühlte sich von Kunth verstanden: Er habe ihm den Rat gegeben, ein praktischer Wirkungskreis sei wirklich nichts für ihn. Kleist konnte sich nicht beklagen, wie mit ihm in Berlin umgegangen wurde. Und doch fühlte er sich eingezwängt. »Am Hofe theilt man die Menschen ein, wie ehemals die Chemiker die Metalle, nämlich in solche, die sich dehnen u. strecken lassen, u. in solche, die dies nicht thun – Die ersten, werden dann fleißig mit dem Hammer der Willkühr geklopft, die andern aber, wie die Halbmetalle, als unbrauchbar verworfen.«[21] Die Wirklichkeit sah anders aus: Er forderte einen rigiden Eingriff des Staates beziehungsweise des Königs durch sein unentschiedenes Verhalten geradezu heraus, aber – nichts dergleichen geschah. Erst konnte er demissionieren, dann konnte er studieren, nun konnte er sich ausprobieren, was dem damaligen Verständnis der Rolle eines Untertanen durchaus nicht entsprach.[22]

Kleist verpasste auch noch die erste Sitzung am 12. November. Das erste Mal nahm er am 3. Dezember an einer Sitzung teil. Das zeigt, wie selten Kunths Kommission tagte. Von außergewöhnlicher Belastung kann keine Rede sein. Kleist hielt noch eine Zeitlang an der Illusion fest, durch ein Amt einen Platz in der Welt zu finden – und sich so zum Staatsbürger zu bilden. Sicher wollte er so die Familie, vielleicht auch sich selbst, beruhigen. Wenn er ein Amt nahm, dann hieß das, dass alles nicht so schlimm war. Eine Stelle im preußischen Staatsdienst war für einen Kleist zwar ungewöhnlich, aber akzeptabel.

Eigentlich aber war seit der Rückkehr aus Würzburg klar, was er von einem Amt hielt. Am 13. November, zwei Wochen nach seiner Rückkehr, einen Tag nach der verpassten Sitzung, schrieb er im Hochgefühl eines bevorstehenden gemeinsamen Lebens an Wilhelmine: »– nein, Wilhelmine, es geht nicht, ich passe mich für kein Amt. Ich bin auch wirklich zu ungeschickt, um es zu führen. Ordnung, Genauigkeit, Geduld, Unverdrossenheit, das sind Eigenschaften die bei einem Amte unentbehrlich sind, u. die mir doch ganz fehlen. Ich arbeite nur für meine Bildung gern u. da bin ich unüberwindlich geduldig u. unverdrossen. Aber für die Amtsbesoldung Listen zu schreiben u. Rechnungen zu führen – ach, ich würde eilen, eilen, daß sie nur fertig würden u. zu meinen geliebten Wissenschaften zurückkehren. Ich würde die Zeit meinem Amte stehlen, um sie meiner Bildung zu widmen – nein, Wilhelmine, es geht nicht, es geht nicht.«[23]

Das war deutlich. Es war der gleiche Vorbehalt wie gegen das Militär. Kleist wollte sich nicht unterordnen und seine eigene Entwicklung darüber vernachlässigen. Darum war es auch bei der Entscheidung gegen ein Leben als Offizier gegangen. Kleist wurde immer entschiedener. Der Brief, in dem er die Frage nach dem Amt das erste Mal so deutlich verneinte, ist auch sonst von Klarheit und Aufrichtigkeit. Liebe und Bildung, sagte er, seien weiterhin unerlässliche Bedingungen für sein Glück. »*Dich,* mein geliebtes Mädchen, *ausbilden,* ist das nicht etwas Vortreffliches? Und dann, *mich selbst* auf eine Stufe *näher der Gottheit* zu stellen – – o laß, mich, laß mich!«

Dann folgte einer jener Sätze, die zeigen, wie ernst es Kleist war: »Das Ziel ist gewiß hoch genug u. erhaben, da giebt es gewiß Stoff genug zum Handeln – – und wenn ich auch auf dieser Erde nirgends meinen Platz finden sollte, so finde ich vielleicht auf einem andern Sterne einen um so bessern.«[24] Vielleicht sagte er das noch mit einer gewissen Leichtigkeit dahin, weil er erwartete, dass es eben doch einen Platz für ihn gab. Aber da klang nicht nur die Idee der Seelenwanderung an, sondern auch der Gedanke an den Menschen, dem auf Erden nicht zu helfen ist. Es steckte aber auch Offenheit darin, das Universum der unbegrenzten Möglichkeiten.

»Aber das Herkommen will, daß wir ein Haus bilden sollen u. unsere Geburt, daß wir mit Anstand leben sollen – o über die unglückseeligen Vorurtheile! Wie viele Menschen genießen mit Wenigem, vielleicht mit einem Paar Hundert Thalern das Glück der Liebe – u. wir sollten es entbehren, weil wir von Adel sind? Da dachte ich, weg mit allen Vorurtheilen, weg mit dem Adel, weg mit dem Stande – *gute Menschen* wollen wir sein u. uns mit der Freude begnügen, die die Natur uns schenkt. *Lieben* wollen wir uns, u. *bilden*.«[25] Es war das erste Mal, dass die Idee des bescheidenen, gemeinsamen Landlebens aufkam, die Kleist ein Jahr später in der Schweiz zu verwirklichen suchte.

Bereits hier beschrieb er, was er sich von einem solchen Leben erhoffte: »Da stünde mir nun für die Zukunft das ganze schriftstellerische Fach offen. Darin fühle ich, daß ich sehr gern arbeiten würde.« Es ist das erste Mal, dass er davon sprach, Schriftsteller sein zu wollen. Und er sprach auch das erste Mal von Paris: »Ich könnte nach Paris gehen u. die neueste Philosophie in dieses neugierige Land verpflanzen – doch das siehst Du Alles so vollständig nicht ein, als ich. Da müßtest Du schon meiner bloßen Versicherung glauben u. ich versichere Dir hiermit, daß wenn Du mir nur ein paar Jahre, höchstens sechs, Spielraum giebst, ich dann gewiß Gelegenheit finden werde, mir Geld zu erwerben.«[26] Das ist nun wieder typisch Kleist: Ein paar Jahre, höchstens sechs! Wenn es weiter nichts ist.

Nichts mehr war von der Geheimniskrämerei übrig, mit der Kleist seine Briefe aus Würzburg geschrieben hatte: »Aber so lange sollen wir noch getrennt sein –? Liebe Wilhelmine, ich will auch hierin ganz aufrichtig sein. Ich fühle, daß es mir nothwendig ist, *bald* ein Weib zu haben. Dir selbst wird meine Ungeduld nicht entgangen sein – ich muß diese unruhigen Wünsche, die mich unaufhörlich wie Schuldner mahnen, zu befriedigen suchen ... – o werde *bald, bald,* mein Weib.«[27]

Es war ein Kampf um seine Freiheit, was Kleist seit 1799 betrieb. Die Trennung von seiner Herkunft: »Also ich wünsche es mit meiner ganzen Seele u. entsage dem ganzen prächtigen Bettel von Adel u. Stand u. Ehre u. Reichthum, wenn ich nur Liebe bei Dir finde.«[28] Das ist eindeutig ein unmoralisches Angebot: Kleist schlug Wilhelmine vor, in wilder Ehe zu leben. Dabei wollte er durch Unterricht jährlich ein paar hundert Taler verdienen.

Und was wäre die Aussicht dieses Lebens? »Viele Männer haben geringfügig angefangen u. königlich ihre Laufbahn beschlossen. Shakespeare war ein Pferdejunge und jetzt ist er die Bewunderung der Nachwelt. Wenn Dir auch die eine Art von Ehre entgeht, so wird Dir doch vielleicht einst eine andere zu Theil werden, die höher ist – Wilhelmine, warte zehen Jahre u. Du wirst mich nicht ohne Stolz umarmen.«[29] Jetzt war es nicht mehr Christus, sondern Shakespeare, der als Vorbild diente. Jetzt waren es schon zehn statt sechs Jahre. Ermutigt durch einen vertrauensvollen Brief Wilhelmines, kamen Schritt für Schritt die Vorstellungen zum Vorschein, die Kleist sich für sein und Wilhelmines Leben gebildet hatte. Er hatte, genauso wie mit seiner Ahnung, dass es für ihn keinen Platz gab, auch mit der Ahnung recht, dass ihm die Bewunderung der Nachwelt sicher war:

Mein Plan in diesem Falle wäre dieser. Wir hielten uns irgendwo in Frankreich auf, etwa in dem südlichen Theile, in der französischen Schweiz, in dem schönsten Erdstriche von Europa – und zwar aus diesem Grunde, um Unterricht dort in der deutschen Sprache zu geben. Du weißt, wie überhäuft mit Stunden hier bei uns die Emigrirten sind; das möchte in Frankreich noch mehr der Fall sein, weil es da weniger Deutsche giebt, u. doch von der Academie u. von allen französischen Gelehrten unaufhörlich die Erlernung der deutschen Sprache anempfohlen wird, weil man wohl einsieht, daß jetzt von keinem Volke der Erde mehr zu lernen ist, als von den Deutschen. Dieser Aufenthalt in Frankreich wäre mir aus 3 Gründen lieb. Erstlich, weil es mir in dieser Entfernung leicht werden würde, ganz nach meiner Neigung zu leben, ohne die Rathschläge guter Freunde zu hören, die mich u. was ich eigentlich begehre, ganz u. gar nicht verstehen; zweitens, weil ich so ein Paar Jahre lang ganz unbekannt leben könnte u. ganz vergessen werden würde, welches ich recht eigentlich wünsche; u. drittens, welches der Hauptgrund ist, weil ich mir da recht die französische Sprache aneignen könnte, welches zu der entworfnen Verpflanzung der neuesten Philosophie in dieses Land, wo man von ihr noch gar nichts weiß, nothwendig ist.[30]

Kleist hatte sofort nach der Würzburger Reise einen Plan für sich und Wilhelmine. Sein Brief vom 13. November, der so eruptiv wirkt, verfolgte eine ganz klare Absicht: Er wollte Wilhelmine von seinem Vorhaben überzeugen, nach Frankreich zu gehen, dort mit ihm allein und zurückgezogen – sozusagen heimlich – zu leben, dort Französisch lernen, die deutsche Sprache und die neueste deutsche Philosophie lehren – und er wollte schreiben, wie und was auch immer. Das dürfte es gewesen sein, was sich in Würzburg herausgeschält hat. »Schreibe mir unverhohlen Deine Meinung über dieses. – Aber daß ja niemand etwas von diesem Plane erfährt.«[31] Da ist sie auch wieder, die Geheimniskrämerei. Solche Pläne waren gefährlich.

In dem Brief an seine Schwester Ulrike vom 25. November, in dem Kleist geschrieben hatte, wie die Menschen am Hofe eingeteilt werden, bestätigte er seine Ablehnung eines Amtes, und er bestätigte auch seine ausgeprägt antiaristokratische Haltung: »Als ich diesmal in Potsdam war, waren zwar die Prinzen, besonders der jüngere, sehr freundlich gegen mich, aber der König war es nicht – u. wenn er meiner nicht bedarf, so bedarf ich seiner noch weit weniger. Denn mir mögte es nicht schwer werden, einen andern König zu finden, ihm aber, sich andere Unterthanen aufzusuchen.«[32]

Das ist ebenfalls deutlich. Allerdings zeigt sich, wenn man diesen Brief neben den an Wilhelmine legt, wie offen der Brief an die Braut war. Zu ihr hatte er zu diesem Zeitpunkt wirkliches Vertrauen, wahrscheinlich erzeugt durch einen oder mehrere Briefe Wilhelmines, die nicht erhalten sind. Gegenüber der Schwester blieb es dagegen bei Geheimnistuerei, einer Scheu, sich auszusprechen, der Angst, von der Familie bedrängt zu werden. Immer wieder wurde gesagt, dass Kleist zu seiner Schwester ein vertrauteres Verhältnis als zu seiner Braut gehabt habe. Für die Zeit nach der Rückkehr aus Würzburg gilt das nicht.

Kleist war in den Tagen nach der Würzburger Reise erstaunlich heiter. Er lachte vergnügt darüber, dass seine Freunde in Potsdam dachten, es gehe ihm gut, weil er eine Aussicht auf Anstellung habe. Diese Ahnungslosen! Ein paar Tage nachdem er seinen vertrauensvollen Brief an Wilhelmine geschrieben hatte, schrieb er ihr wieder Übungen und Denkaufgaben. Sogar die wirkten jetzt nicht mehr so verkrampft, sie bekamen etwas Anekdotisches, stehen zwischen der alten Schulmeisterei und der Form, die Kleist ihnen später, 1810 in den »Berliner Abendblättern«, geben würde. Es kamen jetzt Bilder in den Aufgaben vor, die in den Stücken eine zentrale Rolle spielen sollten. Der Bogen, der nicht einstürzt, der Baum, der im Sturm umgerissen wird.[33]

Dann aber kam die Antwort Wilhelmines auf Kleists offenes Schreiben vom 13. November. Auch dieser Brief ist nicht erhalten, aber Kleists Reaktion macht deutlich, dass sie über seine Pläne entsetzt war. Jetzt zeigte sich, dass Kleists Geheimnistuerei in Würzburg ihren Sinn gehabt hatte. Noch wohne er den Sitzungen bei, entgegnete Kleist ihr aufgeschreckt, und er sei ja auch vom Minister eingeladen, sich anstellen zu lassen. Er wollte sie beruhigen. Für einmal waren die Rollen vertauscht: Er sprach ihr Mut zu!

Ehrlich aber war Kleist nicht, als er Wilhelmine beteuerte, dass noch nichts entschieden sei. Nur drei Tage später schrieb er an Ulrike, wie im Trotz, dass er weniger denn je geneigt sei, ein Amt zu nehmen. Da kam schon wieder ein Brief von Wilhelmine, mit dem sie auf seine Denkaufgaben antwortete. Offenbar hatten sie ihr Spaß gemacht, sie beantwortete sie zu seiner Zufriedenheit, das alte Vertrauen war noch einmal hergestellt. Kleists Antwort war auffällig gutgelaunt.

Während diese Briefe zwischen Frankfurt an der Oder und Berlin getauscht wurden, war Kleist nicht allein. Ludwig von Brockes, sein Würzburger Reisebegleiter, war Mitte November 1800 aus Dresden, wohin er von Würzburg aus gefahren war, nach Berlin gekommen. Er blieb bis Ende Januar und wohnte jetzt bei Kleist beziehungsweise Wilhelmines Bruder Carl. Aus dieser Zeit sind keine nachhaltigen Klagen Kleists über sich, ein Amt oder das Leben bekannt. Kleist war bester Stimmung!

Es war die Nähe von Brockes, die Kleist guttat. Er fühlte sich zu ihm hingezogen. »O ich darf nur an *Brokes* denken –! Wie vieles Gute, Vortreffliche, thut täglich dieser herrliche Mensch«,[34] schrieb er – gerade zurück von der Würzburger Reise – an Wilhelmine, der er von seinem Freund vorschwärmte, anstatt das letzte Stück Weges nach Frankfurt weiterzureisen. »O hättest Du auch bei Dir eine Freundinn, die Dir das wäre, was dieser Mensch mir!«,[35] schrieb er ihr, als Brockes in Berlin eintraf.

Während des Dezembers war Kleist ebenfalls wohlgestimmt. Erst als er Ende Dezember Berlin kurz für einen Besuch Wilhelmines in Frankfurt verließ, schrieb er an Ulrike in der Lausitz, dass ihn das Brüten über die Zukunft ganz verstimmt habe. Es war ein Aufflackern der Gefühle, die Kleist sonst bedrängten. Kaum war er zurück in Berlin, wurde er wieder heiter.[36] Ende Januar, nach Brockes' Abreise, folgte dann ein ausführlicher Brief an Wilhelmine, den man den »Brockes-Brief« nennen muss, er handelt über viele Seiten von nichts anderem als dem Freund, der ihn gerade verlassen hatte.

Kleist hatte mit Brockes eine ungekannte Intimität erlebt, vertraute Stunden und Momente des Glücks. Für Kleist war das so außergewöhnlich, so beglückend, dass er vergaß, welche Herabwürdigung der Braut in seinen euphorischen Mitteilungen des Verhältnisses steckte. »Wenn Du mich nicht liebtest, so müsstest Du verachtungswürdig sein und ich, wenn ich es von Dir nicht glaubte ... Also dieses ist ein für allemal abgetan«, schrieb er, wie wenn er einen Schlussstrich unter ihre Liebesbeziehung setzen wollte, wie wenn er sich jetzt einer schöneren Liebe zuwenden wollte. Er wollte von seinem Freunde Brockes reden, »von dem sein Herz ganz voll ist.«

Man muss deswegen nicht gleich vermuten, dass Kleist homosexuell war, wie mehrfach geschehen.[37] Es ist eher eine sich verwischende erotische Trennschärfe, die sich in den Briefen abzeichnete. Kleist setzte Brockes an seine eigene Stelle und an die Stelle seiner Braut, die Beziehungen gingen in seiner Vorstellung durcheinander, die Seelen tauschten sich so rückhaltlos aus wie bei Wieland aus. Das war es, was Kleist als so beglückend empfand.

Kleist schrieb seinen Brockes-Brief, weil der Freund abgereist war und ihn allein in Berlin zurückgelassen hatte. Brockes, »der mein *Freund* war, den einzigen, den ich recht *wahrhaft* ehrte u. liebte, den einzigen, für den ich in Berlin Herz und Gefühl haben konnte, den einzigen, dem ich es ganz geöffnet hatte u. der jede, auch selbst seine geheimsten Falten kannte. Von keinem Andern kann ich dies letzte sagen, Niemand versteht mich ganz, Niemand *kann* mich ganz verstehen, als *er* u. *Du* – ja selbst Du vielleicht, liebe Wilhelmine, wirst mich u. meine künftigen Handlungen nie ganz verstehen, wenn Du nicht für das, was ich höher achte, als die Liebe, einen so hohen Sinn fassen kannst, als er.« Tatsächlich sagte er: »Ja wenn Du unter den Mädchen wärest, was dieser unter den Männern – –«[38]

Kleist legte eine lange Liste der Tugenden von Brockes an. Dazu gehörte auch: »Dabei war er von einer ganz reinen, ganz unbefleckten Sittlichkeit.«[39] Mit Sicherheit hätte der Sittlichkeitsapostel Kleist solche Sätze nicht geschrieben, wenn es zu einer Andeutung sexueller Handlungen zwischen ihnen beiden gekommen wäre. Warum hätte er sich und andere belügen sollen? Es hatte ihn ja niemand danach gefragt.

Brockes' Grundsatz soll »Handeln ist besser als Wissen« gewesen sein, Gelehrte nannte er gern Vielwisser. Sein Geist sei auf einer hohen Bildungsstufe gewesen, meinte Kleist, obwohl nach eigener Aussage allein die Bildung des Herzens sein Geschäft sei. Es mag sein, dass Ludwig von Brockes einer der seltenen Menschen war, die danach streben, vor allem ihr Empfinden zu verfeinern und ihre Moralität zu heben, gefühlvoller und besser zu werden.[40] So verstand ihn Kleist, und darin war er ihm Vorbild. Das Porträt, das Kleist von Brockes entwarf, war ein Selbstporträt des Menschen, der Kleist sein wollte. Wegwerfend sprach Brockes vom Verstand, was sich nicht mit der Aufklärungstradition, aber mit Kleists Rousseauverehrung gut vertrug. »In Gesellschaften war er meist still u. leidend, wie überhaupt in dem ganzen Leben, und dennoch war er in Gesellschaft immer gern gesehen.«[41]

Brockes' Außerordentlichkeit gipfelte in seiner Uneigennützigkeit. »Um mir den Verdacht zu ersparen, als sei *ich* der eigentliche Zweck der Reise, u. als hätte *ich* ihn nur bewegt mir zu folgen, welches meiner Absicht schaden konnte, gab er bei seiner Familie der ganzen Reise den Anstrich, als geschehe sie nur um seinetwillen.«[42] Auch der größte Teil des Reisegelds war von ihm gekommen. Er soll sich immer den schlechteren Platz im Postwagen ausgesucht haben, er habe sich auf den Reisen immer zurückgenommen, bis hin zum Schlafverzicht.

Dann schrieb Kleist: »O noch einen Zug werde ich Dir einst erzählen, aber jetzt nicht –«[43] Das war eigenartig. Es gab eigentlich keine Notwendigkeit zum Geheimnis. Die Geheimnistuerei, die verheißungsvolle Ankündigung machte Kleist Spaß: Sie ist ein spannungssteigerndes Mittel, sie hält den Raum der Bedeutungen offen. Er wollte, dass Wilhelmine sich Brockes zum Vorbild nahm. Er wollte sie zu einem zweiten Brockes erziehen: »Ich freue mich darauf, daß ich Dich nicht wieder kennen werde, wenn ich Dich wiedersehe.«[44] Er sollte sie nie wiedersehen, jedenfalls nicht als seine Braut.

Zunächst aber vertauschten sich die Rollen und verwandelten sich die Personen. Wilhelmine würde, stellte Kleist sich vor, eine ganz andere werden! Es war ein enormer Wunsch nach Ver- und Umwandlung, der in Kleist steckte. Auch diese merkwürdige Uneindeutigkeit der Identität begann im Jahr 1799. An Ulrike schrieb er einen Monat nach der Entlassung aus dem Militär: »Wärst Du ein Mann oder nicht meine Schwester, ich würde stolz sein, das Schicksal meines ganzen Lebens an das Deinige zu knüpfen.«[45] Im August 1800, ebenfalls an Ulrike, schrieb er, bevor er zu Brockes fuhr: »Wärst Du ein Mann gewesen – o Gott, wie innig habe ich dies gewünscht! – Wärst Du ein Mann gewesen – denn eine Frau konnte meine Vertraute nicht werden, – so hätte ich diesen Freund nicht so weit zu suchen gebraucht, als jetzt.«[46] An Wilhelmine schrieb er dann von der Würzburger Reise: »wäre ein Mädchen auch noch so vollkommen, ist sie *fertig,* so ist sie nichts für mich. Ich selbst muß es mir formen u. ausbilden.«[47]

Überall klingen Gefühle und Verschiebungen an, die heute durch Homosexualität, Bisexualität, Transsexualität bis hin zu Geschlechtsumwandlung deutlich zum Ausdruck gebracht werden können. In der Literaturwissenschaft ist es das Feld, das die sogenannten Queer Studies bearbeiten, Untersuchungen auf dem Feld ungewöhnlichen Begehrens. So taucht das – verdrängte – Begehren wieder auf, das im letzten Kapitel angesprochen wurde. Ob dahinter Homosexualiät, eine andere Form sexuellen Begehrens oder der Wunsch nach Wandlung, nach Neuerfindung seiner selbst stand? Liest man Kleists Briefe genau, ging es nicht um Sexualität, sondern um Metamorphose und seelische Verschmelzung.

Nun reiste Brockes aus Berlin ab, und Kleist fühlte sich einsam. Kleist und Brockes haben sich, nach allem, was man weiß, nicht mehr wiedergesehen. Das letzte Mal schrieb Kleist am 1. April, dass er sich Brockes als Reisebegleiter nach Paris wünsche. Danach war in Kleists Briefen nie mehr über Brockes zu lesen.[48]

Über den sonstigen Umgang Kleists in dieser Zeit ist manches bekannt. Am 5. Februar 1801 schrieb er Ulrike von einem Besuch im Berliner Schauspielhaus. Der Ton verrät, dass er öfter dort war. Im selben Brief, nach der Abreise von Brockes, als sich seine Stimmung eintrübte, schrieb Kleist: »In Gesellschaften komme ich selten. Die jüdischen würden mir die liebsten sein, wenn sie nicht so pretiös mit ihrer Bildung thäten. An dem Juden Cohen habe ich eine interessante Bekanntschaft gemacht, nicht so wohl seinetwillen, als wegen seines prächtigen Cabinets von physikalischen Instrumenten, das er mir zu benutzen erlaubt hat. Zuweilen bin ich bei Clausius, wo die Gäste meistens interessanter sind, als die Wirthe. Einmal habe ich getanzt u. war vergnügt, weil ich zerstreut war. *Huth* ist hier u. hat mich in die gelehrte Welt eingeführt, worin ich mich aber so wenig wohl befinde, als in der ungelehrten.«[49] Huth war sein Professor in Frankfurt gewesen. Oft war Kleist auch, wie er selbst sagte, in Potsdam. Später behauptete er, er habe oft Besuch aus Potsdam bekommen. Er nahm an Mittagstafeln teil, und er war beim Colonie-Ball.[50] So einsam wie Kleist sich nach Brockes' Abreise fühlte, war er nicht. Es mangelte nicht an Gleichgesinnten.[51]

Immer noch, auch das erfahren wir aus dem Brief vom 5. Februar, schlug er sich mit der Frage »Amt oder Nichtamt?« herum: »Indessen sehe ich doch immer von Tage zu Tage mehr ein, daß ich ganz unfähig bin, ein Amt zu führen. Ich habe mich durchaus daran gewöhnt, eignen Zwecken zu folgen, u. dagegen von der

Befolgung fremder Zwecke ganz u. gar entwöhnt.« Er schaffte es nicht, der Deputation den Rücken zu kehren, er schaffte es auch nicht, dort etwas anzupacken. Ausschweifend beschrieb er, wie er ein Fünftel eines neuen französischen Lehrwerks durcharbeiten sollte, um der Kommission davon Bericht zu erstatten. Darüber erschrak er furchtbar: »Was in diesem Augenblicke Alles in meiner Seele vorgieng kann ich Dir wieder nicht beschreiben«, schrieb er Ulrike. »Ein solches Buch kostet wenigstens 1 Jahr Studium, ist neu, folglich sein Werth noch gar nicht entschieden, würde meinen ganzen Studienplan stören & & Ich hatte aber zum erstenmal in 2 Jahren wieder einen Obern vor mir u. wußte in der Verlegenheit nichts zu thun, als mit dem Kopfe zu nicken. Das ärgerte mich aber nachher doppelt, ich erinnerte mich mit Freuden, daß ich noch frei war, und beschloß das Buch ungelesen zu lassen, es folge daraus, was da wolle.«[52]

Weil er ein Buch exzerpieren sollte, sah Kleist seine Existenz gefährdet! Er sprach von einem Jahr Arbeit. »Ich muß fürchten, daß auch dieses mißverstanden wird«, schrieb er über seinen Entschluss, das Buch nicht zu lesen. Aber was soll da nicht richtig verstanden worden sein? Er bekam eine Aufgabe und wollte sie nicht erledigen. Die Episode zeigt deutlich, wie überzogen Kleist reagierte. Man wollte ihm wohl, man überforderte ihn keineswegs. Und doch erlebte er es so, als müsse er sich vor einem Staat retten, der ihn vollkommen in Anspruch nahm. Als »militärisch« bezeichnete er – in Erinnerung an die Wunder der Disziplin, die ihm zwei Jahre zuvor beim Militär verächtlich geworden waren – den Staat wieder. Damit hat Kleist viele dazu verführt, ihn als Kritiker des preußischen Obrigkeitsstaates zu begreifen. Aber darum ging es nicht. Kleist war nicht das Gegenmodell zu beamtenhafter Hörigkeit. Dieser Staat war liberaler, als es Kleist recht war.

Der Brief vom 5. Februar 1801 ist der Nach-Brockes- und Vor-Kant-Brief. Kleist schlug sich wieder mit sich selbst herum: »Ach, Du weißt nicht, wie es in meinem Innersten aussieht«, schrieb er an Ulrike. »Aber es interessirt Dich doch? – O gewiß! Und gern möchte ich Dir Alles mittheilen, wenn es möglich wäre.«[53] Kleist weitete jetzt seine Erfahrung, dass er mit seinen Mitteilungen nicht erreichen konnte, dass die anderen ihn so akzeptieren, wie er es gerne haben wollte, in grundsätzliche Sprachskepsis aus. Gern wird das so verstanden, als verzweifle Kleist hier wie hundert Jahre später Hugo von Hofmannsthal an der Sprache selbst.

Aber das trifft es nicht. Kleist wollte mit seinem Sprechen und Schreiben etwas erreichen, er wollte sich mitteilen, und er verzweifelte daran, dass das nicht ging. Er verzweifelte aber nicht an der Sprache als solcher. »Aber es ist nicht möglich, u. wenn es auch kein weiteres Hinderniß gäbe, als dieses, daß es uns an einem Mittel zur Mittheilung fehlt. Selbst das einzige, das wir besitzen, die Sprache taugt nicht dazu, sie kann die Seele nicht mahlen u. was sie uns giebt sind nur zerrissene Bruchstücke. Daher habe ich jedesmal eine Empfindung, wie ein Grauen, wenn ich jemandem mein Innerstes aufdecken soll; nicht eben weil es sich vor der Blöße scheut, aber weil ich ihm nicht *Alles* zeigen kann, nicht *kann,* u. daher fürchten muß, aus den Bruchstücken falsch verstanden zu werden.«[54] Das ist es, was ihm so furchtbar vorkommt: falsch verstanden zu werden. Das war passiert, als er Wilhelmine im November geschrieben hatte, wie er sich das weitere Leben zurechtgelegt hatte.

Er schlug sich immer noch mit dem Lebensplan herum, gleicher Brief: »Ich beschloß, nicht aus dem Zimmer zu gehen, bis ich über einen Lebensplan entschieden wäre; aber 8 Tage vergiengen, u. ich mußte doch am Ende das Zimmer unentschlossen wieder verlassen. – Ach Du weißt nicht, Ulrike, wie mein Innerstes oft erschüttert ist – – Du verstehst dies doch nicht falsch? Ach, es giebt kein Mittel, sich Andern *ganz* verständlich zu machen u. der Mensch hat von Natur keinen andren Vertrauten, als sich selbst.«[55] Der Lebensplan zerbrach, künftig war von ihm nicht mehr die Rede.

Unter den Mitmenschen befiel Kleist ein Fremdheitsgefühl, auch das steht in dem Brief vom 5. Februar: »Ach, liebe Ulrike, ich passe mich nicht unter die Menschen, es ist eine traurige Wahrheit, aber eine Wahrheit; u. wenn ich den Grund ohne Umschweif angeben soll, so ist es dieser: sie gefallen mir nicht.«[56] Analog zur Sprachkritik könnte man das als Gesellschaftskritik lesen. Aber Kleist kritisierte nicht die Gesellschaft, er kam vielmehr nicht damit zurecht, dass er das Gefühl hatte, in Gesellschaft nicht er selbst sein zu können.»Indessen wenn ich mich in Gesellschaften nicht wohl befinde, so geschieht dies weniger, weil Andere, als vielmehr weil ich mich selbst nicht zeige, wie ich es wünsche.«[57]

Er schlug sich auch mit den Wissenschaften herum, immer noch im selben Brief:»Selbst die Säule, an welcher ich mich sonst in dem Strudel des Lebens hielt, wankt – – Ich meine, die Liebe zu den Wissenschaften. – Aber wie werde ich mich hier wieder verständlich machen?«[58] Insgesamt ist dieser Brief ein Zeugnis radikalen Rückzugs auf allen Ebenen. Die Krise verschärfte sich. Kleist brach die Brücken ab, Mitmenschen, Amt, Wissenschaft, Lebensplan und eben auch die Sprache, nichts stellte jetzt noch eine Verbindung her.

Hier, in dieser Stimmung, wo er alles aufgab, was ihm Halt gegeben hatte, entstand das, was als die Kant-Krise in die deutsche Literaturgeschichte eingegangen ist. Kleist fühlte sich nach der Abreise von Brockes allein, und er konnte weder in Briefen, in Gesellschaft oder in der Wissenschaft ein Gefühl seiner selbst aufrechterhalten. Kleist nahm sich seit zwei Jahren immer größere Freiheiten, er verließ die Bahn, die seine Herkunft vorzeichnete. Immer mehr hat er sich auf sich selbst bezogen. Und hat seine spezielle Wissenschaft als Stütze aufgerichtet. Aber auch die erwies sich jetzt als morsch. Freiheit bedeutete Unsicherheit, und diese Unsicherheit war es, die Kleist befiel. Es gab nichts mehr, das ihm Halt gab.

Kant ist, nach Wieland, Schiller und Rousseau, die vierte Figur, die Kleists Denken entscheidend beeinflusste. Kleist hat Kant nicht so offen identifikatorisch gelesen, wie es bei den anderen drei Autoren zeitweise der Fall war, aber er hat ihn so gelesen, wie wenn er hier wirklich Antwort auf seine Fragen bekommen könnte. Kant beschäftigte Kleist schon länger: Noch vor der Würzburger Reise hatte sich Kleist von Ulrike seine Aufzeichnungen über Kant erbeten. Nach seiner Rückkehr aus Würzburg sagte er Wilhelmine, dass er nach Paris wolle, um dort die kantische Philosophie zu verbreiten. Kants Begriffswelt war ihm also geläufig.

Aber erst am 22. März 1801 ging Kleist in dem berühmten Brief an Wilhelmine auf sein Kant-Erlebnis ein, und einen Tag später stellte er dieses Erlebnis in einem Brief an Ulrike noch einmal dar. Kant beschäftige ihn seit drei Wochen, was auf Lektüre seit Anfang März hinwiese. Am 4. Mai aber sprach er von vier Monaten Krise: »Ach könnte ich vier Monate aus meinem Leben zurücknehmen«, was auf einen Beginn der verschärften Krise Anfang des Jahres hindeutet. Man kann in jedem Fall annehmen, dass sich während einer schon länger andauernden Beschäftigung mit Kant im März 1801 ein einschneidendes Erlebnis ergab.

Wichtig ist, dass der Brief vom 22. März nicht dazu diente, das Kant-Erlebnis mitzuteilen, sondern Kleists endgültige Absage an die Wissenschaften zu begründen. Dass das für Wilhelmine eine herbe Enttäuschung war, versteht sich. Es beraubte das gemeinsame Leben mit ihrem Verlobten der materiellen Grundlage, nachdem er schon erklärt hatte, dass ein Amt für ihn nicht in Frage kam. Die Begründung, die Kleist gab, musste gut sein.

Er verfolgte mit dem Brief also ein klares Interesse. Bedeutende Kleistforscher halten die Kant-Krise deswegen für eine Inszenierung. Kleist habe die Krise inszeniert, um seinen ohnehin schon seit Monaten vorhandenen Überdruss an den Wissenschaften durch die Autorität Kants zu legitimieren. Er habe wie bei der Würzburger Reise einen bestimmten Eindruck erwecken wollen.[59] »Sie ist ebenso eine inszenierte Scheinkrise wie es sich früher um eine inszenierte Scheinliebe zu den Wissenschaften und zur Wahrheit handelte.«[60] So schüttet man das Kind mit dem Bade aus.

Ein größeres Missverständnis ist schwer denkbar. Kleist war ein Mensch der Krise. Und die Kant-Krise war eine Zuspitzung von Kleists Lebenskrise. Schriftsteller war für Kleist nicht ein Beruf wie jeder andere, ein Beruf, der zu ihm passte und den er sich deswegen ausgesucht hatte. Er war kein Schriftsteller, bei dem das Problem lediglich darin bestand, seiner Mitwelt klarzumachen, dass er einen ungewöhnlichen Berufsweg einschlagen wollte. Er arbeitete sich Schritt für Schritt aus dem heraus, was ihm als sein Leben vorgezeichnet war und vorschwebte. Er war hilflos. Er hatte sich in bedrohliche Zustände von Freiheit hineinbegeben und folgte dabei einer inneren Stimme, die ihn bald befähigte zu schreiben, wie noch nie jemand geschrieben hatte. Er verglich sich dabei mit Christus und Shakespeare.

Man sollte den Kleist dieser Phase von 1799 bis 1803 aber auch nicht idealisieren. Er war gleichzeitig unsicher, tastend, widersprüchlich, er war kein Genie, auch nicht in der Kant-Krise, eigentlich nicht einmal etwas Besonderes. Besonders war nur die Radikalität, mit der er seine Richtung verfolgte. Trotzdem wirkte er mehr getrieben als eigenmächtig, er folgte nicht einem Plan, auch wenn er es gern gehabt hätte. Der Lebensplan war eher eine Beschwörung als ein Orientierungspunkt seines Lebens. Er suchte. Dabei war er dann manchmal ungerecht bis zur Beschränktheit.

Der Brief an Wilhelmine ist lang, die Stelle zu Kant ist kurz. »Wenn alle Menschen statt der Augen grüne Gläser hätten«, schrieb Kleist, »so würden sie urtheilen müssen, die Gegenstände, welche sie dadurch erblicken, *sind* grün – und nie würden sie entscheiden können, ob ihr Auge ihnen die Dinge zeigt, wie sie sind, oder ob es nicht etwas zu ihnen hinzuthut, was nicht ihnen, sondern dem Auge gehört. So ist es mit dem Verstande. Wir können nicht entscheiden, ob das, was wir Wahrheit nennen, wahrhaft Wahrheit ist, oder ob es uns nur so scheint. Ist das letzte, so *ist* die Wahrheit, die wir hier sammeln, nach dem Tode nicht mehr – u. alles Bestreben, ein Eigenthum sich zu erwerben, das uns auch in das Grab folgt, ist vergeblich –«[61]

Es gibt zwei Richtungen des Verständnisses dieser Sätze. Entweder glaubt man, Kleist habe Kant missverstanden, oder aber, er habe ihn besonders gut verstanden. Im Grunde sagte Kleist hier aber nur eines, und das sagte er klar: Es ist kein sicheres Wissen zu haben, da die Wahrheit dem Verstand nicht zweifelsfrei zugänglich ist. Auf das Wissen ist keine Lebenssicherheit zu gründen, und damit stürzte Kleists Stütze, die Bildung, in sich zusammen. Das ist eindeutig.[62]

Zu langen Diskussionen führte etwas anderes. Kleist leitete die Briefstelle mit dem Satz ein: »Vor Kurzem ward ich mit der neueren sogenannten Kantischen Philosophie bekannt – u. Dir muß ich jetzt daraus einen Gedanken mitteilen, indem ich nicht fürchten darf, daß er Dich so tief, so schmerzhaft erschüttern wird, als mich.« Die Frage ist, was meinte Kleist mit der »neueren Kantischen Philosophie«? Etwa einen anderen Philosophen? Etwa Johann Gottlieb Fichte in Jena? Oder Karl Leonhard Reinhold, ebenfalls Jena? Oder noch jemand anderen? Zur Auswahl als Kleists Bezugspunkt stehen unter anderem Kants »Kritik der reinen Vernunft«, Kants »Kritik der Urteilskraft«, Fichtes »Wissenschaftslehre« und Reinholds »Versuch einer neuen Theorie des menschlichen Vorstellungsvermögens«.

Schon im Jahr zuvor hatte Kleist geschrieben, dass er die »neuere Philosophie« nach Frankreich verpflanzen wolle. Das erinnert an den Ausdruck »neuere sogenannte Kantische Philosophie«. Die »neuere Philosophie« hatte er als Sammelnamen für verschiedene Philosophen verwandt. Vielleicht hatte er also auch jetzt mehrere Texte im Auge. Es ist auch gar nicht die zentrale Frage, ob sich Kleist auf einen bestimmten Philosophen und einen bestimmten Text bezog. Die zentrale Frage ist, was Kleist dachte.

Kleist verglich den Verstand mit den Augen, um Wilhelmine klarzumachen, was er dachte. Dieser Verstand könnte, so sagt der Vergleich, das, was er erkennt, verfärben wie grüne Gläser das, was die Augen sehen.[63] Damit ist klar, worum es Kleist ging: Verändert der Verstand die Welt, oder kann er sie so begreifen, wie sie ist?[64]

Für ein naives philosophisches Bewusstsein, und darum ging es, spitzte Kleists Formulierung von der Brille das Kernproblem der kantischen Philosophie zu und machte es anschaulich. Er wollte sich verständlich machen. Nietzsche und Cassirer, die beiden bedeutendsten philosophischen Köpfe, die sich mit der Kant-Krise auseinandergesetzt haben, haben es so verstanden. Kleist verkannte damit zwar Kants erkenntniskritische Position, lag aber genau auf der Linie, die er seit zwei Jahren verfolgte.

Sein Kerngedanke ist nicht die Unerkennbarkeit der Wirklichkeit, sondern die Unentscheidbarkeit, ob wir die Wahrheit unverstellt oder eingefärbt bekommen. Kleist zog daraus folgenden Schluss: »Ist das letzte«, also die Wahrheit, eingefärbt, »so *ist* die Wahrheit, die wir hier sammeln, nach dem Tode nicht mehr – u. alles Bestreben, ein Eigenthum sich zu erwerben, das uns auch in das Grab folgt, ist vergeblich –«[65] Wissen, der Besitz von Wahrheit, sollte seinem Leben Sicherheit geben. Dass er sich einen Schatz an Bildung zulegte, der im Gegensatz zu weltlichen

Gütern unvergänglich ist, darauf war sein Leben bisher gegründet.[66] Dazu taugte der Besitz von vorläufiger Wahrheit nicht.

Ernst Cassirer hat 1922 behauptet, dass niemand die Bedeutung der kantischen Lehre tiefer und innerlicher erfahren habe als Kleist. Die Ausweitung der Philosophie ins Leben bedeute zwar eine Verwässerung des strengen philosophischen Gedankens, darin liege aber überhaupt die eigentliche Wirkung der Philosophie Kants. »Wenn es irgendeinen Leser gab, der dazu bestimmt war, diese Forderungen bedingungslos zu erfüllen, so war es Heinrich von Kleist.«[67] Damit schloss Cassirer an Nietzsche an: »Ja, wann werden wieder die Menschen dergestalt Kleistisch-natürlich empfinden, wann lernen sie den Sinn einer Philosophie erst wieder an ihrem heiligsten Innern messen?«[68]

Die Kant-Krise war wesentlich nicht das Ergebnis einer Denkanstrengung, sie war der Höhepunkt einer Entwicklung, in der sich das System aus Glück, Tugend und Bildung auflöste. Kleist gelangte ans Ende der Aufklärung. Nicht durch gedankliche Operationen, sondern indem er sie zu leben versuchte. Vor der Kant-Krise glaubte Kleist an Worte wie Bestimmung und Tugend. Der Glaube an die Bedeutung der Worte zerbrach in der Kant-Krise. Das 18. Jahrhundert, dem Kleist seine Begriffe verdankte, rückte in weite Ferne. Seine Begriffe erwiesen sich ihm jetzt als abstrakt, hohl und bedeutungsleer.

Kleist wandelte eine selbstzerstörerische Lust an, die Begriffe über Bord zu werfen. Er bestand auf der Krise: »Alles, was Du mir nun dagegen einwendest, kann wahr sein, ohne dass der Zweifel gehoben würde –« Man wird das Gefühl nicht los, dass er die Krise wollte, dass Kant (oder wer auch immer) dazu diente, das zu zerstören, woran er ohnehin nicht mehr glaubte. So gesehen war die Kant-Krise elementar, sie war nicht nur Verzweiflung an der Wissenschaft und den Möglichkeiten der Sprache, sie war eine Krise der Unlebbarkeit des Lebens, so wie Kleist es sich bis dahin vorgestellt hatte.

Dass die Kant-Krise wirklich eine Krise war, sollte nach Kleists Worten klar sein: »Seit diese Überzeugung, nämlich, daß hienieden keine Wahrheit zu finden ist, vor meine Seele trat, habe ich nicht wieder ein Buch angerührt. Ich bin unthätig in meinem Zimmer umhergegangen, ich habe mich an das offne

Fenster gesetzt, ich bin hinausgelaufen ins Freie, eine innerliche Unruhe trieb mich zuletzt in Tabagien und Caffeehäuser, ich habe Schauspiele u. Concerte besucht, um mich zu zerstreuen, ich habe sogar, um mich zu betäuben, eine Thorheit begangen, die Dir Carl lieber erzählen mag, als ich; und dennoch war der einzige Gedanke, den meine Seele in diesem äußeren Tummulte mit glühender Angst bearbeitete immer nur dieser: dein *einziges*, dein *höchstes* Ziel ist gesunken –«[69]

Mit dem Glauben an Bildung, an die Wissenschaften, an die Möglichkeit des Wissens als Besitz und damit der Vervollkommnung brach auch das Überlegenheitsgefühl Kleists zusammen. Wissenschaft war das Modell gewesen, nach dem Kleist meinte, sein Leben bewältigen zu können. Nun kapitulierte er. Die Kant-Krise war genau das, was Kleist sagte. Der Beginn der Kunst Kleists liegt in Zusammenbruch und Zerstörung. Das hatte sich, wie die Dichtung auch, bereits vorher angedeutet. Der letzte Satz des Kantbriefes lautet: »Es muß etwas Gutes aus diesem innern Kampfe hervorgehn.«[70]

Kleist war, man kann das in den Briefen mitverfolgen, angewiesen auf Vertrauen. Seit der Würzburger Reise kam das Wort sehr oft in seinen Briefen vor. Er war süchtig nach Vertrauen. »Lassen Sie mich einen Blick in Ihr Herz thun«, hatte er Wilhelmine schon im April 1800 geschrieben. »Öffnen Sie mir es einmal mit Vertrauen u. Offenherzigkeit. So viel Vertrauen, so viel unbegränztes Vertrauen von meiner Seite verdient doch wohl *einige* Erwiederung von der Ihrigen. Ich will nicht sagen, daß Sie mich lieben müßten, weil ich Sie liebe; aber vertrauen müssen Sie sich mir, weil ich mich Ihnen unbegränzt vertraut habe.«[71]

Jeder zweite Brief an Wilhelmine wurde von Kleist dazu verwandt, das Motiv »Vertrauen« anzuschlagen. Darum ging es Kleist in dieser Beziehung. Gegenüber Ulrike wurde das Wort im umgangssprachlichen Sinn gebraucht. »Dein festes Vertrauen auf meine Redlichkeit«, hieß es zum Beispiel.[72] Auch in Briefen an den Prinzen von Preußen und an einer Stelle über den König kam das Wort vor. Da war es dann vollständig ein Wort des alltäglichen Gebrauchs.

In den Briefen an Wilhelmine aber hatte es eine andere Bedeutung. »Vergiß nicht, liebes Mädchen, was Du mir versprochen hast, *unwandelbares Vertrauen in meine Liebe zu Dir, und Ruhe über die Zukunft.*«[73] Kleist zitterte dabei, wie wenn ihn die Möglichkeit des Vertrauens und die Stärke seines Verlangens nach Vertrauen unglaublich erregen würden. Die Tasse, die er Wilhelmine schenkte, trug das Wort Vertrauen. Wenn sie daraus trank, sah sie das Wort.

Wenn er das Gefühl hatte, dass Wilhelmine ihm Vertrauen entgegenbrachte, wie in seinem Brief am 13. November 1800, konnte er sich öffnen. Kleist brauchte das Gegenüber, um zu sich zu kommen. Bei der Würzburger Reise und dann wieder in Berlin hatte er mit Brockes jemanden bei sich gehabt, dem er sich anvertrauen konnte. »Du hast ein gutes Vertrauen zu dem Strome, der die Eisscholle trug, ein Vertrauen, das wir Beide rechtfertigen können, u. wollen u. werden. So weit auch die Klippe hervorragt in den Lauf des Stromes, die Scholle, die er trägt, scheiternd an sich zu ziehn – sein Lauf ist zu sicher, er führt sie, wenn sie auch die Klippe berührt, ruhig fort ins Meer – –«, schrieb er in dieser Zeit auch an Wilhelmine.[74] Das war ein anderer, ein zuversichtlicher Ton.

Ohne Vertrauen erlebte Kleist die Existenz als etwas, das sich ihm entzog, er konnte sich auf nichts verlassen. Er erlebte die Leere der Freiheit, die er selbst gewählt hatte, er durchlitt sie. Wo Kleist diese Leere zuließ, wo er einsam wurde, kam er aber auch zu sich. Mit einem Mal wurde auch sein Leben anders sichtbar: Die ständige, gehetzte Suche, die ihn innerlich und äußerlich antrieb, wirkte jetzt wie eine Flucht vor Freiheit und innerer Leere.[75]

Es verwundert nicht, dass Kleist Glaubensfragen umtrieben. Kleists fünfte zentrale Lektüre, nach Wieland, Schiller, Rousseau und Kant, wurde für den Protestanten der katholische Gottesdienst. Wie tiefgreifend die Vertrauensfrage Kleist berührte, zeigt sich gut in der Unentschiedenheit seiner Glaubenseinstellung: Aus Würzburg hatte Kleist sofort nach der Ankunft geschrieben, wie sehr ihn das alles abstößt, das katholische Ansehen der Stadt, die endlosen Reihen der Pfaffen und Mönche, der katholische Gottesdienst. Kein herzerhebender Gedanke könne in diesen Kirchen entstehen, niemand verstehe das lateinische Murmeln des Priesters.

Die Zeremonie ersticke das Gefühl: »Sie beschäfftigen unsern Verstand, aber das Herz bleibt todt. Die bloße Absicht, es zu erwärmen, ist, wenn sie sichtbar wird, hinreichend, es ganz zu erkalten. Mir wenigstens erfüllt eine Todeskälte das Herz, sobald ich weiß, daß man auf mein Gefühl gerechnet hat.«[76] Hier sprach neben der Abscheu vor Frömmlerei das Misstrauen des Betrogenen. Sich bloß nichts vormachen lassen! Auch später warnte er Wilhelmine vor der verführerischen Kraft der Zeremonien. Religiöse Gebräuche seien nur menschliche Vorschriften. Genauso gut, sagte er mit seinem Hang zu Extrembeispielen, erwürge der Mexikaner seinen Bruder vor dem Altar eines Götzen, wie wir das Abendmahl nehmen.

Acht Monate später, nach dem ersten Gipfel der Krise, schrieb er: »Nirgends fand ich mich aber tiefer in meinem Innersten gerührt, als in der Katholischen Kirche, wo die größte, erhebenste Musik noch zu den andern Künsten trit, das Herz gewaltsam zu bewegen. Ach, Wilhelmine, unser Gottesdienst ist keiner. Er spricht nur zu dem kalten Verstande, aber zu allen Sinnen ein katholisches Fest. Mitten vor dem Altar, an seinen untersten Stufen, kniete jedesmal, ganz isolirt von den Andern, ein gemeiner Mensch, das Haupt auf die höheren Stufen gebückt, betend mit Innbrunst. Ihn quälte kein Zweifel, er *glaubt* – Ich hatte eine unbeschreibliche Sehnsucht mich neben ihn niederzuwerfen, u. zu weinen – Ach, nur einen Tropfen Vergessenheit, und mit Wollust würde ich katholisch werden –.«[77]

Das ist eine erstaunliche Wendung. Kleist stand in der Tradition der religionskritischen Tendenz in Preußen seit Friedrich II. und den Aufklärungsphilosophen. Sie alle richteten ihre Kritik gegen Intoleranz und den katholischen Dogmatismus, gegen Verfolgung angeblicher Ketzer und gegen Privilegien der Kirche.[78] Wunder und die Vorstellung vom göttlichen Eingreifen in den Weltlauf kamen ihnen – und ebenso Kleist – kindisch vor. Nichts mehr davon war in diesem Moment bei Kleist übriggeblieben. Das Gottesdiensterlebnis in Dresden ist ein frühes Beispiel der regressiven Religiosität, die unter Romantikern bald üblich wurde.

Kleists Einstellung hatte sich um 180 Grad gedreht. Die katholischen Zeremonien beschäftigten nur den Verstand, hatte er aus Würzburg angeekelt geschrieben, nun war es der protestantische Gottesdienst, der nur zum Verstand spricht. Diese Unentschiedenheit zwischen den beiden Konfessionen, zwischen Verstand und Gefühl wird bleiben. Sie wird sich noch in der Erzählung über »Die heilige Cäcilie oder die Gewalt der Musik« wiederfinden.

Die Unsicherheit ist nicht überraschend. Die Vervollkommnung durch Wissen und Tugend war ein Weg, in einer säkularen Welt die Sicherheit religiöser Weltanschauung zu behalten. Immer wieder finden sich in Kleists Briefen dieser Zeit Ausdrücke, die so klingen, als würde er an eine jenseitige Welt glauben, wobei er die Orientierung am Jenseitigen aufgegeben hatte. Das gipfelte im Kantbrief in einer Bemerkung zur Seelenwanderung: »Ich glaubte, daß wir einst nach dem Tode von der Stufe der Vervollkommnung, die wir auf diesem Sterne erreichten, auf einem andern weiter fortschreiten würden.«[79]

Kleists mangelndes Vertrauen zeigt sich auch im Verhältnis zu seiner Halbschwester Ulrike. Sie war seit dem Tod der Mutter seine vertrauteste Person. Aber auch dieses Verhältnis war kompliziert. Kleists Zweideutigkeit, die in seiner Haltung zur Religion deutlich ist, war auch gegenüber Ulrike vorhanden. Die Verse, die er ihr zur Jahrhundertwende geschrieben hatte, haben Berühmtheit erlangt: »Amphibion Du, das in zwei Elementen stets lebet,/ Schwanke nicht länger u. wähle Dir endlich ein sichres Geschlecht./ Schwimmen u. fliegen geht nicht zugleich, drum verlasse das Wasser,/ Versuch es einmal in der Luft, schüttle die Schwingen u. fleuch!«[80]

Kleist schien damit zu sagen: Entscheide dich endlich zwischen Mann und Frau, Schwester. Während der Pariser Reise wiederholte er in einem Brief an eine andere Frau, Adolphine von Werdeck, diese Bemerkung über die Schwester und wurde dabei ziemlich unverschämt: »Aber welchen Mißgrif hat die Natur begangen, als sie ein Wesen bildete, das weder Mann noch Weib ist, u. gleichsam wie eine Amphibie zwischen zwei Gattungen schwankt?«[81] Kleist schilderte seine Schwester als Hermaphroditen, ein Wesen halb Frau, halb Mann. Immer wieder wurde das so verstanden, als habe Kleist in der Schwester seine eigene schwankende Sexualität dargestellt, als sei er selbst eine

Art Hermaphrodit gewesen. Man geht davon aus, dass die Charakterisierung der Schwester in Wahrheit auf ihn selbst zutraf. Wer und wie Ulrike wirklich gewesen ist, ist schwer zu sagen. Man mag die Charakterisierung als Mannweib nicht so recht glauben.[82] Wir wissen, dass Ulrike nie geheiratet hat und dass sie 74 Jahre alt wurde. Sie hat in Kleists Geburtshaus, das sie nach Kleists Tod von den Geschwistern erwarb, ein Mädchenpensionat eröffnet. Sie war eine tatkräftige, eine selbständige und wohl auch eine eigensinnige Person.[83] Aber Mannweib?

Aufschlussreich für das komplizierte Vertrauensverhältnis zwischen Kleist und Ulrike ist der erste große Brief vom Mai 1799, den Kleist an Ulrike schrieb. Kleist hatte Ulrike damals umständlich versichert, wie sehr er sie verehrte und als seine Wohltäterin und Vertraute schätzte. »Du bist die Einzige die mich hier ganz versteht.«[84] Er begann, den Eindruck wird man nicht los, sie sich als verlässliche Stütze für seine Reise in die Freiheit heranzuziehen. Er begann, sie in die Rolle der hilfsbereiten, für ihn sorgenden Schwester zu drängen. Eine Rolle, die sie bis zum Streit kurz vor Kleists Selbstmord tatsächlich einnahm.

Kleist entwarf in dem Brief auch das erste Mal seine Idee vom Lebensplan. Sofort wollte er Ulrike davon überzeugen. Und schrieb: »Du bist entweder viel zu frei und vorurtheillos, oder bei weitem nicht genug.«[85] Einerseits ermunterte er Ulrike zur Freiheit: »Bist Du nicht ein freies Mädchen, so wie ich ein freier Mann?«[86] So als wolle er sie zur Komplizin seiner Freiheit machen. Dann aber schien sie ihm darin zu weit zu gehen: »– aber es scheint mir, als ob Du bei Dir entschieden wärest, Dich nie zu verheirathen.«[87] Das kann er sich beim besten Willen nicht vorstellen, das scheint ihm absolut unweiblich. Kleist wollte Ulrike die unweiblichen Gedanken an ein freies Leben austreiben, er drängte sie in die Rolle der sorgenden Mutter. Sie aber machte nie Anstalten, sich zu verheiraten. Aus Kleists Sicht benahm seine Schwester sich schon deswegen wie ein Mannweib.

Immer wieder ging es um Geld. Kaum ein Brief Kleists an Ulrike, in dem nicht von Geld die Rede ist. Bis zu seiner Volljährigkeit bat er sie immer wieder um einen Teil des ererbten Vermögens. Später, als das Vermögen aufgebraucht war, bat er sie regelmäßig um Unterstützung. Geld bestimmte das Verhältnis der beiden von Grund auf. Das war zu der Zeit, um die es hier geht, nicht anders: 260 Reichstaler habe er erhalten, teilte er Ulrike im November 1800 mit. Das Geld musste er Brockes zurückzahlen, der es ihm geliehen hatte. Nach der Abreise von Brockes und vor der Reise nach Paris schrieb er: »Kann Wackerbarth mir 200 rth. geben, so denke ich damit u. mit meiner Zulage den äußerst theuren Aufenthalt in Berlin (der mir eigentlich durch die vielen Besuche aus Potsdam teuer wird) bestreiten zu können.«[88] Im April legte er der Schwester dann eine detaillierte Berechnung vor, was die Reise kosten wird, nämlich 300 Reichstaler. So ging das unausgesetzt. Kleist vertraute Ulrike, gleichzeitig aber war sie die Repräsentantin der Zwänge, denen er unterlag.

Als Kleist seine Einstellung zur Religion änderte, war er schon wieder unterwegs. Er wollte nach Paris. Diese Reise war eine Flucht, das war Kleist selbst klar, aber er wusste sich keinen anderen Rat. Auch für diese Reise suchte er einen Reisebegleiter. Kleist reiste, im Gegensatz zum Beispiel zu Goethe, kaum allein. Brockes und Rühle hatten keine Zeit. So drängte sich als Begleitung Ulrike auf, zumal sie selbst gerne reiste. Kleist hatte auch versprochen, sie das nächste Mal zu fragen – und die Geldprobleme waren damit fürs Erste auch behoben. Aber Kleist war von Anfang an nicht glücklich mit dieser Lösung. Schon im ersten Reisebrief beklagte er sich bei Wilhelmine: »Du glaubst auch nicht, wie ihr lustiges, zu allem Abendtheuerlichen aufgewecktes Wesen, gegen *mein* Bedürfniß absticht –«[89] Ulrike habe ein ihm gegensätzliches Wesen, schrieb er. Aus Göttingen, der dritte Brief an Wilhelmine, klagte er wieder. Es lasse sich nicht an ihrem Busen ruhen. Genau dieselbe Klage wiederholte er, schon aus Paris, gegenüber Karoline von Schlieben, die er gerade erst in Dresden kennengelernt hatte. Und fuhr fort: »Sie ist eine weibliche Heldenseele, die von ihrem Geschlechte nichts hat, als die Hüften, ein Mädchen, das orthographisch schreibt u. handelt, nach dem Takte spielt und denkt – – Doch still davon. Auch der leiseste Tadel ist zu bitter für ein Wesen, das keinen Fehler hat, als diesen zu groß zu sein für ihr Geschlecht.«[90]

Aber er war nicht still: Gegenüber Adolphine von Werdeck,

die er schon jahrelang nicht mehr gesehen hatte, machte er ein paar Tage später die unverschämte Bemerkung über den Missgriff der Natur. Kleist brachte dafür eine Menge Beispiele für Ulrikes Unnatur bei, die alle einen Nachteil hatten: Keines legt den Gedanken nahe, dass Ulrike wirklich das Mannweib war, das er in ihr sehen wollte. Sie sprachen davon, dass sie realistisch, praktisch, mutig und resolut war. Aber auch mit einer nachgiebigeren Person wären die Spannungen programmiert gewesen: Die Schwester hatte das Geld, sie war der lange Arm der Familie. Kleist wollte sich in Paris gar nicht mehr wissenschaftlich fortbilden, wie er zu Hause als Reisegrund angab. Gegenüber Ulrike musste er Farbe bekennen.

Zunächst musste er sich einfach bewegen, um nicht an sich zu ersticken. Wie im Jahr zuvor fuhr er nicht zu seiner Geliebten, um sich zu finden. »Lass mich reisen«, schrieb er Wilhelmine. Diesmal ging es sogar in die genau entgegengesetzte Richtung, nach Paris. Während der Reise rückte Wilhelmine auch innerlich in weite Ferne. Es begann die Trennung, die sich schon im Kantbrief angedeutet hatte: »Gern mögte ich meine Treue immer nur der Neigung verdanken. Ich bin nicht flatterhaft, nicht leichtsinnig, nicht jede Schürze reizt mich und ich verachte den Reichthum; wenn ich doch jemals mein Herz Dir entzöge, Dir selbst, nicht mir, würdest Du die Schuld zuzuschreiben haben.«[91] Als er losfuhr, war alles noch wie immer: »Ich werde Dir *oft* schreiben. Aber es mögen Briefe ausbleiben so lange sie wollen, Du wirst immer überzeugt sein, daß ich alle Abend u. alle Morgen, wenn nicht öfter, an Dich denke. Dasselbe werde ich von Dir glauben. Also *niemals* Mißtraun oder Bangigkeit. *Vertrauen auf uns, Einigkeit unter uns!*« schrieb er.[92] Das alte Muster: Er wollte in der Ferne sein, beschwor von dort aber Nähe.

Aber im Brief an Wilhelmine vom 4. Mai 1801 gestand er gleich, dass er kein Bedürfnis zum Schreiben habe. Es dauerte wirklich zweieinhalb Wochen, bis er den nächsten Brief schrieb. Und das auch nur, weil er in Leipzig keinen Brief von ihr vorgefunden hatte, was er sich sehr erhofft hatte, und sich bestürzt fragte, was los war. Er schrieb, dass er so selten schreibe, weil er ihr mit seinen finsteren Gedanken keine Freude machen könne. Dabei begann Kleists Seele sich aufzuklären. Den nächsten Brief aus Göttingen schrieb er, weil er einen Brief von Wilhelmine beantworten musste. Im Brief vom 21. Juli äußerte er Zweifel an der Verbindung, die er schon länger zu haben schien: »Ich habe oft mit mir gekämpft, ob es nicht meine *Pflicht* sei, Dich zu verlassen?«[93] Insgesamt sind von der Würzburger Reise innerhalb von sechs Wochen elf Briefe an Wilhelmine überliefert, insgesamt 57 Druckseiten. Von der Pariser Reise vom April bis November 1801, während sieben Monaten, sind acht Briefe überliefert, die 33 Druckseiten ausmachen. Das Mitteilungsbedürfnis hatte deutlich abgenommen.

Es fanden sich allerdings immer noch Momente der Liebe, die Kleist vor allem dann empfand, wenn er dachte, dass sich Wilhelmine ihm entzieht. »Mein liebes Minchen, recht mit herzlicher Liebe erinnere ich mich in diesem Augenblicke Deiner – O sage, bist Du mir wohl noch mit so vieler Innigkeit, mit so vielem Vertrauen ergeben, als sonst?«[94] Und am 15. August schrieb er noch einmal voll Hingabe, nachdem er einen Brief von ihr bekommen hatte.

Eine andere Veränderung, überraschender, ging ebenfalls mit Kleist vor: Wilhelmine forderte ihn mehrfach auf, auch von seinem Innenleben zu berichten. Sie wollte wissen, wie es ihm geht. Das aber widerstrebte Kleist jetzt. Es sträubte sich etwas in ihm, sich zu offenbaren. Stattdessen nahm von Brief zu Brief die Lust am einfachen Bericht zu. Er wirkte entspannter, sagte, dass es ihm besser ginge. Er machte sich vergleichsweise normale Gedanken über das Leben, er kam zu dem Schluss, dass die Wissenschaft niemanden glücklicher gemacht habe. Die Zweideutigkeit, die die Briefe aus Würzburg so undurchdringlich gemacht hatte, war weg. Kleist schrieb klarer, Inneres und Äußeres trennten sich.

Ein Brief Kleists aus Straßburg liest sich schon wie ein ganz normaler Reisebrief: knapp, etwas gehetzt, um Post bittend, Ereignisse schildernd. Kleist schrieb nicht mehr diese Briefe, wo nicht zu unterscheiden war, ob er das schrieb, was er dachte, oder das, von dem er glaubte, dass es die Empfängerin lesen sollte. Zeichen leichter Aufheiterung fanden sich das erste Mal in dem Brief, in dem er den Gedanken an Trennung ausgesprochen hatte. »Es ist gewiß, daß früh oder spät, aber doch gewiß einmal ein heitrer Morgen für mich anbricht.«[95]

Gleichzeitig kam in den Briefen von der Pariser Reise dauernd der Tod vor. »Ach, es muß öde u. leer und traurig sein, später zu sterben, als das Herz.«[96] – »Wenn Sie auf diesem Sterne keinen Platz finden können, der Ihrer würdig ist, so finden Sie vielleicht auf einem andern einen um so bessern.«[97] – »Und an einem Eselsgeschrei hieng ein Menschenleben? Und wenn es nun in dieser Minute geschlossen gewesen wäre, *darum* also hätte ich gelebt?«[98] – »Ach, es ist nichts ekelhafter, als diese Furcht vor dem Tode.«[99] – »Die abgestorbene Eiche, sie steht unerschüttert im Sturm, aber die blühende stürzt er, *weil er in ihre Krone greifen kann.*«[100]

Man bekommt das Gefühl, dass in Kleist der Tod wuchs. Im Brief vom 15. August 1801, in dem er Wilhelmine noch einmal sein Inneres auftat, sprach er das erste Mal vom Selbstmord: »Ich will mich nicht mehr übereilen – thue ich es noch einmal, so ist es das letztemal – denn ich verachte entweder alsdann meine Seele oder die Erde, und trenne sie.«[101] Kleist war bereit, bis zum Äußersten zu gehen. Er wirkte dabei aber gefasster, klarer und entschiedener als bisher. Er klang, als sei er bei sich.

Mitte April war Kleist mit Ulrike aus Berlin abgereist. In Dresden, der ersten Station, gefiel es ihm so sehr, dass er nicht fortzubringen war.[102] Sie blieben viel länger als gedacht, fast einen ganzen Monat. Kleist lernte die Schwestern Karoline und Henriette von Schlieben kennen, »arm u. freundlich und gut«.[103] Dazu Karolines Verlobten, den Maler Friedrich Lose. Schnell ergaben sich daraus Freundschaften. Kleist machte ganz neue Erlebnisse. Die Stadt gefiel ihm. Der Gedanke, katholisch zu werden, war eine Dresdner Idee.

Er begeisterte sich jetzt auch das erste Mal in seinem Leben für Malerei. Die Sinnlichkeit und Kunstsinnigkeit der Stadt überwältigte ihn. »Er sah die Gemälde, die Kunstwerke, und lebte nur für die Kunst.«[104] Täglich habe er die Antikensammlung und die Gemäldegalerie besucht. »Mir war so wohl bei diesem ersten Eintrit in diese für mich ganz neue Welt voll Schönheit.«[105] Dieses späte Interesse für Malerei ist merkwürdig, da Kleist schon vorher die Natur wie ein Gemälde wahrnahm. Jetzt wurde ihm das bewusst, das Elbtal »lag da wie ein Gemälde von Claude Lorrain unter meinen Füßen«.[106] In

Dresden kam Kleist auf die Idee, dass Kunst eine Möglichkeit für ihn sein könnte. Den Schritt zur Kunst vollzog Kleist durch die Malerei, nicht durch Literatur, Theater oder Musik. Welcher Kontrast zu seinem ersten Besuch, als er die Stadt geschmacklos gefunden hatte und von einem Besuch in der Gemäldegalerie gänzlich unberührt geblieben war. Dresden wurde zu einer Stadt, die eine »große, feierliche Lage, in der Mitte der umkränzenden Elbhöhen«[107] hatte. Nichts mehr dagegen von engen Gassen. Nirgendwo, schrieb Kleist später aus Paris, sei die Zerstreuung so leicht und angenehm wie in Dresden. Das lag nicht nur an der pittoresken Lage und den Bildern, Ausflüge durch das Elbtal führten die Geschwister bis weit nach Böhmen hinein. Sie besuchten auch die Schlösser in Pillnitz und Moritzburg, genauso wie sie den Bergbau in Freiberg und ein Amalgamierwerk in Halsbrücke besichtigten.

Besonders schwärmte Kleist von der Sixtinischen Madonna Raffaels, dem Prunkstück der Gemäldesammlung. Kleist war beeindruckt von dem »hohen Ernste« und der »stillen Größe«.[108] Damit nahm er sie nach der berühmten Formel wahr, die Winckelmann für die Antike geprägt hatte. »Edle Einfalt und stille Größe«, hatte der 1755 geschrieben und mit seiner Auffassung der antiken Kunst die Entwicklung nicht nur in Deutschland nachhaltig beeinflusst. Winckelmann hat wesentliche Impulse von Raffaels Madonna empfangen. Nun schwebt Raffaels Madonna wirklich hoch im Bild, und eine eigenartige, ebenso ernste wie heitere Stille geht von dem Bild aus.

Mit der Neigung zur Sixtinischen Madonna bestätigte sich die zum klassischen Kunstideal neigende Disposition Kleists. Wobei die Wertschätzung Raffaels auch bei einigen Romantikern zu finden war, die das Bild 1799 gesehen hatten. Die Madonna ist ein Bild schöner Reinheit. Das Gesicht der Madonna, die Kleist sich stundenlang angesehen hat – wahrscheinlich muss man sogar sagen, mit der er stundenlange Zwiesprache gehalten hat –, ist von jener einfachen Lieblichkeit, die an einen Engel denken lässt. Dafür ist Raffael bis heute berühmt, das gab es nur bei ihm: eine Frau extremer Reinheit und himmelgleicher Offenheit. Die Sixtinische Madonna ist von jener Schönheit, die kein Wässerchen scheint trüben zu können. Sie ist göttlich und süß,

Raffaels Kunst bestand auch darin, dass sie trotzdem wie eine wirkliche Frau wirkt.

Am 18. Mai brachen Kleist und Ulrike wieder auf. In den Städten, durch die sie kamen, besuchten sie nun verschiedene Professoren. »Wir suchen uns in jeder Stadt immer die würdigsten auf.« In Leipzig hörte Ulrike verkleidet als Mann einer Vorlesung zu, Frauen war der Zutritt untersagt. Was aber mit Ernst Platner, dem vorlesenden Professor, abgesprochen war: Er hatte den Vorschlag gemacht, um Störung zu vermeiden. Professorenbesuche standen auch in Halle und Göttingen auf dem Programm, wo Kleist noch vor kurzem seine Studien hatte fortsetzen wollen. Davon war jetzt keine Rede mehr.

In Halberstadt besuchten sie den betagten Dichter Gleim, der Kleists dichtenden Großonkel, Ewald von Kleist, gekannt und verehrt hatte. Gleim zeigte den Reisenden mehrere Gemälde seiner Freunde, darunter auch Ewald von Kleist. »Da ist keiner, sagte er, der nicht ein schönes Werk schrieb, oder eine große That begieng. Kleist that beides u. Kleist steht oben an –«[109] Die Idee von der großen Tat ließ Kleist nicht mehr los, mehrfach schrieb er an Wilhelmine davon, bis hinein ins Jahr 1802, »ein Kind, ein schön Gedicht und eine große That«,[110] hieß es da. Kleist musste Gleim außerdem versprechen, aus Paris nicht als Franzose zurückzukehren – eine mehr als unbegründete Sorge.

Es ging weiter über Wernigerode, am 31. Mai 1801 bestiegen sie den Brocken. Kleist konnte nur schwer einen Berg auslassen. Die freie Sicht in die Runde, das Erhabenheitsgefühl des kleinen Menschen in der großen Natur hatten es ihm angetan. In Goslar besuchten sie ein Erzbergwerk, wo wegen der Hitze unter Tage nackt gearbeitet wurde. »Man glaubt in der Hölle, oder doch wenigstens in der Werkstatt der Cyklopen zu sein.«[111] Über Göttingen ging es nach Kassel, wo sie sich die Gemäldesammlung und den Park auf der Wilhelmshöhe ansahen. Weiter reisten sie über Frankfurt und Rödelheim nach Mainz und fuhren mit dem Postschiff rheinabwärts bis Koblenz.

In Butzbach bei Frankfurt waren die Pferde mit dem Wagen ohne Geschirr durchgegangen, das man ihnen zum Trinken und Fressen abgenommen hatte. Der Wagen kippte um, für einen Moment dachte Kleist, sein letztes Stündlein habe geschlagen.

Aber es ging gut aus: »Kurz, wir standen beide ganz frisch u. gesund von dem Steinpflaster auf u. umarmten uns. Der Wagen lag ganz umgestürzt, daß die Räder zu oberst standen, ein Rad war ganz zerschmettert, die Deichsel zerbrochen, die Geschirre zerrissen, das Alles kostete uns 3 Louis d'or u. 24 Stunden, am anderen Morgen gieng es weiter –«,[112] schrieb er an Karoline von Schlieben. Ein paar Tage später schrieb er die gleichen Worte an Wilhelmine. Auch das hatte Kleist also offenbar vorher notiert, so dass er es fast wortgleich abschreiben konnte. Im Übrigen kam das Umkippen einer Kutsche ziemlich häufig vor. Die von Kleist verehrte Königin Luise von Preußen ist laut einem Bericht von Sophie von La Roche gleich zweimal auf einer Strecke umgeworfen worden.[113]

Zurück von der kleinen Schiffsreise nach Koblenz, wandte man sich nach Süden. Über Mannheim und Heidelberg ging es nach Straßburg, das man am 28. Juni erreichte. Dort änderten Heinrich und Ulrike ihre Pläne. Nicht über die Schweiz und Südfrankreich wollten sie jetzt, wie ursprünglich geplant, nach Paris reisen, sondern wegen des Friedensfestes am 14. Juli direkt weiter in die große Stadt.

In Paris trafen Kleist und seine Schwester am 6. Juli ein, sie brauchten also für die knapp 400 Kilometer von Straßburg aus nur eine Woche. »In 8 Tagen haben wir ohne auszuruhn bis Paris 120 Poststunden gemacht«, schrieb Kleist.[114] Dieses Tempo war nur möglich, da die französischen Straßen besser waren als die deutschen.[115] Pro Tag waren sie an die 15 Stunden unterwegs. Die Kleists fuhren diesmal nicht mit dem Postwagen, so wie Kleist während der Würzburger Reise, sie gingen schon gar nicht zu Fuß, so wie Kleist oft zwischen Berlin und Potsdam unterwegs war, sie reisten standesgemäß in einer eigenen Kutsche. Sie hatten sich in Dresden zwei Pferde gekauft, die Kleist nach der Ankunft in Paris sehr lobte. Außerdem begleitete sie der Diener Johann, den Carl von Zenge ihnen abgetreten hatte.

Nicht standesgemäß, aber sehr praktisch reiste Ulrike in den Männerkleidern, in denen sie die Vorlesung in Leipzig besucht hatte. In Paris, wo sie diese Kleidung nicht ausziehen wollte, sorgte das für einen Eklat. Die Geschwister besuchten das Konzert eines blinden Flötenspielers, der das Geschlecht der verkleideten Ulrike erkannte und sie als »Madame« ansprach. Ulrike und ihr Bruder erregten die Neugier der Anwesenden und zogen spöttische Bemerkungen auf sich.[116]

Nun war Kleist am Brennpunkt seiner Zeit. Er und Ulrike wohnten nach der Ankunft am 6. Juli in der Rue St. Honoré 64,[117] einer der ältesten Straßen der Stadt nördlich der Tuilerien, nahe dem Louvre und dem Palais Royal. Später waren sie in der Rue des Noyers 21 untergebracht, einer Straße im Quartier Latin nahe der Sorbonne, die heute nicht mehr existiert.[118]

Die Mitteilungen Kleists über Inneres und Äußeres trennten sich nun noch deutlicher. Einen Tag nachdem er Wilhelmine noch einen Brief aus seinem Innersten geschickt hatte, schrieb er an ihre Schwester Luise, die er »goldnes Luischen« nannte. Er reagierte damit auf Zeilen, die er von Luise bekommen hatte. Sie beneidete Kleist darum, in Paris sein zu können. Am Ende des Briefes schrieb er ihr auch, was sie brennend interessierte, wie sie den Hut »au dernier goût«, nach dem letzten Schrei, tragen könne. Aber vorher fand sich eine leidenschaftliche Schilderung der Schrecklichkeiten der Stadt Paris. Kleist suchte einen Anlass, ein Feuerwerk der Anti-Paris-Rhetorik zu zünden.

Diese Trennung in Nachrichten aus seinem Innersten und Beschreibungen von Paris vollzog Kleist dadurch, dass er dafür verschiedene Briefempfängerinnen wählte. Er hatte jetzt das Bedürfnis, über seine Erlebnisse in der Welt zu schreiben. Das erklärt auch, warum er sich Karoline von Schlieben, die er gerade in Dresden kennengelernt hatte, und Adolphine von Werdeck, die er schon lange nicht mehr gesehen hatte, im Juli als Empfängerinnen seiner Paris-Briefe aussuchte. Kleist brauchte jemanden, dem er berichten konnte, an den er seine aufkeimende Rhetorik verschwenden konnte. Der Brief an Adolphine von Werdeck, er kannte sie aus Potsdam, schilderte auch die schon zitierten Erlebnisse in Mainz, das er auf der Durchreise gesehen hatte. Er brauchte eine unvorbelastete Briefpartnerin. Er musste schreiben können wie auf ein weißes Blatt.

Der unmittelbare Eindruck, den die Stadt Paris auf Kleist machte, ist am besten in Briefen festgehalten, die er zwölf Tage beziehungsweise drei Wochen nach seiner Ankunft an Karoline von Schlieben geschrieben hat:

Wenn ich das Fenster öffne, so sehe ich nichts, als die blasse, matte, fade Stadt, mit ihren hohen, grauen Schieferdächern u. ihren ungestalteten Schornsteinen, ein wenig von den Spitzen der Thuillerieen, und lauter Menschen, die man vergißt, wenn sie um die Ecke sind. Noch kenne ich wenige von ihnen, ich liebe noch keinen, und weiß nicht, ob ich einen lieben werde. Denn in den Hauptstädten sind die Menschen zu gewitzigt, um offen, zu zierlich, um wahr zu sein. Schauspieler sind sie, die einander wechselseitig betrügen, und dabei thun, als ob sie es nicht merkten. Man geht kalt an einander vorüber; man windet sich in den Straßen durch einen Haufen von Menschen, denen nichts gleichgültiger ist, als ihres Gleichen; ehe man eine Erscheinung gefaßt hat, ist sie von zehn andern verdrängt; dabei knüpft man sich an keinen, keiner knüpft sich an uns; man grüßt einander höflich, aber das Herz ist hier so unbrauchbar, wie eine Lunge unter der luftleeren Campane, und wenn ihm einmal ein Gefühl entschlüpft, so verhallt es, wie ein Flötenton im Orkan.[119]

Das hörte sich an, wie wenn er aus Berlin berichtet hätte.

In der Nähe von Kleists Wohnung war das Palais Royal. Es ist ein großes rechteckiges Gebäude, das mit einem Säulengang einen kleinen Park umschließt. Schon im Ancien Régime und auch, als Kleist in Paris war, gab es hier Bordelle, Spielkasinos, Cafés, Läden, Leihhäuser und Menschenmassen. »Auf dem Rückwege gehe ich durch das palais royal, wo man ganz Paris kennen lernen kann, mit allen seinen Gräueln u. sogenannten Freuden – Es ist kein sinnliches Bedürfniß, das hier nicht bis zum Ekel befriedigt, keine Tugend, die hier nicht mit Frechheit verspottet, keine Infamie, die hier nicht nach Principien begangen würde –«[120] Im Juli 1789, einen Tag vor dem Sturm auf die Bastille, hatte Camille Desmoulins hier zum Aufstand aufgerufen. Zwölf Jahre war das her. Nichts davon war mehr in den Beobachtungen und Reflexionen Kleists zu spüren.[121] In Paris herrschte Napoleon, und Kleist interessierte sich nicht für die Revolution.

Aber auch Napoleon kommt in keinem der Paris-Briefe Kleists vor. Napoleon sollte bald zentrale Bedeutung für Kleist bekommen, damals aber schien er nicht zu existieren. Dabei hatte er eineinhalb Jahre zuvor mit dem Staatsstreich am 18. Brumaire 1799, das war der 9. November, die Macht in Paris übernommen. Er war Erster Konsul, noch nicht Kaiser, aber er gab den Takt der Stadt vor und ihren Ton an. Napoleon zog, das muss Kleist bemerkt haben, viele Wissenschaftler an und raubte Kunstwerke, wo er sie bekommen konnte. Die Franzosen hatten sich 1789 in die Moderne katapultiert, Napoleon führte das weiter.

Vor dem aber, was er unmittelbar erlebte, verschloss Kleist nicht die Augen. Was er Karoline von Schlieben und Adolphine von Werdeck schrieb, entsprach seiner Beobachtung einer einzigartigen Stadt. Paris war damals die zweitgrößte Stadt der Erde. London war die Hauptstadt der Welt, Paris aber war die Hauptstadt Europas. London hatte etwa eine Million Einwohner, Paris knapp 700 000 (Kleist schrieb von 800 000), Berlin unter 200 000. Der Adel sprach in Europa immer noch Französisch, der Stil Europas wurde in Paris bestimmt. Potsdam war ein Schatten von Versailles, Berlin nicht einmal ein Schatten von Paris.

Diese Stadt – ihre Enge, die Massen, die Revolution und die hereinbrechende Moderne – prägte ihre Menschen, in Napoleons Diensten stehende Generäle, Geschäftsleute und Bankiers, Demagogen und Parvenüs ersetzten den hinweggefegten Adel. Nun bestimmte der Bourgeois, dieser neue Menschenschlag, der neue Wirtschaftsmensch, den Stil der Stadt. Genau diesen Wechsel nahm Kleist wahr, wenn er von den schnellen und oberflächlichen Parisern sprach. Auf die entfesselte Gier und Hektik der Stadt, die Genusssucht und Zerstreuungslust ihrer Bewohner kam er immer wieder zu sprechen. Dass ihm, der nach Besinnung und nicht nach Zerstreuung suchte, der einen festen Platz in einem großen Ganzen finden wollte, das nicht gefallen konnte, war klar. Die unübersichtliche Stadt verweigerte, was Kleist an Bergen oder hoch gelegenen Aussichtspunkten so liebte: den erhebenden Einklang mit dem Ganzen.

Kleist stand mit seiner negativen Paris-Auffassung keineswegs allein. Die Dekadenz der Franzosen war ein stehendes Motiv der europäischen Literatur. Zur gleichen Zeit nahmen Autoren wie Joseph Görres, Friedrich Schlegel oder Jens Baggesen Paris ähnlich wahr.[122] Das Leiden, der Überdruss an der

Stadt und auch die Verunsicherung durch sie sind zu dieser Zeit vielfach, gerade von deutschen Autoren, beschrieben worden. Man übertrug Erwartungshaltungen, die in der Heimat an der Natur ausgebildet worden waren, auf die französische Hauptstadt.[123] Was man vermisste, war das, was die Deutschen manchmal bis heute meinen, wenn sie malerisch oder romantisch sagen. In Dresden war das zu finden, in Paris nicht.

Kleist nahm Paris trotzdem umfassend wahr, er hatte nicht mehr den Würzburger Tunnelblick.[124] Er beschrieb das Stadtbild und das soziale Leben, er beschrieb die Umgangsformen und Verhaltensweisen, er berichtete vom Friedensfest am 14. Juli, wegen dessen er und Ulrike so schnell nach Paris gereist waren, er sprach wieder und wieder über die Reizungen der Großstadt, er verbreitete sich mehrfach über die Wissenschaft, die Museen und die Kunstwerke, und auch für die neuste Mode hatte Kleist ein Auge. Nur im Inneren berühren konnte ihn das nicht.

Schon vor seiner Abreise hatte Kleist geschrieben: »Du kennst die erste Veranlassung zu meiner bevorstehenden Reise. Es war im Grunde nichts, als ein innerlicher Eckel vor aller wissenschaftlichen Arbeit.«[125] Die Reise war eine Flucht vor der Wissenschaft. Paris aber war zu dieser Zeit unangefochten die Stadt der Wissenschaft, nicht zuletzt durch die Wissenschaftler, die Napoleon hierher zog. Die Fortsetzung der wissenschaftlichen Studien war immer noch der offizielle Grund von Kleists Reise, sowohl vor denen, die in Frankfurt und Berlin zurückgeblieben waren, als auch vor den offiziellen Stellen, die ihm den Pass ausstellten. Kleist hatte denn auch Adressen von Pariser Gelehrten bei sich, die er aufsuchen konnte. Das alles ergab einen merkwürdigen Kontrast: Einerseits musste er sein Studium der Naturwissenschaft fortsetzen, tat das auch, er lernte eine Zeitlang sogar Griechisch, andererseits wandte er sich immer mehr von allen Wissenschaften ab. Bezeichnend ist das Ende des Briefes vom 21. Juli an Wilhelmine. »Ich habe hier schon durch Humboldt u. Luchesini einige Bekanntschaften französischer Gelehrter gemacht, auch schon einige Vorlesungen besucht – Ach, Wilhelmine, die Menschen sprechen mir von Alkalien u. Säuren, indessen mir ein allgewaltiges Bedürfniß die Lippe trocknet.«[126] Das war deutlich.

Kleist lernte Wilhelm von Humboldt kennen, der in Frankfurt kurze Zeit neben ihm gewohnt hatte. Kleist verwechselte ihn aber mit seinem Bruder Alexander von Humboldt, was nicht darauf hindeutet, dass sie nähere Bekanntschaft gemacht haben. Auch der preußische Gesandte in Paris, der Marquis Girolamo de Lucchesini, spielte für Kleist damals noch keine große Rolle. Und über den bedeutenden Astronomen, in dessen Nähe er wohnte, Jerôme Lalande, erfahren wir von Kleist nichts.

Kleists negativer, ablehnender Blick auf Paris war von Rousseau geprägt.[127] Die kulturpessimistische Sicht, mit der Rousseau die vorrevolutionäre Pariser Gesellschaft kritisiert hatte, schien immer noch zu passen. Mehr, die Stadt schien Kleist dekadenter denn je. Saint Preux aus »Julie oder die Neue Héloïse« litt wie Kleist an der Genusssucht und unnatürlichen Gefühlskälte der Pariser. Im »Emile« wurde Paris als verlogene Stadt gebrandmarkt, wo von Männern wie Frauen alle Grundsätze der Tugend umgestoßen würden. Paris, diese lärmende, stinkende, konfuse Stadt, das war zum Naturzustand, den Rousseau und Kleist verklärten, das exakte Gegenteil.

Aber Kleist ging auch über Rousseau hinaus. Rousseau hatte im »Discours sur les sciences et les arts« die Frage, ob die Wiederherstellung der Wissenschaften und Künste zur Läuterung der Sitten beigetragen habe, verneint und damit den Preis gewonnen. Nein, nichts sei besser geworden, im Gegenteil, es gebe einen ständigen Verfall der Sitten und der Tugend. Jetzt aber stellte Kleist die Frage, ob denn der Rousseauismus die Welt besser gemacht habe. »Rousseau ist immer das 4^t Wort der Franzosen; und wie würde er sich schämen, wenn man ihm sagte, daß dies *sein* Werk sei?«[128] Kleist wurde selbständig und realistisch. »Zuweilen, wenn ich die Bibliotheken ansehe, wo in prächtigen Sälen u. in prächtigen Bänden die Werke Rousseaus, Helvetius, Voltaires stehen, so denke ich, was haben sie genutzt? Hat ein einziges seinen Zweck erreicht?«[129] Kleist distanzierte sich, er distanzierte sich von Paris, den Franzosen und sogar von Rousseau. Gleims Befürchtung, dass er als Franzose zurückkehren werde, war genau ins Gegenteil umgeschlagen: Kleist wurde in Paris zum Deutschen.

Gegenüber Luise von Zenge wurde Kleist richtig heftig in

seinem antifranzösischen Furor. »Verrath, Mord und Diebstahl sind hier ganz unbedeutende Dinge ...« Am meisten reizte Kleists Spottlust die Degradierung der Natur zum städtischen Ausflugsziel:

> Von Zeit zu Zeit verläßt man die matte, fade, stinkende Stadt, und geht in die – Vorstadt, die große, einfältige, rührende Natur zu genießen. Man bezahlt (im hameau de Chantilly) am Eingange 20 sols für die Erlaubniß, einen Tag in patriarchalischer Simplicität zu durchleben. Arm in Arm wandert man, so natürlich wie möglich, über Wiesen, an dem Ufer der Seen, unter dem Schatten der Erlen, hundert Schritte lang, bis an die Mauer, wo die Unnatur anfängt – dann kehrt man wieder um. Gegen die Mittagszeit (das heißt um 5 Uhr) sucht jeder sich eine Hütte, der Eine die Hütte eines Fischers, der Andere die eines Jägers, Schiffers, Schäfers & &, jede mit den Insignien der Arbeit und einem Namen bezeichnet, welchen der Bewohner führt, so lange er sich darin aufhält. Fünfzig Laquaien, aber ganz natürlich gekleidet, springen umher, die Schäfer- oder die Fischerfamilie zu bedienen. Die raffinirtesten Speisen u. die feinsten Weine werden aufgetragen, aber in hölzernen Näpfen u. in irdenen Gefäßen; und damit nichts der Täuschung fehle, so ißt man mit Löffeln von Zinn. Gegen Abend schifft man sich zu zwei u. zwei ein, und fährt, unter ländlicher Musik, eine Stunde lang spatzieren auf einem See, welcher 20 Schritte im Durchmesser hat. Dann ist es Nacht, ein Ball unter freiem Himmel beschließt das romantische Fest, und jeder eilt nun aus der Natur wieder in die Unnatur hinein –[130]

Dieser Brief ist der Paris-Hass-Brief schlechthin. Aber mit dem antifranzösischen Furor Kleists kam auch ein Furor des Schreibens, eine Lust an der Rhetorik, die es bisher in Kleists Stil nicht gab. Das ist keineswegs hohle Rhetorik, die er sich irgendwo abgeschaut hätte, das ist erlebte Erbitterung über himmelschreiende Widersprüche, die Kleist entdeckt zu haben meinte. Die Geschwister wollten ursprünglich ein Jahr in Paris bleiben. Nach vier Monaten hatte Kleist von der Stadt und ihren Bewohnern genug, er wollte nicht mehr. Mitte November reisten sie ab. Johann, der Diener, den Kleist während der Hinfahrt so gelobt hatte, sah die Stadt anders. Zwei Tage vor der Abreise verschwand er. Er wollte bleiben. Dafür gab es jetzt einen anderen Reisebegleiter. Lose, der Verlobte Karoline von Schliebens, der aus Dresden nach Paris gekommen war, reiste mit den Geschwistern zurück. Wie bei der Hinreise erfahren wir auch bei der Rückfahrt nichts über irgendwelche Erlebnisse bei der Reise durch knapp vierhundert Kilometer französisches Gebiet. Nur eine Anekdote gibt es.[131] Beim Anschirren der Pferde, die Kleist in Paris für die Reise gekauft hatte, was er in Ermangelung des verschwundenen Johann selbst tun musste, stellte er sich so dumm an, dass sich eine größere Menschenmenge über ihn amüsierte und sich schließlich ein Schneider seiner beziehungsweise der Pferde erbarmte.

Zwischenspiel: Die Sprache der Seele

Es wurde viel entdeckt, was das Innere angeht, in den vergangenen Jahrhunderten. Das Ich, das Ego und das Alter Ego, das Bewusstsein, das Selbst und das Selbstbewusstsein, das Unbewusste und das Unterbewusste, das Herz, das Gefühl und das Subjekt. Was aber ging verloren?

Kleist verwendete das Wort Seele häufig und ganz selbstverständlich. Das steht in auffallendem Gegensatz zum Nachdruck, den er auf Worte wie Herz, Gefühl und vor allem das Innere legte. Von der »innersten Innigkeit« sprach Kleist schon 1799. Dachte Kleist ans Innere, wollte er weiter hinein. Die Seele kam dagegen in vielen von Kleists Briefen vor, und er gebrauchte das Wort naiv und unbelastet. Die Seele war nicht wie das Gefühl oder das Innerste, die man beglaubigen musste. Sie war einfach da. Kleist verwandte das Wort Seele, wie wenn er wüsste, was darunter zu verstehen ist. Er sagte es so wie die Worte Haus oder Tat. Kein Zweifel überkam ihn, dass er diese Seele hatte und dass sie wichtig war. Dabei ist deutlich, dass diese Seele etwas Zartes war.

Die Philosophie seiner Epoche drehte sich um das Bewusstsein. Die antike Frage nach der Seele, die als etwas Belebendes vorgestellt worden war, war längst zu einer Frage der Erkenntniskritik geworden. Damit aber konnte Kleist kaum etwas anfangen. Er hielt sich zwar für einen großen Kantianer, wie Tieck notierte, das war aber ein Missverständnis, wie Tieck auch gleich hinzufügte: Kleist habe offenbar gar keine Anlage zur Philosophie.[1] Kleist ging es auch nie um Philosophie. Es ging ihm nicht einmal um das, was er mit der »innersten Innigkeit« anstrebte, um Tugend, Glück oder Bildung. Es ging ihm um das Gefühl der Innigkeit selbst.[2]

Am klarsten hat der Wiener Philosoph Ludwig Wittgenstein von der Seele gesprochen: »Wenn sich uns das Bild vom Gedanken im Kopf aufdrängen kann, warum dann nicht noch viel mehr das vom Gedanken in der Seele. Der menschliche Körper ist das beste Bild der menschlichen Seele. Wie ist es aber mit so einem Ausdruck: ›Als du es sagtest, verstand ich es in meinem Herzen‹? Dabei deutet man auf's Herz. Und *meint* man diese

Gebärde etwa nicht?! Freilich meint man sie. Oder ist man sich bewußt, *nur* ein Bild zu gebrauchen? Gewiß nicht. – Es ist nicht ein Bild unserer Wahl, nicht ein Gleichnis, und doch ein bildlicher Ausdruck.«[3] Die Seele ist etwas, das da ist und weg, das wir kennen und doch nicht kennen, vertraut und rätselhaft.

Der Wiener Seelenarzt Sigmund Freud übrigens, zur gleichen Zeit wie Wittgenstein tätig, beschäftigte sich nicht mit Seelen. Als er von ihnen sprach, war es im Zusammenhang mit den Vorstellungen der primitiven Völker.[4] Auch Kleist sprach nicht mehr von seiner Seele. Erst 1810 sollte die Seele noch einmal auftauchen.

Aussteiger, Welterfinder, Zusammenbruch

*Schweiz, Paris, Atlantikküste und Mainz,
Dezember 1801 bis Mitte 1804*

Als Heinrich von Kleist den Fuß in das Land seiner neuen Träume setzte, zeigte es sich nicht von seiner idyllischen Seite: »Es war eine finstre Nacht als ich in das neue Vaterland trat. Ein stiller Landregen fiel überall nieder. Ich suchte Sterne in den Wolken u. dachte mancherlei. Denn Nahes u. Fernes, Alles war so dunkel.«[1] Es war Winter, auf den Bergen lag schon Schnee. Kleist hatte sich die Schweiz als seine neue Heimat und den Beginn eines neuen Daseins ausgesucht. »Mir war's, wie ein Eintritt in ein anderes Leben.« Dieses Leben sollte – nach der großen Stadt Paris, vor der es ihn so ekelte – ein beschauliches, abgeschiedenes Landleben sein. Dass sich dieses Landleben so ungemütlich anließ, hat ihn nicht gestört.

Von Paris aus war er mit der Schwester in der Kutsche bis nach Frankfurt am Main gefahren, hier hatten sich ihre Wege getrennt. Zwischen den beiden hatte es heftigen Streit wegen Heinrichs neuen Plänen gegeben. Sie hielt die Sache mit dem eigenen Bauernhof für ein Hirngespinst. Mal abgesehen davon, dass es die finanziellen Probleme nicht löste – sie glaubte nicht einmal, dass Kleist auf diesem Weg glücklich werden würde. Er war ihrer Meinung nach für das Leben als Bauer nicht gemacht. Sicherlich hat sie ihm außerdem seine beschränkten Vermögensverhältnisse vorgehalten. Und sicherlich hat sie damit die Lage realistisch eingeschätzt.

Aber Kleist blieb hartnäckig. Zusammen mit dem Maler Friedrich Lose, den Kleist immer Lohse schrieb, war er am 2. oder 3. Dezember von Frankfurt aus Richtung Süden gefahren. Elf Tage hatten die beiden Freunde gebraucht, um Basel zu erreichen. Die Tage waren nun kurz, der Weg schlecht, Reisen noch beschwerlicher und langwieriger. Der erste Teil der Reise ging wie ein halbes Jahr zuvor über Darmstadt, die Bergstraße, Heidelberg, Durlach und dann über den Rhein nach Straßburg. Zusätzlich haben sie Karlsruhe besucht.

Der etwas zurückgebliebene Agrarstaat, auf dessen Boden Kleist nun seinen Fuß setzte, war für Antimonarchisten, für Republikaner und Demokraten zum gelobten Land geworden. Die Mischung aus Hirtenvolk und Volksregierung war für manchen unwiderstehlich. Vor allem seit 1798 die Helvetische Republik gegründet worden war, die bis 1803 existierte, galt die Schweiz als Vorbild. Die Helvetische Republik hatte die Ideale der Französischen Revolution aufgenommen: Gleichheit und Brüderlichkeit, auch für die Bauern, die bis dahin wie Leibeigene gelebt hatten, Gewaltenteilung, Gewerbefreiheit, Pressefreiheit. Die Schweiz galt damals als der Ort, an dem man in Freiheit und Selbstbestimmung leben konnte. In Schillers »Wilhelm Tell« ist bis heute etwas von dieser Schweizer Ausstrahlung zu spüren.

Es war also durchaus sinnvoll, wenn Kleist nun in die Schweiz ging. Zu den politischen Vorzügen kam die spektakuläre Landschaft. Schon im Erzgebirge, während der Reise nach Würzburg, hatte Kleist die Schweiz als Ideallandschaft vor Augen gehabt. Außerdem war es für Ausländer damals relativ leicht, sich in der Schweiz anzusiedeln. Kleist war nicht der Einzige, der auf diese Idee kam.

Er trug Wilhelmine seine Landwirtschaftspläne mit pathetisch-schlichter Knappheit vor: Ein Mensch könne nichts der Gottheit Wohlgefälligeres tun als »ein Feld zu bebauen, einen Baum zu pflanzen, u. ein Kind zu zeugen.«[2] Das war ein neuer Ton, dafür gemacht, entschieden zu klingen und Einfaches als große Tat erscheinen zu lassen. Aber es ging um mehr als die Geste. Kleist sah in einem Einkommen als Bauer eine echte Zukunftsperspektive, fern vom Getriebe der Welt, das er in Berlin und Paris so verachtet hatte, in einer ländlichen Idylle, die ihn zu sich kommen lassen würde.

Noch einmal folgte er damit seinem Lehrer Rousseau. Noch einmal war der Genfer sein Leitstern. Rousseau hatte in der Ermitage, einem einsamen Haus im Forst von Montmorency, gewohnt, ganz so, wie Kleist sich das vorstellte. Nachdem Rousseaus »Emile« verboten und öffentlich verbrannt worden war, hatte er kurze Zeit auf der St. Peters-Insel, einer langgestreckten Halbinsel im Bieler See, gelebt. Ganz so wie Kleist es bald auf der Oberen Insel im Thuner See tun sollte. »An keinen Aufenthalt denke ich mit solch süßer Wehmut zurück«, hatte Rousseau, der 1778 gestorben war, in den »Wanderungen eines einsamen Spaziergängers« geschrieben. Rousseau war damals der berühmteste Eremit Europas.

Kleist folgte Rousseau aus der alten seelischen Nähe heraus. Seine Scheu und Abscheu vor der Gesellschaft und seine radikale Ablehnung der Zivilisation waren der Rousseaus immer noch sehr verwandt. Das Gefühl, das Kleist beschäftigte, hatte Rousseau vor allem in dem Roman »Julie oder Die Neue Héloïse« entwickelt, in dem er auch die Schweizer Seen- und Gebirgslandschaft gefeiert hatte. Rousseau hatte den Kult der Natur mit dem Kult des Gefühls verschmolzen. Wie die Natur feierte er die unverfälschte Liebe. Kleist war bei weitem nicht der Einzige, der sich Rousseau darin nahe fühlte. Ganz Europa ließ sich damals von ihm anstecken. Goethes »Werther« ist dafür ein Zeugnis. Der Alpinismus, also das Bergsteigen, geht auf Rousseau zurück. Naturnaher Tourismus zehrt bis heute von rousseauistischem Empfinden.

Kleist hatte in seinem »Geburtstagsbrief« vom 10. Oktober 1801 sehr um Wilhelmine als Neuschweizerin geworben. Er wollte sie unbedingt dazu bewegen, ihm als Bäuerin in die Schweiz zu folgen. Er hatte versucht, sie in dem Brief nicht zu bedrängen und ihr die freie Entscheidung zu lassen. Aber es war in jeder Zeile deutlich, wie sehr er sich wünschte, dass sie ihm als seine Frau in dieses neue Leben folgte. Er wusste, welchen unmöglichen Schritt er von ihr verlangte, zumal sie hart würde arbeiten müssen. Aber er hoffte, dass sie es doch tun würde. Er sehnte sich nach dem Glück der reinen, natürlichen Liebe. Als er nichts von ihr hörte, ließ er nicht locker. Er malte ihr in einem zweiten Brief das Glück des Landlebens aus. Ein Punkt schien ihm dabei besonders verlockend: Sie könnten in der neuen Einsamkeit immer füreinander da sein.

Es war die Verwirklichung seines neuen Lebenstraums. Der Brief aus Paris an Luise endete in einen Hymnus auf die Natur.

Auch das war aus dem Geiste Rousseaus gewesen: »Große, stille, feierliche Natur, Du, die Cathedrale der Gottheit, deren Gewölbe der Himmel, deren Säulen die Alpen, deren Kronleuchter die Sterne, deren Chorknaben die Jahrszeiten sind ...«[3] Hier, in einer solchen kathedralenhaften Natur, wie sie in der Schweiz zu finden war, hatte Kleist gehofft, sich mit Wilhelmine ganz dem reinen Gefühl füreinander hingeben zu können. Dieses Gefühl, hatte er geglaubt, als er ihr den Rousseau ans Herz legte, würde sie dort lernen. Das hatte er zaghaft im Brief vom 10. und deutlicher dann im Brief vom 27. Oktober angedeutet.

Das Bedürfnis war tief in Kleist verankert. Schon im Mai, nach einem Elbausflug, hatte er Wilhelmine für das Gefühl reiner Zweisamkeit in natürlicher Umgebung zu begeistern gesucht: »Einzelne Häuser waren hie u. da an den Felsen gelehnt, wo ein Fischer oder ein Weinbauer sich angesiedelt hatte. Mir schien ihr Loos unbeschreiblich rührend u. reizend – das kleine einsame Hüttchen unter dem schützenden Felsen, der Strom, der Kühlung u. Nahrung zugleich herbeiführt, Freuden, die keine Idylle mahlen kann, Wünsche, die nicht über die Gipfel der umschließenden Berge fliegen – ach, liebe Wilhelmine, ist Dir das nicht auch alles so rührend u. reizend wie mir? Könntest Du bei *diesem* Glücke nicht auch Alles aufgeben, was jenseits der Berge liegt?«[4]

Kleist hatte noch einmal entschieden um Wilhelmine geworben. Aber er hatte keinen Erfolg. Sie wollte auf dieses Angebot zur Idylle zu zweit nicht eingehen. Kurz vor der Abfahrt aus Paris war Wilhelmines Antwort eingetroffen. Sie konnte sich nicht vorstellen, Bäuerin zu werden. Sie machte sich Sorgen wegen der Kopfschmerzen, die sie bekam, wenn sie der Sonne ausgesetzt war. Kleist erlebte diese Absage als Zurückweisung seiner Person. Erst von Frankfurt am Main aus antwortete er. Der schwärmerische Ton seiner letzten Briefe wich jetzt Nüchternheit und Distanz: »Liebe Wilhelmine«, begann der erste Absatz, »ich fürchte nicht, daß Dich Ulrikens Ankunft ohne mich schmerzhaft überraschen wird, da ich Dich bereits von Paris aus darauf vorbereitet, u. Dir meinen Plan, noch in diesem Winter nach der Schweiz zu reisen, darin mitgetheilt habe.«[5] Da hielt jemand mit seiner Enttäuschung nur sehr mühsam hinter dem Berg.

Dann schrieb er: »laß uns beide Deinen letzten Brief vergessen.«⁶ Noch einmal malte er ihr die Vorzüge des Landlebens aus und versuchte, ihre Einwände zu entkräften. Wilhelmine schrieb ihm daraufhin wieder, dass ihr die Trennung vom Vaterhause schwerfiele und dass sie sich zu schwach fühle.⁷ Kleist erhielt diesen Brief um den Jahreswechsel herum. Er beantwortete ihn nicht mehr. Im ersten Jahresviertel 1802 herrschte Funkstille zwischen der Schweiz und dem Haus von Zenge.

In diese Zeit der Trennung von Wilhelmine fiel das wichtigste Ereignis im Leben Heinrich von Kleists. Es geschah ganz im Verborgenen. Seine Umgebung bemerkte davon zunächst nichts, wahrscheinlich wusste nicht einmal seine Halbschwester und Pariser Reisebegleiterin Ulrike Bescheid. Äußerlich blieb alles so, wie es war. Und doch begann etwas Neues: Kleist wurde zum Schriftsteller. Vielleicht hatte er sich schon in Paris als Dichter versucht, wir wissen es nicht, es geschah wirklich ganz geheim. Weil er zuvor auch schon viel geschrieben hatte, Briefe, Tagebuch, Aufsätze, war die Veränderung von außen nicht sichtbar. Mit seiner ersten Publikation Ende 1802, die allerdings anonym erfolgte, trat der Dichter Kleist in Erscheinung. Die Ersten, die das mitbekommen haben, waren die neuen Freunde, die Kleist bald in der Schweiz fand.

Hängt das Entstehen des Dichters mit der Trennung zusammen? Was lief im Verborgenen ab? Es ist eine entscheidende und eine unbeantwortbare Frage. Was ist es, das schreibt? Was ist das, das Schriftsteller zum Schreiben zieht? Was macht, dass manche von ihnen meinen, nur leben zu können, wenn sie schreiben? Kleist war ein solcher Schriftsteller. Aber was heißt das? Was war das für eine merkwürdige Bedeutung, die das Schreiben in diesen Monaten bekam? Es macht die Sache nicht einfacher, dass es sich um ein historisch begrenztes Phänomen handelt. Kleist war einer der Ersten, die dieses Schreiben versucht haben. Bis weit hinein ins 20. Jahrhundert fand das seine Fortsetzung. Kafka, der über Kleist gesagt hat, dass er der Einzige war, der den richtigen Ausweg gefunden habe,⁸ ist der berühmteste Schriftsteller dieser Art geworden. Mittlerweile ist diese Art des Schreibens wieder im Schwinden. Es ist ein Phänomen des 19. und des 20. Jahrhunderts gewesen.

Von außen betrachtet, war es schlimmer als eine Sucht. Manche Schriftsteller waren diesem Schreiben ausgeliefert, mit einer Art religiöser Inbrunst hingen sie daran, Romane, Gedichte oder Dramen zu schreiben. Als sei es ein besseres, wahreres Dasein, das sie durch dieses Schreiben erreichen könnten. Als würde der wichtigste und beste Teil von ihnen erst durch das Schreiben zur Welt kommen. Das Rätsel dieses Schreibens ist ungelöst. Kleist hat es nicht einmal glorifiziert, später hat er sich sogar ein wenig verächtlich über das Schreiben geäußert. Und trotzdem ist er einer der ersten Schriftsteller dieses Typs.

Diese Frage nach dem Schreiben hängt innig mit dem eigentlichen, großen Rätsel von Kleists Biographie zusammen. Dieses Rätsel ist nicht die Frage, was er in Würzburg gemacht hat. Es ist nicht die Frage, was er in den Monaten des Jahres 1804 gemacht hat, über die wir, wie wir bald sehen werden, fast nichts wissen. Es ist auch nicht die Frage, ob die Kant-Krise eine Scheinkrise war. Das entscheidende Rätsel der Biographie Kleists ist die Frage, was in ihm selbst sich so unablässig suchte. Was sich so unruhig gebärdete wie ein eingesperrtes, aufgeregtes Wiesel, das verschreckt am Gitter hin und her läuft. Der Brief an Martini war ein Ausbruch, was in der »Penthesilea« geschieht, ist ein Ausbruch, Kleists Krankheiten sind Ausbrüche.

Es geht um etwas, das scheu ist, das sich aber trotzdem zeigen will. Das äußerst unruhig ist, das aber auch nach Ruhe verlangt. Kleists Freiheit war hart erkämpft. Dann aber war sie nur dazu da, um sich von der Gesellschaft zurückzuziehen und zu sich selbst zu kommen. Dieses Schreiben war, gerade am Anfang, etwas höchst Prekäres, etwas, das von anderen durch ein einziges leises Wort des Spotts zerstört werden konnte. Es war etwas Intimes, die unmittelbare Befriedigung eines Bedürfnisses, es war durch fremde Blicke bedroht. Nirgendwo sonst, so kommt es diesem Schriftsteller vor, ist man so sehr man selbst wie beim Schreiben. Dadurch aber ist die Angst so groß, sich lächerlich zu machen.

Kleists Weg von 1799 bis 1802 – und weiter bis 1806 – war der Weg zu einem solchen Schriftsteller. Am Anfang war dieses Schreiben noch nicht einmal als Idee da. Da stand der Wunsch nach Glück, Tugend und Selbstbestimmung. Sie waren sozusagen die Pfeiler, auf die er meinte, sich verlassen zu können. Damals war Kleists Schreiben nur das Schreiben von mehr oder minder klugen Aufsätzen gewesen – wie über den Weg, das Glück zu finden. Das verdichtete sich in den Briefen und den Aufzeichnungen, dem »Ideenmagazin«. In den Jahren ab 1800 aber entstand in Kleist die Vorstellung, aus Schrift etwas anderes zu machen. Diese Entwicklung ging im Hintergrund der Würzburger Reise, der Kant-Krise und der Pariser Reise vor sich. Das ist der Kern dessen, was man mit Kleist die »Geschichte meiner Seele« nennen kann, ein Wort, das er im Kant-Brief verwandte.

Kleist neigte dabei zur Übertreibung. Diese Übertreibung, die sich später auch in seinen Werken findet, ganz besonders in der »Penthesilea«, war eine, die aus der Scham kam. Die Übertreibung war gleichzeitig ein Mittel, um zu sich zu kommen, und eine Flucht. Sie war ein Mittel, um sich deutlich zu machen, und sie war ein Versteck. Sie stellte das Innere besonders heraus, und sie machte das Erkennen unmöglich. Die Übertreibung liegt in der angeblichen Bedeutung, die Kleist der Würzburger Reise gab, sie liegt in den Schrecken der Kant-Krise, sie liegt in den Schilderungen seiner Krankheiten, die wir noch kennenlernen werden.[9]

Möglicherweise findet sich der erste Hinweis auf den Schriftsteller Kleist im Juni 1801 in einem Brief an Wilhelmine aus Göttingen: »Ich selbst fange an, zu glauben, daß der Mensch zu etwas mehr da ist, als bloß zu *denken*«, schrieb er, »*Arbeit,* fühle ich, wird das einzige sein, was mich ruhiger machen kann. Alles was mich beunruhigt ist die Unmöglichkeit, mir ein Ziel des Bestrebens zu setzen, und die Besorgniß, wenn ich zu schnell ein falsches ergriffe, die Bestimmung zu verfehlen u. so ein ganzes Leben zu verpfuschen – Aber sei ruhig, ich werde das *rechte* schon finden. Falsch ist jedes Ziel, das nicht die reine Natur dem Menschen steckt. Ich habe fast eine Ahndung von dem rechten – wirst Du, Wilhelmine, mir dahin folgen, wenn Du Dich überzeugen kannst, dass es das rechte ist –?«[10]

Dieser Brief ist einer der offensten, die Kleist geschrieben hat. Als er ihn schrieb, fühlte er sich durch Wilhelmine verstanden und getröstet. Und doch wollte er lieber über das, was er mehr ahnte als wusste, schweigen. Es erschien ihm zu verworren, zu undeutlich, zu zart. »Sei zufrieden mit diesen wenigen Zügen aus meinem Innern. Es ist darin so wenig bestimmt, daß ich mich fürchten muß etwas aufzuschreiben, weil es dadurch in gewisser Art bestimmt *wird*.«[11]

Es gibt zwei Möglichkeiten für das, was Kleist zu dieser Zeit durch den Kopf ging. Er könnte an das Leben in der Schweiz als Bauer oder ans Schreiben gedacht haben. Die Unbestimmtheit, die er empfand, spricht eher für die zweite Möglichkeit.

In einem Brief vom August entsagte Kleist allem Ruhm und Nachruhm, den er in den vergangenen Jahren so hochgehalten hatte. Er konnte darin, behauptete er, nichts Verlockendes mehr finden. Der Wunsch, sich der Welt zuzuwenden, tätig zu sein, etwas zu tun, wurde immer stärker. Kleist wollte tätig sein um der Tat willen. »Ich habe den Lauf meiner Studien plötzlich unterbrochen, u. werde das Versäumte hier nachholen, aber nicht mehr bloß um der Wahrheit willen, sondern für meinen menschenfreundlicheren Zweck – Erlaß es mir, mich deutlicher zu erklären.«[12] Das hört sich nun allerdings viel mehr nach dem Plan an, Land zu bebauen und sich dafür die Kenntnisse zu erwerben, als nach der Idee, Dichter zu werden.

Am 10. Oktober 1801, noch in Paris, wurde Kleist volljährig. Er konnte über das Vermögen, das ihm noch geblieben war, frei verfügen. An diesem Tag deckte Kleist Wilhelmine seinen Plan offen auf, sich in der Schweiz als Bauer anzusiedeln. »Ich will im eigentlichsten Verstande *ein Bauer* werden, mit einem etwas wohlklingenderen Worte, ein Landmann.«[13] Kleist wollte sich in der Schweiz ein Landgut kaufen und das Land selbst bewirtschaften. Von Dichtung war nicht einmal eine Ahnung in den Worten Kleists. Aber Bauer und Dichter, das waren die beiden Themen des beginnenden Jahres 1802.

Wann Kleist zum Dichter wurde, darüber gehen die Ansichten weit auseinander. In der Vergangenheit nahm man gerne an, dass er schon in Würzburg zum Dichter reifte. Heute denkt man vorsichtiger, dass er in Würzburg mit den Landschaftsbildern zum Erzähler und in seinen Beobachtungen aus Paris zum zeitkritischen Autor wurde. Für den Typus Schriftsteller, der Kleist war, sind aber weder zeitkritische Erwägungen noch Beschreibungen der unterfränkischen Natur ausschlaggebend.

Vor 1802 sah sich Kleist nicht erkennbar als Dichter. Er schrieb, aber es waren Aufsätze, Tagebuch und Briefe. Er sprach vom Schrank, worin die Schreibereien stünden, von dem Buch, worin Gedichte stehen, dem Ideenmagazin und immer wieder vom Tagebuch. »Ich führe ein Tagebuch, in welchem ich meinen Plan täglich ausbilde u. verbessre«, schrieb er.[14] Er berichtete von der Würzburgreise, dass er und Brockes viel lesen und schreiben, es fiel auch der Satz: »Ich werde ein Gedicht machen.«[15] Im Januar 1801 freute er sich darüber, dass auch Wilhelmine ein Tagebuch führte, und schrieb: »An dem meinigen arbeite ich auch fleißig u. aufmerksam u. gelegentlich können wir sie einmal, wenigstens stellenweise, austauschen.«[16] Und an Rühle hatte er aus Berlin eine »große Schrift«[17] geschickt, noch bevor er nach Paris fuhr.

Mit jener Dichtung, an der sich Kleist bald versuchen würde, hatte das alles aber nicht viel zu tun. Mit einer Ausnahme: Die Unsicherheit über sich selbst, die sich vor allem in den Briefen an Wilhelmine gezeigt hatte, der Versuch der »Bildung« einer »Seele«, war bereits in den Briefen vorhanden. Kleists Dichtung ist die Fortsetzung dessen, was er in den Briefen an Wilhelmine verhandelte. Die Briefe, die Kleist aus Paris an Karoline von Schlieben, an Adolphine von Werdeck und an Luise von Zenge schrieb, drei Frauen, die ihm nicht so nah waren wie Wilhelmine und Ulrike, waren eine Zwischenstufe der Verwandlung vom Brief zur Literatur. Diese Briefe stehen zwischen den Bekenntnissen und der Preisgabe des Briefs als Medium der Selbstdarstellung. Ende des Jahres 1801, mit der Abreise aus Paris, brach dieses Briefschreiben ab. Der Brief diente jetzt der Mitteilung oder anderen Zwecken wie Beeinflussung, Bitten, Warnungen. Dieser Abbruch ist ein Indiz dafür, dass damals der Zeitpunkt war, in dem der Brief durch die Dichtung ersetzt wurde.[18]

Wenn Briefe und Dichtungen Kleists wirklich verwandt sind, hätte dies eine eigenartige Konsequenz: Briefe gelten als verlässliche Grundlage für Biographien. Bei Dichtungen ist man dagegen mit guten Gründen vorsichtig. Man kann nicht vom Werk auf den Autor schließen. Bei Kleist ist das möglicherweise anders. Die Briefe von 1799 bis 1801 haben einen fiktiven Kern, für die entscheidenden Dinge liefern sie keine biographischen

Fakten. Sie sind der Literatur verwandt. In der Literatur, die Kleist nun schreiben wird, steckt das Eigentliche seiner selbst, das zuvor in den Briefen aufgehoben war.

Im Brief vom 10. Oktober 1801 steckt ein weiteres Indiz, dass Kleist damals über das Schreiben nachdachte: »Nahrungssorgen, für mich allein, sind es doch nicht eigentlich, die mich sehr ängstigen, denn wenn ich mich an das Bücherschreiben machen wollte, so könnte ich mehr, als ich bedarf, verdienen. Aber *Bücherschreiben* für Geld – o nichts davon. Ich habe mir, da ich unter den Menschen in dieser Stadt so wenig für mein Bedürfniß finde, in einsamer Stunde (denn ich gehe wenig aus) ein Ideal ausgearbeitet; aber ich begreife nicht, wie ein Dichter das Kind seiner Liebe einem so rohen Haufen, wie die Menschen sind, übergeben kann.«[19]

An Ulrike schrieb Kleist aus der Schweiz. In den Briefen zwischen Februar und Mai 1802 sprach er von etwas, das er tue und das sie ahnen könne. »Du kannst es errathen, ich mag darüber nichts sagen.« – »Erlass' mir das Vertrauen über diesen Gegenstand, – Du weißt, warum?«[20] Das wird das Schreiben gewesen sein.

Gleichzeitig mit Schreibplänen und Todesgedanken befiel Kleist im Jahr 1801 ein umfassender Weltekel. Ein Ekel halte ihn von der Arbeit, der Gesellschaft und den Büchern ab, schrieb er während der Kant-Krise. Ein »innerlicher Eckel« vor aller wissenschaftlichen Arbeit sei der Grund der Pariser Reise, sein Tagebuch habe er vernachlässigt, weil ihn vor allem Schreiben ekelt. In Paris fand er dann eine ganze Stadt als Bild dieses Ekels. Er fand eine bis zum Ekel gehäufte Menge von Vergnügungen. Insgesamt war es ihm »lieb aus dieser Stadt zu kommen, von der ich fast sagen mögte, daß sie mir eckelhaft ist.«[21]

Welt- und Menschenekel, Trennung und neue Freiheit, Todesnähe und Schreibwunsch, mit diesen Themen kam Kleist in der Schweiz, seinem »neuen Vaterland«, an. Düster und erwartungsvoll zugleich dürfte seine Verfassung gewesen sein. Der Brief vom Ende des Jahres an seinen Reisegefährten, den Maler Friedrich Lose, gibt einen Einblick in Kleists Gemütslage in den ersten Schweizer Wochen.

Kleist und Lose hatten sich in Dresden bei den Schliebens

kennengelernt, Lose hatte Kleist und Ulrike dann in Paris besucht, war mit den Geschwistern nach Deutschland zurückgereist und mit Kleist von Frankfurt am Main weiter in die Schweiz gewandert und gefahren. Kleist und Lose hatten also bereits längere Zeit[22] miteinander verbracht, waren sich nähergekommen und sich jetzt in die Haare geraten. Sie hatten sich zerstritten, an sich nichts Ungewöhnliches.

Wie aber war Kleists Beziehung zu Lose? Nachdem die beiden Schweizreisenden Ulrike in Frankfurt am Main verlassen hatten, schrieb ihr Kleist: »Bei Straßburg gieng ich mit meinem Reisegefährten über den Rhein. Das ist wohl ein guter Mensch, den man recht lieb haben kann. Seine Rede ist etwas rauh, doch seine That ist sanft.«[23] Sehr nah waren Heinrich und Ulrike ihrem Reisegefährten bisher offenbar nicht gewesen, wenn Kleist das an Ulrike als Neuigkeit vermeldete. In Metz hatte es eine emotionale Szene unbekannten Inhalts zwischen Kleist und Lose gegeben.[24] Zu ihrem Krach kam es kurz nach der Ankunft in Basel am 13. und dem Brief an Ulrike vom 16. Dezember.

Lose war handfester und weniger zartfühlend als Kleist: »Lerne auch mit dem Zarten umzugehen«, schrieb Kleist ihm am 23. Dezember. Sie waren zusammen in Liestal bei Basel gewesen, es war zum Streit gekommen, Lose war am Tag danach nach Basel abgereist. Der Streit war so heftig gewesen, dass sie nicht mehr weiter zusammen sein wollten. Kleist schrieb in seinem Brief: »Ich habe mich in den vergangnen Tagen vergebens bemüht, auch mir diese Empfindlichkeit zu stumpften.«[25] Er meinte die Empfindlichkeit, mit der er auf Lose reagiert hatte, der Konflikt hatte wohl schon ein paar Tage angedauert, als Lose Liestal und Kleist verließ.

Kleist hatte das Gefühl, sich gegenüber Lose nicht richtig verhalten zu haben. Er war außer sich geraten. Am Tag danach hatte er die Fassung wiedergewonnen, er fühlte sich jetzt »so friedliebend, so liebreich, wie in der Nähe einer Todesstunde«.[26] Wieder ist vom Tod die Rede. Er hatte sich beruhigt, kam zur Einsicht, verzieh und bat um Verzeihung. Dann schrieb Kleist, er wisse gar nicht mehr richtig, warum Lose nicht mehr bei ihm sei und dass er ihn liebe. Das wurde als echte Liebeserklärung verstanden und gilt bis heute als einer der Belege für Kleists

Homosexualität. In Wahrheit sagt es nur, was er schon Ulrike geschrieben hatte: Lose war für ihn ein Mensch, den man liebhaben kann, ein Mensch, den man wie einen Bruder mag – was Kleist ebenfalls schrieb.

Kleist bedauerte nicht, dass ein Liebesverhältnis zerrissen ist, nicht daher kam die Aufregung, er bedauerte, dass er nach dem Streit kein gutes Gefühl mehr hatte, dass er in sich etwas zerstört hatte, das er nicht zerstören wollte. »Ach, es ist abscheulich, abscheulich, ich fühle mich jetzt wieder so bitter, so feindseelig, so häßlich.«[27] Dabei, meinte Kleist, hätte Lose doch die positivsten Gefühle aus ihm hervorlocken können. Kleist versuchte, mit sich selbst ins Reine zu kommen, er wollte »friedliebend« und »liebreich« sein. Wenn der Streit von etwas zeugt, dann davon, dass Kleist jähzornig sein konnte.

Gegen Ende des Briefes gibt es eine Ahnung, worum der Streit ging: »O verschmähe nicht eine Warnung. Es ist die letzte, die pflegt aus reiner Quelle zu kommen. Traue nicht dem Gefühl, das Dir sagt, an Dir sei nichts mehr zu ändern. Vieles *solltest* Du ändern, manches auch *könntest* Du.« Kleist führte sich immer noch auf wie ein Missionar, wie ein Beauftragter des besseren Gefühls. Er hatte den Besserwisser und Weltverbesserer, den er gegenüber Wilhelmine hervorgekehrt hatte, immer noch nicht abgelegt. Nicht umsonst hatte er gegenüber Lose ein schlechtes Gewissen. Kleist scheint ihn mit seinem Gefühl überschüttet zu haben, er – der selbst nichts hatte – wollte Lose die Hälfte seines Besitzes schenken! Man kann sich gut vorstellen, wie Kleist Lose, wie einst die gerade verlorene Wilhelmine, mit Herzensergießungen bestürmte und ihn gleichzeitig belehren wollte.

Kleist ist Lose dann nachgereist, er wollte ihn in Basel wiederfinden. Offenbar dachte er, ihn einfach auf der Straße zu treffen. Aber Lose war nicht da. Also fuhr Kleist weiter nach Bern. Noch immer schmerzte ihn, dass er sitzengelassen worden war. In Bern traf er den Freund wirklich zufällig auf der Straße. Sie setzten den Streit nicht fort, zu einer richtigen Versöhnung kam es auch nicht. Aber ein paar Tage später schrieb Kleist an Ulrike, dass Lose bei ihm wohnen solle. Sie hatten sich wieder vertragen.

Schon in Basel wollte Kleist Heinrich Zschokke zu treffen.[28] Zschokke war im Kanton Basel Regierungsstatthalter gewesen, aber wegen der föderalistischen Revolution im Oktober 1801 zurückgetreten. Kleist hat gehofft, bei ihm Unterstützung für die Einbürgerung und Ansiedlung in der Schweiz zu finden. Das war angesichts der politischen Verhältnisse schwieriger als gedacht. »Ach Ulrike, ein unglückseliger Geist geht durch die Schweiz. Es feinden sich die Bürger untereinander an«, seufzte Kleist.

Zschokke, 1771 in Magdeburg geboren, lebte inzwischen als Privatier in Bern, wo Kleist ihn jetzt antraf. Er war Republikaner oder Unitarier, wie es damals hieß, trat also für die Einheit der Schweiz und gegen das alte föderalistische System ein. Vor allem war der Mann ein Tausendsassa, wie vielleicht auch Kleist einer hätte sein können. Zschokke war Privatdozent gewesen, hatte eine Erziehungsanstalt geleitet und sich als Politiker der neuen Zentralregierung bewährt. Sein Roman »Aballino, der große Bandit« war ein Bestseller gewesen, den er flink zu einem Theaterstück umgeschrieben hatte, was seinen Erfolg noch einmal beträchtlich steigerte. Zschokke bekam 1804 das Schweizer Bürgerrecht, später war er erfolgreich als Historiker, Erzähler und Zeitschriftenherausgeber tätig.

Im Moment aber hatte er ähnliche Pläne wie Kleist. Er suchte nach einem Landgut, um sich in der Zeit der politischen Wirren ein Einkommen zu sichern.[29] Kleist fand in ihm den idealen Ratgeber, auch wenn er Zschokke anfangs nicht abnahm, dass er diese Pläne verwirklichen wollte, sondern ihn für den idealen Politiker hielt.[30] Und Kleist hatte Glück. Zschokke nahm ihn mit offenen Armen auf. Der junge Mann aus Brandenburg gefiel Zschokke außerordentlich, was er später bei mehreren Gelegenheiten schriftlich niederlegte.[31]

Zschokke hat in Kleist einen Geistesverwandten gesehen. Er erkannte in ihm den Zweifel an den höchsten Geistesgütern wieder, an dem er selbst einmal gelitten hatte. Mit der freundlichen Aufnahme durch Zschokke wurden Kleists Ansiedlungspläne schnell konkret. Bereits am 12. Januar 1802 glaubte er am Thuner See ein Gut gefunden zu haben, wie er Ulrike schrieb. »Ich habe also unter sehr vielen beurtheilten Landgütern endlich am Thuner See Eines gefunden, das mir selbst wohl gefällt, und, was Dir mehr gelten wird, auch von meinen hiesigen Freunden für das schicklichste gehalten wird ... Das Gut also von dem die Rede war, hat ein kleines Haus, ziemlich viel Land, ist während der Unruhen ein wenig verfallen u. kostet circa 3500 Rth. Das ist in Vergleichung der Güte mit dem Preise das beßte das ich fand. Dazu kommt ein Vortheil, der mir besonders wichtig ist, nämlich daß der jetzige Besitzer das erste Jahr lang in dem Hause wohnen bleiben, u. das Gut gegen Pacht übernehmen will, wodurch ich mit dem Praktischen der Landwirthschaft hinlänglich bekannt zu werden hoffe, um mich sodann allein weiter forthelfen zu können.«[32]

Ging wirklich alles so glatt? Man sollte skeptisch sein.[33] Kleist wollte unbedingt, dass Ulrike glaubte, dass er sich das mit dem Hauskauf und dem Landleben gut überlegt hatte. Er schrieb, dass er sich vielfältig umgesehen und umgehört habe. Er habe nachgefragt und dabei viel erfahren, und er habe Lehrbücher gelesen. Nun ist Kleist am 27. Dezember in Bern angekommen, und am 12. Januar tat er so, als habe er einen tiefen Einblick in den Immobilienmarkt der Schweiz.

Über Heinrich Zschokke kam Kleist mit geistig gewandten und regen jungen Männern in Berührung. Ludwig Wieland, der Sohn des von Kleist so verehrten Dichters, war genauso alt wie Kleist und versuchte sich ebenfalls als Dichter – wovon sein Vater gar nichts hielt. Auf jeden Fall war der junge Wieland ein fideler Mensch mit flinkem Mundwerk. Dazu kam Heinrich Geßner. Auch er, neun Jahre älter als Kleist, war Sohn eines Dichters: Der berühmte Idyllendichter Salomon Geßner war sein Vater. Dieser Vater hatte einen Verlag gegründet, den der Sohn fortführte. Geßner hatte Charlotte geheiratet, eine Schwester Ludwig Wielands. Kleist kam jetzt also in einen regelrechten Wieland-Kreis. Denn Ludwig wohnte bei Geßner im Haus und arbeitete bei ihm im Verlag mit, Christoph Martin Wielands Journal »Das Attische Museum« wurde hier herausgegeben. Dieser Verlag wurde der erste Verlag Kleists.

In diesem Kreis ereignete sich eine kleine Geschichte,[34] die für manche Kleistforscher zu schön klingt, um wahr zu sein. In Zschokkes Wohnung hing ein Kupferstich, der den Titel »Le Juge ou la Cruche cassée« trug, »Der Richter oder der zerbrochene Krug«. Zschokke, Wieland und Kleist ließen sich von dem Bild zu verschiedenen Deutungen inspirieren und machten daraus im Scherz einen Dichterwettstreit. Jeder sollte aufschreiben, was er in dem Bild sah. Offenbar steckte für alle in dem Scherz so viel Ernst, dass jeder der vier Freunde – einschließlich Geßners, der nach Zschokkes Erinnerung gar nicht dabei war – einen dichterischen Versuch wagte. Bei Kleist kam letztendlich »Der zerbrochne Krug« heraus. Merkwürdig bleibt, wie Kleist den Sieg davontragen konnte, so berichtet es jedenfalls Zschokke, wo Kleists Stück doch frühestens drei Jahre später fertig wurde. Vielleicht aber hat ja auch jeder der Teilnehmer am Dichterwettstreit einen mündlichen Vortrag seiner Idee gegeben, oder Kleist hat eine frühe Szene vorgelesen.

Alles, was Kleist tat, hatte jetzt etwas erstaunlich Unbeschwertes. Zschokke wanderte Ende März durch den Aargau, Wieland und Kleist begleiteten ihn. Es war immer noch kalt, aber sie streunten durch die Gegend, die sich in ein Märchenland verwandelte. »Man mag sich leicht das ergötzliche Umherfahren der drei jungen Poeten vorstellen, die überall Paradiese und Wüsten, Göttinnen und Ungeheuer sahen, wo sie kein anderes Auge fand«, schrieb Zschokke rückblickend. »Es war das Umherschwärmen von Schmetterlingen, die der winterlichen Verpuppung eben entschlüpft, über Wiesen gaukeln, von jeder Blume gelockt, von keiner gehalten.«[35] Man nennt das jugendlichen Übermut.

Übermut ist es auch, was aus der allerersten Reaktion auf Kleists neue Beschäftigung, das Schreiben, spricht. Das ist bemerkenswert. Es ist ein schallendes Gelächter, ein Ton, den die wenigsten in Kleists Werk hören, der aber durchgehend vorhanden ist. Die Dichterfreunde hätten sich ab und zu aus ihren Werken vorgelesen und dabei gegenseitig hochgenommen, berichtete Zschokke. »Als uns Kleist eines Tages sein Trauerspiel ›Die Familie Schroffenstein‹ vorlas, ward im letzten Akt das allseitige Gelächter der Zuhörerschaft, wie auch des Dichters, so stürmisch und endlos, daß, bis zu seiner letzten Mordszene zu gelangen, Unmöglichkeit wurde.«[36] Welcher Dichter hätte das geschafft? Er schreibt ein verzweifeltes, düsteres Trauerspiel voller Toter. Und was geschah? Seine Zuhörer lachten und lachten.

Hat Kleist mit seiner scheuen Dichterseele wirklich von Herzen mitgelacht? Lachte er vielleicht nur, weil er dachte, dass er mitlachen musste, wenn er sich nicht lächerlich machen wollte? Und fühlte sich dabei dann grausam missverstanden? Oder fühlte er sich aufgehoben im Kreis der neuen Freunde, in seiner neuen Beschäftigung? Lachte er befreit – befreit von sich selbst und von dem, was ihn sonst bedrängte? Möglicherweise fühlte er beides zugleich.

Man kann Kleists Lachen etwas nachlauschen. Er hat in seinem ersten Drama eine Figur erfunden, in der ein typisches Kleist-Lachen steckt. Es ist Johann in der »Familie Schroffenstein«, an der er damals arbeitete. Johann wird am Ende des Stücks verrückt – die einzige Freiheit, die ihm sozusagen bleibt. Er ist der Einzige in der Familie, der klarsieht. »Wohin führst Du mich, Knabe?«, wird der junge Johann vom greisen Sylvius am Ende gefragt. »In's Elend, Alter, denn ich bin die Thorheit./Sei nur getrost! Es ist der rechte Weg.« Darauf Sylvius: »Weh! Weh! Im Wald die Blindheit, und ihr Hüter/Der Wahnsinn! Führe heim mich, Knabe, heim!« Darauf Johann: »In's Glück? Es geht nicht, Alter. S'ist inwendig/Verriegelt.«[37] Johann sagt, was Kleist erlebt hatte und was er viel später im Marionettentheateraufsatz noch einmal formulierte: Der Weg ins Glück ist verschlossen.

Gleichzeitig wird die Tragödie durch Johann zur Groteske, über der sein höhnisches Lachen liegt. Die Kinder Agnes und Ottokar sind von den eigenen Vätern ermordet. »Schade! Schade!«, ruft Johann. »Die arme Agnes! Und der Ottokar!«[38] Es verhöhnt die Eltern, die über ihre toten Kinder klagen. Die Eltern sind verantwortlich für den Tod der Kinder, und es fällt ihnen nichts anderes ein als Jammern. Daraus erwächst Johanns hohnlachender Sarkasmus: »Seid nicht böse./Papa hat es nicht gern gethan, Papa/Wird es nicht mehr thun.«[39] Johann ist nicht nur ein Teil der Familie Schroffenstein, er ist auch ihr Kommentator. »Bringt Wein her! Lustig! Wein! Das ist ein Spaß zum/Todtlachen!«, ruft er am Ende,[40] während sich die Eltern schon versöhnen: War ja alles nicht so schlimm!

Während Kleist sich mit solchen Figuren und Szenen beschäftigte, schaute er sich weiter nach einem Bauernhof um. Februar und März verbrachte er in Thun, etwa dreißig Kilometer von Bern entfernt. Mit dem Kauf des Hofes allerdings zögerte er jetzt. Es ging um sein letztes Geld, das durch den Parisaufenthalt deutlich zusammengeschmolzen war. Es ging sogar um deutlich mehr Geld, als er selbst noch besaß. Im Stillen kalkulierte er die Beteiligung Ulrikes bereits mit ein. Kleist hatte Ulrike im Prinzip schon überredet, sich an seinem neuen Domizil zu beteiligen. Sie sollte ihm das Geld vorstrecken. Wie alle notorischen Pleitiers hatte er den festen Vorsatz, das Geld zurückzuzahlen. Das zunächst ausgewählte Haus am Thuner See geriet aus dem Blick, Kleist fasste jetzt ein Anwesen in Gwatt ins Auge. Hier gefiel ihm vor allem, dass dort noch kein Wohnhaus war, was ihm die Freiheit gab, »mir a priori eines zu bauen«, wie er schrieb. Das Dorf Gwatt liegt südlich von Thun am See.

Kleist ging entschieden ans Werk, wie unter dem Druck, der Schwester und sich etwas zu beweisen. Eine Zeitlang war Kleist von seiner Aussteigeridee ganz besessen. Ulrike solle seinen brennenden Wunsch, ein Feld zu bebauen, wie eine Krankheit betrachten. Gleichzeitig glaubte Kleist darin aber auch die Medizin für die schwere Krankheit gefunden zu haben, die ihn das vergangene Jahr befallen hatte. Durch körperliche Arbeit wollte er seine geistige Zerrüttung behandeln.

Doch dann zögerte er mit dem Kauf und rechnete sich dieses Zögern als besondere Vernunft hoch an. »Ich gehe häufig aufs Land, besehe noch mehrere Güter, mache es aber, nach Ihrem Rathe, in allen Stücken wie der berühmte Cunctator«, schrieb er an Zschokke in Anspielung auf den sprichwörtlichen zaudernden römischen Feldherrn.[41] Das heißt nicht, dass er bei den Hausplänen nur träumte und dass wieder von vornherein zum Scheitern verurteilt war, was er sich vorgenommen hatte. Er war nicht der einzige Intellektuelle seiner Zeit, der sich Autonomie und geistige Freiheit als Schweizer Bauer versprach. Manche hatten damit durchaus Erfolg.[42] Dass Kleist sich schließlich gegen den Hauskauf entschied, führte er selbst auf die politische Situation zurück. Schon bei seiner Ankunft hatte er ja eine böse Ahnung gehabt.

Tatsächlich bekämpften sich die alteingesessenen eidgenössischen Föderalisten und fortschrittliche republikanische Unitarier verbittert. Man rechnete allgemein mit einer Invasion der Franzosen. Das Land stand am Rande des Bürgerkriegs, Kleist hat das schnell erkannt. Kleists Freunde waren überzeugte Republikaner. 1798 war die föderalistische Patrizierherrschaft zusammengebrochen und die Helvetische Republik ausgerufen worden, was von den postrevolutionären Franzosen anfangs unterstützt worden war. Doch zwei Staatsstreiche der Föderalisten veranlassten General Bonaparte, der in Paris als Erster Konsul das Sagen hatte und auch in der Schweiz die Zügel in der Hand hielt, Ende April 1801 eine neue Verfassung für die Schweiz einzusetzen. Das Land wurde in einen föderalen Bundesstaat zurückverwandelt. Gleichzeitig gab es ein Zentralparlament, das »helvetische Tagsatzung« genannt wurde. Bonaparte versuchte zwischen den Kräften auszugleichen, was ihm zunächst aber nicht gelang.

Da die Unitarier in der Tagessatzung die Mehrheit hatten, hatten sich die Föderalisten am 28. Oktober 1801, kurz bevor Kleist in der Schweiz ankam, durch einen Staatsstreich an die Regierung gebracht. Das war der Grund für Zschokkes Rücktritt als Regierungsstatthalter in Basel gewesen. Die nachfolgende Auseinandersetzung prägte das gesamte Jahr 1802, Kleists Schweizer Jahr. Im April gab es einen vierten Staatsstreich, diesmal durch die Unitarier, im Juli wurde eine neue fortschrittliche Verfassung verabschiedet. Bonaparte erkannte, dass er sich in der Schweiz nur durchsetzen konnte, wenn er sich nicht für eine Seite entschied, sondern die beiden Lager gegeneinander ausspielte. Als er überraschend die französischen Truppen abzog, brach sofort der Bürgerkrieg zwischen Republikanern und Unitariern aus. Ganz im Sinn der Franzosen war es, dass die entzweiten Schweizer Bonaparte nun die Vermittlerrolle antrugen. Er nahm sie gerne an und ließ eine weitere Verfassung erarbeiten, die den Föderalisten entgegenkam.

Kleist war durch die Freunde über die Situation gut informiert und verfolgte die Vorgänge mit großem Interesse. Schon im Februar 1802 gab er seine Hauskaufpläne auf. »Es hatte allen Anschein, daß die Schweiz sowie Cisalpinien, französisch werden wird, u. mich ekelt vor dem bloßen Gedanken«, schrieb er an Ulrike.[43] Kleist hatte nicht nur einen ausgewachsenen

Franzosenhass, er hatte auch eine erstaunlich präzise Einschätzung der politischen Lage. Er erkannte, dass Bonaparte alles tat, um die Schweiz durch innere Unruhen schwach zu halten. Dabei bezeichnete er Bonaparte als Allerwelts-Konsul und sprach über ihn mit der Herablassung des Patriziers gegenüber dem Emporkömmling, auch wenn er wie Zschokke auf Seiten der Unitarier stand. Kleist steckte damit mitten in den Umwälzungen, die durch Europa rollten. Das erste Mal zeigte er politisches Interesse.

Objektiv gesehen waren Kleists Abwartestrategie und seine schnelle Entscheidung gegen den Kauf eines Hauses bei der Unsicherheit der Lage sicher richtig. Er fand einen vorläufigen Kompromiss und mietete ein einsames Landhäuschen auf dem »Oberen Inseli« im Thuner See, das als Kleisthaus später einige Berühmtheit erlangte, aber 1940 abgerissen wurde. Er mietete es für ein halbes Jahr. Schon Anfang April zog er ein. Zumindest am Anfang ging es ihm hier sehr gut. Er war sich selbst genug und verließ die Insel kaum. Das Häuschen hatte eine Küche, einen kleinen Wohnraum mit niedrigen Decken und Schlafzimmer mit winzigen Fenstern im oberen Stockwerk. Vor dem Haus standen große Linden.

Das Kleisthaus hat dazu geführt, dass man sich Kleists Schweizaufenthalt gern als idyllische zurückgezogene Angelegenheit vorstellte. Dabei war er durchaus umtriebig. Neben dem Freundeskreis, neben Lose, Zschokke, Wieland und Geßner, lernte er Hausverkäufer und Hausbesitzer kennen – wie Gatschet, den Besitzer des Hauses auf der Aare-Insel, wie Fellenberg, der ein Gut im Kanton Bern hatte, wie den später berühmten Pestalozzi, der ebenfalls nach einem Haus suchte. Er kannte den Hauptmann Mülinen und wahrscheinlich auch dessen Hauslehrer Christian Gottlieb Hölder.[44]

Im Mai, Kleist lebte einen Monat in dem Häuschen, schrieb er an Ulrike, dass ihm die Tochter einer Fischerfamilie, die einzig noch auf der kleinen Insel lebte, den Haushalt besorge: »ein freundlich-liebliches Mädchen, das sich ausnimmt, wie ihr Taufname: Mädeli.« Kleist zeichnete eine Idylle vom Leben mit ihr: frühes gemeinsames Aufstehen, gemeinsames Essen, gemeinsamer Sonntagsausflug. Während sie in der »Schwyzertracht«, die er ihr geschenkt habe, in die Kirche gehe, besteige er das Schreckhorn. »Weiter weiß ich von der ganzen Welt nichts mehr.«[45]

An der Existenz dieses »Mädeli« ist schon immer gezweifelt worden. Es klingt einfach zu schön, um wahr zu sein. Da das Schreckhorn gut vierzig Kilometer Luftlinie von Thun entfernt und – neben Jungfrau, Mönch und Eiger – ein ausgewachsener Viertausender ist, den Kleist unmöglich bestiegen haben kann, hat man die ganze Briefstelle inklusive Mädeli kurzerhand zu reiner Poesie erklärt. Auch Hypothesen, Kleist habe bei den Bergen etwas durcheinandergebracht und mit dem Schreckhorn eigentlich das nahe Stockhorn gemeint, helfen nicht weiter.[46] Selbst diesen Zweitausender hätte Kleist niemals während eines Gottesdienstes besteigen können.

Man ist in jüngster Zeit sehr schnell dabei, Mädeli, Schreckhorn und Idylle zu einem reinen Produkt von Kleists Phantasie zu erklären.[47] Man konnte das Mädeli nicht ausfindig machen. Aber Kleists Kennzeichnung als Fischerstochter ist doch sehr klar. Diese Angabe wird immerhin durch den Dorfgeistlichen gestützt: Die Fischerstochter habe Magdalena Furer geheißen, sagte er.[48] Kleist schrieb in dem Brief an Ulrike: »ich sagte dem Mädeli: sie sollte sparen. Das Mädchen verstand aber das Wort nicht, ich war nicht im Stande ihr das Ding begreiflich zu machen, wir lachten beide, u. es muß nun beim Alten bleiben.«[49] Das klingt kaum nach einer erfundenen Szene. Um ein schönes Detail wäre die Geschichte Kleists in jedem Fall reicher, wenn es das Mädeli wirklich gab.[50]

Sicher ist, dass Kleist in dem Häuschen, in das er sich zurückgezogen hatte, vor allem schrieb. Er arbeitete an seinem ersten Stück »Die Familie Schroffenstein«, das im November des Jahres 1802 verlegt wurde, aber mit der Jahreszahl 1803 anonym im Verlag von Heinrich Geßner erschien.[51] Da auch der sehr frühe Entwurf des Stückes »Die Familie Thierrez« auf Berner Papier geschrieben ist, kann Kleist frühestens Ende Januar 1802 in Bern mit dem Stück begonnen haben.[52] Das aber heißt, dass »Die Familie Schroffenstein« in Bern, Thun und vor allem auf dem Inseli entstanden ist. Die erhaltenen Handschriften zeigen, wie intensiv er an dem Stück arbeitete.

Zum ersten Mal kann man Kleist nun sehen, wie er sich durch

ein Drama zeigte. »Die Familie Schroffenstein« hat die Kälte einer mathematischen Beweisführung. Zu beweisen war, dass die Welt kein Ort zum Leben und Lieben ist. »Es liegt eine Schuld auf dem Menschen, die, wie eine Ehrenschuld jeden, der Ehrgefühl hat, unaufhörlich mahnt«, hatte Kleist in militärischer Terminologie aus Paris an Wilhelmine geschrieben.[53] Jetzt schrieb er ein Stück, in dem durch die dramatische Struktur sozusagen die Erbsünde bewiesen wurde. Der Stoff entstammte ganz seiner eigenen Phantasie, es hat sich bis heute keine Vorlage finden lassen.[54] Die beiden Stämme der Familie Schroffenstein stehen einander symmetrisch gegenüber, sie sind durch einen Erbvertrag gleichzeitig aneinandergekettet und entzweit: Stirbt ein Stamm aus, erbt der andere seinen Besitz.

So blüht das Misstrauen und entsteht unerbittlicher Streit zwischen Rossitz und Warwand, den beiden Häusern der einen Familie: Stirbt ein Sohn, wird der andere Stamm verdächtigt, ihn umgebracht zu haben. Das führt zu Verstrickungen, die wieder neue Verdächtigungen erzeugen. Vermittler bewirken Unheil, alles ist in dem Stück auf unentrinnbare Eskalation angelegt. Der Gedanke an Rache besetzt die Köpfe mehr und mehr. Fehleinschätzungen machen das Unheil immer größer. Eigentlich waren einmal alle guten Willens; weil sie durch den Vertrag einander verkennen, führen sie ihr Unheil herbei.

Dazwischen steht das Liebespaar Agnes und Ottokar, jung und aus je einer der verfeindeten Familien. »Warum nennst du mich Maria?«, fragt sie ihn. Er antwortet mit einer Kleist'schen Liebesphantasie:

> Erinnern will ich Dich mit diesem Namen
> An jenen schönen Tag, wo ich Dich taufte.
> Ich fand Dich schlafend hier in diesem Thale,
> Das einer Wiege gleich Dich bettete.
> Ein schützend Flordach webten Dir die Zweige,
> Es sang der Wasserfall ein Lied, wie Federn
> Umwehten Dich die Lüfte, eine Göttinn
> Schien Dein zu pflegen. – Da erwachtest Du,
> Und blicktest wie mein neugebohrnes Glück
> Mich an. – Ich fragte Dich nach Deinem Namen;

> Du seist noch nicht getauft, sprachst Du ...
> Wie war es damals
> Ganz anders, so ganz anders. Deine Seele
> Lag offen vor mir, wie ein schönes Buch.[55]

So zart sprechen Ottokar und Agnes miteinander. Das erinnert an Romeo und Julia, an Max und Thekla in Schillers »Wallenstein« und an Kleists Traum von einer Sprache der Liebe mit Wilhelmine in der Gartenlaube.

Offen liegen die beiden voreinander da: »Nun will ich heiter, offen, wahr,/Wie Deine Seele mit Dir reden.«[56] Aber der blinde Hass der Eltern ist stärker als die Sehnsucht der Kinder nach wahrer Liebe. Um Agnes vor seinem mordenden Vater zu retten, tauscht Ottokar mit ihr die Kleider. Sein Vater Rupert, der ihn gerade deshalb für Agnes hält, ersticht seinen eigenen Sohn. Entsprechend wird Agnes von ihrem Vater ermordet.

Kleists Freund Pfuel hat behauptet, dass diese Kleidertauschszene des fünften Aktes die erste Idee zur »Familie Schroffenstein« war.[57] Von den vielen Umarbeitungen des Dramas, die Kleist vorgenommen hat, blieb der fünfte Akt tatsächlich ausgenommen. Er stand offenbar fest, und das bestätigt Pfuels Behauptung. Diese Szene ist wie eine Keimzelle von Kleists Schreiben. In ihr wie in der Liebe zwischen Agnes und Ottokar überhaupt steckt jene keusche Erotik, die Kleist mit Wilhelmine beschwor und die ihn vor der Sixtinischen Madonna beschäftigte. In der Kleidertauschphantasie steckt aber auch etwas von der sexuellen Uneindeutigkeit Kleists. Ottokar entkleidet Agnes und sieht dabei in ihr die reinste Natur. Da kommen die Väter, um ihr grausames Handwerk des Tötens, die reinste Unnatur, zu verrichten. In der Szene lebt ein schmerzliches Gefühl der Unmöglichkeit von Liebe.

Als wesentliches zweites Element wird schnell die Unnatur der mörderischen Familienfehde hinzugekommen sein. »Doch nichts mehr von Natur!« ruft Rupert gleich am Anfang, er wird die natürliche Liebe der Kinder nicht zulassen. Durch den Kontrast zwischen brutalem Familienkrieg und zarter Liebesgeschichte wird die Kleidertauschszene zugleich grotesk und tragisch. Sie sprengt die Kategorien.

Kleist hat sich damals besonders für das Sündenfallmotiv interessiert. Auch »Der zerbrochne Krug« hat in dieser Zeit seinen Ursprung. Beide Stücke sind mit biblischen Motiven, insbesondere dem Sündenfall, durchsetzt. Wo die Liebesgeschichte ihren Ursprung hatte, ist nachvollziehbar. Woher aber kam der brutale Familienkrieg, den Kleist erfand? Vom ersten Stück an spielt der Krieg in dem, was Kleist schrieb, eine Hauptrolle. Es gibt dazu keine Quellen, keine Äußerungen, keine Zeugnisse. Sicher aber ist, dass Kleist vom Thema Krieg besessen war. Alle seine Stücke handeln vom Krieg. Selbst »Der zerbrochne Krug« und »Amphitryon« haben als Hintergrund eine Kriegshandlung.

Ist Kleists erstes Stück eine »elende Scharteke«, wie er bald gegenüber seiner Familie schrieb? Er wusste nicht recht, ob er das wirklich so sagen wollte. Er strich den entsprechenden Satz durch, trotzdem konnte man ihn noch lesen. »Auch thut mir den Gefallen u. *leset das Buch nicht.*«[58] Bei der Kritik stieß das Stück auf größeres Wohlwollen als bei seinem Erfinder: »Erscheinung eines neuen Dichters«, hieß es im »Freimüthigen«, einer jungen Zeitschrift, die August von Kotzebue herausgab.[59] Die »Zeitschrift für die elegante Welt« sprach von einem »sehr ausgezeichneten, genialen Produkt«.[60]

Kleist hat die Latte von Anfang an hochgelegt, er wollte den Dichterlorbeer erringen. Schreiben war eine Art Eroberungszug. Vielleicht hat das dazu beigetragen, dass er Dramen schrieb. Das Drama galt damals – noch – als die höchste aller Gattungen. Er hatte die fixe Idee, dass das Schreiben ihn aus der Verbannung befreien sollte, dass der errungene Lorbeer ihn würdig mache, wieder unter die Augen der Familie zu treten. Kleist meinte, ein gelungenes Werk sei Voraussetzung seiner Rückkehr. Dann sei sozusagen seine Ehre wiederhergestellt und er hätte sich als nützliches Mitglied der Gesellschaft erwiesen. Dazu schien ihm »Die Familie Schroffenstein« nicht geeignet, deshalb das Wort von der elenden Scharteke. Kein Wunder, welche Familie sieht sich schon gerne so dargestellt.

Eigentümlicherweise ist die Entwicklung von Kleists erstem Drama am besten dokumentiert. Er wollte das Stück erst in Frankreich spielen lassen, wie der frühe Entwurf »Die Familie

Thierrez« zeigt. Dann verlegte er die Handlung nach Spanien, »Die Familie Ghonorez« heißt die vollständig überlieferte Handschrift des gesamten Stücks. »Die Familie Schroffenstein«, das schließlich gedruckte Drama, spielt in Schwaben. Kleist wechselte leichtfüßig die Orte, behielt aber die Familie im Titel. Da der Druck viele Fehler enthält, wird manchmal »Die Familie Ghonorez« für das authentische, also kleistsche Werk gehalten. Das ging bis hin zu Gerüchten, dass Wieland und Geßner den letzten Akt in Verse gebracht hätten oder dass Wieland sogar der Autor des anonym gedruckten Stücks sei.[61] Auch habe es weitere Handschriften gegeben, von denen eine Rühle besessen haben will und die andere Kleists Bruder Leopold gehabt haben soll.[62]

Die überlieferten Arbeitsschritte der »Der Familie Schroffenstein« zeigen in jedem Fall, dass Kleist das Stück nicht eruptiv aufs Papier warf, sondern ein hartnäckiger Arbeiter war. Er verwendete viel Energie auf die Form. Die Figur Johanns war am Anfang kaum vorhanden. Viel Energie verwendete Kleist auch darauf, das Stück zu straffen und ihm die Folgerichtigkeit zu geben, die es in seiner letzten Gestalt auszeichnet.

Dauernd war Kleist in den vergangenen Jahren geflohen. Die Tage auf dem Inseli waren das erste Mal, dass er sich seit seinem Studium zu etwas bekannte. Von Ulrike und der Familie her gesehen, wirkte es immer noch wie eine Flucht, was er tat. Vor allem für Wilhelmine verschwand Kleist irgendwo in den Bergen eines fremden, bäuerlichen Landes. Es muss etwas Lächerliches gehabt haben: ein preußischer Edelmann, der auf dem Land allein unter Fremden lebte, deren Sprache er schwer verstand. Eine Frühform des Aussteigers, der erzählte, dass er das Leben eines Bauern führen wolle, und dafür doch so offenkundig nicht geschaffen war. Ein undurchsichtiger, etwas verwahrloster Adliger, der schwer beschäftigt war mit etwas, von dem niemand richtig sagen konnte, was es war. Christian Gottlieb Hölder schrieb: »Oft sahen wir ihn stundenlang in einem braunen Curé auf seiner Insel, mit den Armen fechtend, auf und ab rennen und deklamieren.«[63]

Kleist hat auf dem Inseli nicht nur geschrieben, deklamiert und vielleicht mit einem Mädeli gelebt, er besiegelte auch die Trennung von Wilhelmine endgültig. Die erste Ahnung der

Trennung konnte man am 9. April 1801 haben, als Kleist nach Paris aufbrach: »Liebe Wilhelmine! Meine theure, meine *einzige* Freundinn! Ich nehme Abschied von Dir! – Ach, mir ist es, als wäre es auf ewig!«[64] Er sollte damit auf eine gnadenlose Art Recht behalten. Innerlich löste Kleist dann die Verbindung, als Wilhelmine seine Schweizer Pläne nicht mittragen wollte. Die eigentliche Geschichte der Trennung begann mit dem Geburtstagsbrief von 1801 und der dort geäußerten Bitte, mit ihm aufs Land zu ziehen. Nachdem er Wilhelmines Absage erhalten hatte, versuchte er sie am 2. Dezember noch einmal umzustimmen. Nach diesem Brief und ihrer Antwort, die er wohl Ende Dezember erhielt, muss Kleist sich von Wilhelmine entbunden gefühlt haben. Mit Lose sprach er über die Möglichkeit einer neuen Geliebten.[65]

Wilhelmine hat danach keine Briefe mehr von Kleist bekommen.[66] Lange blieb ein Ungleichgewicht: Für sie bestand die Verbindung, für ihn nicht mehr. Wie Wilhelmine das erlebte, hat sie 1803 für ihren späteren Gatten Krug aufgeschrieben: Sie habe Kleist in einem Brief angefleht zurückzukehren, sie habe ihm versichert, dass sie ihm überallhin folge, dass es ihr aber sehr schwer würde, sich so weit von den Eltern zu entfernen. »Ehe dieser Brief beantwortet wurde, musste ich fünf Monate alle Posttage vergebens auf Antwort warten«, schrieb Wilhelmine.[67] Sie glaubte nicht mehr an das Glück mit ihm, war aber – nicht ganz zu Unrecht – davon überzeugt, dass sie die einzige Frau sei, die mit ihm fertig werden könnte. Und stand weiter zu ihm.

Am 10. April 1802 hielt sie das Schweigen nicht mehr aus und schrieb Kleist einen Brief in die ferne Schweiz. Es ist der einzige von ihrer Hand, der erhalten ist. Sie schrieb ihm, wie schlecht es ihr in den vergangenen Monaten ergangen war, dass ihr Bruder, den sie sehr geliebt hatte, gestorben war. In einer Starre, die sie befallen habe, hätte ihr zwar der Gedanke an seine Liebe geholfen, sein Schweigen aber habe ihren Schmerz vermehrt.

Kleists Reaktion auf diesen Brief war knallhart. Am 20. Mai, lange nachdem er ihren Brief bekommen hatte, schrieb er ein letztes Mal. Der erste Absatz des kurzen Briefes resümiert in geschäftsmäßigem Ton die Ereignisse zwischen den beiden. Kleist beschrieb das so, als fasste ein Geschäftspartner noch einmal in einem Protokoll die Vorgänge zusammen, um sich bei späteren Streitigkeiten darauf berufen zu können. Er werde überhaupt nur nach Preußen (das er hier Vaterland nennt) zurückkehren, wenn er es schaffe, den hohen Erwartungen, die in ihn gesetzt würden, gerecht zu werden.

In diesem Brief, der einen für Kleist ungewohnt trockenen Ton hatte, den Wilhelmine sonst nicht an Kleist kannte, bekannte er sich auch zum ersten Mal deutlich zum Schreiben: »… wo ich mich nun mit Lust oder Unlust, gleichviel, an die Schriftstellerei machen muß.«[68] Dann wirft er ihr vor, dass sie durch ihren Brief die Erinnerungen, die glücklicherweise etwas verblasst waren, aufgefrischt habe, und endet: »Liebes Mädchen, schreibe mir nicht mehr. Ich habe keinen andern Wunsch als bald zu sterben. H. K.« Das war's.

Die Liebesgeschichte zwischen Kleist und Wilhelmine hat etwas Lächerliches. Kleists Maßregelungen des Weibes machen es schwer, sich eine echte Beziehung vorzustellen, die monatelangen Trennungen und das schnöde Ende sprechen nicht für eine intensive Bindung. Aber für Kleist war Wilhelmine über knapp zwei Jahre die wichtigste Person. Mit ihr und durch sie hatte er sich entwickelt. Er hatte an sie geglaubt, und er hatte gedacht, dass sie das Leben in der Schweiz mit ihm teilen würde. Gleichzeitig versuchte Kleist, sich mit Wilhelmine in geordnete Verhältnisse zu fügen, über die Braut eine gesellschaftlich akzeptable Stellung aufrechtzuerhalten. In Paris und der Schweiz entschied er sich für den Schritt in eine Freiheit, zu der Wilhelmine nicht mehr passte.

Es versteht sich von selbst, dass man unter menschlichen Gesichtspunkten bei der Trennung auf der Seite Wilhelmines hätte sein müssen. Das sah Kleists erster Biograph Eduard von Bülow 1848 so, und niemand hat dieser – meist unausgesprochenen – Haltung seither ernsthaft widersprochen. Sie wurde von ihm schnöde betrogen, und zwar nicht mit einer anderen Frau (oder einem Mann), sondern um ihr Gefühl und ihre Aufrichtigkeit. Die Forderung Kleists nach blindem Vertrauen und seine verletzende Art der Trennung stehen in krassem Gegensatz. Aber Kleist konnte nicht anders. Er hatte sie gebraucht. In sie dachte er hinein, was ihm wichtig war.

Kleist lebte von Anfang April bis wahrscheinlich Juni oder Juli, vielleicht auch August, auf dem Inseli. Anfangs ging es ihm sehr gut. Was auch immer man über den Mädeli-Brief denkt, zumindest das spricht daraus. Als er seinem Cousin und Schwager Wilhelm von Pannwitz im August schrieb, dass er seit zwei Monaten in Bern schwerkrank niederliege, könnte er damit auch gnadenlos übertrieben oder gelogen haben. Schließlich wollte er Geld von ihm. Er könnte im Brief an Pannwitz auch jenen fiebrigen Zustand gemeint haben, der ihn schon bei seinen Studien in Frankfurt an der Oder und in der Kant-Krise ergriffen hatte. Er führte seine geistige Abgespanntheit auf die Überanstrengung beim Studium zurück.[69] Wenn er in der Zeit auf dem Inseli so schrieb, wie er studiert hatte, dann konnte man wirklich Angst um ihn bekommen.

Er arbeitete tatsächlich hart. »Ihr Weiber versteht in der Regel ein Wort in der deutschen Sprache nicht, es heißt Ehrgeiz«, hatte er an Wilhelmine im Mai im Trennungsbrief geschrieben. Das klingt wie ein Vorwurf, dass sie ihn bisher davon abgehalten habe, seinem Ehrgeiz zu folgen. Jetzt wollte er es wissen. »Die Familie Schroffenstein« wurde auf dem Inseli fertig, und er begann die Tragödie »Robert Guiskard, Herzog der Normänner«. Daneben arbeitete Kleist vielleicht an dem Drama »Peter der Einsiedler«.[70] Wahrscheinlich arbeitete er auch an dem Drama »Leopold von Österreich«.[71] Mindestens die Idee zum »Zerbrochnen Krug« wurde in dieser Zeit geboren, vielleicht auch die zur Erzählung »Die Verlobung in St. Domingo«.

Kleist arbeitete also wirklich wie besessen. Gleichzeitig steigerte er sich in Todesstimmung hinein. Im Brief an Ulrike vom Mai schrieb er erst, dass es ihm eigentlich gutgehe, er aber von einer seltsamen Furcht befallen sei, dass er vor Vollendung seiner Arbeit, es mag »Schroffenstein« oder etwas anderes gewesen sein, sterbe. Ein paar Zeilen weiter fuhr er fort: »– kurz, ich habe keinen andern Wunsch, als zu sterben, wenn mir drei Dinge gelungen sind: ein Kind, ein schön Gedicht, und eine große That. Denn das Leben hat doch immer nichts Erhabneres, als nur dieses, daß man es erhaben wegwerfen kann.«[72] Das ist der soldatische Gestus der Lebensverachtung. Pfuel bestätigt das: »... stets aber schwebte ihm als höchste und letzte Leistung der

Guiskard vor der Seele – denn nach dessen glücklicher Vollendung wünschte er zu sterben.«[73] So mischten sich Größen phantasie und Todessehnsucht. Nichts mehr vom Baum, den zu pflanzen vor kurzem noch zu den drei Essentials gehört hatte, nichts mehr vom Feld, das zu bebauen ist.

Der Aufenthalt Kleists auf dem Inseli spielt in Kleists Biographie eine legendäre Rolle. Dabei hat die Lage eine Rolle gespielt; dabei ist die Vorstellung wichtig, dass er hier zu sich kam. Man stellt sich das sehr idyllisch vor, abgeschieden mitten im See, umgeben von schönen Bergen. Als habe Kleist in diesem Sommer verwirklicht, was man sich für ein Dichterleben vorstellt: einsam in schöner Natur mit der Arbeit ringend. Das ist fast zu verführerisch, um wahr zu sein. Tatsächlich ist das Inseli weniger abgeschieden, als man meint. Es liegt nicht weit vom Ufer, dort wo die Aare, ein schmaler Fluss, aus dem Thuner See herausfließt. In ein paar Minuten war man mit dem Boot in der Stadt. Hier war es, wo Kleist endgültig Dichter wurde.

Die wichtigste Arbeit Kleists auf dem Inseli war »Robert Guiskard«. Wenn er selbst richtig rechnete, begann er mit dem Stück im Mai.[74] Der »Guiskard« ist auf jeden Fall das Werk, mit dem er sich am längsten beschäftigte, von da an bis Oktober 1803, als er das Stück endgültig verbrannte, arbeitete er kontinuierlich daran. 1808 nahm er die Arbeit wieder auf, als er einen Akt des Stücks in seiner Zeitschrift »Phöbus« veröffentlichte. Erhalten ist nur diese späte Teilfassung von 1808. Dieser »Robert Guiskard« von 1808 steckt längst nicht mehr so voller persönlicher Reminiszenzen wie »Die Familie Schroffenstein« von 1802. Insofern bleibt alles Spekulation, was man über den frühen »Guiskard« sagen kann. Trotzdem kann man aus dem Fragment von 1808 etwas über das Jahr 1802 herauslesen.

Die Ausgangssituation des Stückes ist klar: Im 11. Jahrhundert liegt in diesem Stück das Heer des Normannenkönigs Robert Guiskard vor Konstantinopel. Byzanz oder Ostrom heißt die Stadt mit anderen Namen, die zu erobern er gekommen ist. Die Stadt ist greifbar nah. Guiskard hat schon Rom erobert, jetzt steht er kurz davor, das Rom des Ostens einzunehmen. Herr beider Rom, das ist noch niemandem gelungen, er kann der größte aller Herrscher werden.

Aber niemand denkt mehr an Eroberung, denn im Heer ist die Pest ausgebrochen. Heer und Volk der Normänner kennen nur noch einen Wunsch: zurück ins Vaterland. Um Guiskard dazu zu bewegen, zieht eine Delegation vor sein Zelt, angeführt von einem Greis. Zunächst vertröstet Guiskards Tochter Helena diese Delegation, dann weist Guiskards Sohn, der ebenfalls Robert heißt, sie schroff ab. Aber das Volk lässt sich nicht abweisen. Es ist beunruhigt, denn es geht das Gerücht, dass Guiskard ebenfalls an der Pest erkrankt sei. Die Reaktionen von Helena und Robert sind nicht dazu geeignet, das Volk zu beruhigen. Guiskards Neffe Abälard versucht dem Volk entgegenzukommen, bestätigt aber schließlich die schlimmsten Befürchtungen. Vielleicht versucht er sich aber damit auch nur beim Volk anzubiedern, weil er seine Aussicht auf die bald frei werdende Krone verbessern will. Da tritt Guiskard selbst vor das Zelt. Zunächst wirkt er gesund und stark, doch muss er sich bald wegen eines Schwächeanfalls – er ist auch an der Pest erkrankt – hinsetzen. Da kann der Greis den Wunsch der Delegation vorbringen, zurück ins Vaterland zu ziehen. Damit endet das Fragment.

Nehmen wir an, dass Kleist die Handlung und Konstellation später nicht grundsätzlich geändert hat. Dann sollte der »Guiskard« ein Stück über historische Größe und Macht werden. Zunächst nimmt man die Größe der Macht wahr. Man spürt ihre Aura unmittelbar schon in den ersten Sätzen. Zwischen König und Volk besteht eine ungeheure Entfernung. Nur mit Beklommenheit und Angst nähert sich das Volk dem Zelt des Herzogs, sein Stern strahlt zu hell, um sich ihm ungestraft zu nähern. Als ihn dann ein Knabe erstmals sehen kann, beschreibt er eine imposante Figur: »Wohl, Vater, seh' ich ihn!/Frei in des Zeltes Mitte seh' ich ihn!/Der hohen Brust legt er den Panzer um!/Dem breiten Schulternpaar das Gnadenkettlein!/Dem weitgewölbten Haupt drückt er, mit Kraft,/Den mächtig-wankend-hohen Helmbusch auf!/Jetzt seht, o seht doch her! –/Da ist er selbst!«[75]

Das erhaltene Textstück ist höchst statisch, es spielt nur vor dem Zelt des Herrschers. Alles steht unter großem Druck: Wünsche, Ängste, Befürchtungen stecken in einer Art Stau. Das Heer hat sich festgefahren, in Wahrheit kann man nicht vor noch zurück. So kurz vor dem Ziel hat doch die Pest alles fest im Griff. Das Fragment ist voll unterdrückter Spannung, von der man glaubt, dass sie jederzeit explodieren kann. So klar ist bereits zu Beginn, dass Guiskard todkrank ist, so deutlich ist das Entscheidende vorweggenommen.

Man kann davon ausgehen, dass das Fragment den ersten Akt des Dramas darstellt, auch wenn das nicht sicher ist. Natürlich sind Spekulationen über den weiteren Verlauf sinnlos. Man kann aber ein Gedankenexperiment machen und sich vorstellen, dass es von der dem »Guiskard« am ehesten verwandten »Penthesilea« nur den ersten Akt gäbe. Dann gäbe es nicht die Raserei, nicht die Küsse und Bisse, nicht die stürzende Eiche, nicht Penthesileas Liebesmord an Achill, nicht den Bericht über die Geschichte der Amazonen. Trotzdem gäbe es nach dem ersten Akt bereits eine Ahnung von vielem, und es gäbe mehr als eine Ahnung der Atmosphäre des Stücks. Ähnlich könnte es hier sein. Was also ahnt man?

Man kann die unermesslichen Leiden ahnen, die noch durchgestanden werden müssen. Der »Guiskard« ist ein Stück, in dem die Pest eine entscheidende Rolle spielt. Man ahnt, dass das Leiden an der Pest schrecklich sein wird. Krankheit, schreckliche Krankheit, wäre ein großes Thema dieses Stücks gewesen. Man ahnt ebenfalls, dass der Tod eine Hauptrolle spielt, bedrohlich, finster, skandalös. Man ahnt dazwischen den Kampf Guiskards mit sich selbst, den Kampf eines großen, unendlich stolzen Mannes, der bricht wie die stolze Eiche, in deren Krone der Sturm greift. Dieser Guiskard ist ein Mann, der sagt: »Und wär's die Pest auch, so versichr' ich euch:/An diesen Knochen nagt sie selbst sich krank!«[76] Eine charakteristische Sprachfigur: Die Pest wird sich an sich selbst verschlucken.

Mehr als eine Ahnung ist der Familienzwist um die Krone, der sich vor dem Hintergrund der Pest entwickeln wird. Guiskards Macht, gestützt auf das Schwert und das Ansehen seiner Person, ist fragil geworden. Robert, dem leiblichen Sohn, der als Thronfolger vorgesehen ist, wird der Hochmut der Mächtigen zum Verhängnis werden. Auch Abälard, der Neffe, dem die Macht seit dreißig Jahren eigentlich rechtmäßig zusteht, wird sich an seinem Griff nach der Krone verschlucken. Die Gier macht ihn blind. Nur Helena, die Tochter, an deren liebender Brust am Ende des Fragments die Herzogin niedersinkt, wird sich als würdig erweisen. Sie wird die Einzige sein, die ihre Liebe nicht der Macht opfert.

Dazu meint man förmlich zu spüren, wie sich die aufgestaute Energie des Heeres entladen wird, wie es zu gewaltigen Eruptionen kommt. Sollten diese Ahnungen stimmen und sollte das, was Kleist 1808 schrieb, dem entsprechen, was er 1802 und 1803 niederschrieb oder was ihm damals vor Augen stand – lauter Unsicherheiten also –, wäre es ein großes und vielleicht nicht ganz typisches Drama geworden: viel Handlung, Politik, Kampf um Macht.

Kleist selbst hat im Text oder in Fußnoten Hinweise für den weiteren Verlauf des Dramas gegeben: Guiskards Anspruch auf den Thron ist fragwürdig, Abälards Anspruch gerechtfertigt, da sich Guiskard – allerdings gestützt durch das Volk – vor langer Zeit selbst zum Herzog gemacht hat. Helena ist mit Abälard verlobt, ist aber auch die Witwe des ehemaligen Kaisers von Griechenland, der wiederum von Alexius Komnenes seines Throns beraubt wurde. Diesen Thron will Guiskard in Konstantinopel nun zurückerobern. Weitere Komplikationen der Handlung hätten sich durch die Wünsche von Verrätern aus Konstantinopel ergeben, die für die Eroberung der Stadt wichtig wären, die aber nicht die rechtmäßige Herrscherin Helena, sondern nur Guiskard unterstützen wollen. Ein Konflikt zwischen Vater und Tochter scheint also vorgezeichnet. Gleichzeitig aber scheint allein Helena und nicht Robert oder Abälard des Thrones würdig. Alles deutet auf eine sehr verwickelte Handlung hin.

Kleist schwebte eine große Tragödie vor, nicht diese »Schroffenstein«-Mischung aus dem Versehen des Schicksals, an dem die Menschen wie Marionetten hängen, und dem Lachen über die Absurdität dieser Verhältnisse. Es sollte einen wirklichen Helden geben, Guiskard, der mit einem tragischen Schicksal kämpfte, der Pest. Guiskard sollte ein Monument historischer Größe werden. Vor den Toren Konstantinopels muss er erkennen, dass auch er es nicht schaffen wird, das andere Rom zu erobern. Dieser Guiskard, man sieht das schon im Fragment, war eine ganz kleistsche Figur, undurchdringlich, undurchschaubar, so wie sich später Penthesilea selbst fremd ist. Der »Guiskard«, nicht»Die Familie Schroffenstein«, war die Antwort auf die großen Fragen, die Kleist in den vergangenen Jahren bedrängten. Er sollte die Lösung der Krise seit dem Abschied vom Militär werden.

Niemand weiß, ob Kleist für sein Drama Schlachten plante. Kleists Vorlage gibt keine Antwort, sie ist zwar voller Kriege, aber sie fanden vor der Belagerung Konstantinopels statt. Vielleicht wäre auch neben Guiskard, Robert, Abälard und Helena noch jemandem im normannischen Volk Größe zugewachsen.

»Wenn ein Jüngling gegen den Feind, der sein Vaterland bedroht, muthig zu den Waffen greifen will, so belehrt man ihn, daß der König ein Heer besolde, welches für Geld den Staat beschützt. – Wohl dem Arminius, daß er einen großen Augenblick fand. Denn was bliebe ihm heut zu Tage übrig, als etwa Lieutenant zu werden in einem preußischen Regiment?«, hatte er in dem Brief an Adolphine von Werdeck geschrieben.[77] Kleist hatte einen Begriff von Größe, egal ob König oder Soldat, egal ob Guiskard, Arminius oder Normanne. Dieser Begriff passte nicht mit dem zusammen, was er beim Militär erlebt hatte. Kleist lehnte Krieg und Militär nicht ab. Er lehnte nur das unheroische Militär ab, in dem er 1792 bis 1799 gedient hatte.

Im Sommer wusste Kleist nicht mehr weiter. Als er Pannwitz im August den ebenso kurzen wie dramatischen Brief schrieb, behauptete er, seit zwei Monaten krank zu sein und Geld zu brauchen. »Ich bitte Gott um den Tod und Dich um Geld ...«[78] Ein starker Spruch für einen Bettelbrief. »Lebet wohl, lebet wohl, lebet wohl«, ließ er den Brief ebenso stark enden. Ulrike machte sich sofort auf den Weg, als sie von der schweren Erkrankung Kleists hörte. Unerschrocken fand sie in der Schweiz ihren Weg durch diverse bewaffnete Truppenverbände. Am 16. September stand sie vor Bern.[79] Aber niemand durfte aus der Stadt heraus und in sie hinein. Ulrike kam trotzdem durch und fand ihren Bruder schnell über seinen Arzt, Doktor Wyttenbach, der ihr von Kleists gutem Gesundheitszustand berichtete. Schnell fand sie auch sein Quartier.

»Ich trete ein, Heinrich sitzt allein und arbeitet. Er schlägt die Hände über den Kopf zusammen. Ulrike! was ist das? Du siehst ja aus, als wärst du eben zur Tür rausgegangen und wieder reingekommen. (Ich hatte dieselben Reisekleider an, in denen ich mich vor wenig Monaten von ihm getrennt hatte, und dieses ebenso Aussehen beschäftigte ihn in den ersten Augenblick am meisten.)«[80] Ein erstaunliches Dokument: Für einen Moment bekommen wir einen authentischen, intimen Einblick. In dem Augenblick, als vollkommen überraschend die fern geglaubte Schwester durch die Tür trat, interessierte Kleist sich vor allem für ihre Kleider. Was er wohl damit bezweckte? Wollte er Verunsicherung, Ärger, Freude oder Scham über ihr Auftauchen überspielen? Es war ein Moment der Überraschung, er konnte sich nicht vorher zurechtlegen, wie er sich verhielt.

Ulrike berichtete ihm dann, wie nah die föderalistischen Truppen des Generals Erlach Bern bereits waren. Zwei Tage nach Ulrikes Ankunft besetzte Erlach die Stadt, Kleist hatte sich an ihrer Verteidigung beteiligen wollen, Ulrike hielt ihn davon ab. Kleist hatte auch Ulrike nicht mehr viel geschrieben. Mehr als die vorhandenen Briefe gibt es wahrscheinlich nicht. Aber trotz des Streits bei der Trennung, trotz der Entfernung, die die letzten Monate gebracht hatten, und trotz der unverhofften Überraschung, verstanden sich die beiden gut. Nachdem Erlach Bern besetzt hatte, lebten die Geschwister zusammen auf Kleists Inseli und machten von dort aus Ausflüge. Einen ganzen Monat verbrachten sie gemeinsam.

Seit Mai trug Kleist sich mit dem Gedanken, nach Wien zu gehen. Es kam anders. Wieland, der von Kleist so bewunderte Dichter, hatte seinem Sohn in der Schweiz sehr eindeutig klargemacht, dass er seine Arbeit bei Geßner nicht aufgeben und sich nicht einfallen lassen solle, ohne seine Erlaubnis nach Jena oder Leipzig zurückzukehren, auch nicht zusammen mit Kleist.[81] Aber Ludwig Wieland musste Bern verlassen. Die ganze Gruppe junger Männer, Kleist, Zschokke, Geßner und Wieland, hatte etwas Aufmüpfiges,[82] Ludwig Wieland scheint ein besonders loses Mundwerk gehabt zu haben. Die Fronten waren klar, die jungen Männer waren Unitarier, Bern war von Föderalisten besetzt.

Der unmittelbare Anlass von Wielands Ausweisung aber war lächerlich. Er habe zusammen mit Kleist vor dem Generalquartier der Föderalisten gestanden und gelacht![83] Das war nun wirklich unerhört. In Schillers »Don Carlos« heißt es mit Bestürzung, dass der König geweint habe. Hier klingt es wie die Umkehrung: Der Untertan hat gelacht. »So toll sanscullotisierten diese Herren«, spottete Geßner gegenüber Zschokke.[84] Der mittellose Wieland wurde angewiesen, die Stadt Bern innerhalb von zwölf Stunden zu verlassen und nach Basel zu gehen. Die Frist wurde dann auf zwei Stunden verkürzt. Heinrich und Ulrike beschlossen, Wieland unter die Arme zu greifen und ihn zu begleiten. Einige Tage vor dem 17. Oktober reisten die drei ab.[85]

Vielleicht hat Kleist darauf spekuliert, auf diesem Weg Kontakt zu Wielands Vater zu bekommen. »Auch freute er sich sehr, des alten Wieland persönliche Bekanntschaft zu machen«, erinnerte sich Ulrike.[86] Aber Ludwig hat ihm einen Strich durch die Rechnung gemacht. Er zog es kurz vor der Ankunft in Weimar vor, in Erfurt bei einer Jugendbekannten zu bleiben. Wahrscheinlich wollte er sich der Konfrontation mit dem Vater entziehen. »Heinrich war darüber bös, daß er nun nicht zu seinem Vater wollte, und also dadurch der Plan ganz scheiterte, eine Zeitlang bei ihm zu leben.«[87] Also reisten die Geschwister allein weiter, Ulrike nach Hause und Kleist doch zum alten Wieland, nachdem man dem Schüchternen lang genug zugeredet hatte. Immerhin war der alte Wieland durch Briefe neugierig auf den Freund seines Sohnes. Ulrike behauptete sogar, dass sie schon vorher in freundschaftlichem Briefwechsel gestanden hätten.

Ab November 1802 war Kleist also in Weimar: Der junge Mann, der gerade begonnen hatte, Schriftsteller zu werden, war in der Stadt, in der Schiller, Goethe, Herder und Wieland lebten. Weimar – das kleine, ländliche Residenzstädtchen in Thüringen, um die 6000 Menschen wohnten hier – war das Zentrum der deutschen Literatur. Goethe hatte hier den »Tasso« und »Wilhelm Meisters Lehrjahre« geschrieben, die Kleist kannte. Schiller, der 1799 endgültig nach Weimar umgezogen war, hatte hier den »Wallenstein« vollendet, »Maria Stuart« und »Die Jungfrau von Orleans« waren entstanden. Gerade arbeitete er an der »Braut von Messina«. Aus den »Horen«, die Schiller herausgegeben hatte, stammt die Quelle für den »Robert Guiskard«. Am Hoftheater, das Goethe leitete, wurde am 13. November »Wallensteins Tod« aufgeführt. Lessing, Goethe und Schiller wurden in der Zeit von Kleists Aufenthalt in Weimar am Hoftheater gegeben. Herder, dessen Schriften Kleist wahrscheinlich kannte, war krank. Er starb vereinsamt im Dezember 1803. Und Wieland, schon betagt, hatte sich auf sein Gut nach Oßmannstedt zurückgezogen.

Vielleicht war Kleist kein einziges Mal in dem Theater, aus dem Goethe die deutsche Vorzeigebühne machte und an dem später »Der zerbrochne Krug« aufgeführt werden sollte. Er war mehrere Monate in Weimar, aber er nahm keinerlei Kontakt zu Schiller oder Goethe auf. Er hielt sich allein an Wieland, und auch das nur sehr zögerlich. Eine solche Beschränkung ist nicht ungefährlich. Ein junger Schriftsteller muss darauf achten, wie er sich positioniert, und das bedeutet vor allem, wen er zu seinem Bekanntenkreis zählt. So gesehen war Wieland, wenngleich seit Jahrzehnten anerkannt als eine der Größen des deutschen Geisteslebens, mittlerweile eine heikle Verbindung.

Bevor er nach Weimar ging, war Kleist in Jena.[88] Jena war damals das Zentrum der Romantiker, auch wenn die alle mit Ausnahme Schellings die Stadt verlassen hatten, als Kleist hier ankam. Die Romantik war eine Generation jünger als die Weimarer Klassik. Auch Friedrich Schlegel, der Chefkritiker, Essayist und Denker der Romantik, war nicht mehr in Jena, Kleist kannte ihn nicht.[89] Schlegel hatte sich in seiner Zeitschrift »Athenaeum« von Wieland ab- und Goethe zugewandt. Darüber konnte man als beginnender Schriftsteller nicht hinweggehen. Schlegel, zu der Zeit in Paris, schickte sich gerade an, der wichtigste Literaturpolitiker Deutschlands zu werden. Für ihn war die Sache klar: Wieland war *old school*. Kleist, der junge Dichter, hängte sich also gerade an die altmodische Fraktion.

Die Kernfrage der literarischen Verhältnisse, wie stand Kleist zum literarischen Zentrum seiner Zeit, zu Goethe, ist nicht zu beantworten. Goethe sei der »Abgott« von Kleist und dem jungen Ludwig Wieland gewesen, behauptete Heinrich Zschokke.[90] Das klingt eindeutig, wird aber durch keinen Brief Kleists, durch kein anderes Zeugnis gestützt. Einen weiteren Beleg gibt es, sollte der »Niederdeutsche« in einem Reisebericht wirklich Kleist gewesen sein.[91] Denn dieser »Niederdeutsche« wünschte sich, wie der Autor Christian Gottlieb Hölder berichtet, dass

Goethe doch den Thuner See und das Schweizer Oberland kennenlernen möge, er habe sich auch mit »Wärme« für Goethe ausgesprochen. Wärme für Goethe findet sich allerdings sonst nie bei Kleist.

Zweimal hatte er Goethe bisher in seinen Briefen erwähnt.[92] Zwei Werke Goethes kommen in Anspielungen in frühen Briefen vor, einmal der »Tasso« und mehrfach der »Wilhelm Meister«. Dass es kein Bekenntnis zu Goethe wie etwa zu Schiller und Wieland gibt, zeigt, dass Kleist zu ihm ein anderes Verhältnis als das der Gefolgschaft hatte.

Wahrscheinlich war Kleist zu schüchtern, um Schiller oder Goethe seine Aufwartung zu machen. Was sollte er auch sagen? Ich schreibe an einem Drama, das einmal »Robert Guiskard, Herzog der Normänner« heißen soll, wenn es fertig ist? »Die Familie Schroffenstein« war immerhin in diesen Tagen erschienen, und er hätte sie in der Hand halten können. Wann Kleist ein Exemplar in Weimar erhielt, wissen wir nicht. Im März, als die erste Besprechung im »Freimüthigen« erschien, hatte Kleist Weimar schon wieder verlassen.

Vier Monate war Kleist in Weimar. In diesen Monaten geschah etwa Folgendes: Die erste Hälfte der Zeit, November und Dezember, verbrachte Kleist, der wegen seiner Freundschaft zu Ludwig darauf spekuliert hatte, beim alten Wieland wohnen zu können, in einer billigen Absteige in Weimar selbst. Ab und an besuchte er den alten Wieland im zehn Kilometer beziehungsweise zwei Stunden zu Fuß[93] entfernten Oßmannstedt. Auch Weihnachten verbrachte er hier. In dieser ersten Hälfte der Weimarer Zeit scheint der Knoten zwischen den beiden nicht geplatzt zu sein. Kleist »besuchte mich ein oder zweimal auf meinem Gut«, erinnerte sich Wieland.[94]

Der alte Wieland war, wie sich in der Zeit der Französischen Revolution gezeigt hatte, ein Liberaler, aber einer von der höchst vorsichtigen Sorte. Er war, ganz anders als der Hitzkopf Kleist, ein Mann des Kompromisses, Mäßigung war für ihn eine der wichtigsten Tugenden. Wieland spürte diesen Kontrast zu Kleist sehr wohl: »Wiewohl mir nichts mehr zuwider und peinlich ist als ein überspannter Kopf, so konnte ich doch seiner Liebenswürdigkeit nicht widerstehen.«[95]

Wieland war außerdem eine Weimarer Institution. Er war der erste Dichter, der in die Stadt gekommen war – seit 1772 wohnte er hier, fünf Jahre bevor Kleist geboren wurde. Lange hatte er das intellektuelle Leben Weimars geprägt. Er gab den »Teutschen Merkur« heraus, nicht mehr so erfolgreich wie einst, als es die wichtigste deutsche Literaturzeitschrift war, aber immer noch bedeutend. Wieland unterhielt ein weitgespanntes Netz an Beziehungen. Karl Leonhard Reinhold etwa, der Kantianer, der mit seinen Schriften möglicherweise der Auslöser für Kleists Kant-Krise war, ist in den achtziger Jahren des 18. Jahrhunderts eine Mischung von Sekretär und Geschäftspartner Wielands gewesen und hatte eine seiner Töchter geheiratet. Nun interessierte sich Wieland sehr für Kleist, seit er durch seinen Sohn in der Schweiz von ihm gehört hatte. Vielleicht spekulierte er, Kleist als jungen Beiträger für den »Teutschen Merkur« zu gewinnen.

In den letzten beiden Weimarer Monaten wurde die Beziehung zwischen Wieland und Kleist enger. Nachdem Wieland durch seinen Sohn mitbekommen hatte, unter welch widrigen Umständen Kleist in Weimar hauste, lud er ihn zu sich ein. Anfang des Jahres 1803 zog Kleist nach Oßmannstedt um. Was dann geschah, wissen wir durch einen Brief Wielands an den Arzt Georg Wedekind, den er ein Jahr später schrieb. Zunächst fühlte Wieland sich durch Kleist wie von einem Sohn geliebt, obwohl es ihm nicht gelang, ein offenes und vertrautes Verhältnis zu ihm herzustellen. Eines Tages musste Kleist dann zugeben, nachdem ihn Wieland auf seine merkwürdigen Selbstgespräche bei Tisch angesprochen hatte, dass er an einem Trauerspiel arbeite und dass er mit diesem Stück vergeblich ringe. Er konnte es nicht so zu Papier bringen, gestand er, wie es ihm vorschwebte. Natürlich versuchte Wieland nun mehr zu erfahren, wenn auch zunächst vergeblich. Er ermunterte Kleist, das Stück vor allem einmal fertigzuschreiben und nicht immer wieder Teile davon zu vernichten.

An einem Nachmittag gelang es Wieland, Kleist so »zutraulich« zu machen, dass ihm der junge Dichter einige der wichtigsten Szenen aus dem Gedächtnis vordeklamierte.[96] »Ich gestehe ihnen, daß ich erstaunt war ...«, schrieb Wieland zunächst maßvoll über diesen Vortrag. Dann aber wählte er einen Vergleich, der seitdem nicht nur Kleist, sondern jeden bewegt hat, der sich mit dem Stück beschäftigt.«... und ich glaube nicht zuviel zu sagen, wenn ich Sie versichere: Wenn die Geister des Äschylus, Sophokles und Shakespear sich vereinigten eine Tragödie zu schaffen, so würde das sein was Kleists ›Tod Guiscards des Normanns‹, sofern das Ganze demjenigen entspräche, was er mich damals hören ließ. Von diesem Augenblicke an war bei mir entschieden, Kleist sei dazu geboren, die große Lücke in unserer damaligen Literatur auszufüllen, die (nach meiner Meinung wenigstens) selbst von Goethe und Schiller noch nicht ausgefüllt worden ist; und Sie stellen sich leicht vor, wie eifrig ich nunmehr an ihm war, um ihn zur Vollendung des Werkes zu bewegen.«

Wieland war durch den Vortrag Kleists an diesem Winternachmittag in Oßmannstedt vollkommen elektrisiert. Es waren wirklich große Worte, die er wählte, und er war kein Mann, der zur Übertreibung neigte. Wieland hat Kleist gegenüber deutlich gemacht, wie sehr er von ihm beeindruckt war: Verbindung des antiken Dramas und Shakespeares, bedeutsamer als Goethe und Schiller – mehr geht nicht. Ähnliche Worte fand er erst wieder fünf Jahre später: Als Wieland 1808 Goethes »Faust« gelesen hatte, schrieb er, dass die Tragödie »die Tendenz, nicht nur des verwichenen Jahrhunderts, sondern aller zwischen Äschylus und Aristophanes und uns verfloßnen Jahrhunderte sey.«[97]

Als Wieland dem Arzt Wedekind seinen Brief schrieb, plagte ihn die Ahnung, dass er durch seine extremen Worte die Krise, in der sich Kleist inzwischen befand, befördert haben könnte. »Ich glaubte ihm durch diesen Eifer, womit ich ihn zur Vollendung seines Werks bestürmte, den größten Dienst zu tun: wie traurig wäre es für mich, wenn es nur dazu gedient hätte, ihn in das Schicksal, das ihn zu verschlingen droht, vollends hineinzustoßen! – – – – – – – – – – – – – – – – «[98]

Wieland hatte mit seiner Ahnung recht. Durch seine Worte passierte etwas mit Kleist. Viel mehr als »Die Familie Schroffenstein« war der »Guiskard« die Entscheidung für ein Leben als Schriftsteller. »Schroffenstein« hatte noch Züge des Ausprobierens, des Zufälligen. Das Stück, so wirkt es, fiel Kleist halb zu, halb suchte er es. »Guiskard« dagegen ist eine bewusste Entscheidung für einen Stoff und für ein Ziel, das Kleist erreichen wollte. Für Kleist lag im »Guiskard« jetzt die Erfüllung seines Schicksals. Er glaubte, dass ihm diese Tragödie endlich Erlösung bringen könnte: »... ich nähere mich allem Erdenglück«, schrieb er Ende Januar 1803 an Ulrike und meinte damit die Vollendung dieses Dramas.[99] Hier konnte er seinen Ehrgeiz befriedigen, hier winkte der Dichter-Lorbeer.

Solche Vorstellungen wurden durch Wielands Enthusiasmus natürlich angeheizt. Kleist kniete vor ihm, seine Hände mit heißen Küssen überströmend. Wielands Worte wirkten wie Sauerstoff, den man in ein ohnehin grell loderndes Feuer bläst. Dabei musste auch damals klar gewesen sein, dass die Vereinigung von Shakespeare und Antike für jeden Menschen eine Nummer zu groß ist. Es ist schlicht unmöglich, so wie die Vereinigung von Feuer und Wasser. Der Satz hat Kleist den Kopf verdreht und die hohen Erwartungen bestätigt, mit denen seine Arbeit ohnehin überlastet war. Christoph Martin Wieland war der einzige große Schriftsteller, der Kleists Bedeutung zu Lebzeiten erkannt hat. Er hat versucht, Kleist zu ermutigen. Aber auch das war für Kleist verhängnisvoll.[100]

Irgendwann im Laufe der Arbeit am »Guiskard« kam Kleist auf den Gedanken, dass er eine »Entdeckung« oder »Erfindung« gemacht habe,[101] die die Menschheit im Reich der Dichtkunst um Jahrhunderte weiterbrächte. Von dieser Entdeckung »im Gebiete der Kunst« sprach er das erste Mal im Juli 1803. Es klingt, als habe er den Stein der Weisen gefunden. Mit dem »Guiskard« wollte er die Probe aufs Exempel geben. Die Latte lag immer höher. Wir wissen nicht, was Kleist mit seiner Entdeckung meinte. Das Ganze hört sich höchst unglaubwürdig an. Es müsste ja quasi ein neuer Schlüssel zur dramatischen Kunst sein – und was sollte das für ein Schlüssel sein? Das Drama noch einmal neu erfinden, wie soll das – auch nur hypothetisch – gehen?

Nun gibt es aber eine höchst eigenartige Überlieferung, die erklären könnte, wovon Kleist sprach. 1804 veröffentlichte Christian Gottlieb Hölder ein Reisetagebuch, das in seinem zweiten Teil von einer Begegnung im Jahr 1803 berichtet. Leider teilte Hölder nicht den Namen des Mannes mit, den er traf, er sprach nur von dem bereits erwähnten »Niederdeutschen«. Dieser Niederdeutsche könnte Kleist gewesen sein, da sich Hölder und Kleist wahrscheinlich kannten.[102] Hölder berichtete, dass ihm der Niederdeutsche die Gesetze des Trauerspiels in einer einfachen mathematischen Figur aufgezeigt habe. Das passt zu Kleist. Nach einem Diagramm, das Hölder mit Erläuterungen überlieferte, ergäbe sich die dramatische Entwicklung und Spannung durch den Widerstreit zwischen den Absichten des Helden und des Schicksals, im konkreten Fall: Guiskards und der Pest.

Abwechselnd gelingt es dem Helden, seinen Zielen näherzukommen, und dem Schicksal, das am Ende siegreich bleibt, ihn davon abzubringen. Den Weg des Helden hat der Niederdeutsche in einer aufsteigenden, gewellten Linie dargestellt, die sich immer weiter von der des Schicksals entfernt. Die Wellen dieser Linie ergeben sich durch den Widerstreit zwischen Held und Schicksal, und gerade das wecke das Interesse der Zuschauer.[103] Fundamental neu wäre das insofern, als es der aristotelischen Poetik widerspräche.

Die stetige Steigerung der Spannung, die das Diagramm zeigt, entspräche der steifen Wucht des Guiskard-Fragments und dem Bau, den man sich für den weiteren Verlauf des Stückes vorstellen kann. Das irdische Ziel des Helden, die Eroberung Konstantinopels, rückt immer näher, die Pest aber wird sich immer nachdrücklicher bemerkbar machen und alles vereiteln. So treffend alles aufeinanderpasst: Wir wissen nicht, ob wir hier Kleists Gedanken vor uns haben.

Aber Kleist meinte wirklich, mit seinem Stück das »Erdenglück«[104] erreichen zu können. Glück war seit 1799 das Ziel. Die Suche nach diesem Glück hatte ihm nicht Selbstsicherheit, sondern immer größere Verunsicherung gebracht. In Paris hatte er einen Entschluss gefasst, dem Ulrike widersprach. Sie wollte nichts von seinen Plänen wissen, er ging trotzdem als Einsiedler in die Schweiz. An diesem Punkt bekommt man kurz den Eindruck: Hätte Kleist genug Vermögen besessen, hätte er sich als Adliger auf ein Landgut zurückziehen können, hätte er zurechtkommen können. Der Gegenstand des Glücks hatte sich grundlegend verändert. Erst waren Bildung und Tugend der Weg gewesen. Dann sprach Kleist gegenüber Wilhelmine von Weib, Haus und Freiheit. Das wiederholte er 1801 mehrfach.[105] 1802 waren es gegenüber Ulrike das Kind, das schöne Gedicht und die große Tat.

Das gipfelte im Wunsch zu sterben, wenn das Werk vollendet sei.[106] Im Lauf des Jahres 1803 scheint diese Idee immer fixer geworden zu sein: Kleist wollte den Dichterlorbeer erringen, er wollte den Ehrgeiz befriedigen, den die Weiber nicht verstünden. Kleist verstand Dichten wie eine Eroberung. 1803 schrieb er an Ulrike, dass es ihm das einzige verbliebene Vergnügen sei, den Kranz der Unsterblichkeit zusammenzupflücken.[107] Laut Pfuel wollte Kleist der größte deutsche Dichter werden und soll schon damals von der Idee besessen gewesen sein, dem bewunderten Goethe den Kranz vom Kopf zu reißen.[108] Entsprechend erregt war Kleist von der ersten Besprechung der »Familie Schroffenstein«, in der von der Erscheinung eines neuen Dichters die Rede war. Kleist berichtete Ulrike und damit der Familie mit unterdrücktem Stolz davon.[109]

Kleist beschäftigte sich in dieser Zeit aber auch mit anderem. Er las zusammen mit Ludwig Wieland Richardsons empfindsamen Roman »Clarissa«, die beiden Jungdichter haben sich eine Woche lang in das Werk regelrecht versenkt.[110] Er scheint auch am »Leopold von Österreich« gearbeitet zu haben. Und er war damit beschäftigt, Wielands Lebensgeschichte aufzuschreiben.[111]

Dass Kleist Ende Februar 1803 das Haus Wielands verließ, lag an dessen schöner Tochter Louise. Sie war noch keine vierzehn Jahre alt und verliebte sich bis über beide Ohren in Kleist. Kleist gefiel sie ebenfalls, und sie interpretierte Kleists Verhalten als Liebesbezeigung. Aber er wollte sich nicht darauf einlassen. Es trafen da zwei aufeinander, die im Umgang mit Gefühlen, insbesondere Liebesgefühlen, nicht besonders gewandt und sicher waren. Louise schrieb später, dass ihre moralische Ausbildung damals sehr vernachlässigt worden sei. Sie brauchte Jahre, um über die Enttäuschung durch Kleist hinwegzukommen. Möglicherweise schaffte sie es bis zu ihrem frühen Tod 1815 nicht.

Kleist musste das Haus Wielands aus Rücksicht auf Louise

verlassen. Ludwig und Kleist waren wegen der Beziehung heftig aneinandergeraten, die Schwester Amalie hatte ohnehin etwas gegen Kleist, die andere Schwester Caroline wiederum war ebenfalls von Kleist eingenommen. Offensichtlich war das Haus Wieland durch seinen Gast in einigem Aufruhr. Nur der alte Vater bekam davon erst etwas mit, als Kleists Abreise schon beschlossene Sache war.[112]

Kleist verließ Oßmannstedt Ende Februar.[113] Wo sollte er nun hin? Die Schweiz hatte er verlassen. In Weimar zu bleiben ergab keinen Sinn. Nach Frankfurt an der Oder wollte er nicht. Man ließ ihn dort nicht in Ruhe arbeiten und ängstigte ihn mit der Frage, was aus ihm werden solle.[114] Kleist wusste nicht, wo er seiner Arbeit nachgehen konnte. So wie Guiskard vor den Toren Konstantinopels stand er jetzt vor den Toren der Vollendung eines großen Werks – und fand keinen Platz.

Wieder begann die hektische Bewegung, die für Kleist so typisch ist. Seit der Reise nach Würzburg war er nicht zur Ruhe gekommen. Er wollte von Berlin aus nach Wien, wandte sich dann aber nach Würzburg, um dann überstürzt nach Berlin zurückzureisen. Dort hielt es ihn ein paar Monate. Dann ging er mit der Schwester über Dresden und Leipzig nach Paris, wo es ihm nicht gefiel. Er reiste weiter in die Schweiz, um dort sesshaft zu werden. Auch daraus wurde nichts, er versuchte es mit Weimar, der Plan scheiterte ebenfalls.

Steht diese Reisewut unter einem Gesetz? Auf den ersten Blick sieht es ziellos und diffus aus. Aber es ist eine Bewegung, die einem inneren Impuls folgt. Letztendlich war damit die Vorstellung der Sesshaftigkeit – in Berlin, Paris und der Schweiz – verbunden. Kleist änderte seine Pläne immer wieder, aber er verlor dabei sein Ziel, das irdische Glück, den Platz auf der Welt, nicht aus den Augen. So hechelte Kleist zwar hektisch durch Europa. Doch wie im Aufsatz vom Marionettentheater beschrieben, gab es einen Schwerpunkt, dem die Figur folgte und der die Bewegungslinie vorgab. Es ist wie die Kugel beim Flipper oder Billard: Hin und her geworfen folgt sie letztlich doch dem Impuls, mit dem sie ihre Bewegung begonnen hat. Irgendwann ist die Energie der Kugel erschöpft, dann bleibt sie reglos liegen. So sollte es bald auch bei Kleist sein.

Er reiste zunächst nach Leipzig – immerhin hatte er ein Empfehlungsschreiben Wielands für den dortigen Verleger Göschen in der Tasche und er hatte den Vorsatz, dort Deklamationsunterricht zu nehmen. Der starke Eindruck, den er auf Wieland mit dem Vortrag des »Guiskard« gemacht hatte, hatte Kleist selbst so beeindruckt, dass er diese Kunst professionalisieren wollte. Der Brief, in dem Kleist Ulrike von dem Ereignis mit Wieland berichtete, in Leipzig geschrieben, ist aufgewühlt und sprunghaft. »Ich weiß nicht, was ich dir über mich *unaussprechlichen* Menschen sagen soll. – Ich wollte ich könnte mir das Herz aus dem Leibe reißen, in diesen Brief packen, und dir zuschicken.«[115]

Tatsächlich nahm Kleist Deklamationsunterricht. Vorlesen und deklamieren waren damals üblich. Auch »Die Familie Schroffenstein« hatte er ja schon in der Schweiz den Freunden vorgetragen. Der Unterricht Kleists war trotzdem ungewöhnlich. Der Erfolg seiner Tragödie bei Wieland hatte ihn bestärkt. »Sie müßte, gut declamirt, eine bessere Wirkung thun, als schlecht vorgestellt«, schrieb er Ulrike.[116] Als vollwertige Alternative zum Theater sah er die Deklamation trotzdem nicht. Aber sie schien für den »unaussprechlichen Menschen« eine Möglichkeit der Mitteilung. Im Sprechen meinte Kleist unmittelbar wirken zu können. Nebenbei bemerkt, spricht der Unterricht gegen die verbreitete Vermutung, Kleist sei Stotterer gewesen. Wenn er gestottert hätte, hätte der Unterricht keinen Sinn gehabt.

Kleist nahm den Unterricht bei Heinrich August Kerndörffer, Populärautor, Doktor der Philosophie, Lehrer für Sprache und Deklamation, der später ein Lehrbuch über die Kunst des richtigen Vortrags schrieb, einer der Pioniere auf diesem Gebiet. Kerndörffer entwickelte die faszinierende Idee, jedem der fünf Vokale einen Hauptton zuzuordnen. Es gebe fünf Haupttöne, vom düsteren Brustton über den Erzählton bis hin zum hohen Kommandoton. Kleist schrieb acht Jahre später, dass er, was er über Dichtung denke, immer auf Töne bezogen habe. »Ich glaube, dß im Generalbaß die wichtigsten Aufschlüße über die Dichtkunst enthaltn sind.«[117] Generalbaß meint hier die Lehre von der musikalischen Harmonie. Kleist hielt die Kunst vorzulesen außerdem für unterschätzt. Sie erfordere genauso viel

Kunst wie der Gesang. Er dachte auch über ein Notationssystem für gesprochene Sprache nach.[118]

Bald ging Kleist zusammen mit Ludwig Wieland nach Dresden. Hier traf er die ebenso armen wie hübschen Schlieben-Schwestern wieder, die sich mühsam mit Näharbeiten über Wasser hielten. Kleist trat den beiden, mit denen er sich vor zwei Jahren so gut verstanden hatte, betreten und verschämt gegenüber.[119] Immer noch wollte Karoline Schlieben Lose heiraten. Der Maler war aber von der Reise, die er mit Kleist begonnen hatte, noch immer nicht zurückgekehrt. Er war irgendwo im Süden unterwegs und ließ nichts von sich hören.

Es kam zu einer Aussprache zwischen Karoline und Kleist, und das vertraute Verhältnis stellte sich wieder her. Kleist tröstete die bange Braut, die Angst hatte, den Verstand zu verlieren. Er bot ihr an, sie und sich zu erschießen, wenn sie den Verstand wiedergewonnen habe.[120] Als Karoline ihrem fernen und schweigsamen Bräutigam einen unsicheren Brief schrieb, setzte Kleist ein paar Worte dazu. Er forderte Lose auf, sich entweder von Karoline zu trennen oder mit ihr, egal ob in der Schweiz oder in Dresden, zusammenzuleben.

Unter ein Bild ihrer Schwester Henriette hat Karoline »Kleists Braut« geschrieben. Etwa ein Jahr später hat Kleist Henriette einen Brief geschrieben, der an ein innig vertrautes, aber nicht an ein intimes Verhältnis denken lässt. Trotzdem zeigt sich auch hier: Kleist kam, zumindest in den ersten Jahren des neuen Jahrzehnts, mit dem braven Frauentyp, wie es die Schliebens waren, am ehesten zurecht. Man muss sich auch Wilhelmine so vorstellen. Das »Mädeli« hat schon durch den Namen etwas Putziges. Louise Wieland war jung und unerfahren. Sie alle waren das Gegenteil der weltläufigen Pariserin. Dass er Henriette von Schlieben »theuerstes Cousinchen«[121] nannte, bezeichnet jene Art von treuherziger Intimität.

Außerdem traf Kleist in Dresden seine Freunde. Pfuel war nach Dresden gekommen, Rühle war ebenfalls da. Das Ehepaar Werdeck kam nach Dresden, Fouqué war auch in der Stadt. Fouqué neigte entschieden Friedrich Schlegels Dichtungsauffassung zu, Kleist war ebenso entschieden für Wieland, wie Fouqué sich erinnerte.[122] So war es unmöglich, sich über Dichtung zu unterhalten. Man verstand sich trotzdem gut und sprach über den Krieg.

Gemeinsam mit Fouqué lernte Kleist bei einem Besuch in der Gemäldegalerie den Schriftsteller Johann Daniel Falk kennen. Fouqué war nachhaltig davon beeindruckt, wie fein, bleich und elegant Falk war. Er schrieb gerade an einem »Amphitruo«, was wiederum Kleist beeindruckte: Auch Kleist widmete sich bald diesem Stoff. In der Bibliothek lieh Kleist Übersetzungen der antiken Dramatiker Sophokles, Aristophanes und Euripides aus. Mehrfach besuchte er die Gemäldegalerie. Aber seine Favoritin änderte sich: »Herr v. Kleist hat den Sohn der göttlichen Marie von Raphael tückisch gefunden und dagegen eine Magdalena im schlechtesten Geschmack, der die Haare in der Wüste vorn und hinten zugewachsen sind, für das schönste Stück der Gallerie erklärt.«[123]

Wieder fühlte Kleist sich wohl in Dresden. Entscheidend war diesmal die Begegnung mit Pfuel. Sie freuten sich ungemein, wie Kleist sich später erinnerte. »Wie flogen wir vor einem Jahre einander, in Dreßden, in die Arme!«[124] Im Juni wurde Pfuel als Secondeleutnant beurlaubt, war aber schon zuvor in Dresden. Als er hier von der Arbeit am »Guiskard« und dem Schweizer Aufenthalt im Jahr zuvor hörte, wollte er mit Kleist unbedingt dorthin reisen – und die Kosten übernehmen. Eigentlich aber wollte er nach Paris, um zu studieren.

Wieder auf Reisen: das kam Kleist entgegen. Da Pfuel sich zwar freigiebig zeigte, aber nicht über entsprechende Mittel verfügte, bat Kleist wieder Ulrike um Geld. Vom Rest seines Erbes war nicht mehr die Rede, das war aufgezehrt. Als Begründung diente nun der »Guiskard«, den er Ulrike als »Kranz der Unsterblichkeit«[125] vorhielt. Nur dafür sollte ihn Ulrike noch unterstützen. Die treue Schwester kam nach Dresden, fand Kleist wie bei ihrer Ankunft in der Schweiz in guter Stimmung und überbrachte das Geld.

Erstmals sprach Kleist in dem Brief davon, dass sich die Arbeit wider Erwarten verzögere. Da kam ein Brief von Wieland, in dem dieser ihn ermutigte und mahnte: »Sie *müssen* Ihren Guiscard vollenden, und wenn der ganze Kaukasus und Alles auf Sie drückte.«[126] Dieses Schreiben bekam enorme Bedeutung für Kleist. Er zeigte den Brief Fouqué und schickte ihn, wie eine Art Zeugnis, an seine Schwester. Später erbat er ihn zurück und führte ihn dann mit sich.

Am 20. Juli 1803 ging es los. Die Berge und der sommerliche Thuner See warteten auf die beiden Freunde. Zunächst fuhren sie nach Bern, wo sie wieder mit den Werdecks zusammentreffen wollten, dann weiter nach Thun. Aber in beiden Städten verpassten sie sich. In Meiringen trafen die vier dann zusammen: Pfuel und Kleist waren zufällig neben den Werdecks einquartiert. Adolphine von Werdeck schrieb in ihr Reisetagebuch: »Es ward im Nebenzimmer laut gesprochen. ›Das ist Pfuels Stimme‹, sagte W(erdeck) – ich zweifelte. W rief: ›Pfuel?‹ Ja antwortete es aus dem andern Zimmer. Freudig stürzten wir auf die Thür, freudig wurden wir von der befreundeten Nachbarschaft, von Pfuel u Heinrich Kleist, empfangen. Ein Zufall hatte sie von der Grindel ins Haßli geführt. Pfuels unerschöpflicher Witz stimmte uns alle zum Frohsinn, selbst Kleist war weniger als sonst mit sich selbst beschäftigt.«[127] Es ist das erste Mal, dass Kleist als ernster, zurückhaltender Mann erscheint. Dagegen stand Pfuels Unbekümmertheit.

Gemeinsam machten sie Ausflüge zu den Reichenbach- und den Alpbachfällen, und sie wollten zusammen weiterreisen, aber Kleist konnte sich nicht dazu durchringen. »Der unschlüssige Kleist hatte 10 Mahl uns versichert er würde uns nach Schwitz begleiten, u 10 Mahl wieder gesagt, es ginge nicht an – endlich beschloß er nach Thun zurück zu kehren, um sein Peststück (ein Trauerspiel das dünkt mich die Numantia heißen sollte) zu vollenden«, notierte Adolphine von Werdeck.[128] Auch in Thun hielt es Kleist aber nicht aus, er und Pfuel machten sich auf eine Hochgebirgswanderung. Über den Grimselpass und den Gotthard wanderten sie nach Bellinzona, südlich des Alpenkamms.

Dort trafen sie am 21. August wieder auf die Werdecks. Die vier reisten nun doch gemeinsam – jetzt nicht mehr zu Fuß, sondern mit Kutsche – bis zu den letzten Ausläufern der Alpen nach Varese, wo sie Friedrich Lose trafen.[129] Alle zusammen machten von dort einen Ausflug nach Madonna del Monte, einem ehemaligen Kloster, wo Kleist sich ausgesprochen wohl und durch Luft und Wein animiert fühlte. Es war das einzige Mal, dass Kleist den Süden kennenlernte. Vielleicht kamen sie bis Mailand. Am 29. August trennten sich Pfuel und Kleist in dem Dörfchen Crevola wieder von den Werdecks und kehrten nach Thun zurück, wo sie den September verbrachten.

Wie immer sich Kleist während dieses Monats fühlte, mit Pfuel hat er sich ausgezeichnet verstanden. Die beiden badeten oft, wahrscheinlich nackt, im Thuner See.[130] Seit längerem hatte Kleist Zeit, sich auf den »Guiskard« zu konzentrieren. Es war die Stunde der Wahrheit. Und Kleist kapitulierte. Es gibt keine unmittelbaren Zeugnisse darüber, aber man muss es sich schrecklich vorstellen. Nur aus den Spuren der kommenden Monate lässt sich ermessen, was diese Niederlage für Kleist bedeutete.

Schon Ende September verließen die Freunde den Thuner See und gingen nach Bern, wo Kleist von Geßner für seine »Familie Schroffenstein« nicht das erhoffte Honorar bekam. Kleist und Pfuel waren, wie bei der Überquerung der Alpen, viel zu Fuß unterwegs. Nun wollten sie weiter nach Paris. Kleist war wegwerfender Stimmung und wollte, um Geld zu verdienen, die nächstbeste Gelegenheit ergreifen, die sich bot, egal was. Mehrfach soll er Pfuel aufgefordert haben, mit ihm gemeinsam zu sterben. Der nahm's gelassen: »Noch ist es Zeit, warte nur noch, sobald es Zeit ist, werde ich's Dir sagen.«[131] Kleist wollte sterben, wenn er den »Guiskard« vollendet hatte, nun wollte er sterben, da er an ihm gescheitert war.

Er war vollkommen perspektivlos. Anfang Oktober erreichten sie Genf, und hier gestand Kleist seiner Schwester in einem Brief die totale Niederlage ein. »Ich habe nun ein Halbtausend hinter einander folgender Tage, die Nächte der meisten mit eingerechnet, an den Versuch gesetzt, zu so vielen Kränzen noch einen auf unsere Familie herabzuringen: jetzt ruft mir unsere heilige Schutzgöttinn zu, daß es genug sei. Sie küßt mir gerührt den Schweiß von der Stirne, und tröstet mich ›wenn Jeder ihrer lieben Söhne nur eben so viel thäte, so würde unserm Namen ein Platz in den Sternen nicht fehlen.‹ Und so sei es denn genug ... Thörigt wäre es wenigstens, wenn *ich* meine Kräfte länger an ein Werk setzen wollte, das, wie ich mich endlich überzeugen muß, für mich zu schwer ist.«[132]

Er hätte die Blutstropfen aus seinem Herzen für die Vollendung des »Guiskard« gegeben, schrieb er Ulrike. Das erinnert an das Herz, das er sich kurz zuvor aus dem Leib reißen und in den Briefumschlag hatte tun wollen. Jetzt erklärte sich auch der merkwürdige Satz, den Kleist vor einem Jahr geschrieben hatte. »Es könnte eine Zeit kommen, wo du ein *leeres* Blatt von mir mit Freudenthränen benetzest.«[133] Kleist verzweifelte am Wort. Er erlebte das Scheitern am »Guiskard« als ein Scheitern an der Sprache: Er konnte sich nicht in seine Worte legen.

Gekränkt fühlte er sich, so schrieb er, in seinem Ehrgeiz. Er hatte sich bereits als kommender Dichterfürst gesehen. Das Eingeständnis, dass er diese Anerkennung nie erfahren würde, enttäuschte ihn nicht nur, es entsetzte ihn. Kleists Brief ist voller Verbitterung. Er ist voller Verachtung des Lebens und der Menschen einschließlich seiner selbst.[134] Das bekam Pfuel nun voll zu spüren.

Nachdem sie, »wie von der Furie getrieben«,[135] über Lyon nach Paris gereist waren, dort bereits Mitte Oktober wiederum die Werdecks getroffen, das Wiedersehen in einem vorzüglichen Wirtshaus gefeiert und sich gemeinsam eine Wohnung gemietet hatten, kam es zu einem heftigen und folgenschweren Streit zwischen Pfuel und Kleist. »Ich werde jener feierlichen Nacht niemals vergessen, da du mich in dem schlechtesten Loche von Frankreich auf eine wahrhaft erhabene Art, beinahe wie der Erzengel seinen gefallenen Bruder in der Messiade, ausgescholten hast. Warum kann ich Dich nicht mehr *als meinen Meister* verehren, o du, den ich immer noch über Alles liebe?«, schrieb Kleist ein Jahr später, immer noch erschüttert, an seinen Freund.[136]

Pfuel hatte mit Kleist vermutlich das getan, was man heute den Kopf waschen nennt. Er wird Kleist seinen unbegründeten Hochmut und das ewige Hin und Her mit der Tragödie vorgehalten haben: »Seit wir uns wieder gesehen haben, bist du mit dem ›Guiskard‹ beschäftigt und trägst ihn vor dir her! Du bildest dir grenzenlos etwas auf ein Drama ein, das du doch nie fertig schreibst. Deine Anmaßung ist unerträglich!« Wir wissen nicht, was Pfuel sagte, aber vielleicht kann man sich seine Zurechtweisungen so vorstellen. Er hielt Kleist eine Standpauke, und der rannte voller Zorn aus dem Haus.

Kleist verlor die Fassung. Er verbrannte – zum dritten Mal, wie er sagte – den »Guiskard«. Er verschwand und drohte Pfuel, dass er sich umbringen würde. Als Kleist nicht wieder auftauchte, suchte Pfuel mit Hilfe der Werdecks nach ihm, und sie zeigten sein Verschwinden bei der Polizei und der preußischen Gesandtschaft an. Pfuel ging mehrfach in die Morgue, wo man die unbekannten Toten von Paris hinbrachte.

Kleist aber hatte sich eine eigene Art des Selbstmords ausgedacht. Er wollte in die Truppen Napoleons eintreten. Bonaparte plante zu diesem Zeitpunkt eine Invasion Englands, baute eine Landungsflotte, neue Kriegshäfen und zog dafür in der nordfranzösischen Hafenstadt Boulogne-sur-Mer Truppen zusammen. Um die 100 000 Mann waren bereits versammelt. Er brauche nur drei Tage Nebel und etwas Glück, um Herr von London zu werden, hatte Napoleon gegenüber preußischen Diplomaten im Sommer gesagt.

Zum zweiten Mal verknüpfte sich Kleists Schicksal mit dem Franzosen. Zu Fuß ging er die etwa 250 Kilometer nach St. Omer, das 50 Kilometer von Boulogne entfernt liegt. Dort schrieb er am 26. Oktober noch einmal an Ulrike, es sollte für die nächsten acht Monate sein letzter persönlicher Brief sein. Es ist kein weiterer erhalten. Der Brief ist knapp und endgültig, es gibt keinen Grund, ihn nicht ernst zu nehmen:

> Was ich dir schreiben werde, kann dir vielleicht das Leben kosten; aber ich muß, ich muß, ich *muß* es vollbringen. Ich habe in Paris mein Werk, so weit es fertig war, durchlesen, verworfen, und verbrannt: und nun ist es aus. Der Himmel versagt mir den Ruhm, das größte der Güter der Erde; ich werfe ihm, wie ein eigensinniges Kind, alle übrigen hin. Ich *kann* mich deiner Freundschaft nicht würdig zeigen, ich kann ohne diese Freundschaft doch nicht *leben*: ich stürze mich in den Tod. Sei ruhig, du Erhabene, ich werde den schönen Tod der Schlachten sterben. Ich habe die Hauptstadt dieses Landes verlassen, ich bin an seine Nordküste gewandert, ich werde französische Kriegsdienste nehmen, das Heer wird bald nach England hinüber rudern, unser aller Verderben lauert über den Meeren, ich frohlocke bei der Aussicht auf

das unendlich-prächtige Grab. O du Geliebte, du wirst mein letzter Gedanke sein!«[137]

Kleist hat aufgegeben. Er war gescheitert. Über vier Jahre lang hatte er versucht, ein anderes Leben zu finden. Als er keinen Ausweg mehr wusste, war das Militär das Letzte, was ihm einfiel. Aber nicht mal da wollte man ihn, es klappte nicht mit der Aufnahme ins Heer, man wolle keine Preußen.[138] Kleist wollte sich mit großer Geste wegwerfen, aber man ließ ihn nicht. Dabei wurde ihm möglicherweise klar, dass er ohnehin gerade Gefahr lief, den Tod zu finden. Ohne Pass und Erlaubnis der Pariser Polizei durfte er nicht nach Boulogne reisen – die Chance war groß, als Spion festgenommen und verurteilt zu werden. Verurteilung als Spion aber bedeutete die Todesstrafe.[139] Auch von anderer Seite drohte Kleist Unheil: Er hatte bei seiner Entlassung aus dem preußischen Militär versprechen müssen, niemals in auswärtige Kriegs- oder Zivildienste zu treten.

Am 18. November 1803 war er wieder zurück in Paris und wurde hier mit großer Erleichterung empfangen: »So ist mir der Abend, da ich von Boulogne zurückkehrte, und Sie, mir zu Liebe, die Oper aufopferten, gegenwärtig, als wär' er von gestern«, schrieb Kleist vier Jahre später an Adolphine von Werdeck.[140] Er ließ sich aber von seinem persönlichen Höllenfahrtskommando nicht abbringen. Carl Bertuch, der Sohn des Weimarer Verlegers, der einmal für Wieland gearbeitet hatte, traf Kleist mit Pfuel ebenfalls am Tag der Rückkehr und notierte in seinem Tagebuch: »Kleist, Verfasser der Familie Schroffenstein, überspannter Mensch, war preuß. Lieutnant, hat quittiert und wird in einigen Tagen als Gemeiner in französische Dienste in St. Omer treten.«[141] Eine Woche später notierte er: »Der Schnorrer Kleist fort.«

Kleist ging ein zweites Mal nach St. Omer. Von dort bat er Lucchesini, den preußischen Gesandten in Paris, doch dem französischen Kriegsminister Berthier mitzuteilen, dass er in das 10. leichte Infanterieregiment in Boulogne aufgenommen werden wolle. Girolamo Marchese Lucchesini war ein franzosenfreundlicher Italiener in preußischen Diensten, eine zentrale Figur der preußischen Bürokratie. Ende Oktober hatte er bereits nach Berlin gemeldet, was Kleist vorhatte. Jetzt leitete er Kleists Gesuch wie gewünscht an die Franzosen weiter und schickte nochmals einen Bericht nach Berlin. Beigelegt war ihm Kleists Gesuch. Dieser Brief musste dem preußischen König sehr missfallen.

Napoleon setzte nie nach England über, und Kleist wurde auch nicht Soldat in der napoleonischen Armee. Berthier ließ Kleist durch den Lagerkommandanten von St. Omer ausrichten, dass er die Dienste ausländischer Offiziere, die der Regierung nicht genau bekannt seien, nicht in Anspruch nehme. Kleist musste wieder zurück nach Paris. Hier bekam er von Lucchesini Pässe für die Reise nach Potsdam ausgestellt, zusammen mit der strikten Anweisung zurückzukehren. Man hatte genug von seinen Eskapaden. Pfuel blieb in Paris und setzte sein Studium fort.[142]

Ende Dezember 1803 machte sich Kleist auf die Heimreise. Er musste zurück, aber er konnte und wollte nicht, davon können wir ausgehen: Er wollte die Familie nicht sehen, er wollte sich nicht der Schmach aussetzen, er wollte niemanden in der preußischen Regierung erklären, was ihn trieb, er hatte keine Kraft mehr, er war perspektivlos. Die Bewegung der Kugel war zu Ende. In Mainz, das seit 1797 wieder französisch war und wo er 1793 eine Ahnung des Glücks gehabt hatte, erlebte Kleist einen Zusammenbruch.

Dieser Zusammenbruch ist ein Kulminationspunkt in Kleists Biographie und gleichzeitig ein schwarzes Loch. Es gibt keinen einzigen Brief Kleists aus dieser Zeit.[143] Nach der ausufernden Briefproduktion der Jahre 1800 und 1801 zog sich Kleist zurück, und in der ersten Jahreshälfte 1804 verschwand er von der Bildfläche. In dem Brief an Henriette von Schlieben vom Juli 1804, als er sozusagen unter die Lebenden zurückgekehrt war, schrieb er: »... nach Mainz, wo ich endlich krank niedersank, und nahe an fünf Monaten abwechselnd das Bett oder das Zimmer gehütet habe.«

In Mainz war der kranke Kleist bei Georg Wedekind in Behandlung. Wedekind war ein angesehener Mediziner, er konnte sich »Professor der medizinischen Praxis« nennen und arbeitete als Oberarzt an der Mainzer École de Médecine. Außerdem war er überzeugter Jakobiner und Freund Georg Forsters gewesen. Vor gut zehn Jahren hatte er die Mainzer Republik ermöglicht, weil er den Franzosen verraten hatte, wie schwach die Verteidiger in Mainz waren, und sie so die Stadt besetzen konnten.

Wedekind kümmerte sich fürsorglich um Kleist. Am 3. April 1804 schrieb er einen Brief an den alten Wieland, der nicht erhalten ist. Aber es gibt Wielands Antwort – das ist der zitierte Brief mit der genauen Beschreibung Kleists und der Ereignisse in Weimar 1802.[144] Man muss nach diesem Brief annehmen, dass Wedekind sehr besorgt über Kleists Zustand war und bei Wieland versuchte, Aufschluss über dessen Ursachen zu erhalten. Wieland reagierte auf diese Nachrichten mit der genauen Schilderung seiner enthusiastischen Reaktion auf den »Guiskard«, die er für eine mögliche Erklärung von Kleists Zusammenbruch hielt.[145]

Kleist war krank, er war, auch wenn er nicht fünf, sondern höchstens vier Monate niederlag, schwerkrank. Kleist erlebte in Mainz seine bisher schwerste Krise. Er kam später immer wieder auf diese Erkrankung zurück. Weiter ist Kleists Krankheit aber nicht beschreibbar.[146] 1807 behauptete Kleist in einem Brief an Adolphine von Werdeck, er sei seitdem immer halb krank gewesen: »meine Nerven sind zerrüttet, und ich bin nur periodenweise gesund.«[147] An Henriette von Schlieben schrieb er: »Ich bin nicht im Stande vernünftigen Menschen einigen Aufschluß über diese seltsame Reise zu geben. Ich selber habe seit meiner Krankheit die Einsicht in ihre Motiven verloren, u. begreife nicht mehr, wie gewisse Dinge auf andere erfolgen konnten.«[148]

Daran muss man nicht zweifeln. Ansonsten gibt es über die Zeit in Mainz kaum mehr als Gerüchte: Kleist soll Karoline von Günderode kennengelernt haben,[149] er soll ein Verhältnis in Wiesbaden gehabt haben, er wollte Tischler in Koblenz oder Verwaltungsangesteller bei einem Bekannten Wedekinds werden.[150]

Aus Wielands Brief an Wedekind geht hervor, dass die Krankheit lang dauerte. Wedekind wandte sich Anfang April hilfesuchend an Wieland. Zu diesem Zeitpunkt dauerte die Krankheit schon mehrere Monate. In diesem Brief sprach Wieland auch davon, dass Kleist Tischler werden, also eine vollkommen neue, beschränkte Existenz eingehen wollte.

Nach der Krise, die mindestens bis April dauerte, war Kleist nicht mehr derselbe. Das Stockende seiner Rede ist erst nach 1804 belegbar. Vorher gab es keine Anzeichen davon. Erst nach dieser Krise schrieb er seine großartigen Theaterstücke, Erzählungen und Aufsätze. Sehen wir von ein paar Gedichten, der »Familie Schroffenstein«, dem Aufsatz über das Glück, den Briefen und dem vernichteten »Guiskard« ab, hat Kleist nur nach 1804 geschrieben. Er tat das mit leicht verächtlicher, wegwerfender Geste. Es war nicht mehr der große Kampf um sich selbst, den er bisher gefochten hatte. Den hatte er aufgegeben. Vielleicht ermöglichte ihm erst dieser Zusammenbruch das Schreiben, das später folgte. Von nun an war Kleist ein beschädigter Mensch, aber auch ein Mensch mit Distanz zu sich, immer noch zu Großem in der Lage, ein Meister der Selbstbeherrschung.

Ende April 1804 reiste Kleist über Weimar nach Berlin. Dort kam er am 3. Mai an. Vorher hatte er noch einmal die Wielands besucht, die nicht mehr in Oßmannstedt, sondern in Weimar wohnten. Er musste dem alten Wieland nun selbst sagen, dass er den »Guiskard« aufgegeben und verbrannt hatte. Wieland wahrte von da an Abstand zu Kleist. Wielands Tochter Louise fiel auch jetzt wieder der bescheidene und stille Charakter Kleists auf, der sie schon vor einem Jahr verzaubert hatte.[151]

Staatsbeamter und Gefangener

*Berlin, Königsberg, Fort Joux,
Juni 1804 bis August 1807*

Karl Leopold von Köckeritz hatte wenige Interessen, denen aber widmete er sich mit Hingabe. Er liebte zum Beispiel seinen kleinen Zopf, den er nach Art des altpreußischen Militärs trug und der über dem steifen Kragen seiner Uniformjacke baumelte. Überhaupt legte er äußersten Wert auf tadellose Garderobe, das heißt eine gestärkte, blitzsaubere, in jedem Sinne vorbildliche Uniform. Er war ein Muster der Ordnung und des Dienstfleißes. Daneben ist er sehr für eine gut gedeckte Tafel und Tabak zu haben gewesen. Auch am Whist-Tisch war er ein gerngesehener Gast. Mittlerweile sah man ihm seine Vorlieben deutlich an. Aber sein Leibesumfang passte durchaus zu jener Art von Gemüt, zu jener Mischung aus Phlegma und Güte, die auf viele Menschen vertrauenerweckend wirkt.

Dieser Karl Leopold von Köckeritz hatte eine steile Karriere im preußischen Militär hinter sich. Im Regiment Garde hatte er sich, aus armen Verhältnissen kommend, hochgedient. 1793 könnte Kleist ihm begegnet sein, Köckeritz hat damals als Major an der Belagerung von Mainz teilgenommen. Noch vor der Thronbesteigung Friedrich Wilhelms III. war er dessen Generaladjutant geworden. Er galt als der vertrauteste Freund des Königs.[1] Gerade war Köckeritz zum Generalmajor aufgestiegen. Ohne Zweifel stand der beleibte Herr tief in der Gunst des Monarchen. Karl Leopold von Köckeritz konnte mit sich und der Welt zufrieden sein.

Auf diesen Mann, der durch seinen direkten Zugang zum König eine der zentralen Machtpositionen Preußens besetzte, traf nun im Charlottenburger Schloss vor den Toren Berlins der zurückgekehrte ehemalige Offizier des Regiments Garde, der von einer Krise schwer geschüttelte und einer schweren Krankheit genesene Heinrich von Kleist. Er wollte eine Audienz beim König und bekam Köckeritz. Er wurde mit finsterem Gesicht empfangen. Kleist fragte zunächst, ob er die Ehre habe, von ihm, Köckeritz, gekannt zu sein. Ja, antwortete dieser äußerst knapp. Ob er hoffen dürfe, fragte Kleist weiter, dass jener Brief, den er dem Pariser Gesandten, dem Marchese Lucchesini, aus St. Omer geschickt hatte und der ihn als gemütskranken Mann zeigte, ob jener Brief, der dann in die Hände des Königs gelangt sei, politisch folgenlos bleibe. Und ob er, wenn er den König frage, auf Anstellung rechnen dürfe. Nach einer Weile fragte Köckeritz, ob er denn wieder ganz hergestellt sei. Kleist sah ihn befremdet an. »Ich meine, ob Sie von allen Ideen und Schwindeln, die vor Kurzem im Schwange waren, völlig hergestellt sind.«

Kleist kochte. Aber er antwortete mit so viel Ruhe, wie er aufbringen konnte, dass er körperlich krank gewesen sei, dass er sich aber nun, abgesehen von einer gewissen Schwäche, wiederhergestellt fühle. Köckeritz machte wieder eine Pause, schneuzte sich und sagte: »Wenn ich die Wahrheit gestehen soll, so kann ich nicht verhehlen, daß ich sehr ungünstig von Ihnen denke.« Köckeritz wusste Bescheid: Kleist habe das Militär verlassen, das Ausland durchstreift, sich in der Schweiz ankaufen wollen, die Landung der Franzosen in England mitmachen wollen und er habe »Versche gemacht«. Es sei des Königs Grundsatz, keine Männer zu unterstützen, die dem Militär den Rücken gekehrt haben. Kurzum, er könne nichts für Kleist tun.

Kleist traten die Tränen in die Augen, und er versuchte es mit Erklärungen. So sei die Einschiffung nach England weniger politisch als krankheitsbedingt zu erklären. Er habe unerträgliche Kopfschmerzen gehabt, von denen er sich habe ablenken wollen. Dieses Bedürfnis nach Zerstreuung sei so übermächtig geworden, dass er zuletzt eingewilligt hätte, die Erdachse zu vertauschen, um den Schmerz loszuwerden, sagte Kleist mit typischer Übertreibung. Es sei doch grausam, einen Kranken für das verantwortlich zu machen, was er unter Einfluss der Schmerzen getan habe. Und wirklich ließ Köckeritz Anteilnahme erkennen. Kleist fuhr ermuntert fort. Der König habe ihm einst auch Wiederanstellung versprochen.

Köckeritz schien tatsächlich nachdenklich geworden. Dann aber sagte er: »Es wird Ihnen zu nichts helfen. Der König hat eine vorgefaßte Meinung gegen Sie, ich zweifle daß Sie sie ihm benehmen werden. Versuchen Sie es, und schreiben Sie an ihn; doch vergessen Sie nicht die Bitte um Erlaubniß gleich hinzuzufügen, im Falle einer abschlägigen Antwort Ihr Glück im Ausland suchen zu dürfen.« Kleist entgegnete, dass er um die Erlaubnis bäte, in seinem Vaterlande bleiben zu dürfen. Er wolle seinem König dienen, wenn der ihn nicht brauchen könne, so wolle er im Stillen bei seiner Familie leben. »Es ist möglich, daß der König seine Meinung von Ihnen ändert, und wenn Sie ihn zu einer Anstellung geneigt machen können, so verspreche ich, Ihnen nicht entgegen zu wirken.«

Das war's. Köckeritz bat Kleist noch um Verzeihung, wenn er ihn beleidigt haben sollte. Und verwünschte seinen Posten als Generaladjutant, der ihn überall unbeliebt mache. Kleist versicherte ihn seiner Verehrung und fuhr zurück nach Berlin.

Kleist hat seiner Schwester von diesem Treffen, von dem seine Zukunft abhing, genauen Bericht erstattet.[2] Die Schilderung gilt allgemein als Kabinettstück seiner Dialogkunst. Das ist sie auch. Gleichwohl ist das nichts Neues. Kleist hatte die Mechanik, mit der Rede und Gegenrede aufeinanderprallen, bereits mehrfach verwendet, etwa in dem Dialog, mit dem er fünf Jahre zuvor von seinen Bemühungen um Aufnahme an die Universität in Frankfurt berichtet hatte. Hier wie da erscheint der Bittsteller Kleist gern als hilfloser Zwerg, damit das Desinteresse der Autoritäten an seinem Schicksal umso deutlicher hervortreten kann. Nach der schmachvollen Audienz bei Köckeritz fühlte sich Kleist so klein, dass er sich nur noch einen Rat wusste: Er zog den Brief Wielands aus der Tasche, den er immer mit sich führte, um sich zu trösten und an Wielands anerkennenden Worten wieder aufzurichten.

Es hat immer etwas Deprimierendes, Menschen nach einer schweren Krise zu erleben. Sie wirken leblos, entkernt, wie kaltgestellt. Es ist eine selbstgenügsame Demut in ihnen, die je nach Betrachter entweder Schadenfreude oder Traurigkeit hervorruft. So stand Kleist vor Köckeritz. Er meinte bei dem Generaladjutanten vor allem die Schadenfreude gespürt zu haben. Dieser Köckeritz erschien dazu auserkoren, ihm unmissverständlich klarzumachen, wer er nun war. Des Generaladjutanten Rolle war es, für Kleist die ganze Schamlosigkeit des Daseins zu verkörpern. Er hat »Versche gemacht«. Welche Schmach, sich das von einem solchen Menschen sagen lassen zu müssen. Figuren wie Köckeritz tauchen immer dann auf, wenn man es am allerwenigsten brauchen kann. Diese Ahnungslosigkeit, dieser Unverstand, dieser Hohn!

Kleist war ohnehin ernüchtert. Er hatte etwas von einem gefallenen Engel. Er brauchte keinen Köckeritz, um das zu erkennen. In Potsdam, Charlottenburg und Berlin trat er wie jemand auf, der eingesehen hat, dass es so nicht weitergehen kann. Warum musste da noch jemand wie Köckeritz kommen, ein wohlwollender Ignorant, und ihn mit der Nase auf seine größte Niederlage stoßen?

Weil Köckeritz in Kleists Leben eine so undankbare Rolle spielt, wird er gern als lebendige Einfalt gezeichnet. Zeitgenossen wie der Freiherr vom Stein oder Christian von Massenbach hatten nicht viel für Köckeritz übrig.[3] Der Herzog von Braunschweig bezeichnete ihn als »ausgeschnittenen Kürbiskopf ohne Licht im Innern«.[4] Theodor Fontane, der Köckeritz in seinem Roman »Schach von Wuthenow« auftreten lässt, hat es anders gesehen. Für ihn war Köckeritz zwar nicht klug, aber gütig und teilnahmsvoll.[5]

Geht es um Kleist, muss man sagen, dass Fontane recht behalten hat. Denn es kam ganz anders, als Kleist dachte. Vier Treffen fanden zwischen ihm und Köckeritz statt, Kleist schrieb seinen Brief an den König, und zwar in selbstbewusster Sprache, deren er sich nicht zu schämen brauchte – dann hatte er, was er wollte und was er nicht zu hoffen gewagt hatte. Der eben auch sentimentale, leutselige und gutherzige Köckeritz scheint sich für Kleist verwandt zu haben. Ende Juli 1804 erfuhr Kleist, dass der König sein Gesuch um Anstellung wohlwollend beschieden hatte. Er hatte eine Stelle.

Ein oder zwei Monate zuvor, wahrscheinlich im Juni, war Kleist zurückgekehrt. Der Brief an Ulrike, in dem er von seinem Treffen mit Köckeritz berichtete, datiert vom 24. Juni. Zunächst war er nach Potsdam gegangen. Dort hatte er Pfuel überrascht, der schon im Bett lag. Pfuel war ebenfalls aus Paris zurückgekehrt. Die beiden Freunde fielen sich wieder in die Arme, und der Streit vom vergangenen Jahr war vergessen.[6] Gewohnt hat Kleist die ersten Tage möglicherweise bei seinem Bruder Leopold in Potsdam, Leopold heiratete am 20. Juni. Auch der ehemalige Regimentskamerad Gleissenberg war da, Ende des Jahres sollte er Kleists Cousine Caroline von Pannwitz heiraten. Gleissenberg hatte, wie Leopold, inzwischen beim Militär Karriere gemacht, er war jetzt Hauptmann und unterrichtete seit einem Jahr an der Berliner Militärschule. Es ging voran mit den nicht mehr ganz jungen Männern.

Knapp ein Jahr blieb Kleist in Berlin, bevor er seine Stelle in der preußischen Verwaltung antreten konnte. Noch bevor Kleist den positiven Bescheid des Königs bekam, begegnete er Pierre de Gualtieri, mit dem er sich schon während der Militärzeit in Potsdam gut verstanden hatte. Gualtieri sollte als preußischer Gesandter nach Madrid gehen, und Kleist konnte sich vorstellen – da es zunächst mit seinem Gesuch beim König nichts zu werden schien –, ihn zu begleiten. Anfangs hielt sich sein Enthusiasmus zwar in Grenzen, doch je länger er keine Zusage des Königs erhielt, desto verlockender schien Kleist der Plan. Gualtieri warb regelrecht um ihn, mittags speisten sie gemeinsam an der »auserlesenen Wirthstafel der Frau Dacke zur Stadt Paris«, eine der besten Adressen Berlins.[7]

Gualtieri wollte unbedingt, dass Kleist ihn nach Madrid begleitete. Er konnte ihm zwar nur den unbesoldeten Posten eines Attachés anbieten, wollte ihm aber mit der Zeit zu einem einträglichen Posten verhelfen. Der elegante und brillante, ebenso gebildete wie eingebildete Gesellschaftsmensch Gualtieri hatte Angst vor der »Verbannung« – das ferne Madrid kam einer Strafversetzung gleich. Er hatte Gefallen an Kleist gefunden und wollte den Geistesverwandten als Unterhaltung in der Diaspora dabeihaben.

Gualtieri war originell und eigensinnig.[8] Er neigte zum Spott, war eitel und hochmütig, aber auch geistreich und geistig unabhängig. Regelmäßig verkehrte er bei Prinz Louis Ferdinand, der zentralen Figur der gehobenen Berliner Gesellschaft, die Königin tanzte gern mit ihm. Die berühmte Salondame Rahel Levin schätzte ihn sehr, obwohl sie seine Eigenheiten sehr genau sah: Er machte seine Umgebung aus Amüsement zum Narren.[9] Da Gualtieri oft bei Rahel verkehrte, ist anzunehmen, dass Kleist sie schon damals, da ihr Salon noch in Blüte stand, kennenlernte – und nicht erst 1810.

Bis Kleist den positiven Bescheid des Königs bekam, verfolgte er den Madrider Plan immer interessierter. Er und Gualtieri bewegten den Kabinettsrat Lombard, sich beim Außenminister Haugwitz für Kleists Entsendung nach Madrid einzusetzen.[10] Kleist wäre also durchaus ins ferne Madrid gegangen. Die letzte Entscheidung darüber aber oblag der Familie. Die Vereinbarung, die Kleist hier nach seiner Rückkehr aus Frankreich getroffen hatte, oder besser, die ihm diktiert worden war, war nämlich sehr einfach: Du lässt jetzt endlich deine Eskapaden sein, bemühst dich um eine ordentliche Anstellung und bekommst, für die nächsten drei Jahre, bis du auf eigenen Füßen stehst, von der Familie 25 Reichstaler im Monat. Man hielt ihn knapp: 300 Reichstaler im Jahr, das war nicht wenig, für Kleist aber reichte es beim besten Willen nicht.[11]

Mit der Anstellung beim preußischen Staat, auf die er jetzt zusteuerte, hätte Kleist das erste Mal in seinem Leben ausreichend Geld gehabt. Tatsächlich bekam er, noch bevor es mit der Arbeit in Königsberg wirklich losging, vom König knapp 600 Reichstaler Wartegeld. Dazu kamen bald noch 60 Louis d'or. Kleist glaubte, sie kämen als Privatpension von der Königin Luise. Tatsächlich aber zahlte sie wohl seine Cousine Marie von Kleist aus eigener Tasche und erzählte Kleist mit zartfühlender Noblesse, sie kämen von der Königin.[12]

Kleist hat damals die Verantwortung für sich in die Hände der Familie gelegt. Er war damit einerseits eine Sorge los und befand sich andererseits in einer entwürdigenden Situation. Trotzdem ging er die Sache mit der Anstellung weiter zielstrebig an. Mehrfach kontaktierte er Köckeritz, der ihm immer umgänglicher erschien,[13] wandte sich an die Kabinettsräte Lombard und Beyme. Bei Haugwitz, bis August 1804 Außenminister, fragte Kleist wegen seines Gesuchs nach. Karl August Freiherr von Hardenberg, der neue Außenminister, beschäftigte sich ebenfalls mit seinem Anliegen. Kleist lernte so die oberste Riege des preußischen Hofstaats kennen, das Gestrüpp der Beziehungen, das um den König wuchs.

Kleist vertrat seine Sache nicht schlecht. Er behielt klaren Kopf und hatte am Ende Erfolg. Überhaupt fällt in den Briefen Kleists aus dieser Zeit auf, wie bestimmt er sich ausdrückte, wie klar er der Schwester Auskunft gab. Er begab sich auch wieder in Gesellschaft. Kleist verkehrte im Cohen'schen Salon in der Münzstraße, wo er schon 1801 zu Gast gewesen war. Dort lernte er Karl August Varnhagen von Ense kennen, den späteren Mann Rahels. Sicherlich traf er dort auch Adelbert von Chamisso, der später den berühmten »Schlemihl« schrieb. Kleist sei »liebenswürdig« und »belebt« gewesen, erinnerte sich Varnhagen.[14]

Die Stimmung in Berlin war nicht unangenehm. Der alte preußische Ton ging immer weiter zurück. Die Gespräche wurden offener, unbefangener, auch anspielungsreicher, von schillernder Unbestimmtheit hat man gesprochen. Die strenge Trennung von Bürgern und Offizieren weichte auf, und die Durchlässigkeit zwischen den Schichten wurde größer. Was noch vor wenigen Jahren schwer denkbar war, wurde gang und gäbe: Gelehrte, Juden, Offiziere, Geheimräte, Edelleute saßen freundlich plaudernd an den Tee- und Esstischen beisammen.[15]

»Dem Schauspiel, das Berlin gewährte«, schrieb Madame de Staël, die 1803 in der Stadt war, »kam in Deutschland kein anderes gleich.« Wenn sie auch, was die Hofsitte anging, Wien den Vorzug gab, »mache der Verein geistreicher Männer Berlin zur wahren Hauptstadt des neuern, des aufgeklärten Deutschland.«[16] In der Mode ahmte man gern den König nach, seit er sich 1797 in amerikanischer Kleidung, das heißt in Hose und Stiefeln, hatte sehen lassen. Prägender noch wurde die Königin Luise, sie vor allem war dafür verantwortlich, dass der alte militärische Charakter des Hofes verschwand.[17]

Dem genusssüchtigen Berlin aber war der Hof zu langweilig. »Die Nation ist schon zu verdorben. Die Schlemmer in Berlin spotten über die Nüchternheit des Königs; sie haschen und suchen nach irgend einer Äußerung des königlichen Ehepaars, ob nicht ein Funken von Unregelmäßigkeit in ihnen ist, ob der König oder seine Gemahlin keine geheime Liebe nähren; sie möchten vor Bosheit bersten, daß sie auf diesem Spiegel keine Flecken finden können ... Das ist der langweiligste Hof, der Berliner, sagen sie, da fließt ein Tag wie der andere dahin, man möchte vor langer Weile sterben«, berichtete Friedrich von Cölln in seinen »Vertrauten Briefen«.[18] Der Kontrast zwischen biederem Hof und sittenloser Stadt wurde immer auffälliger: »Die Weiber sind so verdorben, daß selbst vornehme adlige Damen, eine Frau von C., sich zu Kupplerinnen herabwürdigen, junge Weiber und Mädchen von Stande an sich ziehen, um sie zu verführen.«[19]

Hinter vorgehaltener Hand sprach man auch in den Vorzimmern der Macht, in denen Kleist unterwegs war, schon davon, dass der König ein Zauderer war. Neutralität war unter Friedrich Wilhelm III. sozusagen preußische Staatsdoktrin geworden. Er konnte sich nicht entschließen, mit Napoleon zu paktieren, und er konnte sich auch nicht gegen ihn entscheiden. Dabei wurde sein Spielraum immer kleiner. Was man lange als geschicktes Lavieren sehen konnte, erschien jetzt als Unentschiedenheit. Der König wollte nicht wahrhaben, dass das stolze Preußen sich Schritt für Schritt in einen französischen Vasallenstaat verwandelte.

Er konnte sich weder für das dynamische Frankreich, das Land der Aufklärung und der Revolution entscheiden, mit dem sich nun auch Württemberg und Bayern verbanden und dem Preußen sich traditionell nahe fühlte. Und er wollte sich nicht zum alten Europa gesellen, zu Russland, Österreich und der antinapoleonischen Koalition. Sollte man sich einem übermächtigen Gegner unterordnen, denn das hätte ein Pakt mit Frankreich bedeutet, oder sollte man gegen ihn antreten und eine vernichtende Niederlage riskieren? Verlockend war keine der beiden Alternativen.

Als Kleist sich in Boulogne in den Krieg der Franzosen gegen die Engländer stürzen wollte und dann bei dem ehemaligen Jakobiner Wedekind in Mainz lag, bereitete Napoleon schon die vollständige Eroberung Europas vor. Zunächst ging es ihm um England. Deswegen hatte er das britische Hannover besetzt. Der preußische Protest war recht zurückhaltend ausgefallen. Erst als Napoleon kurz nach Hannover auch noch Cuxhaven annektierte, begann man am preußischen Hof lauter über eine Mobilmachung und eine Allianz mit Russland und Österreich nachzudenken. Aber dann war jener Kabinettsrat Lombard, bei dem sich Kleist gerade um eine Anstellung bemüht hatte, zu Napoleon gereist und hatte ihm ein Schreiben von Friedrich Wilhelm III. überbracht, das vor Freundlichkeiten überquoll. Lombard war von Napoleon hingerissen und berichtete dem König begeistert von ihm. Wieder geschah nichts.

Im März 1804 empörte man sich sehr über die Ermordung des letzten Bourbonen Enghien durch Napoleon. Überall in Europa diskutierte man hin und her, welches Recht Napoleon dazu gehabt hatte. Man schwankte zwischen Bewunderung für seine Tatkraft und Verachtung für den Emporkömmling. Folgen aber hatte auch das am preußischen Hof nicht. Zum Handeln veranlasst sah sich die Regierung erst, als ein Trupp Franzosen den englischen Geschäftsträger Sir George Rumbold von neutralem Hamburger Boden nach Paris entführte. Damit hatte Napoleon preußische Hoheitsrechte verletzt. »Ich bin, mein Bruder, auf die empfindlichste Weise bloßgestellt. Ich bin es, denn ich bin für die Sicherheit eines bei mir beglaubigten Beamten verantwortlich«, schrieb Friedrich Wilhelm III. im November in verschärftem Ton an Napoleon.[20] Und siehe da: Napoleon lenkte ein und ließ den Entführten ziehen!

Am 2. Dezember 1804, Kleist war schon seit einem halben Jahr zurück in Berlin, ließ sich der Erste Konsul Bonaparte in Paris zum Kaiser Napoleon krönen. Was dem europäischen Adel als Anmaßung erscheinen musste, wurde überall mit vielfältigen Glückwunschadressen beklatscht. Man nahm es nicht nur hin, man machte gute Miene dazu. Die Spötter, zu denen auch Kleist gehört hatte, wurden angesichts der wachsenden Machtfülle des neuen Monarchen immer leiser.

Napoleon ging nach der Krönung zu seinen Truppen, die immer noch bei Boulogne konzentriert waren. Der Krieg war jetzt zum Greifen nah. Preußen blieb immer noch neutral. Friedrich Wilhelm III. hörte sich wieder und wieder alle Seiten an. Die Protagonisten der Auseinandersetzung waren der ehemalige Außenminister Haugwitz und der amtierende Außenminister Hardenberg. Hardenberg forderte den Bruch mit Frankreich, Haugwitz riet zum Abwarten.[21]

Für Kleist öffneten sich die Türen dieser in sich verstrickten

Gesellschaft. Dabei unterstützte ihn die 16 Jahre ältere Marie von Kleist, geborene Gualtieri, Pierres Schwester, die Kleist aus Potsdam kannte und der er jetzt nahekam. Sie gab ihm die 60 Louis d'or, die angeblich von der Königin kamen. Sie hatte Friedrich Wilhelm Christian von Kleist geheiratet, einen entfernten Vetter Heinrichs, und sie war Hofdame bei der Königin Luise. Stundenlang schloss sich die Königin zuweilen mit ihr ein und stillte ihren Bildungshunger. Marie von Kleist hatte bei Luise zu dieser Zeit eine ähnlich vertraute Stellung wie Köckeritz beim König. Luise schätzte in ihr die Freundin, der sie sich anvertrauen konnte: »Wie angenehm ist es, eine Freundin zu haben, die die Sprache des Herzens begreift, die alle meine Gedanken versteht, selbst die leichtesten Regungen werden aufgenommen und verstanden. Kurzum, ich bin überzeugt, daß Sie mir eine *Seelenverwandte* sind«, schrieb Luise 1803 an Marie.[22] Wie die Königin hatte auch Kleist mit Marie in den kommenden Jahren das Gefühl von Seelenverwandtschaft. Neben Ulrike wurde sie seine engste Vertraute. Dabei verstand sie ihn noch besser als Ulrike. Marie war eine hochgebildete und feinfühlende Person, eine Dame von Geschmack und Takt.

Gualtieris zweite Schwester Amélie hatte 1788 den Oberst Christian von Massenbach geheiratet.[23] 1804 war Massenbach Mitglied des Generalstabs und für Kleist bei der Verfolgung seiner Interessen ebenfalls ein wertvoller Ansprechpartner. Ein dankbarer Brief Kleists an Massenbach ist überliefert.[24] Kleist schickte sich also an, Mitglied der preußischen Oberschicht zu werden, mit Amt, Apanage und Beziehungen. Die andere Welt, die sein Dasein seit Jahren bestimmt hatte, schien mehr denn je verschlossen. Vom Dichten war keine Rede mehr. Wahrscheinlich hatte er es damals einfach aufgegeben. Gegenüber dem angehenden Schriftsteller Varnhagen gab er sich nicht als Gleichgesinnter zu erkennen.[25] Aber irgendwo, davon ahnte kein Köckeritz, keine Ulrike und wahrscheinlich nicht einmal ein Gualtieri etwas, irgendwo in sich hatte Kleist doch immer noch den »Amphitryon« und den »Zerbrochnen Krug« versteckt. Nur bei Marie könnte man sich vorstellen, dass Kleist ihr das anvertraute. Es gibt nur einen einzigen, winzigen Fingerzeig, dass Kleist damals doch an seine Stücke dachte. Im August

1804 war ihm äußerst wichtig, dass Gleissenberg ihm aus Dresden einen Koffer mitbrachte.²⁶ Das könnte ein Koffer gewesen sein, in dem Manuskripte steckten.

Sicher ist dagegen, dass Kleist seine beiden Lustspiele – es sind pikanterweise die beiden einzigen, die es von seiner Hand gibt – 1804 bis 1806 schrieb, in den Jahren also, die mit einer schweren, seiner vielleicht schwersten Krise begannen, der Ernüchterung und Ausbildung und Verwaltungsarbeit folgten.²⁷ »Der zerbrochne Krug« schwirrte durch Kleists Kopf, seit er im Frühjahr 1802 mit Zschokke und Wieland den Stich angesehen hatte und sie sich in eine Art Dichterwettstreit gestürzt hatten. Schon 1803 hatte er die ersten drei Szenen geschrieben. Auf den »Amphitryon«-Stoff war Kleist im gleichen Jahr in Dresden durch Johann Daniel Falk aufmerksam geworden. Am Ende des Jahres 1806 standen wieder Krankheit und Erschöpfung, aber auch die gefestigte Überzeugung, Schriftsteller zu sein. Dazwischen lagen »Der zerbrochne Krug«, »Amphitryon«, »Das Erdbeben in Chili« und manches Weitere.

Die Geschichte von Amphitryon, der sich Kleist nun irgendwann, vielleicht schon 1804, vielleicht erst 1806, widmete, ist sehr alt. Die Antike hat daraus mehrere Tragödien und später auch Komödien gemacht. Bei Kleist bekam der Stoff in diesen Jahren eine ganz neue Färbung. Nach einer Vorlage von Molière, der den Stoff ebenfalls bearbeitet hatte, und aus einer alten Geschichte entstand der unverwechselbare Kleist-Ton. Zunächst die Geschichte: Nach einer aufregenden Liebesnacht mit ihrem Mann Amphitryon muss Alkmene in einem schmerzhaften Prozess erkennen, dass es eben nicht ihr Gatte war, der bei ihr geschlafen hat, sondern der Göttervater Jupiter. Alkmene hatte geglaubt, dass sich Amphitryon nachts vom Schlachtfeld zu ihr geschlichen hatte. Als am Morgen der echte Amphitryon erscheint und Alkmene ihm von der Nacht vorschwärmt, fühlt er sich natürlich betrogen – und sie fühlt sich ebenso betrogen, da er nicht bei ihr gewesen sein will.

Noch einmal erscheint Jupiter dann in Gestalt des Amphitryon der Alkmene und erklärt ihr, dass Jupiter sie in der Nacht besucht habe. Er möchte, von sich eingenommen wie er als Gott nun einmal ist, jetzt von ihr auch noch das Bekenntnis, dass sie ihn, den Gott, nach dieser Liebesnacht mehr liebt als den Gatten. Doch sie hatte, und das ist der eigentlich neue Gedanke Kleists, in ihm immer nur den Gatten gesehen und geliebt. Als der echte Amphitryon dazukommt, muss sich Alkmene zwischen beiden entscheiden – und entscheidet sich für den Gott. Das aber ist kein Verrat, sondern wahre Liebe: Sie kann im Gott nichts als den idealen Gatten sehen. Daraus erkennt der menschliche Amphitryon schließlich, dass sie auch in jener folgenreichen Nacht immer nur ihn geliebt hat. Jupiter, der sich jetzt zu erkennen gibt, verheißt Alkmene den Herkules als Sohn. Das Stück endet mit Alkmenes berühmtem Seufzer. Das »Ach!« kann als Ausdruck der Erleichterung, aber auch als Eingeständnis einer heillos verfahrenen Situation verstanden werden.

In der Nebenhandlung mit dem Dienerpaar Sosias und Charis tritt der Götterbote Merkur in Gestalt des Sosias als Jupiters Begleiter auf. Merkur prügelt dem Sosias sozusagen seine Identität aus dem Leib: »Wer geht dort?«, ruft Merkur. »Ich!«, antwortet Sosias. »Was für ein ich?«, fragt Merkur zurück und nimmt dem Selbst schon in den einfachsten Worten das Selbstverständliche. Von Sosias' Frau Charis will der Sosias-Merkur nichts wissen. Sie aber hätte Sosias, nachdem sie begriffen hat, wie der Hase mit Göttern in Menschengestalt läuft, gern betrogen. Ihr Zorn über die verpasste Gelegenheit geht, genauso wie der Stock des Merkur und die Wut des Amphitryon, auf den armen Sosias nieder: Es lohnt sich also nicht, ein Ich zu haben, denkt er. In leichtfüßigem Ton, ein Wort gibt in munterem Hin und Her das andere, wird das Ich von Sosias radikal in Frage gestellt. Das Spiel um Identität und die Gefühlssicherheit des Innersten bekommt in der Komödie eine neue Dimension.

Kleists »Amphitryon« ist eine Nachdichtung des gleichnamigen Stückes von Molière. Als Bearbeitung, nicht als eigenständige Dichtung, wurde es anfangs wahrgenommen. Vielleicht ist es auch beeinflusst von Falks Stück – und doch ist es ein vollkommen eigenständiges Lustspiel. Ein großes Stück Molière steckt in der lustigen Nebenhandlung. Der spitze, flinke Ton jener frivolen, höfischen Welt, für die Molière schrieb, steckt im »Amphitryon« und kontrastiert mit Kleists neuem Ton der Innerlichkeit. Erstaunlicherweise kommen beide sehr gut miteinander aus. Diese Mischung gibt es nur hier. Es gibt kein anderes Stück, in dem Galanterie und der abgründige Blick ins tiefste Innere so koexistieren, als würden sie wirklich zueinander passen. Vielleicht wirkt Kleists Text dadurch so leicht, so geklärt, als sei er reine Sprache und pures Spiel. Etwas Drollig-Existentielles steckt in dem Lustspiel. »Amphitryon« ist das einzige Stück von Kleist, das nichts Pathologisches oder Katastrophales vor sich her trägt, das heiter und frei wirkt, auch wenn Alkmene in ihrer Ungewissheit tiefe Verzweiflung erlebt.

Kleists Drama müsste, wie man oft festgestellt hat, eigentlich »Alkmene« heißen. Was in der Tradition des Stoffes ein Konflikt zwischen zwei Männern war, dem Menschen und dem Gott, ist ein Konflikt in der Seele Alkmenes geworden. Wem neigt sie sich zu? Es geht um das »innerste Gefühl« und die Frage, ob man sich darauf verlassen kann. Von dem Grund, auf dem diese Schlacht entschieden wird, ringt sich das »Ach!« am Ende empor. Alkmene, das ist der Dreh- und Angelpunkt, ist so sehr verliebt, dass sie sich darüber sicherer ist als über ihre eigene Identität. Sie liebt ihren Amphitryon so sehr, wie wenn er ein Gott wäre.[28]

Goethe hat gesagt, es ginge im »Amphitryon« um die Verwirrung des Gefühls. Er hat auch gesagt, Kleist habe hier ein antikes Thema ins Christliche umgedeutet, und damit gemeint, dass in Alkmene die Frage der unbefleckten Empfängnis verhandelt wird.[29] Diese Auffassung aber geht am Kern von Kleists Stück vorbei. »Amphitryon« ist kein Religionsdrama. Goethes Fehlurteil hatte seinen Grund in einer Abneigung gegen das Stück, die er mit dem gesamten 19. Jahrhundert teilte.[30] Für Thomas Mann hingegen war es dann das schönste Theaterstück der Welt. Selten haben große Dichter in ihrem Urteil weiter auseinandergelegen.

Aus der Sicht der Biographie liegt das Wunder des »Amphitryon« darin, dass der quälende Ton, der in den Briefen Kleists an Wilhelmine steckt, diese endlose Gewissenserforschung, dieses immer weiter und weiter vertiefte Treueversprechen, diese merkwürdige Qual des Mannes, der auch in der Liebe nicht glauben kann, wirklich gemeint zu sein, zu so etwas Leichtem und Anmutigem wird. Man meint in der wichtigsten Szene, der fünften Szene des zweiten Akts, zu hören, wie Kleist Wilhelmine in der Gartenlaube ein Liebesgeständnis abquetscht,[31] man meint Kleists Verhältnis zu Wilhelmine im Hintergrund des Stückes zu spüren, gleichzeitig ist »Amphitryon« aber wirklich reine Komödie und nicht autobiographische Dichtung. Kleist hat außerdem seine ausgeprägten Vorbehalte gegen Höfisches und Französisches, gegen Ziererei und Galanterie, in das Stück hineingeschrieben. Man kann den Dialog zwischen Jupiter und Alkmene am Beginn der zentralen fünften Szene im zweiten Akt als einen Dialog zwischen französischem Galan und deutschem Weib, zwischen der Sprache des Hofes und des Bürgers verstehen. Jupiters Versuch, Alkmene von ihren Selbst- und Liebeszweifeln zu befreien, wirkt hoffnungslos oberflächlich und unberührt von der Dimension, die Liebe für sie hat.[32] Das ist ähnlich erstaunlich wie das Verhältnis zur Vorlage: Obwohl etliche Verse eine Übersetzung des Molière sind, ist Kleists »Amphitryon« durch und durch Dichtung aus seinem Geist. In der Sosias-Handlung ist das Drama Stegreiftheater im Dienst des Kleist'schen Identitätsspiels.

Das Thema der unergründlichen Frau kommt in vielen Texten Kleists vor. »Das Käthchen von Heilbronn« beginnt mit einem inquisitorischen Verhör Käthchens. »Die Marquise von O....« spielt subtil mit dem Thema. Nie mehr aber behandelt Kleist das Thema mit der Heiterkeit und Zartheit des »Amphitryon«. Bedenkt man, in welch schwieriger und frustrierender Zeit der Selbstverleugnung er das geschrieben hat, wird das Wunder dieses Lustspiels umso größer.

Es ist schwer möglich, sich ein größeres dramatisches Wunder vorzustellen als diesen »Amphitryon«, aber das gibt es. Kleist, dieser wirklich schwierige Mensch, hat damals ein Stück geschrieben, das die deutsche Komödie schlechthin geworden ist. Anders als der »Amphitryon« brauchte es auch keine hundert Jahre, um bekannt zu werden: »Der zerbrochne Krug« hat tatsächlich etwas Volkstümliches. Gleichzeitig liegt das Stück wie ein Knoten im Inneren von Kleists Werk. Es ist ein Werk ganz aus Kleists Eigenart heraus geschrieben, und doch schrieb er alles Mögliche in diesen Text hinein. So ist das populärste Stück Kleists zugleich das offenste und das persönlichste. Hier laufen die Fäden zusammen. Wie bei jedem Knoten aber kann man nur das Knäuel und die Fäden sehen, die aus ihm herauskommen.

Länger als jedes andere hat Kleist dieses Werk beschäftigt: 1802 in der Schweiz ist er, wie wir wissen, durch einen Stich dazu angeregt worden. Spätestens 1803 hatte er in Dresden mit der Arbeit begonnen, damals schrieb er wahrscheinlich den Anfang.[33] Man ging lange davon aus, dass er spätestens im April 1805 eine Fassung so weit fertig hatte, dass er sie an Christian von Massenbach senden konnte.[34] Aber der »Krug«, von dem da die Rede ist, ist wahrscheinlich nicht das Lustspiel, sondern ein gerade erschienenes Buch des Ökonomen Leopold Krug.[35] Auch in Königsberg arbeitete Kleist weiter am »Zerbrochnen Krug«. Im Oktober 1807 bot der österreichische Gesandte in Dresden das Stück für eine Aufführung in Wien an, damals dürfte es schon länger abgeschlossen gewesen sein.[36] Durch das Misslingen der Aufführung Goethes in Weimar im März 1808 beschäftigte sich Kleist wieder intensiv mit dem Lustspiel und druckte es auszugsweise in seiner damaligen Zeitschrift »Phöbus«. 1811 erschien das Stück dann – wiederum in überarbeiteter Form – als Buch. Erst dieser Text von 1811 ist das, was wir heute gemeinhin unter dem »Zerbrochnen Krug« verstehen. Im Grunde genommen handelt es sich also um Kleists letztes Drama.

Schon die Vorlage des Stücks erscheint vieldeutig. Zwar ist bezeugt, dass Kleist sich von dem Stich »Le Juge ou la Cruche cassée« von Jean-Jacques Le Veau inspirieren ließ. Dieser Stich war es, den Zschokke 1801 in seiner Schweizer Wohnung hängen hatte. Trotzdem wird auch das Gemälde von Louis Philibert Debucourt herangezogen, das seinerseits Le Veau als Vorlage diente.[37] Kleist selbst hat dazu nach Kräften beigetragen. In der ausschließlich handschriftlich überlieferten Vorrede seines Dramas weist er auf das Original Debucourts hin. Allerdings tut er das nur, um zu behaupten, dass es von einem niederländischen Meister sei. Das ist falsch, denn Debucourt war Franzose: »wenn ich nicht irre«, hatte Kleist denn auch listig hinzugefügt.

Ihm ging es nämlich nicht darum, auf das Original hinzuweisen, sondern um die niederländische Machart seiner in die Niederlande verlegten Handlung. Damit lokalisierte er sein Drama, er wies aber auch darauf hin, dass er seinen »Zerbrochnen Krug« ganz bewusst gegen das hohe Genre der Tragödie gesetzt und im niederen Bereich der Komödie angesiedelt hatte. Diese Parallele von »nieder« und »niederländisch« ließ ihn nicht los. 1811 schickte Kleist seinem Freund Fouqué ein Exemplar der gedruckten Ausgabe mit den Worten, das Stück sei »nach dem Teniers« gearbeitet. Dieser Maler, welcher Teniers auch immer gemeint war,[38] war jedenfalls Niederländer. Wahrscheinlich handelt es sich um David Teniers, ein noch populärer Maler des 17. Jahrhunderts, der auch bäuerliche Genreszenen gemalt hat. Dieser auch damals fernen Welt nun scheint Kleists Lustspiel entstiegen.

Kleist muss an solchen Finten größtes Vergnügen gehabt haben. Sein gesamtes Stück ist voll mit Anspielungen, ein Feuerwerk der Doppel- und Vieldeutigkeit. Der Wortwitz ist so dicht, dass man manchmal meint, die Sprache stolpere über sich oder überhole sich selbst. »Ja, seht. Zum Straucheln braucht's doch nichts, als Füße./Auf diesem glatten Boden, ist ein Strauch hier?/Gestrauchelt bin ich hier; denn jeder trägt/Den leid'gen Stein zum Anstoß in sich selbst«, sagt Adam am Anfang des Stücks. Diese wenigen Worte sind 1.) eine Begründung Adams für sein demoliertes Gesicht, 2.) eine grundsätzliche Erörterung über die Frage, worüber man fallen kann, 3.) eine Anspielung auf das, was in der vergangenen Nacht geschehen ist, 4.) ein Kommentar zum Sündenfall am Anfang der Menschheitsgeschichte. Und das in vier Zeilen! Diese Mehrdeutigkeit bleibt durch das ganze Drama hindurch bestehen. Kleist gelingt es, eine einfache Lustspielhandlung zu entwickeln, vielfach auf die politischen Verhältnisse seiner Zeit anzuspielen und allgemeine Menschheitsfragen zu stellen.

Die Handlung ist einfach: In der Kammer der jungen Eve wurde in der vergangenen Nacht ein Krug zerschlagen. Adam muss, Eves Mutter Marthe Rull ist die Klägerin, am nächsten Tag als Richter über den Fall zu Gericht sitzen. Er ist aber auch selbst der Täter. Adam stellte Eve nach, hatte sie durch eine erlogene Geschichte erpresst. Sie hatte ihn in ihr Zimmer gelassen, da brach Eves Verlobter Ruprecht polternd die Tür auf. Adam konnte gerade noch unerkannt, allerdings unter Zerstörung des Krugs, Verlust seiner Perücke und mit den deutlich sichtbaren Verletzungen, durch das Fenster entkommen. Diese

Verletzungen sind es, die er beim Aufstehen am nächsten Morgen am Anfang des Stückes seinem Schreiber Licht zu erklären versucht.

Aus dem Knoten der Nacht entwickelt Kleist zwei Handlungsstränge. In der Haupthandlung sitzt der Richter Adam in dem Dorf Huisum über sich selbst zu Gericht. Wortreich klagt Frau Marthe Rull den Zerstörer des Kruges an. Sie glaubt, dass es Ruprecht war, der in der Nacht durch die Türe brach. Der bestreitet es und fragt sich, was in der Nacht wirklich geschehen ist. Adam versucht nach Kräften zu verschleiern, dass er der Täter ist. Das würde ihm wahrscheinlich sogar gelingen, da Eve aus Angst um ihren geliebten Ruprecht schweigt. Verschärft wird die Situation aber durch das Auftauchen der übergeordneten Instanz: Der Gerichtsrat Walter kontrolliert an diesem Tag unverhofft die Rechtsprechung in dem niederländischen Ort und wundert sich zunehmend über die herrschende Praxis – bis er schließlich den Dorfrichter als Täter entlarvt.

Die Nebenhandlung ist die Geschichte Eves. Sie ließ Adam in ihre Kammer, weil der ihr weisgemacht hatte, dass Ruprecht als Soldat nicht zur Vaterlandsverteidigung eingezogen, sondern als Söldner ins ferne Batavia verschifft werden sollte. Sie meint genau zu wissen, was auf dem Spiel steht: »Krieg ist's, bedenke, Krieg, in den du ziehst«, beschwört sie Ruprecht.[39] Sie befürchtet, dass er in den fernen Kolonien umkommt. Adam sollte ihn vom Dienst befreien, wenn Eve ihm zu Willen gewesen wäre. Sie kann also aus Rücksicht auf Ruprecht nicht sagen, wer in ihrer Kammer war. Nun erwartet sie, dass Ruprecht ihr gegen den Augenschein vertraut, dass er in blindem Vertrauen sagt, dass er den Krug zerschlug.[40] Wieder ist Vertrauen das Thema.

Ursprünglich waren Haupt- und Nebenhandlung etwa gleich gewichtet, in der Endfassung von 1811 ist die Handlung um Eve deutlich zurückgedrängt und in einem gesonderten »Variant« abgedruckt. Das bedeutet: Die Nebenhandlung mit dem Thema Vertrauen ist wesentlich ein Produkt der Zeit um 1804 bis 1806. Auch 1811 wollte Kleist nicht darauf verzichten, sah aber, dass das Stück stringenter ist, wenn weite Teile der Nebenhandlung wegfallen. Denn der Variant ist überhaupt nicht komisch, so wie auch im »Amphitryon« nur die Sosias-Handlung lustig ist.

Kleist musste sich also von sich selbst, von seinem Thema Vertrauen befreien, um zu dem souveränen Schriftsteller zu werden, der er später war.

1808 veröffentlichte Kleist im »Phöbus« »Fragmente aus dem Lustspiel: der zerbrochne Krug« mit einer Vorbemerkung. Darin nannte er das Stück »dieses kleine, vor mehrern Jahren zusammengesetzte, Lustspiel«. Damit hat er auf den »Krug« angespielt und etwas über seine Arbeitsweise gesagt. Dieses Stück ist aus vielen Schichten zusammengesetzt. Da ist zunächst die – niedere, niederländische – Komödienhandlung um Adam. Dann ist, schon durch die Namen Adam und Eve und durch das Spiel mit dem Fall, das Sündenfallthema aus der »Familie Schroffenstein« wieder aufgenommen. Es gibt also eine alttestamentarische Schicht. Daneben ist »Der zerbrochne Krug« eine Umkehrung der Tragödie schlechthin, des »König Ödipus« von Sophokles, den Kleist sich in Dresden aus der Bibliothek ausgeliehen hatte. Kleist dreht die berühmte Geschichte einfach um, in der Ödipus erkennt, dass er derjenige ist, der seinen Vater erschlagen und seine Mutter geheiratet hat. Das geschieht durch einen simplen Kunstgriff: Adam weiß im Gegensatz zu Ödipus, dass er der Täter ist. Und Adams Vergehen ist deutlich geringer als das des Ödipus.

Neben der antiken Ebene bringt Kleist auch viel Gegenwart ins Spiel. Er macht sich zunächst über das lustig, was er selbst gerade tut: über den Staatsdienst. Das Wortungetüm »Rhein-Inundations-Kollektenkasse«, das Kleist mit Genuss verwendete, verhöhnt die bürokratische Umständlichkeit, die Verwaltungen zu allen Zeiten auszeichnet. Das gesamte Gerichtswesen, aber auch das Kontrollsystem, erscheint im »Zerbrochnen Krug« als äußerst fragwürdige Angelegenheit.

Besonders trickreich war Kleists Umgang mit dem Krug selbst, Titelheld des Stücks. Frau Marthe Rull beharrt in bäuerlicher Einfalt vehement darauf, dass mit dem Krug auch das kaputtgegangen sei, was auf ihm abgebildet war. Das ist die Gründung der damals noch nicht freien Niederlande, die Kaiser Karl V. an seinen Sohn Philipp übergeben hatte. Der nachmalige König Philipp II. von Spanien aber war den Niederländern im Gegensatz zu Karl von Anfang an verhasst. Dazu musste sich

Kleist nicht in die niederländische Geschichte einarbeiten, das wusste er aus der Lektüre von Schillers »Geschichte des Abfalls der vereinigten Niederlande« mit Sicherheit. Es geht also um Staatsgründung mit bitterem Beigeschmack. Es folgte dann ja auch der lange Befreiungskampf der Niederlande gegen die Spanier.[41]

Mit der Erinnerung an den Befreiungskampf der Niederlande aber steht das Stück mit einem Schlag mitten in Kleists Gegenwart, in der man gerade zu begreifen begann, dass Europa ein langer Freiheitskampf gegen Napoleon bevorstand. Dabei nun geht es in Kleists Drama wieder um Vertrauen. Um das Vertrauen zwischen Staat und Bürgern, Richter und Volk, das Kleist vertiefen will. Es geht nicht mehr um bloße Autoritätsgläubigkeit. Eve misstraut den Institutionen, sie hat Angst und fällt deswegen auf Adam herein. Der Gerichtsrat Walter stellt am Ende – gerechtfertigt oder nicht – durch die Entlarvung Adams, die Versicherung, dass Ruprecht nicht verschifft werden sollte, vor allem aber durch eine Münze mit dem Abbild des Königs ihr Vertrauen wieder her. Danach ist Eve auf einmal Feuer und Flamme dafür, dass sich Ruprecht der Landesverteidigung widmet. Sie, die gerade noch Ruprecht vorgehalten hatte: »Krieg ist's, bedenke, Krieg, in den du ziehst.«

Übertragen heißt das: Kleist hat ein Stück darüber geschrieben, dass ein Heer, das sich angesichts der napoleonischen Bedrohung bewähren will, auf Vaterlandsliebe und Vertrauen gegründet sein muss.[42] Und nicht auf Angst und Unterwürfigkeit, wie es ihm in der Zeit bis 1799 aufgestoßen war. Kleist wird in den kommenden Lebensjahren in seinen Stücken einen anderen »Gesellschaftsvertrag« zwischen König und Volk auszuarbeiten suchen, im »Zerbrochnen Krug« steckt wie ein Keim erstmals eine Ahnung davon.[43]

Es gibt ein weiteres Detail in diesem detailverliebten Stück, das diesen spekulativen Überlegungen in die Quere kommt. Es ist die Münze, der Gulden, den die übergeordnete Instanz, der Gerichtsrat Walter, Eve zeigt, um ihr Vertrauen in die staatlichen Institutionen wiederherzustellen: »Sieh her, das Antlitz hier des Spanierkönigs.«[44] Diese Münze mit dem König scheint wie eine direkte Antwort auf Marthes Worte vom zerbrochenen

Krug und Staat: Sieh her, durch den König selbst kannst du wieder Vertrauen fassen, er selbst verbürgt sich ja! Aber es wäre eine merkwürdige Art von absolutem Vertrauen, das durch den Kopf auf einer Münze entstehen soll. Die Literaturwissenschaft betrachtet das Problem tatsächlich als ungelöst.[45] Es wäre aber auch merkwürdig, wenn das Stück eines Dichters, der an die gebrechliche Einrichtung der Welt glaubte, in sich bruchlos funktionieren würde. Der Krug ist nicht umsonst zerbrochen.

Auch Kleists eigene Armeezeit ist dem Stück eingeschrieben. 1794 war durch den Subsidienvertrag mit England zwar die Finanzierung des preußischen Feldzugs vorerst gesichert, doch die preußischen Truppen kamen sich wie verkaufte Söldner vor, was die Moral bedeutend schwächte. »Es hieß, wir seien verkauft, ebenso wie früher die Hessen an die Engländer nach Amerika.«[46]

Was dieses Stück so faszinierend macht, ist, wie Kleist Widersprüchliches und Vieldeutiges so perfekt verschleift, dass es wie aus einem Guss und wie ein bäuerlicher Schwank wirkt. Es geht hier um nichts Geringeres als den »König Ödipus« und die Tragödie an sich, den Glauben und den Sündenfall, die Rechtsordnung in den Niederlanden und überhaupt, die politische Legitimation übergeordneter Institutionen, ob Gericht oder König, die europäische Geschichte zur Zeit Philipps und zur Zeit Napoleons, das Recht auf Widerstand, eine gar nicht so unschuldige junge Frau, einfältig-hellsichtiges Bauernvolk und einen geilen Alten.

Die überschäumende Redelust, mit der Adam seine Haut zu retten sucht, stellt ihn in eine Reihe mit den großen Maulhelden und Kraftmenschen der Dramenliteratur. Dabei hat Kleist, der zweiflerische Kleist, es geschafft, seinem Adam Züge von Shakespeares Falstaff zu geben, einem Mann, der von keines Gedankens Blässe angekränkelt ist, der größte Redner, Spötter, Völler und Säufer überhaupt, ein Kerl, dem Geschlechtsorgan und Magen wichtiger sind als Seele und Geist. Auch das kommt noch in diesem Drama vor! »Kuhkäse, Schinken, Butter, Würste, Flaschen,/ Aus der Registratur geschafft!«,[47] ruft Adam. Wie er dem Gerichtsrat später als seine letzte Weisheit mit Limburger Käse, fetter pommerscher Räuchergans und dem ein oder anderen Gläschen Schnaps die Gehirnwindungen zu stopfen sucht, ist mehr als köstlich.

Die ersten Berliner Monate waren gut für Kleist verlaufen. Über das nächste Vierteljahr, September, Oktober und November 1804, wissen wir nichts. Vielleicht hat Kleist sich in dieser Zeit schon wieder als Schriftsteller beschäftigt, vielleicht hat er es nicht getan. Vielleicht ging es ihm immer besser, vielleicht fühlte er sich weiterhin krank. Gewohnt hat er damals in der Spandauer Straße nahe dem Berliner Rathaus.[48] Erst im Dezember war in einem Brief an Ulrike wieder etwas von Kleist zu hören. Noch immer war nicht geklärt, wie der Staat ihn verwenden wollte. Kleist wartete auf eine Entscheidung des Ministers Hardenberg. Cohen hatte inzwischen Pleite gemacht, seinen Salon gab es nicht mehr. Ulrike war bei Leopold in Potsdam, wohin Kleist nicht wollte.

In dem Brief vom Dezember steht unvermittelt ein Satz, der in seiner für Kleist untypischen Schlichtheit erschütternd ist. »Ich bin sehr traurig.«[49] Kleist fuhr fort: »Du hast zwar nicht mehr viel Mitleiden mit mir, ich leide aber doch wirklich erstaunlich. Komm also nur herüber, u. tröste mich ein wenig ... Ich sehe hier keinen Menschen, und bedarf deiner lieben Gesellschaft.« Schon im August hatte Kleist gehofft, dass Ulrike zu ihm kommt.[50] Er verfiel wieder der Melancholie.

Im Januar folgte dagegen ein aufgeregter Brief. Kleist wollte, dass Pfuel zu ihm komme und mit ihm gehe, so wie Gualtieri es vor ein paar Monaten von Kleist gewollt hatte. Kleist vertraute Pfuel. Er vertraute ihm so sehr, dass er ihm 1803 sogar die ersten Szenen aus dem »Zerbrochnen Krug« diktiert hatte. Ganz unverhohlen bettelte Kleist jetzt um Pfuels Liebe! Er schrieb aus Berlin an Pfuel nach Potsdam. Die paar Kilometer, die er schon so oft zurückgelegt hatte, erschienen ihm als unüberbrückbare Wegstrecke. Auch an Ulrike hatte er geschrieben, obwohl sie in Potsdam war. Es war wie bei den Briefen an Wilhelmine. Kleist brauchte das Schreiben. Jetzt wollte Kleist verhindern, dass Pfuel zum Militär zurückkehrte.

Es brach förmlich aus ihm heraus. »Wie flogen wir vor einem Jahr einander, in Dreßden, in die Arme! Wie öffnete sich die Welt unermeßlich, gleich einer Rennbahn, vor unsern in der Begierde des Wettkampfs erzitternden Gemüthern! Und nun liegen wir, übereinander gestürzt, mit unsern Blicken den Lauf zum Ziele vollendend, das uns nie so glänzend erschien, als jetzt, im Staube unsres Sturzes eingehüllt! *Mein, mein* ist die Schuld, *ich habe dich verwickelt*, ach, ich kann dir dies nicht so sagen, wie ich es empfinde.«[51] Geh mit mir, bettelte Kleist, lass uns unsere süße Freundschaft gemeinsam genießen. »Ich heirathe niemals, sei du die Frau mir, die Kinder, und die Enkel! Geh nicht weiter auf dem Wege, den du betreten hast.«[52] Was folgte, war Erpressung: »Wenn du dies nicht thust, so fühl ich, daß mich niemand auf der Welt liebt.«[53] Eindeutiger, ultimativer und ungestümer als in diesem Brief ist selten um Liebe geworben worden.

Gleichzeitig ist dieser Brief ein eindeutiges Zeichen von latenter oder ausgelebter Homosexualität. Darüber kann es kaum einen Zweifel geben, auch wenn man sich damit sehr schwergetan hat, seit der Brief 1905 das erste Mal veröffentlicht wurde.[54] »Du stelltest das Zeitalter der Griechen in meinem Herzen wieder her, ich hätte bei dir schlafen können, du lieber Junge; so umarmte dich meine ganze Seele! Ich habe deinen schönen Leib oft, wenn du in Thun vor meinen Augen in den See stiegest, mit wahrhaft *mädchenhaften* Gefühlen betrachtet.«[55] Man weiß nicht, was es da zu zweifeln gibt. Kleist selbst unterstrich ja noch das »mädchenhaft«. Wie könnte man noch deutlicher sein?

Trotzdem lohnt es sich, dem Brief und der Sexualität, sowohl der Kleists als auch der seiner Zeit, noch etwas nachzuspüren. Bei Pfuel schlafen können hätte er in der Schweiz, schreibt Kleist. Das war eindeutig, und doch klingt es ganz anders als heute, wenn man sagt, ich will mit dir schlafen. Wie fühlte sich das damals an, wenn ein Mann sagte, dass er neben einem anderen liegen könnte? Mit Sicherheit war es normaler als heute. Offiziere der preußischen Armee etwa, die Rekruten angeworben hatten, mussten diese allein und in oft weiten Reisen nach Preußen bringen, bevor die Neuverpflichteten es sich womöglich anders überlegten und entwischten. Das war vor allem nachts ein Problem. »Während der Nacht brannte Licht im gemeinsamen Schlafraum des Unteroffiziers und des Rekruten. Dieser durfte das Zimmer nicht verlassen. Der Rekrut musste sich bis aufs Hemd ausziehen, oft nahm der Unteroffizier auch das noch weg, wenn man dem Angeworbenen nicht traute. Seine Kleider wurden versteckt. Die Türe verschloss inwendig der Unteroffizier, von außen der Wirt; das Bett teilte der Unteroffizier mit seinem Schutzbefohlenen, um den er den Arm legen sollte, um ein Entweichen zu verhindern.«[56]

Auch Kleist hat aus der Nähe beim Militär keine große Sache gemacht. Als er als 15-Jähriger der preußischen Armee hinterherreiste, schrieb er seiner Tante: »Eigentlich muß ich mit dem Burschen zusammenschlafen, u. dies geschähe auch recht gern denn wenn der Mensch reinlich ist, so ist dies gar nicht sonderbar. Allein auch er hat nur einen Strohsack u. eine Decke. Ich könnte dies meinem Capitaine sagen, u. er wäre gewiß so gütig für mich besser zu sorgen; ich mag mich aber das nicht aussetzen, daß es heißt, ich bin mit nichts zufrieden u. es käme mir nur ungewohnt vor.«[57] Kleists Brief an Pfuel fehlt vollkommen ein anzüglicher oder frivoler Unterton. Alle Schlüpfrigkeit, so viel kann man festhalten, war Kleist fremd.

Der Brief Kleists war ein Ausbruch, er liest sich, wie wenn ein verdrängtes Gefühl endlich ans Licht kommt. Kaum irgendwo lässt sich diese eruptive Seite des Schriftstellers Kleist schöner nachvollziehen als hier. Und doch schreibt Kleist auch hier kontrolliert, wie dem Schriftbild des Briefes deutlich anzusehen ist, und doch zitiert er sich auch hier selbst. Varnhagen hatte er im August geschrieben, dass Jünglinge ineinander das höchste der Menschheit lieben, da sie die Ausbildung ihrer Naturen lieben, die sich eben entfalten.[58] Fast wörtlich wiederholte er das nun im Brief an Pfuel.

Was aber heißt das: Kleist war homosexuell? Bei vielen Zeitgenossen ist unklar, ob sie es waren. Bei Winckelmann zum Beispiel war es eindeutig, beim preußischen König Friedrich II. ist es bis heute ungeklärt. Das Wort Homosexualität taucht erstmals 1869 auf – man hatte damals ein neues Interesse, Männer und Frauen klar zu unterscheiden. Also musste man neue Begriffe etwa für weibliche Männer finden. Mit dem neuen Begriff wurde Homosexualität gleichzeitig als Phänomen etabliert und rätselhaft.[59] Der Geschlechtscharakter, die sozialen Eigenschaften, die man sich ebenfalls möglichst eindeutig wünschte, wurden aus der Biologie abgeleitet und dann sozusagen ins

Innere des Wesens verlegt. Man unterstellte ein wahres Geschlecht.

Traditionell hatte man den umfassenderen Begriff Sodomie verwendet. Sodomie war das, was das Weltgefüge durcheinanderzubringen schien.[60] Zu ihr gehörten alle Formen gleichgeschlechtlicher Liebe – aber auch das, was wir heute als Hermaphroditen bezeichnen, also Menschen mit uneindeutigen Geschlechtsmerkmalen. Gleichgeschlechtliche Partner brachten genauso wie uneindeutige Genitalien oder uneindeutige sekundäre Geschlechtsmerkmale die Ordnung durcheinander. Sie waren eine Verbindung von Himmel und Hölle. Virile Frauen, passive Männer und Homosexualität erschienen als eine Art Irrtum der Natur.

Die Idee, dass ein Mensch eindeutig einem Geschlecht zugeordnet ist, ist sehr alt. Aber sie wurde vor dem 19. Jahrhundert weniger strikt gedacht, Hermaphroditen etwa waren trotz allem nicht verachtet, es gab eine latente Zweigeschlechtlichkeit.[61] Geschlechtsverkehr unter Männern war einerseits weit verbreitet, andererseits standen extrem strenge Strafen darauf. Noch unter dem preußischen König Friedrich Wilhelm I. war Sodomie mit dem Tod sanktioniert worden, allerdings wurde die Bestrafung alles andere als häufig vollzogen. Unter Friedrich II. wurde das zu Kerkerhaft und Verbannung abgemildert. In Frankreich stellte der Code Napoléon von 1804 Sodomie vollkommen straffrei.

Kleist stellte sich unter ein vollkommen anderes Gesetz: »Mir ist die ganze Gesetzgebung des Lykurgus, u. sein Begriff von der Liebe der Jünglinge, durch die Empfindung, die du mir geweckt hast, klar geworden«, schrieb er an Pfuel.[62] Lykurg soll der spartanische Gesetzgeber gewesen sein. In Sparta verliebten sich erwachsene Männer leidenschaftlich in Knaben. Kleist knüpft hier an eine Form der Liebe an, die in der frühen Neuzeit in Mitteleuropa zumindest dahingehend »normal« war, dass die Liebe zu Jünglingen nicht dazu führte, dass sich ein Mann effeminierte beziehungsweise als Frau betrachtet wurde. Merkwürdig bleibt, dass Kleist Pfuel im Sinn des Lykurg als seinen Meister und mithin den älteren Erwachsenen ansprach, wo Pfuel doch zwei Jahre jünger war. Vielleicht war der Brief also doch, wie so vieles in den Briefen Kleists, eine Phantasie, die er ausprobierte.

Wollte man auf Kleist mit den Augen seiner Zeitgenossen schauen, müsste man fragen: War Kleist ein Sodomit? Man kann sich durch den beschwörend-heiligen Tonfall des Briefes an Pfuel aber weitgehend sicher sein, dass Kleist gar nicht auf die Idee kam, hier etwas Verbotenes zu wollen oder zu tun. Sicher war Kleist selbst nicht frei von dem Gedanken, dass Sodomie wider die Natur sei. Und er war auch nicht der Mensch, sich darüber leichtfüßig hinwegzusetzen. Die Abwesenheit aller Zweideutigkeit und impliziter Polemik gegen das Verbot spricht dafür, dass er nie auf die Idee kam, ein Sodomit zu sein.

Die Frage, ob Kleist schwul war, passt nicht zu ihm. Es geht bei ihm eher um die Frage, wie er sich in geschlechtlichen Fragen orientierte. Und da war er unsicher. Davon erzählt das Verhältnis zu dem »Mannweib« Ulrike, an deren Busen er nicht ruhen konnte, obwohl er sie so gern mochte und so große Nähe zu ihr empfand, die er als »Amphibion« bezeichnete und die er als eine Art Äquivalent zu sich betrachtete. Diese Verwandtschaft ist vielfach bemerkt worden. Sie würde eher in Richtung Hermaphrodismus weisen. Das soll aber keineswegs heißen, dass Kleist ein Hermaphrodit war. Er fühlte sich unsicher, wie er als Mann männlich zu sein hatte.[63]

Kleist war kein Meister darin, Intimität herzustellen. Wie der Brief an Pfuel waren auch die anderen Liebesbriefe Kleists an Männer, an Lose und an Brockes, in Momenten der Einsamkeit und Verzweiflung geschrieben. Brockes war Anfang 1801 nach der langen gemeinsamen Zeit in Würzburg und Berlin abgereist und hatte Kleist allein zurückgelassen. Mit Lose hatte er sich Ende 1801 bei der Ankunft in der Schweiz so gestritten, dass sie sich vollkommen entzweit hatten. Auch den Brief an Pfuel begann Kleist mit dem Streit, den sie im vergangenen Jahr in Paris gehabt hatten. Kleist schrieb diese Briefe wie unter dem Zwang, einen paradiesischen Zustand, der zerbrochen war wie der Krug der Frau Marthe Rull, wiederherzustellen.

Kleists Liebesbrief an Pfuel war ein Ausbruch und gleichzeitig ein Dokument neuen Selbstbewusstseins. Er hatte jetzt seine Anstellung. Im Januar 1805 konnte Kleist endlich beginnen, für

1 Die Mutter Juliane Ulrike von Kleist mit dem siebenjährigen Heinrich

2 Der Vater Joachim Friedrich von Kleist

3 Der Bruder Leopold
von Kleist

4 Die Halbschwester Ulrike
von Kleist

5 Das Geburtshaus in Frankfurt an der Oder

6 Uniformen des
Regiments Garde

7 Eroberung der französisch besetzten Stadt Mainz durch
preußische Truppen, 1793

8 Generalleutnant Ernst von Rüchel, Kleists Regimentschef

9 Die königliche Residenzstadt Potsdam

10 Spießrutenlaufen, Stich von Daniel Chodowiecki

11 Ernst Heinrich Adolph von Pfuel

12 Johann Jakob August Rühle von Lilienstern

13 Wilhelmine von Zenge

14 Raffaels Sixtinische Madonna

15 Im Hameau de Chantilly, 1804

16 Le Juge ou la cruche cassée, Stich von Jean Jacques Le Veau

17 Thun und der Thuner See, Stich um 1800

das preußische Finanzdepartement zu arbeiten. Er hat sich regelrecht in diese Arbeit gestürzt. »Heinrich arbeitete mit großem Fleiße«, erinnerte sich Ulrike. »Einst sagte er zu Altenstein: Schicken sie mir nur recht viel. Darauf erwiderte Altenstein: Ich will Ihnen so viel schicken, daß Sie nicht sollen fertig werden. – Das wollen wir sehen. – Und so arbeitete er acht Tage und acht Nächte ununterbrochen, so daß Altenstein nicht imstande ist, so viel durchzusehen.«[64] Ein ungewöhnliches Bild: Kleist bearbeitete in einem Büro mit Feuereifer Berge von Akten.

Der Oberfinanzrat Karl Freiherr von Stein zum Altenstein – zunächst ein Gefolgsmann Hardenbergs – wurde für fast zwei Jahre Kleists Vorgesetzter, Förderer und sogar Freund. Kleist hatte Glück mit ihm. Altenstein, von fränkischem Adel, 1770 geboren, war laut Hardenberg ein Mensch von reinem Charakter und schönstem Gefühl für alles Edle, Wahre, Große.[65] Als Kleist angestellt wurde, arbeitete er an einer neuen Verfassung für Ansbach und Bayreuth, die seit 1791 zu Preußen gehörten. Die beiden Fürstentümer sollten vollständig reformiert werden, Staat, Wirtschaft und Verwaltung. Die preußische Regierung wollte dabei neue Konzepte erproben. Das war Altensteins Aufgabe, und dafür hatte er Kleist vorgesehen. Kleist hatte jetzt also Kontakt zu einem Kreis, der später als die preußischen Reformer berühmt werden sollte.

Tatsächlich hat Altenstein, nicht so berühmt wie Stein, Hardenberg und Humboldt, noch jahrzehntelang eine segensreiche Tätigkeit für den preußischen Staat entfaltet. Nach der Niederlage von 1806 arbeitete er in Tilsit an den preußischen Reformen mit, 1807 verfasste er mit Hardenberg dazu das Programm: die berühmte Rigaer Denkschrift. 1808 wurde Altenstein preußischer Finanzminister, wo er vor allem damit beschäftigt war, die Reparationszahlungen an Frankreich zu requirieren. Als Preußen das Geld aufzubringen nicht mehr in der Lage war, schlug Altenstein die Abtretung Schlesiens an Frankreich vor und wurde deswegen von Friedrich Wilhelm III. entlassen. Hardenberg ersetzte ihn. 1817 sorgte Hardenberg dann dafür, dass Altenstein die Leitung des neugeschaffenen Kultusministeriums übernahm. Zwanzig Jahre leitete Altenstein dieses Ministerium und reformierte das preußische Bildungswesen von

Grund auf: Das humanistische Gymnasium, einheitliche Lehrpläne, die Schulpflicht und das mehrgliedrige Schulsystem mit Grundschule und weiterführenden Schulen gehen auf ihn zurück.

Bei Kleist dachte Altenstein an eine Anstellung in Ansbach. Zuvor aber sollte er eine gründliche Ausbildung in Steuer- und Gewerbepolitik erhalten. Dazu vermittelte Altenstein Kleist an die Kriegs- und Domänenkammer nach Königsberg. Der Brief, den Kleist in den letzten Berliner Tagen an Christian von Massenbach schrieb, zeigt, wie zuversichtlich Kleist zu diesem Zeitpunkt in die Zukunft blickte. Jetzt ging es endlich richtig los, mit seiner Ausbildung zu einem »tüchtigen Geschäfftsmann«.[66] Massenbach, der Kleist die vergangenen Monate unterstützt und ihn Hardenberg empfohlen hatte, äußerte die Befürchtung, dass Kleist nach Königsberg abgeschoben werden sollte.

In diesen Tagen jagte sich Kleists Freund Hartmann von Schlotheim eine Kugel in den Kopf. Kleist kannte Schlotheim vom Militär, er war mittlerweile zum Kapitän aufgestiegen. Der Selbstmordversuch war nicht erfolgreich. Schlotheim war auch schon nach ein paar Tagen wieder auf den Beinen. Kleist ist sofort zu ihm geeilt, als er die Nachricht am 10. April 1805 erhielt, und ist über Nacht bis zum nächsten Nachmittag bei Schlotheim geblieben. »Diese Gesellschaft hat dem armen Leidenden sehr wohl getan, ihm [Kleist] hat er sich ganz geöffnet, der mit ihm gleich empfindet, seine Tat notwendig fand, sie zu billigen schien, wodurch er die Menschen freilich sehr skandalisierte und die arme Kleisten sehr beunruhigte, die durch die traurige Erfahrung erschreckt, für alle ihre Freunde fürchtet.«[67] Kleist und Schlotheim blieben lebenslang Freunde.

Die arme Kleisten war Marie von Kleist. Als Kleist drei Monate nach Schlotheims Selbstmordversuch im Sommer 1805, schon in Königsberg, vom Tod Pierre de Gualtieris in Spanien hörte, schrieb er ebenfalls an Marie. Er habe sich mehr als irgendeiner, seine Verwandten eingeschlossen, für Gualtieri interessiert, schrieb Kleist. Damit behauptete er, dass er ihm sogar näher war als seine Schwester Marie. »Der gute Pierre! Der liebe, gute, wunderliche Pierre! – Ich liebte ihn wirklich, obschon er mich, wie alle Übrigen, verachtete. Denn ich wußte, er verachtete in mir nichts, als die Menschheit, nichts, was er nicht in sich auch verachtet hätte.«[68] Kleist hätte wahrscheinlich zugestimmt, wenn das jemand über ihn selbst gesagt hätte.

»Ich weiß, Sie lächeln; ich aber lächle auch«, schrieb er weiter. Er habe diese Erfahrung im monatelangen täglichen Kontakt gemacht. »Ein Theil seiner war verliebt in den andern, und der verachtete jenen tiefer, als er den Schlechtesten unter uns.« Kleist identifizierte sich mit Gualtieri und verriet in seiner Trauer viel über sich. »So viel Stoff zum Glücke, und so wenig *Fähigkeit* des Genusses! Ich hätte oft weinen mögen auf unsern Spaziergängen. Unser ewiges, und immer wieder durchblättertes Gespräch war, ... der Tod. Nun, er ruhe sanft. Er wäre auf jedem Wege in sein Verderben geeilt.« Es folgt ein Satz, der auf die stürzende Eiche der »Penthesilea« vorausdeutet und zeigt, wie nah Gualtieri ihm war: »Jedweder Windstoß hätte ihn gestürzt.«

Dann berichtete Kleist, dass er selbst »auch« krank gewesen sei. Mehrere Wochen habe er wegen »kalten Fiebers« das Zimmer gehütet. Es hört sich an wie eine Taktlosigkeit: Pierre ist tot, Schiller ist tot (er war im Mai gestorben), und Kleist hatte Fieber. Aber es war auch ernst. Sie solle keine Angst um ihn wegen Schillers Tod bekommen, der – ebenfalls – nach einem Fieberanfall gestorben war, schrieb Kleist an Marie. »Jede Arbeit nutzt ihr Werkzeug ab, das Glasschleifen die Augen, die Kohlengräberei die Lungen, u. s. f. Und bei den Dichtern schrumpft das Herz ein.« Das kann man, sehr bald nach der Ankunft in Königsberg, als ein eindeutiges Bekenntnis zum Dichten nehmen. Spätestens da hat Kleist wieder geschrieben.

Am 1. Mai 1805 brach Kleist auf, schon am 6. traf er nach zweitägigem Aufenthalt in Frankfurt an der Oder und schneller Reise in Königsberg ein. Er war in der Stadt Kants. Noch war es nicht lange her, Februar 1804, dass der Mann, der Königsberg nicht verlassen wollte, gestorben war. Die Stadt im äußersten Nordosten Preußens war vollkommen anders als Berlin. Dem Berliner Hof, der eineinhalb Jahre später hier ankommen sollte, erschien sie unwirtlich. Der Seehandel prägte Königsberg, er hatte die Stadt wohlhabend und weltoffen gemacht. Sie unterschied sich aber auch deutlich von den Hansestädten Lübeck oder Danzig. Denn hier gab es eine Universität. Bekannt war der freie Geist der Stadt, die am östlichen Rande des Reichs weitgehend sich selbst überlassen war. Die Gewerbefreiheit, die als wesentlicher Teil der Reformen für die fränkischen Provinzen vorgesehen war, war in Königsberg weiter entwickelt als anderswo, die Universität hervorragend. Die Stadt war Labor für ein künftiges Preußen. Kleist konnte hier Anschauungsunterricht nehmen. Gerade für die Gewerbefreiheit konnte auch er sich damals begeistern.

Letztendlich wurde Königsberg für ihn aus einem anderen Grund wichtig. Hier wurde er endgültig zu dem Dichter, den wir unter dem Namen Heinrich von Kleist kennen. Hier verdiente er sein eigenes Geld. Hier erhielt er, wonach er sich ja eigentlich immer gesehnt hatte: eine Ausbildung. Er sollte zwar nicht die Welt als Ganzes verstehen, sondern nur Einblicke in das Verwaltungswesen und die Wirtschaftswissenschaft bekommen, aber das auf der Höhe der Zeit. Hier erfuhr er auch, wie machtvoll der Lauf der Welt in sein Leben eingreifen konnte.

Kleist stellte sich gleich am Tag nach der Ankunft bei seinem neuen Vorgesetzten vor. Hans Jacob von Auerswald war als Oberfinanzrat (und Präsident der Kriegs- und Domänenkammer und Kurator der Universität) einer der ersten Männer der Stadt. Hier wurde Kleist gut aufgenommen, genauso wie beim Kammerdirektor Rudolf von Salis, wo er am Tag danach vorstellig wurde. Salis führte ihn sofort in die Gesellschaft und bei der Kriegs- und Domänenkammer ein. Kleist nahm hier seine Arbeit auf, die vorläufig noch in »Hören und Sehen«[69] bestand, nahm an den Sitzungen des Kammerkollegiums teil und begann sich in Fragen des ländlichen Steuerrechts zu vertiefen. An der Königsberger Universität besuchte er die Vorlesungen von Christian Jacob Kraus, der zum wichtigsten preußischen Ökonomen seiner Zeit geworden war. Kant hielt seinen Schüler Kraus für einen der größten Köpfe, die die Welt hervorgebracht hatte. Kraus war eigentlich Philosoph und behauptete, nicht zu wissen, wie man wirtschaften müsse. Tatsächlich war er ein Fortsetzer des noch berühmteren Adam Smith. Smith ist der bis heute geschätzte Begründer der modernen Nationalökonomie und Vordenker des Wirtschaftsliberalismus.

Schon nach einer Woche erstattete Kleist Altenstein ersten Bericht. Der Brief hört sich so an, als würde sich ein übereifriger Heinrich von Kleist bald übernehmen. Lust macht er auf den Professor Kraus. »... ein kleiner, unansehnlich gebildeter Mann, der mit fest geschlossenen Augen, unter Gebährden, als ob er im Kreisen begriffen wäre, auf dem Katheder sitzt; aber wirklich Ideen, mit Hand und Fuß, wie man sagt, zur Welt bringt. Er streut Gedanken, wie ein Reicher Geld aus, mit vollen Händen, und führt keine Bücher bei sich, die sonst gewöhnlich, ein Nothpfennig, den öffentlichen Lehrern zur Seite liegen.«[70]

Tatsächlich hatte Kraus eine Abneigung gegen geschriebene Sprache, die ihm Schwierigkeiten bereitete. Er wollte durch mündliche Lehre wirken und war stolz darauf, viele Männer ausgebildet zu haben, die an der Spitze des Staates standen. Der Präsident Auerswald oder auch der Finanzrat und wichtigste Mitstreiter des Freiherrn von Stein, Heinrich Theodor von Schön, gehörten zu seinen Schülern. Dieser Schön hatte Kleist an Auerswald empfohlen,[71] Auerswald war Schöns Schwiegervater. Kraus' Einfluss auf die preußische Reformgesetzgebung ist schwer zu überschätzen, bei ihm gelernt zu haben wurde Voraussetzung für die Aufnahme in den ostpreußischen Staatsdienst. Auch im »Zerbrochnen Krug« meint man Spuren von Kraus' ökonomischen Gedanken zu finden. Klar sprach er sich gegen jene Selbstbedienungsmentalität der Staatsdiener aus, die für den Dorfrichter Adam selbstverständlich war.[72] Kraus starb 1807.

Kleist verkehrte beim Finanzrat Friedrich August von Staegemann und seiner Frau Elisabeth, mit denen ihn fortan eine herzliche Beziehung verband. Das Staegemann'sche Haus war, wie auch später in Berlin, gesellschaftlicher Mittelpunkt. Außerdem lernte Kleist den Kriegs- und Domänenrat a. D. Johann George Scheffner kennen, Musterbild eines selbständigen Beamten. Unbestechlich, aufgeklärt, loyal, verantwortungsbewusst: Scheffner war genau der preußische Staatsdiener, der diesen Staat groß gemacht hatte. Er besaß – wie Stein – eine unüberwindliche Abneigung gegen die Hofdienerei und den Speckgürtel aus Geheimräten und Kabinettsministern, der um den König herum gewachsen war. Scheffner war mit Kant befreundet gewesen. Er galt außerdem als Freund der Königin Luise und der Stein'schen Reformen, und er wurde in diesen Tagen zum Napoleonhasser.[73]

Von Scheffner gibt es ein kleines Porträt Kleists, das feines Gespür und Unterscheidungsvermögen offenbart: »Da in seinem Äußern etwas Finsteres und Sonderbares vorherrschte, so gab ein Fehler am Sprachorgan seinem Eifer in geistreichen Unterhaltungen einen Anschein von eigensinniger Härte, die seinem Charakter wohl nicht eigen war. Wie ein der Meerestiefe entsteigender Taucher sich wenigstens in den ersten Augenblicken nicht auf alles Große und Schöne besinnt, was er in der Wasserwelt gesehen, und es nicht zu erzählen vermag, so schien es bisweilen bei Heinrich von Kleist der Fall zu sein.«[74]

Kleist wohnte in der Löbenichtschen Langgasse, nicht weit vom Schloss, wo er arbeitete. Sein Alltag als Diätar in der Kriegs- und Domänenkammer bestand zunächst aus Aktenstudium.[75] Er sollte das Wesentliche der Vorgänge erfassen und in Vorträgen vorstellen. Bald zog Ulrike zu ihm nach Königsberg. Sie blieb fast ein Jahr.

In Königsberg traf Kleist auch Wilhelmine wieder, seine ehemalige Verlobte. Sie war jetzt mit Wilhelm Traugott Krug verheiratet, der seit dem Wintersemester 1805 als Nachfolger Kants in Königsberg lehrte. Außerdem hatte sie einen Sohn zur Welt gebracht. Über Marie scheint Kleist – zunächst geheimen – brieflichen Kontakt mit Wilhelmine aufgenommen zu haben.[76] Der Kontakt kam also nicht zufällig zustande. Zufällig aber scheint er sie, ihren Mann und ihre Schwester Luise, die Kleist ebenfalls so gern gemocht hatte, dann getroffen zu haben. Das erste Wiedersehen war jedenfalls für alle Beteiligten peinlich, wie sich Krug erinnerte.[77] Die anfängliche Befangenheit hinderte sie aber nicht daran, sich wiederzusehen. Alle Seiten gaben sich Mühe zu vergessen, was in der Vergangenheit gewesen war. Krug sorgte dafür, dass man sich nun regelmäßig in seinem Hause traf.[78]

Dem rationalistischen, menschenfreundlichen und liberalen Philosophen Krug war ein Mensch wie Kleist fremd, aber er beschäftigte ihn.[79] Als Krug zwei Jahre nach dem Wiedersehen in Kleists »Phöbus« ein Gedicht fand, in dem ein Tauber eine Taube verlässt, um auf eine Reise zu gehen, brachte er Wihelmine das

Gedicht mit und sagte: »Sieh, da hat dir dein Freund noch etwas gesungen.«[80] Krug war immer der Meinung gewesen, dass es Heinrich von Kleist und Wilhelmine von Zenge mit ihrer Liebe einst ernst gewesen war.

In dem Liebesbrief, den Kleist in Berlin an Pfuel geschrieben hatte, fand sich die Bemerkung, dass er, Kleist, ein Differential berechnen könne. Kleist war stolz auf das, was er gelernt hatte und wusste. Er betrachtete höhere Algebra als einen dem Versemachen vollkommen entgegengesetzten Bereich. Seine Fähigkeiten erstreckten sich also über den gesamten menschlichen Tätigkeitsbereich. Er wusste jetzt, was er alles konnte. »Ich kann ein Differentiale finden, und einen Vers machen; sind das nicht die beiden Enden der menschlichen Fähigkeit?«[81] Pfuel könne sich ruhig auf ihn verlassen und mit nach Königsberg kommen.

Tatsächlich musste Pfuel fast gleichzeitig mit Kleist nach Osten, zwar nicht nach Königsberg, aber ins masurische Johannisburg, wohin er im April versetzt worden war. Gemeinsam mit Rühle hatten sie seit längerem den Plan gefasst, nach Australien (Neuholland) auszuwandern. Rühle erwog später, nach Indien zu gehen, Pfuel hatte auch an Amerika gedacht. Kleist aber glaubte jetzt nicht mehr, dass Pfuel die gemeinsamen Auswanderungspläne ernst nahm, und war enttäuscht darüber. »Doch es wird uns kein großer Gedanke mehr ergreifen, so lange wir nicht beisammen sind. *Dahin* also vor allen Dingen sollten wir streben, und brauchten auch, um es zu erreichen, allerdings nichts, wie du sehr richtig bemerkst, als es zu *wollen*; aber da eben liegt der Hund begraben.«[82] Kleist war immer noch voll Sehnsucht nach Freundschaft, er war aber auch voller Abenteuerlust. Kleist, der Dauerreisende, hat diese großen Reisen nie gemacht. Seine Erzählungen aber würden bald nach Chile oder Haiti führen. In Kleist steckte ein Weltreisender, wenigstens im Kopf. In ihm lebte die Lust am Fremden, am ganz anderen.

Das Interesse Kleists an Differentialrechnung fand seine Fortsetzung in einem weiteren Brief an Pfuel vom Juli 1805. Da zeigte sich Kleist als Techniker und Erfinder. Die beiden Freunde haben sich längere Zeit damit beschäftigt, ein Gerät zu konstruieren, das sie »Hydrostat« nannten und das ein U-Boot werden sollte. Nach dem Urteil von Fachleuten waren die Überlegungen Kleists und Pfuels gut durchdacht.[83] Kleist gab dabei den Ton an, er war engagiert und argumentierte mit einiger Sachkenntnis.

Das naturwissenschaftliche Denken findet sich auch im Aufsatz über »Die allmählige Verfertigung der Gedanken beim Reden«,[84] den er in Königsberg schrieb. Kleist entwickelte hier eine eigenständige Theorie zur Frage, woher die menschliche Rede (nicht Sprache) kommt. Was macht, dass wir reden? könnte der Aufsatz auch überschrieben sein. Was macht, dass wir sagen, was wir sagen? Man kann den Aufsatz, den Kleist wie den über den »Weg, das Glück zu finden« für seinen Freund Rühle geschrieben hat, als seine Poetologie und als Befreiung sehen.

»Es liegt ein sonderbarer Quell der Begeisterung für denjenigen, der spricht, in einem menschlichen Antlitz, das ihm gegenübersteht; und ein Blick, der uns einen halb ausgedrückten Gedanken schon als begriffen ankündigt, schenkt uns oft den Ausdruck für die ganze andere Hälfte desselben.«[85] Kleist selbst ist das beste Beispiel für diesen schönen Satz. Pfuel, den er sich vorgestellt hatte, hatte ihn zu dem Brief inspiriert, der so kühn aus ihm herausgebrochen war. Von Ulrike erfuhr er, was er durch stundenlanges Brüten nicht herausgebracht hätte, indem er einfach anfing, ihr von etwas zu erzählen, und sich selbst zuhörte.

Der »Amphitryon« ist wie dafür gemacht, Kleists Gedanken zu erläutern. Das Stück beginnt damit, dass Sosias es nicht aushält, allein eine Rede einzustudieren. Also setzt er sich seine Laterne als Gegenüber vor, die Alkmene sein soll. Nahezu unglaublich ist, dass dieser Teil wirklich eine Übersetzung des Molière ist und keine Erfindung Kleists! Selbst Sosias' Doppelgänger Merkur kann man sehr schön als fleischgewordenen Wunsch nach einem Gegenüber im Sinne Kleists auffassen, auch wenn er dann für Sosias zum Alptraum wird. Im »Zerbrochnen Krug«, beim Dorfrichter Adam ist es nicht anders. Alles, was er sagt, ist eine Geburt der Rede aus dem anderen, aus Eve, Walter, Licht. Adam reagiert nur. Der einsame Kleist hat wie kein anderer das Sprechen aus dem Gegenüber entwickelt. Diese Sprache erschien ihm wahr, an ihr verzweifelte er nicht, und so hat er geschrieben. Im Sprechen bildete sich so der

Gedanke – im Gegensatz zu der Vorstellung, dass ein vorgefertigter Gedanke ausgesprochen wird.[86]

Das erklärt Kleist mit einem physikalischen Bild. Mirabeau, stellt Kleist sich vor, fertigte in Frankreich in der letzten Sitzung der Generalstände mit königlicher Beteiligung den Zeremonienmeister ab, ohne vorher genau zu wissen, was er sagen wollte. Den Zeremonienmeister stellte sich Kleist angesichts der Rede Mirabeaus in einem vollkommenen Geistesbankrott vor, »... nach einem ähnlichen Gesetz, nach welchem in einem Körper, der von dem electrischen Zustand Null ist, wenn er in eines electrisirten Körpers Atmosphäre kommt, plötzlich die entgegengesetzte Electricität erweckt wird. Und wie in dem electrisirten dadurch, nach einer Wechselwirkung, der ihm inwohnende Electricitäts-Grad wieder verstärkt wird, so gieng unseres Redners Muth, bei der Vernichtung seines Gegners zur verwegensten Begeisterung über.«[87]

Es folgt ein ungeheurer Satz: »Vielleicht, daß es auf diese Art zuletzt das Zucken einer Oberlippe war, oder ein zweideutiges Spiel an der Manschette, was in Frankreich den Umsturz der Ordnung der Dinge bewirkte.« Eine ganze Theorie der Französischen Revolution in einem Satz, der auch noch von einer Oberlippe handelt. Kleist fuhr fort: Dadurch, dass sich Mirabeau in der Rede entladen hatte, sei er wieder neutral gewesen – wie bei einer Kleist'schen Flasche. Kleistsche Flasche: So wurden tatsächlich die ersten Kondensatoren genannt.[88]

Kleists Theorie ist so etwas wie eine physikalische Theorie der Rede. Sie ist aber auch Sokrates' Mäeutik und Sigmund Freuds Redekur verwandt, als Versuch, sich seiner Schüchternheit zu entwinden. Und doch ist es eine ganz eigenständige Idee, die Kleist entwickelte. Es braucht eine gewisse Spannung (wie in der Physik) oder eine Erregung (in der Psyche), die ein Gegenüber erzeugt, damit daraus die Rede entstehen kann. Es ging Kleist nicht um den Dialog, das Gespräch, den Austausch. In keinem von Kleists Beispielen sagt das Gegenüber etwas. Das Gegenüber soll auch nichts sagen, es soll als Projektionsfläche der eigenen Rede dienen. Das war die Erfahrung mit Wilhelmine und den Briefen an sie. Im Grunde ist das Gegenüber ausgeschlossen, es soll nur anwesend sein. Es ging Kleist um das Erzeugen von

Gedanken, von Ideen, Sätzen, die vorher nicht da waren. Man könnte auch sagen, es ging ihm um einen schöpferischen Zustand. Und wieder schrieb Kleist dazu einen großartigen Satz: »Denn nicht *wir* wissen, es ist allererst ein gewisser *Zustand* unserer, welcher weiß.«[89] Es spricht aus uns heraus, weil das Du die Sprache anzieht.

Als Kleist nach Königsberg kam, war hier von der großen Politik nichts zu spüren. Frankreich war ferner als Russland. Als er die Stadt eineinhalb Jahre später verließ, steckte sie mitten in der großen Umwälzung, die Europa erfasst hatte und die einen einzigen Namen hatte: den des frischgekrönten Kaisers Napoleon. Im Mai 1805 kam Kleist nach Königsberg, Ende 1806 kam – nach der verheerenden Niederlage von Jena und Auerstedt – auch der preußische Hof auf der Flucht vor Napoleon in die Stadt. Im Januar 1807 verließ Kleist Königsberg, er ging zurück in eine vollkommen veränderte Welt.

Wie wurde hier 1805 über Napoleon geredet und gedacht? Österreich und Russland zogen damals ihre Truppen zusammen, um England gegen Frankreich zu unterstützen. In Berlin waren es immer noch Haugwitz und Hardenberg, die sich um die Leitlinie der preußischen Außenpolitik stritten. Süddeutschland hatte sich auf die Seite Napoleons gestellt. Da marschierte der französische General Bernadotte kurzerhand durch Ansbach – jenes kleine fränkische Ansbach, in dem Kleist hatte tätig werden sollen – und verletzte damit die preußische Neutralität wieder einmal auf das Empfindlichste. Berlin war empört, jetzt schien Hardenberg sich durchsetzen zu können. Aber es war Haugwitz, der mit einem scharf formulierten Ultimatum zu Napoleon entsandt wurde. Als er im französischen Hauptquartier ankam, erfuhr er von der vernichtenden Niederlage, die die österreichisch-russischen Truppen am 2. Dezember 1805 bei Austerlitz gegen die Franzosen erlitten hatten. Da bot er Napoleon ein Bündnis an, ein Krieg gegen England zeichnete sich ab.

Die Reformdenker, unter denen Kleist sich in Königsberg bewegte, waren durchweg auf Hardenbergs Seite. Sowohl Kraus als auch Scheffner waren Republikaner.[90] Auerswald hatte bei Kraus studiert. Man glaubte auch zu wissen, wo das Problem lag: Die Handlungsunfähigkeit des Staates war die Schuld des veralteten Kabinetts, mit dem sich Friedrich Wilhelm III. umgab. Man dachte dabei an Männer wie Haugwitz und Köckeritz. Man dachte an die undurchsichtigen und verkrusteten Strukturen, an den ineffizienten Beamtenapparat. Man dachte an die Arroganz und Ignoranz einer überlebten Führungsschicht, ihre Verwahrlosung, ihre Schwäche, ihre Abneigung gegen jede Form von Verantwortung.[91]

Wurde Kleist in Königsberg ein Reformer? Es sieht so aus. Er verkehrte in ihren Kreisen, er beteiligte sich am Gespräch. Scheffner erinnerte sich an seinen Eifer in »geistreichen Unterhaltungen«, Krug dachte an ihn als »unterhaltenden Gesellschafter«.[92] Kleist selbst schrieb an Altenstein, dass er oft und mit Heiterkeit den Einladungen des Präsidenten und der Präsidentin von Auerswald nachkomme.[93] Er wusste genau, was gedacht wurde. Dazu kam Kleists aufkeimender Napoleonhass. Alles deutet in Richtung Reformer. Trotzdem erschien in seinen »Berliner Abendblättern« später ein Aufsatz gegen Kraus.

Kleists Verhalten in politischen Fragen war einigermaßen merkwürdig. Nach der Verletzung der preußischen Neutralität, nachdem die Franzosen durch »sein« Ansbach marschiert waren, schrieb er an Altenstein im vollen Bewusstsein, dass der im Moment andere Dinge zu tun hatte, als sich mit Kleists privaten Problemen herumzuschlagen. »Vielleicht wäre es meine Pflicht, vor dem zudringlichen Augenblick, in welchem wir leben, zurückzutreten, und von meinem eignen Schicksal zu schweigen, während das Schicksal Ihres ganzen Vaterlandes Sie in Anspruch nimmt. Doch die Zeit ist, bis zu meiner Abreise, ein wenig dringend ...«[94] Sein, Kleists, Vaterland war es also nicht, dessen Schicksal hier entschieden wurde. Er schien überhaupt nicht betroffen.

Nur einen Monat später, noch ohne dass er von der Niederlage der Österreicher bei Austerlitz erfahren hatte, schrieb Kleist einen Brief an Rühle, in dem er eine vollkommen andere Sicht der Dinge zeigte. »Denn so wie die Dinge stehn, kann man kaum auf viel mehr rechnen, als auf einen schönen Untergang.«[95] Wo sich die Katastrophe abzeichnete, wurde Kleist wach. Mit einem Mal stand die gesamte Existenz im Zeichen der Politik. Wieder nahm er Krieg und Politik, wie in St. Omer, als Möglichkeit zum Untergang wahr.

In der Katastrophe wurde Kleist lebendig und schimpfte. »Was ist das für eine Maasregel, den Krieg mit einem Winterquartier und der langmüthigen Einschließung einer Festung anzufangen!«, schrieb Kleist mit Sarkasmus über die preußische Politik. »Bist du nicht mit mir überzeugt, daß die Franzosen *uns* angreifen werden, in *diesem* Winter noch angreifen werden, wenn wir noch vier Wochen fortfahren, mit den Waffen in der Hand drohend an der Pforte ihres Rückzuges aus Östreich zu stehen. Wie kann man außerordentlichen Kräften mit einer so gemeinen und alltäglichen Reaction begegnen? Warum hat der König nicht gleich, bei Gelegenheit des Durchbruchs der Franzosen durch das Fränkische, seine Stände zusammenberufen, warum ihnen nicht, in einer rührenden Rede (der bloße Schmerz hätte ihn rührend gemacht) seine Lage eröffnet.«[96]

Jetzt, wo es um alles oder nichts ging, interessierte Kleist die Politik. Wenn der König nur um die Entstehung der Rede wüßte, wie sie der Aufsatz »Über die allmählige Verfertigung der Gedanken« entwickelt: Wenn er wüßte, wie das Volk und die allgemeine Stimmung ihn mitreißen könnten, wenn er nur einmal zu ihm reden würde! Wenn er selbst sich nur von der Erregung bewegen lassen würde, die sich im Volk aus der bedrohlichen Situation ergibt:

> Wenn er es bloß ihrem eignen Ehrgefühl anheim gestellt hätte, ob sie von einem gemißhandelten Könige regiert sein wollen, oder nicht, würde sich nicht etwas von Nationalgeist bei ihnen geregt haben. Und wenn sich diese Regung gezeigt hätte, wäre dies nicht die Gelegenheit gewesen, ihnen zu erklären, daß es hier gar nicht auf einen gemeinen Krieg ankomme. Es gelte Sein, oder Nichtsein; und wenn er seine Armee nicht um 300 000 Mann vermehren könne, so bliebe ihm nichts übrig, als bloß ehrenvoll zu sterben. Meinst du nicht, daß eine solche Erschaffung hätte zustande kommen können? Wenn er alle seine goldnen und silbernen Geschirre hätte prägen lassen, seine Kammerherrn und seine Pferde abgeschafft hätte, seine ganze Familie ihm darin gefolgt

wäre, und er, nach diesem Beispiel, gefragt hätte, was die Nation zu thun willends sei.⁹⁷

In der Tat wäre es nötig gewesen, das Tafelsilber zu vergolden. Der preußische Staatsschatz, unter Friedrich II. noch gut gefüllt, war seit der Rheinkampagne und Friedrich Wilhelm II. erschöpft.

Es wäre ein Missverständnis, würde man denken, Kleist sei mit einem Schlag politisch geworden. Vielmehr war die politische Entwicklung bei Kleist angekommen. Er entwickelte ein Faible für das, was das 20. Jahrhundert »Ausnahmezustand« und »totaler Krieg« genannt hat. Man muss das so deutlich sagen. Kleist glaubte, dass das Volk bereit wäre, mit vollem Bewusstsein in die mögliche totale Vernichtung zu marschieren. Das wäre ein Krieg gewesen, der mit jener Entschiedenheit geführt worden wäre, die seinem Innersten entsprach. Dieser Krieg hätte jene existentielle Dimension bekommen, in der er lebte. Dieser absolute Kriegszustand war das Moment, das ihn an Politik interessierte.

»Ich weiß nicht, wie gut oder schlecht es ihm [Friedrich Wilhelm III.] jetzt von seinen silbernen Tellern schmecken mag; aber dem Kaiser in Ollmütz, bin ich gewiß, schmeckt es schlecht.«⁹⁸ In Ollmütz hielt sich der österreichische Kaiser Franz II. aus Angst vor den französischen Truppen auf. Ein halbes Jahr später, am 6. August 1806, legte Franz II. seine Krone als Kaiser des Römischen Reichs Deutscher Nation nieder, was überall Bestürzung und Trauer hervorrief.

Kleist war jetzt voller richtiger Ahnungen: »Ja, mein guter Rühle, was ist dabei zu thun. Die Zeit scheint eine neue Ordnung der Dinge herbeiführen zu wollen, und wir werden davon nichts, als bloß den Umsturz der alten erleben.« Mit einem Mal erschien er hellseherisch. Das Römische Reich war seit dem Mittelalter die Grundlage der europäischen Ordnung gewesen. »Es wird sich aus dem ganzen cultivirten Theil von Europa ein einziges, großes System von Reichen bilden, und die Throne mit neuen, von Frankreich abhängigen, Fürsten-Dynastien besetzt werden.« Kleist hatte in der Helvetischen Republik die Erfahrung gemacht, dass sie, wie die Batavische, die Cisalpinische oder die Römische Republik auch, ein Vasallenstaat Napoleons war. Das sah er nun für alle europäischen Länder voraus.

»Aus dem Östreichschen, bin ich gewiß, geht dieser glückgekrönte Abendtheurer, falls ihm nur das Glück treu bleibt, nicht wieder heraus, in kurzer Zeit werden wir in Zeitungen lesen: ›man spricht von großen Veränderungen in der deutschen Reichs-Verfassung‹; und späterhin: ›es heißt, daß ein großer, deutscher (südlicher) Fürst an die Spitze der Geschäfte treten werde.‹ Kurz, in Zeit von einem Jahre, ist der Kurfürst von Bayern, König von Deutschland. Warum sich nur nicht Einer findet, der diesem bösen Geiste der Welt die Kugel durch den Kopf jagt.« So schlug politisches Desinteresse in Empörung um.

Es gibt keinen Brief, in dem Kleist auf Austerlitz reagierte, aber dieser Brief, geschrieben bevor er vom Niedergang des alten Europa erfuhr, lässt keinen Zweifel darüber zu, wie entscheiden er war. »… wo das Elend jeden, wie Pfuël sagen würde, in den Nacken schlägt.«[99] Napoleon, den er zuvor eher beiläufig abgekanzelt hatte, als Emporkömmling, den er »Aller-Welts-Konsul« und »allgemeinen Wolf« genannt hatte, wurde jetzt sein Gegenüber, sein innerer Dialogfeind. Napoleon war jetzt der »böse Geist der Welt«, den es zu vernichten galt. Kleist wünschte sich den Tyrannenmord.[100]

Jetzt war Intensität in der Beziehung zu dem Franzosen zu spüren, der wie Kleist bereit war, alles auf eine Karte zu setzen. Aus der Sicht Kleists war Napoleon ein kleistscher Charakter. Als er von geplanten Attentaten hörte, meinte er, dass er nichts zu befürchten habe, da er nicht ermordet werden könne. Pestkranken gab er im Gefühl der Unverwundbarkeit die Hand. Napoleon liebte solche Geschichten, er stilisierte sich als Werkzeug der Vorsehung, als Verbündeter des Schicksals. In seiner Todesverachtung und Entschiedenheit steckte etwas von Kleists Geist. Kleist hat Napoleon nie gesehen, im Gegensatz etwa zu Goethe. Aber er hatte eine starke Bindung zu ihm.

Was Kleist zu dieser Zeit wirklich tat, war schreiben. Unter dem Schirm seiner Anstellung als Beamter schrieb er und schrieb. Er schrieb so viel wie noch nie in seinem Leben. Nachdem er die großen Lebensprojekte aufgegeben hatte, gelang es ihm auch. Die Zeit in Königsberg war die Zeit des Ertrags. Allgemein geht man davon aus, dass Kleist in der Schweiz den Durchbruch zum Dichter erlebt hat. Das ist nur bedingt wahr. Erst jetzt, als Beamter, war er wirklich Schriftsteller, erst jetzt hatte sein Schreiben etwas Professionelles.

Neben dem »Zerbrochnen Krug«, dem »Amphitryon« und dem Aufsatz »Über die allmählige Verfertigung der Gedanken« schrieb er jetzt auch Erzählungen. »Das Erdbeben in Chili« ist eine unwiderstehliche Mischung aus Exotismus, einem undurchsichtigen Erzähler, den typischen kleistschen Satzkaskaden und einer unerhörten Begebenheit. Die Erzählung hat etwas durch und durch Grimmiges. Jeronimo will sich im Gefängnis das Leben nehmen. Er hatte sich in Josephe verliebt, die Tochter eines reichen Kaufmanns. Wegen des gemeinsamen Kindes, das im Garten des Karmeliterinnen-Klosters (!) empfangen und auf den Stufen der Kathedrale (!) am Fronleichnamstage (!) geboren wurde, ist Josephe auf Befehl des Erzbischofs (!) zum Tode verurteilt und Jeronimo verhaftet worden. Kleist tut alles, was in seiner erzählerischen Macht steht, um die Unschuld der Liebe mit der Gnadenlosigkeit der Kirche zu kontrastieren.

Da passiert es. Wie ein Gottesgericht bricht ein Erdbeben über Chile herein, gerade als das Urteil an Josephe vollstreckt werden soll und Jeronimo sich erhängen will. Die Erzählung schwelgt jetzt in Bildern der Zerstörung: »... als plötzlich der größte Theil der Stadt, mit einem Gekrache, als ob das Firmament einstürzte, versank, und alles, was Leben athmete, unter seinen Trümmern begrub. Jeronimo Rugera war starr vor Entsetzen; und gleich als ob sein ganzes Bewußtseyn zerschmettert worden wäre, hielt er sich jetzt an dem Pfeiler, an welchem er hatte sterben wollen, um nicht umzufallen.«[101]

Kleist wusste sehr genau, wie Zerstörung aussieht und sich anfühlt. Er konnte es genauer und direkter beschreiben als jeder seiner Zeitgenossen. »Der Boden wankte unter seinen Füßen, alle Wände des Gefängnisses rissen, der ganze Bau neigte sich, nach der Straße zu einzustürzen, und nur der, seinem langsamen Fall begegnende, Fall des gegenüberstehenden Gebäudes verhinderte, durch eine zufällige Wölbung, die gänzliche Zubodenstreckung desselben.«[102] Da erlebt Jeronimo »zitternd und mit sträubenden Haaren«, mitten im größten Chaos also, jene Art des Gewölbes, das auch Kleist in Würzburg so tröstlich erschienen war.

Die Zerstörungswut des Erzählers bleibt:

> Kaum befand er sich im Freien, als die ganze, schon erschütterte Straße auf eine zweite Bewegung der Erde völlig zusammenfiel. Besinnungslos, wie er sich aus diesem allgemeinen Verderben retten würde, eilte er, über Schutt und Gebälk hinweg, indessen der Tod von allen Seiten Angriffe auf ihn machte, nach einem der nächsten Thore der Stadt. Hier stürzte noch ein Haus zusammen, und jagte ihn, die Trümmer weit umherschleudernd, in eine Nebenstraße; hier leckte die Flamme schon, in Dampfwolken blitzend, aus allen Giebeln, und trieb ihn schreckenvoll in eine andere; hier wälzte sich, aus seinem Gestade gehoben, der Mapochofluß auf ihn heran, und riß ihn brüllend in eine dritte. Hier lag ein Haufen Erschlagener, hier ächzte noch eine Stimme unter dem Schutte, hier schrieen Leute von brennenden Dächern herab, hier kämpften Menschen und Thiere mit den Wellen, hier war ein muthiger Retter bemüht, zu helfen; hier stand ein Anderer, bleich wie der Tod, und streckte sprachlos zitternde Hände zum Himmel.[103]

Zeitgeschichtlicher Hintergrund war das katastrophale Erdbeben 1755 in Lissabon, das nicht nur die Stadt, sondern auch das damalige Weltbild erschütterte. Wichtig für Kleist wurde die sich anschließende Theodizee-Diskussion.[104] Aber nicht dadurch, sondern durch die Wucht, mit der Kleist seine Orgie der Zerstörung zelebrierte und die Reaktionen seiner Protagonisten vorführte, wirkt seine Erzählung bis heute.[105]

Jeronimo und Josephe werden durch das Erdbeben gerettet. Vor den Toren der Stadt versammeln sich die Überlebenden wie nach einer zweiten Geburt in einem neuen Naturzustand, wie von Rousseau imaginiert. Es sieht für einen schönen Moment so aus, als könne es die rousseauistische Idylle doch geben, als könne Versöhnung unter den Menschen sein, als wäre das Paradies nicht inwendig verriegelt, als wäre jene Intimität möglich, die Kleist mit Wilhelmine gesucht hatte.

Doch das ungnädige Gesetz der Menschen (und Kirche) ist stärker als das liebevolle der Natur. Josephe und eines ihrer beiden Kinder (man weiß nicht, ob es das Neugeborene ist) erfahren es grausam. Vor der Kirche sammelt sich eine fanatische Menge, darunter ein Schuhmacher, der für Josephe gearbeitet hatte, namens Pedrillo. »Meister Pedrillo ruhte nicht eher, als bis er der Kinder Eines bei den Beinen von seiner Brust gerissen, und, hochher im Kreise geschwungen, an eines Kirchpfeilers Ecke zerschmettert hatte.«[106] Der Erzähler vernichtet mit Ingrimm, was ihm lieb und teuer ist.

»Das Erdbeben in Chili« führt vor, wie die Weltordnung zusammenbricht, nicht nur physisch, sondern auch moralisch. Einen sinnvollen Zusammenhang bildet diese Welt nicht mehr. Die Katastrophe faszinierte Kleist. Er wurde zum Autor der Auflösung des Bewusstseins.[107] Was er entfaltete, sind sprachliche Figuren der Traumatisierung. Dabei ist »Das Erdbeben in Chili« ein kleines Kompendium kleistscher Kernmetaphern. Nicht nur das Gewölbe und das verriegelte Paradies tauchen auf, Eichenwipfel stürzen wie in der »Penthesilea«, es gibt den todesmutigen Gang in ein brennendes Gebäude wie im »Käthchen«, die heilige Familie mit Granatapfelbaum.

Kleist begann spät als Erzähler. Es zog ihn nicht dahin. »Pfuel sagt mir, daß sich vom Drama zur Erzählung herablassen zu müssen, ihn [Kleist] gränzenlos gedemüthigt hat«, schrieb Brentano an Arnim.[108] Es gibt keinen Grund, an dieser Aussage zu zweifeln – bis auf die Originalität der Kleist'schen Erzählungen. Aber Kleist musste nicht mehr mit einer Sache im Einklang sein, um ihr seine Eigenart zu geben. Normalerweise stellt die ordnende Hand des Erzählers in der Prosa Zusammenhang her. Nichts davon bei Kleist. Dieser Erzähler hat Lust daran, die erschreckend zusammenhanglose Einrichtung der Welt bloßzulegen.

Kleists Erzählsätze sind unverkennbar. Sie sind, wie schon Thomas Mann festgestellt hat, zugleich verwickelt und atemlos, kompliziert und temporeich. Wie Staudämme baut Kleist Sätze in seine Sätze, die dem Fluss der Sprache entgegenstehen und dadurch den Druck nach dem Prinzip Kraft und Gegenkraft erhöhen. Diese dauernden Einschübe führen zu den berühmten

Kommata, die seine Sätze zerhacken. In seinen Briefen begann Kleist damit im April 1807.[109] Das spräche dafür, dass Kleist erst damals begonnen hat, Prosa zu schreiben. Aber es war mit Sicherheit vorher. »Das Erdbeben in Chili« wurde spätestens im Herbst 1806 abgeschlossen und 1807 unter dem Titel »Jeronimo und Josephe« in Cottas »Morgenblatt für gebildete Stände« gedruckt.

Davor noch könnte er den Anfang des »Michael Kohlhaas« geschrieben haben. Wilhelm von Schütz, der 1817 als erster biographische Notizen zu Kleist machte, vermerkt, dass Pfuel Kleist noch in Berlin vom »Kohlhaas« erzählt habe und er ihn daraufhin geschrieben habe.[110] Bülow dagegen meint, Kleist habe die Erzählung erst in Königsberg geschrieben. Veröffentlicht wurde die erste, unvollständige Fassung 1808 im Juni-Heft des »Phöbus«, das allerdings erst im Oktober erschien. In jedem Fall sind diese beiden Texte die ersten Erzählungen Kleists.

Michael Kohlhaas ist auch die berühmteste Figur Kleists. Als uneinsichtiger Querulant und Rechthaber ist er sprichwörtlich. Das 1808 veröffentlichte Fragment, etwa ein Fünftel des fertigen Textes, konzentriert sich ganz auf die Figur dieses Kohlhaas und seine Rachsucht. Dieser frühe »Michael Kohlhaas« ist eher eine Figur als eine Erzählung, vielleicht haben deswegen manche Zeitgenossen bei diesem Text Langeweile empfunden.[111] Es ist die Figur eines staatsgläubigen, in seinen Rechten verletzten Bürgers, der darüber zum Rächer wird.

Die Erzählung ist ein Alptraum der Eskalation. Es zieht Kohlhaas den Boden unter den Füßen weg. Der Pferdehändler muss erleben, wie ihm schuldlos erst die Pferde, dann der Knecht, schließlich die Frau und dann auch noch die Ehre genommen werden. Kleist führt das mit Methode und Drastik vor. Es hat etwas Unglaubliches, dient aber zur Rechtfertigung einer unglaublichen Reaktion: Kohlhaas wird zu einem maßlosen Rächer und Mörder. Der Erzähler sagt, dass es sein »Rechtgefühl« war, das ihn zum Räuber und Mörder machte – eigentlich aber war es die Unverhältnismäßigkeit der Demütigung.

Auf die Rechtfertigung von Kohlhaas' Verhalten verwandte Kleist viel Mühe. Er setzte, im Gegensatz zu seiner historischen Vorlage[112], alles daran, Kohlhaas positiv zu zeichnen. Gleich am

Anfang wird gesagt, dass es nicht einen seiner Nachbarn gebe, der sich nicht seiner Wohltätigkeit und Gerechtigkeit erfreue. Kohlhaas werden auf der Tronkenburg nicht nur seine Pferde genommen, man macht sich auch noch einen Spaß daraus, diese Pferde zugrundezurichten. Sein Knecht wird dabei verhöhnt. Kohlhaas befragt diesen Knecht eindringlich darüber, was mit den Pferden geschehen ist. Dabei nimmt er für seinen Widersacher, den abwesenden Junker von Tronka, immer das Beste an. Nicht nur Kohlhaas leidet unter dessen Sippe, die Tronkas sind eine Landplage. Als seine geliebte Frau dem brandenburgischen Kurfürsten eine Bittschrift in der Sache überreichen will, wird sie so sehr verletzt, dass sie stirbt. Es ist überdeutlich: Was Kohlhaas auch tut, das Schicksal vernichtet, was ihm lieb und teuer ist. Er ist schuldlos, das aber interessiert nicht.

Kohlhaas wird mit seinen Rechten, seiner Familie und seinem Weltvertrauen jedes schützende Dach des Seins genommen, unter dem er gelebt hat. Er ist ein unpolitischer Mensch, er stellt nicht das System in Frage, ein »guter Staatsbürger«, wie der Erzähler mitteilt, aber er braucht einen Ort zum Leben. Er hat kein übergeordnetes Ziel, es gibt nichts, nicht Person noch Sache noch Idee, in dessen Auftrag er kämpfen würde. Es gibt nur die maßlose Kränkung, der er ausgesetzt ist.

Dabei gibt er sich, ohne dass er selbst, der Erzähler und vielleicht sogar Kleist es realisieren würden, eine einzige Blöße: Er nimmt sich selbst unendlich wichtig. Sein Kampf gegen die Ordnung, die seine Verlorenheit in der Welt möglich macht, geht dann – nur scheinbar paradox – bis zur vollkommenen Selbstaufgabe. Der Bogen, der so gespannt wird, ist typisch Kleist.

Meister Pedrillo im »Erdbeben in Chili« ist von »ungesättigter Mordlust«. Im »Kohlhaas« wird diese Lust zum Charakterzug des Helden. Es dauert, aber dann ist es so weit: Mit zügelloser Mordlust zieht Kohlhaas durch Sachsen. Am Ende des vollständigen »Kohlhaas« von 1810 nennt ihn ein Kämmerer einen »in seiner Rachsucht unersättlichen Kerl«. Es steckt die Todesverachtung des Kleist'schen Helden in ihm.

Kohlhaas ist die typische Kleist-Figur: Man identifiziert sich mit ihm und erschrickt zugleich vor ihm. Der Leser ist durchweg irritiert: Ist Gerechtigkeitssinn oder Mordlust die hervorstechende Eigenschaft? »Wir halten das Buch in der Hand und können uns dabei nicht nur in Kohlhaas' Geschichte vertiefen, sondern auch unser unsichtbares Ich aufmerksam beobachten.«[113] Einmal identifiziert man sich mit dieser, dann mit jener Eigenschaft von Kohlhaas. Es ist die Situation des Wiesels im Käfig, in der sich der Leser befindet. Hektisch sucht es einen Platz für sich, der die Ruhe, die Weltordnung wiederherstellt. Wie würde ich mich verhalten? Was würde ich tun, wenn mir alles genommen würde? Die Irritation durch die Erzählung drängt den Leser in eine Situation, in der wohl Kleist selbst sich befunden hat.

Über solchen Unsicherheiten zerreißt sozusagen der Text. Ist Kohlhaas ein Engel der Gerechtigkeit oder ein Teufel der Mordlust? Wir werden das nicht auflösen können. Es gibt keine Logik, die uns aus diesem Labyrinth heraushelfen kann. Dieses Zerreißen des Textes wird direkt sichtbar. Das Verhör des Knechts Herse wird, nach dem Text im »Phöbus«, durchlöchert von Gedankenstrichen: »Denkt er, daß ich –?« Als Kohlhaas' Frau Lisbeth voller Entsetzen Kohlhaas' Entschiedenheit der Rache sieht, fragt Kohlhaas betroffen: »Gott hat mich mit Weib und Kindern und Gütern gesegnet; soll ich heute zum Erstenmal wünschen, daß es anders wäre? – – –« Beim Tod von Lisbeth heißt es: »Sie drückte ihm dabei die Hand und starb. – Kohlhaas dachte: – – – –«

Vielleicht lässt man sich durch das Rechtsthema und das verletzte Gerechtigkeitsgefühl täuschen. Letztendlich ist es nicht Gerechtigkeitssinn, der Kohlhaas lenkt, es ist Selbstzerstörungswut, die ihn treibt. Wie er das Gut verkauft, wie er alles aufgeben möchte, wie er sagt, dass er nicht mehr leben möchte: Das ist die »ungesättigte Mordlust« gegen sich selbst. Es ist Selbstzerstörungswut aufgrund von Weltenttäuschung. Auch das macht Kohlhaas kleistisch. Die Selbstzerstörungswut korrespondiert mit der Niederträchtigkeit auf Seiten der Tronkas und der unglücklichen Einrichtung der Welt: Kaum geht die Frau aus dem Haus, kommt sie um. Selbst Trauer lässt diese Welt nicht zu, sie ist darauf angelegt, zu kränken. Bei der Beerdigung seiner Frau bekommt Kohlhaas den Brief, dass er – unter Androhung von Gefängnis – keine Eingaben mehr in der Sache machen solle.

Kleist sollte in Königsberg preußischer Staatsbeamter werden, tatsächlich wurde er zum Schriftsteller. Wahrscheinlich begann Kleist auch mit der »Penthesilea« in Königsberg. »Jetzt habe ich ein Trauerspiel unter der Feder«, schrieb er im August an Rühle. Man kann, wie Achill und Penthesilea in diesem Trauerspiel aufeinander zustürzen, als Entfaltung der Sätze im Liebesbrief an Pfuel lesen: »Wie flogen wir vor einem Jahr einander, in Dreßden, in die Arme! Wie öffnete sich die Welt unermeßlich, gleich einer Rennbahn, vor unsern in der Begierde des Wettkampfs erzitternden Gemüthern! Und nun liegen wir, übereinander gestürzt, mit unsern Blicken den Lauf zum Ziele vollendend, das uns nie so glänzend erschien, als jetzt, im Staube unsres Sturzes eingehüllt!«[114] Das Stück besteht daraus, wie Penthesilea und Achill aufeinander zurasen, wie sie stürzen, wie es staubt. Ein gutes Jahr später, spätestens im Winter 1807, hatte Kleist das Trauerspiel fertig.

Neben der Arbeit als Beamter und Schriftsteller ist Kleists Königsberger Aufenthalt eine Krankheitsgeschichte. Es ist fast eine eigene Komödie, wie Kleist immer und immer wieder von seinen Leiden berichtete. Man ist sich nie vollkommen sicher, ob er wirklich krank war oder die Krankheit nur vorschützte und die freie Zeit zum Schreiben nutzte. Wie Adam im »Zerbrochnen Krug« aus dem Geschehen der Nacht, seinen Kopfwunden und der verschwundenen Perücke immer wieder eine eigene Geschichte bastelt, so legte Kleist sich mit der Krankheit eine Version des Daseins zurecht.

Das erste Mal ist im Brief an Pfuel Anfang Juli 1805 von Bettlägrigkeit die Rede, ein gutes Jahr nach seiner Genesung vom Zusammenbruch in Mainz. Er leide an rheumatischen Zufällen und einem Wechselfieber, das ihn ganz auf den Hund bringe. Dann ist im Brief an Marie von Kleist, im Zusammenhang mit Gualtieris Tod, von hässlichem kalten Fieber die Rede, das ihn wie der Winter zusammengeschüttelt habe. Mehrere Wochen habe er das Zimmer gehütet. An Altenstein schrieb er, dass er den ganzen Herbst 1805 gekränkelt habe: Unterleibsbeschwerden.[115] Im Winter ging es ihm dann besser.[116]

Anfang 1806, als sein Ausbildungsjahr in Königsberg sich dem Ende zuneigte, hatte Kleist noch den festen Willen, weiter bei seiner Anstellung zu bleiben und in Ansbach in der Verwaltung zu arbeiten. Er bat Altenstein allerdings, noch einen Sommer in Königsberg bleiben zu dürfen, um Versäumtes nachzuholen und seine Ausbildung abzuschließen.[117] In diesem Brief an Altenstein schrieb Kleist auch, dass das »Befreiungs-Geschäfft der Zünfte«, die Gewerbefreiheit, sein »Lieblingsgegenstand« sei. Im gleichen Monat musste Preußen auf Napoleons Geheiß hin Ansbach und Bayreuth an Bayern abtreten. Damit war das Ziel von Kleists Anstellung verschwunden. Altenstein ließ ihn trotzdem in Königsberg seine Ausbildung fortsetzen. Und wieder befiel Kleist, diesmal im Frühjahr, die Krankheit, die man die Königsberger Krankheit nennen könnte. »Vergebens habe ich mich bemüht, mich aus diesem unglücklichen Zustand, der die ganze Wiederholung eines früheren ist, den ich schon einmal in Frankreich erlebte, emporzuarbeiten«, schrieb Kleist im Juni 1806 an Altenstein.[118]

Ulrike war im Juli 1805 nach Königsberg gekommen, im Frühjahr 1806 reiste sie nach einem Streit wieder ab.[119] Wir wissen nicht, worum es bei diesem Streit ging. Wahrscheinlich war es das gleiche Spiel wie damals in Paris. Kleist fühlte sich krank, war zum Arbeiten im Amt nicht in der Lage, wollte schreiben. Sie wollte, dass er bei seiner Anstellung blieb. Sie wird ihm Vorwürfe gemacht haben – und er wird überzogen reagiert haben.

Auch gegenüber Altenstein wurde Kleist deutlich: »Ich bin seit mehreren Monden schon mit den hartnäckigsten Verstopfungen geplagt.«[120] Von »zusammengeknäuelten Eingeweiden« und einem »Convolut von Gedärmen und Eingeweiden« hatte er schon vorher berichtet.[121] »Nicht genug, daß ich bei der Unruhe, in welche sie mich versetzen, unfähig zu jedem Geschäfft bin, das Anstrengung erfordert: kaum, daß ich dazu tauge, die Seite eines Buches zu überlesen. Ich bin schüchtern gewesen, schon durch den ganzen Winter, wenn die Reihe des Vortrags mich traf: der Gegenstand, über den ich berichten soll, verschwindet aus meiner Vorstellung; es ist, als ob ich ein leeres Blatt vor Augen hätte. Doch jetzt würde ich zittern, wenn ich vor dem Collegio auftreten sollte. Es ist eine große Unordnung der Natur, ich weiß es; aber es ist so.«[122] Die Ordnung der Natur, der Dinge und der Gedärme geriet durcheinander.

Wieder hatte Kleist das Gefühl, sein Innerstes nicht aussprechen zu können. »Erlassen Sie mir, mich deutlicher darüber zu erklären.«[123] Und doch gab es jetzt – der Erfahrung sei dank, die Kleist in seinem Aufsatz über die »allmählige Verfertigung der Gedanken« ausgedrückt hat – einen Ausweg: »Stünd' ich vor Ihren Augen, so würd' ich Sprache finden, Ihnen deutlicher zu sein, Ihnen!«, schrieb er an Altenstein. Er bat darum, sich zu Ulrike aufs Land begeben zu dürfen, die nach der Abreise bei ihrem Schwager in der Nähe von Danzig war.

Es ist erstaunlich. Ein werdender Beamter durchlebte eine poetische Krankheit und bat um Urlaub, und sein Vorgesetzter, einer der ranghöchsten Staatsdiener Preußens, ließ sich darauf ein. Altenstein ließ Kleist gewähren. Kleist war so glücklich darüber, dass er Altenstein einen vollkommen offenen und beseelten Brief schrieb. Wieder zeigt sich, wie angewiesen Kleist auf Vertrauen war. Er schrieb Altenstein von Liebe, Ruhm und Glück, nach denen er doch einmal sein Leben ausgerichtet habe, er schrieb von seinen Sehnsüchten.

»Ach, was ist dies für eine Welt! Wie kann ein edles Wesen, ein denkendes und empfindendes, wie der Mensch, hier glücklich sein! Wie kann er es nur *wollen*, hier, wo Alles mit dem Tode endigt!« Er beschrieb auch das, was mit Nikolaus von Kues als Deus absconditus, als verborgener Gott, in die Religionsgeschichte eingegangen ist und was Kleists Lebensgefühl auf den Punkt brachte: »O es muß noch etwas Anderes geben, als Liebe, Ruhm, Glück &, x, y, z, wovon unsre Seelen nichts träumen. Nur darum ist dieses Gewimmel von Erscheinungen angeordnet, damit der Mensch an *keiner* hafte. Es kann kein böser Geist sein, der an der Spitze der Welt steht: es ist ein bloß unbegriffener!«[124] Es klingt, als schriebe er an Marie, dabei schrieb er an einen Geheimen Oberfinanzrat und Mitglied des Generaldirektoriums.

Gleichzeitig hatte Kleist bei Hardenberg um Urlaub gebeten, der ihm im August tatsächlich gewährt wurde.[125] Im Hochgefühl schrieb er an Rühle einen übermütigen Brief, in dem er Textbausteine aus dem Brief an Altenstein verwendete, aber auch die Gedanken an Altenstein fortsetzte. »Wer wollte auf dieser Welt glücklich sein. Pfui, schäme dich, mögt' ich fast sagen, wenn du es willst!«[126] Es ist eine eigenartige Mischung aus befreiter Freude und Pessimismus. Der Brief ist finster und doch entspannt. »Komm, laß uns etwas Gutes thun, und dabei sterben!«[127] Es ist ein finster-frohes Lächeln in diesen Worten. Hier, zwischen den Krankheiten der Gedärme und des Gemüts, festigte sich jetzt jene düstere Heiterkeit, die Kleist zu eigen wurde.

In dieser Stimmung glaubte er unbegrenzt Komödien und Tragödien, gleichviel, schreiben zu können. Als schriebe er einfach so dahin. »Meine Vorstellung von meiner Fähigkeit ist nur noch ein Schatten von jener ehemaligen in Dresden«, meinte er. Und doch reichte es. Kleist wurde nicht nur richtig produktiv, er wurde auch realistisch. »Die Wahrheit ist, daß ich mir das, was ich mir vorstelle, schön finde, nicht das, was ich leiste.«[128] Nüchtern wurde er auch noch.

Kleist behandelte den Urlaub so, als sei er die endgültige Beendigung seines Arbeitsverhältnisses. Damit war das Kapitel Kleist als Finanzbeamter, von vornherein keine glückliche Verbindung, abgeschlossen. Trotzdem muss man festhalten, dass für Kleist die Phase seines Lebens, als er versuchte, eine normale bürgerliche Laufbahn einzuschlagen, die produktivste war. Was man dabei leicht übersieht: Die erneute Demission erfolgte nicht nur aus Ablehnung, wie damals beim Militär, sondern auch aus einem Gefühl der Stärke heraus. Kleist hatte geschrieben, er hatte gut und erfolgreich geschrieben. Dramen waren fertig, gerade hatte er den »Zerbrochnen Krug« an Marie geschickt. Erzählungen waren abgeschlossen. In drei bis vier Monaten wollte er jetzt ein Stück schreiben und davon leben. Er war in einer labil-stabilen Stimmung, todesnah und heiter, gleichgültig und aufgeräumt. Die Krankheit half Kleist.

Zu Beginn des Herbstes 1806 war er für fünf Wochen zur Genesung im Seebad Pillau, das heute Baltijsk heißt und die am weitesten im Westen gelegene Stadt Russlands ist, etwa sechzig Kilometer von Königsberg entfernt. Der Ort war ein bekanntes Bad, es befindet sich auf der Frischen Nehrung, der Landzunge, die das Frische Haff vom Meer trennt. Er hat eine alte, große Festung (die die Franzosen 1807 vergeblich belagerten), hier beginnt die Bernsteinküste.

Kleist hütete das Bett: Er litt an Verstopfung und Angstzuständen. Allenfalls fünf- oder sechsmal sei er im Wasser gewesen, um zu baden.[129] Es hat symbolischen Wert: Während Kleist mit Bauchschmerzen niederlag, ging andernorts Preußen unter. Am 14. Oktober 1806 unterlagen die preußischen Truppen bei Jena und Auerstedt den Franzosen. Die Niederlage war so vernichtend, das einst gefürchtete Heer hatte sich als so unzulänglich erwiesen, dass das gesamte preußische Staatssystem in Frage stand.

Jetzt brach die Politik endgültig in Kleists Leben ein. Und er erfasste es sofort. Der Gegensatz ist so vollständig, dass es gut ist, sich noch einmal an die bisherige Haltung Kleists zu erinnern. Als er 1801 das erste Mal in Paris war, interessierten ihn die politischen Verhältnisse überhaupt nicht, nicht die vergangene Revolution und nicht die unter Bonaparte beginnende Restauration. Jetzt sah er den Dingen ins Auge. Am 24. Oktober, sofort nachdem er von der Niederlage erfuhr, schrieb er an Ulrike. Kleist fühlte sich in seiner Haltung gegenüber Napoleon, die vor einem Jahr aus ihm herausgebrochen war, bestätigt. »Man hätte das ganze Zeitungsblatt von heute damals schon schreiben können.«[130] Wieder fand er ein neues Schimpfwort für Napoleon, den »Wütherich« nannte er ihn nun.[131]

Vor allem aber dachte Kleist an die Verwandten und Freunde, an seinen Bruder Leopold und an seinen Schwager Wilhelm von Pannwitz, die beide bei den Schlachten dabei waren, an Pfuel und Rühle, von denen er nichts gehört hatte. Er wusste genau, was es bedeutet, an solchen Schlachten teilzunehmen.

»Ich leide an Verstopfungen, Beängstigungen, schwitze und phantasiere, und muß unter drei Tagen immer zwei das Bette hüten. Mein Nervensystem ist zerstört.«[132] Aus seinem Fieber, der allgemeinen Niederlage Preußens und dem Streit mit Ulrike, dessentwegen sie Königsberg verlassen hatte, erträumte Kleist eine Versöhnungsszene: »Wir sänken uns, im Gefühl des allgemeinen Elends, an die Brust, vergäßen, und verziehen einander, und liebten uns, der letzte Trost, in der That, der dem Menschen in so fürchterlichen Augenblicken übrig bleibt.«[133] Es ist endlich – man meint einen zufriedenen Seufzer zu hören – alles so wie in der Erzählung von Jeronimo und Josephe. In der Nähe, die durch allgemeines Elend entsteht, fühlte sich Kleist zu Hause.

Als er einen Monat später an Marie schrieb, war dieses Moment immer noch in ihm lebendig: »Wie glücklich wären wir schon gewesen, wenn wir so viel Unglück nur hätten miteinander empfinden, und uns wechselseitig trösten können.«[134] Und an Ulrike im Dezember: »Es scheint mir, als ob das allgemeine Unglück die Menschen erzöge, ich finde sie weiser und wärmer, und ihre Ansicht von der Welt großherziger.«

In Jena und Auerstedt waren sich nicht nur zwei Heere, sondern auch zwei Systeme oder Zustände gegenübergestanden. Napoleon war sich über Preußen am Vorabend des Kriegs im Klaren: »Sein Kabinett ist so verächtlich, sein Souverän so schwach, und sein Hof dermaßen von jungen Offizieren beherrscht, die alles wagen möchten, dass man auf diese Macht gar nicht zählen kann.«[135] In Preußen verkannte man nach Jahren des Zögerns die Wirklichkeit. Kleists ehemaliger Kommandant Rüchel war seit 1799 weit aufgestiegen und einer der schneidigsten Kriegsbefürworter in der preußischen Armee. Über die Stimmung in dem Corps, das er führte, schrieb ein Leutnant von Borcke am 14. Oktober, also unmittelbar vor der Schlacht: »Geringschätzung und Haß hatten alle Gemüter, jung und alt, so eingenommen, dass die Generale und höheren Offiziere nie in einem anderen Ton von den Franzosen sprachen, als daß sie zusammengelaufenes Lumpengesindel seien, den von unserm braven König selbst und Männern von Ruf angeführten Truppen unter keiner Bedingung standhalten könnten und wie bei Rossbach zum Teufel laufen würden.«[136] Der Sieg Friedrichs II. über die Franzosen bei Roßbach war 1757 gewesen.

Höchster Repräsentant der Kriegsbefürworter war der überall beliebte Prinz Louis gewesen, Sohn des Prinzen Ferdinand. Er hatte eine zentrale Rolle im gesellschaftlichen Leben Berlins gespielt, Gualtieri hatte ihn geschätzt, Rahel Levin mochte ihn. Die Kriegslust hatte bei ihm wie bei vielen immer mehr zugenommen, in den beiden Jahren vor dem Krieg zeigte sich bei ihm eine Verachtung der Gegenwart, von der man sagte, dass sie gerade die Besten befalle. Jetzt war der Prinz in der Schlacht gefallen.

Bemerkenswerte Klarheit gegen selbstgefällige Verblendung, auch das war Frankreich gegen Preußen. Aus diesem Zustand musste sich die preußische Führung in einem langen und mühsamen Prozess herausarbeiten, der dann als die preußischen Reformen berühmt geworden ist. Zunächst aber marschierte Napoleon am 27. Oktober 1806 in Berlin ein, und der preußische Hof floh nach Osten. Köckeritz und Beyme begleiteten Friedrich Wilhelm III. Die stärkste Kraft der neuen Entwicklung war der Freiherr vom Stein, er war 1804 nach Struensees Tod Wirtschafts- und Finanzminister geworden. Stein hatte sich, unter Mitnahme eines Teils der Staatskasse, nach Stettin gewandt. In seinem Gefolge befand sich Kleists Freund Schlotheim, der erfolglose Selbstmörder. Der König ging im November nach Osterode. Dort regte sich Widerstand. Stein, Beyme und Köckeritz empfahlen dem König in seltener Einmütigkeit die Ablehnung des Vertrags mit Frankreich, den der Marquese Lucchesini und General Zastrow, der bald Außenminister wurde, bereits unterzeichnet hatten. Er hätte die Anerkennung der Elbe als Westgrenze Preußens und ein Bündnis mit Frankreich gegen Russland bedeutet.

Am 9. Dezember traf die Königin Luise in Königsberg ein. Der König folgte einen Tag später. Er entließ Haugwitz, Lombard und Lucchesini. In Königsberg spitzte sich der Regierungskonflikt zu. Stein sollte das Außenministerium übernehmen, knüpfte dies jedoch an die Auflösung des ihm so verhassten Kabinetts. Das wollte der König nicht, zu einem Kompromiss war Stein nicht bereit. So legte er Anfang 1807 alle Ämter nieder.

Kleist muss das alles hautnah mitbekommen haben. Er hatte zu mehreren beteiligten Personen, zu Schlotheim in Steins Gefolge, zum Stadtpräsidenten Auerswald, zu Staegemann, der ein langes Gedicht auf den gefallenen Prinzen Louis Ferdinand schrieb, persönlichen Kontakt. Er begegnete auch Ludwig von der Marwitz, der zu diesem Zeitpunkt einen Staatsstreich vorbereitete.[137]

Die Königin hatte sich wie Stein und Köckeritz, der weiterhin das Vertrauen des Königs genoss, gegen die Annahme des Vertrags mit den Franzosen starkgemacht. Kleists große Wertschätzung Luises – er dachte ja, dass er von ihr eine Pension bezogen hatte – nahm weiter zu. An Ulrike schrieb er: »An unsere Königinn kann ich gar nicht ohne Rührung denken. In diesem Kriege, den sie einen unglücklichen nennt, macht sie einen größeren Gewinn, als sie in einem ganzen Leben voll Frieden und Freuden gemacht haben würde. Man sieht sie einen wahrhaft königlichen Charakter entwickeln. Sie hat den ganzen großen Gegenstand, auf den es jetzt ankommt, umfaßt; sie, deren Seele noch vor Kurzem mit nichts beschäfftigt schien, als wie sie beim Tanzen, oder beim Reiten, gefalle.«[138] Es gehe ihm besser, er fühle sich leichter und angenehmer, vielleicht habe er doch einen guten Weg eingeschlagen. Der Königin dagegen ging es in Wirklichkeit ausgesprochen schlecht.[139] Der Hof floh am 5. Januar weiter nach Osten, ins litauische Memel, im äußersten Osten Preußens.

Auch Kleist verließ Mitte Januar 1807 Königsberg. Er reiste zusammen mit Pfuel, der Ende des vergangenen Jahres gekommen war, und den beiden Offizieren Wilhelm von Ehrenberg und Carl von Gauvain in Richtung Berlin. Geld hatte er nun gar keines mehr, es waren nicht nur die letzten Diäten aufgebraucht, auch die vermeintlichen Zahlungen der Königin Luise waren ausgeblieben. Unterwegs besuchten sie Ulrike, die sich bei den verwandten Stojentins im pommerschen Schorin aufhielt. Wahrscheinlich hoffte Kleist auf Geld.[140] Die vier setzten die Reise nach Berlin fort, Kleist wollte weiter nach Dresden. Pfuel verließ die Reisegruppe kurz vor der besetzten und verlassenen Hauptstadt und ging nach Nennhausen zu Fouqué. Das ersparte ihm die knapp ein halbes Jahr dauernde Gefangenschaft, in die Kleist, Ehrenberg und Gauvain gerieten.

Immer noch galten die strengen napoleonischen Maßregeln, unter die Berlin gestellt war. Napoleon hatte ihre Fortsetzung dem General Clarke, Gouverneur der Stadt, befohlen, um Aufruhr fernzuhalten.[141] Am 28. Januar kamen Kleist und Gauvain in Berlin an.[142] Kleist wohnte mit Gauvain im Hotel Adler, Ehrenberg kam einen Tag später. Noch einen Tag später waren alle drei verhaftet. Überraschend war das nicht: Noch wenige Wochen zuvor hatten sich preußische Offiziere überhaupt nicht in Berlin aufhalten dürfen.[143] Jetzt wurden die drei, die aus der Richtung kamen, wo das preußische Hauptquartier lag, und nur unzulängliche Ausweispapiere bei sich trugen, der Spionage verdächtigt. Sie sollten als Kriegsgefangene unter sicherer Bewachung nach Fort Joux im französischen Jura gebracht und dort bis zum Friedensschluss in Festungshaft gehalten werden.

Sofort entwickelte sich ein ausgedehnter Briefwechsel zwischen den Gefangenen, ihren Familien, die ihnen helfen wollten, und den diversen französischen Behörden, bei denen sie sich um Freilassung und Hafterleichterung bemühten. Diesen Briefen ist aus einem leicht einzusehenden Grund nicht zu entnehmen, was wirklich vor sich ging, und vor allem, ob die Spionagevorwürfe berechtigt waren: Alle Briefe Kleists, seiner Mitgefangenen und der Familien wurden selbstverständlich kontrolliert und sind also immer auch im Hinblick auf die mitlesenden Behörden geschrieben. Niemand konnte sich sicher sein, ob ein Briefschreiber die Wahrheit sagte, ob er log oder das Wesentliche verschwieg. Selbst wenn Kleist, Ehrenberg und Gauvain für die Franzosen wirklich vollkommen harmlos gewesen wären, wie Kleist an Ulrike schrieb, wie sollte man es überprüfen? »Dir den Grund dieser gewaltsamen Maaßregel anzugeben, bin ich nicht im Stande, auch scheint es, als ob uns nichts zur Last gelegt würde, als bloß der Umstand, daß wir von Königsberg kamen.«[144]

Ebenso wenig lässt sich nachweisen, ob Kleist und seine Gefährten wirklich von der Todesstrafe bedroht waren,[145] wovor sie eigenen Angaben zufolge nur der Zufall der Bekanntschaft der Familie Gauvain zu der von Angern bewahrt habe. Ferdinand von Angern war preußischer Kriegsminister und setzte sich für die drei Gefangenen ein. Zunächst wurden sie in Wustermark westlich von Berlin eingesperrt, das dortige unterirdische Gefängnis war als ein übles Loch bekannt. »Jeder hier bis jetzt gefänglich durchgeführte Offizier der Preußischen oder Russischen Armee erhielt einen anständigen Ort zum Gefängniß, erhielt Quartier, wir aber, wie die Herren Gensdarms versichern, müssen uns auf Order, die uns schriftlich begleitet, gefallen lassen, im gemeinen Gefängniß, das wie das jetzige zum Beispiel, voll Ungeziefer ist, gebracht zu werden«, schrieb Gauvain einen Tag nach der Verhaftung an Angern.[146] Es scheint, als hätten die französischen Behörden Veranlassung gehabt, die drei – diensthabenden oder ehemaligen – Offiziere mit besonderer Härte zu behandeln.[147]

Von Wustermark ging es dann mitten im Winter über Marburg an der Lahn, von wo Kleist Ulrike einen Brief schrieb, Mainz, Straßburg und Besançon hinauf ins Jura-Gebirge nahe der Schweizer Grenze zum Fort Joux, in der Nähe von Pontarlier. Zunächst wurde den Gefangenen das Geld abgenommen. Kleist hatte ohnehin keines mehr. Was haben die drei Gefangenen gedacht, als sie am 5. März die eingeschneite Festung erreichten, auf einem Berg auf 1000 Meter Höhe gelegen, mit dicken, bitterkalten Burgmauern? »Nichts kann öder sein, als der Anblick dieses, auf einem nackten Felsen liegenden, Schlosses, das zu keinem andern Zweck, als zur Aufbewahrung der Gefangenen, noch unterhalten wird«, schrieb Kleist.[148]

Durch den Brief Kleists entsteht das Bild eines einsamen Gefängnisses, einer Gruft, wie sie die Romane des 19. Jahrhunderts bevölkern: frierende, verwahrloste Gefangene in finsteren Verliesen. Kleist scheint dafür ein Faible gehabt zu haben: Man »fing damit an, uns, jeden abgesondert, in ein Gewölbe zu führen, das zum Theil in den Felsen gehauen, zum Theil von großen Quadersteinen aufgeführt, ohne Licht und ohne Luft war«, schrieb er an Ulrike weiter.[149] So schlimm aber war es nicht. Der preußische General Tauentzien, der hier ebenfalls gefangen war, durfte sich innerhalb der Mauern des Forts frei bewegen. Ähnlich wird es Kleist und seinen Mitgefangenen ergangen sein.[150] Kleist berichtete: »Jetzt konnten wir, auf unser Ehrenwort, auf den Wällen spatzieren gehen, das Wetter war schön, die Gegend umher romantisch, und da meine Freunde mir, für den Augenblick, aus der Noth halfen, und mein Zimmer mir Bequemlichkeiten genug zum Arbeiten anbot, so war ich auch schon wieder vergnügt, und über meine Lage ziemlich getröstet.«[151]

Kleist hat, davon spricht der Brief ebenfalls, in der Gefangenschaft Momente der Selbstvergessenheit erlebt, wie sie Stendhal in seinem berühmten Roman »Die Kartause von Parma« beschreibt, zeitvergessen die Aussicht bewundernd.[152] Stendhal ging so weit, dass er das Gefängnis für seinen Protagonisten Fabrice zu einem Ort des Glücks machte: »Seltsamerweise und ohne daß er sich dessen bewußt ward, herrschte im Grunde seiner Seele geheime Freude.«[153]

Kleist scheint in Gefangenschaft eine ganz ähnliche Art von

Glück erlebt zu haben. »Die ganze Veränderung mindestens, die *ich* dadurch erleide«, schrieb er an Wieland, »besteht darin, daß ich nunmehr in Joux, statt in Dresden oder Weimar dichte ...«[154] Ähnlich abgeklärt hatte er schon zuvor an Ulrike von der Reise nach Joux geschrieben, dass er seine »litterarischen Projecte«[155] hier so gut wie anderswo ausführen könne. Da klingen der Gleichmut und das Lächeln dessen durch, der seine Lage ohnehin nicht ändern kann. Kleists Phantasie wurde durch Fort Joux angeregt: In der Zelle Gauvains war 1803 der bekannte Revolutionär Toussaint Louverture gestorben. Er hatte die Befreiungsbewegung in Haiti angeführt und die Franzosen von der Insel vertrieben. Kleist ließ dort die später geschriebene Erzählung »Die Verlobung in St. Domingo« spielen.

Es würde passen, wenn »Die Marquise von O....« in Fort Joux begonnen worden wäre. Sicher ist aber nur, dass sie spätestens Ende 1807 abgeschlossen war. Für die Burg, die in dieser Erzählung von russischen Truppen eingenommen wird, gebrauchte Kleist die wechselnden Ausdrücke, die auch für das verwinkelte Fort Joux gebraucht wurden, einmal nennt er sie »Citadelle«, einmal »Festung«, dann »Schloß«. Ihm scheint das Fort beim Schreiben vor Augen gestanden zu haben.[156]

Die Handlung der »Die Marquise von O....« hat einen zeitgeschichtlichen Hintergrund. Die Erzählung spielt im Zweiten Koalitionskrieg, als es den vereinigten russisch-österreichischen Truppen gelungen war, das von Bonaparte eroberte Norditalien zurückzugewinnen. Der russische Kommandant, der Graf von F..., der die Citadelle von O. eingenommen hat, vergewaltigt dort die bewusstlos niedergesunkene Marquise. Die Vergewaltigung wird im Text, typisch für Kleist, durch einen Gedankenstrich ausgedrückt. Die bewusstlose Marquise weiß nichts von der Vergewaltigung, wird aber schwanger. Sie macht den Vorfall mit einer Art männlicher Tapferkeit öffentlich, um den Vater zu finden. Der Graf von F... erweist sich dann als perfekter Gentleman. Aus Würzburg, vor bald sieben Jahren, hatte Kleist an Wilhelmine geschrieben: »Zürne nicht, liebes Mädchen, ehe Du mich *ganz* verstehst! Wenn ich mich gegen Dich vergangen habe, so habe ich es auch durch die theuersten Opfer wieder gut gemacht.«[157]

Am 26. März hatten die Eingaben Erfolg, und die drei Gefangenen wurden im April auf Befehl des französischen Kriegsministers in das 350 Kilometer nördlich gelegene Châlons-sur-Marne verlegt. Wahrscheinlich war ein entschiedener Brief Ulrikes ausschlaggebend, den sie an den General Clarke geschrieben hatte. »Ich komme nicht, um von Euer Exzellenz eine Gunst zu erbitten, sondern ich komme, um Gerechtigkeit zu fordern.«[158] In Châlons – wo die äußeren Bedingungen weitaus besser waren, die Gefangenen durften sich auf Ehrenwort frei bewegen, was sie in der Hauptsache zum Besuch der ansässigen Kaffeehäuser nutzten[159] – wurde Kleists Stimmung deutlich düsterer: »Inzwischen ist meine Lage hier, unter Menschen, die von Schmach und Elend niedergedrückt sind, wie du dir leicht denken kannst, die widerwärtigste«, schrieb er im Juni an Ulrike.[160] »Es ist hier niemand dem ich mich anschließen mögte«, schrieb er an Marie. »Ich arbeite, wie Sie wohl denken können, doch ohne Lust und Liebe zur Sache.«[161] Es ist auffällig, dass es dem gefangenen Kleist – im Amt, in der Zelle – gutging.

Die Situation in Châlons war durch Unsicherheit bestimmt, alles war in der Schwebe. Kleist hatte kein Geld und keine Möglichkeit, sich welches zu verschaffen. Er wusste nicht, ob er Kriegs- oder Staatsgefangener war, was seine Situation wohl erleichtert hätte. Der Frieden war nicht geschlossen, und niemand konnte sagen, wann es so weit sein würde. Bis zum Friedensschluss sollten die Gefangenen festgehalten werden. Die Situation Preußens überhaupt war unklar. Man wusste nicht, ob die Briefe, die aus Châlons verschickt wurden, ihre Adressaten wirklich erreichten. Man wusste eigentlich nicht einmal, wo wer gerade war. Dauernd finden sich in Kleists Briefen Formulierungen wie: »Ich höre, daß ...«; »wenn du nicht schickst ...«; »sobald ich da bin, schreibe ich ...« – alles war in verwirrter Bewegung.[162]

Von Nachrichten über die politische Entwicklung war Kleist abgeschnitten. Trotzdem fühlte er sich mit der Welt verbunden, wie er Marie schrieb: »Sie haben mich immer in der Zurükgezogenheit meiner Lebensart für isolirt von der Welt gehalten, und doch ist vielleicht niemand damit inniger verbunden als ich.« Man hat vermutet, dass Kleist von einer Tätigkeit als

Spion sprach.¹⁶³ Aber er meinte seine innere Bindung, das intensive Gefühl, das ihn mit dem verband, was jetzt das persönlich empfundene Schicksal des Vaterlandes wurde. Er war so mit der Welt verbunden wie die Marquise von O., von der er schrieb, dass sie die Zeit vor dem Krieg in der größten Eingezogenheit zugebracht habe. Sie wurde dann, sozusagen befruchtet von den Zeitläuften, schwanger, wie Kleist schwanger ging mit dem, was ein Jahr später die »Herrmannsschlacht« wurde.

Im Juni erhielt er, nachdem ihn Ulrike zwischenzeitlich wieder mit Geld unterstützt hatte, von der Militäraufsicht die 37 Franken, die gefangenen Offizieren als Verpflegungsgeld zustanden. Dann ging es schnell: Am 13. Juli erreichte der Freilassungsbefehl des Generals Clarke Châlons. Er war eine Folge des Friedens von Tilsit, der am 9. Juli geschlossen worden war, von dem Kleist aber am 14. noch nichts wusste.¹⁶⁴ Nachdem ihm am 15. das Reisegeld bewilligt worden war, brach er nach Berlin auf, wo er sich als Erstes bei Clarke melden musste.

In den letzten Briefen aus Châlons war es fast ausschließlich um Geld gegangen. Die Pension der Königin solle wieder bezahlt werden, habe ihm Marie versichert. Er wollte sie schon in eine Leibrente umwandeln lassen, die dann von Amts wegen hätte ausbezahlt werden müssen. Kleist versuchte Ulrike zu überreden, mit ihm zusammenzuziehen, offensichtlich erhoffte er sich davon eine Stabilisierung seiner finanziellen Verhältnisse. Rühle schrieb er am gleichen Tag: Es ging um einen Wechsel auf den Verkauf des »Amphitryon«.

Auch Preußen hatte Geldsorgen. Erstmals war Papiergeld ausgegeben worden.¹⁶⁵ Im Frieden von Tilsit verlor Friedrich Wilhelm III., dessen Neutralitätspolitik Preußen bisher hatte wachsen lassen, mit einem Schlag die Hälfte seines Territoriums und seiner Untertanen. Brandenburg, Pommern, Schlesien und Ostpreußen waren alles, was übrigblieb. Gigantische Reparationszahlungen an Frankreich sollten das geschrumpfte Land weiter schwächen. Bis sie geleistet waren, sollte es von französischen Truppen besetzt bleiben.

Zwischenspiel: Kleist und das Geld

Kleist hatte lebenslang Schwierigkeiten mit Geld. Es war immer knapp, er lieh sich andauernd etwas, er konnte nicht mit Geld umgehen. Das Verhältnis zu seiner Lieblingsschwester Ulrike, die ihm bereitwillig immer wieder aushalf, wurde durch das Thema Geld zunehmend belastet. Es gibt kaum einen Brief Kleists an Ulrike, in dem es nicht um Geld geht. Ohne es zu wollen, dafür aber nachdrücklich, nutzte Kleist sie aus. Bis zu seiner Volljährigkeit bat er sie – nicht Wilhelm von Pannwitz oder seinen Vormund – immer wieder um einen Teil des ererbten Vermögens. Als das Vermögen aufgebraucht war, bat er sie regelmäßig um finanzielle Unterstützung.

Was Kleist betrifft, hat das Thema Geld grundsätzlich zwei Seiten. Es zirkulierte bei ihm wie Briefe, Worte, Dichtungen, Gefühle und Körper auf Reisen. Mit einer gewissen Freizügigkeit war er dauernd damit beschäftigt, Geld hin- und herzuschieben. Auf der anderen Seite war es das Realitätsprinzip, das sich für Kleist im Geld immer gnadenloser verkörperte. Schon wenn er 1800 und 1801 vom Amt sprach, war ihm dieses Amt vollkommen egal, er dachte überhaupt nicht darüber nach. Was er akzeptierte, war allein die Notwendigkeit, sich um ein regelmäßiges, sicheres und ausreichendes Einkommen zu sorgen. Dem konnte er zwar immer wieder ausweichen, er konnte sich ihm aber nicht verweigern. Das setzte sich bis zu seinem Tod fort.

Sich einen Überblick über die finanziellen Verhältnisse Kleists zu verschaffen wird wesentlich durch die vielen Währungen erschwert, mit denen Kleist in Berührung kam. Am wichtigsten war der Reichstaler oder Taler. Ein Taler war 24 Groschen wert. Als Secondeleutnant bezog Kleist 13 Taler im Monat. Das war auch bei bescheidenem Leben sehr knapp bemessen. In Frankfurt am Main bezahlte Kleist 1793 einen Reichstaler pro Woche für die Unterkunft. Ein Soldat musste damals einen Besitz von 600 Reichstalern vorweisen, um die Erlaubnis zur Heirat zu bekommen.

Neben dem Reichstaler – Kleist kürzte rth. oder rh. ab – gab es in Preußen den Friedrich d'or, eine nach Friedrich II. benannte

Goldmünze mit einem Wert von fünf Talern. Es gab den französischen Louis d'or, im Wert nur knapp über dem Friedrich d'or, 24 Livre ergaben einen Louis d'or. In Preußen wurden Goldmünzen im Goldwert von fünf Reichstalern ebenfalls Louis d'or genannt, man erhielt für sie gegenüber entsprechenden Silbermünzen ein Aufgeld. Und es gab die vor allem im Süden Deutschlands und in Österreich gebräuchlichen Gulden (oder auch Florin) und die Dukaten. Eine Dukate war vier Gulden und entsprach im Wert etwa drei Talern. Der Wert eines Gulden war also der eines ¾ Reichstalers.[1]

Allgemein herrscht die Vorstellung, dass Kleist unter der Armut seiner Familie zu leiden hatte. Es wird immer wieder der Eindruck erzeugt, die Familie Kleist habe nach dem Tod des Vaters nicht standesgemäß existieren können. Das nährt das Klischee vom verarmten Dichter, es entschuldigt die Probleme, die Kleist sein Leben lang mit Geld hatte. Gerechtfertigt aber ist es nicht. Ulrike hatte lebenslang genug Geld, sie hatte sogar für Heinrich welches übrig. Das Gut der Familie in der Lausitz brachte 1797, als es verkauft wurde, 30 000 Taler ein. Als das Wohnhaus der Familie 1807 verpachtet wurde, brachte es 450 Taler jährlich. Außerdem hinterließ Kleists Vater Bargeld: 3738 Taler in Gold und 4431 Taler Courant, zusammen 8169 Taler. Geteilt durch sieben, die Anzahl der Geschwister, bedeutete das 1167 Taler für Kleist. Dazu kamen für ihn 333 Taler Lehnstamm und 200 Taler Zulage, insgesamt also 1700 Reichstaler an Barem: keine Lebensgrundlage, aber doch eine ansehnliche Summe. Wie hoch der Anteil aus dem Verkauf des Gutes war, der Kleist zustand, wissen wir nicht.

Auf seinen Reisen und mit seinen Zeitschriftenprojekten verbrauchte Kleist bedeutende Beträge. Die zweimonatige Würzburger Reise scheint ihn 300 Reichstaler gekostet zu haben.[2] 260 Reichstaler habe er erhalten, teilte er Ulrike im November 1800 mit, das Geld musste er Brockes zurückzahlen, der es ihm geliehen hatte.[3] In Berlin verbrauchte er von November 1800 bis Februar 1801 insgesamt 200 Reichstaler.[4] Im April legte er der Schwester dann eine detaillierte Berechnung vor, was die Reise nach Paris kosten würde, nämlich 300 Reichstaler. So ging das unausgesetzt. Kleist vertraute sich Ulrike an, gleichzeitig aber war sie auch die Repräsentantin der Zwänge, denen er unterlag. Er war auf sie angewiesen.

Als sich 1808 die finanziellen Schwierigkeiten des »Phöbus« abzeichneten, wandte sich Kleist wegen 200 Reichstalern ausnahmsweise nicht an Ulrike, sondern an den mit seiner Schwester Friederike verheirateten Philipp von Stojentin. Der wandte sich an Wilhelm von Pannwitz, der das Familienvermögen verwaltete. Seine Antwort an Stojentin zeigt deutlich, wie man in der Familie über Kleists finanzielle Verhältnisse dachte:

> Was das Anliegen von Heinrich an Dir, u der Vorschlag von uns allen in Betreff dessen Befriedigung anbelangt, so habe ich mit der Löschbrandtin u mit Ullrike darüber gesprochen. Erstere kann in ihrer jetzigen Lage, wo sie kaum die Hälfte ihrer Zinsen einbekommt u die Unterhaltung ihres Sohnes ihr immer kostbarer wird, schlechterdings keinen Pfennig missen u Ullrike will sich zu nichts erklären. Was mich, oder vielmehr meine Frau anbetrifft, so bin ich in dem nehmlichen Falle wie die Löschbrandtin; denn seit zwey Jahren habe ich von den Capitalien meiner Frau beynahe keine Zinsen erhalten u die bevorstehende Niederkunft derselben macht es uns so nothwendig jeden Pfennig zu Rathe zu halten. Heinrich hat sich in eben dieser Absicht an Schönfeldts gewendet, allein wer da jetzt aufs Ungewisse 200 rthl hingeben kann, ist ein beneidenswerther Mensch. Ueberdem sehe ich nicht ein, daß ihm damit so sehr viel geholfen ist, da er gewiß über kurz oder lang sein dermaliges Unternehmen wieder aufgeben wird, denn wenn er nur ein Gran Vernunft und Ueberlegung hätte, so konnte er bei seinem glücklichen Genie längst in einer guten Lage seyn. Warum verläßt er seine Anstellung, die ihm wenigstens die Aussicht auf auf ein gewißes Brot gab, und wenn er den Drang zum Dichten in sich fühlt, so konnte er ihn nebenher immer befriedigen.[5]

Kleist konnte sich nie zu einem seinen finanziellen Verhältnissen angemessenen Lebensstil durchringen. Er wollte ein freier Künstler sein, gleichzeitig wollte er weiterleben wie ein Mann seines Standes. Auf der Reise nach Paris etwa, die er mit Pfuel von der Schweiz aus unternahm, waren die beiden viel weniger zu Fuß unterwegs, als man glaubt. Dazu waren die Distanzen, die sie in kurzer Zeit zurücklegten, zu groß. Kleist lebte insgesamt auf einigermaßen großem Fuße, und er beharrte auf dem Recht des Adels, sich darüber keine Gedanken machen zu müssen. »Denn, du weißt«, schrieb er an Ulrike, »daß mir das Sparen auf keine Art gelingt.«[6] Kleist unterwarf sich nicht dem Diktat des Geldes, sondern bewahrte sich lange eine gewisse Sorglosigkeit.

1802 war Kleists Erbschaft im Wesentlichen aufgebraucht, er hatte damals bereits diverse Gläubiger zu bedienen.[7] 1805 bekam er von der Familie 25 Reichstaler im Monat zugestanden. Noch bevor er in Königsberg zu arbeiten begann, bekam er vom König jährlich knapp 600 Reichstaler Wartegeld. Dazu kamen bald noch 5 Friedrich d'or im Jahr, das heißt 30 Reichstaler. Von ihnen weiß man bis heute nicht, ob sie die Königin über Marie von Kleist ausbezahlte, wie sie Kleist glauben machte, oder ob Marie von Kleist das Geld aus eigener Tasche bezahlte. Das ist die weitaus wahrscheinlichere Variante. Marie hätte Kleist dann mit zartfühlender Noblesse erzählt, das Geld käme von der Königin. In jedem Fall hatte Kleist damals ausreichend Geld.

Abgesehen von der kurzen Zeit des Erfolgs der »Abendblätter« war Kleist in den letzten beiden Berliner Jahren wirklich arm. In Berlin war das Verhältnis zu Ulrike distanziert, er war auf sich selbst gestellt. Die Einkünfte aus seiner Arbeit, zwei Bänden mit Erzählungen, den Aufführung des »Käthchen«, dem Druck des »Käthchen« und des »Krug«, konnten seine Ausgaben bei weitem nicht decken.

Lorbeerkranz und Goethestreit

*Dresden, September 1807
bis April 1809*

»Wo«, fragte der niedergeschlagene Kleist, »soll denn die Unbefangenheit des Gemüts in Augenblicken wie diesen herkommen?« Rühle unterbrach ihn: »Ja, du hast recht, aber ...« – »Komm, Rühle«, sagte Kleist, »in Augenblicken wie diesen, wo das Elend jeden in den Nacken schlägt? Es ist doch jetzt genau so, wie Pfuel das immer sagt. Es ist unmöglich, froh zu sein!« – »Ja«, sagte Rühle lächelnd bei dem Gedanken an den gemeinsamen Freund Pfuel, »du hast recht, aber wir sollten uns nicht dem Unglück hingeben.«

So in etwa könnte sich ein kleiner Dialog zwischen Rühle und Kleist angehört haben. Kleist verzweifelt und impulsiv, Rühle ruhig und besonnen. Kleist mochte Pfuels Ausdruck vom Schlag in den Nacken. Er schrieb ihn, sozusagen als ein Zeichen ihres Dreierbunds, an Rühle. In diesem Brief ist ein Zipfel vom Hin und Her der Worte hängengeblieben, wie sie zwischen Pfuel, Rühle und Kleist ausgetauscht worden sein mögen, wenn sie beisammen waren. Wie miteinander geredet wird, wie ein Wort das andere gibt – das ist für einen Schriftsteller wie Kleist mindestens so wichtig wie die Meinungen, die mit den Worten gewechselt werden. Man stellt sich vor, dass die drei Freunde Pfuel, Rühle und Kleist gern übermütig miteinander waren, wenn sie Pläne schmiedeten oder sich der Schwärmerei hingaben. Aber man kann sich auch vorstellen, wie sie ernst miteinander über ernste Themen sprachen, beleidigt waren oder sich Vorwürfe machten.[1] Man kann sich vorstellen, wie der eine vom Sport, besonders vom Schwimmen sprach, das seine Leidenschaft war. Während der andere von Feldzügen, vor allem aber von Landkarten und ihrer Verbesserung sprach, das war seine Leidenschaft. Und wie der Dritte über sehr vieles und die Dichtung insbesondere redete. Pfuel sorgte dabei für die gute Stimmung, er war auf eine gutmütige Art lustig, ein Mensch, den man mochte.² Rühle war der Besonnene, Zupackende und Verlässliche.³ Und Kleist war Kleist.

Jetzt hatte das Elend in Gestalt Napoleons zugeschlagen, und Kleists Freunde hatten die Schläge im Nacken unmittelbar miterlebt. Pfuel hatte nach der Schlacht bei Jena die Nerven verloren. General Schmettau, dessen Adjutant er damals gerade geworden war, war neben ihm zusammengebrochen. Pfuel war daraufhin vom Schlachtfeld zur großen Festung Magdeburg geritten, wo ein Kleist den Oberbefehl hatte, hatte gerufen, dass alles verloren sei, war weiter zu Fouqué geeilt und hatte auch dort seinem Entsetzen Ausdruck verliehen. Nachdem er sich beruhigt hatte, hatte er sich dem Blücher'schen Corps angeschlossen, das bald darauf kapitulierte.

Rühle war es nur unwesentlich besser ergangen. Im Stab des Fürsten Hohenlohe unterstand er direkt dem Obristen Christian von Massenbach. Nach der Niederlage erlebte er die vollkommene Auflösung des preußischen Heeres und – zwei Wochen vor Blücher und Pfuel – in Prenzlau die Kapitulation. Er hat sich dann schnell darangemacht, eine umfassende, detaillierte und nüchterne Darstellung der Vorgänge bei der Niederlage zu schreiben: »Bericht eines Augenzeugen von dem Feldzuge, der während den Monaten September und October 1806 unter dem Kommando des Fürsten zu Hohenlohe-Ingelfingen gestandenen Königl. Preußischen und Kurfürstl. Sächsischen Truppen«.

Der ferne Kleist wusste nichts von diesen Entwicklungen. Aber er nahm am Schicksal seiner Freunde, das er erahnen konnte, Anteil. Nachdem er von der Niederlage erfahren hatte, dachte er – neben Bruder und Vetter – sofort an Rühle und Pfuel. »Es ist entsetzlich«, schrieb er an Ulrike, als er sich fragte, was mit ihnen geschehen sein mochte. Ein Satz, wie es ihn in seiner Einfachheit bei Kleist selten gibt. »Man kann nicht ohne Thränen daran denken.«⁴ Kein Anflug davon, dass die Worte nicht sagen können, was er meint, plagte Kleist im Augenblick des Unglücks. In diesen Gefühlen hatte Kleist keine Zweifel. Nur in einem täuschte er sich: »Denn wenn sie alle denken, wie Rühle und Pfuël, so ergiebt sich keiner.«[5] Sie hatten sich ergeben.

Das Unglück der Freunde traf Kleist wie sein eigenes. Er hörte sich um, was aus ihnen geworden war, und berichtete immer wieder Ulrike und Marie davon. Er verzehrte sich nach Nachrichten von Pfuel und Rühle. In der Ungewissheit gälten sie ihm als halbtot, schrieb er.[6] Er klagte, dass er in Königsberg von Neuigkeiten abgeschnitten sei. Wieder stellte er sich vor, dass es jetzt der schönste Moment sei, um einander in die Arme zu fallen. »Doch unersetzlich ist es, dß wir uns nicht, Er und R. in Dresden haben sprechen können. Dr Augenblick war so gemacht uns in dr schönsten Begeistrung zu umarmen: wenn wir noch zwei Menschen Alter lebten kömt es nicht so wiedr.«[7] Mit »Er« war Pfuel gemeint, mit »R.« Rühle. Nie kann die Nähe so groß sein wie im Unglück, daraus entsprang für Kleist unmittelbare Begeisterung. Die beiden fehlten ihm so, weil er sich ihnen in der Niederlage nah fühlte.

Pfuel zog nach der Kapitulation nach Königsberg und traf dort Kleist. Die beiden wanderten gemeinsam zurück, bis Pfuel zu Fouqué ging und Kleist vor Berlin verhaftet wurde. Von Rühle wusste Kleist da immer noch nichts. Auch aus der Zeit in Fort Joux ist keinerlei Verbindung überliefert. Irgendwann in der Zeit der Gefangenschaft aber kam der Kontakt mit Rühle zustande. Rühle war in Dresden und kümmerte sich darum, dass Kleist endlich zu etwas Geld kam. Er lernte Adam Müller kennen, der ihm half, das Manuskript des »Amphitryon« an seinen Verleger Arnold zu verkaufen, wahrscheinlich schon im April 1807.[8] Kleist brauchte das Geld in Châlons dringend. Außerdem verkaufte Rühle die Erzählung »Jeronimo und Josephe«, die später »Das Erdbeben in Chili« hieß, an den berühmten Verleger Cotta. Mit niemandem, hatte Kleist schon im März aus Châlons an Wieland geschrieben, würde er lieber Geschäfte machen als mit Cotta. Die Erzählung erschien, gerade als Kleist aus Frankreich zurückkam, im »Morgenblatt für gebildete Stände«. Kleist wollte das dann zwar noch verhindern, aber das »Morgenblatt« war doch ein sehr renommierter Ort.

Rühle wurde in Sachsen angestellt, seine Schrift gab den Ausschlag. Sein »Bericht eines Augenzeugen« redete der Vernunft das Wort und war gegen heldenmütige Aufopferung. Damit hatte Rühle die Aufmerksamkeit von Carl August erregt, Herzog von Sachsen-Weimar, Landesherr und Freund Goethes, und sich als Erzieher des Prinzen qualifiziert. Bernhard von Sachsen-Weimar besuchte in Dresden die Militärschule.

Rühle war also schon länger in Dresden, als Kleist Mitte August 1807 aus Châlons endlich in Berlin ankam. Man weiß nur von zwei Dingen, die Kleist in Berlin tat. Er löste einen Wechsel ein und besuchte den befreundeten Obristen Christian von Massenbach, dem Rühle unterstanden war. Massenbach hatte noch kurz vor der Niederlage ein antinapoleonisches Pamphlet veröffentlichen wollen, wovon ihn niemand anderer als Goethe, als es schon im Druck war, mit viel Mühe abhielt.[9] Massenbach, von Goethe »Heißkopf« genannt, war ganz auf der Linie des gefallenen und beweinten Prinzen Louis[10] und des in Jena verwundeten und auf Geheiß Napoleons aus der Armee entlassenen Generalleutnants Rüchel.

Rühles bedächtige Schrift aber ist alles andere als ein antinapoleonisches Pamphlet. Kleist nun gab Rühle von Berlin aus, und zwar pikanterweise von der Wohnung Massenbachs aus, gutgemeinte Ratschläge, wie er auf öffentliche Anschuldigungen gegen seine Schrift reagieren sollte. Nämlich gar nicht. Kleist, der bald der größte Napoleonhasser der deutschen Literatur werden sollte, ließ dabei keinerlei Differenz zu den Überlegungen in Rühles Bericht erkennen. Massenbach, mit dem er sicherlich über Kapitulation und Bericht gesprochen hatte, bevor er den Brief aufsetzte, hatte ihn dazu bestimmt nicht ermuntert.

Wie die öffentliche Meinung auf die Kapitulationen reagierte, kann man einem Bericht von Varnhagen entnehmen: »Mittlerweile hatte die Niederlage Preußens von Tag zu Tag sich größer und schmachvoller kundgegeben; waren die verlorenen Schlachten, die verkehrten Maßregeln, die Ratlosigkeit und Unbedachtheit der Regierung arg zu nennen, so übertrafen doch die Kapitulationen und Übergaben der Festungen alles, was man sich hatte als möglich denken dürfen. Der Fall von Magdeburg schien ein Traum: Ohne Schwertstreich eine Besatzung von 20 000 Mann kriegsgefangen und jenes starke Bollwerk des

Staates ohne Schuß gefallen zu sehen, wollte man nicht für Wirklichkeit halten.« Der Kommandant Magdeburgs war ein Franz Kasimir von Kleist.

Varnhagen fuhr fort: »Ein grenzenloses Verderben, das schon lange den Staat in seinen wesentlichsten Verhältnissen unterwühlt hatte, wurde offenbar. Man erlag der Schande, welche auf das preußische Kriegswesen gefallen war, man vermochte den Gedanken dieser Schmach nicht zu fassen. Im Übermaße des Schmerzes schimpften die Preußen selbst am heftigsten auf ihre unglücklichen Landsleute. Ein preußischer Offizier galt sonst als Inbegriff der Ehre, des tapferen Stolzes und der tüchtigen Kriegskunde, jetzt war der Name eine Bezeichnung der prahlhaften Feigheit, des erbärmlichsten Unwertes.«[11] Entsetzen und Unglauben über die Kapitulation waren groß. Gleichzeitig war Nationalismus noch wenig selbstverständlich, er begann gerade zu keimen.

Kleist war voller Vorfreude. Er eilte von Berlin nach Dresden, gespannt, Rühle in die Arme fliegen zu können. Gerade brachte er noch die knappe Aufforderung zustande: »Siehe zu, daß Pfuel auch hinkömt.«[12] Wenn Kleist an einen der beiden dachte, dachte er immer auch an den anderen: Es handelte sich um einen stabilen Dreierbund. Pfuel hatte seinen Abschied vom Militär genommen und kam wirklich sofort nach Dresden. Rühle hatte eine Wohnung für Kleist gesucht, nach den Militärgesetzen wohnte er in der Altstadt. Pfuel bezog direkt neben Kleist in der Rammschen beziehungsweise Rampischen Gasse Quartier, heute Pillnitzer Straße, ganz in der Nähe Rühles. Es war wirklich ein regelrechtes Aufeinanderzufliegen.

Aus dieser Euphorie heraus entstand sofort der Plan für eine gemeinsame Buchhandlung. Kleist war gerade, Pfuel noch gar nicht richtig angekommen, da schrieb Kleist schon an Ulrike, dass sie ihm Geld zur Gründung einer Buchhandlung geben solle. Kleists Briefe scheinen jetzt einem wahren Begeisterungstaumel zu entstammen. Der Plan könne überhaupt nicht schiefgehen: Der pragmatische und geschickte Rühle[13] habe die Leitung des Ganzen, wenn die Schwester ihr Glück machen wolle, müsse sie nur zugreifen und 500 Reichstaler schicken! Die Buchhändler verdienten an Kleists und Rühles gerade erschienenen

Werken enorm, man müsse die Werke nur selbst verlegen, dann könne man das reichlich fließende Geld selbst einstreichen.

Rühle hatte sich dank seiner Anstellung beim Herzog von Sachsen-Weimar in der kurzen Zeit in Dresden etabliert, er hatte nicht nur Adam Müller, sondern auch Christian Gottfried Körner, ehemals ein enger Freund Schillers, kennengelernt. Daran ließ er die Freunde teilhaben. Er bezahlte anfangs Kleists Lebensunterhalt.[14] Für Pfuel sorgte er ebenfalls und kümmerte sich sofort um eine Anstellung: Der sportliche Pfuel focht jetzt jeden Tag mit dem Prinzen.[15] Es herrschte die allerschönste Eintracht: »Wenn ich sage: uns, so verwundern Sie sich nicht darüber, denn ich bin so gewöhnt daran, das Interesse meiner Freunde als das meinige zu betrachten, daß ich mir oft selbst einbilde, es sei mein eigenes«, schrieb Rühle an Carl Bertuch.[16] Besser sah es nie aus für Kleist, optimistischer klang er nie als in den ersten Dresdner Monaten.

Als Kleist sich entschieden hatte, als Schriftsteller zu leben, wollte er in diese Stadt. Schon im Januar, bevor er gefangengenommen wurde, war Dresden sein Ziel gewesen. Die Stadt galt bereits damals als »friedlicher Ruheort« und »Lieblingssitz der deutschen Kunst«.[17] Winckelmann hatte hier gelebt. Dresden war schön gelegen und definitiv unpreußisch. Es war katholisch und protestantisch zugleich, und es war, wenn auch im Siebenjährigen Krieg schwer zerstört, für die Schönheit seiner Barockbauten bekannt. Sechsstöckig seien die Häuser, hatte Kleist bei seinem ersten Aufenthalt beeindruckt gesagt. Kleist wohnte in einem kleinen, ärmlichen Haus, aber am Beginn der Rampischen Gasse gab es diese großen Gebäude wirklich.

Dreimal war Kleist schon hier gewesen, und immer besser hatten ihm die Stadt, ihre Lage im Elbtal, die Umgebung und ihre Gemäldegalerie gefallen. Kleist schätzte Dresden weit mehr als Berlin oder Paris. Am Wandel der Beziehung zu Dresden und der Bildenden Kunst, die er vor allem hier wahrnahm, kann man gut den Wandel Kleists ablesen. 1800, beim ersten Kurzbesuch, machte er sich über sich selbst lustig, so wenig hatte er mitbekommen: »Sind Sie in *Dreßden* gewesen? – ›Ja, durchgereist.‹ – Haben Sie das grüne Gewölbe gesehen? – ›Nein‹ – Das Schloß? – ›Von außen‹. – Königstein? – ›Von weitem‹ – Pillnitz,

Moritzburg? – ›Gar nicht.‹ – Mein Gott, wie ist das möglich? – Möglich? Mein Freund, das war *nothwendig*.«[18] In der Galerie war ihm nicht mehr aufgefallen, als dass hier viel zu lernen sei. Immerhin die Lage der Stadt im Elbtal hatte er damals wahrgenommen: »Es liegt, vielthürmig, von der Elbe getheilt, in einem weiten Kessel von Bergen.«[19]

1801 fand er die Stadt dann schon sehr angenehm. Als gelehriger und enthusiastischer Schüler besuchte er täglich die Alten Meister. Stundenlang stand er vor Raffaels Sixtinischer Madonna. Auf den Brühlschen Terrassen liegend, sah er das »herrliche« Elbtal und meinte eine Landschaft des Malers Claude Lorrain darin zu erkennen: »Ein breiter Strom, der sich schnell wendet, Dresden zu küssen.« Dabei wurde ihm wohler. »Die ganze Natur sah aus wie ein funfzehnjähriges Mädchen.«[20] 1803 schrieb er von Dresden einen Brief an seinen Freund, den Maler Lose, und traute sich schon zu, dessen Malerei zu beurteilen.[21] Er arbeitete am »Guiskard«, hatte Umgang mit den Schriftstellern Fouqué und Falk und ein vertrautes Verhältnis mit den lieben Schlieben-Schwestern. Und jetzt, 1807, sollte in seiner eigenen Dresdner Zeitschrift bald ein wichtiger Aufsatz über eine der wichtigsten Kunstauseinandersetzungen seiner Zeit veröffentlicht werden. Tatsächlich ging es also vorwärts mit dem Schriftsteller Heinrich von Kleist.

Für Kleists Euphorie gab es neben solchen Aussichten und dem Zusammentreffen mit den Freunden noch einen anderen Grund: Der »Amphitryon« war veröffentlicht, als Kleist in Dresden ankam, beim »Erdbeben in Chili« stand die Veröffentlichung kurz bevor. Die anderen Werke, »Der zerbrochne Krug«, der »Robert Guiskard«, die »Penthesilea«, »Michael Kohlhaas« und »Die Marquise von O....«, gab es nur auf dem Papier oder in seinem Inneren. Eine große, neue Welt, die sich in ihm entfaltet hatte, steckte noch in ihm und drängte nach außen. Jetzt sah es danach aus, als sollte das gelingen, als sei Kleists Zeit gekommen. Kleist platzte vor Tatendrang, er wollte die Welt umarmen, er hatte seinen Platz gefunden, er wusste, wer er war.

Kleist erlebte in den kommenden knapp zwei Jahren in komprimierter Form das, was man literarisches Leben nennt. Er erlebte höchste Ehren und übelste Niedertracht, Neid von Seiten, wo er ihn nicht vermutet hätte, und großartige Solidarität. Das gemeinsame Projekt der Buchhandlung wurde das Opfer kühl kalkulierenden Geschäftssinns, etwas, das aufzubringen Kleist nie imstande sein sollte. Er musste lernen, dass es nicht reicht, gute Stücke und Erzählungen zu schreiben. Er erlebte, wie getuschelt, geklatscht und intrigiert wurde, wie kompliziert das Geflecht ist, in dem man sich bewegen muss, will man als Schriftsteller überleben.

Kleist musste mit ansehen, wie Hohn und Spott über ihm ausgeschüttet wurden, wie der Ehrgeiz in ihm brannte und er die Schmach kaum ertrug. Aber er erlebte auch Momente, deren Glück er kaum aushielt. Kleist lernte die beiden Geschwister Verrat und Schmeichelei kennen. Er bekam die langsam wirkende Macht der Rezensenten zu spüren und die enorme Autorität der großen Eminenz in Weimar, des Geheimrats Goethe. Auch vom Skandal, Gipfel der Erregung im Theater, blieb er nicht verschont. Kleist erlebte, wie man in der Arbeit mit anderen so sehr zusammenwachsen konnte, dass man das Gefühl hatte, ein Herz und eine Seele zu sein – und wie man sich in maßloser Wut wieder entzweien konnte. Liebe, Lüge, Leidenschaft: alles, was das melodramatische Herz begehrt, wurde in Dresden in reichem Maß geboten.

Mit dem »Amphitryon« und dem »Erdbeben in Chili« hatte bei der Veröffentlichung alles wunderbar geklappt, auch wenn das Honorar dürftig war und, im Fall der Erzählung, verspätet ausgezahlt wurde. Wahrscheinlich hat es nicht geschadet, dass Kleist beim Verkauf nicht selbst beteiligt war. Adam Müller, den Kleist zu diesem Zeitpunkt nicht kannte, hatte ein hilfreiches Vorwort zum »Amphitryon« geschrieben. Das Echo auf Kleists erste Veröffentlichung unter seinem Namen war fast durchweg positiv. Als er in Dresden ankam, hatten das »Morgenblatt für gebildete Stände« und die »Zeitung für die elegante Welt« glänzend über Kleist geschrieben. Man verstand das Lustspiel in der Richtung, die Müller in seinem Vorwort vorgezeichnet hatte: als christliche Neufassung eines antiken Mythos. Goethe war befremdet und fasziniert zugleich, er beschäftigte sich intensiv mit Kleists Stück.[22] Trotz der positiven Aufnahme gehörte gerade dieses Stück aber dem unsichtbaren Theater an – ein Ausdruck, den Goethe in einem Schreiben an Kleist verwendete: Erst 1899 wurde der »Amphitryon« in Berlin das erste Mal aufgeführt.

Adam Müller, den Kleist in Dresden kennenlernte und der ein enger Freund wurde, war zwei Jahre jünger als Kleist. Er war der Hofmeister der Familie von Haza in Polen gewesen und mit der ganzen Familie nach Dresden umgezogen. Hier hielt er Vorlesungen, deren eine über »dramatische Kunst« Rühle gehört hatte. Müller war zum Katholizismus konvertiert, was er aber nicht an die große Glocke hängte. Außerdem war Müller der Lieblingsschüler von Friedrich Gentz, einem begnadeten Publizisten und klugen Konservativen, immer blendend informiert über die politischen Vorgänge in Europa. Die Briefe, die Müller und Gentz austauschten, zeugen von nicht enden wollender gegenseitiger Wertschätzung.

Müller wird bis heute als Reaktionär und übler Charakter gehandelt, auch seine Zeitgenossen hatten außer Gentz wenig gute Worte für ihn: Als Scharlatan bezeichnete ihn Falk,[23] Madame de Staël machte frevelhaften Leichtsinn bei ihm aus,[24] und Varnhagen von Ense war der Meinung, er verderbe Kleist.[25]

Will man es positiv ausdrücken, kann man sagen, dass Müller ein flink-frivoler Geist und kein strenger Denker war. Gerade das mag Kleist gefallen haben. Er war ein konservativer Antirepublikaner, an sich nicht verwerflich, und ein Opportunist und Aufschneider, weniger zu verzeihen, aber weiter verbreitet, als die allgemeine Verdammung Müllers glauben macht. Für Kleist war Müller zunächst ein brillanter Kopf und Kenner der Literatur, der sich für sein Werk begeisterte und starkmachte. Ansonsten privatisierte Müller, wie man damals sagte, wenn man keinem geregelten Beruf nachging – und tat damit genau das, was Kleist jetzt auch vorhatte. Man würde mit der eigenen Genialität die Welt schon von sich überzeugen. Müllers und Kleists Beziehung entstand aus dem begeisterten Geist des Moments heraus.

Man muss nicht davon ausgehen, dass sich die beiden mit ihren Gedanken stark beeinflussten.[26] Dafür war die Zeit, die sie gemeinsam verbrachten, zu kurz, und geistiger Einfluss war auch gar nicht das, worum es ihnen ging. Sie wollten Erfolg. Und den meinten sie miteinander leichter zu erreichen. Die enge, eine Zeitlang fast symbiotische Beziehung kam neben der Wertschätzung auch durch die Aussicht auf gegenseitigen Nutzen zustande.

Müller hat Kleists Qualität klar erkannt. Darüber gibt der Briefwechsel mit seinem Lehrer Friedrich Gentz hinreichend Aufschluss.[27] Im Mai 1807 schickte Müller den »Amphitryon« mit lobenden Worten und dem Hinweis auf sein eigenes Vorwort an Gentz. Gentz antwortete euphorisch: Kleist habe ihm die einzigen rein angenehmen Stunden der letzten Jahre beschert. Gentz sah das Stück sehr genau: Er bemerkte, dass es selbst da originell ist, wo es Molière gleicht. Er stellte seine »herrliche Originalität« – wie einst Wieland – über die Werke von Goethe und Schiller. Und endete: »Wer ist denn dieser Kleist?« Müller war beglückt und wartete mit der seinerseits treffenden Bemerkung auf, dass das Stück von der unbefleckten Empfängnis der Jungfrau handele. Nicht einmal ein Jahr später, als Gentz sich abfällig über Kleist äußerte, so schnell ging das auch damals, reagierte Müller mit einer vehementen Verteidigung Kleists.[28] Das musste Kleist gefallen, der Mann hatte Temperament, bewies Treue, und er wusste das Wort zu führen. Natürlich profitierte Müller auch von Kleist: Der war der Ausweis seines literarischen Spürsinns, er konnte mit dem Vorwort als sein Entdecker gelten. Kleist war sozusagen sein Autor, und als solchen verteidigte er ihn.

Die beiden waren sich aber auch wirklich nahe: In dem langen Verteidigungsbrief an Gentz schrieb Müller im Februar 1808: »Bonapartesche Ketten drücken und werden auch abgeschüttelt werden; gedenken wir aber der anderen und schrecklicheren Bande, in die unser Gemüt geschlagen war, damals als Bonaparte noch nicht gedacht wurde; denken wir an die unzähligen kleinen Tyrannen, die unser Gemüt mit nichtswürdigen Autoritäten, elenden Pflichts- und Anstandsbegriffen, absoluten Vorschriften für das Handeln, Dichten und Leben zusammenschnürten, so wird es erlaubt sein, sich auch selbst unter dem neuen Tyrannen frei zu fühlen. Gemütsfreiheit ist mehr als die bürgerliche; denn sie ist die Ursache, diese die Folge ...«[29] »Unbefangenheit des Gemüths« war ein Ausdruck, den Kleist in seinem Brief an Rühle gebraucht hatte, in dem er auch an Pfuel und dessen Wort von den Nackenschlägen dachte. Er meinte damit genau das Gleiche wie Müller jetzt mit der »Gemütsfreiheit«. Es war private Freiheit, eine Unabhängigkeit des Innersten, um die es ging. Hier hatte die Verbindung Kleist–Müller ihren emotionalen Grund.

Vor allem durch Müller und Rühle hatte Kleist sofort Zugang zu den besten Häusern der Stadt. Es öffneten sich alle Türen. Da waren zunächst die Hazas, bei denen Müller wohnte.[30] Sie waren von Polen nach Dresden umgezogen, um ihren Kindern eine gute Erziehung zu ermöglichen. Mit der Hausherrin, Sophie von Haza, hatte Müller schon länger ein Verhältnis, nach seinen Worten war die Ehe zerrüttet. Kleist blieb während seiner gesamten Dresdner Zeit mit der Familie Haza befreundet. Dann waren da die Häuser des österreichischen Gesandten Buol und des französischen Gesandten Bourgoing, die Kleist besuchte. Zur Familie Körner war der Kontakt besonders eng. »Vortreffliche Häuser«, wie Kleist Ulrike schon nach zwei Wochen Dresden schrieb. »Zwei meiner Lustspiele (das Eine gedruckt, das Andere im Manuscript) sind schon mehrere Male in öffentlichen Gesellschaften, und immer mit wiederholtem Beifall, vorgelesen worden.«[31] Besser lief es nie für Kleist als jetzt in Dresden.

Christian Gottfried Körner war Schillers engster Freund gewesen. In seinem Haus hatte man schon vor der Ankunft von Kleist in Dresden gehört. Die Malerin Dora Stock, Körners Schwägerin, die in seinem Haus aus und ein ging, hatte Kleists Tante Massow kennengelernt, als die ein paar Monate zuvor in Dresden gewesen war. Dora Stock hatte auch Kleists »Amphitryon« gelesen.[32] Der Körner'sche Hauslehrer Dippold hatte im Juni eine euphorische Rezension des Stückes geschrieben. Von allen Seiten, von Körner selbst, seiner Frau, der Tochter Emma, die damals 19 Jahre alt war, und wahrscheinlich auch dem Sohn Theodor, wurde Kleist mit offenen Armen empfangen. Theodor war noch drei Jahre jünger als seine Schwester, er sollte Schiller als vaterländischer Dichter nacheifern, um dann sinnlos auf dem Schlachtfeld zu sterben. Kleist hat ihm 1808 ein paar Worte in sein Stammbuch geschrieben.

Kleist wurde gemocht, und er war häufig zu Gast bei Körners.[33] Das Haus war nur wenige Minuten von seiner Wohnung entfernt, offen für Dichter und Künstler, »behaglich und inter-

18 Das klassische Weimar; v. l. n. r. Knebel, Tieck, Goethe, Arndt, Schiller, Herder, Wieland

19 Georg Christian Wedekind   20 Christoph Martin Wieland

21 Pierre de Gualtieri   22 Karl Leopold von Köckeritz

23 Wilhelm Traugott Krug, Luise von Zenge und Wilhelmine Krug in Königsberg

24 Das Fort de Joux im französischen Jura, in dem Kleist 1807 als Kriegsgefangener inhaftiert war

25 Porträt Kleists, gemalt von einem Mitgefangenen im Fort de Joux

26 Adam Müller

27 Dora Stock

28 Emma Körner

29 Julie Kunze

30 »Der Koloss oder Der panische Schrecken«, Gemälde von Francisco Goya (1808), das Napoleons Herrschaft über Europa symbolisiert

31 Rahel Varnhagen

32 August Wilhelm Iffland, Kleists Intimfeind

33 Mauerstraße in Berlin, Kleists letzter Wohnort

34 Henriette Vogel, Kleists
Todesgefährtin

35 Sterbende heilige
Magdalena, Gemälde
von Simon Vouet

36 Heinrich von Kleist, 1801, Gemälde von Peter Friedel, das einzige authentische Bildnis

essant«, der Ton der Unterhaltung zuweilen scharf und beißend. Politik war verpönt, über Kunst redete man umso lieber.³⁴ Pfuel war ebenfalls oft hier, der hervorragende Rezitator las immer wieder vor. »Die schlanke Tochter, mit schönen braunen Rehaugen, sittig und anmutig, zog mich vor allem an«, erinnerte sich die Malerin Louise Seidler an Emma.³⁵ Wilhelm von Humboldt, der Major Thielmann und seine Frau und neben vielen anderen auch Juliane Kunze waren ständige Gäste. Juliane Kunze war 21 Jahre alt, und Körner war ihr Vormund.

Der französische Gesandte Jean-François de Bourgoing, er war von Mai 1807 bis 1811 in Dresden, soll sich schon für Kleists Freilassung verwendet haben, als dieser in Châlons gefangen war.³⁶ Kleist könnte ihn bei seinem Pariser Aufenthalt 1803 kennengelernt haben.³⁷ Über das Verhältnis ist wenig bekannt geworden. Sicher ist, dass Bourgoing ein Liebhaber Deutschlands und der deutschen Literatur war, er kannte Körner, die Brüder Schlegel und war mit dem Dresdner Literaturkritiker Karl August Böttiger gut bekannt. Ende Oktober schrieb Kleist an Ulrike, dass Bourgoing ihnen die deutschen Druckrechte für den Code Napoléon verschaffen wolle und deswegen schon an den General Clarke geschrieben habe. Damit wäre Kleists Einkommen gesichert gewesen. Aber was war aus der Abneigung gegen Frankreich und Napoleon geworden? Gegenüber der Schwester meinte er, sie solle keine voreiligen Schlüsse ziehen. Aus der Idee wurde nichts, aber Kleist schrieb davon, als sei es ausgemachte Sache.³⁸

Die Familie schwärzte diese Briefstelle später. Sie passte nicht ins Bild des vaterländischen Dichters Kleist, das im national erwachenden Deutschland nach seinem Tod von ihm gezeichnet wurde. Wieder zeigt sich, wie schwankend Kleists politische Ansichten waren. Ihm selbst war zu diesem Zeitpunkt egal, wer ihn unterstützte, wenn er denn nur die Unterstützung bekam, nach der er sich sehnte.³⁹

Auch beim Freiherrn Joseph Buol zu Berenberg und Mühlingen, der als Legationsrat die österreichische Gesandtschaft leitete, verkehrte Kleist bald nach seiner Ankunft in Dresden. Noch war Buols Stellung in Dresden ungefährdet, im April 1809 wurde er von den Franzosen der Stadt verwiesen. In Buols

Haus erlebte Kleist seinen vielleicht größten Triumph überhaupt. Am 10. Oktober 1807, Kleist war gerade einen guten Monat in der Stadt, gab es in der österreichischen Gesandtschaft eine Feier zu seinem 30. Geburtstag. Aus diesem Anlass wurde Kleist mit dem Lorbeerkranz gekrönt!

Man kann nicht sagen, wie viel Ironie bei dieser Dichterkrönung dabei war, wie viel Spiel und wie viel Maskerade. Für Heinrich von Kleist war es in jedem Fall voller Ernst. Mehr, es war ein Traum. Wie ein kleistscher Traum hört sich an, was er an Ulrike darüber schreibt. »d. 10^t Oct. bin ich bei dem östr. Gesandten an der Tafel mit einem Lorbeer gekrönt worden; und das von zwei niedlichsten kleinen Händen, die in Dreßden sind. Den Kranz habe ich noch bei mir.«[40] Noch zwei Wochen danach, als er es aufschrieb, wirkte Kleist wie benommen. Wem die niedlichen Hände gehörten, kann man nur vermuten.

Kleist begleitete Buol zu einem Besuch bei Adam Müllers Lehrer und Freund Friedrich Gentz, der in österreichischen Diensten stand. Offenbar hatte Buol ein starkes Interesse, Kleist mit Österreich zu verbinden. Mehr ist darüber aber nicht bekannt und alle Vermutungen müßig.[41] Im Lorbeer-Brief an Ulrike schrieb Kleist auch, dass bei Buol eine Privataufführung des »Zerbrochnen Krug« gegeben werden solle und der Gesandte selbst mitspielen wolle. Diese Aufführung kam zwar nicht zustande, aber Buol hatte ein Faible fürs Theater, und er hatte Verbindungen. Er empfahl Kleist dem Burgtheaterdirektor Ferdinand Graf Pâllfy und bot diesem den »Zerbrochnen Krug« zur Aufführung an. Eine Stelle für Kleist beim Burgtheater, wegen der Buol ebenfalls nachgefragt hatte, schien Kleist im September in greibarer Nähe.

Alle Träume schienen sich zu erfüllen. Das begann Kleist über den Kopf zu steigen. Er schrieb an Ulrike, dass er 30 Louis d'or für den »Krug« vom Burgtheater bekommen habe – das Stück wurde dort aber nicht aufgeführt. Kleist konnte das Geld, selbst wenn er es zugesagt bekommen hätte, noch gar nicht haben. Er schrieb den Brief, vier Tage nachdem Buol deswegen nachgefragt hatte.[42] Darin schien es so, als sei sein Auskommen jetzt gesichert, als sei es für ihn als Dichter ein Kinderspiel, an erhebliche Summen zu kommen. Was sich zart als Möglichkeit andeutete: Für Kleist war es so gut wie sicher. Er verhielt sich, wie wenn er sein Glück beim Schopf packen müsste, bevor es da war. Im Zeichen der Übereilung standen dann auch die beiden wichtigsten Projekte, die Kleist in Dresden mit seinen Freunden anging. Von den beiden Schlieben-Schwestern, Henriette und Caroline, die ihm 1801 und 1803 in Dresden so nah gewesen waren, sprach Kleist dagegen nie.

Mit manischem Elan überredete Kleist Ulrike, er war noch keine drei Wochen in der Stadt, ihm 500 Reichstaler für eine »Buch-Karten-und Kunst-Handlung« zu geben, die er mit Müller, Rühle und Pfuel gründen wolle.[43] Phönix-Buchhandlung sollte sie heißen. Wie viel Gewinn daraus zu ziehen wäre! Ulrike zögerte verständlicherweise. Einen guten Monat später bestürmte Kleist sie immer noch. Er war sich sicher wie jeder Hasardeur, dass das Engagement vielfachen Gewinn abwerfen würde. Sie solle nur schnell nach Dresden kommen und noch etwas mehr Geld als die 500 Reichstaler beisteuern. Und sie solle mit ihm zusammenleben.[44] Erstaunlicherweise gab ihm Ulrike das Geld. Anfang 1808 war für Kleist die Sache schon »so gut, als gewiß«, und er sprach davon, den ganzen Handel an sich zu reißen.[45]

Tatsächlich aber war es so, dass die Dresdner Buchhändler durch schnelles Handeln und ein durchdachtes Gutachten verhinderten, dass Kleist und seine drei Mitstreiter Pfuel, Rühle und Müller vom sächsischen König das benötigte Buchhandelsprivileg zugesprochen bekamen. Am Ende platzte die Idee wie eine Seifenblase. Fünf Privilegien gab es für Dresden, vier wurden zur Zeit ausgeübt – die Buchhändler kamen aber Adam Müller zuvor, der das ausgekundschaftet hatte. Sie kauften dieses fünfte Privilegium und schafften es außerdem, in ihrem Gutachten deutlich zu machen, dass die Stadt keine weitere Buchhandlung verkraften könne.[46]

Gleichzeitig hatte Kleist zusammen mit den Freunden noch einen zweiten Plan ins Auge gefasst. Mit der gleichen Übereilung warf er sich, gleichsam als Pendant zum Buchhandels-Projekt, auf die Gründung einer Zeitschrift. Im Dezember 1807 eröffnete er Ulrike, dass er die 500 Reichstaler, die sie ihm für die Buchhandlung versprochen hatte, in die Gründung einer monatlich erscheinenden »Kunstzeitschrift« stecken wolle.

Zwar ging es in dieser Zeitschrift dann tatsächlich auch um Bildende Kunst. Das Titelblatt der ersten Ausgabe war von dem Maler Ferdinand Hartmann aufwendig gestaltet. Die Aufmachung war edel, es wurde »sehr splendid«, also teuer, im Quartformat gedruckt. Hartmann wurde einer von drei Redakteuren, für die Bildende Kunst zuständig, deren beide anderen Müller – zuständig für das, was wir heute Essay nennen würden – und Kleist – zuständig für Poesie – waren. In weiteren Ausgaben gab es weitere Kupferstiche. Und man dachte daran, die alte Frage nach den wechselseitigen Grenzen der Bildenden Kunst und der Poesie neu aufzugreifen.[47] Aber im Wesentlichen ging es doch um eine Literaturzeitschrift. Niemand, der später über die Zeitschrift sprach, fragte nach der Kunst. Allenfalls das Titelblatt wurde bemerkt. Tatsächlich waren die klassizistischen Kupferstiche und die kleistsche Poesie durchaus gegensätzlich.[48]

Kaum war der Plan gefasst, wurden alle möglichen Autoren angeschrieben und um ihre Mitarbeit ersucht. Dabei galt Kleist und Müller schon das bloße Anschreiben als Zusage. »Wieland, Goethe, Schiller in mehreren Posthumen, und viele Vortreffliche der Nation sind so gut als gewonnen«, schrieb Adam Müller am 17. Dezember 1807 an Johannes von Müller.[49] Kleist stieß am gleichen Tag ins gleiche Horn: »Wieland auch (der alte) und Johannes Müller, vielleicht auch Göthe, werden Beiträge liefern.«[50] Dabei suchte Kleist bei Wieland erst am gleichen Tag um Mitarbeit und Unterstützung nach. Wie Kleists Brief aus der Gefangenschaft an Wieland blieb dieser Brief aber unbeantwortet. Auch die Anfrage an Goethe, ob er dem Magazin einen Beitrag liefern oder wenigstens seinen »beschützenden Namen« leihen wolle, erfolgte durch Adam Müller erst am 17. Dezember.[51]

Jean Paul in Bayreuth bekam eine Anfrage,[52] Fouqué wurde um Mitarbeit gebeten,[53] Heinrich Schubert in Dresden wurde gefragt, ob er mitarbeiten wolle,[54] der Dramatiker Collin wurde um Beiträge angegangen.[55] Hinterlassenes des verstorbenen Novalis hatten sie sich schon gesichert. Es gab noch weitere Anfragen, Kleist nannte auch Böttiger. Die Bezahlung war mit 30 Talern pro Bogen reichlich bemessen.

Mit Vehemenz suchten die Herausgeber nach Verbündeten. Diverse Verleger wurden um Unterstützung und Distribution gebeten. Rühle schrieb an Carl Bertuch und bat ihn, das Heft zu vertreiben.[56] Die Verleger Reimer, Perthes und Cotta hätten bereits zugesagt. Und man kümmerte sich ausführlich um Protektion von ganz oben. Das erste Heft sollte mit Hilfe Bourgoings und Buols an alle Fürsten Deutschlands versandt werden, was nicht gelang.[57] Beim österreichischen Kaiser Franz I. fragte man an, ob man ihm ein Exemplar überreichen dürfe, was gnädig gewährt wurde. Kleist schickte am 22. Dezember eine Anzeige der Zeitschrift an seine alten Gönner Altenstein und Auerswald nach Königsberg. Und auch Jerôme de Bonaparte von Westphalen – Napoleon hatte seinen Bruder dort als König eingesetzt – wurde mit dem »Phöbus« bedacht.[58]

»Phöbus« war der etwas auftrumpfende Name der Zeitschrift. In der Anzeige hieß es: »Unser Bestreben, die edelsten und bedeutendsten Künstler und Kunstfreunde für eine allgemeine Verbindung zu gewinnen, als sie bereits in Dresden, dem Lieblingssitze der deutschen Kunst, existirte, hat den glücklichsten Fortgang. Demnach beginnen wir mit dem Jahre 1808, nach dem etwas modificirten und erweiterten Plane der Horen, unter dem oben aufgeführten Titel unser, durch vielfältigen Antheil begünstigtes, Kunstjournal.« Man spürt Kleists und Müllers Absicht, sich sozusagen an die Spitze der deutschen Kunst zu setzen.

Weiter hieß es: »Kunstwerke, von den entgegengesetzten Formen, welchen nichts gemeinschaftlich zu seyn braucht, als Kraft, Klarheit und Tiefe, die alten, anerkannten Vorzüge der Deutschen – und Kunstansichten, wie verschiedenartig sie seyn mögen, wenn sie nur eigenthümlich sind und sich zu vertheidigen wissen, werden in dieser Zeitschrift wohlthätig wechselnd aufgeführt werden.«[59] Sie blieben nach allen Richtungen offen und wollten es sich mit niemandem verderben. Dass sie sich damit automatisch eher in Richtung des offenen romantischen Kunstbegriffs und weg vom klassisch-normativen bewegten, wie ihn Goethe und Wieland bevorzugten, war ihnen vielleicht nicht klar. Im weiteren Verlauf der Ankündigung bezogen sich Kleist und Müller auf Hartmanns eher klassizistisches Bild, interpretierten es aber eher im romantischen Sinn.[60]

Trägheit konnte man Kleist und Müller nicht vorwerfen. Es

ging Schlag auf Schlag. Spätestens am 23. Januar 1808 erschien das erste Heft »Phöbus. Journal für die Kunst« in eleganter Aufmachung und mit einem Prolog von Kleist.[61] »Wettre hinein, o du, mit deinen flammenden Rossen,/Phöbus, Bringer des Tags, in den unendlichen Raum!«, donnerte Kleist los. Man konnte, wenn man wollte, in dem Prolog auch eine Kampfansage lesen. Es folgten ein ausführliches Fragment aus der »Penthesilea« von Kleist und ein Text zu einem ebenfalls abgedruckten Stich »Der Engel am Grabe des Herrn« von Kleist. Dazu gab es Fragmente aus Müllers Vorlesungen über dramatische Kunst, einen Aufsatz des allerdings ungenannten Körner über die Bedeutung des Tanzes, ein Stück von Novalis, ein Text von Müller über Madame de Staël und einen Epilog von Kleist. Kleists Übergewicht, der mehr als zwei Drittel des Heftes für sich hatte, vor allem durch die »Penthesilea«, fiel sofort auf.[62]

Was anfangs Übermut und dem verständlichen Willen, sich endlich gedruckt zu sehen, entsprungen sein mag, wurde schnell zur Notwendigkeit: Beiträge von Autoren mit würdigen Namen blieben aus. Ganze Hefte wurden mehr oder minder vollständig mit Beiträgen Kleists bestückt.[63] Für uns ist das ein Glück, denn sonst wäre möglicherweise mancher Text von Kleist nicht überliefert. Für die Zeitgenossen war es ärgerlich. Böttiger bemerkte es schon nach der zweiten Ausgabe bissig, die vor allem von Kleists »Die Marquise von O...« gefüllt wurde.[64] Vielleicht war Kleist in seiner Begeisterung einfach nicht klar, dass eine Zeitschrift etwas anderes ist als eine Ansammlung eigener Beiträge.

Varnhagen schrieb an Fouqué: »Ich finde bis jetzt Adam Müller und Heinrich Kleist, und wiederum Heinrich Kleist und Adam Müller.«[65] Später, als Kleist sein Pulver erst einmal verschossen hatte, schrieb Adam Müller das Heft voll. Kleist war 1808 kein guter Redakteur. Er und Müller hatten überstürzt begonnen. Jetzt war Kleist mit der Aufgabe, Herausgeber seiner selbst zu sein, überfordert. Viel eher hätte er jemanden gebraucht, der sich umsichtig der Publikation seiner Schriften annahm.

Noch war die erste Nummer nicht ausgeliefert, und doch erlaubte man sich schon eine weitere Dreistigkeit. Die Herausgeber des »Phöbus« veröffentlichten eine weitere Anzeige, in der sie – ohne eine solche zu haben – sich der Begünstigung Goethes rühmten. In einem Brief an Müller hatte Goethe zwar nicht ausgeschlossen, einmal einen Beitrag zu liefern. Trotzdem dürfte er mehr als befremdet gewesen sein, als er mitbekam, dass er jetzt den »Phöbus« protegierte. Das war frech. Nach dem Schwung des übereilten Beginns hatte man wahrscheinlich das erste Mal das Gefühl festzustecken und versuchte einen Befreiungsschlag. Man wollte die Öffentlichkeit im Sturm nehmen, so wie die russischen Truppen in der »Marquise von O....« die Festung.[66]

Kleist wusste nur zu gut, was Überstürzung ist. Seine »Penthesilea«, die er in Königsberg begonnen hatte, von der in der ersten Nummer des »Phöbus« ein »organisches Fragment« erschienen war und die Mitte Juli bei Cotta vollständig als Buch erschien, ist ein Stück Raserei. In Dresden schrieb er sie fertig. Es ist eines der merkwürdigsten Dramen, die je geschrieben wurden. Das lange Vorspiel, 500 Verse fast, ist eine einzige Schilderung der beiden rasenden Hauptfiguren Achill und Penthesilea. Die Raserei ist für die Griechen, die hier reden, absolut unverständlich. Warum sich die Griechen und die Amazonen erbost bekämpfen, ist wiederum Odysseus unbegreiflich. Unbegreiflichkeit ist ein zweites Thema: Achill nennt Penthesilea Unbegreifliche, die Amazonen sehen in Achill den Unbegreiflichen. Und auch den Amazonen selbst wird Penthesilea unbegreiflich. Raserei und Unbegreiflichkeit gehören zusammen, immer im Werk Kleists, besonders aber in der »Penthesilea«.

Zumindest so viel kann man sagen: In ihrem gewaltigen Lauf aufeinander zu – wobei man den Eindruck hat, dass auch Penthesilea selbst nicht begreift, was sie tut – suchen Achill und Penthesilea im anderen etwas, das ihnen abgeht. Sie suchen ein Glück, das Kleist einmal als das Ziel menschlicher Bestimmung erkannt zu haben glaubte. Penthesilea spricht es aus: »Der Mensch kann groß, ein Held, im Leiden sein, / Doch göttlich ist er, wenn er selig ist!«[67]

Es geht in »Penthesilea« um diese rasende Suche und weniger um Inhalt, Sinn oder eine Handlung. Im Prinzip ist die Handlung einfach. Die Amazonen, die »Busenlosen«, Frauen mit nur einer Brust, wollen sich ein paar Jünglinge fangen, um sie zum Rosenfest in ihre Heimat zu holen. Gesetz und Gründungsmythos ihres

Staates gebieten ihnen, diese Jünglinge nach dem Beischlaf zu töten. Amazonen und Griechen kämpfen wild auf dem Schlachtfeld vor Troja, die Griechen sind über das Verhalten der Amazonen verwirrt. Penthesilea, die Königin, verstößt nun gegen das Gesetz ihres Frauenstaats, indem sie sich – bei seinem Anblick wie von Donner gerührt – in Achill verliebt. Im anderen, und nur im anderen, ist die gesuchte Seligkeit zu finden.

Achill ist ebenfalls in heißer Liebe zu ihr entbrannt. Das Problem ist, dass beide sich im Krieg befinden. Und der Krieg ist hier anders, umfassender, absolut. »Jetzt hebt/Ein Kampf an, wie er, seit die Furien walten,/Noch nicht gekämpft ward auf der Erde Rücken.«[68] Der Krieg wird durch die Amazonen zu einem elementaren Kampf, der keinen Zwecken wie der Landesverteidigung mehr dient, ihr Staat ist der institutionalisierte Kriegszustand. Der Amazonenstaat ist aus dem Krieg entstanden und hat den Krieg und die abschließende Tötung der Männer zu seinem Ritualgesetz gemacht. Diese Amazonen brechen in den Krieg zwischen Griechen und Trojanern ein, sind selbst aber so kriegerisch, dass sie die Männer nicht begreifen können.

Als Achill sie im Kampf besiegt hat, lügt er der aus der Ohnmacht erwachenden Penthesilea vor, dass sie es sei, die ihn besiegt habe. Das ist für sie ein Moment wirklicher Seligkeit. Kriegszustand und Liebe fallen in eins. Achill gibt ihr den göttlichen Vertrauensvorschuss, den Eve von Ruprecht im »Zerbrochnen Krug« vergeblich erwartet hatte. Doch der Moment ist kurz: Als die Amazonen sie befreien, begreift Penthesilea, was sich wirklich zugetragen hat. Da fordert Achill Penthesilea zum Kampf, um sich wirklich von ihr besiegen zu lassen. Penthesilea, die nicht wissen kann, dass er aus Liebe handelt, ist nun nur noch Raserei. Sie hetzt Elefanten und Hunde auf Achill, zerfleischt ihn dann aber selbst mit ihrem eigenen Mund. »Küsse, Bisse,/Das reimt sich, und wer recht von Herzen liebt,/Kann schon das Eine für das Andre greifen.«[69] Das sind ihre Worte für den heftigsten Lustmord der Literaturgeschichte.

Das »recht von Herzen« führt in die Irre, um reine Liebe geht es nicht. Es geht um Raserei, Unbegreiflichkeit und Küsse – allesamt kleistsche Kernbegriffe. Es geht um Liebe im Kriegszustand. Es geht um den Blick, der Penthesilea für Achill entflammen lässt, Feuer oder Fieber sind bessere Worte für das Gefühl, das die Figuren beherrscht. Dieser Blick, der die Figuren wie der Blitz trifft, der ihnen plötzlich offenbart, was sie vorher nicht gesehen haben, was sie gesucht haben, reißt Penthesilea und Achill von sich selbst weg und setzt sie auf die Bahn der Raserei. Auch Blick, Blitz, Plötzlichkeit sind Kleist'sche Kernbegriffe.[70] Penthesilea fühlt sich bei Achills Anblick im Innersten getroffen, sie verändert sich mit einem Schlag. Sie hat etwas gesehen, von dem sie vorher nicht wusste, dass es das gibt. Wer bei Kleist so sieht, der erstarrt. Penthesileas Blick ist trunken, sie wird rot, damit sogar die Rüstung färbend.[71] Es ist das Innerste, das nach außen kommt.

»Penthesilea« ist eine Versammlung Kleist'scher Momente, ein Stück, das mehr einer fremdartigen Sprachgebärde gleicht denn jener Sprachwelt, in der Goethe und alle anderen ihre Worte fanden. Es ist ganz Kleist, radikaler, extremer, größer. Hier kam er, so seine eigene Einschätzung, dem am nächsten, was ihm mit dem »Guiskard« einmal vorgeschwebt hatte. Hier stürzten die Figuren aufeinander zu, ohne sich zu finden, sie stürzten ineinander wie im ewigen Fall in ein endloses Inneres. Was sie gesehen haben, zieht sie unaufhaltsam von sich weg. In den Küssen, die Bisse sind, oder den Bissen, die Küsse sind, verschmilzt das zu einer blutigen Schlüsselszene.

»Penthesilea« wirkt, als käme das Stück aus einer anderen Welt. Es ist die Welt des Krieges. Aber es gibt Berührungspunkte mit der hiesigen. Sie liegen in anderen berühmten Sätzen des Stücks: »Steh, stehe fest, wie das Gewölbe steht, / Weil seiner Blöcke jeder stürzen will!«, sagt die Amazonenfürstin Prothoe.[72] Das war die Erfahrung, die Kleist nach der Rückkehr aus Würzburg wie eine Erleuchtung erschien: Weil alle Steine eines rundgemauerten Gewölbes nach unten fallen wollen, kann es nicht einstürzen. »Sie sank, weil sie zu stolz und kräftig blühte! / Die abgestorbne Eiche steht im Sturm, / Doch die gesunde stürzt er schmetternd nieder, / Weil er in ihre Krone greifen kann.«[73] Das sind die letzten Worte des Stücks, ebenfalls gesprochen von Prothoe. Worte, die Kleist fast gleichlautend an Adolphine von Werdeck geschrieben hatte[74] und die von dort schon in die »Familie Schroffenstein« gewandert waren.

Nun kann man solche Worte nicht direkt auf Kleist und seine Erfahrungen übertragen. Aber seine inneren Erlebnisse und »Penthesilea« hängen zusammen, viel mehr als es in Theaterstücken sonst der Fall ist. Der ganze »Schmutz und Glanz« seiner Seele, schrieb er, liege in dem Stück.[75] Das wird immer zitiert, wenn es um »Penthesilea« geht. Fragt sich nur: Was war der Schmutz und was der Glanz? Das Stück war ihm so wichtig, dass er es im ersten Heft des »Phöbus« sehen wollte.

Die »Penthesilea« zeigt wie eine aufgefaltete Landkarte, was der Liebesbrief an Pfuel nur als Kern enthält. Vielleicht hat Kleist das Stück vor allem für ihn geschrieben. Das Stück sei durch und durch auf Pfuels »kriegerisches Gemüt« hin berechnet, schrieb er an Marie.[76] Pfuel habe sogar über Penthesilea geweint. Als er, Kleist, während der Arbeit in seine, Pfuels, Stube getreten sei und gesagt habe, dass sie jetzt tot sei, seien Pfuel Tränen in die Augen getreten. Pfuel erzählte die Geschichte ebenfalls. Nur war es da Kleist, der in Tränen ausbrach.[77] Vielleicht konnte Kleist zwischen Penthesilea, sich und Pfuel nicht sehr gut unterscheiden. Vielleicht war das Stück für sein eigenes Gemüt berechnet.

Es ist nicht überraschend, dass diese Elementartragödie das Publikum nicht mitriss, sondern befremdete. Das Stück ist bis heute nicht wirklich auf der Welt. Manche, wie Fouqué, waren fasziniert von dem, was sie nicht begreifen konnten. Die meisten, wie Goethe, lehnten es rundheraus ab. Das Stück erschien ihnen krank. »Mit der Penthesilea kann ich mich noch nicht befreunden«, war Goethes freundlich-distanzierte Formulierung dafür, dass die »Penthesilea« ihm durch und durch fremd war.[78] Dazu hatte Goethe jedes Recht, kritisch wurde seine Position nur dadurch, dass er die allumfassende literarische Autorität war. Cotta, der Verleger der »Penthesilea«, war mit dem Buch ebenfalls unzufrieden.[79] Die Rezensenten krittelten und bestärkten sich gegenseitig in ihrem Urteil. Mit einem Wort: Die »Penthesilea« wurde niedergebügelt.

Besonders tat sich dabei Böttiger hervor. Karl August Böttiger, ein Hansdampf des Literaturbetriebs, war Redakteur beim »Journal des Luxus und der Moden« gewesen und nun in gleicher Funktion bei Wielands »Teutschem Merkur«. Vor allem aber schrieb er überall. Im »Dresdner Anzeiger« und der »Abendzeitung«, in der »Zeitung für die elegante Welt«, in der »Spenerschen Zeitung«, in der »Allgemeinen Zeitung«, meist im »Freimüthigen« erschienen Ankündigungen, Rezensionen, Aufsätze oder Boshaftigkeiten zu Kleists Unternehmungen. Insgesamt schrieb er in dieser Zeit an die zwanzig Mal über Kleist. Böttiger war daneben auch ein eifriger Briefschreiber, er hatte überall Verbindungen, und er wusste sie geschickt zu nutzen. Anfangs interessierte er sich sehr für den »Phöbus«, nach einer Weile war er sein bissigster Kritiker, am Ende war er einer seiner Totengräber. Er verfolgte den »Phöbus«, Adam Müller und Kleist bald mit einer gewissen böswilligen Akribie. Die »Penthesilea«, »Der zerbrochne Krug«, »Die Marquise von O....«, »Das Käthchen von Heilbronn«, zu allen hat er sich geäußert, zum Teil mehrfach und oft boshaft.

Böttiger war von Anfang an in Lauerstellung. Nach Erscheinen des »Amphitryon« schrieb er an Johann Daniel Falk, den eleganten Dichter des »Amphitruo«, einen schmeichlerischen Brief, in dem er den Eindruck erweckte, ganz für Falk und gegen Kleist zu sein. »Was sagen Sie zu des ... v. Kleists Amphitryo? Unser Hr. Adam Müller hat ihm den Stempel der Klassizität aufgedrückt und sein Urtheil gilt unserm ästhetischen Publikum, das wir freilich erst durch Müller erhalten haben, als Orakelspruch. Von Ihrem Amphitruo nahm natürlich der vornehme Herr Muller gar keine Notiz. Ich werde aber nicht aufhören, auf eine Parallele zu dringen.«[80] Schmeicheln, anschwarzen und darauf warten, dass man von dem so Gebauchpinselten weitere Informationen bekommt: So macht man Literaturpolitik. Man arbeitet mit der Eitelkeit der Beteiligten. Gleichzeitig schrieb Böttiger anonym und positiv über den neuen Amphitryon.[81] Der Mann war ein Profi des Literaturbetriebs.

In der »Spenerschen Zeitung« sprach er ebenfalls anonym und schon am 16. Januar 1808 von einem abstürzenden Komet, was sogar von Kleists Familie als Anspielung auf den »Phöbus« erkannt wurde.[82] Anfangs war er sonst wohlwollend, aber kaum bekam er Witterung, dass die zunächst positive Stimmung gegen den »Phöbus« umschlug, war er dabei und blies kräftig ins Horn. Dafür hatte er durch sein umfassendes Informationssystem beste Munition und versetzte Nadelstiche, wo er konnte. Das Erste, was er sich vornahm, war die »Penthesilea«. Im »Freimüthigen« mokierte er sich Anfang Februar über die fehlende Handlung, »... sie ist durchaus nichts als Kampf zwischen den beiden Heeren.« Dann machte er sich über die Raserei lustig, indem er einen tendenziös gewählten Ausschnitt zitierte, ein beliebtes Mittel der Vernichtung bis heute.

Kleist und Müller schrieben trotzdem an Böttiger.[83] Müller ersuchte um »gütigen Rat« wegen der »Penthesilea«, Kleist dankte für eine »Empfehlung«, mit der Böttiger zum Erscheinen der »Penthesilea« bei Cotta mitgeholfen habe. Da beide Briefe im Juli abgeschickt wurden, muss man davon ausgehen, dass es sich weniger um eine vollkommene Verkennung von Böttigers Einstellung ihnen gegenüber handelte als um eine konzertierte Aktion, um Böttiger doch noch auf ihre Seite zu ziehen.

Es verwundert nicht, dass Böttiger in der Erinnerung als Intrigant überlebt hat.[84] Dabei ist es nur ein ganz normaler, bis heute verbreiteter Typus Kritiker, den Kleist da kennenlernte. Es ist der Kritiker, der das Gras wachsen hört und sein Ohr überall hat, mit einer gewissen Lust am Spott und dem Verlangen, im literarischen Betrieb kräftig mitzumischen. Meinte er zu wittern, dass es mit einem Schriftsteller in eine Richtung ging – und diese Witterung war fein –, dann hat er sich diese Richtung schnell zu eigen und sich zum Wortführer der neuen Bewegung gemacht. Künstler unterstellen hier gern Intrigen, Verschwörungen und Absprachen, aber es ist doch nur die öffentliche Meinung, zu deren Sprachrohr sich der Kritiker machte. Letztlich war Böttiger, Altphilologe von Haus aus, kein schlechter Journalist. Kleist passte nicht in seine Zeit, deutlich wurde das vor allem an der »Penthesilea«, und Böttiger machte es öffentlich.

Die letzte und aus seiner Sicht konsequente Tat: Böttiger warnte Cotta vor dem »Phöbus«: Kleist und Müller hätten verbreitet, dass Cotta sich mit dem Gedanken trage, den »Phöbus« in seinem Verlag erscheinen zu lassen. Die Herren hätten aber für die ersten fünf Ausgaben schon 2000 Taler draufgezahlt. Cotta dankte Böttiger dann für diesen »freundschaftlichen« Hinweis und nahm von dem Geschäft Abstand.[85]

Auch der nächste große Text Kleists, der im »Phöbus« erschien, brachte ihm kein Glück. »Die Marquise von O...« eröffnete das zweite Heft, gegen den Willen Kleists. Adam Müller wollte die Erzählung unbedingt veröffentlicht sehen und verteidigte sie dann auch vehement gegen Friedrich Gentz. Die Erzählung von der Vergewaltigung der tapferen Marquise und dem trotz allem galanten und ehrenvollen russischen Grafen, der ihr als Engel und als Teufel erscheint, wurde allgemein als geschmacklos empfunden.

Während sich das Klima in Dresden verschlechterte, bot sich in Weimar die zweite große Chance für Kleist. Goethe bereitete im Hoftheater die Uraufführung des »Zerbrochnen Krug« vor.[86] Goethe hatte sich intensiv mit dem »Amphitryon« und dem »Zerbrochnen Krug« auseinandergesetzt, er war fasziniert und abgestoßen zugleich. Die »Penthesilea« lag außerhalb seines Horizonts, aber Goethe war anfangs nicht gegen Kleist eingenommen. Er hat eine grundsätzliche Differenz wahrgenommen, die er auch gegenüber anderen jüngeren Dichtern empfand. Mit dem feinen Gespür des Politikers merkte er sofort, dass ihm eine zu enge Verbindung zum »Phöbus« nicht guttun würde, und hielt trotz der mehrfachen Aufforderung Distanz. Auf die öffentliche Bekanntmachung, dass er den »Phöbus« protegiere, reagierte er mit Schweigen.[87]

Für Kleist war Goethe neben vielem anderen der Dichter, der den Lorbeer ständig auf dem Kopf trug. Goethe war der unbestrittene Dichterfürst. Auf den »Knien seines Herzens« brachte Kleist ihm das erste »Phöbus«-Heft und damit auch die »Penthesilea« dar.[88] Ehrerbietung und der Wille zur Übertrumpfung gingen Hand in Hand. Die »Penthesilea« sei ebenso wenig für die Bühne geschrieben wie der »Zerbrochne Krug«, schrieb Kleist. Das war die direkte Antwort, man könnte auch sagen Retourkutsche, auf einen Brief Goethes an Adam Müller. Müller hatte seinem Dienstherrn Haza im August 1807 ein Paket mit dem »Zerbrochnen Krug« an Goethe mitgegeben. Kleist war damals noch in Châlons. Goethe las und antwortete, dass das Stück »außerordentliche Verdienste« habe, nur gehöre es zum »unsichtbaren Theater«. Es wäre ein Geschenk für das deutsche Theater, würde es eine wirkliche Handlung entfalten.[89]

Kleist sagte jetzt mit seinem Brief an Goethe auch: So unsichtbar ist mein Stück ja nun offenbar doch nicht. Ihr selbst arbeitet ja gerade an der Aufführung! Man konnte also auch lesen: Die »Penthesilea« ist ebenso gut zur Aufführung geeignet. Weiter schrieb Kleist in einer leisen Mischung aus Unterwürfigkeit und Überheblichkeit: »Unsre übrigen Bühnen sind weder vor noch hinter dem Vorhang so beschaffen, daß ich auf diese Auszeichnung rechnen dürfte, und so sehr ich auch sonst in jedem Sinne gern dem Augenblick angehörte, so muß ich doch in diesem Fall auf die Zukunft hinaussehen, weil die Rücksichten gar zu niederschlagend wären.«[90]

Goethe bezog sich direkt darauf, sehr genau Kleists Ton spürend, aber auch so, als sei noch nie ein Wort zwischen den beiden zu dem Thema gefallen: »Auch erlauben Sie mir zu sagen (denn wenn man nicht aufrichtig seyn sollte, so wäre es besser man schwiege gar), daß es mich immer betrübt und bekümmert, wenn ich junge Männer von Geist und Talent sehe, die auf ein Theater warten, welches da kommen soll. Ein Jude der auf den Messias, ein Christ der aufs neue Jerusalem, und ein Portugise der auf den Don Sebastian wartet machen mir kein größeres Misbehagen.«[91] In dieser Antwort ist nicht nur etwas über das Theater gesagt, Goethe distanzierte sich auch deutlich von Kleist. Denn es ist ja nicht so, dass der Dichter der »Iphigenie« und des »Faust II« nur Theatergängiges hätte gelten lassen. Er hat Worte gebraucht, die gleichzeitig Distanz wahren und die Richtung deutlich machten, in welche Kleist nach Goethes Meinung gehen sollte. Und das alles, ohne Kleist zu nahe zu treten – so wie der es mit seiner »Phöbus«-Anzeige getan hatte. Immer noch, auch nach der Ablehnung, schrieb Kleist der Schwester, dass Goethe ihn unterstütze.[92]

Man kann Kleist einiges zugestehen, politische Klugheit und Umsicht wird man ihm nicht zuschreiben. Goethe und Kleist, da stehen einander zwei Modelle gegenüber. Hier Contenance und vornehme Klugheit, dort aufbrausende Verletzbarkeit und Empörung. Das zeigte sich auch im politischen Verhalten der beiden ungleichen Dichter. Goethe bewunderte Napoleon und versuchte mit großer Umsicht, unbeschadet durch die schlimmen Tage der Besetzung Weimars zu kommen.[93] Kleist sollte sich bald an die vermeintliche Sache aller Deutschen verschwenden. Man kann es aber auch so sehen: Goethe hatte alles, Kleist nichts zu verlieren.

Das unsichtbare Theater Kleists: In gewissem Sinn hat Goethe recht behalten. Bis heute ist keine Aufführung der »Penthesilea« bekannt, die dem Stück wirklich gerecht werden würde.[94] Auf der anderen Seite ist Kleists Theater gar nicht so unsichtbar gewesen, wie man immer meint. »Die Familie Schroffenstein« war in Graz bereits 1804 aufgeführt worden, »Der zerbrochne Krug« stand unmittelbar vor seiner Uraufführung. Vielfach waren Kleists Texte, wie er selbst bezeugt, bereits gelesen worden. Bald würde »Das Käthchen von Heilbronn« in Wien aufgeführt werden, danach in Graz und Bamberg. Und sogar eine Deklamation der »Penthesilea« gab es 1811 in Berlin.

Kleists »Zerbrochner Krug« blieb nicht unsichtbar. Am Aschermittwoch 1808, es war der 2. März, wurde das Stück im Weimarer Hoftheater tatsächlich zur Aufführung gebracht. Regie: Goethe. Jetzt ging's ums Ganze. Einen prominenteren Platz konnte Kleist schwer finden, einen prominenteren Regisseur schon gar nicht, ein bühnengerechteres Stück hatte er auch nicht im Köcher. An diesem Abend musste sich das Schicksal des Dramatikers Heinrich von Kleist entscheiden. Die Aufführung begann um 17 Uhr 30 und endete etwa um 21 Uhr oder 21 Uhr 30. Zunächst stand die Oper »Der Gefangene« auf dem Spielplan. Sie dauerte eine Stunde. Während der restlichen Zeit geschah das, was einer der berühmtesten und folgenschwersten Skandale der Theatergeschichte geworden ist.

Dabei passierte gar nichts Außergewöhnliches. Kleists Stück fiel durch. Das Publikum machte am Ende seinem Unmut etwas deutlicher Luft, als das sonst im vornehmen Hoftheater, zumal bei Anwesenheit des Herzogs, der Fall war. Die Riesentumulte aber, an die sich mancher Zeitgenosse viele Jahre später erinnerte, sind dem Boden der Phantasie entwachsen. Es wurde nicht gepfiffen und nicht gebrüllt. Der Herzog musste sich nicht über einen Besucher aufregen, der in Anwesenheit seiner Gattin pfiff,[95] es gab keinen Heidenlärm.[96] Die Berichte, die unmittelbar nach dem Ereignis gegeben wurden, hören sich unspektakulär an. Der Weimarer Bibliothekar Friedrich Wilhelm Riemer schrieb in sein Tagebuch: »Abends der Gefangene und der zerbrochene Krug, der anfangs gefiel, nachher langweilte und zuletzt von einigen wenigen ausgetrommelt wurde, während andere zum Schlusse klatschten.«[97] Carl Bertuch hielt in seinem Tagebuch fest: »Das Publikum achtete streng daruber dch Lachen u. Pochen. Das Ganze in 1 Akt wäre gut. –. Das Spiel sehr gut.«[98] Von Pochen sprach auch die »Allgemeine Deutsche Theater-Zeitung«.[99]

Kleist war nicht in Weimar. Wenn der Prinz von Weimar mit seinem Erzieher Rühle fahren würde, wolle er mitfahren, hatte er an Ulrike geschrieben.[100] Vielleicht traute er sich nur unter dem Schutz eines Freundes zu, seinem Stück zuzusehen. Spektakulär war dagegen wieder Kleists Reaktion auf die Vorstellung. Er wollte Goethe zum Duell fordern.[101] Kleist sah sich vor den Augen der Welt bloßgestellt.

Was geschah am 2. März 1808 in Weimar? Warum fiel Kleist so gnadenlos durch? Sicher ist, dass die Einteilung des einaktigen Stücks in drei Akte mit Pause, die Goethe vorgenommen hatte, nicht so entscheidend für den Misserfolg war, wie Generationen von Kleistliebhabern glauben wollten. Es gab seitdem gelungene Krug-Aufführungen mit Pause. Sicher ist ebenfalls, dass Goethe mit seiner Einschätzung vom unsichtbaren Theater ebenfalls danebenlag. Das Stück hat sich in den letzten 200 Jahren als ein Renner erwiesen. Es hat eine Handlung, die von Millionen von Zuschauern als hinreichend empfunden wurde. Sicher ist auch, dass Goethe schon einen Monat vor der Aufführung mit den Proben begann, wie man seinen Tagebüchern entnehmen kann.[102] Sicher ist weiterhin, dass der Darsteller des Adam, an dem meist der Erfolg von Krug-Aufführungen hängt, nicht schuld war. Und das nicht nur, weil Goethe Heinrich Becker für eine hervorragende Besetzung hielt. Er war auch ein Mann von großer Bühnenerfahrung, passte vom Rollenprofil genau und spielte den Adam gerne.[103]

Entscheidend für den Misserfolg waren vielmehr das Zusammenwirken des langen, gar nicht komischen Stückendes mit der unerfahrenen Schauspielerin der Eve. Demoiselle Beate Elsermann bereitete sich zwar auf mehreren Einzelproben mit Goethe auf die Rolle vor, aber das lange Ende des Stücks, in dem Eve in epischer Breite ihre Sicht der Dinge darlegt, war eine

Herausforderung, der die junge Schauspielerin nicht gewachsen war. Eine Stunde dauerte das, was man allgemein als dritten Akt wahrnahm. In einer Komödie gibt man dem Affen Zucker, man fängt stark an, um dann langsam zu steigern, wie Theaterleute nicht ohne Grund sagen. In Weimar geschah in einem unfreiwilligen Zusammenspiel von Dichter und Regisseur das Gegenteil.

»Demois. Elsermann, die eigentliche plagende Erzählerin, Jungfer Eve, hatte sich recht gut kostümiert.«[104] So schreibt ein Kritiker, wenn er von einer Beurteilung der Schauspielerin absehen möchte. Fräulein Elsermann war noch nicht lange am Theater, 1805 war die 1787 geborene Schauspielerin engagiert worden. So wurde das lange Ende sehr langweilig. Kleists Sprachfeuerwerk und Sprachkapriolen können sehr deplaziert wirken, wenn eine Aufführung zu einer drögen Veranstaltung verkommt.

Dass Kleist enttäuscht und gekränkt war, kann man sich vorstellen. Dass er Goethe zum Duell fordern wollte, weil er den Eindruck gewonnen hatte, dass der das Stück durch die Akteinteilung zerbrochen hätte, bezeugte Johann Falk. Es führte zu langen und überflüssigen Mutmaßungen zur Akteinteilung des eigentlich einaktigen Stückes. 1811 arbeitete Kleist den »Zerbrochnen Krug« für die Buchausgabe um und hat ihn am Ende radikal gekürzt. Das Weggefallene wurde dann als Variant abgedruckt, der sich seither einer merkwürdigen Berühmtheit erfreut, wie wenn er etwas Geheimnisvolles wäre. Seitdem gibt es auch den Streit um die bessere Fassung. Das ist für das Theater natürlich die ohne Variant – wenn man nicht eine entsprechende Schauspielerin hat. Wenigstens das hat die Weimarer Aufführung deutlich gemacht. Wobei die Fassung mit Variant tiefgründiger und politischer ist.

Der eingeschnappte, beschämte, gedemütigte Kleist entschied sich nach der Schmach umgehend, ein Fragment des Stücks im »Phöbus« zu veröffentlichen, um dem Publikum Gelegenheit zu geben, sich über den Text ein eigenes Urteil zu bilden. Im vierten Heft war dann eine kleine Bosheit Kleists zu lesen. »Herr von Goethe. / Siehe, das nenn' ich doch würdig, fürwahr, sich im Alter beschäft'gen! / Er zerlegt jetzt den Strahl, den seine Jugend sonst warf.« Es war das erste von 24 Epigrammen. Das war bissig. Man konnte das etwa so lesen: In deiner Jugend hast du selbst gestrahlt. Aber jetzt, auf deine alten Tage, zerlegst du lieber, als etwas selbst zu erschaffen, greiser Geheimrat. Farben in der Farbenlehre, Krüge im Theater, alles wird unter deiner Hand auseinandergenommen und zerstört! Nach der missglückten Aufführung und dieser eingeschnappt-bissigen Reaktion im »Phöbus« war das Verhältnis zwischen Goethe und Kleist am Nullpunkt.

In diesem Zusammenhang kann man auch ein kleines Gedicht von Kleist lesen, das erst vor ein paar Jahren entdeckt wurde. Es parodiert Goethes berühmtes »Über allen Gipfeln ist Ruh«. »Die Vögel schweigen im Walde. Warte nur, balde ruhest du auch«, lauten die letzte Zeilen Goethes. Bei Kleist: »Die Vögelein schlafen im Walde, / Warte nur, balde / Schläfest du auch.«[105] Unverkennbar verballhornt Kleist den tiefempfundenen Text. Und dann scheint er sich direkt an Goethe zu wenden: Du wirst es auch nicht mehr lange machen, deine Tage sind gezählt.[106]

Auch das Verhältnis zu Wieland war abgekühlt, der meldete sich nicht. Wir wissen nicht, warum, aber es kann, gerade in der Zeit nach der Aufführung des »Zerbrochnen Krug« in Weimar, kein Zufall gewesen sein. Wieland muss das mitbekommen haben. Falk schickte Wieland dann auch die dritte Ausgabe des »Phöbus« mit dem »Krug«-Fragment nach Weimar, der 75-jährige Herausgeber des »Teutschen Merkur« antwortete: »Einen possierlicheren Mischmasch von Wahrem und Absurdem hab ich noch nicht leicht gelesen; nur daß alles Wahre gemein und längst gesagt, alles Neue hingegen lauter Seifenblasen, Irrwische und Wind! Wind! Wind! ist.«[107] Im weiteren Verlauf des Briefes vermied Wieland es konsequent, Kleists Beiträge zu kommentieren, im Gegensatz zu denen Müllers. Er hielt bewusst Distanz.

Wielands Schweigen auch nach dem zweiten Brief Kleists vom Dezember 1807 (der erste war aus Châlons gewesen) hatte etwas Schnödes. Der Autor, den Wieland einst in den Himmel gehoben hatte, schickte – nach einer schweren Krankheit – zwei Briefe an seinen einstigen Mentor und bekam keinerlei Antwort. Das schmerzt. Wie aber ist es zu verstehen? Seit 1773 hat

Wieland den »Teutschen Merkur« am Leben gehalten, er wusste zu genau, wie geschickt man verfahren muss, um im Literaturbetrieb zu überleben. Er witterte, die Briefstelle an Falk zeigte es deutlich, was mit dem »Phöbus« geschehen würde. Zusätzlich wäre es erstaunlich, wenn Böttiger, der Redakteur seines »Teutschen Merkur«, Wieland nicht negativ beeinflusst hätte.

Mit dem »Phöbus« ging es ebenso zügig abwärts, wie er entstanden war. Das erging anderen Zeitungen, etwa dem zeitgleich gegründeten »Prometheus« in Wien, in dem sogar Goethe und Friedrich Schlegel schrieben, nicht anders. Schnell wurde auch das Hochfahrende des Dresdner Projekts wahrgenommen, für falsche Prätention hatte man ein feines Gespür.[108] Schwierig wurde es bereits nach der zweiten Ausgabe. Schon Ende März versuchte Müller, nachdem aus der Buchhandelskonzession nichts geworden war, sich zurückzuziehen und die Verantwortung am »Phöbus« allein Kleist zu übertragen.[109] Er ahnte, schneller als Kleist, dass der »Phöbus« zum sinkenden Schiff wurde. Im Mai kümmerte er sich intensiv um eine akademische Anstellung.[110] Zwischen Goethes und Wielands ablehnender Zurückhaltung und Kleists und Müllers Überheblichkeit und redaktioneller Unprofessionalität ist die Frage, wer welche Schuld am schnellen Niedergang des »Phöbus« hatte, kaum zu entscheiden.

Da ist es interessant, wie Kleists Entwicklung im Hause Körner beurteilt wurde. Hier waren sie gegenüber ihm und seinem Werk grundsätzlich wohlwollend eingestellt, waren aber auch keine blinden Parteigänger. Körner selbst hat für den »Phöbus« geschrieben, hatte also keinerlei Berührungsangst. Interessant ist vor allem die Meinung von Dora Stock, Körners Schwägerin. Sie hatte den nüchternen Blick der Spötterin[111] und neigte nicht dazu, sich oder jemand anderem etwas vorzumachen. Auch sie war Kleist wohlgesinnt, sie hatte seine alte Tante Massow kennengelernt, noch im Dezember 1807 schrieb sie, dass die »Penthesilea« sehr schön sein soll.[112]

Im April 1808 gab sie eine sehr nüchterne und im Rahmen der Zeit treffsichere Einschätzung Kleists. »Herrn von Kleist sehen wir oft in unserm Hause und wir schätzen ihn als Mensch wie er verdient. Mit dem Schriftsteller haben wir manchen Streit. Sein

Talent ist unverkennbar, aber er läßt sich von den Herren der neuern Schule auf einen falschen Weg leiten, und ich fürchte daß Müller einen schädlichen Einfluß auf ihn hat. Seine Penthesilea ist ein Ungeheuer, welches ich nicht ohne Schaudern habe anhören können. Sein zerbrochner Krug ist eine Schenckenscene die zu lang dauert, und die ewig an der Grenze der Decenz hinschießt. Seine Geschichte der Marquisin von O. kann kein Frauenzimmer ohne Erröthen lesen. Wozu soll dieser Ton führen? Ueberhaupt fürchte ich, das der ›Phöbus‹ nicht länger wie ein Jahr leben wird. Jezt schon wird er weder mit Vergnügen erwartet, noch mit Interesse gelesen. Und doch wollen diese Herren an der Spitze der Litteratur stehen und alles um sich und neben sich vernichten.«[113]

Fast gleichzeitig schrieb Emma Körner, jung, aber durchaus meinungsfreudig, ganz ähnlich wie Dora Stock.[114] »Kleisten gebe ich noch nicht auf, nur wünschte ich ihn aus seinen Umgebungen herausreißen zu können. Ich weiß aus eigener Erfahrung, daß man ihm viel sagen kann, und dass er von Natur nichts weniger als anmaßend ist«, meinte Körner selbst.[115] Die Anmaßung Müllers und Kleists mit ihrem »Phöbus« war das, was dem Publikum besonders unangenehm aufstieß. Varnhagen, der Kleist und seine Arbeiten sehr mochte, fasste später zusammen, dass es sich der »Phöbus« durch »prahlerisches Auftreten« verdorben habe.[116]

Im vierten Heft, das gleichzeitig das fünfte war, veröffentlichte Kleist den Anfang des »Guiskard« und weitere Epigramme. Hatte er die Tragödie jetzt fertig, oder hat er nur dieses Stück geschrieben? Nichts, keine auch noch so winzige Bemerkung gibt Aufschluss über diese Frage.

Außerdem erschien hier ein erster Auszug aus dem »Käthchen von Heilbronn«. In Nummer sechs vom Ende Oktober folgte der Anfang des »Michael Kohlhaas«. Dann war, im Juli/August-Heft, das Dezember 1808 erschien, nichts mehr von Kleist im »Phöbus« zu lesen. In den beiden letzten Heften, jeweils Doppelnummern, also einmal Nummer neun und zehn, dann Nummer elf und zwölf, fanden sich Gedichte und ein weiterer Auszug aus dem »Käthchen«. Damit ist der »Phöbus« eine der bedeutendsten Zeitschriften geworden, die es gab. Aber eben fast nur durch

Kleist. Eigentlich war es gar keine richtige Zeitschrift. Seine Bedeutung hatte der »Phöbus« durch die Texte Kleists, die aber wurden damals nicht verstanden.

Statt Kleist füllte Adam Müller die späteren Ausgaben. In der letzten Ausgabe des »Phöbus«, sie erschien Ende Februar, Anfang März 1809, gab es von Kleist noch »Der Schrecken im Bade«. Er nannte es eine »Idylle«, aber es ist eine grimmige erotische Phantasie, in der Verlockung und das Erschrecken darüber untrennbar verwoben sind, keusch und lüstern in einem. Eine Phantasie an der Schwelle zum Verlust der Jungfräulichkeit. Zwei Mädchen erleben an einem See beim Baden miteinander einen Sommernachtstraum, die eine spielt den Bräutigam der anderen.

So wie in diesem Text liegt über Kleists gesamter Dresdner Zeit ein Hauch von Erotik. Es ist manchmal nur ein flüchtiger Duft, aber man kann ihn doch deutlich spüren. Die Natur hatte er hier als 15-jähriges Mädchen wahrgenommen. Als er hier 1801 die Madonna Raffaels bewundert hatte, hatte er noch keusch vom hohen Ernste und der stillen Größe gesprochen. Bei seinem Dresden-Besuch 1803 hatte Kleist sich an die Schlieben-Schwestern gehalten, brave, biedere, bescheidene Mädchen. Wenn Kleist jetzt, 1808, von Reinheit sprach, dann war sie offensichtlich mit Erotik vermischt. Was er veröffentlichte, »Penthesilea« und die »Marquise«, drehte sich für jeden sichtbar um Sex und war voller Anspielungen. Auch »Das Käthchen von Heilbronn«, das er in Dresden schrieb, ist ein Stück mehr oder minder gut versteckter Sexualität.

Ohne Zweifel gehört »Das Käthchen von Heilbronn« zum sichtbaren Theater. Es steckt etwas Kalkuliertes in diesem Drama: So, scheint Kleist gedacht zu haben, schreibt man ein erfolgreiches Stück. Es ist voll mit Rittern und Rüstungsgeklapper, wie kein anderes Schauspiel Kleists strotzt es vor knalligen, bewusst eingesetzten Bühneneffekten. Ein Femegericht in einer unterirdischen Höhle, ein Bad in einer Grotte im gotischen Stil, Gewitter im Gebirge, Feuer im Schloss, verbundene Augen und Traumgesichter, Giftanschlag und Hochzeitsfeier: Kleist lässt es richtig krachen. In diesem Stück ist er, allein schon wegen der Kulissen, Romantiker. Dazu kommt eine richtiggehende Groschenhefthandlung: »Ein blutjunges, unschuldiges Bürgersmädchen, das Käthchen von Heilbronn, läuft ihrem geliebten, angebeteten Grafen Friedrich Wetter vom Strahl so anhaltend und penetrant unterwürfig hinterher, bis es ihren Traumprinzen nach allerhand Hindernissen und Widerständen am Ende doch heiraten kann.«[117]

Eine Schlüsselszene des Stücks ist die berüchtigte Holunderbuschszene im vierten Akt. Im Schloss des Grafen Wetter vom Strahl liegt das Käthchen abseits im Gebüsch an der Burgmauer unter einem Holunderbusch. Ihre Kleider hängen im Busch zum Trocknen. Sie schläft, unbekleidet, was Kleist selbstverständlich nicht schreibt. Der Graf nähert sich ihr und ist nicht nur gerührt, wie er sie so liegen sieht, sie zieht ihn auch unwiderstehlich an: »Wahrhaftig, wenn ich sie so daliegen sehe, mit rothen Backen und verschränkten Händchen, so kommt die ganze Empfindung der Weiber über mich, und macht meine Thränen fließen«, sagt er. Rasch will er handeln, ehe der Gottschalk kommt, lässt sich auf die Knie nieder und umfängt ihren Leib sanft mit seinen Armen. »Thue ich eine Sünde, so mag sie mir Gott verzeihen.«[118]

Die Anspielungen Kleists sind eindeutig, der Graf verhört sie dann aber nur im Schlaf. Der Liebreiz, den Kleist Käthchen gibt, liegt zwischen erotischer Anziehung und keuscher Rührung. Sexualität schwankt zwischen Verlangen und Unschuld, wie sich das in der Beziehung zu Wilhelmine ebenfalls herstellte und wie es später im 19. Jahrhundert mit der Aufspaltung der Frau in die Hure und die Heilige eine Form gefunden hat. Wobei die Übermacht des Verlangens sehr bedrohlich werden kann: Zehn Leben würde er für die Hochzeitsnacht mit Käthchen geben, sagt Strahl gegen Ende.[119]

Wie in der »Penthesilea« die beiden Liebenden nicht verstehen, was sie zueinander zieht, verstehen auch Strahl und Käthchen nicht, was sie aneinander bindet. Das Stück dreht sich darum, die unerklärliche Fixierung der beiden aufzudecken.[120] Der Mann und das Mädchen sind nicht in der Lage, ihr Begehren zu verstehen. Diese Unerklärlichkeit des Begehrens ist es, die das Stück mit der »Penthesilea« verbindet. Während sie bei »Penthesilea« zur Raserei führt, wird sie hier zum blinden Vertrauen Käthchens, die Strahl wie eine Hündin folgt.[121] Blindes

Vertrauen, darum geht es Kleist immer wieder. Blindes Vertrauen gegen blindwütige Raserei, das muss es sein, was Kleist gemeint hat, als er sagte, dass das »Käthchen« und die »Penthesilea« wie das + und – der Algebra zusammengehören.[122]

In den beiden brutalen Verhören zu Beginn des Stückes geht es darum, die unerklärliche Bindung Käthchens an den Graf zu ergründen.[123] Warum läuft sie dem Grafen Strahl so sklavisch hinterher? Die Verhörmethoden haben etwas Sadistisches, es wurde bei der Szene nicht umsonst an die Inquisition gedacht. Das ist durchaus passend, denn die Macht, die der Graf über das Käthchen ausübt, erscheint unerklärbar, satanisch und damit keiner weltlichen Gerichtsbarkeit, sondern nur inquisitorischen Methoden zugänglich. Solche sadistischen Verhöre sind eine Spezialität Kleists: Eve tritt in Adam ihrem möglichen Vergewaltiger als verhörendem Richter gegenüber. Alkmene tritt in Jupiter ihrem wirklichen Vergewaltiger, wenn auch im Körper ihres Gatten, als Richter über ihr innerstes Gefühl gegenüber. So ist Begehren bei Kleist immer, nicht nur in der »Penthesilea«, mit Gewalt verbunden.

Dem Graf ist nach schwerer Krankheit in seinem Silvestertraum verheißen worden, eine Kaisertochter als Ehefrau heimzuführen. Vertraue, habe ein Engel ihm dreimal zugerufen.[124] Auch dem Käthchen ist in der Silvesternacht ein Engel erschienen. In der Holunderbuschszene, nicht nur eine versuchte Vergewaltigung, auch ein drittes Verhör des jetzt im Schlaf sprechenden Käthchens, erfährt der Graf, dass auch er ihr damals erschienen war und dass sie ihm deswegen folgt.

Käthchens traumwandlerische Sicherheit und ihre Antworten im Schlaf erinnern an das damals vielbeachtete und vieldiskutierte Phänomen des Somnambulismus – worunter man eher den Zustand des Hypnotisiertseins als Schlafwandlerei verstand. Es handelt sich um eines der vielen Phänomene in der langen Geschichte der Entdeckung des Unbewussten.[125] Der Somnambule hat unter Ausschaltung seines Bewusstseins Zugang zu seinem Inneren.

Der romantische Philosoph Gotthilf Heinrich Schubert hat damals das Phänomen in seiner Schrift »Ansichten von der Nachtseite der Naturwissenschaft« beschrieben. Das ist bemerkenswert, da Schubert in Dresden wohnte, hier seine Vorlesungen hielt und am Aprilheft des »Phöbus« beteiligt war. Er wird Kleist also irgendwie angeregt haben, auch wenn sein Buch darüber erst 1808, zu spät für das »Käthchen«, erschien. Schubert berichtet, dass Kleist sich für den Somnambulismus außerordentlich interessiert habe.[126] Verblendet aber war Kleist keineswegs: Er machte sich einen Spaß daraus, sich mit Pfuel über Magnetiseure und Hellseherinnen lustig zu machen.[127]

Käthchens Gegenspielerin ist Kunigunde, eine Intrigantin und falsche Schönheit. In der Badegrotten-Szene sieht Käthchen, dass Kunigundes Schönheit nur vorgetäuscht ist. Sie ist, wie im heutigen Horrorfilm, eine hässliche Hexe in einer schönen Hülle. Diese Aufspaltung der Frau, hier das natürliche, reine Mädchen, dort die künstliche, verschlagene Verführerin, macht »Das Käthchen von Heilbronn« zu einem typischen Text des 19. Jahrhunderts mit seiner Obsession für die Heilige und die Hure.

Eine weitere Schlüsselszene ist die Feuerprobe, die im Titel des Stücks vorkommt. Ein skurriles Detail verbindet diese Szene mit früheren Vorstellungen Kleists von seiner Ehefrau Wilhelmine. Schon damals ging es um ein Futteral. Im »Käthchen« will Kunigunde das Käthchen töten, zunächst indem sie sie drängt, ihr ein Bild des Grafen aus dem brennenden Schloss zu holen. Natürlich gelingt es dem Käthchen mit traumwandlerischer Sicherheit, das Bild unbeschadet aus den Flammen zu retten. Kunigunde aber herrscht sie an. »Die dumme Trine«, kreischt sie. Käthchen habe das Futteral für das Bild in den Flammen vergessen, an dem ihr eigentlich gelegen sei.

Das hört sich fadenscheinig an, ist aber wie eine Offenbarung Kleists. Denn auch Kleist verlangte einst nach einem Futteral: »Bringe mir«, hatte er im April 1801 an Ulrike geschrieben, »mein Huthfutral mit.«[128] Eine gute Woche später: »Schicke mir doch das Bild-Futteral sogleich zurück, denn es gehört zu *Deinem* Bilde.«[129] Kleist hatte mit Bild, Rahmen und Futteral damals ebenfalls ein Spiel um Sexualität und Heimelichkeit inszeniert. Als er in der Holunderbuschszene auftritt, führt der Graf ein Futteral mit sich und beginnt zu sprechen, »indem er das Futteral in den Busen steckt«.[130] Das Futteral steht für das Herz, das Innerste. Es ist sozusagen der Mantel des fötalen Zustands und eine Metapher der weiblichen Scheide. Dagegen setzt Käthchen unterm Hollerbusch den wunderbaren, an Drolligkeit schwer zu übertreffenden Liebesausruf: »O geh! – Verliebt ja, wie ein Käfer, bist du mir.«[131]

Auch für diese Drolligkeit finden sich Vorläufer. Kleist hatte ein ausgesprochenes Faible für das Drollige. »Wie mag doch das kleine Ding aussehen, das Gustel geboren hat? Ich denke, wie die Mäuse, die man aus Apfelkernen schneidet«, hatte er einmal an Ulrike geschrieben, als seine Schwester Auguste ein Kind bekommen hatte.[132] Die Vorstellung, ein Baby aus Apfelkernen zu schnitzen, gefiel Kleist so gut, dass er am Ende des Briefs gleich noch mal der »kleinen Maus aus dem Apfelkern geschnitzt« gedachte.[133]

Kleists erotische Welt ist voller Merkwürdigkeiten. Käthchens Seele stand nackt vor ihm, behauptet der Graf Wetter vom Strahl, seine Tränen nennt er einen Erguss.[134] Zu diesen Merkwürdigkeiten gehören kleine Hände. Penthesilea hat kleine Hände. So wie die junge Frau mit den »niedlichsten kleinen Händen«,[135] die Kleist den Dichter-Lorbeer aufgesetzt hat. Klein, grazil, mädchenhaft, das war Kleists Weiblichkeitsideal.[136] Kleine Hände hat auch das Käthchen von Heilbronn, »mit roten Backen und verschränkten Händchen«. »Penthesilea« und »Käthchen« sind beide Frauen mit kleinen Händchen, beide Figuren von Mädchenhaftigkeit und Grazie. Auch Penthesilea ist eine zerbrechliche Erscheinung. Im Gegensatz zu Käthchen, die so ist, wie sie aussieht, ist sie aber etwas, das es eigentlich nicht geben kann: eine zarte Furie.

Kleist scheint in Dresden höchst erotisiert gewesen zu sein. Ein begehrendes Gefühl, das in alle Richtungen hin offen war. Eine erotische Welt, in der Frauen wie Penthesilea männlich wurden und offen sexuell waren oder wie Käthchen so weiblich, wie sie nie zuvor gewesen waren, und verdeckt sexuell.

In Kleists Umgebung lebten damals mehrere junge Frauen des mädchenhaften Typs. Hat er sich verliebt, und wenn ja, in wen? Emma Körner hatte Rehaugen und war, wie wir gehört haben, schlank. Körners Pflegetochter Emma Juliane Kunze war ebenfalls niedlich und mädchenhaft. So hat sie Tischbein porträtiert.

Pfuel war von Emma Körner sehr angetan.[137] Kleist scheint sich in Julie Kunze verliebt zu haben. Außerdem soll er sich in Sophie von Haza verguckt haben, die zwei Jahre älter war als Kleist. Sie war gerade dabei, sich von ihrem Mann zu trennen, und 1809 wurde sie Adam Müllers Frau. Im November 1807 hatte ihr Mann Boguslaus die Scheidung eingereicht. Kleists Verliebtheit, heißt es, soll so schlimm gewesen sein, dass er meinte, Adam Müller von der Elbbrücke stoßen zu müssen.[138] Aber das ist alles ungewiss. Pfuel berichtete Clemens Brentano bald nach Kleists Tod, dass Kleist wegen »in der Liebe gekränkter Eitelkeit« acht Tage »rasend und wahnsinnig« gewesen sei.[139] Wer der Anlass dieser Raserei war, sagte er nicht.

Julie Kunze, so wollte es ein Gerücht der Zeit, ist Vorbild für das Käthchen gewesen. Kleist habe das Stück nach der Trennung von ihr geschrieben. Dora Stock soll für Kunigunde gestanden haben. Diese Gerüchte hielten sich so hartnäckig, dass sie Kunze ziemlich auf die Nerven gingen.[140] Ob sie Kleists Gefühle irgendwann erwiderte, wissen wir nicht. Sicher hat sie sich nach dem Auftauchen eines Herrn von Einsiedel im Hause Körner mehr für diesen interessiert.[141] Ernst Blümner, damals ebenfalls im Hause Körner zu Gast, schrieb über den Abend, an dem Kunze und Einsiedel sich näherkamen, in sein Tagebuch: »Sicher ist, dass Herr v. Kleist, der anscheinend ein Auge auf dieses Fräulein geworfen hatte, zusehends schlecht gelaunt wurde.«[142] Die Beobachtung wird bestätigt durch eine spätere Bemerkung Alexander von Einsiedels an Blümner, nachdem er Julie Kunze geheiratet hatte: »Sie haben in Dresden den Herrn v. Kleist gekannt – einst meinen Nebenbuhler«, schrieb er.[143] Es war also wahrscheinlich dieser Vorfall, der Kleist zur Raserei brachte.

Um die Trennung zwischen Boguslaus von Haza und seiner Frau Sophie machte Kleist aber ebenfalls viel Aufhebens. Er reiste dem Gatten hinterher auf sein Gut. »Fr. von Haza ist eine liebenswürdige und vortreffliche Dame, und die ersten Schritte, die ich für sie gethan habe, machen es ganz nothwendig, dass ich die letzten auch thue.«[144] Unter den Gedichten, die Kleist im »Phöbus« veröffentlichte, war auch eines auf S. v. H.

> Das Blümchen, das, dem Thal entblüht,
> Dir Ruhe giebt und Stille,
> Wenn Krampf dir durch die Nerve glüht,
> Das nennst du die Camille.
>
> Du, die, wenn Krampf das Herz umstrikt,
> O Freundin, aus der Fülle
> Der Brust mir so viel Stärkung schickt,
> *Du* bist mir die Camille.

Das hört sich sehr nett, aber nicht nach einem leidenschaftlichen Liebesverhältnis an. Es klingt eher, als hätten sich Kleist und Sophie von Haza bei ihren Liebesverwicklungen gegenseitig beigestanden. Auch das spräche für Julie Kunze als Ziel von Kleists Leidenschaft.[145]

Genauso wichtig wie echte oder eingebildete Liebesverhältnisse dürfte für Kleist damals etwas anderes gewesen sein: Seine beiden besten Freunde heirateten. Keine Äußerung Kleists ist dazu überliefert, kein Satz von Rühle oder Pfuel, was das für ihre Freundschaft bedeutete. Rühle heiratete im Sommer 1808. Kleists letzter Brief an Rühle trägt ein ungewisses Datum, er dürfte aber aus diesem Jahr sein: »Wenn ich auf dich böse bin, so überlebt diese Regung nie eine Nacht, und schon als du mir die Hand reichtest, beim Weggehen, kam die ganze Empfindung meiner Mutter über mich, und machte mich wieder gut.«[146] Es hatte Streit gegeben, wann und worüber ist unbekannt. Pfuel hatte schon im Frühjahr geheiratet.

In Dresden hat Kleist sich vor allem in romantischen Kreisen bewegt. Müller war der typische Vertreter romantischer Politikauffassung, Schubert betrieb romantische Wissenschaft. Kleist kam in Kontakt zu den Dichtern Clemens Brentano und Achim von Arnim, die zu der Zeit allerdings in Heidelberg waren: Persönlich lernte er Ludwig Tieck kennen, der im Sommer 1808 in Dresden war – allesamt Romantiker. Caspar David Friedrich lebte in Dresden, es ist keine direkte Berührung mit Kleist belegt, sie ist aber wahrscheinlich. Sieht man den »Phöbus« durch, gewinnt man den Eindruck einer romantischen Zeitschrift. Die »Phöbus«-Autoren Müller, Schubert und Fouqué kann man den

Romantikern zurechnen, Madame de Staël sympathisierte mit ihnen. Novalis war bereits tot, aber Kleist veröffentlichte seine programmatischen Verse »An Dorothee«, womit Dora Stock gemeint war. Er bekam in dieser Zeit außerdem Kontakt zum romantischen Cheftheoretiker, Friedrich Schlegel, wie ein späterer Brief zeigt.[147] Schlegel hatte mit seinem Bruder August Wilhelm und Madame de Staël im Juni 1808 Dresden besucht. Kleist hatte in Dresden also vielfache Berührung zur Romantik, jener machtvollen, bis heute nachwirkenden Kunstperiode, die in Deutschland kurz vor Anfang des 19. Jahrhunderts ihren Anfang genommen hatte. Und zumindest mit dem »Käthchen« ist Kleist auch zum Romantiker geworden, der »romantischen Gattung« hat er es selbst zugeordnet.[148]

Die Frage aber bleibt: Wurde Kleist ein Romantiker? Er selbst hat nichts dazu gesagt. Das Wort »romantisch« hatte er bisher nur umgangssprachlich in seinen Briefen verwendet. Kleists Kunstgeschmack war nicht romantisch. Er hatte an klassischer Kunst sein Maß genommen.[149] Er hatte für Claude Lorrain als Landschaftsmaler geschwärmt. Nichts dagegen war von ihm über den Hyperrealisten seiner Zeit zu hören, Canaletto, der Dresden vielfach gemalt hatte. Als Kleist nach Weimar kam, besuchte er den maßvollen Wieland und nicht Herder, den Urvater der deutschen Romantik. Als er in der Dresdner Gemäldegalerie war, bewunderte er die Sixtinische Madonna, Prototyp einer klassisch-ausgewogenen Kunstauffassung. Allerdings hatten die Romantiker gleichfalls eine Schwäche für diese Frau.

Die Romantik ist diffus. Der romantische Impuls faltete sich im Lauf des gesamten 19. Jahrhunderts in unendliche, teils gegensätzliche Facetten auf. Es machte ihre Stärke aus, dass sie kein Programm hatte. Sie war eher ein neuartiger Kult mit individualistischer Komponente. Sie entfremdete sich der Welt. Die Romantik war eine an Mittelalter, Märchen, Mystik und andere Phänomene einer neuen Unbewusstheit anknüpfende Bewegung, die im Inneren (des Menschen oder der Welt) die stärkere Wahrheit vermutete als in äußerlicher Regelhaftigkeit und Messbarkeit. Träume, Burgruinen, eine klappernde Mühle, Mondlicht, die Mächte der Finsternis, das Landleben, Volkslieder, Shakespeare, Religionen, fremde Länder, Rauschmittel,[150] alles

Mögliche konnte romantisch werden. Wesentlich war die Idee, dass die Kunst Vorrang vor allen anderen Lebensbereichen hat, dass der Mensch sich seine Welt selbst erschafft. Dafür war Kleist nicht nur empfänglich, er hatte diese Wende längst vollzogen, als er in Dresden ankam.

Der verstorbene britische Ideengeschichtler Isaiah Berlin hat 1965 legendäre Vorlesungen über die Romantik gehalten, die 1999 posthum als »The Roots of Romanticism« erschienen sind.[151] Berlin geht davon aus, dass die Romantik die fundamentalste geistige Bewegung ist, die das Abendland erlebt hat. Auch er beschreibt die Vielgestaltigkeit der Romantik, besteht aber darauf, dass es etwas gibt, das ihren Kern ausmacht. Dieser Kern lässt sich etwa so zusammenfassen: Seit der Antike und bis ins 18. Jahrhundert gab es die unangefochtene Überzeugung, dass es eine festgelegte, im Prinzip einsehbare Natur und Struktur der Dinge gibt. Zu dieser Ordnung gehörte der Glaube, dass Tugend Erkenntnis sei (und Erkenntnis tugendhaft), da die wahre Erkenntnis diese Ordnung, diese Wirklichkeit begreift. Genau das bezweifelte die Romantik und ersetzte es durch die Vorstellung, dass der Mensch sich seine Welt erschafft.[152]

Kleist hat diese Auflösung der Ordnung der Dinge, der Verknüpfung von Erkenntnis und Tugend, in den Jahren von 1799 bis 1804 sozusagen am eigenen Leib vollzogen. Das ist die Bewegung der Würzburger Reise gewesen, der Kant-Krise, der Reisen nach Paris und in die Schweiz und der Krankheit in Mainz. Kleist verabschiedete, ganz allein mit sich selbst beschäftigt, sozusagen 2000 Jahre menschlichen Empfindens. Da kann man schon einmal kryptische Briefe nach Hause schicken oder das Gefühl haben, dass einem die Welt durch die Finger rinnt und grün wird, da kann man Fieber haben und Nervenzerrüttung.

In diesem ebenso abstrakten wie fundamentalen Sinn war Kleist der Romantiker schlechthin. Berlin beschreibt das schön am Beispiel der Tragödie.[153] Alle Tragik sei davon ausgegangen, dass man einen Fehler begeht, wobei es unvermeidliche Fehler gibt. König Ödipus und Othello, meint er, hätten aber trotz allem in einer vernünftigen, geordneten Welt gelebt: Wenn Ödipus gewusst hätte, dass Laios sein Vater ist, hätte er ihn nicht erschlagen. Wenn Othello gewusst hätte, dass Desdemona ihn nicht betrogen hat, hätte er sie nicht ermordet. Berlin führt dann Schillers »Räuber« an, wo es keinen Grund für Karl Moors Morde gebe. Man könne nicht sagen, wer Schuld daran hat. Wie viel deutlicher ist das bei Kleist. Schon »Die Familie Schroffenstein« dreht sich darum, dass die Ordnung verdreht ist und es in ihr nur noch »Versehen« geben kann. Es gibt keinen wirklichen Grund für das Tragische. Das steckt in allen Kleist'schen Tragödien.

In der Wirklichkeit aber war auf Kleist auch als Romantiker kein Verlass. Als gegen Ende der Dresdner Zeit ein neues, extrem romantisches Bild von Caspar David Friedrich die Gemüter bewegte, wollte Kleist nichts davon wissen. Er scheint sich nicht dafür interessiert zu haben. Das Bild war das »Kreuz im Gebirge«, bekannt auch als »Tetschener Altar«: ein hohes Kreuz mit Christus auf dem Gipfel eines hochaufragenden Steinberges, hinter dem sich einige Tannen emporstrecken; die Wolken am Himmel dramatisch glutrot; von unten über Berg, Tannen und Christus aufsteigende Sonnenstrahlen. Dazu ein goldener, reichverzierter Rahmen.

Als der Kammerherr und Kunstkenner Basilius von Ramdohr zu Friedrichs Altarbild in der »Zeitung für die elegante Welt« Stellung nahm und eine deutliche, grundsätzliche Kritik formulierte, fühlte sich die romantische Szene Dresdens angegriffen. Friedrich wohnte in Dresden. Ramdohr traf das Neue von Friedrichs Bild genau, aber er sah es negativ. Der Himmel sei ohne Harmonie und Wahrheit, Lichtführung und Perspektive seien ungeschickt, der Maler beleidige alle Regeln der Optik, die Tageszeit sei nicht erkennbar. Ramdohr sah nicht nur die Regeln der Kunst missachtet, er sah, nicht ganz unberechtigt, auch den Mystizismus des Mittelalters wieder heraufziehen. »Jener Mythizismus, der jetzt überall sich einschleicht, und aus Kunst wie aus Wissenschaft, aus Philosophie wie aus Religion, gleich einem narkotischen Dunste, uns entgegenwittert.«[154] Ramdohr hatte einen Angriff auf die Romantik insgesamt gestartet.

Friedrich traf Ramdohrs Vorwurf hart, er löste eine leidenschaftliche Debatte aus. Die Dresdner Maler Gerhard von Kügelgen und Ferdinand Hartmann waren höchst erbost. Hartmann, in seinen Kupferstichen für den »Phöbus« selbst klassizistisch, verteidigte Friedrich. Er schrieb in der letzten Nummer des »Phöbus« eine scharfe Erwiderung, datiert vom 21. Februar 1809. Ramdohr wurde im Dresdner Kreis behandelt und abgekanzelt, wie wenn er nicht ganz bei Trost wäre.[155] Kleist hat sich in diesem Zusammenhang nicht geäußert, keinerlei Reaktion ist überliefert. Das ist bemerkenswert. Er bekam hautnah eine der brisantesten Kunstdebatten seiner Zeit mit, sie wurde zum Teil in seiner Zeitschrift geführt, aber es scheint ihn nicht berührt zu haben.

Mit dem »Phöbus« ging es endgültig bergab. Schon im Mai 1808 wurde es richtig eng. Rühle gab nun seine eigene Zeitschrift »Pallas« heraus. Der »Phöbus« muss verkauft werden, schrieb Kleist.[156] Da sie den Verlag der Zeitschrift in der Hoffnung auf glänzende Gewinne selbst übernommen hatten, mussten sie für jede Nummer in Vorlage gehen. Bei fehlendem Verkauf kostete es mehr Geld, als es brachte. Jetzt konnten sie diese Kosten nicht mehr aufbringen. Versuche, den »Phöbus« an einen Verleger zu verkaufen, schlugen fehl, obwohl sie die Manuskripte für ein Jahr tantiemefrei liefern wollten.[157] Nur 150 Exemplare sollen vom siebten Heft verkauft worden sein. Kleist war verbittert. Auf Tieck machte er im Sommer 1808 den Eindruck, es habe sich bei ihm Weltverachtung entwickelt.[158] Man war so weit, sogar Böttiger anzuschreiben, ihn um Beiträge und Hilfe zu bitten, was Müller Anfang Juli übernahm.[159] Kleist schickte Böttiger die »Penthesilea«, die Cotta in seinen Verlag genommen hatte.[160] Das ging, wie wir wissen, nach hinten los: Böttiger warnte nun Cotta vor dem »Phöbus«.

Gegenüber Ulrike wand sich Kleist inzwischen wieder, um seine Geldnöte irgendwie charmant zu verpacken. Er schob den Niedergang der Zeitschrift auf die Politik.[161] Napoleon war schuld. Von eigenen Fehlern sprach er nicht. Und tat er es doch einmal, wurde der Fehler weiter auf einen Freund geschoben.[162] Ruhige Bemühungen, kontinuierliche Redaktionsarbeit waren Kleists Sache nicht. Man muss der Tatsache ins Auge sehen, dass Kleist sich beim »Phöbus« selbst ins Verderben geführt hat. Er hatte in Dresden alle Chancen, und er hat sie vermasselt.[163]

Kleist kümmerte sich noch darum, seine Manuskripte unterzubringen.[164] In diesem Zusammenhang fiel auch seine Bemerkung vom + und – über »Käthchen« und »Penthesilea«. Vielleicht sollte man das deswegen nicht zu ernst nehmen. Es war ein deutlich taktisches Argument. Er empfahl Adam Müller auch nachdrücklich an Altenstein, der mittlerweile preußischer Finanzminister geworden war.[165]

Triumphierend beiläufig schrieb Kleist an Ulrike, die doch ihr Geld für das Unternehmen gegeben hatte, dass der Buchhändler Walther den »Phöbus« übernommen habe, dass also die Ausgaben gedeckt seien.[166] Diese Transaktion aber ging nach hinten los. Kleist erkannte es erst Monate später Anfang April 1809. Die letzte Ausgabe des »Phöbus« war ausgeliefert, und Kleist sah auf einer Abrechnung Walthers, dass Müller alle Einnahmen, die noch für die bei verschiedenen Buchhandlungen liegenden Exemplare des »Phöbus« zu erwarten waren, für 136 Reichstaler an Walther abgetreten hatte! Diese 136 Taler hatte Müller für sich behalten. Und alles ohne Kleists Wissen. Kleist war vor den Kopf gestoßen, er machte Müller Vorwürfe und wurde dabei ausfällig. Müller forderte ihn zum Duell. Kleist habe ihm Dinge ins Gesicht gesagt, die man nur mit Waffen beantworten könne.

Müller wandte sich am nächsten Tag an Rühle und Pfuel.[167] Er sprach sich wortreich von aller Schuld für den Streit frei. Er habe die gesamte Zeit die alleinige Verantwortung gehabt und die Schulden getragen, wie die beiden wüssten. Müller glaubte, deutlich mehr für den »Phöbus« getan zu haben als Kleist, und bat die beiden, ihm die Rechte am »Phöbus« zu übertragen, falls er das Duell überleben solle.

Auch wenn Müller sich schnöde gegenüber Kleist verhielt: Er hatte wirklich mehr Verantwortung für den »Phöbus« übernommen. Er hatte nach der Krise mit der siebten Ausgabe ein ums andere Heft mit seinen Texten gefüllt; er war es gewesen, der es geschafft hatte, den »Phöbus« zu verkaufen. Wahrscheinlich hatte er die meisten Schulden übernommen. Ein erst vor ein paar Jahren aufgetauchter Brief Müllers an Rühle vom Mai 1809, verfasst einen Monat nach dem Streit, ist in sehr vertrautem Ton abgefasst. Das Verhältnis war ungetrübt. Rühle hatte Müllers Darstellung seiner finanziell bedrängten Lage akzeptiert. Jetzt legte Müller Rühle einen Plan dar, wie er seine Schulden loszuwerden hoffte und schrieb: »Ohne Dein Wissen wollte ich nichts thun.«[168]

Rühle und Pfuel dürften es gewesen sein, die das Duell verhinderten. Am Tag des Streits mit Müller schrieb Kleist an Walther, dass er keinesfalls zusammen mit Müller die weitere Redaktion des »Phöbus« übernehmen werde. Eine neue Nummer des »Phöbus« gab es nicht mehr.

Widerstand und Geheimdienst

Dresden und Österreich
Sommer 1808 bis Herbst 1809

Vieles, was in diesen Jahren geschah, lässt sich auf einen einzigen Punkt zurückführen: Europa war mit einem übermächtigen Gegner konfrontiert. Was tun gegen jemanden, der in jeder Beziehung überlegen ist? Die Frage stellte sich seit Goliath oft, seit der römischen Übermacht aber nie wieder mit dieser Brisanz. Napoleon schien sich ganz Europa untertan machen zu wollen, und niemand konnte ihn stoppen.

Die preußischen Reformen, der spanische Guerillakrieg und die Entwicklung Heinrich von Kleists in Dresden, sie alle sind eine Reaktion auf die napoleonische Bedrohung. Was bis heute als die preußischen Reformen legendären Ruf genießt, war eine direkte Folge der Niederlage Preußens von 1806. Was 1808 in Spanien erfunden wurde, war der »kleine Krieg«, die »Guerilla«, weil der große Krieg, »la guerra«, gegen Napoleon nicht zu gewinnen war. Und die »Herrmannsschlacht«, die Kleist in Dresden schrieb, ist wahrscheinlich das gewaltbereiteste Kriegspropagandadrama, das je verfasst worden ist.

Vor der Niederlage und dem schwer auf Preußen lastenden Frieden von Tilsit – das Land hatte große Gebiete abtreten, die Heeresstärke reduzieren und sich zu drastischen Reparationszahlungen verpflichten müssen – war der König wankelmütig. Er wollte alles so belassen, wie es jahrzehntelang gut gewesen war, und er wollte mit den Reformern gehen, die auch schon vor 1806 den Staat modernisieren wollten. Friedrich Wilhelm III. hatte die Optionen Köckeritz oder Stein, Haugwitz oder Hardenberg, und versuchte es mit einem beherzten Sowohl-als-auch.

Nach 1806 war das nicht mehr möglich. Die Niederlage war nicht nur ein Ergebnis der Überzahl und neuen Kriegstechnik auf Seiten der Franzosen, sie war ein Ergebnis fehlender Motivation und Tapferkeit auf der Seite Preußens gegenüber dem französischen Volksheer. Die unerzwungenen Kapitulationen wie die von Magdeburg zeigten es. Kleist hatte die Anfänge dieses übermächtigen Heeres der Franzosen vor gut zehn Jahren mitbekommen. Er wusste, wovon die Rede ist. Gegen die schmerzliche Einsicht der eigenen Unterlegenheit konnte man sich nun nicht mehr sträuben. Der Staat war in einer Situation, in der er reagieren musste.

Erstaunlich entschieden setzte der König jetzt massive Entlassungen im preußischen Offizierscorps durch. In einem Memorandum vom Dezember 1806 sprach er von einem beispiellosen Skandal.¹ Solche Töne hatte man bisher von Friedrich Wilhelm III. nicht gehört. Er kündigte die Aufhebung des Adelsprivilegs an: Tapferkeit sollte über die Aufnahme in das Offizierscorps entscheiden und nicht mehr Abstammung. Im August 1808 wurde das tatsächlich umgesetzt. Damit hatten auch die äußeren Zeichen des alten Heeres ausgedient: Der Stock wurde abgeschafft, der Zopf abgeschnitten, der Gamaschenkult endete.² Die militärische Klasse des Militärstaats Preußen hatte versagt, so sah es der König, und so sahen es die Reformbeamten, die er nun in die Regierung berief. 1807, nach zeitweiliger Entlassung, wurde Stein zentraler Staatsminister. Als Napoleon 1808 Steins Entlassung durchsetzte, wurde Kleists einstiger Vorgesetzter Altenstein erster Minister. 1810 machte der König Hardenberg zum Staatskanzler, ein Titel, den es bis dahin nicht gegeben hatte. Er umfasste das Finanz- und das Innenministerium.

Die gesamte Verwaltung wurde erneuert. 1808 wurden fünf Ministerien eingeführt – für Inneres und Äußeres, Finanzen und Justiz und natürlich Krieg –, das System der Kabinettsräte, für das Köckeritz und Lombard standen, wurde dagegen aufgelöst. Dieses undurchsichtige und willkürliche Dickicht – Stein hatte es bereits in seiner Denkschrift von 1806 geschrieben –, wo jeder versuchte, den König für sich einzunehmen, galt als eines der Grundübel. Das Geschick des Staates sollte nicht davon abhängen, auf wen der König gerade gut zu sprechen war. Stattdessen sollte es für jedes Ministerium einen Minister geben, der direkten Zugang zum König hatte. Von 142 Generälen wurden 17 entlassen und 86 in Ehren verabschiedet, nur knapp mehr als ein Viertel der Generalität überstand diese Säuberung.[3] Von Köckeritz wollte sich der König nicht trennen.

Die Reformer wollten aber mehr als eine Verwaltungsreform. Sie wollten auch die Herzen und Köpfe erreichen, sie wollten ein Volk von Bürgern heranbilden, das sich mit dem Staat identifizierte. Es ging also um Umerziehung. Hier hat die große Bildungsreform Preußens ihren Ursprung. Wilhelm von Humboldt, der sich nach großen Widerständen für diese Aufgabe bereitfand, schuf dafür ein vollkommen neues Bildungssystem. Er wollte nicht nur Ausbildung und Faktenwissen, er wollte Persönlichkeitsbildung, Argumentationsfähigkeit und gedankliche Selbständigkeit entwickeln. Damit schuf Humboldt Möglichkeiten der Ausbildung, wie sie Heinrich von Kleist ein paar Jahre früher für sich vorgeschwebt hatten. Alles wurde neu und anders: Lehrer, Lehrerausbildung, Lernziele, Lehrbücher, Prüfungen.

Diese Sicht der preußischen Entwicklung nach 1806 orientiert sich an der Darstellung eines heutigen Historikers, die Zeitgenossen sahen das ganz anders.[4] Für die patriotischen Kreise war Friedrich Wilhelm III. weiterhin der Zauderer. Sie wollten weiter gehen und hatten radikalere Veränderungen im Sinn. Dabei spielten die Ereignisse in Spanien eine große Rolle. Denn hier wurde im Sommer 1808 Wirklichkeit, was vorher nicht zu denken war.

Die spanische Monarchie war geschwächt gewesen, weil sie in einem Familienzwist gefangen war. König Karl IV. hatte im Februar 1808 zugunsten seines Sohnes Ferdinand VII. abdanken müssen. Napoleon entmachtete beide und setzte stattdessen seinen Bruder Joseph als neuen spanischen Regenten ein. Dagegen kam es in Madrid am 2. Mai zum ersten Volksaufstand, der blutig niedergeschlagen wurde und dem am nächsten Tag die Erschießung der verhafteten Aufständischen durch die Franzosen folgte. Der Maler Francisco de Goya hat dieses für Spanien zentrale Ereignis später in einem berühmten Bild festgehalten. Aber die Volksbewegung war nicht aufzuhalten. In Oviedo und anderen Städten wurden Volksregierungen gebildet, überall im Land kam es zu Aufständen. Joseph musste im Juli fliehen, und Napoleon selbst rückte mit einer riesigen Streitmacht nach Spanien vor.

Neben dem großen Krieg der Truppen gab es den Guerillakrieg des Volkes. Dieser Krieg wurde mit äußerster Grausamkeit geführt. Unkoordiniert, nur vom gemeinsamen Willen zur Vernichtung des Eindringlings zusammengehalten, verbreiteten die selbstbewaffneten und selbstermächtigten Guerilleros im französischen Heer Angst und Schrecken. Sie schnitten die Versorgungswege ab, griffen aus dem Hinterhalt an, agierten noch viel flexibler als die Tirailleurs, waren mit den lokalen Gegebenheiten vertraut, ermordeten Soldaten, verweigerten die Anerkennung des Kriegsrechts, kannten kein Mitleid und schon gar keine Gnade. Gewinnen konnte die Guerilla den Krieg nicht, aber sie konnte bedeutende französische Truppenteile binden. Über 200 Kleinkriege beschäftigten die französischen Truppen.

Die französische Armee schlug mit der gleichen, bis dahin unbekannten Brutalität zurück. Der Krieg entartete zu einem Exzess von Bestialitäten. Auch das hat Goya festgehalten. Seine »Desastres de la guerra« zeigen den Krieg zum ersten Mal in seiner ganzen Hässlichkeit: zerstückelte, gedemütigte, geschundene Körper; Vergewaltigungen neben toten Babys; Frauen, die im einen Arm ihr kleines Kind tragen und im anderen einen Spieß, mit dem sie einen Soldaten durchbohren – alles ist bei Goya zu sehen. Es sind obszöne Bilder, und es sind die ersten Bilder eines entfesselten Krieges. Ein irrsinniger Furor fegte hier wie ein besinnungsloser Phöbus oder Phönix über das Schlachtfeld. Spanien verhielt sich vollkommen anders als Preußen. Es schloss keinen Frieden, es bot dem übermächtigen Napoleon die Stirn mit allen schrecklichen Konsequenzen.

Der spanische Guerillakrieg ist nicht nur zeitgeschichtlich von Bedeutung. Es begann ein neues Kapitel der Logik des Krieges. Damals entwickelten sich neue Begriffe der Kriegsführung, wie Carl Schmitt in seiner »Theorie des Partisanen« schreibt. Der Partisan ist eine Reaktion auf die Erhebung der Massen und die riesigen Revolutionsheere, die in Frankreich entstanden waren und die Napoleon so souverän zu nutzen verstand. Er ist die Antwort auf die Überlegenheit imperialer Kriegstechnik und -führung.[5] Der Guerrillero oder Partisan ist wegen der Übermacht des Gegners zu einer ganz anderen Form der Eskalation bereit, er lässt sich – sozusagen als *ultima ratio* – bewusst auf die Logik von Terror und Gegenterror bis zur Vernichtung ein. »Der Partisan erwartet vom Feind weder Recht noch Gnade.« Das ist seine Stärke.

Das ist auch eine vollkommen andere Form des Kriegs als das, was Kleist 1793 bis 1795 im Pfälzer Wald kennengelernt hatte. Der Krieg war in Europa sozusagen umhegt gewesen, er folgte Regeln. Es gab weder die absolute Feindschaft noch die Kriminalisierung des Kriegsgegners, man kämpfte nicht bis zum letzten Mann. Europa hatte den Krieg in gewisser Weise zivilisiert, in ein Rechtskorsett und Pelotonquadrate gesteckt, die Guerilla aber verweigerte die Anerkennung jedes Kriegsrechts. Das vor allem ist es, was den Freiheitskämpfer, Partisan, Guerrillero, Attentäter, Terroristen, Mörder oder Helden – die Bezeichnung hängt davon ab, aus welcher Blickrichtung man ihn sieht – bis heute beängstigend für die Überlegenen und verführerisch für die Unterlegenen macht.

Die Nachrichten von den Erfolgen spanischer Truppen und von der Macht, die ein Volksaufstand entwickeln konnte, erreichten Preußen schrittweise zwischen Juni und September 1808.[6] Die Wirkung auf das sogenannte Triumvirat unter den preußischen Reformern war enorm: Der Freiherr vom und zum Stein, leitender Minister, Oberst Neidhardt von Gneisenau, Mitglied der Kommission zur Reorganisation des Heeres, und General Gerhard von Scharnhorst, Kriegsminister, saßen in Königsberg, das Kleist verlassen hatte, und arbeiteten von hier aus intensiv an der Rettung Preußens. Im August hatte sich die Idee vom Volksaufstand in ihren Köpfen festgesetzt. Wie verräterisch sich Napoleon verhalte, habe das spanische Beispiel gezeigt, aber auch, wie sich ein Volk dagegen auflehnen könne, schrieb Gneisenau.[7] Stein erkannte, was die Verbindung von Volksbewaffnung und stehenden Truppen vermag, wenn sie von gemeinschaftlichem Geist beseelt sind.[8] Sie entwarfen dementsprechend Pläne, um Volksaufstand und Heer zu koordinieren. Sie versuchten dem König die Annäherung an Österreich nahezubringen und dachten an ein Scheinbündnis mit den Franzosen. Sie wollten feierlich darauf verzichten, deutsche Gebiete zu annektieren, und sie wollten die alte Sprache der Diplomatie zugunsten einer neuen Aufrichtigkeit aufgeben: Ziel war ein Zusammenschluss der deutschen Völker. Diesen Männern war jedes Mittel recht, um Preußen vom Feind zu befreien. Freiheit war das allem übergeordnete Ziel.

Auch Heinrich von Kleist in Dresden interessierte sich sehr für die Ereignisse in Spanien. Das ferne Land, in das er fünf Jahre zuvor mit Pierre de Gualtieri in der vagen Hoffnung auf Anstellung hatte ziehen wollen, erwies sich jetzt als Ausgangspunkt des Widerstands gegen Napoleon. »Vielleicht erhalten wir einen Pendant zur Geschichte von Spanien«, schrieb Kleist im April 1809.⁹ Aus der gleichen Zeit stammt sein Heldenpoem auf den spanischen General Palafox, der Saragossa lange erfolgreich gegen die französische Belagerung verteidigt hatte, im Februar aber kapitulieren musste. Kleist stellte ihn in eine Reihe mit Leonidas, Wilhelm Tell und Arminius – das ist Hermann, der Cherusker. Auf die »Herrmannsschlacht« können die Ereignisse in Spanien aber nur begrenzten Einfluss gehabt haben, das Stück war schon einige Zeit in Arbeit, als Kleist von den spanischen Ereignissen erfuhr.

Verfassung, parlamentarische Regierung, Gewerbefreiheit und Bildung waren den preußischen Reformern nicht nur ein Herzensanliegen, sie waren der Preis, den die Regierung einem Volk entrichten sollte, das sich selbständig erhebt. »Aber es ist billig und staatsklug zugleich, dass man den Völkern ein Vaterland gebe, wenn sie ein Vaterland kräftig verteidigen sollen«, schrieb Gneisenau.¹⁰

So entstand das deutsche Nationalgefühl, das zuvor nur ausnahmsweise vorhanden war. Es wurde getragen von jener neuen gesellschaftlichen Schicht, die Kleist 1804 in Berlin kennengelernt hatte und deren typischer Vertreter er selbst war, eine Mischung aus Beamten, Professoren, Geistlichen, Buchhändlern und Schriftstellern. Zu ihrer Institution erkor sich diese adlig-bürgerliche Bildungselite das Nationaltheater.

Die Durchsetzung dieses Gefühls erlebte Kleist nicht mehr mit. 1811 gründete der Lehrer Friedrich Jahn die Turngesellschaft, und man traf sich auf der Berliner Hasenheide. 1813 wurde in Deutschland die Zensur aufgehoben, und das neue

Nationalgefühl konnte sich ungehindert Luft machen. Die Bildung der deutschen Nation und die Liberalisierung waren im Kern also ein antinapoleonischer Reflex.[11] Ganz kurz vor der Völkerschlacht bei Leipzig 1813, um die weitere Geschichte wenigstens noch anzudeuten, ließ sich der König dann tatsächlich von seinen Beratern zum Volksaufstand überreden. Im Landsturmedikt wurde jeder preußische Bürger zum Kampf gegen die französischen Besatzer aufgerufen. Der König hatte ein Papier unterzeichnet, in dem die Aufhebung der regulären Ordnung durch den höchsten Repräsentanten ebendieser Ordnung verfügt wurde. Dieser revolutionäre Moment in der deutschen Geschichte erwies sich als überflüssig: Die regulären Truppen siegten bei Leipzig gegen Napoleon.

1808 wollte Stein durch verdeckte Agitation den Unwillen des Volkes schüren, um den unbedingten Opferwillen für Kampf und Widerstand wachzukitzeln. Dabei war er bereit, sehr weit zu gehen: »Man muß sich mit dem Gedanken der Entbehrung jeder Art und des Todes vertraut machen, wenn man die Bahn betreten will, die man jetzt zu gehen sich vornimmt.«[12] Gneisenau prägte das berühmte Wort von der »Freiheit der Rücken« und machte konkrete Vorschläge für den deutschen Kleinkrieg gegen Napoleon. Er dachte an Bewaffnung aller Männer, Befreiung der Bauern, Selbstorganisation der militärischen Einheiten, flexibles Zurückweichen vor der Übermacht, den Angriff aus dem Hinterhalt, nächtliche Überfälle und die Vernichtung der eigenen Ressourcen: »Alles vorrätige Getreide wird beim Vordringen des Feindes fortgeschafft und die Gegend vor ihm verödet, die Mühlen der nötigsten Stücke beraubt, und Frauen und Kinder flüchten sich nach Bezirken, deren der Norden so viele hat.«[13] Mit dieser Politik der verbrannten Erde fügten die Russen ein paar Jahre später Napoleon die entscheidende Niederlage zu.

In den erhitzten Augusttagen 1808 schickte Stein einen flammenden Brief an den Fürsten von Sayn-Wittgenstein, Bevollmächtigter des von Napoleon abgesetzten Kurfürsten von Hessen. Der Brief war deutlich: »Die Erbitterung nimmt in Deutschland täglich zu, und es ist rathsam, sie zu nähren«, schrieb Stein. Oder mit Blick auf die Spanier: »Denn sie zeigen, wie weit List und Herrschsucht es treiben können und was andrerseits eine Nation vermag, die Kraft und Mut besitzt.«¹⁴ Der Brief wurde von den Franzosen abgefangen. Napoleon ließ ihn in Frankreich und dann auch in Deutschland veröffentlichen, und im November hatte er sich durchgesetzt: Stein wurde entlassen, enteignet und geächtet. Er führte seinen Kampf dann in Russland weiter. Scharnhorst und Gneisenau setzten die Arbeit in Preußen fort.

Kleist in Dresden war bisher der Herausgeber einer Literaturzeitschrift, der Dichter, der Romantiker. Bis ins Jahr 1808 hinein hat er sich für politische Ereignisse schlicht nicht mehr interessiert. Es gibt keine politischen Äußerungen von ihm aus dieser Zeit. Sachsen, wo er lebte, war mit Frankreich verbündet, die Befehlsgewalt in Dresden war beim französischen Gesandten Bourgoing. Kleist verkehrte nicht nur mit dem österreichischen Gesandtschaftsvertreter Buol, sondern auch mit Bourgoing. Der Wahldresdner verhielt sich indifferent, er schien sich nur um seine Stellung als Dichter zu sorgen. Selbst der Kaiser der Franzosen schien ihn nicht mehr aufzuregen. Tatsächlich aber schoben sich jetzt wie zwei tektonische Erdplatten zwei Schichten von Kleists Persönlichkeit ineinander: der Poet und der Propagandist, der Dichter »Käthchens« und der Napoleonhasser.

Napoleon war Kleist geschmacklos vorgekommen, als dieser von ihm in der Schweiz bei seinen Plänen gestört wurde. Er war ihm nahegekommen, als Kleist in Boulogne in seine Armee aufgenommen werden und mit nach England übersetzen wollte. Er hatte Napoleon kurz vor der Niederlage der Österreicher bei Austerlitz eine Kugel in den Kopf gewünscht. Nach Jena und Auerstedt sprach er von der Raserei der Bosheit, mit der Napoleon alle Städte zur Plünderung freigegeben habe. Dann sagte er nichts mehr. Nichts zur Besetzung Portugals, nichts zum Vertrag von Tilsit, mit dem Preußens Schwäche von Napoleon 1807 festgeschrieben werden sollte.

Wahrscheinlich ab Juni 1808 aber – Adam Müller verkaufte den »Phöbus« gerade an die Buchhandlung Walther und die »Penthesilea« erschien – schrieb Kleist etwas, das seitdem wie ein gefährlicher Fremdkörper in seinem Werk steht. Er schrieb über Napoleon, er schrieb sogar ausschließlich über Napoleon, obwohl dessen Name kein einziges Mal vorkam. Hätte der Kaiser das in die Hände bekommen, er hätte Kleist noch mit ganz anderem Ingrimm verfolgen lassen als den Freiherrn zum Stein. Kleist steigerte sich in diesem Drama in einen Napoleonhass und Vernichtungsfuror, der dem Leser noch heute Angst macht. »Die Herrmannsschlacht« entstieg dem gleichen Nationalismus, der auch das Königsberger Triumvirat beseelte und sich damals in Deutschland durchzusetzen begann. Aber es glüht mit einer Heftigkeit für dieses Gefühl, die es sonst nicht gibt. Selbstverständlich war das Stück in der zweiten Hälfte des 19. Jahrhunderts und vor allem im Nationalsozialismus beliebt. Seitdem stürzt dieses Drama die Germanistik, das Theater und nicht nur sie in tiefe Verlegenheit.

Herrmann ist gebildet nach dem Vorbild von Arminius, der im Jahr 9 nach Christus den Römer Varus in der Schlacht beim Teutoburger Wald schlug. Kleist war nicht der Erste, der Rom mit Paris verglich, das Römische Reich mit dem Imperium Napoleons, so wie heute Amerika mit Rom verglichen wird. Napoleon selbst hatte sich mit Cäsar verglichen. Die Schlacht beim Teutoburger Wald, als Arminius (oder, wie man glauben wollte, der Deutsche Hermann) den Römer Varus besiegte, war ein Beispiel für einen erfolgreichen deutschen Freiheitskampf, das man immer wieder gern bemühte.[15]

Kleists Herrmann ist mit gnadenloser Konsequenz begabt. Er ist bereit, alles, wirklich alles, sein Glück, sein Leben, seine Angehörigen, dem einen Ziel unterzuordnen: der Vernichtung des römischen Besatzers. Dabei fällt es dem Leser oder auch dem (von Kleist intensiv, aber vergeblich erhofften) Zuschauer nicht schwer, in den Römern die Franzosen und in den Germanen die Deutschen zu erkennen. Kleist spitzte die Situation radikal zu, in der auch die preußischen Reformer agierten.

Das Stück beginnt mit kleineren Zwistigkeiten unter den germanischen Stämmen, die Rom geschickt auszunutzen versteht. Man kann Herrmanns Cherusker und Marbods Sueben als Preußen und Österreicher sehen oder sonst nach Anspielungen suchen. Wichtiger ist aber etwas anderes: wie Herrmann das Volk, die Hauptleute, Verbündeten und vor allem seine Frau vom absoluten Kampf überzeugt. Davon handelt dieses Drama.

Das beginnt mit Herrmanns Forderung, Frau und Kinder fortzubringen, Edelmetalle einzuschmelzen, die Felder zu verheeren, das Vieh zu erschlagen und die Plätze niederzubrennen.[16] Ähnlich wie es Gneisenau vorschwebte.

Als die darüber vollkommen konsternierten Germanen ihre Fassung wiedergewinnen, sagt einer: »Das eben, Rasender, das ist es ja,/Was wir in diesem Krieg vertheidigen wollen!«[17] Herrmann entgegnet, mit einem Mal ganz kurz angebunden: »Nun denn, ich glaubte, eure Freiheit wär's.« Er fordert die Entscheidung heraus. Freiheit ist das Ziel, ihr muss alles untergeordnet werden. Der Verlust materieller Güter, den er ganz realistisch einschätzt,[18] interessiert Herrmann nicht.

Herrmann ist sofort zu Lug und Trug bereit, wenn es um falsche Bündnisse mit Rom geht. Genauso wie er bereit ist, das eigentlich verabscheute Spiel der Galanterie mitzumachen, mit dem sich die kultivierten Römer von den biederen Germanen abheben. Jedes Mittel ist ihm recht, den Feind in Sicherheit zu wiegen. Er ist sogar bereit, seine beiden Söhne dem Marbod als Geiseln in die Hand zu geben, um dem misstrauischen Verbündeten deutlich zu machen, dass er ihm vertrauen kann. Er ist also bereit, seine Familie in Gefahr zu bringen. Und am Ende verzichtet er auf persönliche Rache und überlässt es Fust, dem einstigen Verbündeten der Römer, den römischen Oberbefehlshaber Varus zu erschlagen. Kleist zeichnet in Herrmann also auch eine Figur, die ihr Ego dem Kampf unterordnet.

Eine besonders abscheuliche Szene ist die sechste des vierten Aktes. Teuthold hat gerade seine Tochter Hally ermordet, die von den Römern geschändet worden war. Berichte von wüsten Vergewaltigungen durch französische Soldaten kursierten damals tatsächlich.[19] Herrmann tröstet den untröstlichen Vater nun, so ist es im Stück gedacht, indem er ihm aufträgt, den Leichnam in 15 Stücke zu zerteilen, je eines an die 15 Stämme der Germanen zu schicken und so die Empörung anzuheizen. In der Logik des Stücks ist das tröstlich, weil der Tod der Hally damit einen Sinn bekommt. Sie soll das Unterpfand des allgemeinen Hasses werden, der Auslöser der nationalen Erhebung.

Dabei geht es nicht um die Befriedigung des Rachedurstes: Herrmann schreckt nicht davor zurück, als Römer verkleidete

Germanen brandschatzend durchs eigene Land zu schicken, als die Römer sich als ziviler erweisen, als es dem Befreiungskampf guttut. Es geht nur um Befreiung, nie um Gerechtigkeit. Alles gehorcht der Logik des Kriegs, der diesem Ziel dient. Kleist hat in sein Stück konsequente Propagandatechniken geschrieben.

Die Logik des Befreiungskrieges schafft in Kleists Drama einen neuen Identitätsraum: das Vaterland, dessen Freiheit es zu verteidigen gilt. Es wird, man muss das so deutlich sagen, Deutschland aus dem Geist des Krieges geboren. Der Krieg ist das Bindemittel dieser Gemeinschaft, er verschmilzt das Individuum mit der Gemeinschaft und löscht die Standesgrenzen.

Herrmanns Frau Thusnelda, die er liebevoll und abschätzig zugleich »Thuschen« nennt, verliebt sich in den römischen Legaten Ventidius. Sein Tod wird Herrmanns Meisterstück. Kleist kam es darauf an, in Ventidius die Verführungskraft gepflegten Aussehens und geschliffener Manieren zu zeichnen. Herrmann fördert die Verbindung von Thusnelda zu Ventidius nach Kräften. Eifersucht spielt in seinem Verhalten keine Rolle. Durch eine Locke, die Ventidius ihr abschneidet und als Trophäe nach Rom schickt, gelingt es Herrmann aber, Thusnelda den wahren Charakter des römischen Usurpators klarzumachen. Sie entbrennt nun ebenfalls in unbändigem Hass und lässt Ventidius von einer Bärin zerfleischen.

Kleist wäre nicht Kleist, wenn sich das Stück allein auf die Ebene der Kriegslogik beschränken würde. Die Bärin verschiebt das Drama zwischen Herrmann und Thusnelda in einen anderen Bereich. Im »Marionettentheater«-Aufsatz wird der Bär eine Figur traumwandlerischer Selbstsicherheit sein. Der Bär ist ganz bei sich. »Er hat zur Bärin mich gemacht«, sagt Thusnelda. Ist sie bei sich, als sie verliebt war, oder als sie zu Hass und Freiheitskampf bekehrt ist? Dieses Flackern ist Kleist: In Liebe und Hass bei sich. Am Ende fühlt Thusnelda sich alles andere als glücklich. Sie fällt in Ohnmacht, als sie Ventidius dem Tod überantwortet. Und zu Herrmann, der sie als Heldin preisen will, sagt sie nur einen nackten, ernüchternden Satz: »Das ist geschehn. Laß sein.«[20]

Man kann auch eine Ahnung davon bekommen, welche innere Überwindung es Herrmann kostet, zu dem absoluten Krieger zu werden, der er ist: »Ich *will*«, sagt er, »die höhnische Dämonenbrut nicht lieben!/So lang' sie in Germanien trotzt,/Ist Haß mein Amt und meine Tugend Rache!«[21] Es ist schmerzhaft, aber es muss sein, könnte man das übersetzen.

Werkzeug des Hasses und der Befreiung ist die Keule. Herrmann ruft die Germanen auf, die Römer mit der Keule zu erschlagen. »Wo muß die Keule fallen?«, fragt Teuthold,[22] der Vater der vergewaltigten Hally, als Herrmann ihn wieder aufrichtet und er wieder zu sich kommt. Die Keule, das ist die germanische Waffe, die die Spannungen auflöst zugunsten neuer Eindeutigkeit.[23] »Nehmt eine Keule doppelten Gewichts,/Und schlagt ihn todt!«,[24] sagt Herrmann, als Septimus nicht nur auf das Kriegsrecht verweist, sondern an das Mitgefühl in Herrmanns Brust appelliert.

Neben dem konsequenten Hass gehört es zur Eigenart der »Herrmannsschlacht«, dass Vertrauen hier nichts Problematisches ist, sondern hergestellt werden kann. Käthchens Sicherheit des Gefühls, die sie im Traum und quasi aus dem Unbewussten geschenkt bekommt, ist bei Herrmann Produkt des klaren zielgerichteten Verstandes. Er entscheidet sich bei vollem Bewusstsein, sein Leben der einen Aufgabe der Befreiung zu opfern. Darin ist er eine kleistsche Figur. In ihm mischt sich die Hitze der Wut mit der Kälte des berechnenden Verstandes. Herrmann ist eine Variation des Satzes vom Gedicht und dem Differential.

Das Problem der »Herrmannsschlacht« ist: Ein Propagandastück, bei dem man sich mit dem Held nicht identifizieren kann, dient seinem Zweck nicht. Erst nach der Uraufführung 1860 wurde das anders gesehen, da wurde die »Herrmannsschlacht« zum patriotischen Drama. Seit den Furchtbarkeiten des Nationalsozialismus aber kann man sich Herrmann nicht mehr als positiv besetzte Figur vorstellen.[25] Genau so hat Kleist ihn aber sehen wollen. Herrmann ist geschrieben als ein Held, der sich im Dienst einer großen Sache selbstlos selbst überwindet und dadurch zu sich findet.

Das Drama steht alles andere als fremd im Werk Kleists. Thusnelda hat Penthesileas Art von Hass geerbt, beide werden zu Tieren, Ventidius und Achill werden zerfleischt. Wie in der

»Penthesilea« herrscht der Krieg und stiftet Identität. In »Die Verlobung in St. Domingo« wird Kleist das Kriegsthema weiter durchdenken. »In Staub mit allen Feinden Brandenburgs«, der letzte Satz des »Prinzen von Homburg«, ist ein unmissverständlicher Aufruf zur Vernichtung des Gegners, so wie das Ende der »Herrmannsschlacht« ein Aufruf dazu ist. Käthchens Sicherheit ist der Herrmanns verwandt. Im »Katechismus der Deutschen«, einer anderen Propagandaschrift, verwandte Kleist für den Hass auf Napoleon sogar Worte, die er bereits im »Käthchen« verwandt hatte.[26] Auch Kohlhaas ist ein Verwandter Herrmanns, beiden ist das Recht genommen, beide werden darüber zu entsetzlichen Menschen. Kleist hatte erst die Figur, dann kam die politische Umsetzung. Kohlhaas kämpfte für sein eigenes Recht, Herrmann gegen den Feind aller.

»Die Herrmannsschlacht« ist kein Fremdkörper in Kleists Werk. Es ist das Stück, wo Kleists Temperament und seine Zeit sich berührten und für einen Moment zusammenfielen. Das Stück falle »in die Mitte der Zeit«, schrieb er.[27] Er habe es für den »Augenblick berechnet«, meinte er zweimal.[28] Kleist, gepackt von nationaler Erregung, stellte sich in den Dienst einer Idee, die alle zu Deutschen machen sollte. Wie verführerisch, für ein ganzes Volk zu sprechen. Jetzt hatte Kleist das Gefühl, gebraucht zu werden. Nebenbei ergab sich so auch die Aussicht auf ein großes Publikum.

Das Stück hatte eine lange Inkubationszeit. Es wuchs sozusagen in Kleist. Nach der Niederlage von Jena hatte er an Ulrike geschrieben: »Wir sind die unterjochten Völker der Römer.« Er nahm damit einen Gedanken auf, den er bereits 1805 hatte, als er davon schrieb, dass die Zeit eine neue Ordnung herbeiführe mit von Frankreich abhängigen Vasallen und dass es jetzt Sein oder Nichtsein gelte.[29] Eigentlich reicht der Kern dieses Gedankens bis ins Jahr 1801 zurück, im Brief an Adolphine von Werdeck heißt es: »Wohl dem Arminius, daß er einen großen Augenblick fand. Denn was bliebe ihm heut zu Tage übrig, als etwa Lieutenant zu werden in einem preußischen Regiment?«[30] Herrmann ist Kleists befriedigte Sehnsucht nach dem Helden.

Kleist beendete die Niederschrift der »Herrmannsschlacht« in der zweiten Hälfte des Jahres 1808, begonnen hatte er vermutlich im Frühjahr. Im Dezember kursierten in Dresden bereits Abschriften des unpublizierten Stücks. Jetzt entwickelte Kleist ein Römer-Drama, das sich wie die Anweisung zum Volksaufstand liest, den das Königsberger Triumvirat gerade plante. Oder wie das Drehbuch zum Guerillakrieg, der gerade anfing, durch Spanien zu toben. Herrmann war zwar abstoßend, aber das ist die Voraussetzung seines Erfolgs mit der neuen Kriegstaktik – und darum war es Kleist zu tun. Das Stück macht den Terroristen zum Thema der Literatur.[31] Damit ist »Die Herrmannsschlacht« das aktuellste Drama Kleists. Er durchdachte den Zusammenhang der beiden Themen Widerstand und Terrorismus.

Wie kam Kleist zu diesem Drama? Man hat erfolgreich versucht, die Pläne Steins, Scharnhorsts und Gneisenaus auf Kleists Stück abzubilden und so den Nachweis zu führen, dass Kleist in die Pläne des Triumvirats eingeweiht war.[32] Tatsächlich gibt es eine Menge Parallelen, was die Guerilla-Taktik und die unbarmherzige Geisteshaltung Herrmanns angeht. Genauso aufregend wie unbewiesen ist der Gedanke, dass die Konsequenz, mit dem die Reformer und der Dichter den Aufstand durchdachten, zu vergleichbaren Ergebnissen führte. Das alles beherrschende Thema Napoleon verlangte eine Taktik, die in Königsberg und Dresden gedacht und in Spanien praktiziert wurde.

Es waren – nach den überlieferten Briefen – auch nicht die preußischen Reformer, mit denen Kleist in Kontakt stand und in Zusammenspiel mit deren Ideen er sein Drama und seine politische Haltung entwickelte: Es war Österreich und der Propagandaapparat, den das Land seit Sommer 1808 aufbaute. Im August drängte der österreichische Kaiser[33] darauf, Schriftsteller für die Agitation des Volkes zu gewinnen.[34] Knapp ein Jahr später, im April 1809, erging die Direktive, alle guten und mittelmäßigen Schriftsteller Österreichs an der Abfassung von Flugschriften zu beteiligen.[35] Es war ein Propagandakrieg auf breiter Front.[36] Kleist schloss sich dem schnell und entschieden an. Der Krieg wurde auch in den Köpfen gewonnen, in dieser Einschätzung trafen sich Kleist und die österreichische Führung.

Das intellektuelle Zentrum des Widerstands saß im Exil im nordböhmischen Luxuskurort Teplitz, von Dresden aus gesehen auf halbem Weg nach Prag. Friedrich Gentz war der führende politische Publizist seiner Zeit. Den Winter verbrachte er meist in Prag, den Sommer in Teplitz. Vom intellektuellen Zuschnitt her liberal-konservativ, Englandfreund, war er ein seltener Charakter: mutig und weitsichtig, unbestechlich und scharfsinnig. Gentz verabscheute Napoleon, nahm Partei für Österreich und hatte weitreichende Verbindungen. Trotz seiner Abgeschiedenheit in Teplitz war er über die politischen Vorgänge in Europa schnell und bestens informiert. Auch den profranzösischen Dresdner Kräften entging nicht, dass dieser Mann ein führender Kopf des Widerstands war.[37] Kleist besuchte Gentz das erste Mal in September 1807.

Gentz vereinte Gespür für den politischen Moment mit Skepsis über das Machbare, daraus ergaben sich realistische Lagebeurteilungen. Seine politische Haltung vom Sommer 1808 ist in den »Gedanken über die Frage: Was würde das Haus Österreich unter den jetzigen Umständen zu beschließen haben, um Deutschland auf eine dauerhafte Weise von fremder Gewalt zu befreien« entfaltet. Es war ein brisanter Text. Gentz stellte fest, dass »eine unbestimmte Fortdauer des jetzigen Zustandes von Deutschland – mit dem unmittelbaren Lebensinteresse der deutschen Nation – mit der Erhaltung und Sicherheit der österreichischen Monarchie – mit der Wohlfahrt, der Freiheit und den Wünschen der gesamten europäischen Völker-Masse – unter keiner Bedingung verträglich sein kann.«[38]

Daraus entwickelte er die Vorstellung eines neuen deutschen Bundes unter Führung Österreichs und die Möglichkeiten und Aussichten eines Aufstandes gegen Frankreich. Der Moment sei günstig wie nie: »der gegenwärtige Zeitpunkt, wo der größte Teil des deutschen Gebietes von den französischen Truppen geräumt werden mußte, und diese auf einem weit entfernten Schauplatz, und allem Vermuten nach langwierigen Krieg verwickelt sind, mehr als irgendein vorhergehender, und (nach vernünftigen Wahrscheinlichkeits-Regeln zu urteilen) mehr als irgend ein später zu erwartender, für ein solches Unternehmen geeignet sein würde.«[39] Die Rivalität und das Misstrauen zwischen Deutschland und Österreich, »der alte verdächtige Kaltsinn, die unruhige Eifersucht, die argwöhnische Besorgnis, jene ganze unselige Spannung«, waren für den Moment »einem fast unbeschränkten Vertrauen, der entschiedensten Vorliebe« gewichen, wie Gentz schrieb.[40]

Dieser Text ist von der für Gentz typischen Klarheit, gleichzeitig überzeugt er durch Augenmaß und ein waches Auge auf die Zeitumstände. »Die Herrmannsschlacht«, gedanklich ebenfalls konsequent, wirkt dagegen wie eine extremistische Hetzschrift. Die politischen Voraussetzungen, von denen beide Texte ausgehen, insbesondere die Einschätzung Österreichs, sind aber gleich. Trotz der unterschiedlichen Temperamente schätzte Gentz Kleist. Er hatte sich gegenüber Goethe für den »Amphitryon« starkgemacht, 1808 schrieb er an Adam Müller: »meine Idee von der Größe und Fülle des Kleist'schen Talents ist ganz dieselbe geblieben.«[41] Müller und Gentz verbanden gegenseitige Bewunderung und Freundschaft.

Obwohl Gentz' brisante Schrift unpubliziert war, dürfte Kleist sie auf persönlichem Wege kennengelernt haben. In jedem Fall beschreibt sie das politische Klima des Kreises, in dem Kleist sich bewegte. Im gleichen Brief an Müller schrieb Gentz, dass er beschämt sei durch den viel zu großen Wert, den Kleist auf sein Urteil lege.[42] Er hatte etwas wie Bewunderung oder gar Hörigkeit durch Kleist empfunden, die ihm peinlich waren.

Es entwickelte sich ein hochaktives Netz von Napoleongegnern, das sich von Wien über Prag, Teplitz und Dresden bis nach Berlin spannte, mit Gentz als einem Zentrum und Kleist als Teil. Schon Anfang September 1807, bald nach seiner Ankunft in Dresden, als Kleist Gentz das erste Mal besuchte, machte er dort »eine Menge großer Bekanntschaften«.[43] Diese Reise machte Kleist mit dem Legationsrat und Leiter der österreichischen Gesandtschaft Joseph Freiherr von Buol, auch Gentz und Buol waren befreundet.[44] Buol wurde der »Reichsadler« genannt, er war von beeindruckender Statur, aus Tirol (wo es bald einen Volksaufstand gegen Napoleon gab) und von entschiedenem patriotischen Engagement. Als Kleist in Dresden ankam, war Buol bereits Müllers Förderer.[45] Bei ihm war Kleist mit dem Lorbeer bekränzt worden, und er wollte eine Privataufführung des »Zerbrochnen Krug« veranstalten. Buols Haus war auch der Mittelpunkt des Widerstands in Dresden. Er wurde für Kleist die wichtigste Verbindung in die Widerstandskreise. Die französische Gesandtschaft hatte ihn ebenfalls unter Beobachtung: Buol spare keine Mittel, um Proselyten für das alte System zu werben.[46]

Im Juni 1808 dürfte Kleist auch Friedrich Schlegel kennengelernt haben, der zu dieser Zeit für den österreichischen Propagandaapparat arbeitete. Er war mit Madame de Staël und seinem Bruder August Wilhelm nach Dresden gekommen und lernte hier Adam Müller kennen, der ein geheimes Treffen zwischen Staël und Gentz vermittelte. Gentz reiste mit ihr bis nach Pirna, weiter nach Dresden wagte er sich nicht.[47] Über ein damaliges Zusammentreffen Schlegels mit Kleist ist zwar nichts bekannt, aber ein Jahr später wandte sich Kleist an ihn.

Typisch für die Umstände war ein Mann wie Andreas Eichler, Polizeikommissar und Kurinspektor in Teplitz, vor allem aber Geheimagent Österreichs. Kleist kannte ihn, Eichler reichte die Widmungsexemplare des »Phöbus« für Franz I. weiter. »Der Brief muß durch Eichler gehn«, schrieb Kleist später.[48] Jener Brief war also vermutlich vertraulich-politischen Inhalts. Eichler war Verbindungsmann, über ihn wurden geheime Flugschriften nach Norden weitergeleitet, nach Einschätzung der österreichischen Regierung hatte er »verlässliche Bekanntschaften und Konnexionen im Ausland«.[49] Er wusste die Verbindungen zwischen Dresden, Teplitz und Prag zu organisieren.[50] Wichtigstes Ziel aller Operationen war es, Preußen und ganz Deutschland zu bewegen, bei einem Krieg gegen Frankreich Österreich zur Seite zu stehen.

Weitere wichtige Personen dieses Netzwerkes waren Ludwig von Ompteda und Johann Justus von Vieth. Auch sie kannte Kleist. Ompteda war der hannoversche Gesandte in Dresden gewesen, ebenfalls mit Gentz befreundet und nach Teplitz gegangen. Kleist druckte später Artikel von Omptedas Bruder in den »Berliner Abendblättern«. Vieth war Major im sächsischen Generalstab in Dresden und sollte der Darsteller des Adam in der Privataufführung des »Zerbrochnen Krug« sein. Er war eine wichtige Informationsquelle und gab alles, was er in Dresden bei den sächsischen und französischen Behörden in Erfahrung brachte, an Ompteda weiter.[51] Der wiederum informierte Gentz.

Man muss sich also vorstellen, dass zwischen Wien, Prag, Teplitz, Dresden und Berlin die Nachrichten, Einsichten und Gerüchte hin und her jagten. Es war ein reger und aufregender Austausch. In der zunehmend aufgeladenen Atmosphäre wurde es immer wichtiger zu erfahren, wo und wie sich Widerstand gegen Napoleon formierte. Von einer »Kette von Intriganten« sprach der französische Botschafter Bourgoing (der Kleist im Übrigen schätzte) in einem Brief an Napoleon.[52] Einen Eindruck der anspielungsreichen Atmosphäre geben auch einige Briefe, die Gentz und Müller schon 1807 wechselten. Sie sprachen immer wieder über einen Kometen. Dabei ging es nicht um einen Himmelskörper, sondern die Übermittlung geheimer Botschaften. Diese Art der Anspielung – da war Kleist in seinem Element.

Obwohl vieles dafür spricht, dass Kleist an diesem Informationsnetzwerk beteiligt war, gibt es keine Belege dafür. Man ist auf Spuren angewiesen: In einem Brief an Ulrike vom August 1808 sagte Kleist, dass es ihm leichtfiele, sie von der Vortrefflichkeit seiner Lage zu überzeugen, wenn »diese verderbliche Zeit nicht den Erfolg aller ruhigen Bemühungen zerstörte«.[53] Gern wird Kleists Dresdner Zeit deswegen so gesehen, als habe Napoleon Kleist beim Schreiben in der idyllischen Kunststadt gestört.

Aber das ist nur der eine Teil der Wahrheit, der den »Phöbus« betrifft. Der andere Teil ist, dass Kleist in Napoleon das passende Gegenüber gefunden hatte, an dem sich seine Aktivität aufrichten konnte. Er habe sie nicht besuchen können (die Lausitz war aber nicht weit), denn »mancherlei Ursachen, die gleichfalls zu weitläufig sind, um aus einander gesetzt zu werden«,[54] hinderten ihn daran, Dresden zu verlassen, schrieb er an Ulrike weiter.

Kleists Brief ist nicht sehr glaubwürdig, so endet er auch. »Die eigentliche Absicht dieses Briefes ist, bestimmt zu erfahren, wo du bist, und dich zu fragen, ob du wohl einen reitenden Boten, den ich von hier aus nach Wormlage abfertigen würde, von dort aus weiter nach Fürstenwalde besorgen kannst? Man wünscht jemanden, der in der Mark wohnt (es ist der G. P.) schnell von der Entbindung einer Dame, die in Töplitz ist, zu benachrichtigen. Schreibe mir nur bestimmt: *ja*, weiter brauch' ich nichts; ich überlasse es dir, ob du den Boten, den du in Wormlage aufbringst, wegen etwa allzu großer Weite, erst nach Gulben schicken, und dort einen neuen beitreiben lassen – oder jenen gleich nach Fürstenwalde abgehen lassen willst. Schnelligkeit wird sehr gewünscht. Auch mir antworte *sogleich* auf diesen Punct. Vielleicht komme ich in etwa drei Wochen selbst zu euch, sehe, was ihr macht, und berichtige meine, oder vielmehr die Schuld eines Freundes.«[55]

Das ist von einer Umständlichkeit, die zum Kleist der Würzburger Reise passen würde, aber nicht zu dem des Jahres 1808. Wenn es wirklich um die Geburt eines Kindes ging, warum dann so endlos kompliziert? Die Verbindungen von Teplitz nach Dresden und Fürstenwalde waren gut, weshalb also der Umstand? Kleist schickte einen Boten zu Ulrike, ohne zu wissen, wo sie sich aufhielt, obwohl es schnell gehen musste.[56] Und warum die vielen Streichungen? Statt G. P. hatte Kleist zunächst Graf P. geschrieben. Ebenfalls gestrichen sind »deines Bruders« und »deines Freundes« zugunsten »HvK«. Da wollte einer Spuren verwischen. Auch das Jahr hatte Kleist falsch angegeben: 1809. Verständlich wird der Brief, wenn Kleist zu diesem Zeitpunkt bereits geheimdienstlich tätig war. Die Erwähnung von Teplitz deutet auf Verbindungen zu Gentz oder Ompteda.

Bestätigt wird die geheimdienstliche Tätigkeit Kleists durch die Erinnerungen des Generals Heinrich von Hüser. In seinen posthum veröffentlichten »Denkwürdigkeiten« behauptete Hüser, geheim mit Kleist zu tun gehabt zu haben. »So bin ich zum Beispiel mehrmals bis Baruth geritten, um dort an den als Dichter bekannten Heinrich von Kleist, der unser Gesinnungsgenosse war und in Dresden lebte, Briefe auf die Post zu bringen ... Durch Reimer wurden in der Folge auch Schleiermacher und Ernst Moritz Arndt, der sich zeitweise in Berlin aufhielt, diesem Kreise zugeführt, noch etwas später schlossen sich ihm der Major Graf Chazot und der damalige Oberst von Gneisenau an. Welche Männer! Wie glücklich fühlte ich mich, obwohl ich an Alter und Stellung gegen die meisten von ihnen zurückstand, dennoch in das Freundschaftsverhältniß aufgenommen zu werden, das uns alle in gleicher Gesinnung, gleichem Streben verband.«[57] Später in Berlin traf Kleist Arndt und vor allem

Reimer, der seine Bücher verlegte. Hüser wurde dann Adjutant Gneisenaus.[58]

Auch die weiteren Briefe Kleists an Ulrike aus dieser Zeit sind von geheimnisvoll-wichtigtuerischem Ton. Er verlangte von Ulrike, dass sie auf etwas Rücksicht nehme, von dem sie nichts wusste. Im September 1808 durfte sie lesen:»»Meine theuerste Ulrike, Ich hatte mir, in der That, schon einen Paß besorgt, um nach Wormlage zu kommen, weil ich dich in einer wichtigen Sache zu sprechen wünschte. Doch ein heftiges Zahngeschwür hält mich davon ab. Da die Sache keinen Aufschub leidet, so bitte ich dich, dich auf einen Wagen zu setzen und zu mir her zu kommen.«[59] Selbst die Reise zu den Hazas erscheint so in neuem Licht und könnte Teil geheimdienstlicher Operationen gewesen sein. Ernst von Pfuel war, wie sein Bruder Friedrich, ebenfalls an diesem Netzwerk beteiligt. Pfuel war konspirativ tätig, Friedrich war mit Buol befreundet.[60] Adam Müller hielt sich dagegen – ängstlich, klug und vornehm – zurück.[61]

Während Dresden für Kleist also eine regelrechte Drehscheibe der Anregungen und Begegnungen wurde, hat Rühle sich in der Stadt unwohl gefühlt. Die Erziehung des Prinzen Bernhard von Weimar befriedigte ihn nicht, die beiden verstanden sich nicht gut. Später schrieb er, dass man »in Dresden, trotz der Nähe an der Gränze, schlechter und später von allen wichtigen politischen Begebenheiten und Conjuncturen unterrichtet sey als irgendwo.«[62] Rühle scheint also nicht an den Umtrieben Kleists und Pfuels beteiligt gewesen zu sein.

Gleichzeitig machte er sich hier aber mit seiner neuen Zeitschrift »Pallas« als Militärhistoriker und -theoretiker einen Namen. Rühle wird gern als profranzösisch dargestellt, weil er 1809 am Feldzug gegen Österreich auf Seiten der Franzosen teilnahm, zusammen mit dem Prinzen Bernhard und dessen Vater Carl August, der dem Rheinbund beigetreten war. Darüber schrieb er dann sein zweites Buch. Aber Rühle war ein unabhängiger Kopf. Alexander von der Marwitz, der ihn 1811 kennenlernte, schätzte ihn außerordentlich.[63] Genauso wie Friedrich Gentz, wovon die überlieferten Reste eines Briefwechsels zeugen.[64] Im »Brief eines rheinbündischen Officiers an seinen Freund« hat Kleist später Rühles profranzösische Position verarbeitet.⁶⁵ Die Anekdote zeigt, wie vehement sich Kleist in die Position eines Rheinbundoffiziers hineinversetzte. Ob er sich mit Rühle darüber stritt oder Verständnis für seine Position hatte, wissen wir nicht. Kleist und Rühle könnten sich in dieser Zeit auseinandergelebt haben. Der letzte überlieferte Brief Kleists an Rühle,⁶⁶ geschrieben irgendwann 1808, lässt einen Streit ahnen. Ausgangspunkt könnte das Ende des »Phöbus« gewesen sein. Rühle hatte für Müllers Position Verständnis, sein späterer Briefwechsel mit Müller zeugt von einem freundschaftlichen Verhältnis.⁶⁷ Der Briefwechsel zwischen Rühle und Kleist, zumindest soweit er überliefert ist, endet 1808.

Anfang April 1809 – nach dem Eklat mit Müller um die Schulden des »Phöbus« – erklärte Österreich Frankreich den Krieg und marschierte in das mit Frankreich verbündete Bayern ein. München wurde eingenommen, und Österreich erfocht weitere Siege, die sich allerdings schon zehn Tage später in Niederlagen verwandelten. Bernadotte organisierte den Abzug der sächsischen Truppen aus Dresden und sandte sie den Österreichern entgegen – »mit einer Eilfertigkeit, als ob der Feind auf seiner Ferse wäre«, schrieb Kleist.⁶⁸ Gleichzeitig schickte Bernadotte Sachsens Königspaar außer Landes nach Frankfurt am Main. »Der König und die Königinn haben laut geweint, da sie in den Wagen stiegen«, schrieb Kleist.⁶⁹

Damals begann Kleist Agitationslyrik zu schreiben. Das erste Dreierpack dieser aufwieglerischen Gedichte, die Ode »Germania an ihre Kinder«, eine Hymne »An Franz den Ersten« und das »Kriegslied der Deutschen«, schickte er am 20. April 1809 an Heinrich von Collin nach Wien. Kleist stand schon seit Anfang 1808 mit dem Schriftsteller in Kontakt, er hatte ihm die »Penthesilea«, das »Käthchen« und die »Herrmannsschlacht« geschickt. Für das »Käthchen« hatte er vom Burgtheater durch Collins Vermittlung soeben 300 Gulden erhalten. Gerade hatte Kleist auch Collins »Lieder österreichischer Wehrmänner« gelesen, ein Teil der Staatspropaganda, und hoffte jetzt, dass Collin auch seine Gedichte in Wien – auch ohne Bezahlung – zum Druck bringen könnte. »Ich wollte, ich hätte eine Stimme von Erz, und könnte sie, vom Harz herab, den Deutschen absingen«, schrieb Kleist dazu.[70] Er wollte, wenn es um die große Sache ging, unbedingt mitmischen.

Diese Gedichte sind irritierend, nicht durch Vieldeutigkeit, wie sonst bei Kleist, sondern durch kompromisslose Eindeutigkeit. Interpretationsspielraum ist nicht vorhanden, wenn Kleist in der Germania-Ode zum Krieg aufruft: »Stehst du auf, Germania? Ist der Tag der Rache da?« oder »Zu den Waffen! Zu den Waffen!« »Wer ein deutscher Mann, schließe diesem Kampf sich an.« Den Rhein sollen die Deutschen mit der Franzosen Leichen dämmen, Jagdlust wie beim Wolf erhofft Kleist: »Schlagt ihn tot! Das Weltgericht fragt euch nach den Gründen nicht!« Im »Kriegslied« empfiehlt er dazu wieder die Keule als Werkzeug. Dem Kaiser Franz versichert er, dass ihm die Nachwelt Lorbeerkränze zuerkennen werde, auch wenn er im Kampf enden sollte.

Es versteht sich, dass auch das den Nazis gefallen hat. Das Gefühl, dass Kleist sich ihnen an den Hals geworfen hätte, wird man nicht los, wenn man diese Gedichte liest. Sie bestehen aus Hass, Rachegefühlen und Kriegslust. Sie sind, mit einem Wort, fanatisch. Auch in weiteren Gedichten, etwa an den österreichischen Oberbefehlshaber, den Erzherzog Karl, pries Kleist den fackelgleichen Kampf um seiner selbst willen. Preußens König Friedrich Wilhelm III. widmete er zur erwarteten Rückkehr aus Königsberg nach Berlin ebenfalls ein Gedicht.

Kleist behandelte seinen König wie einen Zauderer, dem man Mut machen muss. Er sprach vom »Glück des Krieges«, empfahl, sich nicht um zerknickte Saaten und verbrannte Hütten zu scheren und auch vor dem Untergang der Türme Berlins keine Angst zu haben: »Sie sind gebaut, o Herr, wie hell sie blinken, für beßre Güter, in den Staub zu sinken!« Das war verfrüht: Friedrich Wilhelm III. kehrte erst im Dezember 1809 nach Berlin zurück. Kleist schickte die Ode an den Berliner Hofbuchdrucker Decker, der sie auch veröffentlichen wollte. Allerdings verweigerte der Berliner Polizeipräsident Gruner im April 1809 die Druckerlaubnis. Es war zu gefährlich. Nach Berlin vermittelt hatte das Gedicht der preußische Major Otto Friedrich Ludwig von Schack. Er hatte auch schon versucht, das »Käthchen« am Berliner Nationaltheater unterzubringen.[71]

Vergleicht man Kleists Gedichte mit denen Collins, wird

deutlich, wie entflammt vom deutschen Furor Kleist war. Seine Gedichte verbinden Kleist mit glühenden deutschen Patrioten wie Theodor Körner (den Sohn Körners aus Dresden) und Ernst Moritz Arndt. Aber auch unter diesen drei Bilderbuchpatrioten ist es Kleist, der die vehementesten Gedichte geschrieben hat.

Keines der Gedichte wurde zu Kleists Lebzeiten gedruckt. Von der »Germania« sind neun Versionen bekannt, auch bei anderen Gedichten gibt es mehrere Abschriften. Sie kursierten also handschriftlich. Die Variationen zeigen, wie sehr Kleist experimentierte, er bastelte immer weiter an den Gedichten. Die »Germania« ist ein Gegengedicht zu Schillers »Ode an die Freude«. Kleist behandelte das Vaterland, Germania, als Mutter. Schon die Überschrift »Germania an ihre Kinder« macht das deutlich. »Getreu dir im Schoß« sei er, des Vaterlands Dichter, schrieb Kleist etwas später über sich und sein Land.[72]

Die Gedichte, zumindest in ihrer ersten Version, sind vor der Abreise Kleists aus Dresden am 29. April 1809 geschrieben. Der radikalste Text aus dieser Zeit ist »Das letzte Lied«. Bisher dachte man, es handle sich um eine verzweifelte Reaktion auf die endgültige Niederlage Österreichs in Wagram im Juli, allerdings ist die Abschrift durch Charlotte von Stein mit den Worten »Dreßden im April 1809 Heinrich von Kleist« unterzeichnet. Auch »Das letzte Lied« ist also im April entstanden.[73]

»Das letzte Lied« ist einer der erstaunlichsten Texte von Kleist überhaupt. Gleichzeitig mit der Propaganda schreibt er vom »gewitterschwarzen Krieg«, in dem wie bei einem Strom »das Verderben, mit entbundnen Wogen,/Auf alles, was besteht, herangezogen« komme. Totenstille lässt dieser Krieg dort zurück, wo vorher das Leben jauchzte. Ein namenloses, seufzendes Geschlecht trete aus der Nacht: »… ein Geschlecht … das wie ein Hirngespinst von Mythologen,/Hervor aus der Erschlagnen Knochen stiert«. Auch die Dichtung selbst sinkt vom Todespfeil getroffen »stumm in's Grab«. Es ist ein Gedicht des Verstummens. Zu Festen und Tänzen werde es keine Lieder mehr geben. Nur noch durch Friedhöfe wird das Lied als Schatten seiner selbst schweben.

In der letzten Strophe, der sechsten, spricht der Dichter von sich: »Schließt er sein Lied; er wünscht mit ihm zu enden,/Und legt die Leier weinend aus den Händen.« Das hat kein kriegsbegeisterter Fanatiker geschrieben, das Gedicht wendet die Bilder der Kriegsbegeisterung ins Resignative. »Das letzte Lied« ist ein finsteres, trauriges und visionäres Lied, das direkt auf die Kriegsgedichte reagiert. Es ist das wichtigste Gedicht, das Kleist geschrieben hat, und weist auf den Expressionismus voraus.

Der König war weg, die sächsischen Truppen zogen gegen Österreich. Buol wurde der Stadt verwiesen. Er musste Dresden binnen 24 Stunden verlassen. Gentz war vom Außenminister Stadion schon im Februar nach Wien gerufen worden. Kleist wollte Buol begleiten, aber er war pleite und musste sich um Geld kümmern – das Geld für das »Käthchen« aus Wien war noch nicht da. Was blieb ihm anderes übrig, als mal wieder Ulrike zu bemühen? Er schrieb ihr, dass er sie unbedingt sehen wolle, dass sie ihm entgegenkommen und einen kleinen Teil seiner Erbschaft mitbringen solle.[74] 400 Taler hatte er von der Tante Massow geerbt, die Anfang des Jahres gestorben war. Ulrike willigte ein, und sie trafen sich kurz. Kleist hatte bei dem Kaufmann Salomon Ascher Schulden, als er nach Wien abreiste. Er bat Ulrike auch, sich um die Begleichung der Schuld in Dresden zu kümmern und zunächst auf ihre Ansprüche gegen ihn zu verzichten.[75] Immer mehr beschränkte Kleist den Verkehr mit der Schwester auf Geldangelegenheiten. Es ist erstaunlich, was Ulrike dem Bruder zuliebe alles mitmachte. »Adieu, Adieu!«, rief er ihr hinterher.

Kleist verließ Dresden am 29. April Richtung Wien. Sein Reisebegleiter war der 24-jährige Friedrich Christoph Dahlmann. Später machte Dahlmann als Historiker Karriere, damals wusste er noch nicht, was er mit sich anfangen sollte. Auf ein vages Versprechen Adam Müllers hin war er im März 1809 nach Dresden gekommen. Dort hätte seine Aristophanes-Übersetzung im »Phöbus« erscheinen sollen, und er wollte Vorträge über griechische Geschichte halten. Kleist hatte von Buol noch einen österreichischen Gesandtschaftspass für sich und Dahlmann bekommen, bevor der abreisen musste. Das hatte den Vorteil, dass sie noch über die schon geschlossene böhmische Grenze kamen, es hatte aber auch den Nachteil, dass sie durch diesen Pass aneinandergekettet waren, von »Reise-Siamesen«

und »Eheleuten« sprach Dahlmann. Das aber hat wiederum den Vorteil, dass wir heute manches über Kleist auf dieser Reise wissen, denn Dahlmann hat es, wenn auch erst vierzig und fünfzig Jahre später, aufgeschrieben.

Sie bewegten sich zunächst zu Fuß und verstanden sich gut. Wenn einer von beiden nach längerem Schweigen beim Gehen ein Thema anschnitt, stellte der andere verwundert fest, dass er auch gerade darüber hatte reden wollen. Zunächst trafen sie in Teplitz Pfuels Bruder Friedrich, und sie trafen Karl Friedrich von dem Knesebeck, der mittlerweile Oberst war.[76] Zu viert fuhren sie in der Postkutsche weiter und erreichten eine knappe Woche nach ihrer Abreise Prag, »wo damals alles zusammenfloß, was an den Glauben an die Wiedergeburt Deutschlands sich wagen wollte.« Die Stadt war überfüllt. »Mit jedem Tag ward es voller, von ausgetretenen preußischen Offizieren, welche teils österreichische Dienste suchten, teils eine eigene Freischar bilden wollten.«[77]

Dahlmann und Kleist wollten nun weiter nach Wien. Vielleicht reisten sie immer noch mit Pfuel und Knesebeck, über die die österreichische Polizei schon herausbekommen hatte, dass sie keine harmlosen Touristen, sondern preußische Kundschafter waren. In Wien waren mittlerweile aber die Franzosen einmarschiert, so blieb man in Znaim, etwa hundert Kilometer vor der Stadt. Dort traf Kleist auch Buol wieder. Dahlmann erwähnt Knesebeck in Znaim zum ersten Mal. Er meint sich – nicht überzeugend[78] – zu erinnern, dass man in politischen Dingen nicht einer Meinung gewesen sei. Gleichwohl gab es Spannungen. »Kleist und ich trieben damals eifrig das Kriegsspiel, welches gerade durch den auch in unserm Kreise verkehrenden Hauptmann Pfuel ... sehr verbessert worden war. Wir taten das zum gewaltigen Ärger Knesebecks der, als wir uns einmal unartig genug durch seinen Eintritt gar nicht stören ließen, uns nun auseinandersetzte, wie hier gerade alles fehlt was das Wesen des Kriegs ausmache. Kleist erwiderte auf jede dieser Ausstellungen: ›Es ist aber alles darin, lieber Knesebeck.‹ Als nun die Reihe auch an die Verproviantierung kam und Kleist es an denselben Worten nicht fehlen ließ, rannte Knesebeck mit den Worten: ›Na so hole sie denn der Teufel‹ grimmig zur Tür hinaus. Kleist verstand etwas vom Kriegswesen.«[79]

Für Knesebeck war der Kontakt mit Kleist auch sonst unerfreulich. Er hatte sich bei einem Spaziergang mit Kleist ein Paar Pistolen gekauft. Kleist hatte nichts Besseres zu tun, als sie am Abend zu laden. »Vergebens rief ich ihm zu: ›Lassen Sie das lieber Kleist, ich bedarf jetzt keiner geladenen Pistolen und wir haben im überfüllten Gasthofe nicht einmal einen Verschluß dafür.‹ Aber Kleist war nicht der Mann, der sich so leicht in Güte von etwas abhalten ließ; die geladenen Pistolen blieben über Nacht im Gesellschaftszimmer liegen. Am nächsten Morgen, wie wir gerade beim Frühstücke sind, ergreift ein junger Offizier, der dem Obristen v. Knesebeck beigegeben war, das eine Pistol, spannt den Hahn und drückt ab; die Kugel ging mir gerade an der Schläfe vorbei. Der bestürzte Offizier wandte sich zu mir: ›Gottlob, Sie sind unverletzt.‹ Da rief Knesebecks Stimme plötzlich dazwischen: ›Aber Gotts Donnerwetter, ich habe es gekriegt.‹ Die Kugel haftete ihm in der Schulter.«[80] Knesebeck konnte wegen dieser Verletzung seine Geschäfte, für die er aus Preußen losgeschickt worden war, nicht weiter erledigen und reiste zusammen mit Buol zurück nach Prag.

Kleist und Dahlmann, die Reise-Siamesen, aber gingen weiter nach Stockerau, kurz vor Wien, wo sich die Truppenteile General Hillers, der von Napoleon gerade bei Landshut besiegt worden war, mit dem Hauptteil der österreichischen Truppen und dem Erzherzog Karl vereinigt hatten. Dort hätten sie fast das Hauptereignis verpasst. »Wir saßen gerade eines frühen Morgens bei unserem Spiele in Stockerau, als der Gastwirt zu uns mit den Worten eintrat: ›Was, meine Herren, Sie sitzen beim Spiele und hören nicht, dass die Schlacht angefangen hat?‹ Es war die von Aspern.«[81]

Die Schlacht von Aspern dauerte zwei Tage, sie begann am 21. Mai 1809, es war ein Pfingstsonntag, um 12 Uhr mittags und endete am Pfingstmontag. Kleist hat die Schlacht am zweiten Tag beobachtet, möglicherweise ist er noch am 21. aufgebrochen, um die etwa 15 Kilometer nach Langenzersdorf, das Kleist Langen-Enzersdorf nannte, zurückzulegen. Von dort aus waren es zwar immer noch etwa 10 Kilometer Luftlinie zur Schlacht auf dem Marchfeld bei Aspern und Essling am nördlichen Donauufer. Aber vom Bisamberg aus, wo sich die österreichischen Truppen seit dem 16. gesammelt hatten, hatte er hier einen guten Überblick. Auf der anderen Donauseite hat er dabei die Stadt Wien liegen sehen.[82]

Was Kleist gesehen hat, wissen wir nicht. Seine letzte Schlachtbeschreibung wird er im »Prinz von Homburg« geben:

> Der Prinz von Homburg war, sobald der Feind,
> Gedrängt von Truchß, in seiner Stellung wankte,
> Auf Wrangel in die Ebne vorgerückt;
> Zwei Linien hatt' er, mit der Reiterei,
> Durchbrochen schon, und auf der Flucht vernichtet,
> Als er auf eine Feldredoute stieß;
> Hier schlug so mörderischer Eisenregen
> Entgegen ihm, daß seine Reiterschaar,
> Wie eine Saat, sich knickend niederlegte:
> Halt' musst' er machen zwischen Busch und Hügeln,
> Um sein zerstreutes Reitercorps zu sammeln.[83]

Die Schlacht von Aspern war die erste militärische Niederlage Napoleons überhaupt. Das löste momentan eine ungeheure Euphorie aus. Kleist erlebte den Kampf um die Dörfer Aspern und Essling. Die Schlacht vom 22. Mai begann morgens um drei Uhr bei dichtem Nebel. Kleist sah also noch nichts, wenn er schon vor Ort gewesen sein sollte. Napoleon hatte am Vortag Aspern verloren und Essling halten können, jetzt drang er mit verstärkten Truppen gegen Aspern vor. Morgens hatten die Franzosen das Dorf zurückerobert und versuchten, das Zentrum der österreichischen Truppen zu durchbrechen. Das beherzte Eingreifen des Erzherzogs Karl entschied aber die für Österreich brenzlige Situation. Als die österreichische Infanterie schwankte, ritt er mit Fahne auf die französischen Truppen zu. Schon um neun Uhr morgens befahl Napoleon den Rückzug auf die Linie Aspern-Essling. Er wurde dann weiter bis zur Donauinsel Lobau zurückgedrängt, wo die Hauptbrücke zerstört wurde und das Flusswasser im Steigen begriffen war. Essling konnte von den Österreichern nicht erobert werden, durch die Gassen von Aspern wogten mittags heftige Kämpfe. Nach weiteren Gefechten am Nachmittag und Abend musste sich, während die Donau weiter anstieg, die französische Armee in der Nacht über die Donau zurückziehen.

Kleist nahm in Langenzersdorf Quartier[84] und verfasste einen Bericht über das, was er am Vortag gesehen hatte, der leider verloren ist. Kleist betrachtete es nun als seine Aufgabe, Knesebeck in Prag mit Nachrichten zu versorgen, damit dieser sie nach Preußen weiterleiten konnte.[85] Er schickte seinen Bericht zu Buol nach Prag und wollte Knesebeck außerdem schnellstens ein gedrucktes Schreiben, das er vom österreichischen Major Radetzky erhalten hatte, zukommen lassen. Das Papier war nach Kleists Ansicht geeignet, den Ausbruch des Kriegs in »Norddeutschland«, wie er jetzt sagte, zu befördern. Im Paragraph 1 des »Katechismus der Deutschen« hieß es jetzt: »mein Vaterland ... ist Deutschland«.[86]

Wahrscheinlich meinte Kleist mit dem Druck einen Aufruf, den Radetzky verfasst hatte: »Se Kaiserl. Hoheit der E. H. Carl hat am 21. und 22. May die Franzosen bei Stadt Enzersdorf geschlagen, ihre Brücken verdorben, 18 Pontons davon abgerissen. – Eilet brave Oesterreicher! schliesset euch gleich den Tirolern an eure braven Krieger an – und helfet die Feinde, die Räuber und Plünderer eures Vaterlandes zu vertilgen. – Graf Radetzky, Generalmajor.«[87] Der gesamte Brief an Buol vom 25. Mai zeigt, nicht sehr überraschend, wie sehr Kleist die allgemeine Hochstimmung dieser Tage teilte. Außerdem tauschte er mit Buol weiterhin Informationen aus. Kleist war also als eine Art Agent für Knesebeck und Buol unterwegs.

Nachdem er den Brief geschrieben hatte, ging Kleist mit Dahlmann auf das Schlachtfeld, um es sich genau anzusehen und etwas über die weitere Entwicklung zu erfahren.[88] Ihr Gastwirt kutschierte sie mit einem Pferdewagen nach Kagran und Aspern. »Wie leichten Herzens fühlten wir uns inmitten dieses Anblicks der grauenvollen Zerstörung. Ich verwahre noch jetzt einen Brief, den ich einem todten Franzosen aus der Tasche zog; er war an seine Eltern gerichtet. Niemand störte uns in unsrer Wanderung über das Schlachtfeld ...«[89]

Gegenüber der Donauinsel Lobau, wo Napoleons Brücken zerstört worden waren und wo die Franzosen noch lagerten, fragte Dahlmann dann einen kugelsammelnden Bauern, wie die

Franzosen über den Fluss gekommen seien, ob sie ihn durchwatet hätten oder eine Brücke hatten. Daraufhin wurden Dahlmann und Kleist von einer großen Zahl herbeiströmender Soldaten, Dahlmann spricht von Hunderten, als Spione verdächtigt. »... da war es ein halb trauriger halb komischer Anblick, wie Kleist seine franzosenfeindlichen Gedichte aus der Tasche zog und dadurch Wunder zu wirken glaubte.«[90] Kleist reichte das Gedicht über Kaiser Franz ein paar Offizieren. »Diese tapfern ehrlichen Leute betrachteten jedes politische Gedicht als eine unberufne vorwitzige Einmischung, und als sie nun vollends hinter Kleist's Namen kamen, machten sie mit einer unglaublichen Geringschätzung der preußischen Waffenthaten ihm geradezu die Uebergabe von Magdeburg durch seine Verwandten zum Vorwurf.«[91] In Aspern wurde ein Protokoll aufgenommen, und sie wurden ins Hauptquartier General Hillers gebracht, der zwar die Wanderung über ein frisches Schlachtfeld verwegen fand, ansonsten aber freundliche Worte für die beiden deutschen Kriegstouristen hatte.

Einen preußischen Offizier und Agenten verwundet, den Anfang der Schlacht über einem Kriegsspiel verpasst, in Gefahr, als Spion verhaftet zu werden, und Kriegspropaganda auf dem Schlachtfeld herumgereicht: Kleist machte eine ziemlich lächerliche Figur, wenn man zusammennimmt, was er sich in den vergangenen Wochen geleistet hatte. Wie wenn der ehemalige Offizier etwas desorientiert gewesen wäre.

Kleist und Dahlmann übernachteten in Kagran und gingen über Stockerau zurück nach Prag, wo sie am 31. Mai eintrafen. Hier nahmen sie zwei Zimmer nebeneinander auf der Kleinseite in der Nähe der Karlsbrücke.[92] Die Stadt war jetzt das letzte freie Zentrum des Widerstands. Es brodelte hier, wimmelte von Offizieren und Exilanten. Knesebeck und Pfuel waren ebenfalls da. Kleist bekam durch Buol, inzwischen Provinzialkommissar der österreichischen Truppen in Sachsen, Zugang zum Haus des Stadthauptmanns Graf Kolowrat und zum Oberstburggraf von Böhmen namens Wallis.[93] Er hatte damit schon wieder Kontakt zu hohen Regierungskreisen.

»So lange ich lebe, vereinigte sich noch nicht soviel, um mir eine frohe Zukunft hoffen zu lassen«, fasste Kleist die Tage nach

Aspern zusammen. Als er meinte, an einem Weg aus der Katastrophe mitarbeiten zu können, fühlte er sich in seinem Element. Er konnte eine neue Gesellschaft imaginieren, eine Einheit, geboren aus dem Zusammenbruch, eine Gemeinschaft, der auch er angehörte. So wie er sie, »tausendästig« und »würdig«, in dem Aufsatz »Was gilt es in diesem Kriege?« ausmalte. Er stellte sich da eine Weltgemeinschaft vor, voller »Wahrhaftigkeit« und »Offenherzigkeit«, eine Gemeinschaft aus einer neuen Unschuld: »selbst in dem Augenblicke noch, da der Fremdling sie belächelt oder wohl gar verspottet, sein Gefühl geheimnisvoll erweckt.«[94]

Zusammen mit Dahlmann plante Kleist nun die Zeitschrift »Germania«. Es galt das Klima in Preußen weiter anzuheizen. »Jetzt, oder niemals, ist es Zeit, den Deutschen zu sagen, was sie ihrerseits zu thun haben ...«[95] Dabei handelte es sich nicht um eines jener Hirngespinste, denen er manchmal nachhing. Dieses Zeitschriftenprojekt war durchaus realistisch, Kleist wurde von Kolowrat und Wallis unterstützt. Er sei mit Feuer für die Sache eingenommen, schrieb Kolowrat.[96] Jetzt las Kleist seine patriotischen Aufsätze bei Kolowrat vor und wurde von ihm unterstützt.[97] Kleist verlor keine Zeit. Wallis hatte das Gesuch schnell vorliegen, befürwortete es ebenfalls, und schon am 13. Juni leitete er es an den österreichischen Minister des Auswärtigen, Graf Stadion, zur Genehmigung weiter. Am 17. antwortete Stadion, er habe das Gesuch seiner Majestät Franz I. vorgelegt. Das war vielversprechend und verhängnisvoll zugleich, denn dort blieb das Gesuch dann so lange unbeantwortet liegen, bis Österreich mit Frankreich einen Friedensvertrag abgeschlossen hatte und an eine patriotisch-aufwieglerische Zeitung nicht mehr zu denken war.

Unterdessen bat Kleist um Unterstützung bei Friedrich Schlegel in Wien, was sein Projekt allerdings behindert haben dürfte, da Schlegel eine ähnliche Zeitschrift plante. Ungeduldig verfasste Kleist bereits Aufsätze für die »Germania«.[98] »Diese Zeitschrift soll der erste Athemzug der deutschen Freiheit sein. Sie soll Alles aussprechen was, während der drei letzten, unter dem Druck der Franzosen verseufzten, Jahre, in den Brüsten wackerer Deutschen, hat verschwiegen bleiben müssen: alle Besorgniß, alle Hoffnung, alles Elend und alles Glück«, begann er die Einleitung.[99]

Die Texte für die »Germania« sind erst posthum veröffentlicht worden. Kleist schrieb in unterschiedlichsten Formen, neben den Gedichten waren es satirische Briefe, Fabeln, Aufsätze, ein »Katechismus der Deutschen« und ein »Lehrbuch der französischen Journalistick«. Im »Katechismus« erscheint Deutschland erstmals klar und bestimmt als das Vaterland, das um seiner selbst willen zu lieben eine schöne Regung ist.[100] Im »Lehrbuch« geht es darum, wie in Frankreich die öffentliche Meinung – und damit das, was man für wahr hält – hergestellt wird. »*Die französische Journalistick* ist die Kunst, das Volk glauben zu machen, was die Regierung für gut findet.«[101] Kleist geht dabei auf den berühmten »Moniteur« ein, die einstige Revolutions- und spätere Regierungszeitung, und auf das »Journal de Paris«, die älteste französische Tageszeitung, gegründet in seinem Geburtsjahr 1777. Das Rezept der Beeinflussung, das Kleist damals herausstellte, hat sich bis heute nicht geändert: Unliebsame Wahrheiten verschweigen, dagegen Lügen so lange wiederholen, bis sie wahr werden.

Erzherzog Karl, den Kleist gerade noch als den Überwinder des Unüberwindlichen besungen hatte,[102] nutzte die Gunst der Stunde nicht: Nach dem Sieg von Aspern ließ er Napoleon Zeit, Truppen zusammenzuziehen und seine Kräfte zu sammeln. Der Sieg Napoleons bei Wagram am 6. Juli und der Waffenstillstand vom 12. Juli bedeuteten für Kleist das Ende des patriotischen Engagements, den Zusammenbruch seiner Hoffnungen. Es war ein radikaler Einschnitt. Kleist hatte alles auf eine Karte gesetzt und verloren. Er hatte Deutschland zum Aufstand gegen Napoleon aufpeitschen wollen, das war jetzt aussichtslos. Noch wurde das Projekt der »Germania« in der österreichischen Regierung nicht ganz aufgegeben,[103] es war sogar Friedrich Graf von Stadion, der Bruder des Außenministers, der Kleist weiter unterstützte. Aber der Friede, den Österreich mit Frankreich ab September schließen wollte und dann in Schönbrunn im Oktober auch wirklich schloss, machte es vollends zunichte.

Kleist war schnell klar, dass die »Germania« keine Chance mehr hatte. Fünf Tage nach dem Waffenstillstand von Znaim schrieb er an Ulrike. »Noch niemals, meine theuerste Ulrike, bin ich so erschüttert gewesen, wie jetzt. Nicht sowohl über die Zeit – denn das, was eingetreten ist, ließ sich, auf gewisse Weise, vorhersehen; als darüber, daß ich bestimmt war, es zu überleben.«[104] Das war keine Floskel. Kleist war wieder seiner Lebensperspektive beraubt: »Kurz, meine theuerste Ulrike, das ganze Geschäfft des Dichtens ist mir gelegt ...«[105] Nun dachte er nur noch an die Regelung der finanziellen Verhältnisse, die Schulden bei Ascher in Dresden. Er schrieb, wie wenn er sein Testament machen wollte. Kleist erlebte eine Krise, stummer als der erste Zusammenbruch in Paris und Mainz. Er wisse nicht, was er nun tun werde. »Aber Hoffnung muß bei den Lebenden sein«, flüsterte er sich sozusagen selbst noch zu.

Immer noch in Prag, hatte er wenigstens die Hoffnung, dass die Bekannten, die er hier hatte, ihm weiterhalfen. Immer noch war er willens, sich in den Strom des Lebens zu werfen, das anzupacken, was auf ihn zukam. Man fühlt sich an Franz Kafka erinnert, der hundert Jahre später mit ähnlich verzweifelter Zuversicht von einer Prager Brücke schrieb, über die ein geradezu unendlicher Verkehr ging. In diesem verzweifelten Moment schrieb Kleist noch einen Aufsatz »Über die Rettung von Österreich«. Er ist die Aufforderung an Franz I., endlich seiner Mission gerecht zu werden und sich an die Spitze eines Volkes zu setzen, das sich gerade zur Selbstherrschaft emanzipierte. Kleist schrieb: »Jede große und umfassende Gefahr giebt, wenn ihr wohl begegnet wird, dem Staat, für den Augenblick, ein demokratisches Ansehn.«[106] Das ist aber kein Vorbote der Demokratie. Viel eher ist der Aufsatz eine Phantasie von der Geburt einer neuen, besseren Generation aus dem Geist des »heiligen«[107] und totalen Kriegs.[108]

Politisch war Kleist an der Wiederherstellung des Deutschen Reiches gelegen, an der Einführung der allgemeinen und ausnahmslosen Wehrpflicht für alle 16- bis 60-Jährigen, die eine Verurteilung als Landesverräter für Kriegsverweigerer einschließen sollte, und an einer nicht näher erläuterten Staatsverfassung. Kleists Adressat war Franz I., der gegen Napoleon zögerlich agierte, weil er mehr als Napoleon die Kräfte des Volkes fürchtete.[109] Diese Ängste wollte Kleist ihm nehmen. Ob sein Schreiben dabei zu einem Pamphlet des demokratischen Fortschritts oder zu einer Handlungsanweisung für machiavellistische Machtzyniker wurde, wie die Kräfte des Volks zum eigenen Nutzen zu instrumentalisieren seien, stand nicht im Fokus dieser ebenfalls zu Kleists Lebzeiten unpublizierten Schrift.

Was Kleist im Juli und August 1809 sonst noch tat, was er im September und Oktober überhaupt tat, ist unbekannt. Er war in Prag. Im Aufsatz »Was gilt es in diesem Kriege?« fragte er: »Gilt es den Ruhm eines jungen und unternehmenden Fürsten, der, in dem Duft einer lieblichen Sommernacht, von Lorbeern geträumt hat?«[110] Das deutet auf den »Prinz Friedrich von Homburg«. Der Satz ist so eindeutig aus der Gedankenwelt dieses Schauspiels, dass man davon ausgehen muss, dass Kleist vor oder nach der Schlacht bei Aspern bereits daran arbeitete.

Die Forschung ist bei der Frage der Entstehungszeit des 1821 erstmals gedruckten »Homburg« uneins. Gern verbindet die Kleist-Biographik das Stück mit Kleists Tod. »Nun o Unsterblichkeit bist du ganz mein«, die berühmte Homburg-Zeile, die auch auf Kleists Grabstein am Wannsee steht, zieht das Drama mächtig in diese Richtung. Die Heiterkeit, mit der Kleist behauptete, in den Tod zu ziehen, liegt auch im »Homburg«. Literatur und Leben fließen hier nachhaltig ineinander.

Nun gibt es aber keine Belege, dass Kleist an dem Stück bis 1811 geschrieben hat. Im Gegenteil: Zwischen 2. Januar und 1. März 1809 entlieh Kleist die Memoiren von Friedrich II. und eine Geschichte Preußens von Krause aus der Bibliothek in Dresden.[111] Beide Werke wurden für den »Homburg« wichtig. Man kann und sollte also davon ausgehen, dass Kleist sehr bald nach der »Herrmannsschlacht« mit seinem nächsten Stück begonnen hat. Ein Jahr später, im März 1810, schrieb er an Ulrike von einer Privataufführung des »Homburg«. Da könnte das Stück fertig gewesen sein.

Kleist schrieb am »Homburg« schon 1809. Die Zeit, als sich nach Wagram erwies, dass Kleists patriotische Träume eine Illusion waren, würde als Hauptzeit der Arbeit gut passen. Der »Homburg« setzt den »Herrmann« fort wie das »Käthchen« die »Penthesilea«. War es dort die mythische Schlacht im Teutoburger Wald, war es jetzt die nicht weniger mythische Schlacht von

Fehrbellin, die Kleist sich zum Stoff nahm. Die Veränderungen im Drama spiegeln die Veränderungen der Zeit nach der Schlacht von Wagram. Damit erklärt sich auch ein Satz an Ulrike vom 23. November 1809: »ich ... hoffe, daß du bald etwas Frohes erfahren wirst.«[112] Er meinte damit den »Homburg«: Kleist setzte, wie das Jahr 1810 zeigen wird, große Erwartungen in das Stück.

Auch die Todessehnsucht, die wie das Zerstieben der Träume durch das Stück weht, hatte Kleist schon 1809 befallen. Sie spiegelt sich in den Briefen an Ulrike: »Adieu, Adieu!«, rief er ihr am 3. Mai 1809 zu, wie wenn er mit wehenden Fahnen für immer gehen und untergehen wollte: »Lebe inzwischen wohl, wir mögen uns wiedersehn oder nicht, dein Name wird das letzte Wort sein, das über meine Lippen geht ...«[113] Am 17. Juli schrieb Kleist, wie sehr es ihn erschütterte, dass er überlebt hatte! Diese Todessehnsucht, -bereitschaft und -angst steckten im »Homburg« bis hin zum berühmten Monolog: »Das Leben nennt der Derwisch' eine Reise,/Und eine kurze. Freilich!«[114]

Uneins wie über die Zeit der Entstehung ist man sich auch über die Deutung des Dramas.[115] Kein Stück Kleists hat, und zwar von Anfang an, so widersprüchliche Reaktionen hervorgerufen. Es war das Lieblingsstück von Tieck, Wilhelm II. und Ingeborg Bachmann. Hegel, Fontane und Brecht verabscheuten es. Man ist sich nicht einmal einig, was genau in dem Stück erzählt wird. Hat Homburg den Sieg nun eigentlich errungen oder vermasselt?

Nimmt man das Stück als direkte Reaktion auf die Situation von 1809, erscheint es als eine demütige Versöhnungsphantasie. Als Kleist über die Geschichte Homburgs las, werden ihm Sätze wie: »Dem Landgrafen von Homburg verzieh er, daß er so leichtfertig das Schicksal des Staates auf Spiel gesetzt hatte«, nachdrücklich in den Ohren geklungen haben. Der Satz steht in den Memoiren Friedrichs des Großen, der König schrieb ihn über den Großen Kurfürst. Es ging ums wahre Preußentum. Leichtfertig hatten auch Kleists Aufstandspläne das Schicksal des Staates aufs Spiel gesetzt, leichtfertig wie die Widerstandspläne Gneisenaus und Steins, die der König ablehnte, leichtfertig wie der Aufstand des Majors von Schill im April 1809, der damit den König zur Erhebung gegen Napoleon anstacheln wollte. Kleist wusste, dass der König das scharf missbilligte. 25 Offiziere und Unteroffiziere, die sich an Schills Aufstand beteiligt hatten, waren standesrechtlich erschossen worden. Von den Patrioten wurde der König deswegen kritisiert, auch Kleist klagte immer wieder über dessen Halbherzigkeit und Unentschlossenheit.[116]

Bei Friedrich dem Großen konnte Kleist weiter lesen, wie der Kurfürst zu Homburg sagt: »Wenn ich Euch nach der ganzen Strenge der Kriegsgesetze richtete, hättet ihr das Leben verwirkt. Aber verhüte Gott, daß ich den Glanz eines solchen Glückstages beflecke, indem ich das Blut eines Fürsten vergieße, der ein Hauptwerkzeug meines Sieges war.«[117] Das genau war es, was Kleist sich von seinem König wünschte, dass er neben den Kriegsgesetzen etwas anderes gelten lässt. Eine direkte Reaktion darauf könnte der schöne, für Kleist so typische Satz aus dem »Homburg« sein: »Das Kriegsgesetz, das weiß ich wohl, soll herrschen,/Jedoch die lieblichen Gefühle auch.«[118]

So einfach wie 1675 in Fehrbellin war es mit dem Verzeihen aber 1809 nicht mehr. Die Rollen waren unklarer. Der König war kein Patriarch mehr, die Untertanen nicht mehr seine Kinder. Bei der Frage des Widerstands gegen Napoleon regte sich in den alten Monarchien das Volk mit eigenen Ansichten. Justus Gruner, der Polizeipräsident Berlins, den Kleist bald kennenlernen sollte, schrieb an Friedrich Wilhelm III., der immer noch in Königsberg war, dass er seine Autorität nur retten könne, wenn er in die Hauptstadt zurückkomme oder den Aufstand zulasse. Schon das war revolutionär: Der König sollte sich nach dem Volk richten. Kleist wusste davon nichts, aber er war einer von denen, die solchen Entwicklungen Nahrung gaben.

Kleists Kurfürst im »Homburg« ist lange ein gesetzestreuer Prinzipienreiter, am Ende steht er zwischen der alten, patriarchalen Vertrautheit zwischen Monarch und Untertan und einer modernen Menschenfreundlichkeit. Man kann nicht entscheiden, ob Kleists Drama reaktionär oder revolutionär ist. Deutlich ist dagegen, dass Kleist mit seinem Stück spürbar machen wollte, dass es noch etwas anderes gab als Gesetze und Regeln, die exekutiert werden müssen. Er versuchte die Seele, die lieblichen Gefühle eines idealen Königs zu erweichen. Die alte innige Verbindung, die in den Erzählungen Friedrichs und Krauses lebendig ist, wollte Kleist in die neue Zeit übertragen. Der König und seine Untertanen, die sich erheben sollten, sollten dafür miteinander versöhnt werden.

Dass es dabei um die Gegenwart ging, wird deutlich, wenn man die Vergangenheit betrachtet, die Kleist wählte. Mit dem Kurfürsten, der Schlacht bei Fehrbellin nordwestlich von Berlin und Friedrich II. begab Kleist sich in preußisches Kerngebiet, es ging sozusagen ans Eingemachte. Zweimal nannte Kleist das Stück »vaterländisch«.[119] Der Große Kurfürst und der Große König waren *die* Identifikationsfiguren des Landes, der Sieg gegen die Schweden bei Fehrbellin ein entscheidender Schritt Preußens zur Großmacht. Das war in der preußischen Erinnerung fest verankert. Kleist grub im märkischen Sand, er nahm eine Operation an Preußens Eingeweiden vor.

Das muss man im Hinterkopf haben, wenn man den Prinzen von Homburg im ersten Akt als Schlafwandler erscheinen sieht, der Traumbildern des Ruhms anhängt. Darüber verkennt er die für die Schlacht ausgegebenen Befehle und schickt die Reiterei entgegen ausdrücklicher Order verfrüht in die Schlacht. Die Schlacht wird zwar gewonnen, aber auf Befehlsverweigerung steht die Todesstrafe. Darin zeigt sich der Kurfürst unnachgiebig. Homburg erlebt dann angesichts seines Grabes echte Todesfurcht. Nachdem der Kurfürst von verschiedenen Seiten um Gnade bekniet worden ist, will er Homburg über sich selbst richten lassen. Der schickt sich in das Gesetz und damit in den Tod, darüber aber gewährt der gerührte Kurfürst doch noch die Begnadigung. Davor sagt Homburg den Satz von der Unsterblichkeit, die nun sein sei, fällt angesichts der vermeintlichen Hinrichtung in Ohnmacht und fragt erwachend, ob das alles ein Traum sei. »Ein Traum, was sonst?«, ruft es zurück. »Ins Feld! Ins Feld!« und »In Staub mit allen Feinden Brandenburgs!« – mit diesen Rufen endet das Stück.

In dieser Preußen-Operation bei lebendigem Leibe steckte eine ungeheure Anmaßung. Dabei ging es weniger um die Anspielung auf den Preußenprinzen Louis Ferdinand, der vier Tage vor der Schlacht von Jena und Auerstedt zu früh losgestürmt und dabei gefallen war, es war der ganze Gestus: Kleist schrieb die heroische Geschichte Preußens um, er machte aus dem Helden Homburg einen Angsthasen, er zeigte einen König, der sich von seinen Untergebenen Lektionen in Sachen Menschlichkeit erteilen lassen musste. Er stellte überhaupt eine enorme Nähe zur Macht her. Allein darin, dass der Kurfürst von Homburg Vater genannt wird, lag eine unakzeptable Anmaßung. Und es steckte trotz aller Unterwürfigkeit Homburgs ein erhobener Zeigefinger gegenüber dem König in dem Stück. Dazu noch die Träumerei: Ein preußischer Offizier träumt! Auch das ein Affront.

Friedrich Wilhelm III. war gegenüber dem allgemeinen Gefühl unnachgiebig wie der Kurfürst. Homburgs Treue, seine letztendliche Demut, sein Kriegseifer sollen den König erweichen, sein Mitgefühl wecken, genauso wie die Beziehung zum Grafen Hohenzollern, der Homburg sanft Arthur nennt. Aber wie absurd: zärtliche Gefühle in Preußens Heer! Kleist führte Homburg und den Kurfürsten enger zueinander, als es das in Königsdramen bisher gab. Zweimal küsst dieser Kurfürst seinen General. Indem Homburg sich am Ende demütig dem Gesetz des Krieges unterwarf, indem er sich selbst zum Tod verurteilte, sagte er: Sieh, Kurfürst, ich bin ganz dein. Kleist stiftete so das Verhältnis zwischen König und Untertan neu. Am Ende sind Kurfürst und Homburg durch eine hochaufgeladene emotionale Beziehung aneinandergekettet. Kleist malte das Bild einer neuen Gemeinschaft. Und genau das war ungehörig.[120]

Diese Gemeinschaft, so Kleists Phantasie, ist stark genug, sich zu erheben. Weil der König voll und ganz auf die Treue seines Volkes bauen kann, deswegen ist er nicht zu besiegen, sagt das Drama. Aus dieser neuen Kraft kommt der Ruf: »In Staub mit allen Feinden Brandenburgs!« Diese Gemeinschaft ist bereit zum Krieg. Insofern ist der »Homburg« nicht nur ein zarter, zurückgenommener, sondern auch ein radikalisierter »Herrmann«. Dabei haben sich gegenüber der »Herrmannsschlacht« einige bemerkenswerte Dinge geändert: Die Monarchie wird wieder bejaht. Und es geht nicht mehr um Deutschland, sondern um Preußen.

Der Kurfürst stellt das Urteil über sein Vergehen dem Prinzen von Homburg selbst anheim. Der wird sein eigener Richter. Damit zwingt der Kurfürst ihn, das nackte Leben zu betrachten. Wenn er sich unschuldig findet, ist er frei. Das kann Homburg nicht und verurteilt sich selbst zum Tode. Das war Kleist sicherlich nicht bewusst, aber das ist die – schreckliche – Freiheit, die der Souverän dem Untertanen jetzt gewährt: sich selbst zu richten. Darin verbindet sich Kleists Drama sowohl mit der tyrannischen Seite des alten Absolutismus als auch mit dem Totalitarismus kommender Zeiten.

Für Kleist selbst muss diese Wendung etwas anderes bedeutet haben: Indem der Kurfürst auf seine Rolle als Richter verzichtet, ermöglicht er dem Untertan, sich ganz dem »Gesetz des Kriegs«,[121] wie Homburg ausdrücklich sagt, zu unterwerfen, dem absoluten Gehorsam unter den Fürsten. »Heiter« wird der Tod, den das bedeutet, durch diese Entscheidung für das Gesetz des Krieges.

Er ringt den »verderblichsten Feind«, wie Homburg ebenfalls sagt, den »Trotz« und den »Übermut« nieder. In diesem neuen Homburg, der durch die Krise der Todesangst und der vollkommenen Unterwerfung gegangen ist, steckt eine Erlösungsphantasie, »Nun, oh Unsterblichkeit ...« Es steckt darin aber auch eine Selbstbestrafungsphantasie Kleists. Er, der 1794 erlebt hat, wie französische Tirailleurs selbständig losstürmten, der 1799 die Gemeinschaft der Krieger verlassen hat, der noch bis vor kurzem eigenmächtig am Aufstand gearbeitet hat, muss sich nun umso demütiger unterwerfen. Kleists Homburg wirkt, als wolle sich ein Individualist jetzt endgültig den Geist der Selbstfindung und Selbsterfindung austreiben. Dabei ging er mit sich noch viel rigider um als einst mit seiner Verlobten Wilhelmine.

Wo Homburg sich selbst aufgegeben hat, bleibt doch der Hass auf den Schweden beziehungsweise den Franzosen. Seine letzte Bitte vor dem erwarteten Tod an den Kurfürsten ist, seine Tochter nicht an den Feind zu verheiraten. Im Gegenteil, er soll den Feind mit besonders schrecklichen Waffen, »Kettenkugeln«,[122] eindecken. Diese Bitte wird ihm gewährt. Da hat Kleist den König sozusagen da, wo er ihn haben will.

Dem demütigen Untertan kann der Kurfürst dann auch vergeben. Und daraus, diesen gegenseitigen Gaben des Lebens zwischen Monarch und Untertan, schmiedet sich – und da wird Kleists Stück endgültig schwer zu akzeptieren[123] – eine neue Kampfgemeinschaft. Bisher war Homburg vom Nichts und vom Staub bedroht,[124] jetzt sollen dort die Feinde Brandenburgs versinken. Der traumhaft sichere Wille zum Krieg ist das Ergebnis des Dramas, der Krieg erscheint hier wie der Vorhof zum Paradies. Der »Prinz von Homburg« ist Kriegspropaganda. Kleist sucht und findet einen neuen, in den zarten Gefühlen gegründeten Geist des Krieges. Das Ideal ist der traumgeborene, von der Sicherheit des Unbewussten geleitete Krieger.

Die Größe von Kleists Stück liegt in der Nähe zur Todesangst. Die zugelassene Todesangst, der Blick auf das bloße Leben, um das Homburg bangt, war 1809 und im gesamten 19. Jahrhundert ein echtes Skandalon. Diese Todesangst ist das eigentlich Neue in diesem Stück, sie ist auch die eigentlich kleistische Sicht auf die Welt. Mit dem vaterländischen Kriegsstoff hatte er sich dieses Terrain erarbeitet. Kleist arbeitete die Todesangst bewusst durch, das »Nichts«, in das Homburg vom Kurfürsten am Anfang gestoßen wird, zieht sich als metaphysischer Ort des Todes durch das Stück. Die Alternative zum nackten Leben und Überleben ist die im Innersten verbundene preußische Krieger-Gemeinschaft, ein Trupp eingeschworener Kämpfer.

Zwischenspiel: Kleist und das Reisen

Oft bewegte sich Kleist auf seinen Reisen mit der Postkutsche, vor allem bei der Würzburger Reise. Manchmal reiste er in einer eigenen Equipage. Vor allem wenn er in Begleitung reiste, die sich das leisten konnte, so mit Ulrike auf der ersten Reise nach Paris oder mit den Werdecks in der Schweiz. Manchmal ging er auch zu Fuß wie zeitweilig in den Alpen, von Paris nach St. Omer, die zwei Stunden von Weimar zu Wieland nach Oßmannstedt oder von Berlin nach Potsdam.

Grundsätzlich war Reisen etwas vollkommen anderes als heute. Es war ein Zustand, nicht nur die Überbrückung einer Distanz, man war oft wochenlang unterwegs. Eine Reise von Paris nach Berlin dauerte, selbst wenn man sich sehr beeilte, zwei Wochen. Ein Reisetag hatte in der Regel zehn bis zwölf Stunden. Manchmal reiste man auch nachts weiter oder brach in den frühen Morgenstunden um drei oder vier Uhr auf.

Außerdem war Reisen bedeutend beschwerlicher als heute. Es war in der Regel sehr unbequem, voller Zufälle und manchmal gefährlich. Permanent wurde man durchgeschüttelt, die Wege waren holprig. Regnete es, weichten die Wege auf, die Erde klebte an den Rädern fest, der Wagen war kaum noch zu ziehen. 1822 schrieb Adolph von Schaden über die Zustände in Sachsen und Preußen: »Die Literatur der Reisen in Deutschland klagt unaufhörlich über die schlechten Wege und die mangelhafte Einrichtung des sächsischen Postwesens, obwohl diese Dinge im Preußischen eben nicht besser beschaffen sind. Wer nicht eine Brust von Erz, Kaldaunen von Kupfer und einen Allerwerthesten von Platina besitzt, dem rathen wir wohlmeinend, dort keine Reise mit der sogenannten ordinairen Postkutsche zu unternehmen, denn diese ist in der That gar zu ordinair.«[1]

Selbst wenn der Weg gepflastert war, so rumpelte es enorm, wie ein Leiterwagen auf Kopfsteinpflaster. Außerdem beeinträchtigte schlechtes Wetter das Reisen. Aufgeweichte Straßen und Wege verlangsamten die Geschwindigkeit erheblich. Nachts war es stockfinster. Immer wieder passierte es, dass eine Kutsche umkippte. Selbst mit der eigenen Kutsche war Reisen also alles andere als bequem.

Die Postkutschen, zuweilen auch »Marterkästen« genannt, waren in der Regel ungefederte Frachtwägen, meistens ungedeckt,[2] manchmal mit Plandach. Man saß auf zwei gegenüberliegenden Bänken oder eingeschnallten, ledernen, ebenfalls ungefederten Sitzen. Um in den Wagen zu kommen, musste man über die Deichsel nach oben klettern. Je weniger man zahlte oder je später man dran war, desto näher saß man am Gepäck, das im hinteren Teil des Wagens festgebunden war. Im Winter bei Schnee und Wind wurde die Fahrt mit der Postkutsche vollends zur Qual. Billig war das Reisen im Postwagen trotzdem nicht, die Meile wurde mit sechs Groschen berechnet.[3] Reisen war – ging man nicht zu Fuß – teuer.

Hinzu kamen die oft stundenlangen und enervierenden Aufenthalte in den Poststationen. Das dortige Personal war für seine rüde Art allgemein bekannt. Knigge schrieb 1788: »Deutsche Posthalter, Wagenmeister und Postknechte pflegen in dem Ruf einer ausgezeichneten Grobheit zu sein.«[4] Das galt auch für die Postillione und andere Kutscher. In den Poststationen war der Alltag von Zechprellerei, Diebstahl und Trinkgelagen geprägt. »Wein, Weib und Würfel« galten als die großen Gefahren für den – meist männlichen – Reisenden.

Angesichts der widrigen Voraussetzungen ist es erstaunlich, wie gern man reiste. Es wurde, natürlich vor allem im Adel, eine regelrechte Passion. Auch hierin übertraf Kleist seine Zeitgenossen. Für Kleist war Reisen wie sein natürlicher Zustand. Niemals hört man Klagen über die Beschwerlichkeit des Reisens von ihm. Manchmal wirkt er, als sei die Reise das für ihn einzig Erträgliche, wie wenn sie ihn von sich selbst entlastete. Im »Amphitryon« spricht Sosias davon, wie er sich einen Fuß vor den anderen setzend vorwärtsbewegt. Bei solchem Gehen ist Kleists Mensch mit sich im Einklang. Reisen, Bewegung, Gehen, das war für Kleist eine Möglichkeit, sich zu entlasten.

Wenn man zu Fuß unterwegs war, waren 30 bis 40 Kilometer eine normale Tagesetappe. Ansonsten schwankten die zurückgelegten Distanzen. Was die Postkutsche betrifft, meinte der bereits zitierte Adolph von Schaden, dass man manchmal in 24 Stunden nur acht Meilen schaffe, Scharfenort spricht von nur fünf Meilen am Tag. Man muss dabei aber bedenken, dass es sich bei Schaden um die sächsische Postmeile mit 9 Kilometern und bei Scharfenort um die preußische Landmeile mit 7,5 Kilometern handelte.

Kleist reiste schneller. Von der Würzburger Reise schrieb er am 5. September einen protokollartigen Brief, um acht Uhr aus Chemnitz, um elf aus Lungwitz, um drei aus Zwickau, und um acht Uhr abends aus Reichenbach. Man kann hier den Reiseverlauf also sehr genau verfolgen. Losgefahren war er am Morgen schon in Oederan. Alle vier Etappen waren mit dem Postwagen etwa je 20 Kilometer lang, insgesamt waren es also 80 Kilometer in 15 Stunden.

Kleist schrieb aus Lungwitz an Wilhelmine: »Was das Reisen hier schnell geht, das glaubst Du gar nicht. Oder ist es die Zeit, die so schnell verstreicht? Fünf Uhr war es, als wir von *Oderan* abfuhren, jetzt ist es ½11, also in 5½ Stunde 4 Meilen. Jetzt geht es gleich weiter nach Zwickau. Wir fliegen wie die Vögel über die Länder.«[5] Tatsächlich waren es 40 Kilometer, die Kleist in den 5½ Stunden zurückgelegt hatte. Ähnlich war das Tempo ein paar Tage zuvor gewesen: Am 2. September war Kleist um zehn Uhr abends nach 34-stündiger Reise[6] von Leipzig in Dresden eingetroffen, das waren gut 100 Kilometer.

Noch schneller ging es nur mit einer eigenen Kutsche. Am Ende der Würzburger Reise schrieb Kleist an Ulrike: »Von Würzburg über Meinungen, Schmalkalden, Gotha, Erfurt, Naumburg, Merseburg, Halle, Dessau, Potsdam nach Berlin bin ich (47 Meilen) in 5 Tagen gereist, Tag u. Nacht …«[7] Die Strecke entspricht 490 Kilometern. Am Tag legte er also 100 Kilometer zurück.

100 Kilometer am Tag konnte man mit der Postkutsche mehrere Tage hintereinander nicht schaffen. Kleist hatte sich also eine Kutsche gemietet. Er bereitete die Schwester mit der Beschreibung wahrscheinlich darauf vor, dass hier wieder außerordentliche Kosten zu tragen waren. Kleist reiste fast immer in diesem Tempo. Am 14. Juli 1807 schrieb Kleist aus Châlons an Ulrike: Ich »reise Tag und Nacht, und bin in 14 höchstens 16 Tage, bei Dir.«[8] Er hatte mindestens 900 Kilometer vor sich.

Auf dem Weg von Thun beziehungsweise Bern nach Paris war Kleist am 5. Oktober 1803 in Genf. Wie lang er dort blieb, ist unbekannt. In Paris war er jedoch spätestens am 14. Oktober. Da die Reise über Lyon ging, waren das in jedem Fall mehr als 600 Kilometer. Dafür brauchte er höchstens neun Tage. Auch hier legte Kleist ein erstaunliches Tempo vor. Auf jeden Fall musste er den größeren Teil der Strecke mit einer gemieteten Kutsche zurücklegen, andernfalls hätte er keinerlei Unterbrechungen zum Übernachten machen dürfen. Zum Sammeln von Reiseeindrücken hatte Kleist bei diesem Tempo keine Zeit.

Kleist lebte im Zeitalter der großen deutschen Weltreisenden Georg Forster und Alexander von Humboldt. Auch ihn zog es in die Fremde, wie nicht nur sein Plan, nach Australien (Neuholland) auszuwandern, sondern auch seine in exotischen Ländern (Chile, Haiti) spielenden Erzählungen zeigen. In Wirklichkeit hat Kleist Europa nie verlassen, war hier aber die meiste Zeit unterwegs. Ab Anfang 1810 lebte Kleist zwei Jahre in Berlin und unternahm keine größeren Reisen mehr. Die erste große Reisebewegung Kleists dauerte von 1800 bis 1804, die zweite von 1805 bis 1809. Beide endeten mit einem Zusammenbruch, wobei der von Mainz schlecht, der von Prag fast gar nicht belegt ist.

Gesellschaft lebender Geister

Berlin 1810/11

Es gibt von Kleist kein Lob auf die Postkutsche. Aber sie hat ihn mobil und frei gemacht. Der Rhythmus von Kleists Welt wurde durch die Postkutsche bestimmt, sie stellte die Verbindungen her, sie transportierte die Menschen, Briefe und Nachrichten, sie wurde das Maß für Entfernungen und Zeiträume. Das sollte sich bald ändern, erst langsam, dann immer schneller: 1804 erprobte ein Engländer die erste Lokomotive, Mitte des 19. Jahrhunderts reiste Europa schon massenhaft in Zügen. Genauso erlebten die Nachrichten eine gewaltige Beschleunigung und Vermehrung.

Von der Revolution des Reisens erlebte Kleist nichts mehr. 1810 löste sich seine bisherige Reiselust in Luft auf. Bis zu seinem Tod blieb Kleist im bis dahin so ungeliebten Berlin. Aber an der anderen Revolution, der der Nachrichten, war er beteiligt. Sozusagen im Alleingang führte er die Tageszeitung in Berlin ein. Kleist produzierte bald tägliche Nachrichten mit einer Neugier, Frequenz und Zuspitzung, wie es die Stadt bis dahin nicht erlebt hatte.[1] Seine Verbindung zur Welt war nicht mehr die Reise, sondern die Nachricht. Bald schrieb Kleist von Luftschiffern und Aeronauten, über den Telegraphen und die Bombenpost.

1805 hatte Kleist geplant, nach Australien auszuwandern. Jetzt schrieb er über alle erdenklichen Weltgegenden, ohne jemals dort gewesen zu sein. In der letzten Ausgabe des Jahres 1810 seiner »Berliner Abendblätter« ging es um Südamerika. »In dem Gouvernement von Buenos-Ayres sind wichtige Veränderungen vorgefallen«, war da zu lesen. 1810 begannen sich die Länder unter den südlichen Sternen von Europa zu emanzipieren: Mexiko und Bolivien erklärten ihre Unabhängigkeit, Argentinien und Chile bekamen eigene Regierungen. Kleist berichtete über die Unabhängigkeitsbewegungen in Buenos Aires, Cordoba, Montevideo und kommentierte das mit der für ihn typischen Zweideutigkeit. »Man sieht den Folgen aller dieser anarchischen Bewegungen mit Ungeduld und Betrübniß entgegen.«[2]

Europa, immer noch Zentrum der Welt, erlebte 1810 ein ruhiges Jahr. Napoleon heiratete Marie Louise von Österreich. Dass sein Stern ab 1812 zu sinken begann, ahnte niemand. In Tirol wurde Andreas Hofer hingerichtet, der Führer des Aufstands gegen Bayern und Frankreich. Holland wurde von Frankreich annektiert. England baute wegen der Kontinentalsperre den Handel mit Amerika auf. Trotzdem erreichten britische Waren auch den alten Kontinent. Deshalb annektierte Napoleon auch noch die Hansestädte, wie Kleists »Abendblätter« meldeten.[3] Gleichzeitig wurde in Frankreich die Kontinentalsperre gegen England gelockert. Die englische Wirtschaft erlebte damals ihre erste ernste Absatzkrise und mit ihr die sozialen Folgen verselbständigter Märkte. Bald sollte es die ersten Zerstörungen von Maschinen durch wütende englische Arbeiter geben, die sogenannten Maschinenstürmer.

Bisher war der Mensch eingebunden gewesen in feste Gemeinschaften, familiäre, dörfliche, höfische. Diese Welt versank, die Bevölkerung wuchs, die Medizin machte riesige Fortschritte, Maschinen begannen Menschen zu ersetzen, die Chemie entdeckte fast jedes Jahr ein neues Element, die Landwirtschaft entwickelte sich rasant und trotzdem zu langsam, Rohstoffe wurden systematisch gefördert. Schon 1810 war die Welt vollkommen anders als 1800. Eine andere, dynamischere Zeit begann. Bisher fanden sich im Werk Kleists von diesen Veränderungen allenfalls Spuren. Aus Bergwerken hatte er berichtet, mit Maschinen hatte er sich beschäftigt, als er mit Pfuel über ein U-Boot nachdachte.

Kleist war nun in Berlin. Die Stadt, eine Ansammlung von 7000 Häusern im märkischen Sand, viele immer noch aus Holz, seit 1802 umgeben von einer vier Meter hohen Stadtmauer, mit Potsdam und Charlottenburg durch eine gepflasterte Straße verbunden, war nach 1806 geschrumpft. Ende 1808 hatten die letzten französischen Truppen die Stadt verlassen. Seitdem wuchs Berlin wieder. Jedes Jahr kamen mehrere Tausend Bewohner hinzu. Knapp 160 000 Menschen waren es, die 1810 die Straßen belebten. Weniger als ein Zehntel davon waren Soldaten. Dafür gab es jetzt Arbeiter, etwa ein Viertel der Bevölkerung, die zum Teil in bitterstem Elend lebten. Bettler hatte es ein paar Jahre zuvor überhaupt nicht gegeben, jetzt waren schon 10 000 registriert. Auch als Hauptstadt der Prostitution war Berlin bekannt. Die Straßen, die Kleist vor zehn Jahren »kothig« genannt hatte,[4] waren immer noch schmutzig und stanken. Bürgersteige gab es nicht.

Aber die Stadt war trotzdem mondäner und offener geworden. Kleists »Abendblätter« berichteten, was die Mode in Paris machte.[5] Der Geist des alten friderizianischen Preußen war vollständig verschwunden. Im gleichen Jahr wie die Mauer, 1802, war das große Schauspielhaus am Gendarmenmarkt fertig geworden. Solche Gebäude wirkten auf alle Besucher beeindruckend. »Berlin ist die schönste Stadt, die ich gesehen«, schrieb Wilhelm Grimm 1810.[6] Er war nicht der Einzige. Es lag etwas Großstädtisches in den Berliner Bauwerken und Gesten, der Kleidung und Sprechweise.

Berlin wurde geistreicher, doppeldeutiger und verspielter. Immer mehr Künstler fühlten sich von der Stadt angezogen, von der bevorstehenden Rückkehr des Königlichen Hofes aus Königsberg, der Aufgabe, diesen Staat neu zu ordnen, und der Gründung der Universität. »Hier wimmelt die Stadt von Poeten«, schrieb Achim von Arnim.[7] In den letzten Monaten waren hier mehrere Männer frisch angekommen: Fichte, Arnim, Wilhelm von Humboldt, Friedrich Schleiermacher, Adam Müller und Clemens Brentano. Niederlage, Fremdherrschaft und Kontributionszahlungen drückten den Staat und seine Hauptstadt, aber das bedrückte ihre Bewohner kaum. Es steckte Kraft in dieser jüngsten europäischen Großstadt.

Zunächst war Kleist nicht unter den Neuberlinern. Man dachte hier, er sei tot. Im September und Oktober 1809 waren Arnim, Brentano und Wilhelm Grimm der Meinung, dass Kleist in einem Prager Krankenhaus an Wunden, die er sich in Wagram zugezogen habe, gestorben sei.[8] Urheber dieses Gerüchts war

Adam Müller.⁹ Aber Kleist wurde nicht verwundet, vielleicht ist er in Prag krank gewesen. Schütz berichtete 1817, dass Kleist in diesen Monaten krank gewesen sei.¹⁰ Von den Zeitgenossen bestätigt das nur Körner: Aus Dresden schrieb er an seinen Sohn Theodor im Januar 1810, dass Kleist sehr kränkle.¹¹

Kleist hatte Prag mit Dahlmann Ende Oktober verlassen und war über Dresden, wo er Hartmann seine patriotischen Gedichte überließ, weiter nach Frankfurt an der Oder gereist.¹² Dort kümmerte er sich Ende November um Finanzielles, nahm ein Darlehen von 500 Reichstalern auf sein Elternhaus auf und bat seinen ehemaligen Vormund Dames schriftlich um Begleichung: Zu jeder der drei Frankfurter Messen sollten 10 Taler zurückgezahlt werden.¹³ Den Ertrag aus einem eventuellen Verkauf des Hauses solle Ulrike bekommen, bei der er erhebliche Schulden hatte. Er agierte wie jemand, der seine letzten Angelegenheiten ordnet. Den Brief an Dames schickte er in Abschrift an Ulrike – so wollte er deutlich machen, dass es ihm ernst war mit der Begleichung seiner Schuld.

In diesem Brief schrieb er auch, dass er zurück nach Österreich wolle. Die nächste Spur von Kleist findet sich aber am 12. Januar 1810 in Frankfurt am Main. Von dort schickte er dem Verleger Cotta das »Käthchen« und bettelte ihn ziemlich unverhohlen um Geld an. Das Geld erbat er nach Berlin, »wohin ich in einigen Tagen abgehen werde«. Cotta verlegte das »Käthchen« nicht und schickte auch kein Geld, Kleist aber machte sich auf den Weg nach Berlin. In Gotha besuchte er seinen ehemaligen Kameraden und Freund Hartmann von Schlotheim. Hier lieh er sich ebenfalls etwas Geld. Schlotheim gab ihm 22 Pränumerationsscheine, für die sich Kleist in Berlin, unter großen Mühen, je einen Reichstaler auszahlen ließ. Am 4. Februar 1810 kam Kleist in Berlin an. Bis auf kleine Ausflüge verließ er die Stadt nicht mehr.

Mehr als ein Drittel der schriftlichen Spuren, die er in seinem 34-jährigen Leben hinterlassen hat, stammen aus den 22 Monaten, die er jetzt in Berlin verbrachte. Kleist wurde für kurze Zeit eine bestimmende Figur der Berliner Literaturszene. Gegen Ende des Jahres 1810 war er bestens etabliert, er bewegte sich in Gesellschaft, er war bekannt als Dichter, Herausgeber und Redakteur einer Tageszeitung. Zwei Bücher erschienen 1810, zwei weitere 1811. Kleist hatte sich für den Ort entschieden, der ihm die besten Aussichten bot.

Der Kleist, der Anfang 1810 in Berlin ankam, egal ob krank oder nicht, war aber nicht mehr der, der er in Dresden und Prag gewesen war. Er erscheint jetzt noch zurückhaltender und nüchterner als die Jahre zuvor. Da ist nichts Entflammtes oder Patriotisches mehr zu spüren. Er muss angeschlagen gewirkt haben. Sein eigentümlich stockendes Sprechen wurde in Berlin deutlicher wahrgenommen als zuvor.[14] Etwas hatte zwischen August und Oktober 1809 stattgefunden. Sanft und ernst erschien er Brentano, »gemischt launigt, kindergut, arm und fest«.[15] Von Kleists Phlegma schrieb Graf von Loeben in seinem Tagebuch.[16]

Als er in Berlin ankam, hatte Kleist den mehr oder weniger fertigen »Prinz von Homburg« in der Tasche, der seine Hoffnung ausdrückte, nun in die preußische Gesellschaft integriert zu werden. Etwas von seiner Verfassung steckte im »Homburg«, vielleicht hatte Kleist sich selbst in das Stück hineingeschrieben, vielleicht drängte er sich gegen seinen Willen in den Stoff. Im »Homburg« wurden Kleists Wille und Unfähigkeit zur Anpassung deutlich: Er hoffte, dass ihm gerade dieses Stück Gnade und Anerkennung in den Augen des Hofes bringen könnte. Das zeigt, wie fremd er seiner Zeit war. Man kann sich kaum jemanden unter den noch verbliebenen fünf Millionen Preußen vorstellen, der auch nur auf die Idee käme, dass ein preußischer Offizier weint. Weiter als Kleist hat kein Dramatiker seine Hauptfigur erniedrigt. Aber Kleist bot sich im »Homburg« selbst dar. Er arbeitete an einem Kompromiss genau da, wo es keinen geben konnte: zwischen dem Individuum, das hier ganz seiner unendlichen Ansprüche bewusst geworden ist, und dem Staat, der hier totalitäre (und das ist etwas anderes als monarchische) Züge zu tragen beginnt.

Obwohl Kleist in Berlin zurückhaltend auftrat, ging alles schnell. Schnell fand er, nachdem er zuerst im Hotel de Prusse abgestiegen war, eine Wohnung. Er zog in die Mauerstraße 53, Ecke Taubenstraße. Drei Straßenecken weiter, ebenfalls Mauerstraße, wohnten Arnim und Brentano. Kleist könnte Arnim schon in Königsberg kennengelernt haben, wohin dieser 1806 geflohen war. Arnim gab wie Brentano den Eindruck wieder, den Kleist auf ihn machte: »... eine sehr eigentümliche, ein wenig verdrehte Natur, wie das fast immer der Fall, wo sich Talent aus der alten preussischen Mondierung drucharbeitete ... er lebt sehr wunderlich, oft ganze Tage im Bette, um da ungestört bei der Tabakspfeife zu arbeiten«, schrieb Arnim an Wilhelm Grimm.[17]

Aber nicht nur Kleist lebte wunderlich. Brentano wohnte im Erdgeschoss und hauste auch tagsüber im Dunklen: Er hatte das Fenster zum Hof wegen Licht- und Lärmempfindlichkeit zugehängt. Bei Arnim herrschte eine solche Unordnung, dass sogar der ebenfalls unordentliche Brentano darüber klagte. Hier lernte Kleist auch Friedrich Karl von Savigny und wahrscheinlich Joseph von Eichendorff kennen, dem das Chaos aus Gitarren und Büchern ebenfalls nicht verborgen blieb. Eichendorff sah in den beiden ein seltsames Ehepaar, der große Arnim erschien ihm als Mann und der kleine Brentano als Frau.

Kleist gehörte schnell dazu. Er ist »frisch und gesund unser Mitesser«, schrieb Brentano.[18] Schnell bekam Kleist Kontakt zu allen möglichen Neuberlinern. Neben Eichendorff und dessen Bruder Wilhelm war da der Graf von Loeben, der ebenfalls dichtete, im letzten »Phöbus«-Heft drei Gedichte veröffentlicht hatte und jetzt notierte, dass man über Kleists Phlegma gesprochen habe.[19] Kleist lebte in der Friedrichstadt um den Gendarmenmarkt mit dem neuen Schauspielhaus und Salons, unter Verlegern und Künstlern. Hier war das Zentrum der Kreise, die für Kleist von Interesse waren.

Auch zu Adam Müller kam wieder eine enge Bindung zustande. Müller empfing zusammen mit Sophie, die immer noch von Haza hieß, in seiner Wohnung in der Behrenstraße gern Gäste. »Ziemlich groß, freundliche Physiognomie, galant, ausgezeichnet, fein und artig, Tabakschnupfend«, kam Müller dabei Eichendorff vor.[20] Auch Kleist war unter den Gästen. Bei Veranstaltungen und Einladungen traten Kleist und Müller sogar wieder gemeinsam auf. Wie Brentano und Arnim wurden sie von manchen als Paar wahrgenommen. Der Streit von Dresden war vergessen.

Schnell lernte Kleist auch Buchhändler und Verleger kennen,

die für ihn wichtig wurden. Georg Andreas Reimer, bei dem bald Kleists Erzählungen erschienen, war ein Bekannter Brentanos und ein Freund Staegemanns. In der Kochstraße, Ecke Friedrichstraße hatte er seine Realschulbuchhandlung. Reimer war eine zentrale Figur der Nationalbewegung, gehörte dem Tugendbund an, und bei ihm traf sich die »lesende Gesellschaft«. Er verlegte Rühle, Müller, Arnim, Tieck, Arndt, Fichte, Schleiermacher, Jean Paul, Novalis, Schütz, Bernhardi und Fouqué. Julius Eduard Hitzig, bald Verleger der »Berliner Abendblätter«, war ein Freund Fouqués. Der wohnte zwar in Nennhausen, kam aber öfter nach Berlin. Bei Reimer traf Kleist wahrscheinlich Ernst Moritz Arndt, der sich heimlich in Berlin aufhielt. Arndt und Reimer, aber auch Schleiermacher und Gneisenau sollen 1809 an dem geheimen Aufstandsversuch beteiligt gewesen sein, zu dem auch Kleist Verbindungen hatte. Die apokalyptischen Passagen von Arndts »Geist der Zeit« hatten Kleist fasziniert.

Der Buchhändler und Schriftsteller Johann Daniel Sander war mit Adam Müllers Cousine Sophie verheiratet. Sein Haus war ein wichtiger Treffpunkt. Die Sanders hatten schon nach der Jahrhundertwende eine Menge Leute versammelt, jetzt belebten sie den Salon neu. Jeden Nachmittag empfingen sie Gäste zum Tee. Dazu gehörten Fichte, Wilhelm von Humboldt, Fouqué, Brentano, Arnim, Müller und auch Kleist. Sophie Sander war schön und schlagfertig, was sie zur idealen Salondame machte. Kleist lernte hier den Kapellmeister Weber kennen und traf den Philologen August Ferdinand Bernhardi, von dem er schon aus Dresden wusste.[21]

»Die Gesellschaft lebender Geister vermehrt sich jetzo in Berlin«, schrieb Charlotte von Kalb an die Frau Jean Pauls, nachdem sie Kleist bei Sander getroffen hatte.[22] Er wurde unter Seinesgleichen wirklich mit offenen Armen aufgenommen. Aber Kleist lernte nicht nur Künstler aus der Berliner Gesellschaft kennen. Der Geheimrat Karl Philipp Heinrich Pistor, in dessen Haus Brentano und Arnim wohnten, vermittelte bald im Streit um die »Abendblätter«. Der Arzt Ludolph Beckedorff, ein – wie Brentano sagt – nüchterner, besonnener Mann, war Erzieher des Prinzen von Hessen und arbeitete an den »Abendblättern« mit.

Er wurde von Brentano dem Kreis um Müller und Kleist zugerechnet. In der Deutschen Tischgesellschaft war er einer der Antisemiten.

Die Zeit des klassischen Salons französischer Prägung war 1810 vorbei. Das heißt aber nicht, dass die Berliner Gesellschaft sich seltener getroffen hätte als in den Jahren zuvor. Im Gegenteil, es gab eine wahre Leidenschaft für alle Formen der Geselligkeit.[23] In der Stadt wimmelte es von Lese-, Fress- oder Theatergesellschaften, von patriotischen Vereinigungen und auch Salons. Klub, Loge und Geheimbund standen hoch im Kurs, es gab die Liedertafel[24] und diverse Bildungs- und Wohltätigkeitsvereine.

Eine wichtige Rolle spielte dabei auch der Finanzrat Staegemann, zu dem Kleist ein unverändert herzliches Verhältnis hatte, seit sie sich in Königsberg schätzen gelernt hatten. Staegemann war 1809 nach Berlin gekommen und zum Geheimen Staatsrat aufgestiegen. Er war Patriot und dichtete ebenso wie seine Frau Elisabeth. Sie führte ebenfalls einen Salon. Elisabeth und ihre Tochter Hedwig begeisterten sich sehr für das »Käthchen«. Neben den Dichtern waren bei Staegemanns auch einige der preußischen Reformer, Gneisenau, Boyen und Clausewitz, zu Gast. Außerdem war Elisabeth Staegemann eine Freundin Marie von Kleists. Kleist war hier oft zu Gast, er las aus der »Penthesilea« und dem »Homburg« vor. Auch für Adam Müller setzte Staegemann sich ein und versuchte ihm eine Stelle im Staatsdienst zu verschaffen.

Kleists Verbindungen reichten noch weiter. Staegemann war der direkte Untergebene Altensteins. Der war, zusammen mit Alexander Graf Dohna zu Schlobitten, leitender Minister Preußens und Finanzminister in Personalunion. Kleist hatte 1809 nicht gezögert, die Verbindung zu Altenstein wiederzubeleben. Sofort nach der Ernennung hatte er Altenstein einen ausführlichen Brief geschrieben. Ihm ist zu entnehmen, dass der Schriftsteller und der Staatsbeamte länger keinen Kontakt mehr gehabt hatten, dass sich Kleist aber auf eine wohlwollende Beurteilung verlassen konnte.

Mitte März, einen guten Monat nach der Ankunft in Berlin, schrieb Kleist an seine Schwester Ulrike. Er wollte sie wieder überreden, für ein paar Monate in die Stadt zu kommen. Gleissenberg biete ihr seine Wohnung an. »Du würdest täglich in Altensteins Hause sein können, dem die Schwester die Wirthschaft führt, und der seine Mutter bei sich hat; würdige und angenehme Damen, in deren Gesellschaft du dich sehr wohl befinden würdest.«[25] Außerdem lockte Kleist Ulrike damit, dass er sie bei Staegemann einführen könne. Kleist wollte Ulrike, er sagte ihr das ganz offen, für sich einspannen: »Denn wie manches könntest du, bei den Altensteinschen Damen, zur Sprache bringen, was mir, dem Minister zu sagen, schwer, ja unmöglich, fällt.«[26] Genauso aber war der Brief ein Versuch Kleists, wieder zum alten, vertrauten Verhältnis zu Ulrike zu finden. Sie kam nicht nach Berlin.

Der Brief zeigt, wie weit Kleist bald nach seiner Ankunft bereits war. Zu ihrem Geburtstag am 10. März habe er der Königin Luise ein Gedicht überreicht, das sie vor den Augen des Hofes zu Tränen gerührt habe, schrieb er. Er könne ihrer Gnade und ihres guten Willens gewiss sein. Kleist war nicht nur an den entscheidenden politischen Stellen, sondern sogar mit dem Königshaus auf Tuchfühlung.

Außerdem schrieb er an Ulrike: »Jetzt wird ein Stück von mir, das aus der Brandenburgischen Geschichte genommen ist, auf dem Privattheater des Prinzen Radziwill gegeben, und soll nachher auf die Nationalbühne kommen, und, wenn es gedruckt ist, der Königinn übergeben werden.«[27] Ein weiteres Indiz, dass der »Prinz von Homburg« weitgehend fertig war. Der Fürst Radziwill, Litauer von Herkunft, war mit der Prinzessin Luise Friederike verheiratet und damit dem preußischen Königshaus verwandt. Er war Komponist, und man sprach über ihn auch einmal als Nachfolger Ifflands als Leiter des Nationaltheaters. In seinem Palais in der Wilhelmstraße versammelte sich alles, was in Preußen Rang und Namen hatte. Der Salon wurde von ihm und seiner Frau bürgerlich und sehr offen geführt.[28] Vielleicht hatte Kleist Radziwill bereits in Königsberg kennengelernt. Später wurde Radziwill Mitglied von Arnims Tischgesellschaft. Die Aufführung des »Prinz von Homburg«, mit dem Kleist so große Hoffnungen verband, fand aber nicht statt.

Kleists Start in die Berliner Gesellschaft erinnert an Dresden.

Anfangs schien ihm alles offenzustehen, endlich schien er den verdienten Erfolg zu haben, endlich schien er Anerkennung zu finden. Kleist war zu diesem Zeitpunkt alles andere als ein vereinsamter Poet. Er hat sich sogar, wie der Brief an Ulrike zeigt, Hoffnung auf ein Amt am Hof gemacht. Aber bald sollte er wieder die alten Erfahrungen machen und am Ende perspektivlos dastehen. Anfangs wirkt es, als liege ihm die Welt zu Füßen, am Ende ist die Situation ausweglos.

Wie kam das? Einerseits verrannte Kleist sich bald in Streit. Andererseits konnte er seine Schüchternheit nicht ablegen, und er selbst wusste das am besten. In den »Berliner Abendblättern« schrieb er in einem Zweizeiler: »Treffend, durchgängig ein Blitz, voll Scharfsinn, sind seine Repliken:/Wo? An der Tafel? Vergieb! Wenn er's zu Hause bedenkt.«[29] Gut, grob, borniert, dumm, eigensinnig sei Kleist, schrieb Brentano, ein »mit langsamem Konsequenztalent herrlich ausgerüsteter Mensch.«[30] Kleist fehlte etwas. Er selbst nannte das bald Grazie, damit war in erster Linie nicht Anmut gemeint, sondern Selbstverständlichkeit und Gewandtheit im Umgang. Warum war ihm das unmöglich? Die Frage trieb Kleist um: »Man bringe nur einmal Alles, was in einer Stadt, an Philosophen, Schöngeistern, Dichtern und Künstlern, vorhanden, in einen Saal zusammen: so werden einige, aus ihrer Mitte, auf der Stelle dumm werden.«[31] Was er da im »Allerneuesten Erziehungsplan« schrieb, war auch der Versuch, sich seine Eigenheit zu erklären.

Eine weitere Bekannte Kleists war Rahel Levin. Er traf sie Anfang Mai 1810, vielleicht hatte er sie aber auch schon 1804 mit Gualtieri kennengelernt. Vielleicht gibt diese Beziehung einen kleinen Einblick in den merkwürdigen Menschen Kleist. Rahel Levin war weniger eine gebildete als eine ungemein geistreiche Frau, die sich sehr gut in ihr Gegenüber hineinversetzen konnte. Die Klarheit ihrer Empfindungen beeindruckte die Zeitgenossen. Sie und Kleist trafen sich bei Sander, wo sie den ganzen Abend mit Kleist und Müller sprach, weil Arnim und Brentano im Spiel vertieft waren. »Kleist, mit straßenbeschädigten Stiefeln, und ich lachten heimlich in einem Winkel und amüsierten uns mit uns selbst.«[32] Zwischen den beiden schien sich eine enge Beziehung anzudeuten, Kleist aber schreckte davor zurück.

Rahel Levin erfasste Kleists Wesen von Anfang an, tiefer sogar als Brentano und Arnim. Nachdem sie Kleist getroffen hatte, schrieb sie an ihren späteren Mann Varnhagen von Ense, der Kleist seit 1804 kannte. »Adam Müllers Kleist sehe ich jetzt. Ich lieb' ihn, und was er macht. Er ist wahr und sieht wahr. Alles mündlich! Lebe wohl. Wir wollen auch grausam wahr sein.«[33] Kleist hatte etwas in ihr berührt, das sie wertschätzte und das sie »grausam wahr« nannte. Sie fühlte in Kleist einen Verwandten, der eine ähnliche Kraft der Empfindung aufbrachte, der ähnlich kompromisslos in sich hineinschauen konnte und seinem Inneren vertraute. Sie konnte, bei aller Lebhaftigkeit ihres Verstandes, sich selbst gegenüber schonungslos sein, ohne dabei zu Selbstmitleid zu neigen. Kleist berührte sie, Brentano sah den »kuriosen« Mensch, mit »Konsequenztalent«.

Wir wissen nicht, wie oft sich Rahel Levin und Kleist in diesen Tagen gesehen haben. Elf Tage nach ihrem Schreiben an Varnhagen beklagte sich Kleist in einem Billet, dass sie so selten zu Hause in ihrer Wohnung in der Jägerstraße zu finden sei, und kündigte seinen Besuch innerhalb der nächsten drei Tage an.[34] Am 23. Mai gingen sie morgens gemeinsam spazieren. Ihrem Freund Alexander von der Marwitz[35] schrieb sie danach, dass sie von Kleist sehr eingenommen sei und dass er ihr auch gut sei. Einen Fetzen von dem, was sie beim Gehen sprachen, teilte sie auch mit: »Ich komme ihm, mehr wunderbar – fast putzig, fast! als rührend vor.«[36] Eine merkwürdige und auch unangemessene Charakterisierung Rahels durch Kleist. Er verharmloste sie.

Weiter schrieb Rahel: »Keinen Strahl von Zärtlichkeit, also von Sicherheit, wirft mir sein Auge!«[37] Dieser bemerkenswerte Satz wirkt, als wäre sie offen für Kleist gewesen. Er aber blieb in sich gefangen, ließ sich nicht auf sie ein und wich ihrem Blick aus. Die Sicherheit des Blicks war etwas, das Rahel beschäftigte. »Ich sehe aus keines Menschen Gesicht die Sicherheit, die gewiß aus dem meinigen strahlt«, hatte sie 1808 an Varnhagen geschrieben.[38]

Mit Reimer sprach Kleist schon im April und mit Erfolg über einen Erzählungsband. Er bekam dafür 30 Reichstaler Vorschuss, bis zur Jahresmitte waren die Erzählungen abzuliefern,

Gesamthonorar 50 Reichstaler.[39] Der Band mit der vollständigen Fassung des »Kohlhaas«, der »Marquise von O....« und dem »Erdbeben in Chili« erschien im September.

Im Januar hatte Kleist erfolglos versucht, das »Käthchen« bei Cotta unterzubringen. Aber in Wien war das Stück im März endlich sechsmal aufgeführt worden, und Kleist schickte es jetzt noch einmal an Iffland, in der Hoffnung, dass der es doch am Nationaltheater aufführe. 1808 hatte Kleist es schon einmal versucht. Als Iffland nicht gleich reagierte, erbat Kleist sich das Manuskript zurück, um es Freunden vorzulesen, wie er schrieb. An jenem Tag im April 1810 fragte er Reimer, ob er das Stück zum Druck wolle. So erschien das »Käthchen« gleichzeitig mit den Erzählungen im September. Beim Honorar, sagte Kleist, käme es ihm nicht auf die Höhe an. Er wollte das Geld aber sofort ausbezahlt haben, das heißt er war wieder knapp bei Kasse. Reimer ließ sich darauf ein, man einigte sich auf 75 Taler, wovon Kleist 22 Taler sofort bekam. Er verkaufte seine Erzählungen und Stücke – aber dabei wurde auch klar, dass er so viel schreiben konnte, wie er wollte, davon leben konnte er nicht.

Iffland gab das »Käthchen« zurück und erklärte unumwunden, dass das Stück, das er nicht noch einmal angesehen hatte, sich ohne Umarbeitung nicht auf der Bühne halten könne. Kleist reagierte umgehend und unterstellte Iffland, dass ihm das »Käthchen« aus einem bestimmten Grund nicht gefiele. Dabei spielte er auf Ifflands Homosexualität an: »Es thut mir Leid, die Wahrheit zu sagen, daß es ein Mädchen ist; wenn es ein Junge gewesen wäre, so würde es Ew. Wohlgebohren wahrscheinlich besser gefallen haben.«[40] Das Wort machte die Runde. Wie immer bei solchen Boshaftigkeiten warf sich die Gesellschaft darauf besonders gern. Es war ein Lacherfolg und trotzdem eine Dummheit. Kleist hatte damit alle Chancen verspielt, am Berliner Nationaltheater aufgeführt zu werden, solange Iffland dort Intendant war. In einem Antwortschreiben fertigte Iffland Kleist nach allen Regeln der Kunst und der Höflichkeit ab.[41] Aus diesem Streit entstand eines der wichtigsten Themen der »Berliner Abendblätter« und ein Grund für ihr Scheitern.

Kurz bevor die »Abendblätter« herauskamen, lag bei Reimer die vollständige Fassung des »Michael Kohlhaas« im Erzählungsband vor. Die Geschichte dieses Kriegers in eigenem Recht war in der neuen Fassung bedeutend länger. Episoden mit Martin Luther, mit den beiden Kurfürsten von Sachsen und Preußen und mit einer Zigeunerin sind hinzugekommen.

Alle Irrtümer der Französischen Revolution kämen in dem Wahn überein, hatte Kleists wiedergefundener Freund Adam Müller in den »Elementen zur Staatskunst« geschrieben, dass der Einzelne aus der menschlichen Verbindung heraustreten könne.[42] Auch Kohlhaas tritt aus der menschlichen Gemeinschaft aus, und genau darum dreht sich das Gespräch zwischen ihm und Martin Luther. »Der Krieg, den ich mit der Gemeinheit der Menschen führe, ist eine Missethat, sobald ich aus ihr nicht, wie ihr mir die Versicherung gegeben habt, verstoßen war!«, sagt Kohlhaas. Kohlhaas rechtfertigt seinen Austritt aus der Gemeinschaft, weil er in Wahrheit von der Gemeinschaft vollzogen worden sei, als sie ihm den Schutz durch die Gesetze versagte.

Die Erzählung bekommt durch den Auftritt einer Zigeunerin – eine Nachfahrin der Ursula aus der »Familie Schroffenstein« – eine esoterische Färbung. Die Entwicklungen und Lösungen der Geschichte, die sich durch sie ergeben, haben etwas von einem Taschenspielertrick. Kohlhaas wird am Ende für seine Vergehen geköpft, gleichzeitig wird auch dem Junker von Tronka der Prozess gemacht. Damit ist im Tod von Kohlhaas die Ordnung der Welt, die aus den Fugen war, wiederhergestellt. Wie um das zu bekräftigen, als Wiedergutmachung, werden Kohlhaas' Söhne zu Rittern geschlagen. Die Familie Kohlhaas wird auch, wie uns der Erzähler mitteilt, noch lange glücklich im Mecklenburgischen leben. Kohlhaas ergibt sich in die Einrichtung der Welt und stirbt, aber er bekommt dabei den Glauben an die Weltordnung zurück. Darin erinnert er an den Prinzen von Homburg. So ist nicht die meist gestellte Frage, hat Kohlhaas mit seinem Aufbegehren recht oder unrecht, am Ende der Erzählung entscheidend, sondern der Schauder über die Einrichtung einer Welt, die so ist, dass man gezwungen sein kann, zum Verbrecher zu werden, um sich nicht selbst zu verlieren. Wenn irgendwo in dieser Erzählung, dann steckt Kleist nicht in Kohlhaas, sondern in dieser Zuspitzung. Treffend nannte Brentano den »Kohlhaas« »sehr hart« und »ungemein rührend«.[43]

Anfang Juni 1810, als Kleist den »Kohlhaas« fertigstellte, wurde Altenstein entlassen, und Hardenberg wurde im August zum führenden Minister Preußens ernannt. Kleists Trumpf an der Spitze stach also nicht mehr. Es war der erste Rückschlag. Man sagte, dass Hardenberg an Altensteins Absetzung nicht unbeteiligt war, und unterstellte ihm Intrigen. Wir wissen nicht, ob Kleist das glaubte. Altenstein selbst und Hardenberg arbeiteten vor 1808 gut zusammen und taten dies auch später wieder. Der Grund für die Entlassung war: Altenstein erwog ernsthaft, an Napoleon schlesische Gebiete als Kriegsentschädigung abzutreten. Er sah sich nicht in der Lage, die enormen Zahlungen zu finanzieren, die Preußen an Frankreich zu leisten hatte. Friedrich Wilhelm schloss die Pläne Altensteins kategorisch aus. Preußen hatte schon wesentliche Teile seines Gebietes im Westen an Napoleon verloren. Hardenberg entwickelte dagegen einen Plan, der es möglich machen sollte, die Forderungen der Franzosen ohne Gebietsabtretungen zu erfüllen.

»Hardenberg« soll eines der letzten Worte gewesen sein, die die Königin Luise vor ihrem Tod ihrem Gatten zugeflüstert hatte.[44] Sie starb am 19. Juli 1810 unerwartet im Alter von 34 Jahren an Lungenentzündung. Der Tod Luises ließ ihre Verehrung ins Grenzenlose wachsen. Kleist machte da keine Ausnahme. Kleist schätzte es, wie sie sich für Preußen einsetzte. Luise hatte in Tilsit versucht, Einfluss auf Napoleon zu gewinnen, und ihm dabei immerhin seine Achtung abgerungen. Die Bevölkerung war der Meinung, dass sie aus Gram über Preußens Schicksal gestorben war. »Erwäg' ich, wie, in jenen Schreckenstagen, / Still deine Brust verschlossen, was sie litt, / Wie du das Unglück, mit der Grazie Tritt, / Auf jungen Schultern herrlich hast getragen«, schrieb Kleist in dem Gedicht, das er ihr zum Geburtstag im März überreicht und das sie zu Tränen gerührt hatte.[45]

»Grazie« wurde ein Schlüsselwort. Wie tiefgehend die Identifikation Kleists mit Luise war, zeigt auch der »Prinz von Homburg«. In der klugen, bescheidenen Prinzessin Natalie steckt ein Porträt Luises. Natalie verkörpert, was Kleist unter Grazie verstand und was er an Luise schätzte. Zahlreiche Anspielungen verknüpfen die beiden Frauen. Vor allem war Luise, wie Natalie, Chefin eines Regiments.

Die frühverstorbene Königin genoss im gesamten 19. und frühen 20. Jahrhundert kultische Verehrung. Keine preußische oder deutsche Königin kam ihr darin gleich. Ihre Anmut spielte dabei natürlich eine Rolle, die Schönheit, die der frühe Tod für immer in Erinnerung bewahrte. Die unbeschwert fröhliche Art, die ihr zu eigen war, gehörte ebenso dazu wie das, was man als Herzensgüte wahrnahm.[46] Wesentlich war auch ihre Neuinterpretation der Königinnenrolle. Sie schien mit ihrem Gatten und ihren Kindern ein bürgerliches Familienleben zu führen. Das ermöglichte dem Volk, sich mit ihr zu identifizieren. Dazu kamen ihr Leid an der Niederlage Preußens und der unermüdliche Einsatz für die Monarchie. Sie war eine Dulderin, und ihr Tod schien zu beweisen, dass sie sich für das Vaterland verzehrt und aufgeopfert hatte.[47]

Kein Wort Kleists ist zu Luises Tod überliefert. Dabei stand der Sommer 1810 ganz im Zeichen ihres Todes. In drei Tagen wurde sie in einem Trauerzug aus dem mecklenburgischen Hohenzieritz, wo sie gestorben war, unter größter öffentlicher Anteilnahme nach Berlin zum Schloss überführt. Am 27. Juli war der Einzug durch das Brandenburger Tor, auf dem statt der Quadriga, die Napoleon hatte abtransportieren lassen, eine schwarze Fahne wehte. Der Leichenwagen wurde von acht Pferden mit schwarzen Umhängen gezogen. Es soll laut Wilhelm von Humboldt sehr still gewesen sein. Die »Vossische Zeitung« sprach von »stiller Wehmuth, Thränen und Schluchzen«.[48] Mehrere Eskadrons königliche Leibgarde, der Hofstaat, Geistliche, Hofdamen, Kammerherren und ihr Vater begleiteten den Trauerzug. Bürger, Ehrenwachen, Chöre standen Spalier. Bei der Ankunft am Schloss, es war neun Uhr abends, kam die königliche Familie der toten Luise entgegen. Es hatte etwas Schauerliches, meinte Humboldt, die weinenden Kinder im Dämmerlicht zu sehen.[49]

Es war sehr heiß in diesen Tagen. Trotzdem wurde der Sarg drei Tage lang im Schloss ausgestellt und von Tausenden Berlinern besucht. Der Andrang war enorm. Nach der Beisetzung in der Hohenzollerngruft gab es überall im Land Trauerfeierlichkeiten. Am 5. August fanden in Berlin Gedächtnispredigten statt. Pfuel, den Kleist damals das letzte Mal sah, Müller, seine Frau Sophie und Kleist verabredeten sich und gingen jeder in eine andere Kirche, um so möglichst viele Predigten mitzubekommen. Pfuel hörte Ancillon, den Erzieher des Kronprinzen, der nur eine steckbriefartige Beschreibung der Königin gab. Auch Schleiermacher soll laut Müller herzlos gesprochen haben. Kleist hörte in der Nicolaikirche die Leichenpredigt des Beichtvaters der Königin, Konrad Gottlieb Ribbeck. Im Dom sprach der Hofprediger Friedrich Ehrenberg. »Wir waren insgesamt nicht sehr erbaut worden«, schrieb Pfuel.[50]

Alles, was Namen und Stimme hatte, schrieb damals über den Tod oder den Trauerzug.[51] Bald erschien ein Luise-Gedächtnis-Band, in Ifflands Schauspielhaus fand ein »Concert spirituel« statt. Auch Kleists Freunde beteiligten sich an der öffentlichen Trauer. Adam Müller verfasste eine Prosa-Ode. Fouqué gab seiner Trauer in einem »Brandenburgischen Erntelied« Ausdruck. Arnim hatte eine Kantate geschrieben, die bei einer Nachtfeier in der Oper aufgeführt wurde. Brentanos Kantate auf Luisens Tod wurde erst 1811 aufgeführt. Kleist aber hatte es die Sprache verschlagen.

Oder sollte die Novelle »Das Bettelweib von Locarno«, die er am 11. Oktober veröffentlichte, eine Anspielung auf die Wiederkehr der Königin sein? Es soll, erzählte man sich, eine weiße Frau geben, die nach Luises Tod im Berliner Schloss spukte. Auch das Bettelweib der Erzählung erschien nach dem Tod immer wieder. Dass Kleist damit etwas über Luise sagen wollte, ist aber eher zweifelhaft. Er hatte überhaupt Interesse an Schauergeschichten gefunden, mit der Zigeunerin im »Kohlhaas« fing es an, mit dem Bettelweib ging es weiter. Am 5. Januar 1811 schrieb Kleist von Luise, und auch dann nur versteckt. Da kündigte er in den »Berliner Abendblättern« in einer kleinen Meldung eine Mondfinsternis an, als wäre das eine Wiederkehr Luises: Die Mondfinsternis würde am 10. März sein, dem Geburtstag der toten Königin.

Am 23. Dezember 1810 wurde ihr Leichnam in ein Mausoleum beim Charlottenburger Schloss überführt. Das Datum war bewusst gewählt: Am 22. Dezember 1793 war Luise mit ihrem frischvermählten Gatten in Berlin eingezogen, am 23. Dezember 1809 war das Paar aus Königsberg zurückgekehrt. Über den nächtlichen Zug schrieb Kleist ebenfalls: »Gestern früh um

4 Uhr wurde der Leichnam Ihrer Majestät der verewigten Königinn ganz in der Stille, aus dem hiesigen Dom, wo derselbe bisher gestanden, in die, zu diesem Zweck erbaute, Kapelle nach Charlottenburg gebracht.« Kleist berichtete minutiös und trocken. »Der Zug kam, bei Anbruch des Tages, in Charlottenburg an, wo die hohe Leiche beigesetzt wurde, und der Probst Herr Ribbeck, in Gegenwart Sr. Maj. des Königs, der mit den Prinzen, seinen erlauchten Söhnen, von Potsdam herübergekommen war, zur Einweihung der Ihrer Maj. der verewigten Königin zum Begräbnißort dienenden Kapelle, eine passende Rede hielt.«[52] Ein persönliches Wort gestattete er sich nicht.

Der Bericht stand in der Weihnachtsausgabe der »Berliner Abendblätter«. Kleist gab die »Abendblätter« täglich außer Sonntag seit dem 1. Oktober heraus. Diese Zeitung, insgesamt immerhin rund 750 Druckseiten, über ein halbes Jahr bis zum 30. März 1811 verteilt, war Kleists letztes, sein größtes und sein wichtigstes Projekt. Er erfand einen neuen Typus von Zeitung. Es war eine Revolution auf dem Pressemarkt, was er schrieb, redigierte, herausgab und entwarf.

Was war das für eine Zeitung? »Einige Kasseler Notizen, Späße u. dgl.« sollten sie liefern, schrieb Kleists Mitarbeiter Arnim über die Zeitung an die Brüder Grimm, das Blatt »soll sich vorläufig gar nicht auf Belehrungen oder Dichtungen einlassen, sondern mit allerlei Amüsanten die Leser ins Garn locken.«[53] So wurde auch geworben. Ein Blatt, »welches das Publikum, insofern dergleichen überhaupt ausführbar ist, auf vernünftige Weise unterhält«, kündigte die »Vossische Zeitung« am 25. September 1810 an. In den Straßen konnte man Aushänge mit einer ähnlichen Ankündigung lesen. Es ging nicht um die Kunst, es ging um das Publikum. Nach heutigen Begriffen machte Kleist eine Boulevard-Zeitung.

Die letzten Septembertage waren immer noch sehr warm gewesen, der 1. Oktober, ein Montag, war ein heiterer Tag, ein wenig Regen fiel. An diesem Tag waren die »Berliner Abendblätter« hinter der Hedwigskirche beim Verleger Julius Eduard Hitzig – zwei Treppen hoch – von fünf bis sechs Uhr abends erstmals zu erhalten. Am darauffolgenden Tag wurde die Ausgabe vom Vortag ebenfalls noch ausgegeben. Das Blatt war winzig, es bestand wirklich nur aus einem einmal gefalteten Blatt, ein Quart-Bogen. Dadurch hatten die »Abendblätter« vier bedruckte Oktav-Seiten in der Größe von gerade mal 11 mal 18 Zentimetern, was in etwa der Größe eines heutigen Taschenbuchs entspricht. Die Schrift war stellenweise so klein, dass es Mühe machte, sie zu lesen. Das erste Exemplar war gratis, dann kostete eine Ausgabe acht Pfennig. 18 Groschen musste man für ein Quartalsabo zahlen, ein moderater Preis. Verleger und Herausgeber, die ungenannt blieben, dachten an den Massenmarkt. Drei Wochen lang wusste niemand, wer dahintersteckte.

»Die Redaction« der »Abendblätter« präsentierte dem Publikum eine neuartige Mischung. Es gab, wie in den klassischen Literaturzeitungen auch, Erzählungen und Gedichte. Dazu kamen aber Korrespondentenberichte und ab Ende Oktober kurze Mitteilungen aus ausländischen Blättern. Das Berliner Geschehen bildete ebenfalls einen wichtigen Teil der Zeitung. Polizeiliche Tagesmitteilungen berichteten von den Verbrechen der Stadt. Abhandlungen zu Fragen der Zeit, Meinungsartikel zu den kulturellen Ereignissen, Theater-, Literatur- und Kunstkritiken kamen dazu. Dazwischen versteckten sich außerdem noch etwas Klatsch und kleine kleistsche Merkwürdigkeiten. Was für ein überraschender, eigenartiger, manchmal befremdlicher Ort diese Welt doch ist, muss ein geneigter Leser der »Abendblätter« gedacht haben. Sie interessierten sich, heute Gemeingut jedes Boulevard-Redakteurs, für das Sensationelle, das Aufregende und das Abseitige. »Unwahrscheinliche Wahrhaftigkeiten« war der passende Titel einer Anekdote. Wenn es nichts Skurriles gab, machte Kleist das Bekannte zu etwas Skurrilem. Das Konzept ging auf: Man rannte dem Verleger Hitzig die Bude ein.

Das Blatt lud außerdem ein zu Diskussion, Widerspruch, Austausch. Es ging um die schnelle, bewegliche, lebendige Publikation, die die Erregung der Zeit in sich aufnahm und verstärkte. Kleist drehte an den Nachrichten herum, bis sie eine bestimmte Tendenz oder Doppeldeutigkeit hatten, er klopfte sie auf ihren Unterhaltungswert ab, er kombinierte sie mit anderen Meldungen. Er war, man muss das bewundernd sagen, ein genialer Redakteur. Dabei war er für sein Blatt allein verantwortlich. Niemand stand ihm zur Seite, er hatte keine Redaktionsstube und außer Hitzigs Verlag und seinen Kontakten keine Infrastruktur zu Verfügung.

In manchen Artikeln steckt die Lust an der schnellen Kommunikation, die winzigen »Abendblätter« geben eine Vorahnung der großen Welt der Medien. Im elften Blatt entwickelte Kleist, angeregt durch Nachrichten vom ersten Telegraphen, die Idee einer Bombenpost: Nachrichten sollten mit hohlen Kugeln verschossen werden, so könne das Tempo ihrer Verbreitung gehörig gesteigert werden. Die Idee gefiel Kleist so gut, dass er sich drei Nummern später gleich selbst einen Leserbrief dazu schrieb. Die »Luftschiffahrt« beschäftigte ihn gleich über vier Ausgaben.

Es war eine geistreiche Boulevard-Zeitung. Man könnte das auch Feuilleton nennen. Tatsächlich ist es auch reinstes Feuilleton, was Kleist machte: eigenwillig, versponnen, hellwach, vielseitig interessiert, anspielungsreich, boshaft, liebenswürdig, aggressiv, reich an verborgenen Bedeutungen, an Klatsch und Tratsch, an Einmischung. Von der Konzeption des »Phöbus« hatte Kleist sich meilenweit entfernt. Es ging nicht mehr um Würde, Rang und Namen, es ging um Leben, Volk und Gegenwart. Erzählungen standen neben gewöhnlichen Mitteilungen, Hintergründiges neben Klatsch, Boshaftigkeiten neben politischen Aufsätzen – worüber sich mancher Autor ärgerte, der es gern würdevoller gehabt hätte.

Wesentlich für den anfänglichen Erfolg der »Berliner Abendblätter« war auch der Lokalteil. Kleist bastelte Nachrichten aus Polizeiberichten, das war neu. Das war es, worüber man ohnehin sprach, das gehörte zu dem, was die Leute interessierte. Brandstifter, die ihr Unwesen trieben, waren ein gefundenes Fressen für Zeitung und Leser. Man sprach von der Mordbrenner-Bande. Sie legte Feuer, wie sich Tag für Tag deutlicher herausstellte und was man in den »Abendblättern« mitverfolgen konnte, um leichter ihren Diebstählen nachgehen zu können. Kleist legte es in einer Art Fortsetzungsgeschichte genüsslich dar.

Andere Meldungen der Polizei waren weniger aufregend. Sie verleiteten später andere Zeitungen dazu, sie wegen ihrer Banalität zu parodieren.[54] Diese Tendenz ist aber bei Kleist selbst schon nach zwei Wochen zu beobachten. Die »Polizeilichen Tages-Mittheilungen« vom 13. Oktober 1810 lauten: »Auf dem

Markte ist einem fremden Müller eine abgenutzte Metze zerschlagen und eine ungestempelte nach Erlegung von 2 Rthlr. Strafe konfisziert. Einem hiesigen Einwohner, ist ein silberner Vorlegelöffel und ein Esslöffel gestohlen.« Bald heißt es: »Auf dem Neuen Markt ist ein abgenutztes Gefäß zerschlagen.«[55] Das nähert sich dem unter Journalisten heute sprichwörtlichen Sack Reis, der in China umfällt.

Erstaunlich bleibt, dass Kleist die Polizeiberichte nutzen durfte. Sie gaben seinem neuen Blatt etwas Amtliches. Wichtig war zunächst, dass Karl Justus Gruner, seit 1809 Berliner Polizeipräsident, im gleichen Jahr geboren wie Kleist, dem neuen Berliner Zeitungsmann gewogen war. Staegemann meinte, dass Gruner Kleist aus Freundschaft Polizeiberichte überlasse.[56] Gruner war für die Zensur der nichtpolitischen Zeitungen zuständig, zu denen die »Abendblätter« als Unterhaltungsblatt gehörten. Er war ein entschiedener Patriot. 1812 quittierte er aus Abscheu vor der Demütigung Preußens durch Napoleon den Dienst und schloss sich in Prag einem geheimen Netzwerk an, zu dem Stein gehörte und das die Franzosen durch Sabotageakte stürzen wollte. Noch im gleichen Jahr wurde er verhaftet.

Aber es war nicht nur Freundschaft, die Gruner bewog, die Polizeimitteilungen zu veröffentlichen: Man versprach sich davon auch weniger falsche Gerüchte, weniger Angst und eine bessere Mitarbeit der Bevölkerung bei der Aufklärung. Es war Teil der neuen Pressepolitik, mit der Hardenberg versuchte, das Volk mehr in die Staatsangelegenheiten einzubinden.

Es ist nicht selbstverständlich, dass Kleist eine solche Zeitung wie die »Abendblätter« überhaupt machen durfte. Das ist nur durch die Vorgeschichte zu erklären. Schon im März 1808 wollte der Geheime Staatsrat Sack ein neues Amtsblatt,[57] 1809 war in Altensteins Regierung die Gründung eines neuen Regierungsblattes diskutiert worden. Die vorhandene Presse wurde als ungenügend empfunden. In einer Denkschrift hatte Altenstein geschrieben: »Es fehlte an Mitteln, die öffentliche Meinung, dieses Wort im höheren Sinn als die Stimme des Besseren genommen, zur Sprache zu bringen oder sie, wenn sie falsch war, zu berichten. Hierdurch erlahmte der Geist der Nation oder die Nation vielmehr selbst.«[58]

Lange vor Kleists Ankunft in Berlin unterbreitete Adam Müller deswegen einen kuriosen Vorschlag. Er wollte eine »Ministerial- und Oppositionszeitung zugleich schreiben«. Damit wollte er die Opposition durch Argumente widerlegen und einbinden, ein ebenso anmaßender wie moderner Gedanke. Kleist hatte Altenstein in dem Brief von Anfang 1809 auch das zehnte Kapitel von Müllers »Elementen der Staatskunst« gesandt und ihn so beim Minister eingeführt.[59] Die Regierung nahm den Plan Müllers durchaus ernst, sogar der König war ihm gewogen.[60] Im Mai 1810 wurde zu diesem Oppositionsregierungsblatt ein Vorvertrag geschlossen. Im Juni erneuerte Müller sein Gesuch,[61] im Juli wollte er »auf meine eigene Hand« eine Zeitung herausgeben, die »Staatsanzeigen«,[62] im August reichte Müller bei Hardenberg das Gesuch um eine Staatsanstellung ein, vier Tage später erhielt er die Zusage von 1200 Reichstalern Wartegeld. Kleist erlebte das alles mit.

Für die »Abendblätter« reiften die Pläne spätestens im August, als Hardenberg an die Regierung kam. Auch er empfand die Situation der Presse als ungenügend. Auch er hatte, in der Rigaer Denkschrift von 1807, die Bedeutung der »Opinion« hervorgehoben. Auch seiner Regierung war ein Blatt willkommen, das versprach, weite Teile der Öffentlichkeit in das politische Leben einzubinden. Der Abdruck der Polizeiberichte entsprang also politischem Kalkül. Nichts sprach gegen einen Herausgeber Kleist, der bisher ja nur durch ein paar nicht weiter auffällige Dramen, ein sächsisches Kunstjournal und patriotisches Engagement hervorgetreten war.

Hitzigs kleiner Verlag war schnell von dem Ansturm überfordert, den die »Abendblätter« erlebten. Schon am 8. Oktober wurden sie in der Kralowsky'schen Leihbibliothek in der Jägerstraße ausgegeben, ganz in der Nähe von Kleists Wohnung.[63] In anderen Städten berichtete man fasziniert über das Presseprodukt aus Berlin. Zum Erfolg trug bei, dass das Umfeld karg war, in dem es gedieh. Die Berliner Presselandschaft bot ein übersichtliches Bild, Leipzig, Frankfurt, Nürnberg und vor allem Hamburg waren erfindungsreicher. Die beiden bestimmenden Zeitungen waren die »Berlinischen Nachrichten von Staats- und gelehrten Sachen«, die als »Spenersche Zeitung« bekannt wurde, und die »Berlinische Privilegierte Zeitung«, die zu Kleists Zeit »Königlich privilegierte Berlinische Zeitung von Staats- und gelehrten Sachen« hieß, aber als »Vossische Zeitung« ein Begriff war.

Beides waren keine Tageszeitungen. Sie erschienen dreimal die Woche. Ein Versuch von George Jacob Decker,[64] eine Tageszeitung zu etablieren, war in den neunziger Jahren des 18. Jahrhunderts am Widerstand von Voss und Spener gescheitert, obwohl Spener mit einer Tochter Deckers verheiratet war. Nur der allerdings unbedeutende »Telegraph« erschien ebenfalls täglich.[65] Die erste Tageszeitung Berlins, wie immer behauptet wird, waren die »Abendblätter« also nicht.

Auch sonst war die Konkurrenz spärlich. Die sogenannten Intelligenzblätter waren Anzeigenblätter. Die literarischen Zeitungen waren inhaltlich bedeutsam, richteten sich aber nicht an ein breites Publikum und bewegten sich bei Auflagen, die selten über tausend Stück lagen. Die »Vossische« und die »Spenersche Zeitung« waren seit den vierziger Jahren des 18. Jahrhunderts Konkurrenten, zu publizistischer Bewegung führte das nicht. Beide Blätter hatten ein königliches Privileg als politische Zeitungen, druckten die offiziellen Verlautbarungen und unterlagen der Zensur. Und beide waren relativ ähnlich, die »Vossische Zeitung« etwas populärer, die »Spenersche« etwas konservativer; die erste neigte mehr Napoleon zu, die andere der Nationalsache; die eine wurde später »Tante Voss« genannt, die zweite »Onkel Spener«. Die Unterschiede waren letztlich minimal. Beide kamen darin überein, dass sie ihr gemeinsames Terrain verteidigten.

In den »Abendblättern« ist dagegen etwas Neues zu spüren. Ein Land der medialen Öffentlichkeit steht offen und wartet darauf, von Pionieren des Publizierens beschritten und ausgemessen zu werden. Es bildeten sich zahlreiche Spezialgebiete des Schreibens, es war nicht mehr nur Belehrung und Erbauung, was die Autoren anstrebten und das Publikum verlangte, es war jetzt Information und Agitation, Diskussion und Kritik, Bericht und Geplauder, Liebreiz und Gehässigkeit, es entstand der Freiraum, aber auch das Gewirr der Stimmen und Meinungen.[66]

Die erste Nummer der »Abendblätter« eröffnete mit einem

»Gebet des Zoroaster«. Etwas großsprecherisch war da von »Ketten und Banden« die Rede, in die alle geschlagen seien. Ein Auserwählter – Zoroaster, also Zarathustra, der jetzt offenbar Zeitungsredakteur geworden war – solle die Dummheiten und Irrtümer der Menschen überschauen. »Ihn rüstest du mit dem Köcher der Rede, daß er, furchtlos und liebreich, mitten unter sie trete, und sie mit Pfeilen, bald schärfer, bald leiser, aus der wunderlichen Schlafsucht, in welcher sie befangen liegen, wecke.«[67] Kleist sprach Gott an. Das hört sich zu prophetisch für eine Zeitung an, aber genau das war es, was den Zeitungsredakteur Kleist ausmachte: Er mischte den höchsten und den niedrigsten Anspruch, er erweckte, er war beweglich, er war nervös. Kleist war wieder der Alte. Immer noch verfolge er den »patriotischen Zweck«,[68] wie er Fouqué schrieb.

Frankreich und Französisches nahmen weiten Raum ein. In der ersten Ausgabe brachte ein unbekannter Autor, wahrscheinlich Varnhagen von Ense, satirische Beobachtungen aus Paris, die eben dort gipfelten, wo Kleist schon 1801 seine Franzosenschelte hatte gipfeln lassen: in der lächerlichen Stadtflucht des Hameau de Chantilly. Diese Berichte wurden durch Christian von Ompteda fortgesetzt, den Bruder Ludwigs. Dazu kamen Anekdoten, die sich in unterschiedlichster Form mit den Franzosen beschäftigten oder an den Krieg von 1806 erinnerten. Miszellen berichteten knapp von Tagesereignissen. Ende Oktober wurde diese Berichterstattung, von der anfangs nirgends die Rede gewesen war, zu einer ständigen Einrichtung des Blattes, Ende November nannte Kleist die Rubrik »Bülletin der öffentlichen Blätter«. Er trug zusammen, was er aus anderen Publikationen über Napoleon und die Welt erfuhr.

Selbst eine Mini-Meldung wie »Im Russischen Reiche wird nächstens eine außerordentliche Rekrutenaushebung statt finden« hatte patriotische Bedeutung. Daneben fand sich ein berühmtes Beispiel kleistscher politischer Kombinatorik: »Laut Particularberichten aus Paris soll das Armee-Corps des Gen. Reynier, an den Portugiesischen Gränzen, von einer großen Übermacht und mit ansehnlichem Verlust zurückgedrängt worden sein. Der Herzog von Abrantes soll dieses Corps zu spät oder gar nicht unterstützt haben, worauf er in Ungnade gefallen und zur Verantwortung gezogen sein soll.« Im »Lehrbuch der französischen Journalistick« hatte Kleist beschrieben, wie Nachrichten verfälscht und propagandistisch missbraucht werden. Jetzt demonstrierte er es an der französischen Niederlage: »Der Moniteur vom 24. Oct. enthält zwei Briefe vom Div. Gen. Drouet und vom General-Intendanten der Portug. Armee, Lambert, über die glücklichen Fortschritte der französischen Truppen in Portugal«, stand unter der der ersten Meldung.[69] So deutlich wurde Kleist sonst nicht. Es versteht sich fast von selbst, dass das zu einem Protest des französischen Gesandten führte. Kleist dementierte am nächsten Tag äußerst gewunden, so gewunden, dass man es mehr als Persiflage einer Berichtigung gelesen haben wird.

Meldungen wiesen versteckt darauf hin, wie die deutsche Bevölkerung unter den Franzosen litt. In Eisenach sagte der französische Kommandant der Bevölkerung zu, dass künftig die Pulverwägen untersucht werden, hieß es am 13. Oktober. Einen Monat später las man, dass Napoleon unter den Eisenachern 120 000 Francs verteile. Erst am 6. Februar 1811 war dann zu erfahren, was aber jeder wusste, dass die Eisenacher Bevölkerung durch eine »Pulver-Entzündung« am 1. September ungemein gelitten hatte. Mehrere französische Wägen waren explodiert und hatten die Stadt verwüstet. Kleist versteckte die Kritik also nicht nur. Indem er das eigentliche Ereignis nicht kennzeichnete, wies er mit erhöhtem Nachdruck auf es hin. Er stachelte den Spürsinn des Lesers an. Der Redakteur versucht den Leser dazu zu bringen, dass er die Nachrichten auf eine zweite, in diesem Fall politische Bedeutung abklopft.

Ein wiederkehrendes Thema war auch Torgau, das im Siebenjährigen Krieg eine große Rolle gespielt hatte. Es begann damit, dass Kleist berichtete, dass nicht Wittenberg, sondern Torgau sächsische Festung werden solle.[70] Ein gefangener Soldat sei in Torgau fast von Ratten aufgefressen worden. Wegen der Ketten hatte er sich nicht verteidigen können. Dann zeigte sich in Torgau eine Rindviehseuche. Kleist erklärte eine menschenverschlingende Schlange aus Krems zu einer Verwandten der »Menschenfresser-Ratten in Torgau«. Am 9. Februar 1811 berichtete er vom Beginn des Festungsbaus in Torgau, am 20. Februar, dass Napoleon die Pläne gebilligt habe. Fünf Millionen Reichstaler werde die Festung kosten, hieß es am 1. März. Woher kommt die Neigung Kleists für Torgau? Die Festung stand für das Erstarken Preußens, die Fesseln des gefangenen Soldaten für die Fesseln Preußens. Dazu kam der Ruf der Stadt. Hier war 1760 die letzte große Schlacht des Siebenjährigen Krieges geschlagen worden, die blutigste von allen. Das 2. und 3. Bataillon Garde waren damals »ungemein tapfer« gewesen. Die Meldungen über Eisenach und Torgau waren so verklausuliert, dass keine Zensur sich einmischte.

Drei Wochen lang wusste die Öffentlichkeit nicht, wer hinter den »Abendblättern« stand. Aber es gab Gerüchte, die dadurch gefördert wurden, dass Kleist selbst einmal mit H. v. K unterzeichnet hatte, Müller mit A. M. Am 20. Oktober ließ ein d. l. M. F. manchen auf die Idee kommen, dass de la Motte Fouqué der verantwortliche Herausgeber war. Am 22. Oktober gab Kleist eine Erklärung in eigener Sache, die er dazu nutzte, noch einmal den Zweck des Blattes hervorzuheben. Jetzt wurde er deutlicher: Unterhaltung und »Beförderung der Nationalsache«.[71] Dass das mehr als eine Floskel sein konnte, zeigte er gerade.

Das Problem der »Abendblätter« war trotzdem ihr Widerspruchsgeist. Im »Lehrbuch der französischen Journalistick« hatte Kleist über die Journalistik überhaupt geschrieben: »Sie ist eine gänzliche Privatsache, und alle Zwecke der Regierung, sie mögen heißen, wie man wolle, sind ihr fremd.«[72] Genau so verhielt er sich jetzt, er akzeptierte die Regeln nicht, sondern machte sich und seinen übergeordneten Zweck, die Nationalsache, zum Maßstab.

Auch diplomatischere Temperamente wären von solch einem Unternehmen überfordert gewesen. Kleist war innerhalb kürzester Zeit in einen Mehrfrontenkrieg verwickelt, in dem die Franzosen das kleinste Problem waren. Kaum war die Zeitung auf dem Markt, kritisierte Adam Müller schon die neugegründete Universität. Besprechungen der Großen Kunstausstellung verursachten blattinterne Probleme. Mit Iffland focht Kleist über sein Blatt einen regelrechten Privatkrieg aus. Und in die Finanzfragen des Staates mischten sich die »Abendblätter«, in Person Müllers, ebenfalls ein. Man eckte an, wo man konnte.

In der zweiten, dritten und vierten Nummer schrieb Müller seine »Freimüthigen Gedanken bei Gelegenheit der neugegründeten Universität in Berlin« auf. Auf dieser Universität ruhten viele Hoffnungen. Wilhelm von Humboldt hatte sich dafür verwandt, die Lehre möglichst frei zu gestalten. Müller aber pochte in seinem Artikel darauf, dass die Universität nur Sinn ergebe, wenn sie sich an den Belangen des Staates orientiere und ordentliche Staatsbeamte ausbilde. Das zog Spott auf sich: Er war wohl so kritisch, weil er selbst keine Stelle an dieser Uni bekommen hatte. Kleist, der sich vor zehn Jahren so leidenschaftlich nach Bildung verzehrt hatte, interessierte das nicht mehr: Er schrieb nichts dazu.

Über die Große Kunstausstellung in der königlichen Akademie verloren die »Vossische« und die »Spenersche Zeitung« kein Wort. Was die »Abendblätter« zu sagen hatten, war nicht interessanter. Ludolph Beckedorff schrieb einen endlos langen Artikel über die Porträts der Ausstellung. Er erstreckte sich mit Unterbrechungen über die Ausgaben vom 6. bis 19. Oktober. Man kann sich vorstellen, wie Kleist unter dem langatmigen Artikel ächzte, den er vielleicht in der Angst vor leeren Seiten vor dem Start der »Abendblätter« umfänglicher bestellt hatte, als ihm jetzt lieb war. Jeden Tag musste er sich aufs Neue überlegen, ob er ein Stück »Beckedorff« mitnehmen sollte oder nicht.

In diese Zeit hinein kam ein höchst aufregender Artikel, den Brentano zusammen mit Arnim verfasst hatte. Er handelte von einem einzigen Gemälde der Ausstellung, »Der Mönch am Meer« von Caspar David Friedrich. Aber auch dieser Artikel, in dem von dem Bild als »Seelandschaft« die Rede war, hätte über mehrere Ausgaben verteilt werden müssen. Was sollte der Redakteur Kleist also tun? Das Spannende zugunsten des Langweiligen liegen lassen? Beckedorff verschieben und eine große Lücke in der Abfolge entstehen lassen?

Kleist entschied sich dafür, Brentanos Aufsatz radikal zu kürzen, ein eigenes Ende dazuzuschreiben und ihn sofort zu bringen. Das führte zu einem Aufsatz, der bis heute leidenschaftlich diskutiert wird, und zu einem beleidigten Mitarbeiter. Das zeigt, wie genial und rücksichtslos Kleist als Redakteur sein konnte: Der Text hat seine Stärke durch Kürze, Zuspitzung und Anschaulichkeit bei geheimnisvollem Inhalt. Was für ein Paradox: Der inspirierteste Aufsatz zu Caspar David Friedrich, wahrscheinlich zur deutschen Romantik überhaupt, entstand durch radikales Kürzen!

Seit September 1810 wurde in Berlin die Akademie-Ausstellung gezeigt, auf der über 400 neue Bilder zu sehen waren. Friedrichs »Mönch am Meer« und »Abtei im Eichwald« wurden von der Öffentlichkeit eher abgelehnt, auch wenn der Thronfolger beide Bilder kaufte. Tatsächlich ist gerade der »Mönch« ein radikales Werk, eine sehr vereinzelte Figur in Landschaftselementen, die wie abstrakte Flächen erschienen, keine Rahmung durch Vordergrund oder Ähnliches: das exakte Gegenteil von Gefälligkeit.

Brentano und Arnim hatten eine einsam-romantische Natur-Erfahrung und in witzigen Dialogen die Reaktion des Publikums beschrieben. Brentano bemerkte, dass Friedrichs Bild erst im Dialog mit dem Betrachter zur Wirkung komme. Es ruhe sozusagen mangels Form nicht in sich selbst. Man hat eine negative Einstellung Kleists zu dem Bild aus seinen Formulierungen herauslesen wollen.[73] Aber Kleist hatte im »Phöbus« die vehemente Verteidigung Caspar David Friedrichs durch Hartmann gedruckt. Und dass Kleist zu Friedrich Nähe empfand, ist im Aufsatz über die Seelandschaft ebenfalls deutlich.

Kleist hat nicht nur gestrichen, er hat auch etwas dazugeschrieben. »Nichts kann trauriger und unbehaglicher sein, als diese Stellung in der Welt: der einzige Lebensfunke im weiten Reich des Todes, der einsame Mittelpunckt im einsamen Kreis. Das Bild liegt, mit seinen zwei oder drei geheimnißvollen Gegenständen, wie die Apokalypse da, als ob es Joungs Nachtgedanken hätte, und da es, in seiner Einförmigkeit und Uferlosigkeit, nichts, als den Rahm, zum Vordergrund hat, so ist es, wenn man es betrachtet, als ob einem die Augenlieder weggeschnitten wären.«[74]

Dass sich hier drei Künstler überlagern, Friedrich, Brentano zusammen mit Arnim, Kleist, macht den Aufsatz außerordentlich vielschichtig und vieldeutig. Zunächst einmal aber ist Kleists Formulierung von den weggeschnittenen Augenlidern einer der stärksten Ausdrücke für die unmittelbare Wirkung von Kunst, die es gibt. Und zwar unabhängig davon, wie sehr Kleist wirklich berührt oder verwirrt war. Kleist hat das Bild einer Wahrnehmung bezeichnet, die sich einem Erlebnis nicht verschließen kann. Dieses Erleben hatte er zehn Jahre zuvor, als er in Sachsen und Franken unterwegs war, immer gesucht: eine Landschaft, die ihn unmittelbar berührt. Brentano hatte ein solches Erlebnis in seinem Aufsatz beschrieben. Genau mit dieser Beschreibung begann Kleist den Abdruck des Aufsatzes.

Genauso interessant wie das, was Kleist neu schrieb, ist das, was er von Brentano übernahm: das – herrliche – Erlebnis der unendlichen Einsamkeit am Meer.[75] Ein Bild könne das Fremdheits- und Einsamkeitserlebnis nicht enthalten, aber im Abstand zwischen Bild und Betrachter könne dieses Erlebnis entstehen, wobei man selbst der Mönch werde. Es ist eine identifikative Haltung, die gleichwohl einen Spalt zwischen Bild und Betrachter öffnet, in dem dieser dann das Nichts findet. Das regte Kleist ungemein an.

In den Sätzen von Rahel Levin über Kleist steckte die Aufforderung: Hebe einmal deine Augenlider, Heinrich von Kleist, schau einmal in die Augen deines Gegenübers. Und du wirst da vielleicht etwas finden, das du bisher nicht gekannt hast, einen Blick, der erwidert wird. Kleist aber nahm mit weggeschnittenen Augenlidern wahr. Gegenüber der Kunst verteidigte er diese Haltung eines ungeschützten, sozusagen verletzten, wunden Blicks, der schwer zu ertragen ist, weil in den Grund der Seele fällt, was er sieht.

Der Blick ins Nichts, den Kleist beim Bild riskierte, war bei ihm nicht »wunderbar«, wie bei Brentano, sondern »traurig und unbehaglich«. Er – das heißt der Betrachter, der Mönch und Kleist – war der »einzige Lebensfunke im weiten Reich des Todes«. Diese Erfahrung des Todes war überwältigend, und diese Überwältigung beschrieb Kleist durch die weggeschnittenen Augenlider. Von dem Bild gingen Verheißung und Bedrohung aus. Es lockte nicht mit Schönheit, sondern Überwältigung.[76]

Kleist setzte dem die Krone auf, indem er schrieb, dieser Maler könne auch eine Quadratmeile märkischen Sandes darstellen, für ihn die unerhabene, banale Landschaft schlechthin, und damit eine erhabene Wirkung erzielen. Wenn der Maler für das Bild die Kreide und das Wasser der Mark Brandenburg verwende, so könne er damit sogar Füchse und Wölfe zum Heulen bringen. Das wird manchmal als Ironie verstanden. Dabei führt es das Bild der weggeschnittenen Augenlider aber nur konsequent weiter: Die Überwältigung wäre so stark, dass selbst Tiere sich täuschen ließen.

Brentano war über die Umarbeitung ziemlich verärgert. »Machen Sie doch den Brentano wieder gut«, schrieb Kleist am nächsten Tag an Arnim.[77] Er hatte die Kürzungen nur mit Arnim abgesprochen, wobei Brentano der Hauptautor des Aufsatzes war. Und er hätte auch den langatmigen Beckedorff statt Brentanos Zeilen kürzen können. So aber musste sich Brentano missbraucht vorkommen. Es gab Streit. Am 22. Oktober – in dieser Ausgabe bekannte er sich auch zur Herausgeberschaft – druckte Kleist dazu eine Erklärung. Nur der Buchstabe gehöre Brentano und Arnim, der Geist aber und die Verantwortlichkeit dafür sei, »so wie er jetzt abgefaßt ist, von mir.«

Ärger mit Mitarbeitern ist für Redakteure etwas Normales. Kleist hat es mehrfach erlebt, er klagte auch darüber. Christian von Ompteda beispielsweise unterstellte ihm, dass er einen Aufsatz absichtlich in unwürdiger Nachbarschaft abgedruckt habe.

Kleist beschäftigte die Ausstellung noch mehrfach. »Im Brief eines Mahlers an seinen Sohn« heißt es, sehr kleistisch, die göttlichsten Wirkungen gehen in der Kunst »aus den niedrigsten und unscheinbarsten Ursachen hervor«.[78] Ein malender Sohn hatte hier seinem Vater geschrieben, dass er seine unreinen und körperlichen Gefühle durch das Abendmahl heiligen wolle, wenn er an seiner Madonna male. Es ging also unverhohlen um Sexualität. Das weitverbreitete Kopieren alter Meister tadelte Kleist in einem anderen fiktiven Brief, dem »eines jungen Dichters an einen jungen Mahler«. Durch Untertänigkeit gehe die eigene Phantasie verloren, ein junger Künstler solle sein »Eigenstes und Innerstes« zur Anschauung bringen.[79]

Das Kerngeschäft der »Berliner Abendblätter« aber war die Theaterkritik. Als Kleist von der Nationalsache als Hauptaufgabe der Zeitung sprach, meinte er damit auch den Blick aufs Theater. Kleist lief dabei zu großer Form auf, er verwendete alle möglichen Formen: Aufsatz, Gedicht, Kritik, Epigramm. Er befand sich im Zentrum einer vielfältigen und unübersichtlichen Auseinandersetzung, was seinen Witz, Scharfsinn und Sarkasmus befeuerte. Hier war die Anspielung eine scharfe Waffe.

Die Theaterkritik, und das heißt die Kritik von Ifflands Nationaltheater am Gendarmenmarkt, beschäftigte die »Abendblätter« vom 3. Oktober bis zum 30. November. Danach war Theaterkritik für die »Abendblätter« von höchster Stelle verboten. Ein Nachhall fand sich im Dezember im Aufsatz »Über das Marionettentheater«.

Mehr als zwanzig Texte zum Theater sind in dieser Zeit erschienen. Sie sind an Fintenreichtum einzigartig, an Gedankenfülle, oft nur angedeutet, mit Lessings »Hamburgischer Dramaturgie«, an Pointierung, Kürze, Schärfe und auch Boshaftigkeit mit nichts zu vergleichen. Sie sind ein bis heute nicht gewürdigter Modellfall der Theaterkritik. Das ist noch nie zusammenhängend dargestellt worden.[80]

Das Leitmotiv fand sich schon im ersten Text, in der kleinen Ode »An unseren Iffland«: »Mit kunstgeübter Hand«, schrieb da ein »vaterländischer Dichter«, der natürlich niemand anderer als Kleist war, werde Iffland die Theaterbretter immer regieren und das Vaterland zieren. Wie oft Iffland auch auf Gastspielreisen unterwegs sei, immer werde er nach Berlin zurückkehren! Noch war nicht klar, ob es sich dabei um ein Lob- oder ein Spottgedicht handelte. Niemand, nicht einmal Iffland selbst, wusste, dass Kleist die »kunstgeübte Hand« Ifflands, die er hier so beiläufig ergriffen hatte, nicht mehr loslassen würde. Er hing an ihm von jetzt an wie das Käthchen am Graf Wetter vom Strahl.

Iffland war ein Star, und er stand der zentralen Kulturinstitution Berlins vor. Kleist würde ihn nicht umsonst bald Theaterpapst nennen. Iffland war der berühmteste deutsche Schauspieler, es gab schon ein Buch über ihn.[81] Auf den Theaterzetteln zu den einzelnen Aufführungen wurde er nicht mit Herr Iffland angekündigt, wie üblich, sondern nur als Iffland. Iffland war eine Marke, er dominierte die Aufmerksamkeit.[82] Und er war der Feind, den Kleist sich ausgesucht hatte. »Vertreibung des Schlechten – vorzüglich oder doch zunächst der Iffländereien unseres Theaters – ist der Hauptzweck«, schrieb Fouqué über die »Abendblätter«.[83] Wieder kämpfte der David Kleist gegen einen Goliath. Und es war wirklich ein Kampf, was nun folgen würde.

Schon am Tag nach dem Iffland-Gedicht schrieb ein »xy«, wieder Kleist, dass die Wahrheit des Satzes von Kant, dass Hand und Verstand des Menschen aufeinander berechnet seien, nie einleuchtender sei als im Spiel Ifflands. Alles drücke bei ihm die Affekte aus, nichts aber drücke so viel aus als die Hand, fast ziehe sie die Aufmerksamkeit vom Gesicht ab. Wenn überhaupt irgendetwas, dann könne ein Gebrauch der Hand »mäßiger und minder verschwenderisch« seinem Spiel vorteilhaft sein. Das war als Lob verpackte Heimtücke.

Wieder verging nur ein Tag, und es erschien über die Posse »Der Sohn durch's Ungefähr« die erste Kritik. Auch sie war von Kleist. Es ist die einzige echte Theaterkritik von ihm. Kritiker mussten sich damals – anders als heute – ihre Eintrittskarten selbst kaufen, und es ist nicht ausgemacht, ob die »Abendblätter« so viel Geld hatten, wie ihr Redakteur dafür gebraucht hätte. »Es ist ein Nichts«, schrieb er unter dem Kürzel »++«. Aber auch das Nichts müsse auf dem Theater ja seinen Platz haben, ätzte Kleist. Zumal es in Berlin nur ein Theater gebe, wo also solle das Nichts sonst hin.

Am nächsten Tag begann Ludolph Beckedorffs länglicher Kunstartikel und verdrängte erst einmal alles andere. Aber der Stachel gegen Iffland war gesetzt. Am 13. Oktober folgte eine kleine Kritik von Friedrich Schulz über »Selbstbeherrschung«, ein Stück von und mit Iffland, in dem ein Haushofmeister die Hauptrolle spielte. Die Aufführung, in der Iffland in einer Nebenrolle brillierte, stand auf dem Spielplan, seit Iffland 1796 das Schauspielhaus übernommen hatte. An ihr biss Kleist sich besonders fest. In dem Zweizeiler »Fragment eines Haushofmeister-Examens aus dem Shakespear« versteckte er dazu einen äußerst sarkastischen Seitenhieb. An sich ist der Zweizeiler, ein Rätsel, unverständlich:

Ehrn Matthias. Was ist des Pythagoras Lehre wildes Geflügel anlangend? – –
Was achtest du von dieser Lehre? –[84]

Das an sich sinnlose Rätsel ergab erst einen Sinn, wenn man es auf Iffland bezog, der in der »Selbstbeherrschung« auftrat, und zwar laut Schulz mit der überschwänglich spaßhaftesten Laune. Dieser überschwängliche Iffland mit der fuchtelnden Hand ist das »wilde Geflügel«, von dem in der Frage die Rede ist. Daraus ergab sich auch die Antwort wie von selbst: Des Pythagoras Lehre ist »Selbstbeherrschung« – wie Iffland ja selbst in seinem Stück geschrieben hatte. Iffland befolgte also seine eigenen Regeln nicht. Er achtete seine Lehre nicht.

Dann wurde Kleist grundsätzlich: Wenn Herr Iffland seinen nationalen Auftrag und Alleinvertretungsanspruch ernst nehme, so könne er nicht dauernd Nichtigkeiten auf die Bühne bringen. Das war neben dem Gefuchtel der Hand der zweite Hauptpunkt, an dem Kleist seine Kritik festmachte: die vielen läppischen Stücke, die Iffland zeigte. Wenn es allein darum ginge, die Kasse zu füllen, dann könne Iffland die Bühne doch gleich für spanische Reiter, Taschenspieler und Faxenmacher räumen, lästerte er. Er müsse sich aber nicht nur mit der Kasse, sondern auch mit der öffentlichen Meinung befassen. Das schrieb kein »xy« mehr, sondern ein »H. v. K.«. Die Schlacht war jetzt richtig eröffnet, und Kleist öffnete dafür, als Ehrenmann, sein Visier.

Kritik am Spielplan des Nationaltheaters war nichts Neues. Man war sich in den Zeitungen bis 1806 sogar einig, dass Unterhaltung den Spielplan dominiere. Bis 1806 hatten sowohl die »Spenersche« als auch die »Vossische Zeitung« in jeder Ausgabe einen Theaterartikel. Aber ein Lutherstück von Zacharias Werner, das 1806 im Nationaltheater gegeben worden war, hatte einen Skandal erzeugt. Als Folge davon wurde die bis dahin nicht vorhandene Zensur für Theaterartikel eingerichtet.[85] Neu an Kleists Kritik waren nur die Schärfe und die versteckte Boshaftigkeit. Zunächst geschah aber nichts, auch von Iffland kam keine Reaktion.

Den nächsten Schritt tat Kleist wiederum einen Tag später. Am 18. Oktober erschien eine Kritik der Uraufführung der heroischen Oper »Achilles«, die zur Geburtstagsfeier des preußischen Kronprinzen gegeben worden war. Allein schon deswegen war es für jeden ersichtlich, dass es sich um eine nationale

Angelegenheit handelte. Die Vorstellung war ungewöhnlich gut besucht. Sie fand nicht im Schauspiel-, sondern im Opernhaus statt. Nachdem die Oper gerade erst mit dem Schauspiel (das heißt mit Ifflands Theaterbetrieb) fusioniert worden war, war das Opernhaus verwaist. Das brachte Kleist auf die Idee, neben der Kritik eine im Übrigen unbegründete Meldung von einer totalen Reform des Theaters und der Wiederbelebung der Oper ins Blatt zu heben. Er wollte Unruhe stiften.

Bei der Aufführung des »Achilles« kam es das erste Mal in dieser Spielzeit zu Unruhen im Zuschauerraum. »Mitunter laute Wortwechsel«, bemerkte die Polizei.[86] Die Kritik der Aufführung in den »Abendblättern« war sehr negativ: schlechte Vertonung, unvorteilhafte Verteilung der Rollen, nachlässiges, mattes und unaufmerksames Orchester. Sie stammte nicht von Kleist, sondern vom Major August Leopold von Moellendorff. Dieser Offizier wurde eine für den sich anbahnenden Theaterkrieg wichtige Figur.[87]

»Er war durch und durch ein Lebemensch, ein Schwelger, liebte Musik und andere Künste, Geist, Munterkeit, war tapfer und militärisch als nötig, und dabei wahrer Anhänglichkeit und Freundschaftsgesinnung fähig«, charakterisierte ihn Varnhagen.[88] Dieser gesellige Mensch führte einen Salon, in dem sich, wie die Polizeiakten vermerkten, fast täglich in den späteren Morgenstunden eine Gesellschaft von vierzig bis fünfzig Personen versammelte, in der auch – wie die Polizei feststellte – über das Theater geredet wurde.[89]

Den nächsten Schritt tat Kleist am 7. November. Ein fingiertes Schreiben aus Dresden kam als konservativ-staatstragendes Plädoyer für das gute alte Hoftheater daher, »gerade wie eine monarchische Regierung mir der liebste Staat ist«. Dagegen konnte keine Zensur etwas sagen. Dazu aber verlangte der nur scheinbar unbedarfte Autor eine andere Form von Intendant, jemand, der weder als Autor noch als Schauspieler seine Interessen oder Vorlieben verfolge, sondern als reiner Intendant oder »maître de spectacle«, wie er es nannte, sein Amt verrichte.[90] Wieder ein Frontalangriff gegen den Autor und Schauspieler Iffland, sogar eine Aufforderung zum Rücktritt.

Das war zwar geschützt durch das naive Bekenntnis zur

Monarchie, aber doch so grundsätzlich gegen das königliche Nationaltheater gerichtet, dass sich im Prinzip auch Hardenberg und der König angesprochen fühlen mussten. Iffland war direkt dem leitenden Minister Hardenberg unterstellt, die beiden waren auch Logenbrüder. Kleist spielte also ein gefährliches Spiel, er trieb nicht nur einen Feind und mächtigen Theaterdirektor, sondern auch eine zentrale Einrichtung des Staates vor sich her. Und er wusste es: Iffland und Hardenberg hingen wie Rad und Schmiere zusammen, meinte Arnim.[91]

Im Publikum des Schauspielhauses gärte es weiter. Am 11. November stand »Die Belagerung von Saragossa oder Pächter Feldkümmels Hochzeit« auf dem Spielplan, eines jener Stücke, gegen die Kleist polemisierte. Die Polizei notierte, dass der Beifall durch »allgemeines lautes Pochen« überdeckt wurde.[92] Dazu passte der nächste Provokationsschritt der »Abendblätter«. Kleist mischte sich jetzt auch in die Auswahl der Stücke des Nationaltheaters ein. In gönnerhaftem Ton legte er dem Haus nahe, ein Stück von Zacharias Werner aufzuführen, und machte sich auch gleich über Disposition und Requisite Gedanken. Von Werner war das Lutherstück, in dem es 1806 zu Offizierskrawallen gekommen war.

Gönnerhaft verfuhr Kleist mit dem Stück »Die Schweizerfamilie«, von dem er meldete, dass es auf dem Nationaltheater gegeben werden sollte. Er legte sich die Frage vor, wer die Hauptrolle der Emeline spielen könne, und schlug die Damen Schmalz, Müller oder Eunicke vor. Sozusagen für den Fall, dass man sich in der Theaterdirektion unsicher sei.

Ob sein Kampf mit dem Intimfeind Iffland auch eine große Zahl Leser interessierte, wusste vielleicht nicht einmal Kleist selbst. Müller und Brentano scheinen sich nicht dafür interessiert zu haben. Arnim beteiligte sich unter Pseudonym einmal an den Polemiken, unterhielt aber auch Beziehungen zu Iffland. Fouqué fand dagegen Gefallen an Kleists Kleinkrieg gegen den Theaterdirektor.[93] Immerhin konnte Kleist sich vom Kreis der Offiziere, die im Theater rumorten, unterstützt fühlen.

Kleist brachte Iffland mit seinen Stichen auf die Palme, da konnte er sicher sein. In der »Spenerschen Zeitung« war zu lesen, dass weder die Mamsell Schmalz noch Madame Müller noch Madame Eunicke die Rolle der Emeline spielen würden. Es werde Mademoiselle Herbst sein. Diese Nachricht hatte Iffland lanciert. Und sollte er tatsächlich, es war nur eine Woche vor der Premiere, noch Zweifel über die Besetzung der Rolle gehabt haben: Der Artikel von Kleist hatte sie ihm genommen. Er konnte sich von den »Abendblättern« nicht seine Besetzung vorschreiben lassen.

Iffland besetzte die junge Schauspielerin Emilie Herbst, die vom Dessauischen Hoftheater gerade vor einem Jahr nach Berlin gekommen war und da das stolze Salär von 1200 Talern im Jahr empfing. Sie geriet damit in das Zentrum eines Kleinkriegs, zu dem sie nichts konnte und den sie wahrscheinlich nicht einmal richtig verstand. Sie war eine Lieblingsschauspielerin Ifflands, und doch spielte sie jetzt eine bemitleidenswerte Rolle. Aus der Sicht Kleists war Mademoiselle Herbst der Kollateralschaden, den sein Feldzug erforderte. Die Beschädigung der Herbst ging so weit, dass ihre Eltern versuchten, das gegen sie aufgebrachte Publikum zu beruhigen, und sie selbst einen Brief an den König schrieb, in dem sie sich als beklagenswertes Opfer, der Schande preisgegeben, darstellte.[94]

Kleist provozierte weiter, wo es ging. Die »Vossische Zeitung« hatte sich zu der Erklärung genötigt gesehen, dass ihre Kritiker kein Geld für Gefälligkeitskritiken vom Theater angenommen hätten. Diese üble Unterstellung war in Nürnberg und Augsburg verbreitet worden. Für Kleist war es ein gefundenes Fressen. Er wusste die Sache so zu drehen, dass vor allem an Iffland ein Verdacht hängen blieb: Das Theater habe »mancher Schwächen ungeachtet« genug positive Seiten, so dass man keinen Zweifel habe, dass die skandalöse Anekdote, mit der ganz Europa unterhalten worden sei, unwahr sei.[95]

Tatsächlich folgten die Herren Rezensenten einer Aufforderung Kleists: Friedrich Rellstab und – allerdings ohne seinen Namen zu nennen – Samuel Henri Catel bestritten, jemals Geld oder Freibillets vom Nationaltheater erhalten zu haben. Catel war 1788 in Berlin Kleists Lehrer gewesen und war danach an der Entstehung des Feuilletons in Berlin beteiligt. Man kann sich vorstellen, wie Iffland kochte. Sein Theater war, ohne dass es etwas dagegen tun konnte, in den Ruch der Einflussnahme gekommen.

Die Erklärungen Rellstabs und Catels druckte Kleist am 21. November. An diesem Tag hatte die »Schweizerfamilie« Premiere, und Kleist konnte sicher sein, dass abends im Theater über diese Erklärungen gesprochen werden würde. Auf dieses Stück von Joseph Weigl konzentrierte sich jetzt die Auseinandersetzung. Es war wie geschaffen für einen erregten Nationaltheaterstreit.[96] Aushalten aber musste das vor allem Emilie Herbst.

Die Premiere verlief noch weitgehend ruhig, »nur wenige pochten bei ihrem Auftreten«, vermerkten die Polizeiakten, »worauf die Versammlung ruhig aus einander ging.«[97] Die »Abendblätter« brachten zunächst keine Besprechung. Stattdessen gab es ein »Schreiben eines redlichen Berliners, das hiesige Theater betreffend, an einen Freund im Ausland«. Dieses fingierte Schreiben war der härteste Angriff Kleists auf Iffland. Es war wieder von jenem sarkastischen, scheinbar zustimmenden Ton, und gleichzeitig versprühte Kleist mit jeder Zeile Gift: Das Theater zu besitzen sei Ifflands erstes Bedürfnis, vielleicht gebe er ihm dann auch irgendwann einmal einen Charakter. Er habe zwar die falschen Grundsätze, aber die verfolge er immerhin mit Konsequenz. Was aber nicht sein, sondern das Verdienst der Berliner Theaterkritik sei.

Kleist polemisierte auch gegen die »Vossische Zeitung«, die für Ifflands Theater eingenommen sei. Rezensenten, die gegen den rechten Weg der »Vossischen Zeitung« seien, fänden sich ja nur in untergeordneten Blättern, damit meinte er seine »Abendblätter«. So sei doch alles in Ordnung, merkte er sarkastisch an. Über sich selbst schrieb er: »Excentrische Köpfe, Kraftgenies und poetische Revolutionairs aller Art machen sich, wir wissen es gar wohl, in witzigen und unwitzigen Äußerungen, über diese sogenannte ›Theaterheiligkeit‹ und den neuesten ›Theaterpabst‹ sehr lustig ...«,[98] doch sei man weit davon entfernt, sich dadurch im Glauben an sein Theater irremachen zu lassen.

Für die, die den beißenden Spott nicht begriffen, gab es den Nachsatz, dass man an diesem Nationaltheater gestern den »Pächter Feldkümmel« sehen konnte, bald würden der »Vetter Kukkuk« und vielleicht auch »Rochus Pumpernickel« folgen, jene seichten Unterhaltungswerke, die Kleist gegeißelt hatte.

Der Eindruck der Gleichschaltung der Presse, den Kleist

nebenbei erzeugte, war falsch: Seit mehr als zehn Jahren sahen die Berliner Zeitungen im Theater die Bühne dafür, unterschiedliche Werturteile und Ansichten zu diskutieren. Das gab dem Theater seine Bedeutung, das war der Beginn des deutschen Feuilletons. Und es war der Boden, auf dem sich auch die »Abendblätter« bewegten.[99] Diese Kultur war nach dem Skandal um Werners Lutherstück eingeschränkt worden.

Die Kritik der »Abendblätter« an der »Schweizerfamilie« folgte am 26. November – am Abend wurde die zweite Aufführung des Stückes gegeben. Wieder verfuhr Kleist nach dem Prinzip, dann zu drucken, wenn er maximaler Aufmerksamkeit im Theater gewiss sein konnte. Die Kritik war von Friedrich Schulz, der schon über Ifflands »Selbstbeherrschung« geschrieben hatte. »Mslle. Herbst leistete sehr viel, wenn auch nicht alles«, schrieb er.[100]

An diesem Abend kam es im Theater zum Eklat. Die beteiligten Offiziere zeigten sich entrüstet, weil nicht Auguste Schmalz, ihre Lieblingssängerin, sondern Emilie Herbst die Hauptrolle sang. Die Stimmung war aufgeheizt. Dazu trug auch bei, dass bei der Premiere ein an den Unruhen beteiligter Schüler festgenommen worden war. Er hatte sich bei Emilie Herbst entschuldigen müssen. Dazu kamen Kleists Artikel. Dass Unruhen bevorstünden, wussten die Behörden im Übrigen von Iffland. Polizeipräsident Gruner persönlich war – neben weiteren Gendarmen – unter den Zuschauern.

Bis zu Herbsts Auftritt in der vierten Szene lief alles glatt. Das Publikum ließ sie auch noch in aller Ruhe den langen Weg bis zur Rampe gehen. Was dann geschah, beschrieb Iffland so: »Als sie eben anfangen wollte zu singen, erhub sich – das gewöhnliche Zeichen – ein aplaudissement, worauf ein heftiges Pfeiffen, Husten und Lachen erfolgte. Nachdem dies lange angehalten, fieng sie an zu singen; man ließ dies eine Weile geschehen und der vorige Unfug begann wieder. Dann einzelnes Husten, Lachen, Blöcken, Pfeiffen im Trillerschlage und wieder Pochen.«[101] Die Polizeiakten sprachen allgemeiner »von ungestümem Zischen und Rufen«.[102] Iffland ließ den Vorhang fallen und spielte nach einer viertelstündigen Pause Goethes »Geschwister« und die Oper »Der Schatzgräber«, die er bereits für den Notfall vorbereitet hatte. Das hört sich nicht sehr weltbewegend an, hatte aber weitreichende Folgen.

Es wurde eine Staatsaffäre daraus, bei der mehrere Offiziere bis Mitte Februar der Stadt verwiesen wurden. Der König setzte eine Untersuchungskommission ein. Die Beteiligten wurden vernommen, am 9. Dezember legte die Kommission ihren Abschlussbericht vor. In dieser Liste wurden 22 Personen namhaft gemacht, unter anderem Kleist, der dort als einer geführt wird, der am meisten Lärm gemacht habe.[103]

Sie waren zu weit gegangen, und jetzt sah Iffland seine Stunde für den Gegenschlag gekommen. Dabei zeigte sich, wie schwer Iffland sich durch Kleists Artikel getroffen fühlte. Noch am gleichen Abend, direkt nach der Vorstellung, schrieb er einen langen Brief an Hardenberg. Dieser Brief ist ein taktisches Meisterwerk, demütig kündigte er Hardenberg seinen Rücktritt an, in Wahrheit verlangte er ultimativ, dass dieser den Verleumdern und Krawallmachern das Handwerk lege. Getroffen war Iffland vor allem durch die Unterstellung, Geld für Gefälligkeitskritiken zu verteilen, und durch die Schmähung der Emilie Herbst. Das ist dem Schreiben deutlich abzulesen. Nicht namentlich genannt, davor hütete sich Iffland klug, bezog er sich mindestens dreimal auf die »Abendblätter«.[104] Er sprach von Schmach und Kränkung.

Hardenberg reagierte in Ifflands Sinn. Kurz vor Weihnachten schickte er, zusammen mit dem Grafen von Kalckreuth, mittlerweile Gouverneur von Berlin, seinen Bericht an den König. Der entschied am 24. November, dass fünf der Beschuldigten auf unbestimmte Zeit aus Berlin verwiesen werden. Kleist war nicht darunter. Da der eigentliche Anführer Moellendorff nicht überführt werden konnte, so müsse ihn Kalckreuth ordentlich zurechtweisen, schrieb Hardenberg. Ebenso sei mit einigen weiteren Offizieren zu verfahren. Auch unter ihnen war Kleist nicht zu finden.

Kleist veröffentlichte über den Vorfall im Schauspielhaus einen kleinen Bericht: »Gestern sollte die *Schweizerfamilie,* vom Hrn. Kapellm. Weigl wiederholt werden. Ein heftiges und ziemlich allgemeines Klatschen aber, bei der Erscheinung Mslle. Herbst, welches durch den Umstand, daß man, bevor sie noch einen Laut von sich gegeben hatte, da capo rief, sehr zweideutig ward – machte das Herablassen der Gardine nothwendig; Hr. Berger erschien und erklärte, daß man ein anderes Stück aufführen würde.«[105] Er ließ es dahingestellt sein, was die Gründe dafür waren.[106] Am 30. November folgte noch eine Bemerkung über die Besetzung von Schillers »Jungfrau von Orleans«. Das war es mit der kurzen Blüte der genialisch-boshaften Theaterkritik in den »Abendblättern«. Kleist wurde nicht der Stadt verwiesen, und er wurde nicht zurechtgewiesen. Aber ihm wurde die Theaterkritik verboten.

Kleists Krieg gegen Iffland wird als Feldzug gegen Spielplan, Kommerzialisierung und Verflachung gesehen. Das war er auch. Aber zunächst einmal war es der Rachefeldzug eines in seiner Ehre beleidigten Hitzkopfes. Es ging um den Schauspielstil am Gendarmenmarkt, es ging um Besetzungsfragen und es ging um die nationale Sache. Aber vor allem war der Krieg eine Retourkutsche für die persönliche Kränkung, die Iffland Kleist mit der Zurückweisung des »Käthchens« zugefügt hatte. Kleist erlegte sich keine Mäßigung auf. Die Umstände unterstützten ihn dabei, denn durch die aufgebrachten Offiziere um Moellendorff konnte er sich als Teil einer Bewegung fühlen. Das erwies sich als verhängnisvoll.

Man scheut sich, das so zu sehen, weil Kleist damit als Krawallmacher, als eine Art Kohlhaas des Theaters erscheint. Es war Lust an der Provokation, die Kleist leitete. Es war gehässig, was er veröffentlichte. Das aber, und darauf kommt es an, ist im Falle Kleist kein bloßes Krawallmachen. Denn Iffland nahm ihm durch seine Ignoranz ja wirklich den Lebensraum. Kleist kämpfte nicht nur aus Rechthaberei, sondern aus keimender Verzweiflung. Iffland verbannte ihn aus dem Theater. Wenn der das »Käthchen« nicht nimmt, dann den »Homburg« oder die »Penthesilea« nimmermehr – da konnte sich Kleist sicher sein. Er wusste ja, was der Wert seiner Stücke war. Und denen wurde »Rochus Pumpernickel« vorgezogen.

Bleibt die Frage, inwieweit die Artikelserie in den »Abendblättern« trotzdem eine Auseinandersetzung mit Ifflands Schauspielstil war. War Kleists Kritik an Iffland auch ästhetisch gerechtfertigt? Wie ernst muss man etwa Kleists Spott über Ifflands Hand nehmen?

Sieht man sich Kleists Äußerungen zum Schauspiel seiner Zeit an, erscheint nicht sicher, ob er überhaupt eine entwickelte Vorstellung eines ihm entsprechenden Schauspielstils hatte.[107] Aus den wenigen Stellungnahmen ergibt sich folgendes Bild: In dem kleinen Text über Ifflands Hand, die umfangreichste Äußerung Kleists zum Spielstil, kommen die Worte »Ausdruck«, »ausdrücken« oder »ausdrucksvoll« vor. Immer geht es dabei um den Ausdruck von Gemütsbewegungen. Es handelt sich beim Ausdruck, darin ist Kleist ganz Kind seiner Zeit, um die zentrale Kategorie. Der zweite Gesichtspunkt, unter dem Kleist in den »Berliner Abendblättern« Theater betrachtete, ist Mäßigung. Sie wäre dem Spiel Ifflands vorteilhaft.

Kleist muss klar gewesen sein, dass seine Stücke nicht zum aktuellen Schauspielstil passten. An Goethe schrieb er – etwas kokett – über den »Zerbrochnen Krug«, dass er genauso wenig wie die »Penthesilea« für die Bühne geschrieben sei. Wenn Goethe darauf mit dem Satz reagierte, dass ihn Männer betrüben, die »auf ein Theater warten, welches da kommen soll«, nahm er Kleist damit ernster, als es diesem lieb war. Kurz zuvor hatte Kleist sich gegenüber Goethe abfällig über Schauspieler geäußert, die »auf nichts geübt als Naturen wie di Kotzebueschen u. Ifflandschen sind.«[108] Damit war die pointenorientierte Art des Spiels gemeint, wie sie die etwas harmlosen Komödien der beiden erforderten. Sicher aber hätte diese Art des Spiels dem »Zerbrochnen Krug« mehr Erfolg verschafft als Goethes Deklamationsstil – zumal wenn Iffland den Adam gespielt hätte. Auch das muss Kleist klar gewesen sein.

Ein Stilbewusstsein für Schauspieler geht auch aus diesen Sätzen Kleists nicht hervor. Zweifelhaft wird ein echtes Interesse Kleists am Schauspielstil auch durch seine Haltung gegenüber Henriette Hendel-Schütz, einer berühmten Schauspielerin und Pantomimin. Sie gab im April 1811 im Nationaltheater zusammen mit ihrem Ehemann eine pantomimische Aufführung der »Penthesilea«, worüber Kleist sehr glücklich war. Es war die einzige Aufführung eines seiner Stücke, die er besuchte. Auch eine Probe hat er gesehen. In den »Abendblättern« aber war ein paar Monate zuvor abfällig über die Schütz gesprochen worden. Von der »so ungleichen, bald kräftigen, bald matten, *hier* mächtig ergreifenden, *dort* wahrhaft widrig werdenden Spielweise der Mad. Schütz« war die Rede.[109] Es ist nicht sicher, ob Kleist das geschrieben hat. Aber egal, ob Schulz – wie Sembdner vermutet[110] – oder Kleist diesen Text geschrieben hat, Kleist war als Redakteur für ihn verantwortlich. Er wurde am Höhepunkt des Theaterstreits veröffentlicht, Kleist hätte da bestimmt nichts durchgehen lassen, was seiner Meinung entgegengesetzt war. Wenn die Schütz das gelesen hätte, wäre es nicht zur Pantomime der »Penthesilea« gekommen.

Legt man all diese Stellungnahmen nebeneinander, erscheint Kleist nicht als Mensch mit ausgeprägten Vorstellungen vom Schauspiel. Es ist weder differenziert noch besonders originell, was Kleist zu sagen hat. Wenn er sich, wie bei Ifflands Hand, pointiert äußert, entspringt das seinem Wortwitz und nicht einer ausgeprägten Wahrnehmung. Die Ablehnung Ifflands hatte wenig mit der Ablehnung seines Spiels zu tun.

Heißt das, dass Kleist überhaupt keine Vorstellungen vom Schauspiel hatte? Interessant dafür sind die Szenenanweisungen seiner Stücke. In der »Penthesilea«, dem in dieser Hinsicht außergewöhnlichsten Stück, haben sie vor allem zwei Funktionen. Entweder sie geben schlichte Handlungsanweisungen, »Ein Grieche bringt ihm Wasser«, »indem er sich den Helm wieder aufsetzt«.[111] Ausnahme ist Achill, der mehrere Absencen hat, die in den Szenenanweisungen beschrieben werden, darin ein Verwandter des Prinzen von Homburg. Penthesilea und Prothoe sind in den Szenenanweisungen differenzierter beschrieben: Sie seien schüchtern, sich sammelnd, leidenschaftlich, mit gebrochener Stimme, mit aufflammendem Gesicht, mit erzwungener Fassung, gerührt, nach einer unruhigen Bewegung, sich sammelnd, unwillig, erschrocken und sehen sprachlos und mit Entsetzen einander an – heißt es über sie im fünften und neunten Auftritt.

Was sich hier abzeichnet, allerdings allein für die Frauen im Stück, ist ein expressiver, hochemotionaler Stil – bis hin zum Zucken der Lippen und des ganzen Körpers –, für den es kein Vorbild gibt. Wir wissen nicht, was Henriette Hendel-Schütz damals pantomimisch gezeigt hat. Dass die »Penthesilea« weder mit Ifflands noch einem anderen Spiel der damaligen Zeit zu tun haben konnte, ist klar. Eine Ablehnung Ifflands lässt sich auch daraus aber schwerlich begründen.

Einen Punkt, an dem Kleist einhakte, gibt es aber. Iffland war Virtuose. Die Gefahr der großen, virtuosen Schauspieler ist damals wie heute, dass ihnen ihre Virtuosität zu Manier gerinnt, das Künstliche, Gemachte tritt dann in den Vordergrund. Nur starke Regisseure verhindern das, die aber gab es damals nicht. So könnte es auch bei Iffland gewesen sein. Iffland spielte, als Kleist ihn sah, in seinem Stück »Selbstbeherrschung« schon viele Jahre. Es war zwar eine Nebenrolle, aber auch eine seiner Paraderollen. Er hatte also Zeit genug, sich übertrieben wirkende Manierismen anzugewöhnen. Eduard Devrient merkt in seiner »Geschichte der deutschen Schauspielkunst« an, dass Ifflands Eigenheiten in der zweiten Hälfte seines Lebens deutlicher hervortraten.[112]

Aber was hatte es nun mit Ifflands Hand auf sich? Aufschlussreich ist die kleine Schrift »Über Ifflands mimetische Darstellungen« von August Ferdinand Bernhardi aus dem Jahr 1799. Bernhardi war mit der Schwester Tiecks verheiratet gewesen und mit Varnhagen befreundet, er verkehrte bei Sander, kannte Reimer, Loeben und auch Kleist. Für ihn stand außer Frage, dass Iffland als Schauspieler ein originärer Künstler war. Er sprach von einem Wörterbuch expressiver Zeichen für innere Emotionen, das Iffland habe. Er versuchte zu klären, woher die Überlegenheit der Iffland'schen Wirkung kommt, und fand den Grund in einer genauen Nachahmung der Eigenheiten verschiedener Schichten, Menschenklassen oder Gruppen, er nannte das »Stände«.

Dann kam er auf eine »Feinheit« Ifflands zu sprechen. »Wir meinen jene künstlich herbeigeführten willkührlichen und sehr expressiven Details seiner Darstellung, welche man metaphorisch-psychologische Epigramme nennen könnte. Wir wissen nicht leicht eine Rolle, in der er sie nicht anbringt.«[113] Als Beispiel führte er tatsächlich auch ein Moment seiner Rolle in »Selbstbeherrschung« an, um die sich Kleists Hand-Kritik drehte: »Ein ähnliches Epigramm ist es, wenn Iffland als Constant dem Oberhofmeister sanft die Finger auf der Lehne des Stuhls zurechte legt«, schrieb Bernhardi beeindruckt. »Einzelheiten dieser Art haben natürlich einen sehr subordinierten Werth: sie sind nicht Beweise des Genies, ob man sie gleich hie und da als solche angeführt hat; denn dieses äußerst sich nur in der organischen Bildung eines Ganzen; allein wenn sie sich so oft, so zweckmäßig und unter so vielen verschiedenen Formen darstellen; so sind sie allerdings achtungswürdige Dokumente eines hohen Talents, einer tiefen Innigkeit des Darstellers, und einer großen Fertigkeit und Geschmeidigkeit desselben.«[114] Dagegen aber kann Kleist nun gar nichts gehabt haben. Kleist war Iffland viel näher, als er zugeben wollte.[115] Er machte sich, in dem Rätsel mit dem »wilden Geflügel«, sogar darüber lustig.

Im Dezember veröffentlichte Kleist noch einmal, obwohl es ihm durch die Zensur verboten war, einen Text über Theater, den berühmten Aufsatz »Über das Marionettentheater«. Kleists Schilderung der Marionette ist die Vision eines ganz anderen Schauspielers. Es ist ein Schauspieler, der aus einem Zentrum heraus spielt, ein Zentrum, das bei der Marionette ihr Schwerpunkt ist. Es ist ein Schauspieler, dessen Bewegungen so unbewusst und damit selbstverständlich sind wie die der unbelebten Materie – und eben nicht so gekünstelt und auf Wirkung bedacht wie die des Virtuosen. Kleist hatte ein neues Gegensatzpaar gefunden: Er setzte jetzt Grazie gegen Ziererei und fand dafür in seinem Aufsatz einprägsame Bilder und Anekdoten. Kleist erträumte sich seinen Schauspielstil. Der Aufsatz über das Marionettentheater hat viele Ebenen, eine davon aber ist, dass er ein Anti-Iffland-Traum ist.[116]

In den sechs Monaten der »Abendblätter« erschienen auch die Erzählungen »Das Bettelweib von Locarno« und »Die heilige Cäcilie oder die Gewalt der Musik«. Man findet von Kleist außerdem 34 Anekdoten und zehn Gedichte, drei explizit politische Texte, zehn Schriften zu ästhetischen Fragen, dazu kommen die »Seelandschaft« und das »Marionettentheater«, zwölf Glossen, 13 Texte zum Theater, 14 zur Literatur und dazu Nachrichten aus anderen Blättern, Polizeiberichte, Miszellen und Übersetzungen. Insgesamt über 150 Texte in 153 Ausgaben der »Abendblätter«.

Kleist war in den »Abendblättern« von großer Komik. Die Auseinandersetzung um das Theater war nicht nur boshaft, sondern auch lustig. In Kleinigkeiten war Kleist von sprachverschraubter oder bildlicher Drolligkeit. Die Entbindung der französischen Kaiserin wird 1811 über sieben Ausgaben verfolgt, und die an sich nicht weltbewegende Nachricht bekommt durch die Übertreibung eine groteske Komik.[117]

Die Bewunderung Kleists für todesmutige Soldaten und bedingungslose Krieger wurde in mehreren Anekdoten offensichtlich. Den größten Genuss aber hatte er an Todesnachrichten. »Ein Weinhändler ist gestern früh in seinem Keller erhenkt aufgefunden.«[118] Solche Meldungen finden sich immer wieder. An Heiligabend eröffnete Kleist das Blatt mit folgender Mitteilung: »Ein hiesiger Eigenthümer hat sich am 20sten früh um 9 Uhr mit einem Barbiermesser den Hals abgeschnitten. Er ist 20 Monate hindurch krank gewesen, und wahrscheinlich haben ihn heftige Schmerzen zu dem Entschluß gebracht, sich zu entleiben.«[119]

Kleist entwickelte auch eine Vorliebe für Gespenstergeschichten. Die Zigeunerin im »Kohlhaas« tauchte immer dort auf, wo sie wollte. »Das Bettelweib von Locarno« erzählt von einer kranken, gebrechlichen Frau, die im Schloss eines reichen italienischen Marchese umkommt, weil er ihr befahl, sich hinter den Ofen zu legen. Diese Frau, oder zumindest ihre Krücken-Schritte, spuken durch das Schloss. »Vom Entsetzen überreizt«, steckt der Marchese sein Schloss an und kommt darin um. Eher zweifelhaft bleibt, ob die Schuld, die der Marchese auf sich geladen hat, so groß ist, dass er auf so elende Weise umkommen muss. Schuld, Spuk und überreizte Nerven gehörten jetzt zu Kleists Welt.

Der Spuk steckte auch in vielen der großartigen Anekdoten, die Kleist für die »Abendblätter« fand oder erfand. Die Vorliebe reichte bis in den letzten »Abendblatt«-Text Kleists, die Erzählung »Geistererscheinung«.[120] Auch »Die heilige Cäcilie oder die Gewalt der Musik«, die längste Erzählung Kleists in den »Abendblättern«, ist im Kern eine Gespenstergeschichte. Kleist schrieb diese »Legende« im November zur Taufe von Adam Müllers Tochter Cäcilie. Sie fand in Müllers Wohnung durch Franz Theremin statt. Der war nicht nur Pfarrer in der französisch-reformierten Gemeinde, sondern hatte auch ein Verhältnis mit Müllers Cousine Sophie gehabt, die mit dem Buchhändler

Sander verheiratet war. Zu den Taufpaten gehörten Heinrich von Kleist und Henriette Vogel, Kleists spätere Todesgefährtin. Kleist hatte in der großen Kunstausstellung mehrere Cäcilien-Gemälde gesehen. Jetzt schrieb er eine tiefkatholische (zumindest sieht es auf den ersten Blick so aus) Fabel von der überirdischen Macht religiöser, tiefempfundener Musik. Die Musik macht hier Bilderstürmer fromm und junge evangelische Männer willenlos. Vor zehn Jahren in Würzburg war Kleist selbst erschüttert gewesen, als er in einer katholischen Kirche Orgelmusik gehört hatte. Das Merkwürdige dabei ist, dass Adam Müllers Tochter, der Kleist die Geschichte schenkte, evangelisch getauft wurde. Es war kein nettes Geschenk. Müller selbst war 1805 zum Katholizismus konvertiert und hielt das geheim. Kleist wusste aber davon und schrieb eine Geschichte, in der er die verborgene innige Überlegenheit des katholischen Glaubens so sehr ins Gespenstische überhöhte, dass man nicht weiß, ob das ernst oder ironisch war. Es war eine Geschichte nicht für die Tochter, sondern für den Vater. Kleist trieb Schabernack mit dem Glauben, dem Schaurigen und Übernatürlichen.

Kleist war von der Idee inspiriert, dass Unwahrscheinliches wirklich geschah. Unwahrscheinlichkeit und Gespenstergeschichte wurzeln im Krieg. In der Erzählung mit dem Titel »Unwahrscheinliche Wahrhaftigkeiten« reihte Kleist mehrere Anekdoten aneinander und gab ihnen, wie im »Marionettentheater«, einen erzählenden Rahmen. Die erste Anekdote beginnt: »Auf einen Marsch 1792 in der Rheincampagne bemerkte ich, nach einem Gefecht, das wir mit dem Feinde gehabt hatten, einen Soldaten, der stramm, mit Gewehr und Gepäck, in Reih' und Glied gieng, obschon er einen Schuß mitten durch die Brust hatte ...«[121] Lebende Geister waren die todgeweihten Soldaten, wahre Gespenster. Kleist beschrieb die Missachtung des Todes in der »Anekdote aus dem letzten Kriege«, wo ein Tambour sich in den Hintern schießen lässt, in der »Anekdote aus dem letzten preußischen Kriege«, wo sich ein Soldat nicht von nahenden Franzosen aus der Ruhe bringen lässt, und vor allem im »Französischen Exercitium«, wo ein »Capitain« jedem Soldat seinen Platz anweist, indem er ihm »Hier stirbst du!« entgegenruft.

Kleist spielte mit seinem Material und mit seinen eigenen

Haltungen, die ihm zum Material wurden. Vielleicht lag es daran, dass er für die »Abendblätter« und für einige Erzählungsbände schnell und viel produzieren musste. Vielleicht war ihm klargeworden, dass er so viel von sich in seine Texte hineinlegen konnte, wie er wollte, es würde nicht zu Erlösung, Glück oder ins Paradies führen. Aber er schrieb trotzdem.[122]

Vom 12. bis 15. Dezember 1810 veröffentlichte Kleist den Aufsatz »Über das Marionettentheater«, in dem die verzweifelte Lage Kleists in Schönheit aufgefangen ist. Der Theaterstreit war damals schon verloren, der Absatz der »Abendblätter« bereits deutlich zurückgegangen. Der Streit mit Hitzig war entbrannt, der Streit mit Hardenberg stand bevor. Aber das »Marionettentheater« zeichnet eine so ganz andere, traumhaft sichere Welt ohne Kränkung und Not. Die Bedeutung des Aufsatzes wurde zur Zeit seiner Veröffentlichung nicht erkannt. Dabei hat Kleist sich alle Mühe gegeben, ihn so weit in den Vordergrund zu rücken, wie das in den »Abendblättern« ging. Er hat ihn in vier Teile von je drei Seiten zerlegt, ihn immer auf den ersten Seiten abgedruckt, und zwar von Mittwoch bis Samstag. Und er hat ihn mit seinen Initialen H. v. K. gekennzeichnet.[123]

Wer über diesen Aufsatz nachdenkt und schreibt, macht sich viel mehr als bei anderen Texten ein Bild der Welt.[124] Er beginnt, über die Welt und den Menschen, das Leben und sich selbst nachzudenken. Insofern ist Kleist ein philosophischer Autor. Untypisch für die Literaturwissenschaft, taucht bei diesem Text relativ schnell die Frage auf, ob Kleist denn recht hatte mit dem, was er da beschreibt. Das liegt wahrscheinlich daran, dass einfach nicht stimmt, was Kleist geschrieben hat.[125] Es stimmt nicht, dass die Bewegungen von Marionetten so anmutig und graziös sind, wie der Tänzer Herr C. behauptet. Um die Bewegung der Marionette dreht sich die erste Anekdote. Es stimmt auch nicht, dass Bewusstsein schöne Bewegungen unmöglich macht, wie K., der Zuhörer von C., in der zweiten Anekdote meint. Sie dreht sich um einen 16-jährigen Jüngling, der seine eigene Anmut im Spiegel sieht und danach unfähig ist, diese wiederherzustellen. Und es stimmt ebenfalls nicht, dass es Bären gibt, die jede Finte eines Fechters durchschauen und so jeden Angriff vereiteln.

Der Text behauptet das alles zwar, als wären es selbstverständliche Wahrheiten, aber wer sich Marionetten und ihre Bewegung einmal angesehen hat, wird Kleist kaum zustimmen. Und doch glaubt man, was Kleist sagt. Man glaubt es als eine Gedankenfigur, und man glaubt zu verstehen, was Kleist meinte. Hier, nicht in der Bewegung der Marionette, liegen der Zauber und die Anmut des Textes.

Das »Marionettentheater« ist das letzte Kapitel im Streit mit Iffland. Es ist ein Aufsatz über Schauspielerei. Aber der Text geht darüber hinaus. Die Atmosphäre verändert sich vollkommen. Wo Streit und Gezänk mit Iffland waren, weht jetzt der Duft des Paradieses. Die Gedankenfigur, die Kleist entfaltete, hat als Fluchtpunkt die Erlösung. Das Glück, das Kleist einst durch Bildung zu erreichen suchte, bekommt etwas Geometrisches oder Mechanisches. Es verbinden sich, wie in einer anderen Anekdote Kleists, Differentialrechnung und Poesie. Aber der Zug zur Mathematik ist hier nicht Vorbote der neuen Zeit der Naturwissenschaft, sondern Mystik, sie verbindet Ästhetik, Anthropologie und Psychologie.

Die drei Anekdoten des »Marionettentheaters« sind durch eine Rahmenhandlung verbunden, wie Kleist das immer wieder gemacht hat, schon im Aufsatz über die »allmählige Verfertigung der Gedanken«. In dieser Rahmenhandlung stehen sich der Erzähler der Anekdote, wir nennen ihn K., und Herr C. gegenüber. C. ist Tänzer an der Oper. Sie umspielen und belauern sich wie der Bär und der Fechter mit ihren merkwürdigen, unwahrscheinlichen Geschichten. Liest man den als Prosa geschriebenen Text als dramatischen Text, erkennt man: Nirgends hat Kleist genauere Szenenanweisungen gegeben als hier. Durch Szenenanweisungen legt er den Doppel- und Hintersinn, der in der Situation angelegt ist, frei.[126] Dabei wird deutlich, dass es um ästhetische Erziehung, um Erotik und Unschuld geht, um Befreiung zur Sexualität und Überwindung von Scham, obwohl diese Worte nicht fallen.[127] Kleist hat ein erotisch-pädagogisches Gespräch entfaltet in dem Sinne, wie etwa Platons Dialoge »Charmides«, »Phaidros« oder »Symposion« solche Gespräche sind.

Im Mythos des Sündenfalls, den Kleist erstmals in der »Familie Schroffenstein« behandelt hatte, sind das Bewusstsein und das Selbstbewusstsein die Ursache, dass dem Menschen die Grazie genommen ist. So fasst auch K. die Ausführungen von Herrn C. auf. Selbstbewusstsein ist hier nicht philosophisch wie etwa bei Hegel zu verstehen, Selbstbewusstsein erzeugt hier Scham. Das Wort Seele kehrt wieder, das Kleist vor zehn Jahren so oft gebraucht hatte. Die Linie des Schwerpunkts der Marionette sei nichts anderes als der »Weg der Seele des Tänzers«, behauptet C.[128] Wenn die Seele sich an einem anderen Punkt befinde als im Schwerpunkt der Bewegung, entstehe Ziererei, sagt er.[129] Seele ist hier bewegende Kraft. Der Bär steht Aug in Aug mit seinem Gegner auf seinen Hinterpfoten, »als ob er meine Seele darin lesen könnte«.[130] Darin liegt der Grund seiner überirdischen Fechtfähigkeiten. Das ist – metaphorisch – die Lösung der Kant-Krise.

Im »Marionettentheater« biegt Kleist sich zurück zu seinen Anfängen, der Text ist mit seinen frühen Briefen verbunden. Wieder kreist er um den Sündenfall, es war und blieb für ihn ein Grundmodell des Daseins. Immer noch suchte er, wie beim Torbogen in Würzburg, der nicht einstürzt, wie bei der abgestorbenen Eiche, die nicht stürzt, nach Sinnbildern der Existenz. Jetzt fand er sie in der graziös schwebenden Marionette. Kleists Marionette ist eine sich selbst unbewusste Figur, in die man sich zurückverwandeln möchte. Das wäre das Paradies. Da das nicht geht, muss man hoffen, auf anderem Weg dorthin zu gelangen. Dieses Ziel bleibt, es bestand für den naiv-optimistischen Glückssucher in den Jahren um die Jahrhundertwende, es bestand für den gebrochen-pessimistischen Glückssucher 1810.

Der Brief, den Kleist am 5. Februar 1801 aus Berlin an Ulrike geschrieben hatte, hat viele Verbindungen zum »Marionettentheater«. Kleist begann den Brief im Schauspielhaus, die Theater- und Rollenthematik steht im Zentrum. Bei Cohen, wo er damals am liebsten war, benutzte er physikalische Instrumente. »Einmal habe ich getanzt und war vergnügt, weil ich zerstreut war«, schrieb er damals. Weil er seiner selbst nicht bewusst war, hätte Kleist jetzt ergänzen können. »Die Nothwendigkeit, eine Rolle zu spielen, u. ein innerer Widerwillen dagegen machen mir jede Gesellschaft lästig.« Dass er nicht nur die Oberfläche, sondern – wie der fechtende Bär – auf den Grund der Menschen sehe, erzeuge in seinem Herzen Ekel.

»Dazu kommt bei mir eine unerklärliche Verlegenheit, die unüberwindlich ist, weil sie wahrscheinlich eine ganz physische Ursache hat«, hatte er Ulrike geschrieben, sich selbst als fremdes Wesen betrachtend, und fuhr fort: »o wie schmerzhaft ist es, in dem Äußern ganz stark u. frei zu sein, indessen man im Innern ganz schwach ist, wie ein Kind, ganz gelähmt, als wären uns alle Glieder gebunden, wenn man sich nie zeigen kann, wie man wohl möge, nie frei handeln kann, u. selbst das Große versäumen muß, weil man vorausempfindet, daß man nicht standhalten wird, indem man von jedem äußern Eindrucke abhangt u. das albernste Mädchen oder der elendste Schuft von élégant uns durch die matteste persifflage vernichten kann.« Solche Zeilen lassen den Aufsatz über die Marionetten als Bewältigungsversuch einer lebenslangen traumatischen Erfahrung erscheinen. Kleist hatte damals auch geschrieben: »Ach, Wilhelmine, wir dünken uns frei, und der Zufall führt uns allgewaltig an tausend feingesponnenen Fäden fort.« Es ist, wie wenn Anmut das überwinden sollte, was Kleist als Fremdheit und Abscheu gegenüber den Menschen und als Unmöglichkeit der Mitteilung seines Inneren empfand. Es ist, als ob Wilhelmine im Erzähler, Kleist selbst aber in C. wiederauferstanden wären.

Die Arbeit als Tageszeitungsredakteur, die Kleist in dieser Zeit ausfüllte, ist etwas vollkommen anderes als die des Schriftstellers. Gemeinsam ist beiden nur, dass sie mit Buchstaben umgehen. Die Aufgaben des Redakteurs sind vielfältig und oft unvorhersehbar. Ständig steht man unter Zeitdruck. Der Verkaufstermin diktiert, wann eine Seite fertig zum Druck sein muss. Der Druck schreibt vor, wann die Seite zum Setzer geht, und das wiederum legt den Zeitpunkt für den Umbruch der Seiten fest. Kleist musste sich jetzt mit Setzern und Druckern genauso wie mit Ablaufplänen auseinandersetzen. Wir wissen nichts über die Einzelheiten, aber es ist zum Beispiel klar, dass er in ständigem Austausch mit dem Setzer stehen musste, um ihm zu erklären, wie er sich die Aufteilung des Blattes vorstellte. Jeden Tag aufs Neue musste Kleist das winzige Format seines Blattes im Auge haben: was geht auf eine Seite, wie werden die Artikel auf den Seiten verteilt.

Dazu kam die Arbeit mit den Autoren. Er musste Artikel bestellen, musste mit den Autoren absprechen, worum sich die Artikel drehen sollten. Er musste über die Länge mit ihnen sprechen und immer wieder eindringlich zur Kürze mahnen. Am 18. Oktober 1810 las man in den »Abendblättern« folgende Klage: »... wobei wir die unbekannten Herrn Mitarbeiter, die uns mit ihren Beiträgen beehren, ganz ergebenst bitten, auf die Ökonomie des Blattes Rücksicht zu nehmen, und uns gefälligst die Verlegenheit zu ersparen, die Aufsätze brechen zu müssen.«[131] Brechen, das bedeutete, die Texte auf mehrere Blätter verteilen zu müssen.

Kleist hatte die unangenehme Aufgabe, Artikel zurückzugeben, und die noch unangenehmere Aufgabe, sich mit Beschwerden auseinanderzusetzen. Entweder fühlten Autoren sich nicht richtig behandelt.[132] Oder es fühlte sich jemand durch einen Artikel schlecht behandelt. Der Rektor der Berliner Universität etwa ging ziemlich energisch gegen die »Abendblätter« bei Gruners Vorgesetztem Sack vor, als die Zeitung imageschädigend über Studentenschlägereien berichtete.[133]

Kleist musste die Artikel redigieren und Fehler korrigieren. Wahrscheinlich tat er das abwechselnd zu Hause, in seiner winzigen Wohnung,[134] in einer Gaststätte[135] oder im Werckmeister'schen Leseinstitut in der Jägerstraße 25. Dort war auch Kralowskys Leihbibliothek, wo die »Abendblätter« ausgegeben wurden. Fast jeden Tag waren Schriftsteller und Gelehrte in Werckmeisters Leseinstitut anzutreffen, das laut Eichendorff eine Reihe von »erleuchteten Stuben« enthielt, wo man zwischen neun und zwanzig Uhr am Tisch sitzen und alle möglichen Journale oder Zeitungen lesen oder sich im Konversationssaal, der mit geologischen und astronomischen Karten dekoriert war, unterhalten konnte.[136] Dort sah Kleist die anderen Blätter nach den Nachrichten durch, die er übernahm. Möglicherweise war hier auch der Ort, wo er seine Mitarbeiter Varnhagen, Müller, Beckedorff, Brentano, Arnim, Schulz, Moellendorff, Wolfart oder Fouqué traf. Dazwischen schrieb Kleist nicht nur seine Artikel, Anekdoten, Aperçus und Nachrichten, sondern auch die

Erzählungen und Aufsätze. Das verlangt ein vollkommen anderes Tempo. Schriftstellerei ist eine Arbeit der Konzentration auf eine Sache und sich selbst, das Dasein als Redakteur bedeutet die Offenheit für alles, was um einen herum vorgeht.

Das zweite und letzte Quartal der »Abendblätter« war ein Schatten des ersten. Kleist schrieb immer noch für sie, wenn auch viel weniger. Vor allem bestanden die »Abendblätter« jetzt aus politischen Meldungen, die Kleist aus anderen Zeitungen übernahm. Aber selbst in den letzten Nummern kam auf jeweils vier winzigen Seiten die Welt zusammen.

Triumphgesang des Todes

Berlin 1811

Die meisten Lebenden können sich Selbstmord nur als Verzweiflungstat vorstellen. Er ist das Ende einer unglücklichen Biographie. Aber es gibt, seit der Romantik, den Selbstmord als höhere Kunst, als philosophische Tat und sogar als sinnfreie Eingebung des Augenblicks. Tod und Selbstmord erblühten in Kleists Zeit sozusagen zu schönstem Leben. Søren Kierkegaard hat das in einer Anekdote beschrieben: Ein Mann tötet sich, während er sich in einem Wald sehr wohl befindet, so beiläufig, wie er eine Blume pflückt. Aber können wir so etwas überhaupt denken, fragt Kierkegaard dann.

Kleists Selbstmord ist sicher mehr gewesen als der letzte Ausweg eines am Leben Gescheiterten. Er war nicht das Ergebnis der schlechten Erfahrungen, die das Leben für ihn bereithielt. Der Tod steckte in seinen Gedanken, andere Welten schienen verlockend, das Diesseits war schal und gleichgültig. Im Kantbrief beschrieb er Wilhelmine, dass er sich schon als Kind die Idee der Wiedergeburt und die daraus folgende Idee der Vervollkommnung durch Bildung zurechtgelegt hatte. Die Einsicht, dass man sich hier keinen Schatz an Wissen anlegen kann, ist es gewesen, die die Krise ausmachte: Es gab nichts, was man nach dem Tod mit sich nehmen konnte.

Kleist hatte früh gelernt, dem Tod mit Mut zu begegnen. Ob er 1793 die Todesangst wirklich überwunden hatte, ist unwahrscheinlich. Die Todesverachtung, mit der er sich in entscheidenden Situationen seines Lebens in die Schlacht stürzte, spricht nicht dafür. Aber der Tod wurde der Dreh- und Angelpunkt seines Denkens und Fühlens. »Wer weiß, was Sokrates u. Christus gethan haben würden, wenn sie voraus gewußt hätten, daß keiner unter ihren Völkern den Sinn ihres Todes verstehen würde«, fragte er Wilhelmine 1799.[1] Hier hat Kleists panische Angst, nicht verstanden zu werden, ihre Wurzel: Man gibt alles, aber es hat keinen Sinn, denn es wird von niemandem verstanden. Von Todeskälte sprach er, bevor er in Würzburg das wärmende Erlebnis von Kirchenmusik hatte. Die Briefe der Reise nach Paris sind voller Todesgedanken. Sein Vorbild Rousseau hatte den Selbstmord als Möglichkeit betrachtet.[2]

Im August 1801 sprach Kleist das erst Mal vom Selbstmord: »Ich will mich nicht mehr übereilen – thue ich es noch einmal, so ist es das letztemal – denn ich verachte entweder alsdann meine Seele oder die Erde, und trenne sie.«[3] Weltekel und Todesnähe mischten sich. Als er in die Schweiz kam, schien ihm die Todesstunde die schöne, friedvolle Gleichmut beim Betrachten des Sternenhimmels zu haben. »Die Familie Schroffenstein«, die hier entstand, hatte ihren Ursprung in einer erotischen Todesszene, die Liebe und Tod so eng als möglich verknüpft. Im »Robert Guiskard« drehte sich alles um den Tod. Es tauchen im Brief an Ulrike die Sätze auf, dass Kleist das Leben wegwerfen würde, wenn ihm drei Dinge gelängen. Melodramatisch setzte Kleist damals den Tod ein: »Ich bitte Gott um den Tod und Dich um Geld.«[4] Und dann versuchte er am Gipfel der ersten großen Krise das erste Mal, sich umzubringen, den »schönen Tod der Schlachten« mit Napoleon in England zu sterben.

Er empfand großes Verständnis für den gescheiterten Selbstmörder Schlotheim und Mitgefühl mit dem toten Gualtieri. In Königsberg suchte er den Tod nicht mehr, er war anwesend: Von kaltem Fieber, von unerklärlicher Krankheit sprach Kleist. Merkwürdig undefinierbare Krankheiten blieben sein Begleiter. Aufgeräumt, heiter und todesnah schrieb er an Altenstein. Lass uns sterben, rief er Rühle zu. »Einen der Millionen Tode, die wir schon gestorben sind, und noch sterben werden.«[5] Das wurde Kleists Normalzustand. »Es ist, als ob wir aus einem Zimmer in ein anderes gehen.« Der Tod war der ewige Refrain seines Lebens.[6]

In der »Herrmannsschlacht« bringt die Todesbereitschaft des absoluten Kriegers die Rettung für das Leben. Apokalyptische Visionen entstehen: »Und ein Geschlecht, von düsterm Haar umflogen,/Tritt aus der Nacht, das keinen Namen führt,/Das, wie ein Hirngespinst von Mythologen,/Hervor aus der Erschlagnen Knochen stiert«.[7] Todesangst und -sehnsucht stehen im »Homburg« nackt nebeneinander. Todesverachtende Soldaten tauchen in komischen Anekdoten auf.

Es hat etwas Verlockendes, es den Romantikern gleichzutun und den Selbstmord Kleists aus dieser Vorgeschichte abzuleiten, ihn sich als eine schöne, große, letzte Tat zu denken, einen Zustand gesteigerter Sensibilität und tieferer Einsicht in das Leben. Er ist dann wie ein archimedischer Punkt, im Tod scheint das Leben die Schönheit mathematischer Konsequenz zu bekommen. Tatsächlich hat der Selbstmord seit Kleist eine merkwürdige Verführungskraft. Dabei aber macht man sich etwas vor.[8] Der eigentliche Skandal des Todes ist, dass wir nichts über ihn wissen können. Der Selbstmord ermöglicht uns trotzdem die freie Entscheidung darüber. Man entscheidet über etwas, wovon man nichts weiß. Auch Kleist nicht, der zeit seines Lebens dem Tod vielleicht näher gewesen ist als jeder andere.

Zunächst einmal hatte Kleists Selbstmord sehr weltliche und sehr handfeste Gründe. Es war die Tat eines Verzweifelten, eines Einsamen, eines Verlorenen. Kleist fühlte sich auf eine unerträgliche Weise gekränkt und gedemütigt. Am schlimmsten war das Ende der »Berliner Abendblätter«. Dieses Ende war ein langsames Sterben, das sich trotz heftiger Gegenwehr Kleists über mehrere Monate hinzog. Es entstand dem Herausgeber und Redakteur nicht durch empfindliche Mitarbeiter, nicht durch beleidigte Leser und nicht einmal durch das von Kleist verschuldete Verbot der Theaterkritik. Es entstand durch den Staatskanzler Hardenberg und seine – für Preußen lebenswichtige – Finanzpolitik. Der Streit, den Kleist mit Hardenberg ausfocht, ist die größte Demütigung seines Lebens geworden.

Es begann mit dem Finanzedikt, mit dem Hardenberg seine Vorstellungen publik machte. Es erging am 27. Oktober 1810. Hardenberg stand unter dem Zwang, die Staatseinnahmen zu steigern. Dazu musste er die Öffentlichkeit in seine Reformen einbinden. Das Finanzedikt verkündete nicht nur eine neue Politik, es schlug auch einen ganz neuen Ton gegenüber der Bevölkerung an: »... in der Wir nach Unsern landesväterlichen Gesinnungen, gern Unsern getreuen Unterthanen die Ueberzeugung fortwährend geben werden, daß der Zustand des Staats und der Finanzen sich bessere, und daß die Opfer, welche zu dem Ende gebracht werden, nicht vergeblich sind.« Nie zuvor hatte eine preußische Regierung so mit der Öffentlichkeit kommuniziert.[9] Bisher wurden Verordnungen erlassen und nicht um Verständnis geworben. Hardenberg aber war der Auffassung, Regierungen sollten sich nicht scheuen, die Öffentlichkeit durch den Einsatz guter Schreiber für sich zu gewinnen. Ein öffentliches Gegengewicht zur Regierung sei dagegen gefährlich. Nur durch diese Pressepolitik ist erklärbar, dass Hardenberg den »Abendblättern« überhaupt so lange tatenlos zusah. So konnte Kleist sich lange in der Illusion wiegen, im Sinn und Auftrag der Regierung zu arbeiten und zu schreiben.

Kleist wurde durch die »Abendblätter« politischer Publizist. Der politische Journalismus erlebte damals in Deutschland eine erste Blüte. Teilweise speiste sich die neue publizistische Bewegung aus dem, wie man meinte, fehlenden patriotischen Engagement der Regierung. Teilweise ging es um Freiheit oder Kritik des Adels. Oder die neue Intelligenz strebte auf diesem Weg in besoldete Ämter. Zu diesem Typus gehörten nicht nur die Konservativen Adam Müller und Friedrich Gentz, sondern auch Friedrich von Cölln, Friedrich Buchholz und Garlieb Merkel.[10] Auch Varnhagen und Rahels Bruder Robert kann man zu den neuen Publizisten rechnen. Mit Merkel hatte Kabinettsrat Beyme schon 1808 über ein Regierungsblatt verhandelt. Hardenberg hatte versucht, Adam Müller einzubinden, der kritische Buchholz machte 1810 im Auftrag der Regierung Propaganda für die neuen Steuergesetze. Damals wollte sich auch Friedrich von Cölln in den Dienst der preußischen Regierung stellen.[11] Sie alle bedachten immer und vor allem die politischen Wirkungen ihres Schreibens.

Diverse Verordnungen ergingen in den auf das Finanzedikt folgenden Tagen: Grund-, Luxus-, Verbrauchs- und Gewerbesteuern wurden erhoben, die Gewerbefreiheit eingeführt, geistliche Güter säkularisiert. Der Streit, der daraus seit Anfang November 1810 zwischen der Regierung und den »Abendblättern« entstand, wurde maßgeblich für ihr Ende. Letztendlich ist die kurze Geschichte der »Abendblätter« die Geschichte des schrittweisen Sterbens eines mit großen Hoffnungen gestarteten und anfangs aussichtsreichen Projekts. Stück für Stück wurde die Zeitung beschnitten. Der Todesstoß aber waren die Verwicklungen, die sich aus dem Finanzedikt ergaben.

Personen, die maßgeblich an diesen Auseinandersetzungen beteiligt waren, waren neben Kleist und Hardenberg dessen Mitarbeiter Raumer und der König, in Nebenrollen traten weitere Figuren des Staatsapparats auf – wie der Außenminister Graf von der Goltz, die Geheimen Staatsräte Himly und Sack und der Polizeipräsident Gruner. Eine wichtige Rolle spielte auch Adam Müller. Nichts schadete Kleist und den »Abendblättern« so sehr wie die Artikel dieses sich so staatsklug und staatsnah gebenden Kopfes.

Das Ende der »Abendblätter«, für Kleist eine persönliche und finanzielle Katastrophe, war eine politische Entscheidung. So sah es auch Kleist, und so reagierte er darauf. Aber eine Zeitung wie die »Abendblätter« hatte es auf Dauer am Markt ohnehin schwer. Kleist hatte sie zwar für den Massenmarkt konzipiert, aber er war ein zu eigenwilliger Kopf, der vieles publizierte, was viele nicht verstanden. Das meinte Adam Müller, wenn er an Rühle schrieb, dass Kleist sein Publikum schon wieder zum Bizarren umbilden wolle.[12] Wenn Kleists Verleger Hitzig sagte, dass die Zeitung als langweilig, boshaft und unverständlich empfunden wurde, lag er wohl richtig.[13]

Am 5. November 1810 forderte Außenminister Goltz seinen Kriegsrat und Zensor Himly auf, sämtliche politischen Artikel in den »Abendblättern« zu unterdrücken. Himly informierte Gruner über diese Anordnung.[14] Es war eine Folge der trickreichen Doppelmeldung in den »Abendblättern« über Sieg und Niederlage der französischen Truppen in Portugal, gegen die der französische Gesandte protestiert hatte. Das war der erste Erlass gegen die »Abendblätter«. Schon dieses Verbot war bedrohlich, der publizistische Spielraum schrumpfte erheblich.

Trotz des Verbots politischer Artikel war es in den »Abendblättern« zum Streit um die Staatsfinanzen gekommen. Er begann mit einem sehr verspäteten Nachruf auf den 1807 verstorbenen Königsberger Professor Christian Jakob Kraus. Das war jener Mann, dessen Vorlesungen Kleist in Königsberg besucht hatte, jener von Kant geschätzte Philosoph und Ökonom, der behauptet hatte, nicht zu wissen, wie man wirtschaften müsse, und nun bei Hardenbergs Finanzedikt Pate gestanden hatte. Kleist hatte vor fünf Jahren aus Königsberg geschrieben, dass Kraus Gedanken wie ein Reicher Geld ausstreue. Jetzt schrieb nicht Kleist über Kraus, sondern Adam Müller, unter dem Pseudonym »Ps«. Und eigentlich schrieb er nicht über Kraus, sondern über Johann Gottfried Hoffmann, der anstatt seiner als Professor für Staatswissenschaften an die Berliner Universität berufen worden war. Und er schrieb über Hardenberg und seine Reformen.

Müller machte aus Kraus einen bloßen »Bearbeiter« von Adam Smith, gegen den er schon mehrfach polemisiert hatte.[15] Smith, der Apologet des freien Marktes, sei reif für die Geschichtsbücher. Da täuschte Müller sich: In den folgenden 200 Jahre ist Smiths Reputation unter Politikern und Ökonomen stetig gewachsen, er ist bis heute der klassische Denker des freien Wirtschaftens. Genau darum, die liberale Wirtschaftsordnung, ging es. Müller passten die Einschränkung der Adelsprivilegien und die Einführung der allgemeinen Gewerbefreiheit nicht. Dass Hardenberg kaum eine Wahl hatte, interessierte ihn nicht. Sein Aufsatz hatte nicht nur etwas Besserwisserisches und Vorwitziges. Mit ein paar Worten wischte er Kraus und Smith und damit Hardenberg und Hoffmann beiseite.

Aber Hardenberg untersagte den Artikel nicht. Im Gegenteil, es entspann sich eine ausgedehnte Kraus-Diskussion in den »Abendblättern«: Ein dreiteiliger Beitrag, wahrscheinlich von Hoffmann, antwortete auf Müller und machte deutlich, dass man in Regierungskreisen sehr wohl wusste, wer sich hinter »Ps« verbarg.[16] Achim von Arnim verteidigte Müller, Hoffmann reagierte noch einmal, der Kriegsrat Johann George Scheffner schrieb einen Artikel. Die »Abendblätter« wurden also auch noch ein Wirtschaftsblatt. Inhaltlich beschäftigten sie sich so mit der alles entscheidenden Frage der Zeit, aber die meisten Leser verstanden das nicht, und man machte sich darüber lustig.[17] Den Namen Kraus hatte man noch nie gehört, und tot war er auch schon über drei Jahre.[18] Wieso stand in den »Abendblättern« dann über ihn ein Artikel nach dem anderen? Trotz des Verbots wurde hier, wenn auch verdeckt, das zentrale politische Projekt der neuen Regierung eingehend diskutiert.

Am 16. November überspannte Adam Müller mit dem Artikel »Vom Nationalcredit« den Bogen endgültig. Wie dieser Text überhaupt in die »Abendblätter« gelangen konnte, wo doch die Hälfte der Artikel von der Zensur unterdrückt wurde,[19] ist schwer nachvollziehbar. Es ist nur als Entgegenkommen des befreundeten Zensors Gruner gegenüber Kleist interpretierbar. Die beiden letzten Sätze des Artikels lauteten: »Keine Verschlagenheit irgend eines noch so genialischen Administrators kann ein Surrogat vorfinden für den Credit, der durch Treue gegen die Verfassung erworben und aufrecht erhalten ist. Ein Administrator kann Geld, aber keinen Nationalcredit machen.«[20] Wer sollte der verschlagene Administrator sein wenn nicht Hardenberg?

Genau zu der Zeit spitzte sich auch der Theaterstreit zwischen Iffland und Kleist zu. »Vom Nationalcredit« erschien einen Tag nach der Notiz über die Theaterkritiker der »Vossischen Zeitung«, die Iffland geschmiert haben soll. Der Redakteur Kleist war übermütig. Er legte sich auf zwei Feldern mit dem an, der – nach dem König – über jeden Streit entschied. Nach den politischen Artikeln sollte den »Abendblättern« bald auch die Berichterstattung über das Theater untersagt werden. Der Streit um das Finanzedikt aber war noch ernster. Der Nationalcredit-Artikel war so deutlich, dass sogar der König auf ihn aufmerksam wurde. »Auf jeden Fall«, sagte er, »wird das Abendblatt einer strengen Censur unterworfen sein müssen.«[21]

Kleist wusste allenfalls bruchstückhaft, dass sich die Regierung vom Polizeipräsidenten bis zum König mit seinem Blatt beschäftigte. Er erlebte nur die bedrohlichen und später tödlichen Auswirkungen. Am Ende hatte er den Eindruck, dass die Zerstörung seiner Zeitung völlig organisiert sei.[22] Sein Spielraum, überhaupt irgendetwas von Relevanz in seinem Blatt zu drucken, schwand und schwand.[23]

Ein weiteres Problem kam hinzu. Über unterschiedliche inhaltliche Vorstellungen und dem schwindenden Absatz der »Abendblätter« hatten sich Kleist und sein Verleger Hitzig zerstritten. Ende Oktober hatte Müller noch geschrieben, dass Kleist viel Geld mit den »Abendblättern« verdiene. Ende November bemerkte Hitzig, dass er empfindlichen Verlust mache, Ende Dezember stellte er klar, dass er nicht weitermachen wollte: »Die Abendblätter habe ich aufgegeben, weil der Herausgeber mich mit unwürdigem Misstrauen und unglaublich gemein behandelte.«[24] Noch im Mai 1811 war Hitzig so verbittert, dass er Kleist büßen lassen wollte und gegen ihn vor Gericht zog.[25] Zum Jahreswechsel bekamen die »Abendblätter« einen neuen Verleger, es war August Kuhn, der Herausgeber des »Freimüthigen«. Man zankte dann auch noch darum, wer die letzten Ausgaben des ersten Quartals ausliefern solle.

In dieser gespannten Situation begann die Auseinandersetzung mit Hardenberg, in der Kleist tapfer und mit Tücke für seine Zeitung kämpfte. Aber er musste in diesem Kampf den Kürzeren ziehen. Es bleibt erstaunlich, wie sehr sich Hardenberg überhaupt auf Kleists Position und Wünsche einließ. Vor allem Hardenbergs Mitarbeiter Friedrich von Raumer, Staatsrat und später ein bedeutender Historiker, hat dieser Streit lange beschäftigt. Fünfzig Jahre danach schrieb er in seinen Lebenserinnerungen darüber. Die Haltung, die er gegenüber Kleist eingenommen hatte,[26] gefiel ihm selbst nicht. Er wollte nicht derjenige sein, der gegen Kleist vorgegangen war. Adam Müller sei der Hauptschuldige gewesen, schrieb Raumer, er habe sich hinter dem gutmütigen Kleist versteckt, »um mich durch alle Stufen und Drohungen (bis zum Zweikampfe) zu seinem Willen zu zwingen«.[27]

Müller war wild zum Kampf gegen Hardenberg entschlossen.[28] Offenbar war ihm dabei jedes Mittel recht, und er benutzte die »Abendblätter« ohne Rücksicht auf Verluste. Varnhagen sprach von »merkwürdigen, tief eingehenden, geschickten und – es gibt hier kein anderes Wort – perfiden Betreibungen« Müllers.[29] Müller kämpfte für sich, seine Ehre und das, was er für sein Recht hielt, Kleist kämpfte für seine Zeitung und um seine Existenz.

Was Müller schrieb, wirkte wie Hohn auf die Regierung. Doppelt merkwürdig war seine Kritik, weil er eigentlich obrigkeitsfixiert war.[30] Er machte sich zum Sprecher der Feudalpartei, die verbittert über die Beschränkung der alten Adelsprivilegien war, Beschwerdebriefe an die Regierung schrieb und das echte Preußentum untergehen sah. Hardenberg war klar, dass er von Müller nichts zu erwarten hatte, und schob Müller nach Österreich ab.

Das Verhältnis Kleists zu Raumer hatte sich eigentlich gut angelassen. Anfang Dezember hatte Kleist mit Raumer erstmals über die »Abendblätter« gesprochen. Das Gespräch beflügelte ihn so, dass er gleich an Hardenberg schrieb und eine Anzeige der »Abendblätter« für das kommende Quartal beilegte, in der stand, dass er von der Regierung jetzt offizielle Mitteilungen über alle Staatsangelegenheiten von öffentlichem Interesse bekäme.[31] Hardenberg möge das doch bitte genehmigen. Es war ein regelrechter Überfall Kleists. Hardenberg erfuhr sozusagen von Kleist, welche Zeitung er in Zukunft unterstützen würde. Kleist versuchte, die Regierung mit einem Überraschungsangriff auf seine Seite zu ziehen.

Kleist hatte die fixe, aber nicht unbegründete Idee, die »Abendblätter« könnten ein halboffizielles Regierungsblatt werden. Dazu war er sofort bereit. Vielleicht ist das durch den großen Druck zu erklären, unter dem die »Abendblätter« bereits standen, vielleicht durch die grundsätzliche Einstellung Kleists, die auch im »Homburg« deutlich wurde. Kleist versuchte sich um fast jeden Preis zu integrieren. Dabei kam er gar nicht auf die Idee, dass ein offizielles Blatt zur diskreten Einflussnahme, die Hardenberg sich wünschte, überhaupt nicht passte. Raumer teilte Kleist mit, dass Hardenberg kein offizielles Blatt wolle, weder die »Abendblätter« noch ein anderes.[32]

Das brachte Kleist aber nicht von seiner Idee eines halboffiziellen Blattes ab. Die Situation war auch wirklich alles andere als eindeutig. Gleichzeitig bezog Raumer sich nämlich auf ein Gespräch, in dem er Kleist in Aussicht gestellt hatte, dass er auf Unterstützung rechnen könne, falls seine Zeitung sich bewähre. Was aber war das anderes als ein halboffizieller Status? Kleist hat das – wiederum vorschnell – als Pensionszusage aufgefasst. Kleist focht ein taktisches Gefecht, in dem er der Regierung seine Vorstellungen aufzwingen wollte. Was der Staatskanzler bezweckte, blieb vorerst undurchsichtig. Und was Raumer, der für Kleist etwas übrighatte,[33] dann daraus machte, war noch einmal etwas anderes: Er mühte sich, gegenüber Kleist die Dinge möglichst positiv darzustellen.

Sicher ist: Kleist hatte gegenüber Raumer glaubhaft machen können, dass der Nationalcredit-Aufsatz durch einen unglücklichen Zufall in sein Blatt gekommen war.[34] Kleist und Raumer waren jetzt in intensivem Kontakt. Raumer suchte die Befehle des Kanzlers und die Wünsche Kleists »in Übereinstimmung« zu bringen. Am 13. Dezember war Kleist zur Audienz bei Hardenberg und war von diesem Gespräch so erbaut, dass er Raumer noch am gleichen Tag brieflich zu verstehen gab, dass Hardenberg ihm nun doch offizielle Unterstützung angedeihen lassen wolle. Er habe die Erlaubnis, sich zum Außenminister Graf von der Goltz, dem Innenminister Kircheisen und dem Staatsrat Sack zu begeben und dort um offizielle Beiträge zu ersuchen. Damit sah Kleist die »Übereinstimmung« gegeben, die Raumer anstrebte. Er meinte, dass in den »Abendblättern« nur Aufsätze im »Interesse« des Staatskanzlers erscheinen würden.[35] Gleichzeitig sprach Kleist davon, dass er unbedingt seine Unabhängigkeit wahren wollte. Die Lage war verfahren.

Monate später, als aus all den Plänen nichts geworden war, schrieb Kleist, dass ihm Hardenberg bei der Audienz am 13. Dezember auf seine Drohung hin, einen ausländischen Verleger zu suchen, ein Scheinangebot unterbreitet habe. Für Kleist lag diese Sichtweise nahe: Die offiziellen Mitteilungen der Herren Goltz, Kircheisen und Sack waren nach der Audienz ausgeblieben. Das aber lag nur daran, dass die Ministerien von sich aus wenig Interesse hatten, Kleist zu unterstützen. Es lag nicht, wie Kleist glaubte, an einer entsprechenden Direktive Hardenbergs.[36]

Nach der Audienz schrieb Kleist devote politische Artikel. Er wollte seine Stellung gegenüber Hardenberg verbessern. Zuerst schrieb er über die neuen Luxussteuern. In merkwürdiger Dialektik machte er klar, dass sie als patriotischer Beitrag zur Rettung des Staats zu verstehen seien. Dann druckte er einen fingierten Brief, in dem ein Wohlhabender darlegte, dass er keine Angst vor den neuen Steuern habe: Es gebe so viele Ausnahmeregelungen, dass sich für ihn ohnehin kaum etwas ändere. Seine Hunde etwa, 47 an der Zahl, Dackel und Hühnerhunde nicht eingerechnet, müsse er nicht mit einem Reichstaler pro Hund versteuern, wie die Luxussteuer vorsehe, da er die Hunde zur Jagd mitnehme und mithin zu einem Gewerbe brauche. Das war ein eigenartiger Versuch, Regierungsmaßnahme und Volksempfinden – ganz im Sinne Hardenbergs – in Übereinstimmung zu bringen. Die beiden anderen politischen Artikel, die Kleist noch schrieb, einmal über die Aufhebung der Leibeigenschaft der Bauern, dann über die Finanzmaßregeln der Regierung, haben ähnlich vermittelnde Absicht. Als Ausdruck von Kleists politischen Ansichten taugen sie nicht.

Kleist hatte den Aufsatz über die Luxussteuern vor der Publikation Raumer zur Begutachtung geschickt.[37] Mit gleichem Schreiben schickte er auch einen Aufsatz Adam Müllers an Raumer, der so voller Lobpreisungen Hardenbergs war, dass es sogar Raumer zu viel wurde.[38] Es war von großer Willfährigkeit, was Kleist zu diesem Zeitpunkt tat. Gleichzeitig schrieb er an Goltz mit der Bitte, doch politische Artikel in den »Abendblättern« zuzulassen. Er ging davon aus, dass er noch etwas erreichen könne.

Die Anzeige für das neue Quartal enthielt die Formulierung, dass die »Abendblätter« künftig spezielle Mitteilungen »in dem ganzen Umfang der Monarchie« drucken würden.[39] Außerdem würde den – ebenfalls politischen – Auslandsnachrichten mehr Raum gegeben. Das war verhängnisvoll. Die Anzeige rief die »Vossische« und die »Spenersche Zeitung« auf den Plan: Gemeinsam wiesen sie Hardenberg darauf hin, dass die »Abendblätter« täglich politische Nachrichten brächten und damit ihre Privilegien beeinträchtigten.[40] Himly machte regierungsintern ebenfalls darauf aufmerksam, dass die den »Abendblättern« ausdrücklich untersagten politischen Artikel weiter erschienen.[41] Er hielt fest, dass nach Rücksprache mit Gruner und nach dem Willen Hardenbergs in den »Abendblättern« nur politische Artikel erscheinen dürften, die bereits in anderen Berliner Blättern gestanden hätten. Das war der definitive Todesstoß für die »Berliner Abendblätter«. Keine spannenden Polizeiberichte, keine Theaterkritik, keine neuen politischen Nachrichten, Kleist hätte sein Blatt bereits Ende des Jahres schließen können.

Es gab keine realistische Aussicht auf Erfolg mehr. Kleist wollte das nicht sehen. Er biss sich an den »Abendblättern« fest und war lammfromm. Zum Jahreswechsel schrieb er einen zustimmenden Aufsatz über die österreichische Zensur,[42] der deutlich machen sollte, dass er Zensur insgesamt guthieß. In Wirklichkeit hatte er »seine bittere Not mit der Zensur«, wie Arnim Anfang 1811 an Wilhelm Grimm schrieb. Allein zehn seiner Artikel seien unterdrückt worden. »Hättest Du wohl gedacht, daß der Raumer, zu dem ich Dich, wenn ich nicht irre, einmal führte, einmal den Staat durch den Staatskanzler beherrschen würde?«[43]

Im Februar 1811 wurde endgültig klar, dass es mit den »Abendblättern« vorbei war. Sie waren in akuter finanzieller Not, Kleist bat Hardenberg vertrauensvoll um Unterstützung. Dabei sprach er von seinem »halb-ministeriellen Blatt«.[44] Kuhn war verärgert, strich Kleists Gehalt von 800 Reichstalern und verlangte 300 Reichstaler Schadenersatz. Er habe im Dezember auf die angebotene Unterstützung durch den Staat verzichtet, schrieb Kleist, aber nun müsse er darauf zurückkommen. Hardenberg möge den »Abendblättern« doch bitte Geld zuschießen oder die 1100 Reichstaler übernehmen.

Das ging Hardenberg zu weit, seine Antwort war ungehalten. Er machte Kleist unmissverständlich klar, dass seine »Abendblätter« kein halbministerielles Blatt seien und er auch keinen Anspruch auf Entschädigung habe. Hardenberg war dabei aber keineswegs so eindeutig im Recht, wie es auf den ersten Blick scheint. Dass er Kleist »nicht im mindesten beschränkt« habe, wie er schrieb, war angesichts all der verbotenen Artikel eine glatte Lüge.

Das eigentlich Interessante ist Hardenbergs Behauptung, dass Kleist nie eine Geldunterstützung angeboten worden sei, »sondern von mir und auf Ihre Veranlaßung geäußert worden« sei, »daß der Staat verdienstvolle Schriftsteller wenn es seine Kräfte erlauben gern unterstützen würde«.[45] Kleist hatte an dieses Angebot geglaubt. Vielleicht hatte Kleist Hardenberg bedrängt, und der hatte sich zu einer allgemeinen Formulierung verleiten lassen, die Kleist für bare Münze nahm.[46]

Was folgte, war niederschmetternd. Kleist schrieb Raumer,

dass er den Untergang der »Abendblätter« ganz allein ihm zuschreibe und die Geschichte der Zeitung im Ausland veröffentlichen wolle. Raumer antwortete in beleidigendem, bösem Ton: »Warum die Abendblätter zu Grunde gehen, zeigt ihr Inhalt«, begann er.[47] Kleist hatte den Brief an Raumer gleichzeitig auch an Hardenberg gesandt und dazugeschrieben, dass ein Blatt sehr wohl halbministeriell zu nennen sei, wenn es nach Verabredungen mit dem Ministerium geschrieben werde.[48] Raumer habe in einer ersten Unterredung doch wohl gemeint, dass er eine Pension für die Leitung des Blattes beziehen solle. Einmal mehr bat Kleist untertänig um Entschädigung.

Noch am gleichen Tag forderte Kleist von Raumer eine Erklärung, dass er tatsächlich eine Pensionszusage gemacht habe.[49] Er müsse viele Verletzungen seiner Ehre erdulden und wolle vor Hardenberg nicht auch noch als Lügner dastehen. Dazu bestand Anlass, denn Hardenberg erfuhr zu dieser Zeit auch, dass niemand etwas von einer Pension wusste, die Kleist von der Königin Luise erhalten haben wollte und zu deren Fortsetzung er die Regierung ebenfalls drängte. Kleist beendete seinen Brief an Raumer, indem er im Falle einer unbefriedigenden Antwort mit einer Duellforderung drohte.

Raumer legte Hardenberg daraufhin alle Briefe Kleists vor und wollte, dass Kleist das Gleiche mit den seinen tue. Kleist hatte genug Ergebenheitsadressen und Einverständniserklärungen an Raumer geschickt. Auf Kleists direkte Frage nach der Pensionszusage ging Raumer nicht ein. Kleist aber bestand ultimativ darauf. Da schrieb Raumer diplomatisch, dass die Antwort in seinem Brief vom 12. Dezember enthalten sei. Dort hatte er geschrieben: »Noch einen Irrthum berühre ich: nicht ich habe Ihnen eine Pension anbieten können, noch weniger zu dem speciellen Zweck einer Vertheidigung Sr. Exzellenz; sondern ich äußerte, daß Se. Exzellenz, sobald der Charakter der Abendblätter sich als tüchtig bewähre, er für dasselbe, wie für alles Nützliche im Staate wol gern etwas thun würde.«[50] Das ist eindeutig, auch wenn Kleist sich nicht von seiner Idee einer Pensionszusage abbringen ließ. Bedenkt man, wie leicht Adam Müller ein Wartegeld in Höhe von 1200 Reichstalern bekommen hatte, ist aber auch das nicht erstaunlich.

Raumer schickte immerhin noch den Geheimrat Pistor als Vermittler zu Kleist. Brentano und Arnim wohnten nicht nur bei Pistor, sie waren auch mit ihm befreundet. Raumer behauptete später, dass Kleist sich damals durch Pistor habe erweichen lassen. Kleist habe zu weinen begonnen und gesagt, dass er gedrängt worden sei.[51]

Das Schreiben Hardenbergs an Kleist war eine Mischung aus realistischer Lagebeurteilung und übler Ehrabschneiderei. Hardenberg machte deutlich, dass er vollkommen auf Raumers Seite stand und dass Kleists Brief an Raumer, den er auch an Hardenberg geschickt hatte, offensichtliche Unwahrheiten enthalte. Auf den Kernkonflikt ging auch er nicht ein, zur Frage der Unterstützung schrieb er vielmehr: »Sie haben aber keinen Anspruch darauf, weil die Abendblätter auf keine Weise den Zweck erfüllen und durch ihren Unwerth von selbst fallen müssen, denn Auszüge aus längst gelesenen politischen Zeitungen und ein paar Aneckdoten, können, wie Sie Selbst einsehen werden, nicht das mindeste Recht auf Unterstützung reclamiren oder die Benennung eines halbofficiellen Blatts verdienen. Ew. Hochwohl. haben es Sich demnach allein selbst zuzuschreiben, wenn die gute Absicht, die ich für Sie hegte, nicht erfüllt wird und ich kann nicht umhin, Ihnen zu sagen, daß Ihre Correspondenz mit dem Herrn von Raumer, in der Sie Sich im Widerspruch mit Sich selbst befinden, mir äußerst mißfallen hat.«[52] Das war der blanke Hohn angesichts der Zensur und Kleists Versuch, es der Regierung recht zu machen. Damit aber war auch das Thema erledigt, Kleist mochte mit der Situation klarkommen, wie er wollte.

Kleist hatte keine Wahl. Wenn er nicht als Querulant dastehen wollte, musste er sich unterordnen. Er schickte Hardenberg eine devote Ergebenheitsadresse, sprach von Missverständnissen, Ehrfurcht und Gnade. Einen Monat später bat er Hardenberg, der ihn so gedemütigt hatte, sogar um eine Anstellung im kurmärkischen Amtsblatt. Seine Lage war verzweifelt. Kleist musste arbeiten, die gerade eingegangenen »Abendblätter« ließen ihn mit schwer drückenden Schulden zurück. Zu den Schulden, die er ohnehin hatte, kamen weitere bei Hitzig und Kuhn. Trotzdem schätzte Hardenberg die Situation richtig ein, wenn er Kleist antwortete, dass ihn die bloße Betätigung als Korrektor, auf die es beim Amtsblatt hinauslaufe, nicht befriedigen werde.

Es hatten sich zwei extrem unterschiedliche Kontrahenten gegenübergestanden. Hardenberg, der Diplomat, spielte gewandt auf der Klaviatur der Regierungsstellen und des Beamtenapparats, der Erlässe und Verordnungen, der Andeutung und Diskretion. Er war klug und verschwiegen, ein echter Politiker, dem das Machbare vor Augen stand und dem es nicht um Grundsätzliches ging. Dagegen der zugleich hochfahrende und schüchterne Kleist, der mit seinem größten Projekt um seine Existenz kämpfte und dem das Wasser bis zum Hals stand, der seinem überfeinen Gerechtigkeitssinn und Ehrbegriff folgte und sich gleichzeitig die Verhältnisse zurechtrückte. Ein zweiter Kohlhaas, das konnte nicht gutgehen.

Am 30. März 1811 war die letzte Ausgabe der »Berliner Abendblätter« erschienen. Kleist war jetzt hoch verschuldet, er hatte keine Anstellung und außer den Dramen und Erzählungen keine Möglichkeit, Geld zu verdienen. Das Honorar auch für vier Bücher in zwei Jahren reichte nicht einmal zum Leben, geschweige denn zur Begleichung der Schulden. Es kam kein Geld mehr von Luise, die Regierung wollte dieses Geld nicht weiterzahlen. Und von Ulrike und der Familie bekam er auch nichts mehr. Die finanzielle Situation Kleists war aussichtslos.

Das eigentlich Schmerzliche an der Auseinandersetzung mit Hardenberg und Raumer aber war, dass Kleist sich so willfährig gezeigt hatte. Er erniedrigte sich. Er war am Ende komplett unterwürfig und blieb trotzdem erfolglos. Sein Hang draufloszustürmen, seine Neigung, sich über Absprachen Illusionen zu machen, und seine Sehnsucht nach Einverständnis waren eine verhängnisvolle Mischung.

Beim Wirt des Casinos in der Behrenstraße war am 18. Januar 1811 zum ersten Mal die Deutsche Tischgesellschaft zusammengekommen. Man traf sich vierzehntäglich dienstags gegen drei Uhr. Achim von Arnim hatte die Sache ausgedacht. Die Gesinnung war patriotisch, die Stimmung ausgelassen, und darauf kam es ihm an. Jeder brachte einen Taler mit, und man speiste gemeinsam und üppig. Auf zwei Mitgliederlisten ist Kleist verzeichnet, ansonsten keine Spur von ihm in diesem neuen Verein, keine Reden, keine Texte.[53]

Arnim hatte eine Verfassung für die neue Gesellschaft geschrieben. Regelmäßiges Erscheinen war keine Pflicht. »Gesang ist willkommen, Frauen können nicht zugelassen werden.«[54] Erwünscht waren geistreiche Männer mit Witz und patriotischer Gesinnung, verboten waren neben den Frauen die Juden, sogar getaufte. Und »lederne Philister« wollte man auch nicht. Die Eigenschaften eines solchen Philisters hatte Goethe einmal notiert: »stockende Pedanterie, kleinstädtisches Wesen, kümmerliche äußere Sitte, beschränkte Kritik, falsche Sprödigkeit, platte Behaglichkeit, anmaßende Würde«.[55] Kurz, der unangenehme, aufkeimende Typus des Biedermeier-Bürgers.

Clemens Brentano hielt bald eine Rede auf diesen Philister. Er kennzeichnete diesen Menschen wie Goethe durch seine Symptome, zu denen er zählte: das Tragen einer Schlafmütze, Pfeifenrauchen, Kirchgang »des Kredits wegen«. »Mit dem Zustand des Theaters in Deutschland sind sie vollkommen zufrieden.«[56] Die Rede war ein voller Erfolg. Philister war bei Brentano eine Bezeichnung für den selbstzufriedenen Langweiler geworden. Die Heiterkeit in der Tischgesellschaft war groß.

»Kein Jude kann ein Philister sein«, legte Brentano auch fest.[57] Juden standen am anderen Ende des Spektrums der Unvergnüglichkeit. Animiert von Brentanos Erfolg mit seiner Rede, wollte Arnim, der zunächst eine »Einführung des gelehrten Canarienvogels« zum Besten gegeben hatte, diesen anderen Pol ausleuchten und eine Rede auf den Juden obendrauf setzen. Es sollte eine launige Rede werden. Aber »Über die Kennzeichen des Judenthums« ist ein schlicht antisemitischer Text geworden.[58] Antisemitismus war in der Deutschen Tischgesellschaft nichts Besonderes, wie noch andere Reden, unter anderem von Kleists »Abendblatt«-Autor Ludolph Beckedorff, zeigen.[59]

Es war eine antisemitische Vereinigung, und Kleist war ihr Mitglied, genauso wie Adam Müller, wie Pistor, Brentano, Savigny, Clausewitz, Staegemann, Zelter, Moellendorff, Reimer, Wolfart, Radziwill, Fichte. Iffland wollte zuerst nicht dazugehören, weil Brentano und Kleist dabei waren, kam später aber doch.⁶⁰ Wahrscheinlich war Kleist selten hier. Mutmaßlich konnte er sich den Taler fürs Essen nicht leisten.

Aber das löst die beunruhigende Frage nicht, ob Kleist mit dem Antisemitismus der Tischgesellschaft einverstanden, ob er vielleicht selbst antisemitisch war.⁶¹ Mit seinem patriotischen Eifer hätte es sich gut vertragen, mit seiner Freundschaft zu Rahel Levin und ihrem Bruder Ludwig Robert überhaupt nicht. 1801 war er in Berlin am liebsten in jüdische Gesellschaften gegangen, auch wenn die »pretiös mit ihrer Bildung« taten. Hitzig, der erste Verleger der »Abendblätter«, war Jude.⁶²

Aber das beantwortet die Frage nicht. Insgesamt verbesserte sich damals die Situation der Juden gerade. Sie unterlagen noch immer zahlreichen Sonderbestimmungen, aber die Städteordnung von 1808 gestattete es, dass vermögende Juden zur Wahl gehen und Ämter übernehmen konnten. Hardenberg war gegenüber der Judenemanzipation offen, er ließ Friedrich von Raumer dazu einen Gesetzentwurf ausarbeiten. Sogar der Jude David Friedländer wurde um ein Gutachten gefragt.⁶³ Das Thema war also aktuell, in den »Berliner Abendblättern«, wo nahezu alles verhandelt wurde, findet sich davon aber kein Widerhall.

Situation und Schicksal der Juden beschäftigten Kleist aber. 1809 hatte er das Drama »Die Zerstörung Jerusalems« geplant, an dem er wahrscheinlich immer noch schrieb. In Dresden hatte er sich die »Geschichte des jüdischen Krieges« von Flavius Josephus aus der Bibliothek ausgeliehen.⁶⁴ »An einem jener Dienstagabende im Hause des Professors Friedrich von Raumer zu Berlin ... erzählte Ludwig Robert, daß Heinrich von Kleist einmal zu ihm von der Belagerung und Zerstörung Jerusalems durch Titus als von dem Gegenstande eines Trauerspiels, womit er sich trage, gesprochen habe.«⁶⁵ Robert erschien der Plan »ausnehmend groß und bedeutungsvoll«.

Eine Spur dieses Dramas⁶⁶ findet sich in einem kleinen Text, den Kleist 1809 zu Ernst Moritz Arndts »Geist der Zeit« geschrieben hat. Er zitierte Zeitgenossen, die Arndts apokalyptische Vision für übertrieben hielten. Dagegen stellte Kleist Gedanken, die ein »Israelit« zur Zeit des römischen Kaisers Titus gehabt haben könnte, als der als Feldherr Jerusalem zerstörte und damit die jüdische Diaspora einleitete: »Was! Dieser mächtige Staat der Juden soll untergehen? ... Der Tod sollte die ganze Bevölkerung hinwegraffen, Weiber und Kinder in Fesseln hinweggeführt werden, und die Nachkommenschaft, in alle Länder der Welt zerstreut, durch Jahrtausende und wieder Jahrtausende, auf ewig elend, verworfen wie dieser Ananias prophezeit, das Leben der Sclaven führen?«[67] Kleist stellte eine Parallele zwischen den Preußen von 1809 und den Juden des Jahres 70 her und identifizierte sich mit ihnen.

Vom bewussten Umgang Kleists mit Juden zeugt auch ein Brief vom Mai 1809. Kleist schrieb Ulrike, dass er bei »dem Kaufmann« Salomon Ascher in Dresden noch Schulden habe. Im nächsten Satz hatte er dann zuerst »diesen Juden« geschrieben, das aber durchgestrichen und durch »den Kaufmann« ersetzt.[68] Kleist war bei »diesen Juden« unwohl, die Kennzeichnung als Jude erschien ihm diskriminierend.

Für die Deutsche Tischgesellschaft, von der wir nicht wissen, ob Kleist sie überhaupt noch besuchte, waren Juden und Philister im weiteren Verlauf nur noch von begrenztem Interesse. Sie hatten ihr unterhaltsames Potential verbraucht. Ab der zweiten Hälfte des Jahres 1811 sind keine Reden zu dem Thema mehr gehalten worden.

Die Demütigung Kleists durch die offiziellen Stellen setzte sich fort. Noch im Mai 1811 klammerte sich Kleist an den Gedanken, dass er von Hardenberg eine Entschädigung bekommen würde.[69] Die Möglichkeit der Anstellung bei einem Amtsblatt, die Kleist als letzte Rettung sah, nahm Hardenberg nicht ernst. Ein Brief, in dem Kleist Prinz Wilhelm, den Bruder des Königs, um Hilfe und Schutz ersuchte, wurde nie beantwortet. Das Gleiche gilt für einen Brief an den König, zu dem sich Kleist im Juni durchgerungen hatte und in dem er inständig um Anstellung im Zivildienst oder ein Wartegeld bat.

Dazu kam die Einsamkeit. Ende April verließ Marie von Kleist Berlin, sie zog auf das Gut Groß-Gievitz der Gräfin Voss. Müller ging Anfang Juni nach Wien. »Müllers Abreise hat mich in große Einsamkeit versenkt. Er war es eigentlich, um deßentwillen ich mich vor nun ohngefähr einem Jahr wieder in Berlin niederließ«, schrieb Kleist. Er vermisste ihn sehr. »Ich kann Ihnen nicht sagen, wie rührend mir die Freundschaft dises Menschen ist«, schrieb er an Marie.[70] Müllers späterer Nachruf behandelt Kleist auf eine »würdige Art«,[71] ein warmes persönliches Wort Müllers aber ist nicht überliefert.

Nach einer Abschiedsrede in der Deutschen Tischgesellschaft verließ Ludolph Beckedorff die Stadt. Kleist vermisse ihn.[72] Brentano versuchte erfolglos, Wilhelm Grimm nach Berlin zu holen. Arnim zog sich mit seiner Frau zurück, er habe sich »ganz wie lebendig in einen Pavillon des Voßischen Gartens begraben«.[73] Im August versuchte Kleist vergeblich, Ulrike als Oberaufseherin ins Louisenstift zu locken.[74] Fouqué reichte er die Hand und sprach von Verwandtschaft zwischen ihnen.[75] Kleist war allein. Er war von morgens bis abends zu Hause und sah keinen Menschen.[76]

Kleists Gedanken bekamen eine nüchterne, zerbrechliche Klarheit. »Das Urtheil dr Menschen hat mich bisher viel zu sehr beherrscht; besonders das Kätchen von Heillbron ist voll Spuren davon. Es war von Anfang herein eine ganz trefliche Erfindung, und nur die Absicht, es für die Bühne paßend zu machen, hat mich zu Mißgriffen verfuhrt, die ich jetzt beweinen mogte.«[77] Er spielte aber auch mit dem Gedanken, »die Kunst vielleicht auf ein Jahr oder länger ganz ruhen« zu lassen und sich mit nichts als Musik zu beschäftigen. »Denn ich betrachte dise Kunst als die Wurzel, odr vielmehr um mich schulgerecht auszudrükkn, als die algebraische Formel aller übrigen.«[78] Kleist schien sich selbst durchsichtig zu werden. »So geschäftig dem weißen Papier gegen über meine Einbildung ist, und so bestimmt in Umriß und Farbe die Gestalten sind, die sie alsdann hervorbringt, so schwer, ja ordentlich schmerzhaft ist es mir mir das, was wirklich ist, vorzustellen.«[79]

In seinem letzten Sommer bot Kleist Reimer erfolglos den »Homburg« an. Im Frühjahr war bei Reimer die Buchausgabe des »Zerbrochnen Krug« erschienen. Vielleicht arbeitete Kleist weiter an dem Trauerspiel »Die Zerstörung Jerusalems«.[80] Gegenüber Reimer behauptete Kleist, er sei mit einem zweibändigen Roman ziemlich weit.[81] Arnim erzählte er, er wolle einen Roman in der Art des »Manon Lescaut« schreiben. Überliefert ist nichts davon. Mehrere Abende soll sich Kleist zusammen mit Henriette Vogel damit beschäftigt haben, den Ofen mit Manuskripten zu heizen.[82] Anfang August erschien, ebenfalls bei Reimer, der zweite Band mit Erzählungen, neben dem »Bettelweib von Locarno« und der »Heiligen Cäcilie« fanden sich in dem Band »Die Verlobung in St. Domingo«, »Der Findling« und »Der Zweikampf«. Die »Verlobung« war Ende März auch schon im »Freimüthigen« erschienen.

Diese Erzählung muss Kleist spätestens Anfang 1811 geschrieben haben, in der Zeit also, als er in den »Abendblättern« aus aller Welt berichtete. Welt steckt auch in dieser Erzählung wie in keiner anderen Kleists und seiner Zeit: St. Domingue, der französische Teil der Insel St. Domingo, heute Haiti, damals so reich wie heute arm, ist 1804 die erste freie Kolonie überhaupt geworden. Die Hälfte der weltweiten Kaffeeproduktion war von hier gekommen, Hunderttausende Sklaven hatten für die Franzosen gearbeitet. Vom Nationalkonvent war sie 1794 für frei erklärt worden, 1802 wollte Napoleon die Insel wieder zurückerobern. Anführer des erfolgreichen Sklavenaufstands dagegen war Toussaint Louverture, der – nachdem er von französischen Truppen nach Frankreich verbracht worden war – 1803 in Fort Joux starb, genau dort, wo Kleist von den Franzosen 1807 gefangengehalten worden war.

Kleist verhandelte diesen zeitgeschichtlichen Hintergrund.[83] Auch der Krieg wird, wie in den Dramen seit der »Penthesilea«, verhandelt. Aber er ist jetzt in sich fragwürdig geworden, zutiefst ambivalent und widersprüchlich. Kleist erzählte, wie die Schwarzen auf die Weißen metzelnd losgingen. Auf die Frage, wodurch sich denn die Weißen so verhasst gemacht hätten, heißt es, und zwar aus dem Mund des Besatzers: »durch das allgemeine Verhältniß, das sie, als Herren der Insel, zu den Schwarzen hatten, und das ich, die Wahrheit zu gestehen, mich nicht unterfangen will, in Schutz zu nehmen; das aber schon seit vielen Jahrhunderten auf diese Weise bestand!«

Die Geschichte ist ein Ringen zwischen Freiheitskampf und Mordlust, Ingrimm und Mitgefühl, Rachegelüsten und engelgleicher Liebe. Die liebreizende »Mestize« Toni soll dem Schweizer Gustav von der Ried so lange schöntun, bis der »fürchterliche« Anführer der Aufständischen Congo Hoango zurückkommt, um ihn zu ermorden. Sie wird aber von Mitgefühl übermannt. Als Congo Hoango früher als geplant zurückkehrt, geht es wieder um Vertrauen. Sie will gegen Congo Hoango eine List anwenden, fesselt Gustav und erzählt, er habe fliehen wollen. Mit Hilfe von Gustavs Verwandten überwältigt sie dann die Leute Hoangos. Der befreite Gustav aber erschießt sie, da er sich von ihr verraten glaubt. Du hättest mir nicht misstrauen sollen, sind ihre letzten Worte. In den ausgedehnten halb-zärtlichen Berührungen zwischen Gustav und Toni scheint sich noch einmal Kleists Liebe zu Wilhelmine abzubilden. Das könnte auf einen frühen Beginn der Arbeit an dieser Erzählung hindeuten, eventuell schon 1801 in der Schweiz, wie oft vermutet wurde.

Kleists Selbstmord ist ebenfalls in diese Erzählung hineingeschrieben. Gustav erschießt Toni, wie Kleist Henriette Vogel, und als er einsehen muss, wie sehr er sie verkannt hat, erschießt er sich selbst, wie Kleist. »Inzwischen war Gustav ans Fenster getreten; und ... jagte ... sich die Kugel, womit das andere Pistol geladen war, durchs Hirn.« Kleist liebte es plastisch und drastisch. »Die Hülfe wandte sich jetzt auf ihn; aber des Ärmsten Schädel war ganz zerschmettert, und hing, da er sich das Pistol in den Mund gesetzt hatte, zum Theil an den Wänden umher.«[84]

Noch pessimistischer ist »Der Findling«, eine grimmige Selbstzerstörungsanordnung. Kleist erzählte immer grausamer und distanzierter. Eine Familie, bestehend aus Vater, Mutter und Sohn, wozu noch zwei weitere Männer kommen, die durch Adoption, Ähnlichkeit und Verwechslung in den innersten Kreis gehören, sind am Ende alle tot. Der Erzähler scheint ein sadistisches Vergnügen zu entwickeln, alle fünf mit gnadenloser Folgerichtigkeit ihren eigenen Tod herbeiführen zu lassen. Lust am Untergang gibt der Erzählung die Richtung. Im »Findling« mischen sich frühere Traumata der Figuren, sexuelle Begierde – explizit wird von Küssen auf die nackte Brust gesprochen – und eine Art gottgegebener Boshaftigkeit, um den Strudel des Untergangs zu erzeugen. Wenn man dafür das Genre sucht: Es ist keine Gespenstergeschichte mehr, die Kleist geschrieben hat, sondern eine Horrorgeschichte. Je genauer man hinsieht, desto uneindeutiger wird, wie in der »Verlobung«, wer hier gut ist und wer schlecht.[85]

Kleist hatte ein diebisches Vergnügen daran, die Figuren ineinander übergehen zu lassen. Im »Findling« gibt es ein Netz von Ähnlichkeiten zwischen den Personen.[86] Ein Mittel war das Buchstabenspiel. Aus Nicolo wurde Colino, aus dem mörderischen falschen Sohn der ersehnte Liebhaber. Ein Blitz vertauschte die Buchstaben auf dem Grabstein einer bösen Gräfin, heraus kam der Satz: Sie ist gerichtet. »Der Griffel Gottes« heißt die Anekdote aus den »Abendblättern«. In der »Verlobung in St. Domingo« hieß von der Ried »Gustav« mit Vornamen, zu »August« wurde er erst in der Mitte der Erzählung.[87]

Im September war Marie von Kleist noch einmal in Berlin und setzte sich für Kleist ein. Sie schrieb an Prinz Wilhelm, legte dessen Frau, Prinzessin Marianne, den »Homburg« in Form eines handschriftlichen Widmungsexemplars zu Füßen und bat um eine Pension von 200 Reichstalern für den armen Dichter Kleist.[88] Der schrieb noch einmal an den König und bat um Wiederaufnahme in die Armee. Der Krieg gegen Napoleon schien zum Greifen nah. Zwei Tage später unterstützte Marie dieses Gesuch, erhalten sind nur ihre Zeilen. Der König möge ihren vieljährigen Freund bitte »an seiner Seite fechten« lassen. Er solle die Fehler ihrer anderen Verwandten wiedergutmachen. Mit »mehr Eifer, und mehr Geringschätzung des Lebens« ergriffe niemand die Waffen. Mit »Tacktick« habe er sich beschäftigt und »Krieges Spiele gespielt etc. etc.«[89] Sie empfahl Kleist dem König »aus dem innersten meines Herzens«, legte dem Brief zwei seiner patriotischen Gedichte bei und endete mit einer merkwürdig verschwörerischen Wendung: »Mein König, verbrenne diesen Brief.«

Der König erließ eine Kabinettsordre, dass man auf Kleists Anerbieten zurückkommen werde, sobald es zum Krieg komme. Kleist schrieb sofort an Ulrike, als habe er bereits eine Zusage erhalten. »Der König hat mich durch ein Schreiben im Militair angestellt, und ich werde entweder unmittelbar bei ihm Adjutant werden, oder eine Compagnie erhalten.«[90] So täuschte Kleist sich und die Schwester mit einer großartigen Aussicht, wo er doch die Zusage nur unter Vorbehalt hatte. Von Hardenberg erbat er sich schon 20 Louis d'or, um sich eine Offiziersausrüstung zuzulegen. Hardenberg antwortete ebenfalls nicht.

Kleist meinte es ernst. Er fuhr zu Ludwig von der Marwitz auf dessen Gut nach Friedersdorf. Ein kleines Protokoll gibt über die anscheinend hitzigen Gespräche Auskunft, die dort geführt wurden. Kleist erwartete den Kriegsausbruch binnen vier Wochen und für den 14. Oktober die Schlacht, in der Friedrich Wilhelm III. »erdrückt« werde.[91] Marwitz dachte nicht, dass es zum Krieg kommt. Seine Frau Charlotte, eine Freundin Maries, notierte den Grund für diese Einschätzung. »Ewig unentschlossen, wird er alle wohlberechneten Plane vereiteln u die Kräfte derer die sich für ihn aufopfern wollen lähmen«, schrieb sie über den König.

Mehrmals traf Kleist auch Neidhardt von Gneisenau, zu dem ihn ausgesprochene Bewunderung hinzog. Gneisenau, 1760 im Siebenjährigen Krieg bei Torgau geboren, hatte sich 1806 nicht ergeben, hatte bei Scharnhorsts Heeresreform maßgeblich mitgewirkt, beriet jetzt Hardenberg und machte Pläne für einen Volksaufstand, die der König ablehnte. Nachdem Preußen sich 1812 zur Aufstellung eines Hilfscorps für Frankreich verpflichtete, nahm er wie 300 andere Offiziere seinen Abschied. Im Übrigen soll Gneisenau ein sanfter Mensch gewesen sein. »G. ist ein herrlicher Mann; ich fand ihn Abends, da er sich eben zu einer Abreise anschickte, und war, in einer ganz freien Entfaltung des Gesprächs in alle Richtungen hin, wohl bis um 10 Uhr bei ihm«, schrieb Kleist im Oktober an Marie. »Ich bin gewiß, daß wenn er den Platz fände, für den er sich geschaffen und bestimmt fühlt, ich, irgendwo in seiner Umringung, den meinigen gefunden haben würde. Wie glücklich würde mich dies, in der Stimmung, in der ich jetzt bin, gemacht haben!«[92] Kleist überreichte Gneisenau militärische Aufsätze, die der gegenüber Caroline von Berg, vormals Oberhofmeisterin Königin Luises, gelobt haben soll. Gegenüber seiner Frau bezeichnete Gneisenau Kleist als »exaltiert«.[93]

Ende September war Kleist zur Familie nach Frankfurt gefahren, um hier das Geld für die Offiziersausstattung zu erbitten. Ulrike gab ihm dieses Geld zwar, aber sie überreichte es ihm nicht persönlich. Sie misstraute Kleist und sandte es an Marie mit der ausdrücklichen Bedingung, dass es nur für die Ausstattung zu verwenden sei. Da sich dann abzeichnete, dass es doch nicht zu dem erwarteten Krieg kommen würde, dass Kleist die Ausstattung zunächst also nicht brauchte, fuhr er im Oktober noch einmal nach Frankfurt und fragte bei der Familie nach, ob er das Geld auch für eine Reise nach Wien benutzen könne.

Die Antwort verletzte Kleist zutiefst. Es war die nächste schwere Demütigung. Beim Mittagessen musste er sich von Ulrike und einer anderen Schwester sagen lassen, er sei »ein ganz nichtsnütziges Glied der menschlichen Gesellschafft, das keiner Theilnahme mehr werth sey«.[94] Ulrike scheint der Kragen geplatzt zu sein. Die Szene vergällte Kleist die Erinnerung an Ulrike so sehr, dass er bis in den Tod Schwierigkeiten hatte, ihr, die ihn sein Leben lang unterstützt hatte, zu verzeihen.

An Marie schrieb er: »Leb wohl! Du bist die Allereinzige auf Erden, die ich jenseits wieder zu sehen wünsche. Etwa Ulriken? – ja nein, nein ja: es soll von ihrem eignen Gefühl abhangen. Sie hat, dünkt mich, die Kunst nicht verstanden sich aufzuopfern, ganz, für das, was man liebt, in Grund und Boden zu gehn: das Seligste, was sich auf Erden erdencken läßt, ja worin der Himmel bestehen muß, wen es wahr ist, daß man darin vergnügt und glücklich ist.«[95] Aber es war noch etwas anderes, das deutlich wurde. Kleist hatte seinen Kredit verspielt, nicht nur gegenüber Ulrike. Seine Wette mit dem Leben – Ich werde dir das Glück schon abpressen, Leben, ich habe dir meine Seele verkauft, und irgendwann wirst du nicht anders können, als es mir auch zu überlassen –, sie ging nicht auf. Dieser merkwürdige Wechsel auf die Zukunft, der in Kleists Dasein steckte, hatte sich als Fehlkalkulation erwiesen.

Mit Ludwig Robert, Rahels Bruder, hat sich Kleist irgendwann im Lauf des Jahres zerstritten. Robert war noch viele Jahre später darüber sehr unglücklich, obwohl er sich von Kleist bei dem Streit sehr ungerecht behandelt fühlte.[96] Rahel Levin traf Kleist noch immer, und noch immer ging es um Blicke und Augen: »Sie haben in Ihren Worten so viel Ausdruck, als in Ihren Augen. Erheitern Sie sich; das Beßte ist nicht werth, daß man es bedaure!«, schrieb er ihr Ende Oktober.[97]

Zwei Wochen später, am 9. November, zwölf Tage bevor er es tat, teilte Kleist Marie mit, dass er sich umbringen werde. »Meine liebste Marie, mitten in dem Triumpfgesang den meine

Seele in diesem Augenblick des Todes anstimt, muß ich noch einmal deiner gedencken und mich dir, sogut wie ich kan, offenbaren: dir, der Einzigen an deren Gefühl und Meinung mir etwas gelegen ist; alles Andere auf Erden, das Ganze und Einzelne, habe ich völlig in meinem Herzen überwunden.«[98] Es war wirklich ein Triumphgesang, Kleist stimmte eine wahre Feier des Todes an.

Dieser Brief ist der erste in einer Reihe von drei Schreiben vom 9., 10. und 11. November an Marie von Kleist, die er erst jetzt – nach mehr als einem Jahrzehnt Freundschaft – mit Du anredete. Alle drei Briefe, die sich um den bevorstehenden Tod drehen, wurden wahrscheinlich nicht abgeschickt. Der eigentliche Abschiedsbrief an Marie ist von ihr verbrannt worden. Sie fand ihn zu intim.[99]

Es war wie ein Dammbruch. Den gesamten Oktober hatte Kleist nur einmal an Marie geschrieben, die sich deswegen schon große Sorgen machte.[100] Dann schrieb er jeden Tag. Der Tod muss für Kleist eine ungeheure Verlockung gewesen sein. Es floss jetzt nur so aus ihm heraus. Der Tod befreite ihn aus all den demütigenden Abhängigkeiten, von Verlegern und Schuldnern, von Hardenberg und dem König, von der Familie, auch von Ulrike. Der Tod konnte sein Leben rechtfertigen und ihm Sinn geben. Er lockte damit, über das Leben zu triumphieren. Im Tod gelang ihm, was ihm im Leben nicht gelungen war: Glück, Erfüllung und innige Verbindung, aber auch Sieg, Überlegenheit und Triumph. Die Heiterkeit, von der er jetzt sprach, resultierte aus dem Gefühl, nun doch eins zu sein mit den Dingen, doch das Paradies des Sinns gefunden zu haben. Sie resultierte aber auch aus dem Gefühl, die Oberhand behalten zu haben. So war es Todestaumel, Todeslust und Todesjubel, der aus Kleist hervorbrach.

Im zweiten der unabgeschickten Briefe führte Kleist die Gründe für seinen Todeswunsch an. »Meine Seele ist so wund«, sagte er zunächst, »daß mir, ich mögte fast sagen, wen ich die Nase aus dem Fenster stecke, das Tageslicht wehe thut, das mir darauf schimmert.«[101] Es folgte der Bericht von der Demütigung durch seine Schwestern bei der Mittagstafel in Frankfurt. Dann schilderte Kleist, dass die Allianz, die der König mit

Frankreich zu schließen gedachte, ihm den letzten Glaube an die Menschheit nehme. Er empfinde einen ausgeprägten Ekel vor der Welt – und vor allem den Menschen, der sich nun ins Unermessliche steigere. Es fehle ihm die Kraft, die Zeit wieder einzurenken, sagte er in Anspielung auf Hamlet.

Mit dem Wort von der wunden Seele hatte Kleist nicht nur eine Metapher benutzt. Er hatte das Wesentliche getroffen. »Er war so gequält u zerrüttet daß er den Tod mehr lieben mußte, als das Leben, das ihm von allen Seiten so sauer gemacht wurde«, schrieb Pfuel an Fouqué.[102] Im gleichen Brief sagte Pfuel, dass mit Kleist die Seele untergegangen sei, die ihn am besten verstanden habe.

Kleist schrieb in seinem Rechtfertigungsbrief an Marie weiter:

> Rechne hinzu, daß ich eine Freundin gefunden habe, deren Seele wie ein junger Adler fliegt, wie ich noch in meinem Leben nichts ähnliches gefunden habe; die meine Traurigkeit als eine höhere, festgewurzelte und unheilbare begreift, und deshalb, obschon sie Mittel genug in Händen hätte mich hier zu beglücken mit mir sterben will, die mir die unerhörte Lust gewährt, sich um dieses Zweckes willen, so leicht aus einer ganz wunschlosen Lage, wie ein Veilchen aus einer Wiese heraus heben zu lassen; die einen Vater, der sie anbetet, einen Mann der großmütig genug war sie mir abtreten zu wollen, ein Kind, so schön und schöner als die Morgensonne, nur meinetwillen verläßt: und Du wirst begreifen, daß meine ganze jauchzende Sorge nur sein kan, einen Abgrund tief genug zu finden um mit ihr hinab zu stürzen.[103]

Diese Freundin war die zwei Jahre jüngere Henriette Vogel. Nicht jeder sah sie so wie Kleist. Pfuel, den an Kleists Tod die Exaltation ausgesprochen störte, nannte sie abfällig eine »dumme Zufälligkeit«.[104] Ludwig Robert hatte einen ausgesprochenen Widerwillen gegen sie, er nannte sie »siech und verschroben«.[105] Kleist aber schwelgte in dem aufgewühlten Gefühl, ihr Grab sei ihm lieber als die Betten aller Kaiserinnen der Welt. Er hatte schon mehrere Frauen gefragt, ob sie mit ihm sterben wollten. Die Vogel hatte ja gesagt. Kennengelernt hatte er die gebildete, überspannte und ausschweifende Frau wohl im vergangenen Jahr bei Adam Müller. Mit ihm und dem Prediger Franz Theremin, der Cäcilie getauft hatte, soll sie ein Verhältnis gehabt haben. Kleist verkehrte seitdem im vogelschen Haus, gemeinsam sangen er und die Vogel stundenlang Choräle und begleiteten sich auf dem Klavier.

Henriette Vogels außerordentlicher Hang zu Schwärmerei und Religiosität, der ihren Mann, einen Versicherungsbeamten, überfordert zu haben scheint, war Kleists Glück. Außerdem war sie wohl unheilbar krank, sie litt an Gebärmutterkrebs. Allerdings hatte ihre Krankheit sie gerade in den letzten Monaten nicht beeinträchtigt.[106] »Es hat seine Richtigkeit«, schrieb Kleist, »daß wir uns, Jettchen und ich, wie zwei trübsinnige trübseelige Menschen, die sich immer ihrer Kälte wegen angeklagt haben, von ganzem Herzen lieb gewonnen haben: und der beste Beweis davon ist wohl, daß wir jezt mit einander sterben.«[107]

Schwer zu schaffen machte ihm, dass er Marie mit seiner neuen Freundin sozusagen betrog, obwohl zu keiner von beiden eine sexuelle Beziehung bestand: »Ich habe dich während deiner Anwesenheit in Berlin gegen eine andere Freundin vertauscht«, hatte er im ersten der unabgeschickten Briefe geschrieben, »aber wen dich das trösten kan, nicht gegen eine, die mit mir leben, sondern, die im Gefühl, daß ich ihr eben so wenig treu sein würde, wie dir, mit mir sterben will.«[108] Und im dritten unabgeschickten Brief schrieb er: »Der Entschluß der in ihrer Seele aufging mit mir zu sterben, zog mich, ich kan dir nicht sagen mit welcher unaussprechlichen und unwiederstehlichen Gewalt an ihre Brust, erinerst Du Dich wohl daß ich Dich mehrmals gefragt habe, ob Du mit mir sterben wilst? – Aber Du sagtest immer nein.«[109]

Kleist und Vogel haben sich in Briefen gegenseitig mit Kaskaden von Liebkosungen überschüttet. »... o Himmelstöchterchen, mein Gotteskind, meine Fürsprecherin und Fürbitterin, mein Schutzengel, mein Cherubin und Seraph, wie lieb' ich Dich!«, endete seine Folge von fünfzig Kosenamen.[110] »... mein Schmeichelkätzchen, meine sichre Burg, m Glück, m Tod, m

Herzensnärchen, m Einsamkeit, m Schiff, m schönes Thal, m Belohnung, m Werthester!«, schrieb sie und brachte dabei noch 27 Ausdrücke mehr als Kleist zustande.[111]

Er sei ganz selig, versicherte Kleist. Ein Strudel nie gekannter Seligkeit habe ihn ergriffen. Kniend bete er morgens und abends, was er bisher nie gekonnt habe. Wie zwei fröhliche Luftschiffer erhöben sich seine und Henriettes Seele über die Welt. Ein Jahr war es her, dass er über die Luftschiffer in der Zeitung geschrieben hatte, jetzt wurden sie zum Bild der befreiten und befriedeten Seele. Kniend, wie er jetzt beim Gebet saß, das war für Kleist die Haltung, von der aus die Seele zu den Sternen aufsteigen konnte. Knie und Seele gehören zusammen. Auf den Knien seines Herzens hatte er sich Goethe genähert. Kniend lag Elvira im »Findling« vor dem Bild ihres Angebeteten.

Am 20. November, einem Mittwoch, es war kalt, hinterlegten die beiden triumphierenden Todessehnsüchtigen in der Gesindestube der Frau Vogel die letzten Briefe. Kleist hatte zwei Briefe an Marie, einen an seinen Bruder Leopold und einen an Sophie Müller in Wien geschrieben, wovon aber nur der Brief an Sophie Müller erhalten ist.[112] Sophie Müller hatte er auch einmal gefragt, ob sie mit ihm sterben wolle. Die Briefe taten sie in einen Koffer, sicherten ihn mit einem Vorhängeschloss aus Messing und nahmen den Schlüssel mit sich. Vielleicht versuchte Kleist an diesem Tag außerdem, Elisabeth Staegemann zu besuchen.[113] Es waren nur noch Frauen, zu denen er Kontakt suchte.

Dann fuhren Kleist und Henriette Vogel auf der Chaussee zwischen Berlin und Potsdam hinaus zum Neuen Krug, einem Gasthaus direkt an der Straße am Kleinen Wannsee vor Potsdam, wo sie nachmittags um zwei oder drei Uhr eintrafen. Sie waren noch nicht hier gewesen, der Gastwirt Johann Friedrich Stimming kannte sie nicht. Sie mieteten zwei Zimmer, die sie unbedingt im oberen Stockwerk hergerichtet haben wollten. Die unteren Zimmer sollten für Henriettes Ehemann und Ernst Friedrich Peguilhen frei bleiben, die sie – wie sie zu Recht annahmen – in der folgenden Nacht benötigen würden. Sie hatten an alles gedacht und wollten nicht mehr Unannehmlichkeiten machen als unbedingt nötig. Sie tranken Kaffee und gingen dann mehr als eine Stunde spazieren. Den Kutscher, der sie von Berlin gebracht hatte, entlohnten sie erst, als sie von diesem Ausflug zurückkamen. Erst jetzt waren sie sich sicher. Dann aßen sie auf dem Zimmer das Abendbrot.

Der Gastwirt Johann Friedrich Stimming, seine Frau Friderike, der Tagelöhner Johann Riebisch, dessen Frau Dorothe und das Hausmädchen Feilenhauer haben über Kleists letzte Stunden minutiös berichtet, was durch den untersuchenden Hoffiskal Felgentreu getreulich protokolliert wurde. Der Beamte verhielt sich, als müsse er einen Mordfall bearbeiten. So kann man genau verfolgen, was Kleist und die Vogel geplant und durchgeführt haben. Man kann ihnen sozusagen im Nachhinein beim Sterben zusehen.[114]

Die Gastwirte waren sich sicher, dass die Vogel und Kleist die ganze Nacht wach waren, denn sie hörten sie auch spätnachts. Der Hausknecht meinte sogar, sie seien im Kerzenlicht bald gesessen, bald auf und ab gegangen.[115] Um vier Uhr früh kam Frau Vogel herunter, um nach Kaffee zu verlangen. Um sieben Uhr kam sie noch einmal und wollte wieder Kaffee haben. Dazwischen, vermutete der Wirt, könnte sie geruht haben. Neben dem Kaffee tranken die Vogel und Kleist zwei oder drei Flaschen Wein und ein kleines Fläschchen Rum, die sie mitgebracht hatten. Außerdem noch Rum für acht Groschen, den sie bei Stimming kauften.

Schon am Abend hatten sie Schreibzeug verlangt. Wahrscheinlich haben sie also die Nacht damit zugebracht, Abschiedsbriefe zu schreiben. Überliefert sind: ein Brief von Henriette Vogel an ihre Freundin Caroline Amalia Manitius, auf den Kleist »Adieu, adieu! v. Kleist« geschrieben hat; ein kurzer Brief Kleists an Ulrike, »am Morgen meines Todes«; ein Brief von Henriette Vogel an Peguilhen, der dazu auserkoren war, die verbliebenen Dinge zu regeln. Auch Kleist hat in diesem Brief seine letzten Verfügungen getroffen. Peguilhen möge bitte den Barbier für den laufenden Monat bezahlen, was er vergessen habe. Das Geld sei im Kasten der Madame Vogel. Außerdem möge er das schwarzlederne Felleisen[116] seinem Zimmerwirt in der Mauerstraße schenken.

»Die Vogeln bemerkt noch, daß zu dem Koffer mit dem messingnen Vorhängeschloß, der in Berlin, in ihrer Gesindestube steht, und worin viele Commissionen sind, der Schlüssel hier versiegelt in dem hölzernen Kasten liegt. – Ich glaube ich habe dies schon einmal geschrieben, aber die Vogel besteht darauf, daß ich es noch einmal schreibe. H. v. Kl.« Das sind vermutlich die letzten geschriebenen Worte Kleists. Es sind auch die einzigen Worte, in denen sich leichte Verunsicherung ausdrückt, dass doch noch etwas schieflaufen könnte mit ihrem gut geplanten Ende.

Ansonsten aber offenbart sich eine bemerkenswerte Sicherheit im Vorgehen der beiden. Der Satz der Vogel an Peguilhen, dass sie sich bei Stimmings in einem »sehr unbeholfenen Zustande« befinden, wenn er den Brief lese, »indem wir *erschossen* da liegen«,[117] ist nicht nur komisch, er ist auch von einer Bestimmtheit, dass alles wie geplant ablaufen wird, die man auch aufreizend überheblich finden kann.

Kleists Brief an Ulrike zeigt, wie tief die Kränkung steckte. Er söhnte sich mit ihr aus, aber gelöst ist sein Brief nicht. »Ich kann nicht sterben, ohne mich, zufrieden und heiter, wie ich bin, mit der ganzen Welt, und somit auch, vor allen Anderen, meine theuerste Ulrike, mit dir versöhnt zu haben.« Es folgt die Stelle mit dem berühmten Satz: »... du hast an mir gethan, ich sage nicht, was in Kräften einer Schwester, sondern in Kräften eines Menschen stand, um mich zu retten: die Wahrheit ist, daß mir auf Erden nicht zu helfen war.«[118]

Nachdem sie den Kaffee getrunken hatten, kam Kleist herunter. Er war »mit einer »weissen batist musselinen Weste, weißen Halstuch grau tuchenen Hosen, und runden schlaff-Stiefeln bekleidet«.[119] Im Freien trug er dazu noch einen braunen Stoffüberrock. Nachdem er nach der Rechnung verlangt hatte, ging er wieder nach oben. Dann kamen sie, nachdem sie sorgfältig die Zimmer verschlossen hatten, zusammen herunter. Mittagessen wollten sie nicht, die Vogel nahm aber zwei Tassen Bouillon zu sich. »Auf den Abend wollen wir um so besser speisen«, habe Kleist ganz für sich gesagt.[120] Kleist fragte nach einem Boten, der mittags nach Berlin abgehen sollte. Dieser Bote würde den Brief an Peguilhen überbringen, in dem sie den Tod mitteilten und ihn baten, mit Vogel zu Stimming hinauszukommen.

Nach dem Essen gingen sie vor dem Haus spazieren und

»scherzten in dem Hofe auf mancherley Art, so z. B. sprang die Mannsperson über die Bretter in der Kegelbahn, und forderte die Dame zu ähnlichen Springen auf, welches sie aber ablehnte. Übrigens schienen sie in höchst freundschaftl. Verhältnissen zu stehen, nannten sich manchmal Du, ein andermal Sie, und die Mannsperson schien nach jeder Gelegenheit zu haschen, der Dame eine Höflichkeit zu erzeigen.«[121] Stimming erinnerte sich, dass sie sich dann »sehr freundschaftlich« mit ihm unterhielten.[122] Sie sprachen dabei ausgiebig über die Umgebung. Zur nahen Pfaueninsel, wie er ihnen vorschlug, wollten sie aber nicht spazieren. Ein besonderes Interesse bekundeten sie an der Frage, ob der Bote schon in Berlin angekommen sei. Dann bestellten sie Abendessen für zwei Herren, die noch aus Berlin eintreffen würden.[123]

Sie verlangten, dass ihnen Kaffee nachgebracht werde, und gingen über die Chausseebrücke auf die andere Seite des Sees. Dort waren sie ausgelassen und vergnügt, sprangen umher und warfen Steine ins Wasser. Unterwegs begegneten sie dem bei Stimmings arbeitenden Tagelöhner Riebisch mit einer Karre Mist. Kleist forderte ihn auf, der Dame Platz zu machen, und entlohnte ihn dafür mit einem Groschen. Frau Riebisch brachte, wenngleich sie dort Kaffee zu trinken eine »Tollheit« fand, das Gewünschte ans andere Ufer hinüber. Die Vogel wollte noch einen Tisch und Stühle.

So trug die Riebisch mit ihrem Mann auch das über die Brücke auf die andere Seite. Als sie ankamen, hatten die beiden Herrschaften, die auf einem Hügel standen, den Kaffee, in den sie Rum gegossen hatten, schon bis auf eine Tasse ausgetrunken. Sie setzten sich aber trotzdem sofort auf die Stühle. Kleist sagte zu Riebisch: »Alter Vater! sage er doch dem Herrn daß er mir diesen Buddel noch halb voll Rumm herschicke!« Darauf warf die Vogel ein: »Liebes Kind, willst du heute noch mehr Rumm trincken, du hast ja schon genug getruncken.« Er: »Nun, liebes Kind, wenn du nicht willst, will ich auch nicht, dann lasse Er es nur seyn, alter Vater, und bringe Er nichts her.«[124] Sie lachten noch über die Riebisch, die einen Milchbart hatte, da sie die restliche Milch austrank. Die Vogel schickte die Riebisch einen Bleistift holen, dann sprangen sie zum See, »schäkernd, und sich jagend, als wenn sie Zeck spielten«.[125] Als die Riebisch den Stift brachte, kamen sie ihr entgegen und gaben ihr die leere Kaffeetasse mit Geld.

Gerade als die Riebisch an die etwa hundert Schritt weit entfernte Chaussee gekommen war, hörte sie einen Schuss. Nach fünfzig weiteren Schritten, wie sie angab, hörte sie einen zweiten.[126] Kleist erschoss Henriette Vogel also nur knapp zwei Minuten, nachdem die Frau gegangen war. Fünfzig Schritt lang wartete er dann, bis er das Gleiche mit sich selbst tat. Was hat er in dieser einen Minute, die er ganz alleine war, gedacht?

Bemerkte er, dass er gerade zum Mörder geworden war? Kontrollierte er, ob sie tot war? Achtete er darauf, dass sie in der richtigen Stellung lag? Legte er ihren Körper so hin, wie er es als passend empfand? War er immer noch glücklich? Dachte er einen Moment daran, sich doch nicht umzubringen? Welcher Moment seines Lebens fiel ihm ein? Hatte er das Gefühl, dass sein inneres und sein wirkliches Leben nun endlich einmal zusammenkamen? Dachte er vielleicht an Penthesilea? Hatte er Angst? War ihm zum Weinen zumute? Oder war er ruhig und gefasst? Sah er dem Tod ins Auge? Und was könnte das heißen, dem Tod ins Auge sehen?

Immer wieder ist bei Kleists Tod von Heiterkeit die Rede. Ausgelassenheit scheint für das Verhalten am Wannsee das treffendere und mit weniger Heilserwartung beladene Wort. Genauso auffällig wie die Ausgelassenheit waren die Ruhe der letzten Stunden, die Klarheit des Plans, die Sicherheit der Ausführung.

Heinrich von Kleist erschoss Henriette Vogel in einer kleinen, gut dreißig Zentimeter tiefen Grube auf dem Hügel, auf dem ein paar Schritt weiter noch der Kaffeetisch stand. Er schoss sie mit sicherer Hand ins Herz. Trenne Kleist im Tod ja nicht von mir, hatte sie ihrem Mann geschrieben.[127] Sie saßen sich auf den Knien gegenüber, sie mit dem Oberkörper nach hinten auf den Rand der Grube gesunken, die Hände über dem Unterleib gefaltet. Sich selbst schoss Kleist in den Mund. Auch er war sofort tot, die Pistole hatte er nach oben ins Gehirn gerichtet. Sein Kopf sank an den Rand der Grube. Er fiel nicht um, sondern sackte, auf den Knien sitzend, in sich zusammen.

Epilog: Die Sprache des Selbstmords

Kleists und Henriette Vogels Selbstmord wurde von der Polizei akribisch wie ein Mordfall behandelt. Alle Zeugen wurden eingehend befragt, die Aussagen genau protokolliert. Diese Aufzeichnungen sind erhalten. Es finden sich darin mehrere Beschreibungen der Position, in der sich Kleist und Henriette Vogel direkt nach dem Tod befanden.

Die vier Beschreibungen sind allerdings, was Kleist betrifft, schwer in Übereinstimmung zu bringen. Johann Riebisch, der als Erster bei der Unglücksstelle war, sah Kleists Lage so: »... den Mannsperson aber mit dem Unter-Körper etwas eingesunken, und mit dem Kopf neben der rechten Lende der Dame auf dem Wall der Grube.«[1] Mit dem eingesunkenen Unterkörper bezeichnete Riebisch wohl das Sitzen auf den Knien, das die anderen Personen bezeugen. Der Kopf Kleists lag über der Lende von Henriette Vogel. Kleist war also etwas nach vorne gesunken.

Das Hausmädchen Feilenhauer, das fast gleichzeitig mit Riebisch an der Todesstelle ankam, bemerkte: »Die Mannsperson lag in einer halb knienden Stellung vor ihr, mit dem Kopf auf dem linken Rand der Grube.«[2] Kleist war also nicht nur nach vorne, sondern auch nach links umgesunken. Nach der Aussage von Riebisch kann man vermuten, dass sich Kleist halb sitzend, halb liegend befand, der Oberkörper nach links vorne bis zum Rand der Grube gesackt. Unter seinem Kopf befand sich die Lende der nach hinten gesunkenen Henriette Vogel.

Dorothe Riebisch gab zu Protokoll: »Die Mannsperson saß in einer fast knienden Stellung vor ihr, und hatte den Kopf zur lincken Seite auf eine Pistole gestützt, deren Mündung gegen den Mund stand, und welche er in Händen hielt.«[3] Er hatte also auch noch die Pistole im Mund.

»Der Herr saß ihr gegenüber, jedoch so, als wenn er in die Knie gesunken, oder vor der Dame niedergekniet wäre«, bestätigt Frau Stimming den Eindruck der anderen Zeugen.[4] Auch Stimming, der die Leichname allerdings erst sah, als Kleist schon bewegt worden war, sagte: »Der Herr soll früherhin zwar gesessen, mit dem Kopf aber nach vorne herüber, und mehr nach der lincken Seite auf dem Rand der Grube gelegen haben.«[5] Kleist befand sich also in einer hingesunkenen, halb sitzenden Position auf den Knien. Auch Henriette Vogel befand sich auf den Knien, sie lag aber im Gegensatz zu Kleist nach hinten.

Man muss davon ausgehen, dass die Sterbenden ihre Lage bewusst gewählt haben beziehungsweise die Lage der Leiche Henriette Vogels von Kleist sogar arrangiert worden ist. Denn sie entspricht einem Bild, das Kleist sich im Juni 1807 in Châlons vom Tod gemacht hatte. Henriette Vogels Leib befand sich in genau der Position, in der auf einem Gemälde, das er Marie von Kleist aus Châlons beschrieben hatte, die Engel die Seele eines Toten aufnehmen. Kleist hatte geschrieben:

> In einer dr hiesigen Kirchen ist ein Gemälde, schlecht gezeichnet zwar, doch von der schönsten Erfindung die man sich denken kann, und Erfindung ist es überall was ein Werk dr Kunst ausmacht. Denn nicht das was den Sinen dargestellt ist, sondern das was das Gemüth, durch diese Wahrnehmung erregt, sich denkt, ist das Kunstwerk. Es sind ein Paar geflügelte Engel, die aus den Wohnungen himmlischer Freude niedrschweben um eine Seele zu empfangen Sie liegt mit Bläße des Todes übergoßen auf den Knien, dr Leib sterbend in die Arme dr Engel zurükgesunken. Wie zart sie das zarte berühren. Mit den äußersten Spitzen ihrer rosenrothen Finger nur das liebliche Wesen, das der Hand des Schiksals jetzt entflohen ist. Und einen Blik aus sterbenden Augen wirft sie auf sie, als ob sie in Gefilde unendlicher Seligkeit hinaussähe: Ich habe nie etwas Rührenderes und Erhebenderes gesehen.[6]

Das Gemälde ist identifiziert worden, es handelt sich um die »Sterbende heilige Magdalena« von Simon Vouet, heute im Musée des Beaux-Arts in Besançon. Die tote Frau befindet sich auf dem Bild auf Knien, halb sitzend, halb liegend, nach hinten in die Arme des einen Engels gesunken. Genau die Position, die die Sterbende dort hat, wählten Kleist und Henriette Vogel auch für ihren Tod. Die Vogel lag, zusätzlich mit gefalteten Händen, ganz so da wie die Frau auf dem Bild. Das ermöglichte die Grube, die sie als Sterbeort gewählt hatten. Kleist konnte seine Position nicht mehr so genau arrangieren. Er befand sich, wie auf dem Gemälde, auf den Knien. Nach dem Schuss in den Mund konnte er aber nicht mehr kontrollieren, wohin er sank.

In Châlons sah Kleist im Tod die Seligkeit. Nun wollte er das rührende und erhebende Bild in Wirklichkeit wiederholen und es durch die Lage der Leichen den Engeln, so wie auf dem Bild, möglichst leicht machen, seine und Henriettes Seele zu empfangen. Kleist glaubte also, nach dem Tode weiterzuleben. Das ist der Sinn seiner letzten Inszenierung. Von daher ist auch die heitere Ausgelassenheit erklärbar, mit der er in den Tod ging.

Anhang

Anmerkungen

Ein radikaler Entschluss

1 MA II, 545
2 ebd.
3 vgl. Kreutzer, Entwicklung, S. 52 u. Schmidt, Epoche, S. 17 ff.
4 MA II, 546
5 ebd.
6 vgl. etwa Gay, Macht des Herzens
7 Kreutzer, Entwicklung, S. 73
8 MA II, 278
9 Meist ist diese Rolle für Ernst von Pfuel reserviert. Pfuel war emotionaler, Rühle besonnener. 1809 gab es wegen der Haltung gegenüber Frankreich Meinungsverschiedenheiten zwischen Rühle und Kleist.
10 MA II, 279
11 MA II, 278
12 Die folgende Darstellung bezieht sich u. a. auf Scharfenort, Kulturbilder, vor allem S. 65–69.
13 ebd., S. 69. Ein Rockelor ist ein weiter Reise- oder Regenrock mit Ärmeln.
14 ebd., S. 85
15 Häker, Überwiegend, S. 269
16 10 Taler behauptet Schulz, 16 Taler Baumgart (KJb 1983, S. 62), Scharfenort, S. 85, spricht von 13 Talern. So auch Bisky (Kleist, S. 43).
17 Scharfenort, Kulturbilder, S. 117. So wohnte auch Kleist 1793 in Frankfurt.
18 MA II, 536; s. auch: Paul Hoffmann: Ferdinand von Frankenberg. In: Hoffmann, Kleist-Arbeiten.
19 Häker, Überwiegend, S. 266 ff.
20 Nicolai, Potsdam, S. 136 f., Reinhard, Erstes Garde-Regiment, S. 171
21 Häker beschreibt das aufgrund der Rang- und Stammlisten des preußischen Militärs.
22 Ein Regiment gliedert sich in Bataillone, ein Bataillon in Kompanien.

23 Nicolai, Potsdam, S. 29
24 ebd., S. 30
25 zitiert nach: Stamm-Kuhlmann, König, S. 105
26 Vehse, Geschichte, Bd. 2, S. 63 u. 79
27 Scharfenort, Kulturbilder, S. 130
28 So Fouqué, der Kleist 1795 bei einem Aufenthalt in Potsdam kennenlernte. LS 105.
29 Bülow S. 7
30 MA II, 528
31 MA II, 606
32 So Kreutzer, Entwicklung, S. 107. Gesichert ist diese Lesart allerdings nicht. Das »L« im Brief Wilhelmine von Zenges, April 1802, MA II, 804, könnte auch den Maler Lose meinen.
33 Scharfenort, Kulturbilder, S. 100
34 1791 hatte Mozart Potsdam besucht. Es gibt die Spekulation, dass Kleist und Mozart in Prag aufeinandergetroffen sind. Hans Joachim Kreutzer: »Hat Kleist Mozart gesehen?« Beck Almanach 225 Jahre, S. 49–60
35 Möglicherweise hat Kleist das Klarinettespiel bei Joseph Beer gelernt. Beer galt als bester Klarinettist seiner Zeit, er war von 1793 bis 1808 Kapellmeister am Potsdamer Hof. Vgl. Kleists Brief an Wilhelmine von Zenge vom 5. September 1800, MA II, 621
36 nach: Pauly, Wunder, S. 160
37 BKB 13, S. 271
38 ebd.
39 MA II, 283
40 Vgl. Häker, Überwiegend, S. 259–265
41 MA II, S. 757
42 Baumgart, KJb 1983, S. 51
43 Siebert, BKF 10, S. 133–139
44 MA II, 552
45 Haffner, Preußen, S. 104–107, Craig, Armee, S. 29
46 so Häker, Überwiegend, S. 276, auch bei Jany, Geschichte, S. 418
47 Baumgart, KJb 1983, S. 47
48 MA II, 550
49 MA II, 549
50 ebd.
51 Häker, Überwiegend, S. 268
52 Clark, Preußen, S. 244
53 zit. n. Preußen, Sozialgeschichte S. 41
54 Büsch, Militärsystem, S. 43 ff.
55 Tempelhof, Geometrie, S. 86
56 Hoffmann, Kleist-Arbeiten, S. 314

57 Clausewitz, Katastrophe, S. 29
58 Schmidt, Erinnerungen, S. 84 (avancieren bedeutet befördern)
59 Clark, Preußen, S. 348
60 LS 22
61 LS 21
62 MA II, 560
63 etwa bei Vierhaus, KJb 1980
64 Craig, Armee, S. 39 f.

Krieg und Kindheit

1 Reinhard, Garde-Regiment, S. 539
2 Brief an Adolphine von Werdeck vom 28. Juli 1801, MA II, 753
3 MA II, 535
4 MA II, 538
5 ebd.
6 Schmidt, Erinnerungen, S. 37 f.
7 Die Schilderung der Truppenbewegungen und Kampfhandlungen des 3. Bataillons Garde erfolgt vor allem nach Carl von Reinhard, »Geschichte des königlich Preußischen Ersten Garde-Regiments zu Fuß«. Das ist die detaillierteste und verlässlichste Quelle. Bisher ist sie nicht umfassend ausgewertet worden, auch nicht von Jens Bisky, der in seiner Biographie deutliches Interesse an Kleist im Krieg entwickelt.
8 Schmidt, Erinnerungen, S. 40
9 Klein, Mainz, S. 500
10 Reinhard, Garde-Regiment, S. 182
11 MA II, 755
12 Klein, Mainz, S. 546
13 MA II, 755
14 Klein, Mainz, S. 540
15 Goethe, Belagerung, S. 374
16 MA II, 754
17 MA II, 753
18 ebd.
19 Die Literaturwissenschaft gibt hier keine Antwort. Sie behandelt, abgesehen von Wolf Kittler, das Thema Kleist und Krieg bis heute stiefmütterlich. Zu wenig ist wohl dazu überliefert, was Kleist im Krieg erlebte.
20 MA II, 753 f.
21 Neue Gemeinnützige Blätter Halberstadt, 21/1794, S. 363, zit. nach Schneider, Knesebeck, S. 266

22 Knesebeck an Gleim, 14. Juli 1793, S. 216
23 Schneider, Knesebeck, S. 252
24 ebd., S. 255
25 Pröhle, Abhandlungen, S. 204 f.
26 MA II, 754
27 BKB 12, S. 55
28 Fouqué, Lebensgeschichte, S. 118
29 MA II, 537
30 MA II, 541
31 Hoffmann, Kleist-Arbeiten, S. 311
32 O'Cahill, Beschreibung, S. 1212. Kleist ist im Pränumerationsverzeichnis des Regiments Garde für O'Cahills »Beschreibung des jetzigen Krieges mit den Franzosen« aufgeführt. Vgl. MA III, 710
33 Schneider, Knesebeck, S. 256
34 Fouqué, Lebensgeschichte, S. 130
35 Schauder, Sie waren hier, S. 114, Reinhard, Garde-Regiment, S. 206 f.
36 Jany, Geschichte, S. 278
37 Schneider, Knesebeck, S. 257
38 Schmidt, Erinnerungen, S. 73
39 Jany, Geschichte, S. 282, Fouqué, Rüchel, S. 179 ff.
40 Schmidt, Erinnerungen, S. 75
41 vgl. Schings, Gewalt
42 vgl. Planert, Buschmann, Kroll, Clark
43 Wie Gustav Seibt gezeigt hat.
44 »Je stärker sich das Gefühl der Überlegenheit über den Feind durch die Siegestage bei Pirmasens und Kaiserslautern, durch unzählige kleine Gefechte in den Truppen befestigt hatte, um so bitterer empfand man es, jetzt wieder an den Rhein zurückgedrängt zu sein.« Jany, Geschichte, S. 283 f.
45 Reinhard, Garde-Regiment, S. 210
46 Friedrich von Cölln, zitiert bei Birkenhauer, Kleist, S. 48, Schauder, Sie waren hier, S. 120
47 Clausewitz, Vom Kriege, S. 402
48 Jany, Geschichte, S. 267, vgl. auch Reinhard, Garde-Regiment.
49 zitiert nach Jany, Geschichte, S. 283
50 BKB 12, S. 83, vgl. LS 16
51 MA II, 541
52 ebd.
53 Die meisten Interpreten datieren es trotzdem auf 1792 oder 1793. Es erscheint sprachlich neben den Briefen allerdings sehr geschliffen.
54 MA II, 499
55 MA II, 753
56 so Frankenberg, nach Hoffmann, Kleist-Arbeiten, S. 313

Anmerkungen

57 Vor allem: Philippe Ariès: Geschichte der Kindheit, München 1975
58 Horst Häker
59 LS 10
60 Bülow, Leben, S. 3
61 zit. nach Eckert, Charakteristik, S. 127 f.
62 Applicieren meint, sich auf den Dienst konzentrieren, Ambition ist der Aufstiegswille.
63 Eckert, Charakteristik, S. 128
64 zit. nach Craig, Armee, S. 35
65 Scharfenort, Kulturbilder, S. 80
66 ebd., S. 79 ff.
67 Sembdner, Geschichte, S. 10
68 LS 8
69 LS 11a, Paul Hoffmann: Ein Brief der Mutter H. v. Kleists, JbKG 1931/32, S. 112–121 (auch in: Hoffmann, Kleist-Arbeiten, S. 704 ff.)
70 Außer in Kriegszeiten, die es aber für Joachim Friedrich als Kompaniechef nicht gab.
71 Die Angaben und auch die tatsächlichen Einnahmen schwanken, vgl. Scharfenort, Kulturbilder, S. 88
72 »Allodialgüter« waren ein Begriff aus der Zeit des Großen Kurfürsten: Er hatte 1653, um sich den Adel zu verpflichten, die »Lehen«, die die »Junker« verliehen bekamen, in echten Grundbesitz und das heißt eben »Allodialgüter« umgewandelt. Vgl. Craig, Armee, S. 22
73 nach: Paul Hoffmann, Heinrich von Kleist und die Seinen (in: Hoffmann, Kleist-Arbeiten)
74 Barthel, Chronik, S. 10
75 Scharfenort, Kulturbilder, S. 120 f.
76 zit. nach Loch, BKF 10, S. 49
77 Jany, Geschichte, S. 418
78 Schmidt, Erinnerungen, S. 87 f.
79 www.v-kleist.com
80 so etwa Staengle, Leben, S. 8, oder Baumgart, KJb 1983, S. 66
81 MA II, 913
82 Laut Theophil Zolling, BKB 14, S. 799 f.
83 Nach Staengle, Leben, S. 15
84 Häker, Überwiegend, S. 238
85 Und nicht, wie oft zu lesen ist, 2000 Soldaten. Etwa: KJb 1983, S. 78
86 Amann, Albanus, S. 49 f.
87 ebd., S. 50
88 Häker, Überwiegend, S. 49
89 Loch, Lehren, S. 36
90 Fouqué, Lebensgeschichte, S. 21
91 Killy, Berlin, S. 21

92 MA II, 483 f.
93 LS 4
94 Rehfeld, Wünsch, BKF 10, S. 11
95 Brentano an Arnim, BKB 13, S. 86
96 MA II, 594 f.
97 vgl. Haffner, Preußen, 2. Kapitel

Zwischenspiel:
Wie sah Kleist aus, wie sprach er?

1 MA II, 714
2 MA II, 723
3 Sembdner, In Sachen, S. 374
4 Deutsche Dichter. Leben und Werk deutschsprachiger Autoren vom Mittelalter bis zur Gegenwart. Hg. von Gunter E. Grimm und Frank Rainer Max. Stuttgart 1993
5 Vgl. den Aufsatz von Eva Rothe über die Bildnisse Kleists. Die Bilder sind vollständig in der Bildbiographie von Eberhardt Siebert abgebildet.
6 LS 550, 552, 554b
7 LS 554a
8 MA II, 725
9 MA II, 749
10 LS 346
11 Sembdner, In Sachen, S. 374
12 LS 551
13 LS 345 u. 346
14 LS 347
15 LS 155
16 LS 142
17 LS 274a
18 LS 347
19 LS 317
20 LS 504
21 MA II, 706
22 MA II, 706 f.

Zweite Jugend, Bildungsreise

1 Fricke betrachtete den Lebensplan als säkulare Religion.
2 LS 23a
3 von C. E. Albanus am 12. April, LS 27
4 Bülow, Leben, S. 10
5 MA II, 659
6 MA II, 607
7 Bülow, Leben, S. 1
8 Willoweit, KJb 1997, S. 60
9 MA II, 552 f.
10 Heinrich, KJb 1983, S. 75
11 Loch S. 52
12 Heinrich, KJb 1983, S. 78
13 MA II, 569
14 Rehfeld, BKF 10, S. 16
15 Heinrich, KJb 1983, S. 89
16 MA II, 569
17 Meinel, KJb 1996
18 MA II, 711
19 Die Schrift Wielands könnte auch dessen »Die Natur der Dinge« gewesen sein. Vgl. Stephens, Sprache und Gewalt, S. 458
20 MA II, 639
21 Zur Frage, was Kleist studierte, was er an der Uni erlebte, was er in den eineinhalb Uni-Jahren tat, kann man auf zwei Bücher von Frankfurter Professoren zurückgreifen, eines von Carl Renatus Hausen und eines von Johann Friedrich Reitemeier. Beide unterrichteten zu der Zeit, als Kleist in Frankfurt studierte. Hausen hat in seiner Geschichte der Frankfurter Universität die Professoren und Vorlesungen genau verzeichnet. Reitemeier, ein strenger, systematischer Jurist, bei dem Kleist wohl nicht studiert hat, hat 1794 eine Schrift über den Aufbau des Studiums an preußischen Universitäten verfasst. Man bekommt in diesen beiden Büchern aber nur eine Ahnung, wie Kleist die Viadrina erlebt haben könnte. Man erfährt etwas über das geistige Umfeld, weniger über Kleists spezielle Beschäftigung. Wenn Kleist Latein gelernt hat, wie er sich vorgenommen hatte, hätte er es bei Johann Gottlieb Schneider tun können, Verfasser des ersten historisch-kritischen »Griechischen Wörterbuchs«. Wahrscheinlich aber hatte er nur Privatunterricht, jedenfalls entrichtete er Gebühren bei einem jungen Lateinlehrer des Frankfurter Gymnasiums, Georg Christian Kalau. Er war seit 1798 Korrektor des Frankfurter Lyceums. Gesichert scheint, dass Kleist bei Johann Christian Friedrich Meister Jura studierte und dort mit dem Na-

turrecht bekannt gemacht wurde. Meister war ein Mann der Praxis und ein solider Wissenschaftler (Willoweit, KJb 1997, S. 64). Auch bei dem Juristen Ludwig Gottfried Madihn hatte Kleist Unterricht (MA II, 605). Staatswissenschaft studierte Kleist bei Karl Dietrich Hüllmann, Jurist, Verfassungs- und Wirtschaftswissenschaftler, ebenfalls ein aufgeklärter Kopf, der nicht nur an der juristischen, sondern auch an der philosophischen Fakultät unterrichtete (Willoweit, KJb 1997, S. 65 f.). Er scheint für Kleist auch besondere Bedeutung gehabt zu haben. Jedenfalls ließ er Hüllmann von der Würzburger Reise grüßen und dachte noch in Leipzig im Jahr 1803 an ihn. Hüllmann war es auch, der Kleist riet, sich beim Studium nicht zu überanstrengen. Geschichte könnte Kleist bei Carl Renatus Hausen gehört haben, dem Verfasser der Geschichte der Frankfurter Universität. Außerdem ist Kleist von dem Mathematiker Johann Sigismund Gottfried Huth unterrichtet worden (MA II, 605). Huth führte Kleist im gleichen Jahr in der gelehrten Berliner Gesellschaft ein. Insgesamt fällt auf, dass die Philosophie Kants, die für das aufgeklärte Denken in Europa zu dieser Zeit bestimmend wurde und auch für Kleist noch große Bedeutung gewinnen sollte, in Frankfurt noch keinen Niederschlag gefunden hatte.

22 LS 317
23 MA II, 564 f.
24 Schiller, Werke, IV, 750 ff.
25 Im März 1801 spricht Kleist im Brief an die Braut von »dieser Geschichte meiner Seele«. MA II, 712
26 MA II, 557 f.
27 MA II, 565
28 MA II, 565 f.
29 vgl. Karl Heinz Bohrer, Der romantische Brief, S. 51–62
30 MA II, 567
31 Friedrich Gundolf war der Meinung, dass niemand so sehr in sein Gefängnis eingesperrt war wie Kleist.
32 MA II, 567
33 Häker, Überwiegend, S. 238
34 Scharfenort, Kulturbilder, S. 91
35 BKB 6, S. 31 f.
36 BKB 6, S. 32 f.
37 BKB 6, S. 33
38 MA II, 571
39 MA II, 573
40 MA II, 574
41 MA II, 576
42 Bülow, Leben, S. 51
43 BKB 6, S. 43

44 BKB 6, S. 33 f.
45 MA II, 500
46 In den »Berliner Abendblättern« gibt es die Anekdote »Der neue (glücklichere) Werther«.
47 vgl. das Interview, das Dirk Baecker mit Luhmann geführt hat. In: Archimedes und wir. Berlin 1987, S. 61 ff.
48 MA II, 572
49 Es könnte auch schon früher gewesen sein, Krug war seit 1801 in Frankfurt an der Oder.
50 Krug, Ehe, S. 45
51 ebd., S. 440
52 Koschorke, Körperströme, S. 15
53 vgl. DKV IV, 685 und DKV IV, 1125, wo diese Auffassung vertreten wird. Gegen einen Kurzaufenthalt in Frankfurt spricht, dass Kleist sich am 13. November auf einen Brief bezieht, den er gerade von Wilhelmine bekommen hatte, nicht aber auf einen Besuch, der ja kurz zuvor hätte stattgefunden haben müssen.
54 Die Beweise, die für solche Hypothesen geführt wurden, können nur Indizienbeweise sein. Die Beweisarbeit gleicht dabei einem komplizierten Puzzle, das zusammenzusetzen sich die Wissenschaft seit über hundert Jahren müht. Jede Hypothese gerät dabei teilweise in Widerspruch zu Kleists Briefen oder bleibt spekulativ. Vor allem aber passen sie meistens nicht zur Person Kleists. Alle Thesen wurden von Klaus Müller-Salget in der Ausgabe der Kleistbriefe des Deutschen Klassiker Verlags und in seinem Kleistband bei Reclam erschöpfend diskutiert und klug gegeneinander abgewogen. Gerhard Schulz hat sie in seiner Kleist-Biographie dann noch einmal einer Prüfung unterzogen. Dabei ist klargeworden: Solange sich das Rätsel auf diese Art nicht lösen, das Puzzle nicht zusammensetzen lässt, und das wird voraussichtlich für immer so sein, handelt es sich bei den Hypothesen über die Reise mehr um Fragen der Literaturwissenschaft als der Biographik. Hier sollen die Argumente nicht noch einmal aufgerollt werden. Solange es nicht bewiesen ist – und es steht wie gesagt nicht zu erwarten, dass es jemals bewiesen werden wird –, war Kleist kein Freimaurer, er war kein Industriespion und er hatte keine Vorhautverengung. Ich gehe davon aus, dass es kein Rätsel gibt. Was Kleist auf seiner Reise suchte, muss auf der Entwicklungslinie liegen, die 1799 ihren Anfang nahm. Sonst hätte er es niemals so wichtig genommen. Was hier folgt, ist also eine bestimmte Sicht der Dinge, die ich allerdings nicht nur für plausibel, sondern letztlich für die einzig mögliche Interpretation halte.
55 MA II, 614
56 auch: Carl Gustav von Struensee

57 MA II, 592
58 Horst Häker nimmt den Frühsommer 1800 an (Häker, Überwiegend, S. 261 ff.). Gegen die These spricht unter anderem, dass die Reise in die einzige Phase realer Beziehung zu Wilhelmine gefallen wäre.
59 Weiss, Funde, S. 105
60 MA II, 621
61 MA II, 611 f.
62 MA II, 626
63 MA II, 608
64 vgl. Zwischenspiel: Kleist und das Reisen
65 MA II, 621
66 MA II, 620
67 MA II, 608 f.
68 MA II, 646
69 MA II, 617
70 MA II, 624 f.
71 MA II, 588
72 MA II, 607
73 MA II, 613
74 MA II, 614 f.
75 MA II, 622 f.
76 MA II, 655, vgl. die Aufsätze von Hess, Fink und Pfotenhauer in KJb 1997
77 MA II, 595
78 MA II, 703
79 MA II, 585, 597, 601, 631
80 MA II, 561
81 MA II, 652
82 MA II, 635, vgl. Scharold, Würzburg, S. 135
83 ebd.
84 MA II, 633
85 MA II, 655
86 vgl. etwa 18. und 28. Juli 1801
87 Dabei ging es darum, Inneres und Äußeres in Einklang zu bringen. Das hat nicht nur die Kleistforschung mehrfach festgestellt, etwa Kreutzer, Entwicklung, S. 128 ff. Auch Alexander von Humboldt hat es 1808 beschrieben: »Naturschilderungen wirken umso stärker oder schwächer auf uns ein, je nachdem sie mit den Bedürfnissen unserer Empfindung im Einklang stehen. Denn in dem innersten, empfänglichsten Sinne spiegelt lebendig und wahr sich die physische Welt.« (Über die Wasserfälle des Orinoco bei Atures und Maypures 1808, in: Alexander von Humboldt, Ansichten der Natur mit wissenschaftlichen Erläuterungen, 3. verb. und verm. Aufl. Stuttgart 1849, Bd. 1., S. 252) Im Aufsatz über

Friedrichs »Seelandschaft« (vgl. S. 406 ff. dieses Buches) denkt Kleist das weiter.
88 MA II, 669
89 MA II, 652
90 MA II, 654
91 Wilbrandt war 1863 der Erste, der sagte, Kleist sei auf der Würzburger Reise zum Dichter unterwegs gewesen. (BKB 14, S. 814) Man kann das mit Politzer auch Identität nennen. Man kann es mit Kleist Bestimmung nennen. Und man kann der Meinung sein, dass er sich dabei in Wilhelmine ein Gegenüber zur Übertragung suchte.
92 MA II, 629
93 MA II, 674
94 vgl. dazu Ralf Konersmann, in: Arnold, 1993, S. 100–124
95 MA II, 614
96 MA II, 637
97 MA II, 723

Kant und Krise

1 MA II, 753
2 Wieland, Sympathien, S. 119
3 ebd., S. 120
4 Koschorke, Körperströme, S. 186
5 Schrader, KJb 1988/9, S. 161
6 Kreutzer, Entwicklung, S. 50
7 MA II, 589
8 MA II, 874
9 MA II, 710
10 MA II, 734
11 Man kann das Kleists Brief aus Paris vom 15. August 1801 entnehmen. Vgl. MA II, 762
12 vgl. Böschenstein, KJb 1981/2
13 vgl. Bürger, Verschwinden, S. 99 ff.
14 KJb 1991, S. 161
15 Daneben wurden andere Spuren gefunden. Walter Müller-Seidel war etwa der Ansicht, dass Brockes Kleist die Bekanntschaft mit der Philosophie von Friedrich Bouterwek vermittelt habe (siehe Kreutzer, Entwicklung, S. 28). Der frühe Kleistbiograph Adolf Wilbrandt (1863) sah den Einfluss von Shaftesbury.
16 DKV IV, 704
17 MA II, 658

18 MA II, 679
19 LS 43
20 vgl. Vehse, Geschichte, S. 92. Sowohl Friedrich von Cölln als auch Buchholz schätzten Struensee.
21 MA II, 678
22 vgl. die Stellungnahme Kunths DKV IV, 682
23 MA II, 661
24 MA II, 663
25 ebd.
26 MA II, 664
27 ebd.
28 ebd.
29 MA II, 665
30 MA II, 665 f.
31 MA II, 666
32 MA II, 678
33 MA II, 669, 671
34 MA II, 662
35 MA II, 674
36 MA II, 685 ff.
37 etwa Földenyi, Netz, S. 71 ff.
38 MA II, 696
39 MA II, 697
40 Hermann F. Weiss, BKF 10
41 MA II, 698
42 MA II, 700
43 MA II, 701
44 MA II, 703
45 MA II, 558
46 MA II, 585
47 MA II, 621
48 Gesichertes über Kleist und Brockes ist nicht mehr in Erfahrung zu bringen. Der Kleist-Enthusiast Sigismund Rahmer hat noch einen Brief ausgegraben, den Brockes an Kleist geschrieben haben könnte. Die Zuschreibung ist jedoch unsicher. Diesen Brief bewertet auch Weiss nicht, der die umfassendsten Nachforschungen zu Brockes angestellt hat (Hermann F. Weiss, BKF 10). In diesem Brief heißt es: »Allein Sie, der Sie selbst so wahr und innig fühlen, was ungeheuchelte und ungekünstelte Freundschaft ist, wußten auch mich richtig zu beurteilen und dafür sage ich Ihnen den wärmsten Dank. Sie wußten es wohl, daß ich nicht imstande sein könnte, weder Sie noch die mannigfaltigen Beweise Ihrer Anhänglichkeit für mich, noch die Tage und Stunden zu vergessen, die wir zusammen verlebt haben, und daß also andere Ursachen, als eine solche, die Sie beleidigen und mich

beschimpfen würde, mein Schweigen veranlaßt haben mußten ... Und doch waren Sie immer mit mir zufrieden, immer gleich sanft, immer gleich gefällig und nachgebend gegen meine Eigenheiten, meine Launen, obgleich Sie nicht einmal die Ursache daran einsehen konnten. Ich wußte und sehe es täglich, daß ich den ersten Platz in Ihrem Herzen hatte, aber weit entfernt ein Gleiches von mir zu verlangen, erfüllte Sie jeder, auch der kleinste Beweis meiner Zufriedenheit mit der lebhaftesten Freude, und Sie verlangten für die liebevollen Bemühungen zu meinem Vergnügen keinen Dank, als den, daß ich nur froh war. Unverdorbene Seele, Zögling der lebenden Natur, wie wenige sind, die Dir gleichen!« (Zitiert nach DKV IV, 521 f.) Der Kleistbiograph Hans-Dieter Zimmermann stellte die Beziehung zu Brockes ins Zentrum seiner Auffassung. Ein weiterer Brockes-Brief, ebenfalls von Rahmer überliefert (Kleist-Problem, S. 66–71), wurde von der Forschung als nicht zu Kleist gehörig gezeigt (Kreutzer, Euphorion 62, vgl. DKV IV, 1110). Vielleicht also haben sie sich aus den Augen verloren. Auf der anderen Seite hat August Varnhagen von Ense aber später jede Gelegenheit genutzt, die Freundschaft zwischen Kleist und Brockes herauszustreichen (LS 43 und Sigismund Rahmer, Mensch und Dichter, S. 136–161).
49 MA II, 706
50 MA II, 691 ff.
51 Wie Gonthier-Louis Fink in einem Aufsatz (KJb 1997, S. 104) behauptet, der sonst überzeugend die vorgegebenen Wahrnehmungsmuster in Kleists Briefen zeigt.
52 MA II, 705
53 MA II, 704
54 ebd.
55 MA II, 704 f.
56 MA II, 706
57 ebd.
58 MA II, 707
59 So Schmidt, Epoche, S. 12 ff. Auch Peter Staengle hat in seiner Biographie geschrieben, dass die Krise glaubhafter wäre, wenn er nicht gesagt hätte: Lass mich reisen. Die größte Krise im Leben dieses Dichters, eine der größten bekannten Dichterkrisen überhaupt, wird zu einer Scheinkrise umgedeutet. Dieses Missverständnis kann kaum anders als mit der Enttäuschung über die Forschung erklärt werden. Unendliche Mühe, genauso wie in die Lösung des Rätsels der Würzburger Reise, hat sie in die Kant-Krise investiert und kein befriedigendes Ergebnis bekommen.
60 Schmidt, Epoche, S. 15
61 MA II, 712

62 Dass Kleist aus der Ungewissheit des Wissens auch die Infragestellung von Wahrheit überhaupt ableitet, ist zwar nicht ungewöhnlich, schafft dann aber die erkenntnistheoretischen Schwierigkeiten der Interpretation. Vgl. Greiner, Dramen und Erzählungen, S. 1–15. Diese erkenntnistheoretischen Probleme sind für das Erleben der Krise jedoch nicht von Bedeutung.

63 Das Bild der grünen Augen könnte Kleist aus Wünschs »Kosmologischen Untersuchungen« oder dem Roman »Die Kettenträger« von Friedrich Maximilian Klinger entnommen haben. (vgl. Muth, Kant, S. 52 f. Es gibt auch hier noch andere Kandidaten, vgl. etwa Siebert, Gläser.) Genauso gut könnte Kleist das Bild aber selbst erfunden haben. Die Untersuchungen, die aus der Differenz von Kleists Bild zu einem vorgefundenen Bild das Eigentümliche an Kleists Sichtweise herausarbeiten wollen, müssen deswegen scheitern.

64 Kleist sagte, dass es sich um einen Hauptgedanken handle. Die Suche nach der Quelle dieses Hauptgedankens – auf welches Werk Kants oder eines anderen Autors hat Kleist sich eigentlich bezogen? – hat dabei oft den Blick auf das Hauptereignis verstellt: Kleists Erschütterung. Kant statt Krise, lautet das Motto der Kant-Krisen-Forschung seit hundert Jahren. In diesem Dickicht muss der Gedanke, dass die Kant-Krise eine Scheinkrise war, wie eine Befreiung wirken. Kleist wurde vielfach so behandelt, als sei er ein strenger, scharfer Denker, der sich den jeweiligen Philosophen genau erarbeitet hat, wie wenn er an einer Universität angestellt wäre. Die Zahl der Aufsätze und Bücher, die die Kant-Krise so behandeln, ist enorm. Trotzdem weiß man dadurch nicht mehr: Man ist sich nicht einig, ob sich die Kant-Krise auf Kant bezieht, und man ist sich nicht sicher, ob Kleist Kant missverstanden hat. Bei Rousseau weiß man immerhin, dass Kleist den »Emile« geschätzt hat und dass die Liebe zu Rousseau dazu beigetragen hat, in der Schweiz das Landleben auszuprobieren.

65 MA II, 712

66 Fülleborn, Frühe Dramen, S. 21 ff., betont den Verlust des geistigen Besitzes. Muth, Kant, S. 65 ff., hat gezeigt, dass auch eine Interpretation möglich ist, in der die Kant-Lektüre zur Zerstörung von Kleists teleologischem Weltbild führt. Cassirer, Philosophie, S. 183, zeigt die mögliche Denkbewegung Kleists: »Was jetzt von ihm gefordert wurde, war der Verzicht auf jene unmittelbare Einheit des Theoretischen und Praktischen, des Denkzusammenhangs und des sittlichen Weltzusammenhangs, die bisher die naive Voraussetzung all seines Denkens gebildet hatte. Man begreift, wie diese Forderung, nachdem er sie einmal in ihrer vollen Schärfe erfasst hatte, Kleist aufs Tiefste erschüttern mußte. Denn nun war für ihn die moralische Begreiflichkeit der

Welt überhaupt aufgehoben. Die Wahrheit, die wir mit unserem Verstande theoretisch einzusehen vermögen, hatte zum mindesten ihren universellen, ihren kosmischen Sinn eingebüßt.«
67 Cassirer, Philosophie, S. 174
68 Nietzsche, Unzeitgemäße Betrachtungen III, Colli/Montinari, S. 356
69 MA II, 712 f.
70 MA II, 714
71 MA II, 573
72 MA II, 603
73 MA II, 595
74 MA II, 693
75 vgl. Földenyi, Netz, S. 230
76 MA II, 628
77 MA II, 730 f.
78 vgl. Schmidt, Epoche, S. 22–27
79 MA II, 711
80 MA II, 484
81 MA II, 756
82 Die Literaturwissenschaftlerin Sigrid Weigel hat versucht, die wahre Ulrike hinter Kleists Beschreibung zu finden und sie so aus den Festlegungen durch Kleist zu befreien (Weigel, Ulrike von Kleist). Weigel schreibt, wie wenn wir etwas an Ulrike gutzumachen hätten. Aber die Konstruktion einer echten, neuen Ulrike gelingt auch ihr nicht: Es gibt zu wenig Zeugnisse, um sie neu auferstehen zu lassen.
83 Der weitere Lebensweg von Ulrike nach Kleists Tod deutet eher darauf, dass das Wort Scheffners von der »pyladisch« gesinnten Schwester tatsächlich in Bezug auf ihre Tatkraft zutreffend war. Pyladisch bedeutet im Wörterbuch von Georg Heinrich Lünemann sehr große, zärtliche Freundschaft, auch tatkräftig. Es ist naheliegend, dass Kleist diese Tatkraft männlich erschien.
84 MA II, 558
85 MA II, 560
86 MA II, 561
87 MA II, 562
88 MA II, 703
89 MA II, 728
90 MA II, 744
91 MA II, 709
92 MA II, 722 f.
93 MA II, 748
94 MA II, 747
95 MA II, 749
96 MA II, 741

97 MA II, 745
98 MA II, 746
99 MA II, 750
100 MA II, 759. Weitere Stellen: »Giebt es eine Nacht, die ewig dauert?« (MA II, 748) – »Weißt Du wohl, daß Dein Freund einmal dem Tode recht nahe war?« (MA II, 749) – »Ach, daß wir ein Leben bedürfen, zu lernen, wie wir leben müßten, daß wir im Tode erst ahnden, was der Himmel mit uns will.« (MA II, 759)
101 MA II, 765
102 LS 54a
103 MA II, 732
104 LS 54a – In vollkommenem Gegensatz übrigens zu Würzburg, wo er die berühmten Fresken Tiepolos nicht einmal erwähnte.
105 MA II, 730
106 MA II, 727
107 MA II, 731
108 MA II, 730
109 MA II, 736
110 MA II, 805
111 MA II, 737
112 MA II, 747
113 Popp, Kutsche, S. 38
114 MA II, 746
115 Popp, Kutsche, S. 22
116 LS 53
117 Weiss, Reise, S. 12
118 Üblicherweise wird angenommen, dass Kleist in Paris bei dem Astronomen Jerôme Lalande gewohnt habe. Das geht zurück auf eine falsche Bemerkung von Bülow, der ihn Laplace zuordnet (Weiss, Funde, S. 32). Nun befinden sich die Rue des Noyers und das College de France, in dem Lalande wohnte, beide neben der Rue St. Jacques. Das Rätsel löst sich also von selbst: Kleist und Lalande haben in unmittelbarer Nachbarschaft gewohnt. (vgl. Fetscher, Himmel, S. 143 f.)
119 MA II, 741 f.
120 MA II, 758
121 Hans Mayer, Bewußtsein, S. 369, lag daneben mit seiner Behauptung, Kleists Rousseauismus sei eine Hinwendung zu Robespierres Positionen.
122 vgl. Oesterle, Werther in Paris. Auch Werther hatte eine ähnliche Auffassung von Stadt und Natur.
123 Oesterle, Werther, S. 104
124 Den ihm etwa Gonthier-Louis Fink, KJb 1997, unterstellt.
125 MA II, 720
126 MA II, 751

127 Kleist kannte neben Rousseau auch die »Lettres persanes« von Montesquieu, die eine ähnliche Tendenz hatten, er kannte wahrscheinlich auch das »Tableau de Paris« von Louis-Sébastien Mercier (Oesterle, Werther, S. 98), aber im Zentrum seines Denkens stand nach wie vor Rousseau.
128 MA II, 745
129 MA II, 762
130 MA II, 770 f.
131 LS 54

Zwischenspiel: Die Sprache der Seele

1 LS 271
2 Földenyi, Netz, S. 220 f.
3 Wittgenstein, Philosophische Untersuchungen, S. 496
4 Freud, Totem und Tabu

Aussteiger, Welterfinder, Zusammenbruch

1 MA II, 787 f.
2 MA II, 775
3 MA II, 771
4 MA II, 732
5 MA II, 784
6 ebd.
7 vgl. DKV IV, 798. Klaus Müller-Salget und Stefan Ormanns gehen in ihrem Kommentar davon aus, dass Wilhelmine auf den Brief Kleists vom 2. Dezember 1801 noch eine – verschollene – Erwiderung geschrieben hat.
8 Kafka, Brief an Felice vom 2. Sept. 1913. In: Kafka: Briefe an Felice, Frankfurt a. M. 1976, S. 460
9 vgl. Földenyi, Netz, S. 500 ff.
10 MA II, 734
11 ebd.
12 MA II, 765
13 MA II, 776
14 MA II, 597
15 MA II, 625

16 MA II, 690
17 MA II, 735
18 vgl. Kreutzer, Entwicklung, S. 115, 117, 120
19 MA II, 774 f.
20 MA II, 799, 801, 805
21 MA II, 713, 714, 720, 729, 744, 758, 769, 779
22 Mindestens acht Wochen, vgl. MA II, 791
23 MA II, 787
24 MA II, 789 u. 791
25 MA II, 789
26 ebd.
27 MA II, 790
28 Woher er ihn kannte, wissen wir nicht. Allerdings scheint er Zschokke wirklich schon gekannt zu haben (vgl. MA II, 798). Kleist sprach hier davon, dass Zschokke ihn lieben solle, wie in der ersten Stunde des Wiedersehens. Bis 1795 hatte Zschokke in Frankfurt an der Oder studiert und als Privatdozent an der Universität unterrichtet. Wahrscheinlich also haben sie sich bereits dort kennengelernt.
29 LS 71
30 MA II, 799 u. 797
31 vgl. LS 67a, 73
32 MA II, 795
33 Anders als etwa Loch/Pruns, BKF 7
34 LS 67a, 68
35 LS 75a
36 LS 67a
37 MA I, 134
38 MA I, 138
39 ebd.
40 MA I, 139
41 MA II, 796
42 Loch und Pruns beschreiben die Beispiele des berühmten Pädagogen Pestalozzi und Emanuel von Fellenbergs, eines Hofeigentümers bei Bern, der ebenfalls Pädagoge war. Sie meinen, dass auch Kleists Unternehmung durchaus Erfolg hätte haben können, sowohl von den finanziellen, den körperlichen und den organisatorischen Voraussetzungen her. Loch/Pruns, BKF 7, S. 62–67. Auch Johann Gottfried Ebel hat sich in der Schweiz angesiedelt, um ein weiteres Beispiel zu nennen, und erwarb 1805 das Zürcher Bürgerrecht.
43 MA II, 798
44 Weiss, Funde, S. 39–56. Niklaus Friedrich Graf von Mülinen war zusammen mit den Brüdern Gatschet auch an der Organisation des Aufstands gegen die französische Besatzung beteiligt.

45 MA II, 805
46 vgl. Reske, Thun
47 Etwa Peter Staengle und Jochen Schmidt
48 LS 77b
49 MA II, 805
50 Mädeli oder nicht? In dieser Frage entscheidet man sich in der letzten Zeit immer für die prosaische, nüchterne Variante: kein Mädeli. Man glaubt, dadurch realistischer zu sein. Dabei könnte man genauso gut auf die Worte Kleists vertrauen. Man könnte auch annehmen, dass Kleist ein wenig am Fuß eines Berges spazieren gegangen sein wird, egal ob Schreckhorn, Stockhorn oder ein anderer, während seine Haushälterin im Gottesdienst war.
51 Zur Datierung vgl. Weiss, Funde, S. 57–61. Als Kleist im Februar 1802, als er von Bern nach Thun ging, aber noch nicht auf dem Inseli wohnte, gegenüber Ulrike davon sprach, dass seine Geldsorgen nun notdürftig behoben seien, meinte er Einkünfte durch seine schriftstellerische Arbeit (MA II, 799). Da liegt der Gedanke nahe, dass »Die Familie Schroffenstein« zu diesem Zeitpunkt weit gediehen war und Kleist mit Geßner bereits über den Druck gesprochen hatte. Kleist könnte Geßner das Manuskript auch bereits im März übergeben haben. Vgl. die mögliche zeitliche Rekonstruktion durch Reske, Thun, S. 57 f.
52 BKA I/1, 551
53 MA II, 773
54 Auch wenn viele, unter anderem Heiner Müller, anderes behaupten. »Romeo und Julia« ist lediglich verwandt.
55 MA I, 66
56 MA I, 42
57 LS 70, so auch Schütz LS 66
58 MA II, 812
59 LS 98a
60 LS 99
61 vgl. LS 69, 101, 175a, Bülow, Kleist, S. 29, Kreutzer, Entwicklung, S. 149 ff.
62 LS 101
63 LS 77a. Curé bedeutet Pfarrer, aber auch Pelzmantel oder Pelzrock.
64 MA II, 719
65 Wie aus dem Brief an Lose vom 23. Dezember hervorgeht: »Und Du glaubst, ich würde eine Geliebte finden?« DKV IV, 290
66 vgl. DKV IV, 798. Mindestens einen Brief bekam Wilhelmine dann später, nach dem 20. Juli 1805, doch noch von Kleist. MA II, 841
67 LS 62a
68 MA II, 807

69 MA II, 793
70 Was aber nur von Bülow überliefert wird, der es von Rühle hatte. Bülow, Kleist, S. 40, Kreutzer, Entwicklung, S. 181
71 Ebenfalls überliefert durch Rühle und Bülow, bestätigt durch Pfuel. (Nach: Wilbrandt, Kleist). Das Drama »Leopold von Österreich« sei 1802 begonnen worden und es habe nur den ersten Akt gegeben, schreibt Wilbrandt. »Er hat überhaupt, wie Pfuel versichert, nur den einen vollendet.« Allerdings hat der Bericht von Pfuel auch dazu geführt, die Existenz des Leopold zu bestreiten. Denn Pfuel erzählte von einem Würfelspiel auf Leben und Tod, bei dem alle Teilnehmer verloren (LS 78). Eine solche Szene findet sich, wie erstmals Paul Hoffmann bemerkte, aber in »Arnold von Winkelried«, einem Drama des Zürcher Historikers Johann Jakob Hottinger. Pfuel scheint sich also geirrt zu haben. Die Sache ist aber, dass es die Szene bei Hottinger zwar gibt, dass sie aber nicht geeignet ist, bei Pfuel einen solchen starken Eindruck zu hinterlassen. Sie kommt in Hottingers Drama eher beiläufig vor, ist wenig bedeutungsschwer oder schicksalhaft. Das Motiv ist vollkommen verschenkt, würde man heute sagen. Da es keine gemeinsame Quelle gibt, auf die Kleist und Hottinger sich beide bezogen haben könnten, muss man diese Parallele anders erklären. Es könnte zum Beispiel Zschokke oder jemand anderer aus dem Schweizer Umfeld Kleists von seinem »Leopold« erfahren und dann davon erzählt haben, wodurch Hottinger auf die Idee kam. Hottingers Szene ginge dann auf Kleist zurück. Es ist für diese Zeit auch überliefert, dass er wegen Büchern für seine Arbeit nach Wien wollte, was sehr für einen »Leopold« spricht. (Ulrike: »Heinrichs Wunsch war nun nach Wien zu gehen ...« LS 81c) Auf dem Inseli schrieb Kleist ohne Bücher (MA II, 805). Auch das passt also zur Arbeit an einem Stück »Leopold von Österreich«. (Vgl. Kreutzer, Entwicklung, 182 f.)
72 MA II, 805
73 LS 112
74 MA II, 817
75 MA I, 158
76 MA I, 160
77 MA II, 780
78 MA II, 807
79 LS 81b
80 LS 81c
81 LS 80
82 vgl. LS 72
83 LS 83
84 Zolling, Schweiz, S. 162

85 Sembdner (LS 81c) behauptet, dass der 17. Oktober der Tag der Abreise gewesen sei. Da aber Karl Bertuch in seinem Tagebuch für den 22. Oktober das Erscheinen Ludwig Wielands verzeichnet, ist das unmöglich. (vgl. Schulz, Kleist, S. 558)
86 LS 84
87 ebd.
88 LS 89
89 Die Grüße an Fr. Schlegel, die Kleist Adolphine von Werdeck im Juli und November auftrug, waren an Albertine Therese von Schlegel (= Frau Schlegel) gerichtet. Sie war die Schwiegermutter von Kleists Freund von Brause. MA III, 621 u. 623
90 LS 67a
91 LS 77aa
92 MA II, 708, 735
93 LS 89
94 ebd.
95 ebd.
96 Kleist scheint Wieland später auch vorgelesen zu haben.
97 Wieland, Briefwechsel, Bd. 17.1, S. 375
98 LS 89
99 MA II, 810
100 Welche Macht dieses Urteil Wielands trotzdem hatte und bis heute hat, zeigt sich in den vielen Versuchen, Kleists – verbranntes – Trauerspiel im Lichte dieses Satzes zu denken. Den Interpreten verdreht der Satz bis heute den Kopf. Man kann mit Richard Samuel, KJb 1981, und Klaus Müller-Salget, Kleist, allenfalls feststellen, dass in dem erhaltenen Fragment ein gewisser Antagonismus von – antikischer – Schicksalstragödie und – shakespearescher – Charakterkomödie sichtbar wird. Alles Weitere ist Spekulation.
101 Er war da uneindeutig, MA II, 814, 817
102 Wie Weiss, Funde, S. 47 ff., gezeigt hat. Sie könnten einander in der Schweiz kennengelernt haben. Sicher ist auch das allerdings nicht.
103 LS 77aa
104 MA II, 810
105 MA II, 726, 749, 764, 777
106 MA II, 805, LS 112. Ich folge in manchem Ulrich Fülleborn, Frühe Dramen, S. 46 ff.
107 MA II, 814
108 LS 112
109 MA II, 812
110 LS 91
111 MA II, 810
112 LS 93, 94a

113 Ein Empfehlungsschreiben Wielands an Göschen trug das Datum vom 24. Februar. (LS 95)
114 MA II, 812
115 MA II, 811
116 ebd.
117 MA II, 970
118 Bülow, Kleist, S. 44 f.
119 DKV IV, 817
120 LS 108
121 MA II, 826
122 LS 105a
123 Falk an Böttiger am 1. Juli 1803. Abgedruckt von Rüdiger Wartuch, Neue Lebensspuren Heinrichs von Kleist im Briefwechsel zwischen Falk und Böttiger. In: KJb 1996, S. 194
124 MA II, 831
125 MA II, 814
126 MA II, 815
127 Röhl, JbKG 1938, S. 91
128 Röhl, JbKG 1938, S. 92
129 MA II, 826
130 1806 besuchte Kleist das Seebad Pillau, um sich zu kurieren, und klagte, dass er kaum baden könne. Er empfand Baden als angenehm. Pfuel liebte es ebenfalls zu baden. Dass sie nackt badeten, legt der bekannte Brief Kleists an Pfuel vom Januar 1805 nahe. »Ich habe deinen schönen Leib oft, wenn du in Thun vor meinen Augen in den See stiegest, mit wahrhaft *mädchenhaften* Gefühlen betrachtet.« (MA II, 832) Vielleicht geben auch ein paar Zeilen aus der Idylle »Der Schrecken im Bade« etwas von der Atmosphäre wieder: »Wie schön die Nacht ist! Wie die Landschaft rings im milden Schein des Mondes still erglänzt! Wie sich der Alpen Gipfel umgekehrt, in den krystallnen See danieder tauchen! Wenn das die Gletscher thun, ihr guten Götter, was soll der arme herzdurchglühte Mensch? Ach! Wenn es nur die Sitte mir erlaubte, vom Ufer sänk' ich selbst herab, und wälzte, wollüstig, wie ein Hecht, mich in der Fluth!« (MA II, 501)
131 Gersdorff, Pfuel, S. 21
132 MA II, 817
133 MA II, 808
134 Es hört sich in Kleists Brief alles sehr dramatisch an, und das soll es auch. Die brillante Darstellung allerdings hat Skepsis hervorgerufen, ob Kleist seine Situation nicht übertrieben dargestellt hat. Grund dieser Skepsis ist das Buch von Brown und Samuel von 1981, die so weit gehen, Kleists Katastrophenbrief von 26. Oktober alles Echte abzusprechen. Die Verehrung der

Schwester sei so absurd, dass die Selbstmordabsicht nicht ernst zu nehmen und ein »product of poetic licence«, also poetischer Zügellosigkeit sei. (Samuel/Brown, Lost Year, S. 52) Die andere typische Reaktion ist eine eigentümliche Diskretion, was die Krise angeht, wie wenn darüber kaum Sinnvolles gesagt werden könne. Ich sehe dagegen keinerlei Grund, Kleists Darstellungen seiner inneren Krisen nicht zu vertrauen. Kleist ist der Dichter der Krise. Wenn wir ihm hier nicht folgen, wo dann? Und warum sollten wir uns dann mit ihm beschäftigen? Kleist ist interessant gerade in seiner Verzweiflung. Wie sollen wir ihn ernst nehmen, wenn wir nicht seine Krisen ernst nehmen?

135 MA II, 827
136 MA II, 831
137 MA II, 818 f.
138 vgl. Bertuchs Aufzeichnungen, LS 120
139 Laut Eduard von Bülow (LS 121a) erfuhr Kleist von einem französischen Militärarzt, dass ein preußischer Adliger als Spion hingerichtet worden war. Jean Ruffet bestätigt eine Hinrichtung. Ruffet, Boulogne, S. 188
140 MA II, 884. Das könnte sich auch auf die Rückkehr von der zweiten Reise beziehen, vgl. DKV IV, 901. Da Kleist aber so gesucht worden war, ist die erste Rückkehr wahrscheinlich.
141 LS 120
142 1815 sollte Pfuel Preußens Kommandant in Paris, der dann eroberten Stadt, werden.
143 Die Forschung sprach nach Samuel/Brown – und Shakespeares lost years – bisher gern von »Kleists Lost Year«.
144 LS 125a
145 Tendenziell war schon bei dem deklamierenden Mann auf der Aare-Insel und bei dem Niederdeutschen in den Aufzeichnungen Hölders unklar, ob es sich um Kleist handelte. Für das erste Halbjahr 1804 spitzte sich der Zweifel über die Identität Kleists – begünstigt durch fehlende Briefe – bis vor kurzem extrem zu. Im Pariser Tagebuch von Carl Bertuch wird Kleist auch für die Zeit nach 1803 mehrfach erwähnt. (Vgl. Samuel/Brown, Lost Year, S. 111 f.) Ziemlich genau in dem Zeitraum, in dem Kleist in Mainz krank war, kommt Kleist in Bertuchs Tagebuch insgesamt elfmal vor, meistens als Begleiter Werdecks, das erste Mal am 4. Februar, das letzte Mal am 10. Mai 1804. Samuel/Brown vermuten deshalb, dass Wedekind Kleist als politischen Beobachter und zur Genesung nach Paris schickte und er also nicht so krank war, wie er tat. Dem haben sich fast alle Kleistforscher, die sich seitdem mit der Frage beschäftigten, angeschlossen. Helmut Sembdner aber hat entschieden widersprochen. Er ging davon aus, dass es sich bei Bertuchs Kleist

um einen Namensvetter handelte. Er machte darauf aufmerksam, dass Bertuchs Kleist von 1804 nicht als der überspannte Schnorrer erscheint, als den Bertuch ihn zuerst schilderte, sondern als ein weltläufiger und wohlhabender Mann (Sembdner, Sachen, S. 370). Nun hat sich herausgestellt, dass Sembdner recht behalten hat. Klaus Müller-Salget hat die Listen der angekommenen Fremden in den Berliner Zeitungen noch einmal durchgesehen, wie sie in den »Berliner Kleist-Blättern« abgedruckt sind. Dabei fiel ihm für den 3. Mai 1804 der Eintrag »Hr. v. Kleist, Lieut. a. Diensten, a. Mainz« auf. (BKB 14, S. 889) Damit ist nicht nur klar, wann Kleist in Berlin ankam. Es ist auch klar, dass der Kleist, den Bertuch immer wieder in Paris traf, nicht Heinrich von Kleist war, da sich Bertuch und Kleist auch noch am 10. Mai trafen. Somit fällt die Hypothese von Samuel/Brown in sich zusammen, und eines der scharfsinnigsten Kleistbücher erweist sich als Makulatur. Kleist war in der ersten Jahreshälfte 1804 nicht in Paris. (Müller-Salget, KJb 2008/9, S. 251 ff.) – Gegen die Hypothese von Brown/Samuel spricht übrigens auch ein Brief an Adolphine von Werdeck von 1807. Kleist schrieb hier, dass er Ende 1804 »in der That« krank war (MA II, 884) und sie deswegen nicht besuchen konnte. Wenn Kleist in den ersten Monaten des Jahres 1804 in Paris war, dort die Werdecks gesehen hat und dafür trotz Krankheit immer wieder hin- und hergefahren war, würde sich die Bemerkung verbieten, dass er sie Ende 1804 wegen Krankheit nicht besuchen konnte. Kleist würde geradezu herausfordern, dass Adolphine ihn für einen Lügner hält, wenn er damals, Anfang 1804, trotz schwerer Krankheit mehrfach nach Paris reisen konnte.

146 Die Autoren, die eine Prognose wagen, gehen wie etwa Sembdner (Sachen, S. 372) von einer Depression aus. Das ist allerdings Spekulation.
147 MA II, 884
148 MA II, 827
149 Daraus hat Christa Wolf ihren Roman »Kein Ort. Nirgends« gemacht.
150 Möglicherweise bei Masson, dem Ratspräsidenten des Departements Rhein-Mosel. Vgl. Samuel/Brown, Lost Year, S. 73
151 LS 127

Staatsbeamter und Gefangener

1 Vehse, Geschichte, Bd. 2, S. 67
2 MA II, 819 ff. Nach diesem Brief auch die folgenden Zitate.
3 vgl. Stamm-Kuhlmann, König, S. 111 ff. und Massenbach, Historische Denkwürdigkeiten
4 Vehse, Geschichte, Bd. 2, S. 77 f., Zitate von Massenbach
5 Köckeritz tritt im 16. Kapitel auf.
6 LS 129
7 MA II, 823, Weiss, Funde, S. 94 f.
8 vgl. Häker, Überwiegend, S. 51 ff. u. 68 ff. Vgl. auch Weiss, Funde, S. 94 ff. Höchst beeindruckend Schilderung und Anekdote von Vehse, Geschichte, Bd. 2, S. 101 f.: »Er war auch sonst ein Original: von altem Adel, freute es ihn, jeden aristokratischen Dünkel durch seine Sarkasmen niederzubohren; höchst begehrt bei Hofe, aber aus der Hofgesellschaft oft weggehend, um, wie er ausdrücklich zu hören gab, zu Mlle Levin zu gehen, wo die klügsten Leute zusammen kämen ... Ein höchst seltsames Schweigen bewies er jedoch einmal, Haugwitz gegenüber, eben als er zum Gesandten in Madrid ernannt, aber von Haugwitz, der ihn gar nicht mochte, ein halbes Jahr hingehalten worden war. Bei einer Hofassemblée stellte er sich, nachdem er den Minister am Spieltische feierlich gegrüßt, demselben schweigend gegenüber und sah ihn immer an. Schon das war Haugwitz ungemein unangenehm, aber noch unangenehmer wurde ihm, daß Gualtieri nun die schrecklichste Gesichterschneiderei begann, die so plastisch und malerisch war, daß Haugwitz den ganzen Grimm des Italieners darin recht eindringlich sehen konnte. Diese magnetische Telegraphie des Italieners hielt er nicht aus und stand auf, um Gualtieri zu sagen, daß er morgen seiner Abfertigung gewärtig sein solle. Gualtieri ging nach Madrid, beobachtete die Rücksichten, die das Klima verlangte, nicht, bekam ein Entzündungsfieber, nahm, einem alten Familiengrundsatze treu, keinen Arzt und mußte in der katholischen Residenz sterben, wo das Volk den Sarg des Ketzers mit Steinen bewarf.«
9 Rahel Varnhagen, Gesammelte Werke, Bd. 1, S. 274 ff.
10 MA II, 823 f., Weiss, Funde, S. 96
11 vgl. MA II, 825, 829, 830
12 Luises Geldmittel waren sehr knapp bemessen. (Schoenpflug, Luise, S. 71)
13 MA II, 824
14 LS 132
15 Vehse, Geschichte, Bd. 2, S. 52; Norbert Miller, KJb 1981, S. 15; Jean Paul an Caroline Herder, zit. nach Miller, S. 16

16 de Staël, Über Deutschland, S. 108 u. 110
17 Vehse, Geschichte, Bd. 2, S. 74 f. u. 77
18 zit. nach Vehse, Geschichte, Bd. 2, S. 104
19 ebd.
20 Kleßmann, Augenzeugenberichte, S. 34
21 Clark, Preußen, S. 351 f.
22 Königin Luise von Preußen, Briefe und Aufzeichnungen 1786–1810. Hg. Malve Gräfin Rothkirch, München 2010, S. 228. Vgl. auch Baillieu, Luise, S. 114 f., und Schoenpflug, Luise, S. 172
23 Später wurde er vielfach für die Niederlage von 1806 in der Schlacht von Jena und vor allem für die Kapitulation von Prenzlau verantwortlich gemacht. In scharfzüngigen Rechtfertigungsschriften, vor allem seinen »Historischen Denkwürdigkeiten«, versuchte er sich zu rehabilitieren. Dadurch machte er sich viele Feinde. Arno Schmidt schätzte Massenbach dagegen sehr.
24 MA II, 833
25 LS 132
26 MA II, 830
27 Man geht davon aus, dass Kleist den »Zerbrochnen Krug«, den »Amphitryon«, das »Erdbeben in Chili«, den ersten Teil des »Kohlhaas«, die »Marquise von O....« und den Aufsatz »Über die allmählige Verfertigung der Gedanken« in Königsberg schrieb. Außerdem habe er mit der »Penthesilea« dort begonnen. Es gibt allerdings keinen Grund, die schriftstellerische Arbeit nicht in Berlin beginnen zu lassen. Angesichts der Menge der Werke kann das einige Wahrscheinlichkeit für sich beanspruchen.
28 Vgl. Földenyi, Netz, S. 220 ff.
29 vgl. Brief Müllers an Gentz, s. Kap. 7
30 vgl. Szondi, Amphitryon, S. 155
31 vgl. Henkel, Szene II,5, S. 214
32 MA I, 325 ff.
33 LS 102
34 MA II, 834
35 DKV IV, 845; MA III, 635 f.
36 Weiss, Funde, S. 125 f.
37 Etwa Müller-Salget, Kleist, S. 188
38 vgl. MA 566 f., 684
39 MA I, 188
40 MA I, 219
41 Die Literaturwissenschaft hat auf die Zeitbezüge unendlichen Scharfsinn verwandt. Vgl. die Aufsätze von Ilse Graham, Wolfgang Schadewaldt, Peter Michelsen, Dirk Grathoff (KJb 1981/2), Hans-Peter Schneider, David Wellbery, Roland Reuss, Peter

Staengle (beide BKB 8) und Ethel Mathala de Mazza. Außerdem die Bücher von Helmut Sembdner, Erläuterungen; Katharina Mommsen, Kleists Kampf mit Goethe; Hans Joachim Kreutzer, Entwicklung; Wolf Kittler, Geburt; Jochen Schmidt, Epoche; Klaus Müller-Salget, Kleist; Ulrich Fülleborn, Die frühen Dramen.
42 vgl. Kittler, Geburt, S. 135 f.
43 Ethel Matala de Mazza, KJb 2001, S. 166 u. 173, geht davon aus, dass es Kleist um symbolische Formen staatlicher Institutionen gegangen sei. Es gehe um den unvordenklichen Grund der Rechtsordnung. Klaus Müller-Salget, Kleist, S. 193, widerspricht mit dem Argument, dass die Übertragung der Niederlande von Karl an Philipp für die Niederländer alles andere als positiv besetzt war, mit einer Staatsgründung im Sinne Matala de Mazzas also keinesfalls gleichzusetzen sei.
44 MA I, 276
45 vgl. Müller-Salget, Kleist, S. 193 f. Allerdings scheint Kleist die Münze mit dem eingeprägten König wirklich als absoluten Vertrauensbeweis behandelt zu haben – und nur darum geht es ja. Auch das Problem, dass es diesen Gulden in Wirklichkeit nicht gab, könnte ja ein schlichtes Scheinproblem sein: Wer sagt denn, dass Kleist darüber überhaupt nachdachte? Er hatte jedes Recht, es einfach so zu behaupten.
46 Jany, Geschichte, S. 285
47 MA I, 175
48 Häker, Überwiegend, S. 178
49 MA II, 830 f.
50 MA II, 829 f.
51 MA II, 831
52 MA II, 832
53 MA II, 833
54 Erst Detering, Földenyi und Bisky sind da deutlich. Wobei Bisky die Sache wieder unklarer macht, wenn er behauptet, die Frage nach Homosexualität gehe an der Sache vorbei, da es die damals nicht gegeben habe, Bisky, Kleist, S. 227. Natürlich gab es sie auch damals.
55 MA II, 832
56 Scharfenort, Kulturbilder, S. 5
57 MA II, 537
58 LS 132
59 Ich orientiere mich vor allem an dem Aufsatz »Hermaphroditen, Homosexuelle und Geschlechtswechsler – Transsexualität als historisches Projekt« von Stefan Hirschauer in dem Band »Geschlechtsumwandlung«, hrsg. von Friedemann Pfäfflin und Astrid Junge, vor allem S. 56–66, hier S. 65
60 ebd., S. 63

61 ebd., S. 62
62 MA II, 832
63 Einen Eindruck davon, wie Kleist jemanden in seinen Gefühlen vollkommen durcheinanderbringen konnte, gibt der Brief Karoline von Schliebens an Lose vom Frühjahr 1803. Kleist hatte offensichtlich und sehr eindringlich mit ihr gesprochen. Auf die Rückseite des Briefes, den Karoline von Schlieben daraufhin schrieb, notierte er dann seine Zeilen an Lose.
64 LS 130
65 Richard Samuel, Kleist und Altenstein, S. 86
66 MA II, 833
67 Dies schrieb Caroline de la Motte Fouqué am 12. April 1805 an Ernst von Pfuel. LS 137b
68 MA II, 840
69 MA II, 835
70 MA II, 836 (Kreisen meint Kreißen)
71 MA II, 835
72 vgl. Manthey, Königsberg, S. 348
73 Samuel, Teilnahme, S. 33
74 LS 142
75 Eine Reminiszenz davon im Gedankenverfertigungs-Aufsatz, MA II, 284
76 MA II, 841
77 LS 146
78 LS 147
79 Becker, KJb 1996, S. 48
80 LS 147
81 MA II, 832
82 MA II, 843
83 vgl. DKV IV, 850
84 Eine Abschrift des Aufsatzes stammt erst aus der Dresdner Zeit 1807, man nimmt aber allgemein an, dass Kleist den Aufsatz in Königsberg schrieb. Möglicherweise wurde er dadurch angeregt, dass Rühle Kleist im August 1805 seinerseits einen Aufsatz geschickt hatte. (MA II, 842)
85 MA II, 285
86 vgl. Holz, Sprache, S. 26
87 MA II, 286
88 Allerdings nicht auf Heinrich von Kleist, sondern auf Ewald Georg von Kleist (1700–1748) zurückgehend.
89 MA II, 289
90 vgl. Manthey, Königsberg, S. 346 f.
91 Der Freiherr vom Stein, der zwar nicht vor Ort, aber neben Hardenberg die treibende Kraft dieser Bewegung war, veröffentlichte im April 1806 eine Denkschrift, die genau diese Miss-

stände mit scharfen Worten geißelte. Vgl. Clark, Preußen, S. 354, Manthey, Königsberg, S. 347 u. 369. Stein war fassungslos darüber, dass allein das Kabinett regierte. Das sei die neue Staatsbehörde, sie habe alle Gewalt, aber müsse keine Verantwortung übernehmen, da alles über den Monarchen abgesegnet sei. Vgl. Pertz, Stein's Leben, S. 159

92 LS 142 u. 146
93 MA II, 853
94 MA II, 843
95 MA II, 845
96 MA II, 845 f.
97 MA II, 846
98 ebd.
99 MA II, 846 f.
100 Walter Müller-Seidel hat plausibel gemacht, dass Schiller sich im »Wilhelm Tell« zu einer Bejahung des Tyrannenmords durchgerungen hat. S. 192–211, vor allem 205, und 274–277.
101 MA II, 149
102 MA II, 149 f.
103 MA II, 150
104 Die Rechtfertigung Gottes gegenüber der katastrophalen Welt. Vgl. Apelt/Grathoff, Erläuterungen. Diskussionsteilnehmer waren Voltaire, Rousseau und Kant.
105 Zum Thema Gewalt bei Kleist: DKV III, 693; Stephens, Sprache und Gewalt, S. 81; Schings, KJb 2008/9; Bohrer, Brief, vor allem S. 98
106 MA II, 162
107 Liebrand, Bewusstsein. Vgl. Reuß, BKB 6, und Wellbery, Modellanalysen
108 Brentano an Arnim, BKB 13, S. 86, auch NR /3a
109 Nach einer Beobachtung von Hans Joachim Kreutzer. Damals begann »die für die Prosa charakteristische Bepfählung der einzelnen Kola der Periode durch Kommata ... Das mag als zusätzliches Beweismittel für einen späten Beginn der Kleistschen Erzählkunst ... dienen.« Kreutzer, Entwicklung, S. 115
110 abgedruckt in BKB 2, S. 37, auch LS 128
111 Reaktionen auf die Publikation im »Phöbus« in LS
112 Hamacher, Erläuterungen. Und: Hamacher, Schrift, Recht und Moral
113 Földenyi, Netz, S. 289 ff.
114 MA II, 831
115 MA II, 843
116 MA II, 847
117 MA II, 848
118 MA II, 849

119 MA II, 857
120 MA II, 849
121 MA II, 840, 843
122 MA II, 849
123 ebd., vgl. die lange Reihe entsprechender Stellen in DKV IV, 527
124 MA II, 852. Diese Stelle steht auch in Zusammenhang mit der Theodizee-Diskussion, die sich an das Erdbeben in Lissabon anschloss und die Kleist beim »Erdbeben in Chili« berücksichtigte.
125 LS 151a
126 MA II, 854
127 ebd.
128 MA II, 855
129 MA II, 857
130 MA II, 856
131 MA II, 857
132 MA II, 856
133 MA II, 857
134 MA II, 858
135 Kleßmann, Augenzeugenberichte, S. 98
136 ebd., S. 129
137 Samuel, Teilnahme, S. 40
138 MA II, 859 f.
139 Manthey, Königsberg, S. 309
140 MA II, 860 f.
141 Weiss, Funde, S. 103
142 BKB 14, S. 881
143 Weiss, Funde, S. 103
144 MA II, 862
145 Wie Sigismund Rahmer behauptete: Rahmer, Mensch, S. 103
146 LS 159
147 vgl. Weiss, Funde, S. 104
148 MA II, 866
149 ebd.
150 Weiss, Funde, S. 111
151 MA II, 867
152 »Fabrizio verbrachte mehr als zwei Stunden am Fenster und bewunderte den Horizont, der seine Seele rührte. Öfters auch ließ er seine Blicke nach der hübschen Kommandantur hinüberschweifen, bis er mit einem Male ausrief: ›Aber ist das denn ein Kerker? Das, was ich so sehr gefürchtet habe?‹ Statt bei jedem Schritt Unannehmlichkeiten und Anlaß zu Ärgernis zu entdecken, ließ sich unser Held von den Reizen seines Gefängnisses bezaubern.« Stendhal, Parma, S. 374
153 ebd., S. 375
154 MA II, 864

155 MA II, 863
156 So etwa Samuel, Teilnahme, S. 52
157 MA II, 650 f.
158 LS 164a
159 Weiss, Funde, S. 115
160 MA II, 868
161 MA II, 870
162 MA II, 869–875
163 Samuel, Teilnahme, S. 49
164 MA II, 873 ff.
165 Vehse, Geschichte, Bd. 2, S. 129

Zwischenspiel: Kleist und das Geld

1 Vgl. MA III, 454
2 MA II, 659
3 MA II, 677
4 MA II, 703
5 Zit. nach Hoffmann, Kleist und die Seinen. In: Hoffmann, Kleist-Arbeiten, S. 644. Die Löschbrandtin ist Kleists mit Ernst von Loeschbrandt verheiratete Halbschwester Wilhelmine.
6 MA II, 805
7 MA II, 792 u. 793 f.

Lorbeerkranz und Goethestreit

1 MA II, 842 f.
2 Ein wackerer, scharfsinniger, sehr gutmütiger Mensch, meinte Fouqué. LS 289b
3 LS 193a
4 MA II, 856
5 ebd.
6 MA II, 858
7 MA II, 870
8 BKB 7, S. 45
9 Goethe, Begegnungen und Gespräche. Bd. 6, 1806–1808. Begründet von Ernst und Renate Grumach, Hg. von Renate Grumach. Berlin, New York 1999, S. 141

10 Vehse, Geschichte, Bd. 2, S. 122 ff.
11 Kleßmann, Augenzeugenberichte, S. 221 f.
12 MA II, 877
13 MA II, 879
14 LS 193
15 LS 192b
16 LS 201. Es handelt sich um jenen Carl Bertuch, den Kleist 1803 in Paris kennengelernt hatte.
17 LS 191, 206a. Vgl. außerdem LS 213a: Es werde viel gelesen in Dresden.
18 MA II, 622
19 MA II, 616
20 MA II, 727
21 MA II, 813
22 LS 182a bis 186a
23 LS 263e
24 Baxa, Adam Müller, S. 89
25 LS 289c
26 Wie Ogorek, KJb 1988/9, oder Marquardt, BKF 7. 1804 hatte Müller »Die Lehre vom Gegensatz« veröffentlicht, die sich anbietet, um Verbindungen zu Kleist herzustellen.
27 LS 172a bis 173
28 LS 226
29 ebd.
30 LS 196
31 MA II, 880
32 LS 170
33 LS 262
34 Jäckel, Dresden, S. 149, und LS 263d
35 Jäckel, Dresden, S. 149
36 LS 188
37 Weiss, Funde, S. 136 u. 139
38 MA II, 881 ff.
39 Es gibt Spuren weiterer Kontakte Kleists in Dresden. Wichtig war der Kontakt mit dem Maler Ferdinand Hartmann, der auch am »Phöbus« mitgearbeitet hatte. Zu Hartmann hatte Kleist auch nach seiner Abreise aus Dresden Kontakt. Er soll aber auch bei Seydelmann (LS 302), einem Professor der Kunstakademie, oder bei Carl Adolf von Carlowitz, wo Müller und Schubert Vorlesungen hielten (Samuel, Teilnahme, S. 74, LS 271), verkehrt sein.
40 MA II, 884
41 Wie sie etwa Richard Samuel anstellt.
42 Weiss, Funde, S. 127
43 MA II, 878

44 MA II, 883
45 MA II, 900
46 Baxa, Die Phönix-Buchhandlung, S. 171–185
47 Phöbus S. 41. Zitiert nach dem photomech. Nachdruck, Hildesheim 1987. Siehe auch Osterkamp, KJb 1990, S. 64 u. 66 ff.
48 vgl. Osterkamp, KJb 1990, S. 59, 66 u. 68. Wobei Kleist, zumindest bei seinem zweiten und dritten Dresdenbesuch, einen durchaus klassizistischen Kunstgeschmack gehabt hat. Dazu Kreutzer, Entwicklung, S. 198 ff.; Barthel, BKF 7, S. 49 ff.
49 LS 200a
50 MA II, 890
51 LS 200b
52 LS 209a
53 LS 211b
54 LS 211c
55 MA II, 901; LS 208
56 LS 201, Bertuch kannte Rühle besser als Kleist, die beiden waren befreundet.
57 Weiss, Funde, S. 141
58 LS 201 u. 221b
59 MA II, 290
60 Osterkamp, KJb 1990, S. 54 f.
61 MA II, 488; BKB 9, S. 46
62 So etwa Böttiger, LS 225a
63 Vollständig findet man den »Phöbus« entweder im photomechanischen Nachdruck von Helmut Sembdner oder unter www.textkritik.de/bka/dokumente/phoebus.htm
64 LS 235a
65 LS 260
66 MA II, 108
67 MA I, 442
68 MA I, 378
69 MA I, 497
70 Vgl. das wunderbare Kleistbuch von Lászlo F. Földenyi. Ich beziehe mich bei der »Penthesilea« vor allem auf ihn. Das Stück ist einerseits ein Lieblingstext der literarischen Dekonstruktion und der Diskursanalyse. Tatsächlich muss man sagen, dass der Text erst richtig lesbar wurde, seit es diese literaturwissenschaftliche Methode gibt. Andererseits ist die interpretatorische Nacht, die diesem Sündenfall folgt, endlos. Die entsprechenden wissenschaftlichen Texte sind dunkler als Kleist.
71 MA I, 377
72 MA I, 425
73 MA I, 500
74 MA II, 759

75 MA II, 894. Es gab eine ausgiebige Debatte zur Frage, ob die Briefstelle »Schmutz und Glanz« oder »Schmerz und Glanz« zu entziffern ist. Sie ist zugunsten des Schmutzes entschieden.
76 MA II, 886
77 LS 198
78 MA II, 889
79 LS 278
80 Wartusch, KJb 1996. Darin S. 189 f.: Karl August Böttiger an Johann Daniel Falk, 26. 5. 1807
81 LS 174
82 MA II, 901
83 MA II, 908; LS 277a
84 LS, S. 9
85 LS 291a–aa
86 Das Verhältnis Goethe und Kleist war lange einer der dringlichsten Gegenstände der Kleistforschung. Vgl. etwa von Bernhard Blume, Kleist und Goethe (in: Müller-Seidel, Aufsätze I), Katharina Mommsen (Kleists Kampf mit Goethe), Helmut Sembdner (Goethes Begegnung mit Kleist. In: In Sachen Kleist), Dirk Grathoff (Goethe und Kleist. Die Geschichte eines Missverständnisses. In: Grathoff, Kleist). In neuerer Zeit ist das Thema aus der Mode gekommen. In den »Kleist-Jahrbüchern« der Jahre 1998 und 1999, die beide von »Kleists Duellen« handeln, findet sich kein Beitrag zum Verhältnis zu Goethe.
87 LS 218a
88 MA II, 896
89 LS 185
90 MA II, 897
91 MA II, 899
92 MA II, 901
93 vgl. Seibt, Goethe und Napoleon, vor allem S. 24 ff.
94 Von den mir bekannten Aufführungen ist nur die von Stephan Kimmig am Hamburger Thalia Theater in mancher Beziehung auf der Höhe des Stückes.
95 LS 242
96 LS 243
97 LS 239b
98 BKB 13, 20
99 LS 247
100 MA II, 901
101 LS 252
102 LS 239aa
103 Das hat Helmut Sembdner in seiner hervorragenden Untersuchung, Der zerbrochne Krug in Goethes Inszenierung (in: In Sachen Kleist), deutlich gemacht. Der Brief Beckers an Hein-

rich Blümner, den Ilse-Marie Barth 1980 publiziert hat, unterstreicht das. Becker schreibt, dass er von Goethe ein »prächtiges« Stück zum Streichen bekommen habe.
104 LS 247
105 MA II, 505
106 vgl. Reuß, Ein anderes gleiches. In: BKB 17, 68
107 LS 264
108 LS 218b
109 LS 258
110 LS 266
111 LS 263d
112 LS 199
113 LS 261
114 LS 262
115 LS 263 f.
116 LS 218c
117 Grathoff, Kleist, S. 150
118 MA I, 593 f.
119 MA I, 622
120 Cullens, Mücke, Das Käthchen von Heilbronn. Ich orientiere mich teilweise an dieser Interpretation.
121 Ruth Klüger in KJb 1993
122 MA II, 912
123 vgl. auch das brutale Verhör von Kohlhaas mit seinem Knecht.
124 MA I, 550
125 vgl. Ellenberger, Die Entdeckung des Unbewußten
126 LS 196; vgl. Peters, KJb 1990, S. 135 ff.
127 LS 197a, b
128 MA II, 719
129 MA II, 723
130 MA I, 593
131 MA I, 595
132 MA II, 810
133 MA II, 813
134 MA I, 530
135 MA II, 884
136 vgl. auch den Artikel »Grazie« von Lászlo F. Földenyi, Netz, S. 172–180
137 Rahmer, Mensch, S. 363
138 LS 271, 275a, 309
139 LS 270a
140 Bülow, Kleist, S. 52 f.; LS 270b
141 LS 263c, 270b–c, auch Weiss, Euphorion 89, S. 1–22
142 LS 263c
143 Zitiert nach Weiss, Euphorion 89, S. 17

144 MA II, 911
145 Intensiv aber war das Verhältnis zu Sophie von Haza: In ihrem Nachlass fanden sich mehrere Kleist-Handschriften, unter anderem der »Penthesilea« (BKB 15, S. 17–28).
146 MA II, 913
147 MA II, 922; vgl. auch die Erwähnung Schlegels als Beiträger des »Phöbus« in einem Brief von Adam Müller, LS 277a
148 MA II, 906
149 Kreutzer, Entwicklung, S. 201 f.
150 Im »Käthchen« spricht Kleist von Opiaten. Bülow überliefert, Kleist habe sich in Dresden mit einer Überdosis Opium umbringen wollen. LS 269
151 Berlin, Wurzeln. Kleist kommt in diesem Buch auf S. 82 nur einmal vor. Dort geht es wirklich um Heinrich und nicht, wie das Register behauptet, um Ewald von Kleist.
152 Um diese Gedanken dreht sich das gesamte Buch, siehe vor allem S. 203 ff.
153 Berlin, Wurzeln, S. 40 f.
154 LS 299a
155 LS 299a–301 f.; Weiss, Funde, S. 149 ff.
156 MA II, 903
157 Brief an Göschen, MA II, 904 f.
158 LS 271
159 LS 277a
160 MA II, 906, 908
161 MA II, 908
162 MA II, 909
163 Man fragt sich, warum es über den »Phöbus« keine umfassende Untersuchung gibt.
164 vgl. die Briefe an Collin in Wien.
165 MA II, 914
166 MA II, 911
167 LS 311
168 BKB 13, S. 27

Widerstand und Geheimdienst

1 Stamm-Kuhlmann, Große Zeit, S. 299
2 Vehse, Geschichte, Bd. 2, S. 158
3 Clark, Preußen, S. 380
4 ebd., Kapitel über »Die Welt der Bürokraten«
5 Vgl. Münkler, Imperien. Insb. S. 188 ff.

Anmerkungen

6 Samuel, Teilnahme, S. 147 f.
7 vgl. Kittler, Partisan, S. 222
8 Samuel, Teilnahme, S. 148
9 MA II, 919
10 Kittler, Partisan, S. 222
11 vgl. Schulze, Nationalstaat, S. 62–69
12 zitiert nach: Samuel, Teilnahme, S. 141
13 zitiert nach: ebd., S. 146
14 zitiert nach: ebd., S. 339
15 Heiner Müller machte sich über die verzweifelte Suche der Deutschen nach einem nationalen Stoff noch 1990 lustig. Am Beispiel »Herrmannsschlacht« sehe man, wie ein relativ folgenloser Grenzzwischenfall im römischen Imperium zum nationalen Mythos aufgeblasen und daraus das Drama der Guerilla gemacht werde. KJb 1991, S. 13 ff.
16 MA I, 644
17 ebd.
18 Münkler, Imperien, S. 200
19 vgl. Samuel, Teilnahme, S. 336 f.
20 MA I, 740
21 MA I, 703
22 MA I, 698
23 Földenyi, Netz, S. 240
24 MA I, 725
25 vgl. das »Streitgespräch« zwischen Claus Peymann und Hans-Joachim Kreutzer, KJb 1984
26 MA II, 328 u. MA I, 610
27 MA II, 914
28 MA II, 916, 919. Kleist verwendete dabei genau den Ausdruck, den er für die Verbindung zwischen der »Penthesilea« und Pfuel gebraucht hatte.
29 MA II, 857, 845 f.
30 MA II, 780
31 vgl. Ruth K. Angress, Sklaverei und imperialistische Herrschaft. In: Wiener Programmheft von Peymanns Aufführung der »Herrmannsschlacht«, S. 159
32 Samuel, Teilnahme. Und: Samuel, Herrmannsschlacht. In: Müller-Seidel, Aufsätze I, S. 412 ff.; Kittler, Partisan; Kittler, Hermannsschlacht, S. 642: »Seine Version der Herrmannsschlacht bringt Gneisenaus Konzept der Guerillakriegsführung auf die Bühne.« Auch Zeitgenossen wie Körner, LS 304a, nahmen in dem Stück vor allem den Aktualitätsbezug wahr.
33 Kaiser Franz, mittlerweile, nach 1806, nicht mehr der Zweite, sondern der Erste
34 Weiss, Funde, S. 193

35 ebd.
36 ebd., S. 187 ff.
37 ebd., S. 200
38 Friedrich Gentz, »Gedanken über die Frage: Was würde das Haus Österreich unter den jetzigen Umständen zu beschließen haben, um Deutschland auf eine dauerhafte Weise von fremder Gewalt zu befreien« (1808). In: Gentz, Staatsschriften, S. 177
39 ebd.
40 ebd., S. 178
41 vom 2. Juni 1808. In: Gentz-Müller, Briefwechsel, S. 147
42 ebd.
43 MA II, 880
44 Gentz, Tagebücher, S. 52
45 Baxa, Müller, S. 176
46 Weiss, Funde, S. 196
47 Baxa, Müller, S. 89 f.; Briefe von Müller an Gentz vom 1. Juni 1808 und Gentz an Müller vom 2. Juni 1808. Gentz–Müller, Briefwechsel, S. 145 ff. Tagebucheintrag von Gentz, Tagebücher, S. 62
48 MA II, 922
49 Weiss, Funde, S. 191
50 LS 325
51 Samuel, Teilnahme, S. 176
52 ebd.
53 MA II, 908
54 ebd.
55 MA II, 909
56 vgl. Samuel, Teilnahme, S. 181 f.
57 LS 313
58 Samuel, Teilnahme, S. 172 ff.
59 MA II, 909
60 LS 312 u. 325a
61 Martens, Denkwürdigkeiten, LS 312
62 Rühle von Lilienstern, Reise 1809, Bd. 1, S. 104
63 Rühle, KJb 1987, S. 89
64 Gentz hatte schon 1808 mit Rühle ein freundschaftliches Verhältnis. Einige Briefe von Gentz an Rühle in: Gentz, Ein Denkmal, Erster Teil. S. 319–351. Unter anderem ist hier zu lesen: »Der Aufsatz in der Pallas über die Schlachten im Marchfelde hat in Wien eine große Sensation gemacht. Sie wissen, daß man in der Oestreichischen Armee nicht immer ganz gerecht gegen Fremde ist; dieser Aufsatz aber ist mit einstimmiger Bewunderung gelesen worden. Während meines Aufenthalts in Wien hörte ich unter den Militairs fast täglich davon sprechen ...«
65 Hermann F. Weiss hat die Ansicht vertreten, Kleist habe in sei-

ner Anekdote den sächsischen Obristen Thielmann gemeint. Kleist erwähnt Thielmann im Brief an Schlegel. Aber die Parallelen zu Rühle sind in jedem Fall zu offensichtlich, als dass Kleist sie nicht bemerkt haben sollte. Vgl. auch Samuel, Teilnahme, S. 238
66 MA II, 913
67 vgl. auch Baxa, Müller, S. 142
68 MA II, 919
69 ebd. Der Text, der entdeckt wurde: MA II, 318 ff. (vgl. MA II, 323), Weiss, Funde, S. 244 ff.
70 MA II, 919
71 Später wurde er zum Vorbild für die Hauptfigur in Fontanes »Schach von Wuthenow«. Am gleichen Tag Decker an Major von Schack. (LS 315b)
72 MA II, 517
73 So Weiss, Funde, S. 310 ff. und Müller-Salget DKV III, 1023. Allerdings wird »Das letzte Lied« von Weiss und Müller-Salget ausschließlich als zeitgeschichtliche Reaktion auf die ersten Niederlagen Österreichs verstanden. Das ist m. E. nicht überzeugend. Kleists Text geht weit über Zeitgeschichtliches hinaus.
74 MA II, 917
75 MA II, 920
76 Samuel, Teilnahme, S. 218
77 LS 297. Weiss, Funde, S. 205 ff. verzeichnet, wer alles in Prag war.
78 Knesebeck entwarf Pläne für eine echt nationale preußische Armee. Clark, Preußen, S. 378
79 LS 317b
80 LS 317
81 LS 317b
82 Möglich wäre auch, dass Kleist weiter bis nach Groß-Enzersdorf ging, das am äußersten rechten Flügel der französischen Truppen lag. Kleist sagt nichts von einem erhöhten Aussichtspunkt. »Der Brief, mit der ganzen Beschreibung dessen, was ich am 22ten in Enzersdorf selbst sah, ist nach Prag gegangen ...« (MA II, 921) Richard Samuel, der die bis heute umfassendste Rekonstruktion der Umstände versucht hat, ist hier unklar: Er schreibt einerseits, dass Kleist in Langenzersdorf war, andererseits dass er von Stockerau über dreißig Kilometer Fußweg hatte, was nur auf Groß-Enzersdorf zutrifft. (Samuel, Teilnahme, S. 221) Groß-Enzersdorf scheidet m. E. aber aus. Nicht nur, dass es gut dreißig Kilometer entfernt war, Kleist hätte auch noch die österreichischen Truppen umgehen müssen, der Weg wäre also noch weiter gewesen. Es wäre außerdem schwierig gewesen, unterwegs nicht als Spion verhaftet zu werden. Im Übrigen ist nicht einzusehen, warum Kleist das

Schlachtfeld einmal halb umrunden sollte, um sich an die Seite der Franzosen zu stellen, wenn er es auch von Nordwesten aus von österreichisch beherrschtem Gebiet betrachten konnte.
83 MA I, 776
84 Was ebenfalls dafür spricht, dass er die Schlacht von hier aus sah.
85 MA II, 921
86 MA II, 324
87 Weiss, Funde, S. 213. Möglicherweise meinte Kleist aber auch den Armeebefehl des Erzherzogs Karl.
88 Nach Dahlmanns Autobiographie 1849 und einem ausführlicheren Schreiben an Julian Schmidt 1858, LS 316 u. 317
89 LS 317
90 LS 316
91 LS 317
92 MA II, 923, LS 317
93 Baxa, Müller, S. 130
94 Vielfach ist aber auch in diesem Text Chauvinismus gesehen worden. Vgl. DKV III, 1066 ff.
95 MA II, 317
96 LS 326, Weiss, Funde, S. 208
97 MA II, 923
98 Weiss ist der Auffassung, dass einige auch schon in Dresden geschrieben worden sein könnten.
99 MA II, 316
100 MA II, 324 ff.
101 MA II, 311
102 MA II, 513
103 LS 331
104 MA II, 923
105 MA II, 924
106 MA II, 337
107 DKV III, 498
108 »Sie muss diese Güter für ihren und ihrer Völker alleinigen Schatz anerkennen, der, um jeden Preis, gleichviel welchen, gegen den Feind verteidigt werden muss, und begreifen, daß der Sieg, wenn ihn der höchste Gott uns schenkt, um keine Träne zu teuer erkauft sei wenn auch der Wert des ganzen Nationalreichtums vernichtet würde, und das Volk so nackt daraus hervorginge, wie vor 2000 Jahren aus seinen Wäldern.« (DKV III, 500.) Vgl. Samuel, Rettung von Österreich, S. 171 ff.; Weiss, Funde, S. 335 f.; Müller-Salget, KJb 1994, S. 3 ff.
109 Weiss, Funde, S. 335, meint, der Aufsatz sei ein Arbeitspapier gewesen. Müller-Salget, Rettung, S. 39, denkt an eine Flugschrift oder Veröffentlichung in der »Germania«. Mir scheint

wichtiger, an wen Kleist das Schreiben richtete. Dass Kleist sich selbst hier als »unruhigen Kopf« qualifizierte, deutet m. E. auf den König bzw. Staatsapparat als Adressat, dessen Einwänden er zuvorzukommen suchte. Müller-Salget weist darauf hin, dass der österreichische Außenminister Philipp Graf Stadion Kleist verwandte Ansichten hatte.
110 MA II, 334
111 LS 507
112 MA II, 925
113 MA II, 920 f.
114 MA I, 811
115 Bernd Hamacher, HKB 6, S. 9–68
116 Die heutige Geschichtsschreibung ist dagegen geneigt, Friedrich Wilhelm III. recht zu geben. Clark, Preußen, S. 401
117 zitiert nach DKV II, 1166, vgl. auch BKB 18, 40. Es gibt zwei Fassungen dieser Formulierung, in der zweiten ist nicht vom »Hauptwerkzeug« die Rede.
118 MA I, 804
119 MA II, 979, 983
120 »Gibt es eine Durchdringung von Leidenschaft und Politik – eine Durchdringung, für die auch ein Name wie der Heinrich von Kleists steht –, gibt es also eine leidenschaftliche Politik und eine politische Leidenschaft, so folgt ihre Rhetorik einer exzentrischen Bahn, die von der Politik zur Katastrophe, von der Katastrophe aber zum Topos der reinen und unverbrüchlichen Gemeinschaft führt ... Moderne Politik steht damit unter dem Zeichen eines fortgesetzten Rousseauismus.« Vogl, Gemeinschaften, S. 7 f.
121 MA I, 832
122 MA I, 833
123 Diese Interpretation des Dramas ist in der Kleistforschung so nicht zu finden. Eine Ausnahme ist Wolf Kittler mit verwandten Auffassungen. Jens Bisky entwickelt in seiner Biographie und einem Aufsatz für das Programmheft der »Homburg«-Aufführung des Deutschen Theaters Berlin von 2009 verwandte Gedanken.
124 MA I, 816, 833

Zwischenspiel: Kleist und das Reisen

1 Popp, Kutsche, S. 70
2 vgl. MA II, 608
3 Scharfenort, Kulturbilder, S. 61
4 Popp, Kutsche, S. 130
5 MA II, 622
6 MA II, 610
7 MA II, 658
8 MA II, 875

Gesellschaft lebender Geister

1 Peters, KJb 2005, S. 128 ff.
2 BKA II/7, 381
3 BKA II/7, 151, 226
4 MA II, 674
5 BKA II/7, 266 und BKA II/8, 295
6 Zit. n. Ziolkowski, Berlin, S. 30
7 LS 347
8 LS 332a–d
9 LS 345
10 LS 322
11 LS 341
12 NR 133a u. LS341
13 MA II, 925
14 von Arnim und Hedwig Olfers
15 LS 345 u. 346
16 LS 348
17 LS 347
18 LS 346
19 LS 348
20 Baxa, Müller, S. 131
21 LS 228a
22 LS 364
23 Vgl. die umfangreiche Bestandsaufname des Projekts »Geselliges Leben in Berlin um 1800« der Berliner Akademie der Wissenschaften
24 in der Kleist auch einmal Gast war
25 MA II, 929
26 ebd.

27 ebd.
28 Wilhelmy, Salons, S. 87
29 BKA II/7, 111
30 LS 420a
31 BKA II/7, 177
32 LS 359
33 LS 357
34 MA II, 933 (In den »Berliner Abendblättern« schrieb Arnim eine anspielungsreiche Anekdote über weibliche Jägerei, mit der Rahel Levin gemeint sein könnte. BKA II/7, 158 f. u. 163 f.)
35 Das ist nicht Ludwig von der Marwitz.
36 LS 358a
37 ebd.
38 zitiert nach Rogge, JbKG 1923/24, S. 132
39 MA II, 932
40 MA II, 935
41 Nebenbei unterstreicht das, dass Kleist sich nicht als homosexuell verstand. Er wäre gegenüber Iffland nicht so boshaft gewesen, wenn er selbst unter unausgelebter Homosexualität gelitten hätte.
42 vgl. die Aufsätze von Frommel, Ogorek in: KJb 1988/89
43 LS 346
44 Stamm-Kuhlmann, König, S. 318
45 MA II, 520. Wahrscheinlich war es von den drei Luisen-Gedichten Kleists dieses, das er übergeben hatte, sicher aber ist es nicht.
46 So etwa Fouqué, vgl. Clark, Preußen, S. 369
47 Wer sich heute mit Luise beschäftigt, beschäftigt sich auch mit diesem Mythos. Daniel Schoenpflug beginnt sein Buch damit.
48 Zit. n. Ziolkowski, Berlin, S. 50
49 Humboldt an Caroline, 31. Juli 1810, Ziolkowski, Berlin, S. 53
50 LS 363
51 Max von Schenkendorf, Friedrich Delbrück, Friedrich Wilhelm Gubitz, Zacharias Werner.
52 BKA II/7, 363
53 LS 396a
54 LS 428 u. 429
55 BKA II/7, 157
56 LS 402
57 Hofmeister-Hunger, Pressepolitik, S. 196
58 Zit. n. Botzenhart, KJb 1988/89, S. 137
59 MA II, 914
60 Baxa, Müller, S. 125 ff.
61 siehe Hofmeister-Hunger, Pressepolitik, S. 237
62 Baxa, Müller, S. 144
63 BKA II/7, 31

64 Bei dem Major von Schack Kleists »Ode auf den Einzug von Friedrich Wilhelm III.« hatte drucken lassen wollen.
65 Hofmeister-Hunger, Pressepolitik, S. 235
66 Jürgen Habermas hat das 1971 unter dem Stichwort »Strukturwandel der Öffentlichkeit« zusammengefasst und zu einer sozusagen zeitlosen Formel erhoben. In dieser Zeit sei jene bürgerliche Öffentlichkeit entstanden, deren Hauptmerkmal darin liegt, dass die Autoren eine selbständige Stimme ausbilden. Dabei hätten sie den Weg von der literarischen zur politischen Kritik genommen, das öffentliche Räsonnement bilde sich zur öffentlichen Meinung um. Aus vereinzelten Privatpersonen wird das Publikum, eine tendenziell antifeudale Infrastruktur, getragen durch den Markt für die neuen Produkte, die Gegenstand der Selbstverständigung wurden. Damals sei im freien Zusammenspiel der Subjekte auf dem Markt der Meinungen jener Raum entstanden, der bis heute vierte Gewalt heißt und ein wesentliches Regulativ der politischen Macht wurde. Auffällig ist, dass dieses Regulativ in Preußen von den staatlichen Stellen selbst initiiert und für notwendig erachtet wurde.
67 BKA II/7, 7
68 MA II, 938
69 BKA II/7, 156
70 BKA II/7, 106, 191, 300, 375, II/8, 173, 217, 258
71 BKA II/7, 98
72 MA II, 311
73 vgl. etwa DKV III, 1128
74 BKA II/7, 61
75 »Einsamkeit in der offenen Natur ist der Prüfstein des Gewissens«, hatte Kleist am 5. September 1800 geschrieben.
76 Das wird vielfach anders interpretiert, etwa bei Träger, Begemann, Greiner. Ich schließe mich am ehesten der Interpretation von Janz an, Mit den Augen Kleists, KJb 2003: »Die Wirkung des Bildes ist so überwältigend, dass es nicht möglich ist, den Blick abzuwenden oder vor ihm in einer Abwehrreaktion die Augen zu verschließen.« S. 144
77 MA II, 939
78 BKA II/7, 100 f.
79 BKA II/7, 165
80 Es gibt, neben Reinhold Steigs bekannter Darstellung von 1904, nur den umfassenden Artikel von Alexander Weigel in KJb 2007 und das Kapitel »Ein Theaterskandal« im Berlinbuch von Theodore Ziolkowski.
81 Von Böttiger
82 vgl. Gerlach, Experimentalpoetik, S. 14
83 LS 410. »Mit dem dramaturgischen Wesen geht es darum lang-

sam, weil alle Welt eine rasende Furcht vor Iffland hat, und besorgt, daß, sowie er nur den geringsten Wind von einer solchen Unternehmung bekommt, er alles anwenden werde, sie zu unterdrücken, wozu seine Art zu handeln gewaltsam und seine Macht groß genug ist«, hieß es damals (LS 403).
84 BKA II/7, 73. Dieser Zweizeiler ist von der Kleistforschung bislang nicht entschlüsselt worden. Roland Reuß behauptet, dass er »schlechterdings: nichts« bedeute. BKB 11, S. 4
85 vgl. Gerlach, Experimentalpoetik, S. 20–29
86 BKB 11, S. 97
87 Weiss, BKF 16, S. 180 ff.
88 Zit. n. Weiss, BKF 16, S. 180. Die Identität Moellendorffs ist nicht vollständig geklärt. Es ist nicht sicher, ob er 1811 Mitglied der Deutschen Tischgesellschaft wurde. Der dort in der Mitgliederliste verzeichnete Moellendorff könnte auch der 1791 geborene Johann Karl von Moellendorff gewesen sein. (So etwa Nienhaus, Tischgesellschaft, S. 365.) August Leopold von Moellendorff wurde an der brandenburgischen Ritterakademie ausgebildet, 1807 erhielt er den Orden Pour le mérite und wurde vom Rittmeister zum Major befördert. Weiss behauptet, er sei ausgezeichnet und befördert worden, weil er in diesem Jahr eine Widerstandsgruppe zusammengestellt habe. Angesichts der Behandlung der Offiziere, die sich damals Schill angeschlossen hatten, ist das aber unwahrscheinlich. Sie wurden erschossen.
89 BKB 11, S. 284 f.
90 Vor ein paar Jahren wurde diese Diskussion unter dem Begriff »nicht regieführender Intendant« im deutschen Theater wieder geführt. Die Bezeichnungen ändern sich, die Diskussionen bleiben.
91 LS 457
92 BKB 11, S. 152
93 Ziolkowski, Berlin, S. 227, 234
94 BKB 11, S. 326
95 BKA II/7, 207. Im »Journal de l'empire« hatte am 14. Oktober gestanden: Man sehe nichts als mediokre Schauspieler, die in den besten Stücken auftreten. Das Publikum rumore gegen den Direktor Iffland, der häufig auf Gastspielreisen sei. Die Meinung des Publikums werde von einem Direktor nicht gehört, den Journalisten Freibillets und Geld aufgedrängt.
96 »Die Schweizerfamilie« war eine Arbeit des Wiener Komponisten Joseph Weigl, der auch für Collin schon patriotische Texte vertont hatte. Die Franzosen hatten sogar schon seine Auslieferung verlangt. Vgl. Weigel, KJb 2007, S. 145
97 BKB 11, S. 167
98 BKA II/7, 245

99 Gerlach, Experimentalpoetik, S. 20 ff.
100 BKA II/7, 252
101 BKB 11, S. 262
102 BKB 11, S. 172
103 Da er dort Major genannt wird, wird der Krachmacher meist nicht für Heinrich von Kleist gehalten. So etwa Sembdner, LS 436d, und Weigel, KJb 2007, S. 146, und BKF 2002, S. 49 f. Aber schon einen Tag nach dem Vorfall schickte Gruner eine Liste der Zeitungen, die bisher bei ihm zur Zensur eingereicht worden waren, an seinen Vorgesetzten im Innenministerium, den Geheimen Staatsrat Sack. Auf dieser Liste stehen, an erster Stelle, die »Berliner Abendblätter«. Als ihr Redakteur wird Kleist genannt, und zwar ebenfalls als Major. (BKB 11, S. 266) Kleist war also einer der Ruhestörer, und es ist auch schwer vorstellbar, dass er an diesem für ihn entscheidenden Abend nicht im Theater gewesen sein sollte.
104 BKB 11, S. 260
105 BKA II/7, 257 f.
106 Wie man diesen Bericht als Beleg dafür zitieren kann, dass Kleist nicht in der Vorstellung war, lassen dagegen wir dahingestellt. Unspezifisch – wie Weigel, Strategien, behauptet – ist er jedenfalls nicht.
107 Auch wenn das in der Theaterwissenschaft immer wieder behauptet wird.
108 MA II, 886
109 BKA II/7, 275
110 Sembdner, Abendblätter, S. 34 f. Schulz kennzeichnete seine Texte sonst immer mit »Fr. Sch.« oder »fs«, was für Kleist als Autor spricht.
111 MA I, 379, 396
112 Weigel, Marionette, S. 271
113 Gerlach, Experimentalpoetik, S. 43
114 ebd.
115 So auch Alexander Košenina. Er schreibt, »dass Kleist dem Berliner Darstellungsstil viel näher steht, als er angesichts des aktuellen Streits mit Iffland zuzugeben bereit ist.« (KJb 2001, S. 49) Kleists Kritik an Ifflands Hand war sehr wahrscheinlich ungerecht.
116 In der Literatur wird es etwas anders gesehen. Reinhold Steig hat die Beziehung zwischen Iffland und dem »Marionettentheater« als Erster hergestellt. Dann erst wieder Alexander Weigel, Maschinist, S. 268 f. In Aufsätzen von Weigel, Erika Fischer-Lichte und Alexander Košenina, S. 50–52 (alle drei in KJb 2001), wird das eingehender untersucht. Man geht meist davon aus, dass Kleists Kritik an Iffland gerechtfertigt war.

Weiter geht man von der Annahme aus, dass das »Marionettentheater« eine Fortführung des stilistischen Streits ist.

117 BKA II/8, 278, 292, 329, 339, 344, 354, 373
118 BKA II/7, 86
119 BKA II/7, 361
120 Die jedoch in ihrer Zuschreibung zweifelhaft ist. Vgl. DKV III, 952. Allerdings ist hier von dem Ort Schlan im Jahr 1809 die Rede. Kleist war in diesem Jahr wirklich in dem Dorf in der Nähe von Prag. Und ein Satz wie der folgende, wo über der Schachtelung aus dem Blick gerät, wer das Subjekt des Satzes ist, ist für Kleist mehr als typisch: »Der Onkel, ein alter Invalide, wacht über den Lärm ebenfalls auf, fragt ziemlich barsch nach der Ursache, und da Joseph ihn zur Rede stellt, warum er ihn necke und nicht schlafen lasse, so ergrimmt der alte Soldat, und nach einigen Betheuerungen und Fluchen, dass er von nichts wisse, die aber unserm Joseph nicht einleuchten wollen, steht er auf, und, um seinen Gründen Gewicht zu geben, nimmt er den Stock und zerprügelt den ungläubigen Herrn Neffen.« (BKA II/8, 317)
121 BKA II/8, 42
122 Müller-Salget, Kleist, S. 287, drückt das nüchterner aus: »... dass Kleist, wie in gleichzeitig entstehenden Erzählungen noch öfter, mit Lesererwartungen spielt, Deutungsrichtungen vorgibt, um sie dann wieder zu desavouieren.«
123 Sembdner, Sachen, S. 144 f.
124 Die besten Aufsätze dazu, von Paul de Man, Beda Allemann, Günter Blamberger und László F. Földényi, tun es allesamt.
125 Kurock: Marionette, In: Ugrinsky, Kleist-Studien, S. 102 bis 108
126 »Ein zweiter Dialog der Gesten verdoppelt den der Worte ...« de Man, Allegorien, S. 211
127 »Anmut – das geht aus dem Text deutlich genug hervor – ist kein Zweck an sich, sondern ein Mittel, um bei seinem Lehrer Eindruck zu machen. Wenn dieses Mittel versagt, büßt er sofort sein Talent ein, nicht weil er sein Talent verloren hätte, sondern weil er den kritischen Blick des anderen nicht ertragen kann, mit dem er sein Begehren nach einem Selbst verknüpft hat.« de Man, Allegorien, S. 220
128 BKA II/7, 319
129 BKA II/7, 322
130 BKA II/7, 330
131 BKA II/7, 87
132 LS 434a, b u. 435
133 LS 441, 441a, b
134 LS 347

135 LS 471
136 Tagebuch Eichendorff vom 27. November, Werke und Schriften Bd. 3, S. 245, zit. nach Ziolkowski, Berlin, S. 221 f. Vgl. auch Häker, Überwiegend, S. 83, Killy, Zwischen Berlin und Wandsbeck, S. 62 f.

Triumphgesang des Todes

1 MA II, 566
2 Das Leben gehöre dem Menschen, nicht Gott. Weil das Leben dem Menschen gegeben wurde, könne er es auch, wenn er es wollte, verlassen. Auch der Todeswunsch, der zeige, dass das Leben für die betreffende Person unerträglich sei, komme von Gott. Indem Gott das Leben unerträglich mache, befehle er sogar, es zu verlassen. Rousseau, Neue Héloïse, Brief 21 und 22.
3 MA II, 765
4 MA II, 807
5 MA II, 854
6 MA II, 871
7 MA II, 515 f.
8 vgl. Coleridges Disput über den Selbstmord
9 Clark, Preußen, S. 397 f.
10 Über den Kleist einmal geschrieben hatte, dass er nicht sein heimlicher Korrespondent sei.
11 Hofmeister-Hunger, Pressepolitik, S. 223 ff. Allerdings hatte er erst 1815 damit Erfolg.
12 LS 406
13 LS 453b
14 LS 423
15 Baxa, Müller, S. 139
16 ebd., S. 155
17 BKA II/7, 139
18 LS 460a
19 LS 457
20 BKA II/7, 212
21 LS 426a
22 MA II, 947
23 Zur Zensur vgl. Barnert, BKB 11; Grathoff, Zensurkonflikte, S. 35–168
24 LS 451
25 LS 493a
26 LS 443a

27 LS 442
28 LS 446b
29 LS 446c
30 Hofmeister-Hunger, Pressepolitik, S. 206 u. 238
31 MA II, 946 f.
32 MA II, 948
33 Paulin, KJb 1988/89, S. 147 ff.
34 MA II, 948
35 MA II, 949
36 LS 445c, d
37 MA II, 950
38 DKV IV, 1006 f.
39 BKA II/7, 357
40 LS 447, BKB 11, S. 309
41 LS 449a
42 BKA II/7, 382
43 LS 461a
44 MA II, 955
45 MA II, 957
46 Man kann es aber auch so sehen, dass Hardenberg und Raumer Kleist Geld geboten haben, um ihn zu konformem Handeln zu bewegen, ihn also bestechen wollten.
47 MA II, 958
48 MA II, 958 f.
49 MA II, 960
50 MA II, 948
51 Zit. n. DKV IV, 1027
52 MA II, 962
53 Nienhaus, Tischgesellschaft, S. 375 ff.
54 LS 466
55 Nienhaus, Tischgesellschaft, S. 183
56 Ziolkowski, Berlin, S. 232 f.
57 ebd., S. 233
58 Ziolkowski plädiert dafür, dass es lediglich ein misslungener Scherz war, schwerfällig aus Stereotypen zusammengebastelt. »Es handelt sich um einen völlig misslungenen Witz« (Ziolkowski, Berlin, S. 236). Aber das macht die Sache nicht besser.
59 Nienhaus, Tischgesellschaft, S. 237 ff.
60 ebd., S. 362
61 Dass er für die Nationalsozialisten ein attraktiver Dichter war, ist bekannt. Sie reklamierten Kleist als den ersten nationalsozialistischen Dichter für sich.
62 LS 490a
63 Brenner et al., Jüdische Geschichte, S. 34
64 LS 307

65 LS 503a
66 Von dem nichts überliefert ist.
67 MA II, 303
68 DKV IV, 433 u. 953
69 LS 495
70 MA II, 980
71 So Pfuel, DKV IV, 1088
72 MA II, 981
73 ebd.
74 MA II, 982
75 LS 514 und MA II, 983
76 MA II, 981
77 MA II, 969. Sowohl Reuß und Staengle als auch Müller-Salget und Ormanns datieren den Brief auf Mai. Er könnte aber genauso gut aus dem Spätsommer sein. Die Anhaltspunkte sind zu dürftig, um eine sichere Datierung vorzunehmen.
78 MA II, 969
79 MA II, 981 f.
80 LS 503a
81 MA II, 980
82 LS 526
83 vgl. Neumann, Anekdote. In: Knittel, Kording, S. 178
84 MA II, 198 f.
85 vgl. Schröder. In: Knittel, Kording
86 Földenyi, Netz, S. 24 ff.
87 Reuß, BKB 1
88 LS 506
89 Sembdner, Sachen, S. 182
90 MA II, 987
91 MA II, 985
92 MA II, 989
93 LS 509a/b
94 MA II, 992
95 MA II, 991
96 LS 518a
97 MA II, 990
98 MA II, 990 f. Bei der Datierung der letzten Briefe Kleists folge ich der erstmals von Erich Schmidt in seiner Ausgabe von 1905 gedruckten Abfolge vom 9., 10. und 11. November. Sowohl Klaus Müller-Salget und Stefan Ormanns als auch Roland Reuß und Peter Staengle gehen in ihren Ausgaben von der gleichen Abfolge aus. Nur Helmut Sembdner hat diese Briefe zu einer fragwürdigen Collage zusammengezogen, was bereits Klaus Kanzog deutlich kritisiert hat.
99 Marie schrieb: »Solch ein Feuer konnte nur in seiner Seele, in

seinem Herzen, in seinem Busen lodern. Aber eben darum mußte ich sie verbrennen. Solche Briefe können nur für einen Gegenstand geschrieben sein, die sind das Heiligste im Menschen. So spricht er sich nicht zweimal im Leben aus, und so kann sich auch keiner wieder aussprechen, weil keiner so empfinden, so fühlen kann, wie dieser unbegreifliche Sterbliche!! Eine Poesie wie die in seinem Brief hat noch nie existiert.« Zit. n. Sembdner, Sachen, S. 177. Möglicherweise waren aber auch die Briefe vom 9. bis 12. November das, was Kleist Marie nach seinem Tod zukommen ließ.

100 LS 513 u. 514
101 MA II, 991
102 DKV IV, 1089
103 MA II, 993
104 DKV IV, 1089
105 LS 518a
106 LS 523a und d. So eindeutig zum Tode verurteilt, wie immer getan wird, war sie jedenfalls nicht. Schon gar nicht konnte sie es so genau wissen. Vgl. Kraft, Kleist, Anm. 351, S. 256
107 MA II, 994
108 MA II, 991
109 MA II, 994
110 MA II, 527
111 DKV IV, 520
112 Möglicherweise legte Kleist auch die Briefe, die er vom 9. bis 12. November geschrieben hatte, in den Koffer. DKV IV, 1096
113 LS 521a u. b
114 Deswegen muss man darin aber nicht Kleists letzte Inszenierung oder Dichtung sehen. Vgl. KJb 2001 und Günter Blöcker in seinem Kleistbuch. Dadurch tröstet man sich über das Ende, indem man meint, ihm einen Sinn zu geben.
115 MP 30 (= Georg Minde-Pouet: Kleists letzte Stunden)
116 Das ist ein Reisesack oder Ranzen
117 MA II, 997
118 MA II, 996
119 MP 46
120 MP 30
121 MP 31
122 MP 26
123 Wer wäre gekommen, wenn Kleist sich allein erschossen hätte?
124 MP 38
125 ebd., Zeck ist ein berlinisches Wort für Fangen spielen.
126 MP 34
127 MP 25 und 60

Epilog: Die Sprache des Selbstmords

1 MP 39 (= Minde-Pouet, Letzte Stunden, S. 39)
2 MP 40
3 MP 35
4 MP 32
5 MP 28
6 MA II, 871

Bibliographie

Kleist wird nach der Münchner Ausgabe zitiert, von der 2011 auch eine Taschenbuchausgabe erscheinen soll. Diese Ausgabe wurde aufgrund der Brandenburger Ausgabe erarbeitet und bietet den authentischen Text. Nach der Sigle MA folgt die Bandziffer, nach dem Komma die Seitenzahl. So wird auch bei den anderen abgekürzt zitierten Titeln verfahren. Die Berliner »Abendblätter« werden nach der BKA (Bände II/7 und II/8) zitiert, wo sie vollständig abgedruckt sind. Bei JbKG und KJb wird die Jahreszahl, bei BKF, BKB und HKB die Bandnummer angegeben. LS und NR werden nach der fortlaufenden Zählung der Dokumente zitiert.

Ausgaben, Dokumente, Periodika (mit Siglen)

MA   Heinrich von Kleist: Sämtliche Werke und Briefe, Münchner Ausgabe, 3 Bände. Auf der Grundlage der Brandenburger Ausgabe. Hg. Roland Reuß und Peter Staengle. München 2010

BKA   Heinrich von Kleist: Sämtliche Werke. Brandenburger Ausgabe. Hg. Roland Reuß und Peter Staengle. 21 Bände. Basel/Frankfurt a. M. 1988–2010

DKV   Heinrich von Kleist: Sämtliche Werke und Briefe in 4 Bänden. Hg. Ilse-Marie Barth, Klaus Müller-Salget, Stefan Ormanns und Hinrich C. Seeba. Frankfurt a. M. 1987–1997

SWB   Heinrich von Kleist: Sämtliche Werke und Briefe. Hg. Helmut Sembdner. Neunte Auflage, München 1993

Phöbus   Ein Journal für die Kunst. Mit einem Nachwort und Kommentar von Helmut Sembdner (Nachdruck). Hildesheim 1987

JbKG   Jahrbuch der Kleistgesellschaft, Berlin 1921–1938 (Periodikum der Kleist-Gesellschaft)

KJb   Kleist-Jahrbuch, Berlin 1980 ff., Stuttgart 1990 ff. (Periodikum der Kleist-Gesellschaft)
BKF   Beiträge zur Kleistforschung, 1974 ff. (Periodikum der Kleist-Gedenk- und Forschungsstätte Frankfurt (Oder), ab 2000 Kleist-Museum)
BKB   Brandenburger Kleist-Blätter 1–20, Basel/Frankfurt a. M. 1988–2010 (Begleithefte zur Brandenburger Ausgabe)
HKB   Heilbronner Kleist-Blätter, 1996 ff. (Periodikum des Kleist-Archivs Sembdner in Heilbronn)
LS   Heinrich von Kleists Lebensspuren. Dokumente und Berichte der Zeitgenossen. Hg. Helmut Sembdner. 7. erweiterte Auflage, München 1996
NR   Heinrich von Kleists Nachruhm. Eine Wirkungsgeschichte in Dokumenten. Hg. Helmut Sembdner. 4. erweiterte Auflage. München, Wien 1996
      H. v. Kleist. Dokumente und Zeugnisse. Biographisches Archiv. Hg. Roland Reuß und Peter Staengle in Zusammenarbeit mit Arno Pielenz und Renate Schneider. Basel/Frankfurt a. M. 2000/2001 (= BKB 13, 14)
MP   Minde-Pouet, Georg: Kleists letzte Stunden. Teil 1: Das Akten-Material. Schriften der Kleist-Gesellschaft. Berlin 1925

Biographien, Monographien, Aufsätze zu Kleist, Allgemeine Literatur zu Lebensumständen

Aldrich, Robert: Gleich und anders. Eine globale Geschichte der Homosexualität. Hamburg 2007

Allemann, Beda: Der Nationalismus Heinrich von Kleists. In: Müller-Seidel, 1981

Allemann, Beda: Sinn und Unsinn von Kleists Gespräch »Über das Marionettentheater«. In: KJb 1981/82

Allemann, Beda: Heinrich von Kleist. Ein dramaturgisches Modell. Aus dem Nachlass hg. von Eckart Oehlenschläger. Bielefeld 2005

Amann, Wilhelm: Gute Noten. Der Schüler Kleist in den Aufzeichnungen des Carl Eduard Albanus. In: BKB 7 (1994)

Amann, Wilhelm: Der »edle Unglückliche«. Fouqué über Kleist. In: BKB 12 (1999)

Angress, Ruth K.: Kleist's Treatment of Imperialism: »Die Hermannsschlacht« and »Die Verlobung in St. Domingo«. Monatshefte 69 (1977) (dt. im Programmheft der Hermannsschlacht-Inszenierung von Claus Peymann)

Angress, Ruth K.: Kleist's Nation of Amazones. In: Susan L. Cocalis/Kay Goodman (Hg.): Beyond the Eternal Feminine. Critical Essays On Women and German Literature. Stuttgart 1982

Angress, Ruth K.: Kleists Abkehr von der Aufklärung. In: KJb 1987

Apelt, Hedwig und Grathoff, Dirk (Hg.): Erläuterungen und Dokumente. Heinrich von Kleist: Das Erdbeben in Chili. Stuttgart 2004 (^{1}1986)

Arendt, Hannah: Rahel Varnhagen. Lebensgeschichte einer deutschen Jüdin aus der Romantik. München 1981 (^{1}1959)

Aretz, Heinrich: Heinrich von Kleist als Journalist. Untersuchungen zum »Phöbus«, zur »Germania« und den »Berliner Abendblättern«. Diss. Stuttgart 1983

Arnold, Heinz Ludwig (Hg. in Zusammenarbeit mit Roland Reuß und Peter Staengle): Heinrich von Kleist. München 1993

Bailleu, Paul: Königin Luise. Ein Lebensbild. Berlin/Leipzig 1908

Barbin, Herculine und Foucault, Michel: Über Hermaphrodismus. Hg. Wolfgang Schäffner und Joseph Vogl. Frankfurt a. M. 1998

Barnert, Arno, in Zusammenarbeit mit Roland Reuß und Peter Staengle: Polizei – Theater – Zensur. Quellen zu Heinrich von Kleists »Berliner Abendblättern«. In: BKB 11 (1997)

Barth, Ilse-Marie: Überarbeitungsspuren von Kleists Hand im Autograph »Die Familie Ghonorez« und ihre Verzeichnung im Druck. In: BKF 7 (1993)

Barthel, Wolfgang: J. F. C. Löffler in Frankfurt an der Oder 1782–1788. Mit einem Seitenblick auf Heinrich von Kleist. In: BKF 1984

Barthel, Wolfgang: Heinrich von Kleist als Museumsbesucher. In: BKF 7 (1993)

Barthel, Wolfgang: Heinrich von Kleist und Brandenburg. Schauplätze Erinnerungen. Frankfurt an der Oder 2005

Barthes, Roland: Fragmente einer Sprache der Liebe. Frankfurt a. M. 1984

Baumgart, Peter: Die preußische Armee zur Zeit Heinrich von Kleists. In: KJb 1983

Baxa, Jakob: Adam Müller in Dresden 1807–1809. In: JbKG 1927 und 28

Baxa, Jakob: Adam Müller. Ein Lebensbild aus den Befreiungskriegen und aus der deutschen Restauration. Jena 1930

Baxa, Jakob: Die Phoenix-Buchhandlung. Ein Beitrag zur Kleist-Forschung. In: Zeitschrift für Deutsche Philologie, 75. Band, Zweites Heft (1956)

Baxa, Jakob: Adam Müllers Lebenszeugnisse. 2 Bde. München/Paderborn 1966

Becker, Hans Jürgen: Wilhelm Traugott Krug und Heinrich von Kleist. In: KJb 1996

Begemann, Christian: Brentano und Kleist vor Friedrichs »Mönch

am Meer«. Aspekte eines Umbruchs in der Geschichte der Wahrnehmung. In: Deutsche Vierteljahrsschrift für Literaturwissenschaft und Geistesgeschichte 64 (1990). (Auch auf: www.goethezeitportal.de, 13. 8. 2010)
Beißner, Friedrich: Unvorgreifliche Gedanken über den Sprachrhythmus. In: Festschrift für Paul Kluckhohn und Hermann Schneider. Tübingen 1948
Berlin, Isaiah: Die Wurzeln der Romantik. Berlin 2004
Betrachtungen über den jetzigen Krieg und die Ursachen seiner falschen Beurtheilung. Ein Beytrag zur richtigen Kenntniß desselben. Von einem Schweitzer bei der alliierten Armee am Oberrhein. o. O. 1794
Birkenhauer, Klaus: Kleist. Bern 1977
Bisky, Jens: Kleist. Eine Biografie. Berlin 2007
Blamberger, Günter: Agonalität und Theatralität. Kleists Gedankenfigur des Duells im Kontext der europäischen Moralistik. In: KJb 1999
Blamberger, Günter/Földenyi, Lászlo F./Pfeiffer, Joachim/Weigel, Alexander/Stelly, Gisela: »Kleists letzte Inszenierung«. Podiumsdiskussion in der Akademie der Künste in Berlin, 12. 10. 2000. In: KJb 2001
Bleckwenn, Hans: Unter dem Preußen-Adler. Das brandenburgisch-preußische Heer 1640–1807. München 1978
Bleckwenn, Hans: Preußische Soldatenbriefe. Osnabrück 1982
Bleek, Wilhelm: Friedrich Christoph Dahlmann. Eine Biographie. München 2010
Blöcker, Günter: Heinrich von Kleist oder Das absolute Ich. Frankfurt 1977 (^{1}1960)
Börsch-Supan, Helmut: Dresden 1803–1809. Bildende Kunst zwischen Alter und Jugend. In: KJb 1990
Böschenstein, Bernhard: Kleist und Rousseau. In: KJb 1981/82
Bohrer, Karl Heinz: Plötzlichkeit. Frankfurt a. M. 1981
Bohrer, Karl Heinz: Der Romantische Brief. Die Entstehung ästhetischer Subjektivität. Frankfurt a. M. 1989 (^{1}1987)
Botzenhart, Manfred: Kleist und die preußischen Reformer. In: KJb 1988/89
Brenner, Michael, Jersch-Wenzel, Stefi und Mayer, Michael A.: Deutsch-jüdische Geschichte der Neuzeit, Bd. II 1780–1871, München 1996
Breuer, Ingo: Heinrich von Kleist. Leben, Werk, Wirkung. Stuttgart 2009
Brown, Hilda M.: Heinrich von Kleist, The Ambiguity of Art and the Necessity of Form. Oxford 1998
Bruyn, Günter de: Preußens Luise. Vom Entstehen und Vergehen einer Legende. Berlin 2001

Buchholz, Friedrich: Galerie preußischer Charaktere. Germanien (= Berlin) 1808 (Neudruck: Frankfurt a. M. 1979/84)
Bülow, Eduard von: Heinrich von Kleist's Leben und Briefe. Berlin 1848
Bürger, Peter: Das Verschwinden des Subjekts. Eine Geschichte der Subjektivität. Frankfurt a. M. 1998
Büsch, Otto: Militärsystem und Sozialleben im alten Preußen 1713–1807. Berlin 1981 (^{1}1962)
Buschmann, Nikolaus und Carl, Horst: Die Erfahrung des Krieges. Erfahrungsgeschichtliche Perspektiven von der franz. Revolution. Paderborn 2001
Campe, Rüdiger (Hg.): Penthesileas Versprechen. Exemplarische Studien über die literarische Referenz. Freiburg 2008
Carriere, Matthieu: Für eine Literatur des Krieges, Kleist. Basel/Frankfurt a. M. 1981
Cassirer, Ernst: Heinrich von Kleist und die Kantische Philosophie. In: Idee und Gestalt. 1919 (Neudruck der zweiten Ausgabe von 1924, Darmstadt 1971)
Clark, Christopher: Preußen. Aufstieg und Niedergang. 1600–1947. Stuttgart 2006
Clausewitz, Carl von: Vom Kriege. Hinterlassenes Werk des Generals Carl von Clausewitz. Ungekürzter Text der Erstausgabe 1832–34. Berlin 1998
Clausewitz, Carl von: Preußen in seiner großen Katastrophe. Berlin 1880 (Nachdruck: Wien 2001)
Craig, Gordon A.: Die preußische Armee 1640–1945. Düsseldorf 1960
Craig, Gordon A.: Das Ende Preußens. München 1985
Cullens, Chris und Mücke, Dorothea von: Das Käthchen von Heilbronn. In: Hinderer, 1997
Deetjen, Werner: Luise Wieland und Kleist. In: JbKG 1925 und 1926 (Auch in: BKB 13)
Delbrück, Hans: Geschichte der Kriegskunst. 4. Teil Die Neuzeit. Berlin 1920 (Nachdruck: Berlin 2000)
Demandt, Philipp: Luisenkult. Die Unsterblichkeit der Königin von Preußen. Köln 2003
Demeter, Karl: Das deutsche Offizierskorps in Gesellschaft und Staat 1650–1945. Frankfurt ^{4}1965
Derks, Paul: Die Schande der heiligen Päderastie. Homosexualität und Öffentlichkeit in der deutschen Literatur 1750–1850. Berlin 1990
Detering, Heinrich: Das offene Geheimnis. Zur literarischen Produktivität eines Tabus von Winckelmann bis zu Thomas Mann. Göttingen 2002 (^{1}1994)
Doering, Sabine: Heinrich von Kleist. Stuttgart 1996

Doering, Sabine: Persien im märkischen Sand. Kleists Bild vom Orient. In: KJb 1996
Doering, Sabine: Erläuterungen und Dokumente Heinrich von Kleist »Die Marquise von O....«. Stuttgart 2004 (¹1993)
Eckert, Helmut: Zur Charakteristik des Vaters von Heinrich von Kleist. In: Zeitschrift für Heereskunde 35 (1971)
Ellenberger, Henry F.: Die Entdeckung des Unbewußten. Zürich 1970
Emig, Günther (Hg.): Erotik und Sexualität im Werk Heinrich von Kleists. Internationales Kolloquium des Kleist-Archivs Sembdner. Heilbronn 2000
Federn, Karl: Das Leben Heinrich von Kleists. Berlin 1929
Fetscher, Justus: Der Himmel über Paris. Kleists erste Reise in die französische Hauptstadt im Jahre 1801. In: Gudrun Gersmann, Hubertus Kohle (Hg.): Frankreich 1800: Kultur, Gesellschaft, Mentalitäten. Stuttgart 1990
Fetting, Hugo: Das Repertoire des Berliner Königl. Nationaltheaters unter der Leitung Ifflands. Diss. Greifswald 1978
Feustel, Gotthard: Die Geschichte der Homosexualität. Düsseldorf 2003
Fichte, Johann Gottlieb: Reden an die deutsche Nation. Berlin 1808. In: Fichtes sämmtliche Werke, Hg. Immanuel Hermann Fichte. 1845/46 Band IV
Fink, Gonthier-Louis: Das Motiv der Rebellion in Kleists Werk im Spannungsfeld der französischen Revolution und der Napoleonischen Kriege. In: KJb 1988/89
Fink, Gonthier-Louis: Zwischen Frankfurt an der Oder und Paris. Variationen des Deutschland- und Frankreichbildes des jungen Kleist. In: KJb 1997
Fischer-Lichte, Erika: Theatralität. Zur Frage nach Kleists Theaterkonzeption. In: KJb 2001
Földenyi, László F.: Heinrich von Kleist. Im Netz der Wörter. München 1999
Földenyi, László F.: Die Inszenierung des Erotischen. Heinrich von Kleist, »Über das Marionettentheater«. In: KJb 2001
Fontane, Theodor: Schach von Wuthenow. München 1970
Fouqué, Friedrich de la Motte: Ernst Friedrich Wilhelm Philipp von Rüchel, Königlich Preußischer General der Infanterie. 2 Bände, Berlin 1826
Fouqué, Friedrich de la Motte: Lebensgeschichte des Baron Friedrich de la Motte Fouqué. Aufgezeichnet durch ihn selbst. Halle 1840
Frevert, Ute: Die Sprache der Ehre. Heinrich von Kleist und die Duellpraxis seiner Zeit. In: KJb 1999
Frick, Werner: Kleists »Wissenschaft«. Kleiner Versuch über die Gedankenakrobatik eines Un-Disziplinierten. In: KJb 1997

Fricke, Gerhard: Gefühl und Schicksal bei Heinrich v. Kleist. Studien über den inneren Vorgang im Leben und Schaffen des Dichters. Berlin 1929
Frie, Ewald: Friedrich August Ludwig von der Marwitz. 1777–1837. Biographien eines Preußen. Paderborn 2001
Fülleborn, Ulrich: Die frühen Dramen Heinrich von Kleists. München 2007
Gall, Ulrich: Philosophie bei Heinrich von Kleist. Bonn 1977
Gallas, Helga: Das Textbegehren des »Michael Kohlhaas«. Die Sprache des Unbewußten und der Sinn der Literatur. Reinbek 1981
Gallas, Helga: Kleist. Gesetz Begehren Sexualität. Frankfurt a. M./Basel 2005
Garber, Klaus: Das alte Königsberg. Erinnerungsbuch einer untergegangenen Stadt. Wien/Köln/Weimar 2008
Gay, Peter: Die Macht des Herzens. Das 19. Jahrhundert und die Erforschung des Ich. München 1999
Gentz, Friedrich von: Schriften. Ein Denkmal. Erster Theil. Briefe und vertraute Blätter. Hg. Gustav Schlesier. Mannheim 1838
Gentz, Friedrich von: Briefwechsel zwischen Friedrich Gentz und Adam Heinrich Müller 1800–1829. Stuttgart 1857
Gentz, Friedrich von: Tagebücher 1800–1809. Aus dem Nachlass Varnhagen's von Ense. Leipzig 1861
Gentz, Friedrich: Staatsschriften und Briefe. Auswahl in zwei Bänden. Hg. Hans von Eckardt. 1. Band, In der Zeit deutscher Not 1799–1813. München 1921
Gerlach, Klaus (Hg.): Eine Experimentalpoetik. Texte zum Berliner Nationaltheater. Hannover-Laatzen 2007
Gerlach, Klaus und Sternke, René: Der gesellschaftliche Wandel um 1800 und das Berliner Nationaltheater. Hannover-Laatzen 2009
Gerlach, Klaus (Hg.): Das Berliner Theaterkostüm der Ära Iffland. Berlin 2009
Gersdorff, Bernhard von: Ernst von Pfuel. Freund Heinrich von Kleists. Berlin 1981
Gerwien, Paul: General Lieutenant Rühle von Lilienstern. Ein biographisches Denkmal. In: Beiheft zum Militär-Wochenblatt für die Monate Oktober, November und Dezember 1847
Gieraths, Günther: Die Kampfhandlungen der brandenburgisch-preußischen Armee. Veröffentlichungen der Historischen Kommission zu Berlin. Band 8, Quellenwerke Band 3. Berlin 1964
Goethe, Johann Wolfgang von: Belagerung von Mainz. In: Goethes Werke, Hamburger Ausgabe, Band 10. München 1994
Goethe, Johann Wolfgang von: Campagne in Frankreich 1792, In: Goethes Werke, Hamburger Ausgabe, Band 10. München 1994

Goldfriedrich, Johann: Geschichte des deutschen Buchhandels vom Beginn der klassischen Literaturperiode bis zum Beginn der Fremdherrschaft (1740–1804). Leipzig 1909. (Geschichte des Deutschen Buchhandels. Band 3. Im Auftrag des Börsenvereins der Deutschen Buchhändler hg. von der Historischen Kommission derselben. Leipzig 1886–1923, Nachdruck Leipzig 1972)

Graham, Ilse: Der Zerbrochene Krug – Titelheld von Kleists Komödie. In: Müller-Seidel, 1967

Graham, Ilse: Word into Flesh. Berlin/New York 1977

Granier, Hermann: Berichte aus der Berliner Franzosenzeit 1807–1809. Leipzig 1913

Grathoff, Dirk: Zensurkonflikte der Berliner Abendblätter. Zur Beziehung von Journalismus und Öffentlichkeit bei Heinrich von Kleist. In: Ideologiekritische Studien zur Literatur. Essays I. Frankfurt a. M. 1972

Grathoff, Dirk (Hg.): Erläuterungen und Dokumente. Heinrich von Kleist: Das Käthchen von Heilbronn oder die Feuerprobe. Stuttgart 1994 (^{1}1977)

Grathoff, Dirk: Der Fall des Kruges. Zum geschichtlichen Gehalt von Kleists Lustspiel. In: KJb 1981/82

Grathoff, Dirk (Hg.): Heinrich von Kleist. Studien zu Werk und Wirkung. Opladen 1988

Grathoff, Dirk: Kleists Geheimnisse. Unbekannte Seiten einer Biographie. Opladen 1993

Grathoff, Dirk: Kleist: Geschichte, Politik, Sprache. Wiesbaden ^{2}2000

Grawert, J. A. R.: Schlacht bei Pirmasenz. Potsdam 1796 (Nachdruck: Hg. von Willi Burghardt, Historische Einführung von Bruno Thoß. Kaiserslautern 1993)

Greiner, Bernhard: »Die neueste Philosophie in dieses ... Land verpflanzen«. Kleists literarische Experimente mit Kant. In: KJb 1998

Greiner, Bernhard: Kleists Dramen und Erzählungen. Tübingen/Basel 2000

Greiner, Bernhard: »Nehmt eine Keule doppelten Gewichts,/Und schlagt ihn tot!« Kleists Herauswinden des Todes aus der Denkfigur des Tragischen. In: BKF 18 (2004)

Gribnitz, Barbara: Glück auf! Heinrich von Kleist und Theodor Körner. In: BKF 21 (2007/8)

Gundolf, Friedrich: Heinrich von Kleist. Berlin 1922

Habermann, Paul: Friedrich Wilhelm III. im Blick wohlwollender Zeitgenossen. Köln 1990

Haffner, Sebastian: Preußen ohne Legende. Hamburg 1978

Häker, Horst: Kleists Berliner Aufenthalte. Ein biographischer Beitrag. Berlin 1989

Häker, Horst: Überwiegend Kleist. Vorträge, Aufsätze, Rezensionen. Heilbronn 2003
Haller-Nevermann, Marie und Rehwinkel, Dieter (Hg.): Kleist – ein moderner Aufklärer? Göttingen 2005
Hamacher, Bernd: Darf ich's mir deuten, wie es mir gefällt? 25 Jahre Homburg-Forschung zwischen Rehistorisierung und Dekonstruktion (1973–1998). In: HKB 6 (1999)
Hamacher, Bernd: Erläuterungen und Dokumente. Heinrich von Kleist: Michael Kohlhaas. Stuttgart 2003
Hamacher, Bernd: Schrift, Recht und Moral. Kontroversen um Kleists Erzählen anhand der neueren Forschung zu »Michael Kohlhaas«. In: Knittel, Anton Philipp und Kording, Inka: Heinrich von Kleist. Neue Wege der Forschung, Darmstadt 2003
Hansen, Uffe: Der Schlüssel zum Rätsel der Würzburger Reise. In: Jahrbuch der dt. Schiller-Gesellschaft 41 (1997)
Hardach-Pinke, Irene und Hardach, Gerd: Deutsche Kindheiten. Autobiografische Zeugnisse 1700–1900. Kronberg 1978
Hardenberg, Karl August von: Tagebücher und autobiographische Aufzeichnungen. Hg. und eingel. von Thomas Stamm-Kuhlmann. München 2000
Hausen, Carl Renatus: Geschichte der Universität und Stadt Frankfurt an der Oder. Frankfurt an der Oder ²1806
Heimböckel, Dieter: Emphatische Unaussprechlichkeit. Sprachkritik im Werk Heinrich von Kleists. Ein Beitrag zur literarischen Sprachskepsistradition der Moderne. Göttingen 2003
Heinrich, Gerd (Hg.): Berlin und Brandenburg (Handbuch der historischen Stätten Deutschlands 10). Stuttgart 1973
Heinrich, Gerd: Geschichte Preußens. Berlin 1981
Heinrich, Gerd: Die Geisteswissenschaften an der brandenburgischen Landesuniversität Frankfurt/Oder um 1800. Bemerkungen zu Studienangebot und Gelehrtenbestand der Hochschule Heinrich von Kleists vor ihrer Auflösung. In: KJb 1983
Henkel, Arthur: Erwägungen zur Szene II,5 in Kleists »Amphitryon«. In: Müller-Seidel, 1981
Hennig, Bruno: Marie von Kleist. Ihre Beziehungen zu Heinrich von Kleist (nach eigenen Aufzeichnungen). In: Sonntagsbeilage der Vossischen Zeitung, 12.9.1909 (Auch in: BKB 13)
Hinderer, Walter (Hg.): Kleists Dramen. Neue Interpretationen. Stuttgart 1981
Hinderer, Walter (Hg.): Codierungen von Liebe in der Kunstperiode. Hg. in Verbindung mit Alexander von Bormann, Gerhart von Graevenitz, Gerhard Neumann, Gerhard Oesterle und Dagmar Ottmann. Würzburg 1997
Hinderer, Walter (Hg.): Kleists Dramen. Interpretationen. Stuttgart 1997

Hinderer, Walter (Hg.): Kleists Erzählungen. Interpretationen. Stuttgart 1998
Hirschauer, Stefan: Hermaphroditen, Homosexuelle und Geschlechtswechsler. Transsexualität als historisches Projekt. In: Pfäfflin, Friedemann und Junge, Astrid: Geschlechtsumwandlung. Abhandlungen zur Transsexualität. Stuttgart/New York 1992
Hoffinger, Jakob: Winkelried. Ein vaterländisches Schauspiel in vier Aufzügen. Winterthur 1810
Hoffmann, Paul: Ulrike von Kleist über ihren Bruder Heinrich. Ein Beitrag zur Biographie des Dichters. Euphorion 10 (1903) (Auch in: Hoffmann, Kleist-Arbeiten. Und in: BKB 14)
Hoffmann, Paul: Ferdinand von Frankenberg, Der Hauptmann Heinrich von Kleists. In: Europäische Staats- und Wirtschafts-Zeitung, Jg. 3, Nr. 16 u. 17 (20. u. 27. 4. 1918) (Auch in: Hoffmann, Kleist-Arbeiten)
Hoffmann, Paul: Kleist in Paris. Berlin 1924 (Auch in: Hoffmann, Kleist-Arbeiten. Und in: BKB 14)
Hoffmann, Paul: Heinrich von Kleist und die Seinen. In: Archiv für das Studium der neueren Sprachen und Literaturen 84 Band 155 (1929) (Auch in: Hoffmann, Kleist-Arbeiten. Und in: BKB 14)
Hoffmann, Paul: Der Vater Heinrich von Kleists. Unbekanntes aus Kleists Leben. – Ein unveröffentlichter Brief seines Vaters. Deutsche Tageszeitung, 17. 10. 1927 (Auch in: Hoffmann, Kleist-Arbeiten. Und in: BKB 14)
Hoffmann, Paul: Kleist-Arbeiten 1899–1943. Hg. Günther Emig in Verbindung mit Arno Pielenz. Kleist-Archiv Sembdner. Heilbronn 2010
Holz, Hans Heinz: Macht und Ohnmacht der Sprache. Untersuchungen zum Sprachverständnis und Stil Heinrich von Kleists. Frankfurt a. M./Bonn 1962
Hunger-Hofmeister, Andrea: Pressepolitik und Staatsreform. Die Institutionalisierung Staatlicher Öffentlichkeitsarbeit bei Karl August von Hardenberg 1792–1822. Göttingen 1994
Hunger-Hofmeister, Andrea: Presse und Staatsform in der Reformzeit. In: Heinz Duchhardt und Karl Teppe (Hg.): Karl vom und zum Stein: Der Akteur, der Autor, seine Wirkungs- und Rezeptionsgeschichte. Mainz 2003
Ide, Heinz: Der junge Kleist. »... in dieser wandelbaren Zeit ...«. Würzburg 1961
Jäckel, Günter: Dresden zur Goethezeit. Die Elbestadt 1760–1815. Berlin 1990
Jany, Curt: Geschichte der Königlich Preußischen Armee bis zum Jahre 1807. Band 3: 1763 bis 1807. Berlin 1929 (auch: Osnabrück 1967)

Janz, Rolf-Peter: Mit den Augen Kleists: Caspar David Friedrichs »Mönch am Meer«. In: KJb 2003
Jessen, Olaf: »Preußens Napoleon«? Ernst von Rüchel. Krieg im Zeitalter der Vernunft. Paderborn 2007
Jordan, Lothar (Hg.): Sterben und Tod bei Heinrich von Kleist und in seinem historischen Kontext. BKF 18 (2004)
Kant, Immanuel: Ueber die Buchmacherey. Zwey Briefe an Herrn Friedrich Nicolai. Königsberg 1798
Kanzog, Klaus und Kanzog, Eva: Heinrich von Kleists Brief an Christian Ernst Martini. Das textkritische Problem der Formulierungsübertragung. In: Jahrbuch der dt. Schiller-Gesellschaft 15 (1971)
Kapp, Gabriele: Des Gedankens Senkblei. Studien zur Sprachauffassung Heinrich von Kleists 1799–1806. Stuttgart/Weimar 2000
Kaufhold, Karl Heinrich: Das Gewerbe in Preußen um 1800. Göttingen 1978
Kaul, Susanne: Poetik der Gerechtigkeit. Shakespeare – Kleist. München 2008
Keegan, John: Die Kultur des Krieges. Reinbek 1997
Kiesel, Helmuth und Münch, Paul: Gesellschaft und Literatur im 18. Jahrhundert. Voraussetzungen und Entstehung des literarischen Marktes in Deutschland. München 1977
Killy, Walter: Von Berlin bis Wandsbeck. Zwölf Kapitel deutscher Bürgerkultur um 1800. München 1996
Kittler, Friedrich A.: Aufschreibesysteme 1800/1900. München 1985
Kittler, Wolf: Die Geburt des Partisanen aus dem Geist der Poesie. Heinrich von Kleist und die Strategie der Befreiungskriege. Freiburg 1987
Kittler, Wolf: Militärisches Kommando und tragisches Geschick. Zur Funktion der Schrift im Werk des preußischen Dichters Heinrich von Kleist. In: Grathoff (Hg.): Heinrich von Kleist, Studien zu Werk und Wirkung (Auch in: Knittel, Kording, 2003)
Kittler, Wolf: Kleist und Clausewitz. In: KJb 1998
Kittler, Wolf: Die »Hermannsschlacht« und das Konzept des Guerillakriegs. In: David E. Wellbery (Hg.): Eine neue Geschichte der deutschen Literatur. Berlin 2008
Klein, Karl: Georg Forster in Mainz 1788 bis 1793. Gotha 1863
Klein, Karl: Geschichte von Mainz während der ersten französischen Occuopation 1792–1793. Mit den Aktenstücken. Mainz 1861
Kleßmann, Eckart (Hg.): Deutschland unter Napoleon in Augenzeugenberichten. München 1965
Kleßmann, Eckart (Hg.): Prinz Louis Ferdinand von Preußen, Gestalt einer Zeitenwende. München 1972

Kluge, Alexander: Fontane – Kleist – Deutschland – Büchner. Berlin 2004
Klüger, Ruth: Die andere Hündin – Käthchen. In: KJb 1993
Klüger, Ruth: Tellheims Neffe. In: Katastrophen. Göttingen 1994
Knesebeck, Eugen von dem: Eine diplomatische Trilogie aus dem Leben Carl Friedrichs von dem Knesebeck. Berlin 1879
Knesebeck, Karl Friedrich von dem: Erinnerungen – Bruchstücke aus den hinterlassenen Papieren des Königl. Preuß. General-Feldmarschalls Carl Friedrich von dem Knesebeck, als ein Andenken an den Verstorbenen für die Familienmitglieder und Freunde. o. O. 1850
Knittel, Anton Philipp und Kording, Inka (Hg.): Heinrich von Kleist. Neue Wege der Forschung. Darmstadt 2003
Konersmann, Ralf: Das Versprechen der Wörter. Kleists erste und letzte Dichtung. In: Arnold, 1993
Königin Luise von Preußen: Briefe und Aufzeichnungen 1786–1810. Hg. Malve Gräfin Rothkirch. Berlin/München 2010 ([1]2005)
Körner, Josef: Krisenjahre der Frühromantik. Briefe aus dem Schlegelkreis. 3 Bände. Bern/München 1969 ff.
Koschorke, Albrecht: Körperströme und Schriftverkehr. München 1999
Koschorke, Albrecht: Die Heilige Familie und ihre Folgen. Frankfurt a. M. 2000
Kosellek, Reinhart: Preußen zwischen Reform und Revolution. Stuttgart 1975 ([1]1967)
Košenina, Alexander: Will er »auf ein Theater warten, welches da kommen soll«? Kleists Ideen zur Schauspielkunst. In: KJb 2001
Kraft, Herbert: Kleist. Leben und Werk. Münster 2007
Kreutzer, Hans Joachim: Die dichterische Entwicklung Heinrich von Kleists. Berlin 1968
Kreutzer, Hans Joachim: Kleist in der Nähe der Romantik. Ein neugefundener Brief an Georg Andreas Reimer. In: KJb 1996
Kroll, Stefan: Soldaten im 18. Jahrhundert zwischen Friedensalltag und Kriegserfahrung. Lebenswelten und Kultur in der kursächsischen Armee 1728–1796. Paderborn 2006
Krug, Wilhelm Traugott: Philosophie der Ehe. Ein Beytrag zur Philosophie des Lebens für beyde Geschlechter. Leipzig 1800
Kurock, Wolfgang: Heinrich von Kleist und die Marionette. In: Ugrinsky, 1980
Kurz, Gerhard: Vor einem Bild. Zu Clemens Brentanos »Verschiedene Empfindungen vor einer Seelandschaft von Friedrich, worauf ein Kapuziner«. In: Jahrbuch des Freien Deutschen Hochstifts, Frankfurt a. M. 1988
Lehmann, Max: Knesebeck und Schön. Beiträge zur Geschichte der Freiheitskriege. Leipzig 1875

Lehmann, Max: Freiherr vom Stein. Dritter Teil. Nach der Reform 1808–1831. Leipzig 1905
Levin Varnhagen, Rahel: Briefwechsel mit Ludwig Robert. Hg. Consolina Vigliero. München 2001
Lewis, Alison: Der Zwang zum Genießen. Männliche Gewalt und der weibliche Körper in drei Prosatexten Kleists. In: KJb 2000
Liebrand, Claudia: Das suspendierte Bewusstsein. Dissoziation und Amnesie in Kleists Erdbeben in Chili. Jahrbuch der dt. Schiller-Gesellschaft 36 (1992)
Lindemann, Margot: Deutsche Presse bis 1815. Berlin 1965
Loch, Rudolf und Pruns, Herbert: Heinrich von Kleists Ansiedlungsvorhaben in der Schweiz. In: BKF 7 (1993)
Loch, Rudolf: Die Lehren eines Vaters an seinen Sohn, der sich dem Soldaten Standt widmete. Anmerkungen zu Carl Wilhelm von Pannwitz, Joachim Friedrich und Heinrich von Kleist. In: BKF 10 (1996)
Loch, Rudolf: Kleist. Eine Biographie. Göttingen 2003
Lubkoll, Christine und Oesterle, Kurt (Hg.): Gewagte Experimente und kühne Konstellationen. Kleists Werk zwischen Klassizismus und Romantik. Würzburg 2001
Lufft, August: Der Feldzug am Mittelrhein von Mitte August bis Ende Dezember 1793. Freiburg/Tübingen 1881
Luhmann, Niklas: Liebe als Passion. Frankfurt a. M. 1984
Lützeler, Paul Michael und Pan, David (Hg.): Kleists Erzählungen und Dramen. Würzburg 2001
Maass, Joachim: Kleist. Die Geschichte seines Lebens. Bern/München 1977
Mainka, Peter: Die Erziehung der adligen Jugend in Brandenburg-Preußen. Würzburg 1997
Man, Paul de: Ästhetische Formalisierung. Kleists Über das Marionettentheater. In: Paul de Man, Allegorien des Lesens. Frankfurt a. M. 1988
Mandelartz, Michael: Von der Tugendlehre zur Lasterschule. Die sogenannte Kantkrise und Fichtes Wissenschaftslehre. In: KJb 2006
Mann, Thomas: Amphitryon. Eine Wiedereroberung. In: Müller-Seidel, 1967
Mann, Thomas: Heinrich von Kleist und seine Erzählungen. In: Thomas Mann: Gesammelte Werke. Bd. 9: Reden und Aufsätze. Frankfurt a. M. 1974 (¹1954)
Manthey, Jürgen: Königsberg. München 2006
Marquardt, Jochen: »Gegensätzische Identität«: Zu historisch-biographischen Voraussetzungen des Verhältnisses Adam Müller – Heinrich von Kleist. In: BKF 7 (1993)
Marwitz, Friedrich August Ludwig von der: Nachrichten aus meinem Leben 1777–1808. Hg. Günther de Bruyn. Berlin 1989
Massenbach, Christian von: Lobrede auf Ferdinand, Herzog von

Braunschweig. Dem Feldherrn der verbündeten Preußischen und Sächsischen Armee, Fürsten Hohenlohe und allen Offizieren dieses Heeres. Berlin 1806

Massenbach, Christian von: Historische Denkwürdigkeiten zur Geschichte des Verfalls des preußischen Staats seit dem Jahre 1794 nebst seinem Tagebuch über den Feldzug von 1806. Berlin 1809 (Nachdruck: Frankfurt a. M. 1984)

Massenbach, Christian von: Memoiren zur Geschichte des preußischen Staats unter den Regierungen Friedrich Wilhelm II. und Friedrich Wilhelm III. Drei Bände. Amsterdam 1809

Massenbach, Christian von: Eine biographische Skizze seiner Schicksale, Anschuldigungen und Vertheidigungsgründe. Nebst einer wichtigen Aufgabe für die Criminalgesetzgebung Teutschlands. o. O. 1818

Matala de Mazza, Ethel: Recht für bare Münze. Institution und Gesetzeskraft in Kleists »Zerbrochnem Krug«. In: KJb 2001

Mayer, Hans: Das unglückliche Bewußtsein. Frankfurt a. M. 1986

Mehigan, Tim (Hg.): Heinrich von Kleist und die Aufklärung. Rochester 2000

Meinel, Christoph: »des wunderlichen Wünsch seltsame Reduktion ...« Christian Ernst Wünsch, Kleists unzeitgemäßer Zeitgenosse. In: KJb 1996

Meister, Monika: Zu Heiner Müllers Kleist Lektüre. In: Der Text ist der Coyote. Heiner Müller Bestandsaufnahme. Hg. von Christian Schulte und Bettine Maria Meyer. Frankfurt a. M. 2004 (Auch in: Meister, Monika: Theater denken. Ästhetische Strategien in den szenischen Künsten. Wien 2009)

Meister, Monika: Eves beschämte Rede und die Wendung szenischer Darstellung. Zum »unsichtbaren Theater« Kleists. In: Emig, 2000 (Auch in: Meister, Monika: Theater denken. Ästhetische Strategien in den szenischen Künsten. Wien 2009)

Menke, Bettine: Die Worte und die Wirklichkeit, anlässlich der Frage nach »Literatur und Selbsttötung«, am Beispiel Heinrich von Kleists. In: KJb 2004

Messerschmitt, Manfred: Das preußische Militärwesen. In: Handbuch der preußischen Geschichte. Hg. Wolfgang Neugebauer, Band 3. Berlin 2000

Messerschmidt, Manfred und Gersdorff, Ursula von: Offiziere im Bild von Dokumenten aus drei Jahrhunderten. Stuttgart 1964

Meusel, Friedrich (Hg.): Friedrich August Ludwig von der Marwitz. Ein preußischer Edelmann im Zeitalter der Befreiungskriege, 3 Bände. Berlin 1908–13

Meyer-Kalkus, Reinhart: Heinrich von Kleist und Heinrich August Kerndörffer. Zur Poetik von Vorlesen und Deklamation. In: KJb 2001

Michelsen, Peter: Die Lügen Adams und Eves Fall. In: Geist und Zeichen. Festschrift für Arthur Henkel. Hg. Herbert Anton. Heidelberg 1977
Miller, Norbert: Literarisches Leben in Berlin im Anfang des 19. Jahrhunderts. Aspekte einer preußischen Salon-Kultur. In: KJb 1981/82
Mommsen, Katharina: Kleists Kampf mit Goethe. Frankfurt 1979 (¹1974)
Moritz, Karl Philipp: Anton Reiser. Ein psychologischer Roman. Berlin 1785–1790. In: Moritz, Karl Philipp: Dichtungen und Schriften. Zur Erfahrungsseelenkunde. Hg. Heide Hollmer und Albert Meier. Frankfurt a. M. 1999
Moritz, Karl Philipp: Erfahrungsseelenkunde. In: Moritz, Karl Philipp: Dichtungen und Schriften. Zur Erfahrungsseelenkunde. Hg. Heide Hollmer und Albert Meier. Frankfurt a. M. 1999
Moser, Christian: Verfehlte Gefühle. Wissen – Begehren – Darstellen bei Kleist und Rousseau. Würzburg 1993
Müller, Adam: Schriften. Hg. Walter Schroeder und Werner Siebert. Neuwied/Berlin 1967
Müller, Gernot: Man müßte auf dem Gemälde selbst stehen. Kleist und die Bildende Kunst. Tübingen 1995
Müller, Heiner: Deutschland ortlos. Anmerkung zu Kleist. In: KJb 1991
Müller-Salget, Klaus: Das Prinzip der Doppeldeutigkeit in Kleists Erzählungen. In: Zeitschrift für deutsche Philologie 92, 1973 (Auch in: Müller-Seidel, 1981)
Müller-Salget, Klaus: Heinrich, Marie und Ulrike von Kleist. Zur Datierung und Deutung der Briefe vom Herbst 1811. In: Zeitschrift für deutsche Philologie 113 (1994)
Müller-Salget, Klaus: Heinrich von Kleist: »Über die Rettung von Österreich«. Eine Wiederentdeckung. In: KJb 1994
Müller-Salget, Klaus: Kleist. Stuttgart 2002
Müller-Salget, Klaus: Kleist im Frühjahr 1804. Eine Aufklärung. In: KJb 2008/09
Müller-Schöll, Nikolaus (Hg.): Kleist lesen. Bielefeld 1993
Müller-Seidel, Walter: Versehen und Erkennen. Eine Studie über Heinrich von Kleist. Köln 1961
Müller-Seidel, Walter (Hg.): Heinrich von Kleist. Aufsätze und Essays. Darmstadt 1967
Müller-Seidel, Walter (Hg.): Kleists Aktualität. Neue Aufsätze und Essays 1966–1978. Darmstadt 1981
Müller-Seidel, Walter: Todesarten und Todesstrafen. Eine Betrachtung über Heinrich von Kleist. In: KJb 1985
Müller-Seidel, Walter: Friedrich Schiller und die Politik. München 2009

Münchow-Pohl, Bernd von: Zwischen Reform und Krieg. Untersuchungen zur Bewusstseinslage in Preußen 1809–1812. Göttingen 1987
Münkler, Herfried: Imperien. Die Logik der Weltherrschaft vom Alten Rom bis zu den Vereinigten Staaten. Berlin 2005
Münkler, Herfried: Die Deutschen und ihre Mythen. Berlin 2009
Muth, Ludwig: Kleist und Kant. Köln 1954
Nagel, Ivan: Sohn und Vater. Zu Kleists letztem Stück. In: Autonomie und Gnade. München 1988
Neugebauer, Wolfgang: Schule und Absolutismus in Preußen. Akten zum preußischen Elementarschulwesen bis 1806. Berlin 1992
Neumann, Gerhard: Hexenküche und Abendmahl. Die Sprache der Liebe im Werk Heinrich von Kleists. In: Freiburger Universitätsblätter 25 (1986)
Neumann, Gerhard (Hg.): Heinrich von Kleist. Kriegsfall – Rechtsfall – Sündenfall. Freiburg 1994
Neumann, Gerhard: Anekdote und Novelle: Zum Problem literarischer Mimesis im Werk Heinrich von Kleists. In: Mehigan, 2000
Nicolai, Friedrich: Beschreibung der Königlichen Residenzstädte Potsdam und der umliegenden Gegend. Neudruck Leipzig 1993
Nicolai, Friedrich: Beschreibung einer Reise durch Deutschland und die Schweiz im Jahre 1781. 12 Bde. Berlin, Stettin 1783–1796.
Nienhaus, Stefan: Geschichte der deutschen Tischgesellschaft. Tübingen 2003
Nietzsche, Friedrich: Unzeitgemäße Betrachtungen. Kritische Studienausgabe. Hg. Giorgio Colli und Mazzino Montinari. Band 1. München 1988
O'Cahill, Karl Ludwig (auch: Baron Ô'Cahill): Der französische Krieg von 1792–96. 1. Band. Frankfurt 1798
Oesterle, Ingrid: Werther in Paris? In: Grathoff 1988
Ogorek, Regina: Adam Müllers Gegensatzphilosophie und die Rechtsausschweifungen des Michael Kohlhaas. In: KJb 1988/89
Osterkamp, Ernst: Das Geschäft der Vereinigung. Über den Zusammenhang von bildender Kunst und Poesie im »Phöbus«. In: KJb 1990
Österle, Günter (Hg.): Jugend. Ein romantisches Konzept? Hg. von Günter Österle in Verbindung mit Alexander von Bormann, Gerhart von Graevenitz, Walter Hinderer, Gerhard Neumann und Dagmar Ortmann. Würzburg 1997
Paulin, Roger: Friedrich von Raumer und Heinrich von Kleist: »Echte Geschicklichkeit zum Verbessern«. In: KJb 1988/89
Pauly, Peter: »Wunder militairischer Disziplin«. In: HKB 22 (2010)
Perels, Christoph: Kleist an Fouqué. Ein Autographenpuzzle. In: KJb 1988/89

Pertz, Georg Heinrich: Aus Steins Leben, 2 Bände. Berlin 1856
Pertz, Georg Heinrich: Das Leben des Feldmarschalls Grafen Neithardt von Gneisenau. Zwei Bände. Berlin 1864/65
Peters, Sibylle: Von der Klugheitslehre des Medialen. (Eine Paradoxe) Ein Vorschlag zum Gebrauch der »Berliner Abendblätter«. In: KJb 2000
Peters, Sibylle: Die Experimente der Berliner Abendblätter. In: KJb 2005
Peters, Uwe Henrik: Somnambulismus und andere Nachtseiten der menschlichen Natur. In: KJb 1990
Peymann, Claus und Kreutzer, Hans Joachim: Streitgespräch über Kleists Hermannsschlacht. In: KJb 1984
Pfotenhauer, Helmut: Kleists Rede über Bilder und in Bildern. Briefe, Bildkommentare, erste Werke. In: KJb 1997
Pickerodt, Gerhart: »Cherubim und Seraph«. Engelsbilder bei Heinrich von Kleist. In: KJb 2006
Planert, Ute: Der Mythos vom Befreiungskrieg. Auswirkungen auf Süddeutschland 1792–1841. Paderborn 2007
Planert, Ute: Krieg und Umbruch in Mitteleuropa um 1800. Erfahrungsgeschichte(n) auf dem Weg in eine neue Zeit. Paderborn 2008
Politzer, Heinz: Auf der Suche nach Identität. Zu Heinrich von Kleists Würzburger Reise. In: Euphorion 61, 1967 (Auch in: Müller-Seidel, 1981)
Popp, Helmut (Hg.): In der Kutsche durch Europa. Von der Lust und Last des Reisens im 18. und 19. Jahrhundert. Nördlingen 1989
Preißendörfer, Bruno: Staatsbildung als Königskunst. Ästhetik und Herrschaft im preußischen Absolutismus. Berlin 2000
Preußen. Zur Sozialgeschichte eines Staates. Bearbeitet von Peter Brandt unter Mitwirkung von Thomas Hofmann und Reiner Zilkenat. Band 3 von: Preußen – Versuch einer Bilanz. Katalog zur Ausstellung der Berliner Festspiele GmbH. Berlin 1981
Pröhle, Heinrich: Abhandlungen über Goethe, Schiller, Bürger und einige ihrer Freunde. Mit Knesebeck's Briefen an Gleim als Seitenblick zu Goethe's Campagne in Frankreich. Potsdam 1889
Rahmer, Sigismund: Das Kleist-Problem auf Grund neuer Forschungen zur Charakteristik und Biographie Heinrich von Kleists. Berlin 1903 (Neudruck Kleist-Archiv Sembdner, Heilbronn 2009)
Rahmer, Sigismund: Heinrich von Kleist als Mensch und Dichter. Nach neuen Quellenforschungen. Berlin 1909 (Neudruck Kleist-Archiv Sembdner, Heilbronn 2008)
Raumer, Friedrich von: Lebenserinnerungen und Briefwechsel. Leipzig 1861
Raumer, Kurt von und Botzenhart, Manfred: Deutsche Geschichte

im 19. Jahrhundert. Deutschland um 1800: Krise und Neugestaltung: Von 1789 bis 1815. (= Handbuch der deutschen Geschichte, neu hg. von Leo Just, Bd. 3/I a) Wiesbaden 1980
Rehfeld, Hans-Jürgen: Ein halbverrückter Gelehrter, der Prof. Wünsch in Frankfurt an der Oder ...« In: BKF 10 (1996)
Reimer, Doris: Georg Andreas Reimer als Verleger von Kleists Werken. In: BKB 8 (1995)
Reinhard, Carl von: Geschichte des königlich Preußischen Ersten Garde-Regiments zu Fuß 1740–1857. Potsdam 1858
Reinhold, Karl Leonhard: Versuch einer neuen Theorie des menschlichen Vorstellungsvermögens. Zweyte Auflage. Prag und Jena 1795
Reske, Hermann: Heinrich von Kleist in Thun. Bern 1972
Reuß, Roland: »Die Verlobung in St. Domingo« – eine Einführung in Kleists Erzählen. In: BKB 1 (1988) (Auch in: Knittel, Kording 2003)
Reuß, Roland: »Im Geklüfft«. Notizen zur »Penthesilea«. In: BKB 5 (1992)
Reuß, Roland: »Im Freien«? Kleists »Erdbeben in Chili« – Zwischenbetrachtung »nach der ersten Haupterschütterung«. In: BKB 6 (1993)
Reuß, Roland: Geflügelte Worte. Zwei Notizen zur Redaktion und Konstellation von Artikeln der »Berliner Abendblätter«. In: BKB 11 (1997)
Reuß, Roland: Ein anderes gleiches. Zu Goethes Gedicht »Ein gleiches«, seinem tatsächlichen Erstdruck und Kleists Gegengedicht. In: BKB 17 (2005)
Reuß, Roland und Staengle, Peter: »Das Schöne gehört jedem ...«. Zwei bisher unveröffentlichte Kleisthandschriften und weitere Entdeckungen aus Kleists Dresdner Zeit. In: BKB 15 (2003)
Riedl, Peter Philipp: Jakobiner und Postrevolutionär. Der Arzt Georg Christian Wedekind. In: KJb 1996
Rieger, Stefan: Choreographie und Regelung. Bewegungsfiguren nach Kleists »Marionettentheater«. In: KJb 2007
Rogge, Helmut: Kleist und Rahel. In: JbKG 1923 und 1924
Röhl, Hans: Aus dem Reisetagebuch der Freifrau Adolphine von Werdeck im Sommer 1803. In: JbKG 1938 Heft 2 (1941)
Rothe, Eva: Die Bildnisse Heinrich von Kleists. Mit neuen Dokumenten zu Kleists Kriegsgefangenschaft. Jahrbuch der dt. Schiller-Gesellschaft 5 (1961)
Rousseau, Jean-Jacques: Schriften, 2 Bände. Hg. Henning Ritter. Frankfurt a. M. 1988 (^{1}1978)
Rousseau, Jean-Jacques: Emile oder Über die Erziehung. In neuer deutscher Fassung besorgt von Ludwig Schmidts (Nachdruck der 13. Auflage, Paderborn/München/Wien/Zürich 2001)

Rousseau, Jean-Jacques: Julie oder die Neue Héloïse. Briefe zweier Liebenden aus einer kleinen Stadt am Fuße der Alpen. Werke 1. Übersetzt von Johann Gottfried Gellius. München 1978
Ruffet, Jean: Kleist à Boulogne. In: Études Germaniques 31 (1976)
Rühle von Lilienstern, Otto August: Reise mit der Armee im Jahre 1809. Erster bis dritter Teil. Rudolstadt 1810/1811
Rühle, Günther: Otto August Rühle von Lilienstern. Ein Freund Heinrich von Kleists. In: KJb 1987
Rühle von Lilienstern, Otto August: Bericht eines Augenzeugen von dem Feldzuge der während den Monaten September und Oktober 1806 unter dem Kommando des Fürsten zu Hohenlohe-Ingelfingen gestandenen Königl. preußischen und Kurfürstl. sächsischen Truppen. Tübingen 1807
Ryan, Lawrence: Kleists »Entdeckung im Gebiete der Kunst«: »Robert Guiskard« und die Folgen. In: Müller-Seidel, 1981.
Safranski, Rüdiger: Romantik. München 2007
Samuel, Richard: Kleists Hermannsschlacht und der Freiherr vom Stein. In: Jahrbuch der dt. Schiller-Gesellschaft 5 (1961) (Auch in: Müller Seidel, 1967)
Samuel, Richard: Heinrich von Kleist und Neithardt von Gneisenau. In: Jahrbuch der dt. Schiller-Gesellschaft 7 (1963)
Samuel, Richard: Zu Kleists Aufsatz »Über die Rettung von Österreich« In: Gratulatio Festschrift für Christian Wegner. Hamburg 1963
Samuel, Richard: Heinrich von Kleists »Robert Guiskard« und seine Wiederbelebung 1807/8. In: KJb 1981/82
Samuel, Richard und Brown, Hilda M.: Kleist's Lost Year and the Quest für »Robert Guiskard«. Leamington Spa 1981
Samuel, Richard: Heinrich von Kleist und die Teilnahme an den politischen Bewegungen von 1805 bis 1809. Dt. v. Wolfgang Barthel. Kleist-Gedenk- und Forschungsstätte Frankfurt (Oder) 1995
Savage, Jon: Teenage. Die Erfindung der Jugend (1875–1945). Frankfurt a. M. 2008
Schaab, K. A.: Die Geschichte der Bundes-Festung Mainz, historisch und militärisch nach den Quellen bearbeitet. Mainz 1835
Schadewaldt, Wolfgang: Der »Zerbrochene Krug« von Heinrich von Kleist und Sophokles' »König Ödipus«. In: Müller-Seidel, 1967
Scharfenort, Louis von: Kulturbilder aus der Vergangenheit des altpreußischen Heeres. Berlin 1914
Scharold, Carl Gottfried: Würzburg und die umliegende Gegend. Würzburg 1805 (Nachdruck Heilbronn 2009)
Schauder, Karlheinz: Sie waren hier. Literarische Spurensuche in der Pfalz. Otterbach 1996
Schiller, Friedrich: Sämtliche Werke. Hg. Gerhard Fricke und Herbert G. Göpfert. 5 Bände. München 1980–1988

Schings, Hans-Jürgen: Über einige Grausamkeiten bei Heinrich von Kleist. In: KJb 2008/9
Schmidbauer, Wolfgang: Kleists Narzissmus. In: KJb 2008/9
Schmidt, Friedrich Karl von: Erinnerungen aus dem Leben des Generalleutenants Friedrich Karl v. Schmidt. I. Teil Die Rheinkampagne 1792–1795. In: Urkundliche Beiträge und Forschungen zur Geschichte des preußischen Heeres. Hg. vom Großen Generalstabe – Elftes Heft (Neudruck der Ausgabe Berlin 1909 Bad Honnef 1983)
Schmidt, Jochen: Heinrich von Kleist. Studien zu seiner poetischen Verfahrensweise. Tübingen 1974
Schmidt, Jochen: Heinrich von Kleist, Die Dramen und Erzählungen in ihrer Epoche. Darmstadt 2003
Schneider, Erich: Karl Friedrich von Knesebeck und das Regiment Herzog von Braunschweig während der Rheinkampagne 1792–95. Revolutionszeit und Revolutionskrieg im Spiegel der Neuen Gemeinnützigen Blätter Halberstadt. In: Jahrbuch für westdeutsche Landesgeschichte 4. Hg. v. H. W. Herrmann, F. J. Heyen, H. Mathy, F. L. Wagener. Selbstverlag der Landesarchivverwaltung Rheinland-Pfalz, Koblenz 1978
Schneider, Manfred: Die Gewalt von Raum und Zeit. Kleists optische Medien und das Kriegstheater. In: KJb 1998
Schneider, Manfred: Die Welt im Ausnahmezustand. Kleists Kriegstheater. In: KJb 2001
Schönpflug, Daniel: Luise von Preußen. Königin der Herzen. Eine Biografie. München 2010
Schrader, Hans-Jürgen: Unsägliche Liebesbriefe. Heinrich von Kleist an Wilhelmine von Zenge. In: KJb 1981/82
Schrader, Hans-Jürgen: »Denke du wärest in das Schiff meines Glückes gestiegen«. Widerrufene Rollenentwürfe in Kleists Briefen an die Braut. In: KJb 1983
Schramm, Wilhelm von: Clausewitz. General und Philosoph. Berlin 1982 (^{1}1976)
Schröder, Jürgen: Kleists Novelle »Der Findling«. Ein Plädoyer für Nicolo. In: KJb 1985 (Auch in: Knittel, Kording, 2003)
Schuhmacher, Horst: Das Kleist-Grab am Kleinen Wannsee. Heilbronn 2010
Schulz, Gerhard: Kleist. Eine Biographie. München 2007
Schulze, Hagen: Der Weg zum Nationalstaat. Die deutsche Nationalbewegung vom 18. Jahrhundert bis zur Reichsgründung. München 1985
Schütz, Friedrich Wilhelm von und Schulz, Carl Gustav von: Geschichte der Kriege in Europa seit dem Jahre 1792, als Folgen der Staatsveränderung in Frankreich unter König Ludwig XVI. Erster Teil 1792 und 1793, Leipzig 1827, Band 2, Fortsetzung

der Feldzüge des Jahres 1793: Mit einem Plane und einer Übersichtcharte. Leipzig 1828
Seeba, Hinrich C.: Der Sündenfall des Verdachts. Identitätskrise und Sprachskepsis in Kleists »Familie Schroffenstein«. In: Deutsche Vierteljahrsschrift für Literaturwissenschaft und Geistesgeschichte 44 (1970) (Auch in: Müller-Seidel, 1981)
Seeley, J. R.: Life and times of Stein, 3 Bände. Cambridge 1878, dt. Gotha 1883–87
Seibt, Gustav: Goethe und Napoleon. München 2008
Sembdner, Helmut: Die Berliner Abendblätter Heinrich von Kleists, ihre Quellen und ihre Redaktion. Berlin 1939
Sembdner, Helmut (Hg.): Kleist. Geschichte meiner Seele. Das Lebenszeugnis der Briefe. Frankfurt a. M. 1977 (^{1}1959)
Sembdner, Helmut: Kleists Interprunktion (1962). In: Sembdner, 1994
Sembdner, Helmut: Der »Zerbrochne Krug« in Goethes Inszenierung (1963). In: Sembdner, 1994
Sembdner, Helmut: Kleist und Falk. Zur Entstehungsgeschichte von Kleists »Amphitryon« (1969). In: Sembdner, 1994
Sembdner, Helmut (Hg.): Erläuterungen und Dokumente. Heinrich von Kleist: Der zerbrochne Krug. Stuttgart 1998 (^{1}1973)
Sembdner, Helmut: In Sachen Kleist, München 1994 (^{1}1974)
Sembdner, Helmut: Assessor Hitzig, Kriegsrat Peguilhen und Heinrich von Kleist. Eine Berliner Episode. Heilbronn 1994
Siebert, Eberhard: War Heinrich von Kleist als Industriespion in Würzburg? Jahrbuch Preußischer Kulturbesitz 22 (1985)
Siebert, Eberhard: Iffland, nationale Gesinnung und Puppenspiel. Zum Verständnis von Kleists Text über das Marionettentheater. In: BKF 10 (1996)
Siebert, Eberhard: »Grüne Gläser« und »Gelbsucht«. Eine neue Hypothese zu Kleists »Kantkrise« In: BKF 14 (2000)
Siebert, Eberhard: Heinrich von Kleist. Eine Bildbiographie. Heilbronn 2009
Soboczynski, Adam: Versuch über Kleist. Die Kunst des Geheimnisses um 1800. Berlin 2007
Springer, Anton: Friedrich Christoph Dahlmann. Erster Teil. Leipzig 1870
Staël, Anne Germaine de: Über Deutschland. Vollständige und neu durchgesehene Fassung der deutschen Erstausgabe von 1814 in der Gemeinschaftsübersetzung von Friedrich Buchholz, Samuel Heinrich Catel und Julius Eduard Hitzig. Hg. Monika Bosse. Frankfurt a. M. 1985
Staengle, Peter: Kleist – in der Hand von Wilhelm von Schütz. In: BKB 2 (1989)
Staengle, Peter: Fräulein von Zenge nebst Kleist, Krug, Tasse und Bild. In: BKB 6 (1993)

Staengle, Peter: Zschokke, sein Krug und andere. In: BKB 8 (1995)
Staengle, Peter: »Berliner Abendblätter« – Chronik. In: BKB 11 (1997)
Staengle, Peter: Kleist. Sein Leben. Heilbronn 2007
Staengle, Peter: Übersehene Kleist-Bezüge. Rühle und Bertuch. Mit zwei Briefen von Ludwig Tieck und Adam Müller im Anhang. In: BKB 13 (2000)
Staengle, Peter: »Eine Art Vorläufer der Zeitungen«. Zur politischen Berichterstattung in Kleists »Berliner Abendblättern«. www.textkritik.de/vigoni/index.htm, 13. 8. 2010
Stamm-Kuhlmann, Thomas: König in Preußens großer Zeit. Friedrich Wilhelm III., der Melancholiker auf dem Thron. Berlin 1992
Steig, Reinhold: Heinrich von Kleists Berliner Kämpfe, Berlin 1901. (auch unter: www.textkritik.de/bka/dokumente/uebersicht.htm)
Stendhal: Die Kartause von Parma. Übers. v. Arthur Schurig. Frankfurt a. M. 1989
Stephens, Anthony: Kleist – Sprache und Gewalt. Freiburg 1999
Streller, Siegfried: Heinrich von Kleist und Jean-Jacques Rousseau. In: Weimarer Beiträge 8 (1962) (Auch in: Müller-Seidel, 1967)
Szondi, Peter: Versuch über das Tragische. Frankfurt 1961. In: Schriften I, Frankfurt a. M. 1978
Szondi, Peter: Amphitryon, Kleists »Lustspiel nach Molière«. In: Schriften II, Frankfurt a. M. 1978
Szondi, Peter: Fünfmal Amphitryon: Plautus, Molière, Kleist, Giraudoux, Kaiser. In: Schriften II, Frankfurt a. M. 1978
Tempelhof, Georg Friedrich von: Geometrie für Soldaten und die es nicht sind. Berlin 1790
Thalheim, Hans-Günther: Lebensplan, Eingliederungszwang, Selbsterkundung. Kleists Landschafts- und Städtebilder während der Reise nach Würzburg. In: BKF 13 (1999)
Theißen, Bianca: Bogenschluß. Kleists Formalisierung des Lesens. Freiburg 1996
Tieck, Ludwig (Hg.): Vorrede zu: Heinrich von Kleists hinterlassene Schriften. Berlin 1821 (Auch in: BKB 14)
Tillier, Anton von: Geschichte der Helvetischen Republik von ihrer Gründung im Frühjahr 1798 bis zu ihrer Auflösung im Frühjahr 1803, vorzüglich aus dem helvetischen Archiv und anderen noch unbekannten handschriftlichen Quellen dargestellt, 2 Bände. Bern 1843
Treitschke, Heinrich von: Heinrich von Kleist. In: Ausgewählte Schriften, 2. Band. Leipzig 1908
Treitschke, Heinrich von: Deutsche Geschichte im neunzehnten Jahrhundert. Erster Teil. Bis zum zweiten Pariser Frieden. Leipzig 1879

Ugrinsky, Alexej (Hg.): Heinrich von Kleist-Studien. Berlin 1980
Ungermann, Silvia: Kindheit und Schulzeit von 1750–1850. Eine vergleichende Analyse anhand ausgewählter Autobiographien von Bauern, Bürgern und Aristokraten. Frankfurt a. M. 1997
Varnhagen, Rahel: Gesammelte Werke. Hg. Konrad Feilchenfeldt, Uwe Schweikert und Rahel E. Steiner. 10 Bände. München 1983
Varnhagen von Ense, Karl August: Denkwürdigkeiten des eigenen Lebens. Erster Band (1785–1810). Hg. von Konrad Feilchenfeldt. Frankfurt a. M. 1987
Vehse, Eduard: Illustrierte Geschichte des preußischen Hofes, des Adels und der Diplomatie vom Großen Kurfürsten bis zum Tode Kaiser Wilhelms I. (2 Bände). Stuttgart 1901
Vierhaus, Rudolf: Heinrich von Kleist und die Krise des preußischen Staates um 1800. In: KJb 1980
Vogl, Joseph (Hg.): Gemeinschaften. Positionen zu einer Philosophie des Politischen. Frankfurt a. M. 1994
Wartusch, Rüdiger: Neue Lebensspuren Heinrichs von Kleist im Briefwechsel zwischen Böttiger und Falk. In: KJb 1996
Weigel, Alexander: Der Schauspieler als Maschinist. Heinrich von Kleists »Über das Marionettentheater« und das Königliche Nationaltheater. In: Grathoff 1988
Weigel, Alexander: »Unmaßgebliche Bemerkungen«. Strategien Kleists im Kampf um das Nationaltheater in den »Berliner Abendblättern« 1810. In: KJb 2007
Weigel, Sigrid: Ulrike von Kleist 1774–1849. Lebensspuren hinter dem Bild der Dichter-Schwester. In: Luise F. Pusch: Schwestern berühmter Männer. Frankfurt a. M. 1985
Weil, Rudolf: Das Berliner Theaterpublikum unter A. W. Ifflands Direktion (1796–1814). Ein Beitrag zur Methodologie der Theaterwissenschaft. Diss. Köln 1930
Weiss, Hermann F.: Funde und Studien zu Heinrich von Kleist. Tübingen 1984
Weiss, Hermann F.: Heinrich von Kleists Reise nach Paris 1801. In: Archiv für das Studium der neueren Sprache und Literaturen 142 (1990)
Weiss, Hermann F.: Unveröffentlichte Zeugnisse zu Heinrich von Kleists Dresdner Jahren aus den Nachlässen Ernst und Heinrich Blümners. In: Euphorion 89 (1995)
Weiss, Hermann F.: Heinrich von Kleists Freund Ludwig von Brockes. In: BKF 10 (1996)
Weiss, Hermann F.: Heinrich von Kleist und die Brüder Ompteda. Neue Archivfunde. In: BKF 12 (1998)
Weiss, Hermann F.: Eine neuentdeckte Fassung von Heinrich von Kleists »Das letzte Lied«. In: KJb 1999
Weiss, Hermann F.: Die Berliner Theaterkrawalle des Jahres 1810

und Heinrich von Kleists Berliner Abendblätter. In: BKF 16 (2002)
Wellbery, David E. (Hg.): Positionen der Literaturwissenschaft. Acht Modellanalysen am Beispiel von Kleists »Das Erdbeben in Chili«. München 1985
Wellbery, David E.: Der zerbrochne Krug. In: Hinderer, 1997
Wichmann, Thomas: Heinrich von Kleist. Stuttgart 1988
Wieland, Christoph Martin: Sympathien, 1754. In: Sämmtliche Werke. Supplemente Dritter Band. Leipzig 1798
Wieland, Christoph Martin: Wielands Briefwechsel. Hg. Siegfried Scheibe und Hans Werner Seiffert, Bände 17–19. Berlin 2001 bis 2007
Wilbrandt, Adolf: Heinrich von Kleist. Nördlingen 1863 (Teilweise in: BKB 14)
Wilhelmy-Dollinger, Petra: Die Berliner Salons. Berlin/New York 2000
Willemsen, Roger (Hg.): Der Selbstmord. Köln 1986
Willms, Johannes: Napoleon. München 2005
Willoweit, Dietmar: Heinrich von Kleist und die Universität Frankfurt an der Oder. Rückblick eines Rechtshistorikers. In: KJb 1997
Winter, Carmen: Literarisches Leben in Frankfurt (Oder) 1790 bis 1810. In: BKF 10 (1996)
Wittgenstein, Ludwig: Philosophische Untersuchungen. In: Werkausgabe, Band 1. Frankfurt a. M. 1984
Wittmann, Reinhard: Geschichte des deutschen Buchhandels. München 1991
Woerl, J. E.: Geschichte der Kriege von 1792 bis 1815 mit Schlachten-Atlas. Freiburg 1832
Wünsch, Christian Ernst: Horus oder Astrognostoisches Endurtheil über die Offenbarung Johannis und über die Weissagungen auf den Messias wie auch über Jesum und seine Jünger. Leipzig 1783
Wünsch, Christian Ernst: Biographie meiner Jugend, oder der durch den Komet von 1796 in einen Professor verwandelte Webermeister. Auch eine Bestätigung des Glaubens, daß Gottes Vorsehung über die Menschen waltet. Frankfurt/Leipzig 1817
Wünsch, Christian Ernst: Kosmologische Unterhaltungen für die Jugend. 3 Bände. Leipzig 1778–1780
Wünsch, Christian Ernst: Kosmologische Unterhaltungen für junge Freunde der Naturerkenntniß. 2 Bände. Leipzig 1791/94
Ziekursch, Johannes: Zur Geschichte des Feldzuges in der Champagne von 1792. In: Forschungen zur Brandenburgischen und Preußischen Geschichte. 47. Band 1. Hälfte. Hg. Johannes Schultze. Berlin-Dahlem 1935
Zimmermann, Hans Dieter: Heinrich von Kleist. Eine Biographie. Reinbek 1991

Ziolkowski, Theodore: Berlin. Aufstieg einer Kulturmetropole um 1810. Stuttgart 2002
Zolling, Theophil: Heinrich von Kleist in der Schweiz. Stuttgart 1882
Zolling, Theophil: Einleitung zu Heinrich von Kleists sämtliche Werke, Erster Teil. Berlin Stuttgart 1885 (Auch in: BKB 14, S. 690–840)
Zschokke, Heinrich: Historische Denkwürdigkeiten der helvetischen Staatsumwälzung. Erster Band. Winterthur 1803
Zschokke, Heinrich: Eine Selbstschau. Zwei Bände. Aarau 1842

Bildnachweis

akg-images: Abb. 1, 5, 7, 10, 11, 20, 30
bpk: Abb. 8, 12–14, 16, 25, 29, 33, 36, Vorsatz
Kleist-Archiv Sembdner/Eberhard Siebert: Abb. 2–4, 6, 9, 17, 19, 21–24, 26, 31, 32, 34, 35
Privatarchiv des Autors: Abb. 18
ullstein bild: Abb. 15
Städtische Galerie Dresden/Franz Zadnicek: Abb. 27, 28

Personenregister

Albanus, Carl Eduard 16, 78
Alembert, Jean-Baptiste d' 137
Altenstein, Freiherr Karl von Stein zum 257 f., 261, 267, 277 ff., 309, 336, 388 f., 394, 400 f., 433
Ancillon, Johann Peter Friedrich 396
Angern, Ferdinand von 285
Anna Amalia, Herzogin von Sachsen-Weimar 73
Aristophanes 216, 223, 362
Arndt, Ernst Moritz 356, 360, 387, 448
Arnim, Achim von 84 f., 273, 331, 383, 385 ff., 390 ff., 396 f., 406 f., 409, 414, 430, 437, 443, 445 ff., 450
Arnold, Verleger 296
Ascher, Salomon 361, 369, 449
Äschylus 216
Auerswald, Hans Jacob von 260 f., 266 f., 283, 309

Bachmann, Ingeborg 371
Baggesen, Jens 172
Barsse, Georg von 47
Bauer, Johann Heinrich Ludwig 30
Beckedorff, Ludolph 387, 406, 409, 411, 430, 447, 450
Becker, Heinrich 320
Berg, Caroline von 454

Berlin, Isaiah 333 f.
Bernadotte, Jean Baptiste 266, 358
Bernhard, Prinz von Sachsen-Weimar 297, 357
Bernhardi, August Ferdinand 387, 422
Berthier, Louis-Alexandre 228 f.
Bertuch, Carl 228, 299, 309, 320
Beyme, Carl Friedrich von 237, 284
Blücher, Gebhard Leberecht von 295
Blümner, Ernst 330
Bonaparte, Jerôme de 309
Bonaparte, Joseph 340
Borcke, Leutnant von 282
Böttiger, Karl August 305, 308, 310, 314 ff., 323, 335
Bourgoing, Jean-François de 304, 309, 345, 355
Boyen, Friedrich von 388
Brahm, Otto 85
Bräker, Ulrich 33
Brecht, Bertolt 371
Brentano, Clemens 84, 273, 330 f., 383, 385–388, 390 f., 393, 396, 406–409, 414, 430, 445, 447, 450
Brockes, Ludwig von 30, 99, 120–124, 126 f., 130,

146–151, 153, 159, 163, 186, 256, 291
Buchholz, Friedrich 435
Bülow, Eduard von 16, 26, 28, 36, 69, 83, 85, 109 f., 204, 274
Buol zu Berenberg und Mühlingen, Freiherr Joseph 304 ff., 309, 345, 353 f., 357, 361–366

Canaletto 332
Carl August, Herzog von Sachsen-Weimar 297, 357
Cassirer, Ernst 157 f.
Catel, Samuel Henri 78, 90, 415 f.
Chamisso, Adalbert von 238
Chazot, Graf 356
Clarke, General 284, 288 f., 305
Clausewitz, Carl von 35, 39, 61, 388, 447
Cohen, Ezechiel Benjamin 150, 252, 428
Collin, Heinrich von 308, 358 f.
Cölln, Friedrich von 239, 435
Cook, James 51
Cotta, Johann Friedrich 274, 296, 309, 311, 314, 316, 335, 384, 392
Courbière, Wilhelm René l'Homme de 60

Dahlmann, Friedrich Christoph 85, 96, 361 ff., 365 ff., 384
Dames, George Friedrich 9, 40, 384
Debucourt, Louis Philibert 246
Decker, George Jacob 359, 402
Descartes, René 138
Desmoulins, Camille 171
Devrient, Eduard 422
Diderot, Denis 137
Dippold, Hauslehrer 304

Dohna zu Schlobitten, Alexander Graf 388

Ehrenberg, Friedrich 396
Ehrenberg, Wilhelm von 284 f.
Eichendorff, Joseph von 386, 430
Eichendorff, Wilhelm von 386
Eichler, Andreas 354
Einsiedel, Alexander von 330
Elliot, Hugh 119, 122
Elsermann, Beate 320 f.
Enghien, Herzog von 240
Erlach, Karl Ludwig von 211
Eunicke, Johanna 414 f.
Euripides 223

Falk, Johann Daniel 223, 242 f., 300, 302, 315, 321 f.
Feilenhauer, Hausmädchen 460, 464
Felgentreu, Hoffiskal 460
Fellenberg, Philipp Emmanuel 197
Ferdinand VII., König von Spanien 340
Ferdinand, Prinz von Preußen 282
Fichte, Johann Gottlieb 139, 156, 383, 387, 447
Fontane, Theodor 235, 371
Forster, Georg 51 f., 230, 380
Fouqué, Friedrich de la Motte 31, 35, 51, 55, 60, 63, 65, 80, 84, 135, 222 ff., 247, 284, 295 f., 300, 308, 310, 314, 331, 387, 396, 403, 405, 409, 414, 430, 450, 457
Frankenberg, Ferdinand von 22, 45 f., 54, 63 f., 74
Franz I., österreichischer Kaiser 310, 354, 359, 366 f., 369
Franz II., österreichischer Kaiser 269

Freud, Sigmund 178, 265
Friedländer, David 448
Friedrich II., preußischer König 15, 19, 24 f., 33, 40, 62, 68–74, 139, 160, 254 f., 269, 282, 290, 370–374
Friedrich Wilhelm I., preußischer König 24, 31, 33, 62, 70 f., 255
Friedrich Wilhelm II., preußischer König 24, 26 ff., 54, 62 f., 72, 269
Friedrich Wilhelm III., preußischer König 26 f., 30, 50, 59, 89, 231, 239 f., 257, 267, 269, 283, 289, 338 f., 359, 372, 374, 394, 454
Friedrich, Caspar David 331, 334 f., 406 f.
Furer, Magdalena 197 f.

Gatschet, Albert Samuel 197
Gauvain, Carl von 284 f., 287
Gauvain, Jakob Ludwig von 44 f.
Gentz, Friedrich 302 f., 306, 317, 351–357, 361, 435
Geßner, Heinrich 192 f., 197 f., 202
Geßner, Salomon 192, 211 f., 225
Gleim, Johann Wilhelm Ludwig 50, 139, 168, 174
Gleissenberg, Carl von 27 f., 46, 236, 242
Gneisenau, Neidhardt von 342–345, 347, 351, 356 f., 371, 387 f., 454
Goethe, Johann Wolfgang von 43, 48 f., 51 f., 60, 74, 94, 111, 116, 136, 163, 212 ff., 216, 219, 244, 246, 270, 297, 301 ff., 308 f., 311, 313 f., 317–323, 353, 417, 420, 447, 459

Goltz, August Friedrich Ferdinand von der 436, 441 f.
Görres, Joseph 172
Göschen, Georg Joachim 221
Goya, Francisco de 340 f.
Grimm, Jakob 397
Grimm, Wilhelm 383, 386, 397, 443, 450
Gruner, Karl Justus 359, 372, 400, 417, 430, 436, 438, 442
Gualtieri, Amélie 241
Gualtieri, Pierre de 236 f., 241, 252, 258 f., 277, 282, 343, 390, 433
Günderode, Karoline von 230

Hardenberg, Karl August Freiherr von 65, 237, 240, 252, 257, 266, 279, 338 f., 394, 400 f., 414, 418, 426, 434–449, 453 f., 456
Hartmann, Ferdinand 308 f., 334, 384, 407
Haugwitz, Heinrich Christian Curd von 237, 240, 266 f., 283, 338
Haza, Boguslaus von 302, 317, 330, 357
Haza, Sophie von 302, 304, 330 f., 357, 386
Hegel, Georg Wilhelm Friedrich 371, 428
Heinse, Wilhelm 99
Helvétius, Claude Adrien 136 f., 174
Hendel-Schütz, Henriette 420 f.
Herbst, Emilie 415–418
Herder, Johann Gottfried 139, 212 f., 332
Hiller, Johann von 363, 366
Himly, Johann Friedrich Wilhelm 436, 442
Hitzig, Julius Eduard 387, 397 ff., 401, 426, 436, 438 f., 445, 448

Hoche, Lazare 56
Hofer, Andreas 382
Hoffmann, Johann Gottfried 437
Hofmannsthal, Hugo von 152
Hohenlohe, Fürst 295
Hölder, Christian Gottlieb 197, 202, 213, 217 f.
Homer 139
Hüllmann, Karl Dietrich 96
Humboldt, Alexander von 51, 77, 91, 94, 141, 174, 380
Humboldt, Wilhelm von 77, 91, 93, 141, 173 f., 257, 305, 340, 383, 386, 395, 406
Hüser, Heinrich von 356 f.
Huth, Johann Sigismund Gottfried 94, 150

Iffland, August Wilhelm 389, 392, 396, 405, 409, 411–423 passim, 427, 447

Jahn, Friedrich 343
Jany, Curt 60
Jean Paul 308, 387
Johann (Diener) 169, 176
Johann Sigismund, Kurfürst von Brandenburg 68
Josephus Flavius 448

Kafka, Franz 68, 183, 369
Kalb, Charlotte von 387
Kalckreuth, Friedrich Adolf Graf von 44, 47, 418
Kant, Immanuel 11, 50, 96, 98, 115, 132 ff., 151, 153–159, 184 f., 188, 205, 215, 259–262, 411, 432, 437
Karl IV., König von Spanien 340
Karl Wilhelm Ferdinand, Herzog von Braunschweig 42, 53 f., 56 f., 60, 65
Karl, österreichischer Erzherzog 359, 364, 368
Karl, Herzog von Mecklenburg 28
Kerndörffer, Heinrich August 219
Kierkegaard, Søren 432
Kircheisen, Friedrich Leopold von, Justizminister 441
Kleist, Auguste von 75, 89, 329
Kleist, Bernhard Christian von 32
Kleist, Ewald Christian von 75, 98, 139, 168
Kleist, Franz Alexander von 75
Kleist, Franz Kasimir von 295, 298
Kleist, Friederike von 75 f., 89, 292
Kleist, Friedrich Wilhelm Christian von 27, 241
Kleist, Joachim Friedrich von 68, 70, 72, 74 f.
Kleist, Juliane von 75, 90
Kleist, Leopold von 63, 65, 75, 78, 89, 103, 202, 236, 252, 281, 459
Kleist, Marie von 27, 29, 237, 241, 258 f., 262, 277, 279 f., 282, 288 f., 292, 296, 314, 388, 449 f., 453–459, 465
Kleist, Ulrike von 12, 29, 36, 52, 63 ff., 75 f., 80 f., 83, 89 f., 94, 96, 100, 104, 120 f., 125, 129, 135, 137, 140 f., 145–154 passim, 158, 161–164, 166–170 passim, 173, 182 f., 187–198 passim, 202, 203, 210 ff., 217 ff., 221, 223, 226 f., 235, 241, 252, 256 f., 262, 264, 278 f., 281–298 passim, 304–307, 320, 328 f., 335 f., 350, 355 ff., 361, 369 ff., 377, 379, 384, 388 f., 428 f., 433, 446, 449 f., 453–456, 460 f.
Kleist, Wilhelmine von 75, 80, 89